飲み方

（ーレバノン、パレスチナ、シリア、ヨルダン）

1991,10末　丸岡 修

1. だんだん寒くなってきました。ここで、おいしいアラブ式紅茶の飲み方を紹介します。
2. 用意するもの；　小型のやかん、ティースプーン、紅茶、砂糖、ペパーミントの葉数葉、
   小さめのガラスコップ
3. 作り方；　湯を沸騰させる。砂糖をいれる（アラブでは先にいれるが、好みがあるのでここではいれないで、後で自分でいれるのが良いでしょう）。弱火にする。紅茶の葉をいれる（200 ccの湯にティースプーン小山盛一杯ぐらい）。ミントの葉をいれる（200 ccあたり3葉ほど）。やかんのフタをせず、湯があふれださないようにして1分間煮る。湯がふきこぼれそうな時は、火から離す。火をとめフタをして1分間おく。これでできあがり。もちろん色は日本式よりむろん濃い。（ミントをいれない時も同じ）
4. カップは、小さなガラスコップを使用。ガラス皿で受ける。

レバノンでは例外なくフランス製耐熱グラス

5. アラビア語で茶は、シャイ。ティーバッグは茶ではないと彼らは言う。ちなみに、マグレブ（西北アフリカ）地方では、ミント（はっか）だけの茶、緑茶にハッカをいれるのがある。イラク地方になると、英国式カップに濃く煮た茶を飲む。イスラエルは、イラク式とレバノン式の中間の濃さの茶（やはり煮込む）。レバノンでは、他に花だけの茶もある。同じ紅茶でも、アラビア半島部、エジプト・スーダン地方もそれぞれ異なる。
6. 参考までに英国式は、煮込まないで、ティーポットに人数分の葉をいれ、熱湯を注ぐ。これが正式。ユダヤ人は煮込む。ミルクティーは、あたためたミルクをカップに先に入れ、あとから紅茶をいれる。

   アラブでは、茶を飲む時に、音をたてても良いが、ヨーロッパでは厳禁（日本人のように音をたててズズッと吸うように飲ではいけない。気持ち悪がられる。スープと同じ）。
7. ミントの用法.

   日本では、はっか精にして健胃剤に使用。地中海では、のどの薬に。そこで1人分のつくり方。

   小ナベで湯をわかす。ミントの葉5、6葉いれる。10分ほど煮込む。砂糖をいれる。何のことはない、はっか茶。（キリスト教徒は）これにブランデーを20 ccほどいれる。これを飲むとのどがすっきり。熱がある時は、アスピリン2錠を溶かし込む（ピリン系の薬品に弱い人はダメ）。300 cc位の量。食後30分ぐらい。寝る前に飲む時は、そのあとあたたかいミルクを。なぜなら、アスピリンは空腹時に服用すると胃を痛める。
8. それでは、皆さん、今年の冬も健康で。　シューフコム（アラビア語で それじゃ、また！）

支援連ニュース116号（1991年11月27日発行）

ヨーグルトの簡単なつくり方

丸岡 修

以前に、「ニュース」の購読料がわりに「ヨーグルトのつくり方」を書きましたが、あれは、搾りたての乳や上水道の消毒が不十分な地域の場合です（私は、パレスチナ・コマンドから教えてもらった）。よく考えれば、もっと簡単にできます。試してみて下さい。市販のものとはちがう正真正銘のヨーグルトです。

パック入りミルク（1ℓ、200ccパックなどどれでも）をそのままお湯につける（湯沸器のお湯を洗面器にいれたものでよい）。5分位でとりだす。フタをあけて（はしをハサミで少し切って、あとは手で合わせ部分を開いていく。ハサミと手は清潔であること）、中にティースプーン一杯分の生ヨーグルト（最初は市販の生ヨーグルトを買うしかない）をいれて、フタを閉じる。ガムテープで完全に。暖かい部屋に、タオルなどでくるんで一日置いておく。黒い布で巻いて日向《ひなた》にだしておいても良い。コタツの中も良い。コタツの中なら半日でできあがる。

パックを利用しない時。ナベを空のまま火にかけ、さっと殺菌（水気もとばす）。それにミルクをいれる（パックのでも粉乳でも無糖練乳でも）。　生ヨーグルトのティースプーン一杯分をいれ、フタをして、風呂の残り湯にナベごと浮かしておく。一晩で終わり。あるいは、40°Cぐらいにまで火にかけ　あたためる。それに生ヨーグルトをいれ、布にくるんで暖かい部屋に置いておくか、コタツの中に。湯タンポとともに布団をかぶせておくだけでも良い。

驚くほど簡単にできる。雑菌さえまじっていなければ、生の乳を温たかくして放置しておくだけで、乳酸菌発酵してヨーグルトになる。乳酸菌だけ残すのが難しいので、完全に殺菌して生ヨーグルトだけをいれる。乳酸菌発酵か腐敗かは臭いで区別できる。

自分でヨーグルトをつくると、市販のヨーグルト、カルピス、ヤクルト、ビフィズス菌薬剤などを買うのがバカらしくなるはず。その日つくったヨーグルトを少量残すだけで次の日のヨーグルトの種になる。

'91, 11, 24記

支援連ニュース118号（1992年2月19日発行）

丸岡修自述

元・日本赤軍軍事指揮官告白録

風塵社

JAPANESE RED ARMY

「黒の告白」

準遺言その１「黒の告白」（二〇一一年二月二二日）

悶々としていましたが、死が現実になったところで決心しました。墓場まで過ちを持ち込むわけにはいきません。

以下に、一九七三年の「ドバイ作戦」、一九七七年の「ダッカ作戦」に関する「無実」主張を全面的に取り下げます。今までのその誤りを正式に正します（なし崩し的あいまい化はやめます）。

一．西川裁判上告審弁護団によれば、（二〇〇九年）浴田C［CとはCamaradeの略で同志を指す］の了解も得られているとのことであり［実際は得られていない］、西川Cからの要請に同意し、自らの二作戦への関与と責任を全面的に認めます。

二〇〇〇年四月の私の下獄の折に、面会人の友、I田氏は言いました。ずばり、「革命党派なのだから、やっていても裁判闘争としての無実を主張というのは承知しているから」。氏は、了承してくれていたが、友人、知人の中には「無実と信じていたのに、欺かれた」と怒りに思う人が少なくないでしょう。ごく一部の友人たちを除いて、家族をも「欺いて」いたのだから。私との絶交を考える人もいるでしょうが、それは覚悟します。親友であり戦友の檜森らは当然知っていましたが、「左翼の行動原理（考え方）」と無縁であった人々には、「冤罪」と受け止められ、その前提で、十年二十年の支援を受けたのであり、実は「今さら変更できない」と、この八年間悩んできました。しかし、このままでいることは、自身の良心に照らしてももう無理です。これ以上の心苦しさに耐えられなくなりました。これは、自分がくたばる前に「すっきりしておきたい」という自己本位なのかもしれません。でも自分の気持ちに正直であることにしました。

二．八年前の二〇〇三年、西川裁判弁護団より丸岡の「無実」主張を取下げた上の西川弁護の証言を要請されました。西川C自身からの要請でもあるとして。その時は「浴田Cの立場がなくなる。自身としてはやぶさかではないが、考えさせてほしい」と回答しました。また、レバノンから二〇〇〇年三月に「帰国」した和光君からはその四月、弁護人を通して「自分は無罪主張せずに有罪を認める立場でやるから了解してくれ」との連絡があり、私は「支持する。必要なら証人証言する」と回答しました。〈弁護人には「彼の罪を軽くするために、クアラルンプール作戦は丸岡の指示によるとしてもらってか

まわない」とも（結局、和光君は逆に丸岡は一切無関与と対応した）。〉

和光君の「ハーグ作戦」と「クアラ作戦」の有罪を認める、そのうえで被害者への謝罪を表明するという立場に、私も「ドバイ作戦」と「ダッカ作戦」も有実と認めるべきだったと思うようになったし、二〇〇三年の西川Cの希望を聞いて、心は決まっていました。しかし、阿吽の呼吸で丸岡裁判第二審で、「丸岡無関与」を証言した（一九九六年一一月）浴田Cの証言を否定することであり、そして私の「無実」を信じて支援してくれた友人・知人たちを裏切っていたことを明らかにすることになり、無実主張の取り下げに躊躇しました。その結果、西川裁判上告審などでは「一九七七年当時の軍事部門の当事者として自らの責任を認める」とし、つまり、作戦自体への丸岡の直接参加の真偽は明かさずに、実質的に関与は否定しない、という極めてあいまいな対応で、臭い物に蓋をしました。それはやめます。

三．ではなぜ、一九八八年からの丸岡裁判では「否認」したのか。

私（及び当時の日本赤軍）は、日本政府の一機関、ブルジョア国家権力下の裁判所を認めていなかったし、国家権力による弾圧機関の一つとは対決するのが正しい階級的（労働者階級的）立場である、としていました。したがって、裁判方針は「不当弾圧に対して徹底的に闘う」となりました。しかし、過去の日本赤軍の軍事行動の誤りは人民の前に認め、謝罪は必要と考えていました。それもあって、裁判方針を、①有罪と認めて謝罪し「情状」を求める、②全面対決して「無実・無罪」で闘う、③有実と認めたうえで「正当な作戦だ、何が悪い。革命無罪」で押し通す、の三点に絞りました。公式の（人民への）謝罪として①でもよいかと思いつつ、党員である以上、組織の指示に従うとしていました。指示は②でした。しかし、当時の組織の指導部の責任とはとらえていません。指示は強制ではないし、②でやると決めたのは私自身であり、責任は自身にあります。

〈なお、「革命党派」云々と前記したが、どこの党派もそうだということではなく、また、旧日本赤軍全員ということではなく、私一人のみである。八〇年代はまだそういう時代だった。泉水、浴田、西川、重信らに対して誤解なきようお願いします。泉水、浴田は「情状（量刑、動機）」を争った。〉

「無実」主張を決めたのは、弁護団による「検察側証拠」評価では「この程度で有罪にするのは無理だろう（疑わしきは罰せず）」だったので、私自身の判断で、「それなら、国家権力・司法と徹底してやってやろう。どうせ無罪か無期なのだから」と。情状酌量で有期刑で闘うという発想が、八八年はまだ「武闘派」だった私にはありませんでした。念のために明記しますが、決めたのは私であって、弁護団より指示は受けていないし、弁護人は被告本人が「無罪で争ってくれ」と言えば、本音はどうであれ、被告本人の意向に沿うのみであって、弁護団はまったく無関係です。

それが八八年段階でしたが、私はまだ初公判では「認否はしない（無実主張は保留にした）」としていました。しかし、裁判所にいずれかを明示する必要が生じ（否認しなければ、それが有罪心証を持つことがわかり）、八九年の「更新時意見陳述」時に否認表明しました。しかし、本当に冤罪で闘っている人たちには失礼な話なので、「冤罪」とは口にしませんでした。でも、九一年に「接見禁止解除」になってからは、結局「冤罪」表現を使い始めました（冤罪で闘っていた人々に深く謝罪します）。そうした以上、上告審でその立場を貫くしかなくなってしまいました。

四．しかし、刑の確定を経て考えてみれば、私は「事件」の被害者への真摯に心を込めて謝罪する公的な場を失っていたことに気付きました。また、二〇〇一年のニューヨークの「九・一一事件」による「反テロキャンペーン」に呼応した日本の司法（検察・裁判所）の姿勢の変更が現実のものとなり、西川裁判や和光裁判が厳しいものとなるのがほぼ確実でした。本来、ハーグ作戦やクアラルンプール作戦は、HJ法［ハイジャック防止法］ではなく「逮捕・監禁罪」であり、殺人がない以上、「殺人未遂」をでっちあげられようと、類似の一般刑事事件の量刑基準に従えば、「無期懲役刑」になどなり得ず、有期刑が相場です。丸岡裁判の判決中に「テロ云々」の語は一つもないのに、彼らの判決の中には「テロ」非難が大きな部分を示しています（私の裁判での検察による「求刑・論告」でさえも「テロ」という語は四個だけだったのに、彼らのにはそれぞれ数十個も散りばめられていた）。

私の量刑が仮に「有期二〇年」であったなら、量刑バランス上からいって二人の量刑は有期になっていたと思います。まだオウム真理教による「サリンガス・テロ」の前であったし、最初から「情状」でやっていれば、人々への公的な謝罪の場はあったし、「有期」となる可能性はありました。今さら言っても空しいことです。八八年の私には先を見通す力がなく、「極左方針」によって自分たちの首を絞めたといえます。

五．私の立場変更については、二〇〇七年に丸岡裁判弁護人の了解を得ています。「我々としては丸岡本人の意向を尊重するだけだから、まったくかまわない。ただ、心境の変化の理由は教えてほしい。そちらに興味がある」と。

私が示した理由は次のようなものです。「日本がアジア近隣諸国に侵略戦争を謝罪しても受け入れられません。それは日本の責任を一切不問のままに謝罪表明しているに過ぎず、本心のものとは誰も思わないからです。それを考えた時、結局、私自身が同じことをしていると思うようになりました。自身の責任をあいまいにしたまま『組織として』とぼかすことは、心からの謝罪にならないからです」。

六．私たちは「人民と共に」と革命を目指していたのに、その守るべき人民を自分たちの作戦を成功させるための「楯」とした一九七三年以降のいわゆる「同志奪還闘争」には、大義も人民性も欠けていました。こういった自分たちの都合に合わせた闘いは完全否定すべきものです。「人民の自由と解放のために」という理想を求めるがゆえに、革命運動の手段は徹底して選ばれるべきなのに、私たちは不本意であったとはいえ、手段を目的化してしまっていました。

一九七二年のリッダ空港作戦は、国際連帯、民族解放闘争、国際革命の歴史において評価されるものでしたが、パレスチナ解放組織の指揮に従ったとはいえ、非武装の一般旅行者をも巻き添えにしてしまった以上、その負債をもまた負い続けるしかありません。

七．最後に遺言として。「人が人らしく人として共に生きられる人間の国を！」。

改めて、今まで私の「無実」を信じて応援してくださった人々を欺いてしまったことについて、深くお詫びします。お許しくださいとは申しません。

以上

〈準遺言は弁護人に書き続けておきます。私の命はいつ停止しても不思議のない状態ですが、せめて一年は頑張るつもりです。とにかく、一日数行しか書けない現状にあるけれども、死ぬまでに何とか最小限のことは書き残しておきたい。〉

「黒の告白」に追記（二〇一一年三月一〇日）

▲この「告白」に対して、控訴審終盤から「丸岡との共闘」として支援してくれた親友から厳しい批判・叱咤を受けました。私にはとてもありがたい。リップサービスではなく、私の本心からです。

▲「この際は告白で自分がすっきりするのではなく、『非難に耐えての沈黙が美』ではないのか」。「『あの人はこう言った』、『この人は……』と語ることが余計に見苦しい。あれだけ『白くても赤ければ黒となる』と大風呂敷を拡げていたんだから、謙虚でいるべき。すべて責任をとるといっても、責任はとれないんだから」。

▲確かに「見苦しい」とは言えます。批判の一部は私には不本意ではあるものの、現実の私がそのようにしか見えないというのが間違いのない「事実」であり、無条件に批判は受け入れるのみです。

▲「浴田さんに証言を求めたことは、さすがに人々に失礼なことだったと思います。間違いです」。私も今はそう思っています。阿吽の呼吸であったが、結局彼女に迷惑をかけたし、彼女まで巻き込むことになり、応援の諸兄姉を確実に欺きました。見苦しいが、弁明しておきます。当時の二人はとにかく法廷での十年ぶりの再会を実現することを第一にしていて、控訴審では「新証拠」が要求されるので（第一審では証人となれなかった、やむをえない事情があることが条件）、九五年に拘束された浴田Cがその位置にありました。これ以外に再会の場を得ることができなかったのです。そして、すでに一度、被告人尋問を含めて一切の弁論なしに打ち切られて結審したこともあり（弁護団は抗議して辞任）、審理再開のためには浴田証言が適切と考えたのです。そもそも私の第一審方針が間違っていたとはまったく思ってなかったので、裁判戦術として許されるとしていました。それが「人民の権利か」と問われれば、否です。

▲私の独りよがりの論理ではありますが、だからこそ重ねてきた過ちを正したいのです。非難などを覚悟の上で。以上。

〈なお、両親は何も言いませんでしたが、最初から見抜いていました。〉

多謝！　丸岡

［『夢と希望』第五号（二〇一一年三月）］

「黒の告白」の一部訂正及びお詫び（二〇一一年三月三一日）

文中うっかりして西川Cがみなさんの誤解を受ける書き方をしてしまいました。

第二項の二ヵ所。①「西川C自身からの要望でもあるとして」は、間違いなので削除。②「二〇〇三年の西川Cの希望を聞いて」は削除し、「二〇〇三年に西川第一審裁判の状況を弁護団より聞いて（丸岡の立場変更があれば、丸岡の「西川無関与証言」に裁判官は耳を貸すだろう）、心は決まっていました」と修正します。

私の書き方では西川Cが私に立場変更を求めたかのようになっていますが、それはちがいます。

いずれにせよ、西川Cと和光君に対する重刑（無期）を阻止できなかったこと慙愧の念に堪えません。泉水Cが受けている苛酷な状況に対して何もできない自分の無力が情けない。

編者前書き

本書は、丸岡修さん（一九五〇年一〇月二〇日～二〇一一年五月二九日）の生涯を、本人の書き残したものと証言とを元に構成したものである。

丸岡さんは、一九七二年四月、二一歳で単身中東に渡り、奥平剛士さん、重信房子さんらの日本人グループに参加する（これがのちの日本赤軍となる）。そのグループはＰＦＬＰ（パレスチナ解放人民戦線）の指揮のもと、同年五月三〇日にリッダ闘争を実行した。作戦の目的はテルアビブのリッダ空港（ロッドとも。イスラエルはベン・グリオン国際空港と称す）の管制塔襲撃を目指した決死作戦で、一般人の殺傷を目的としたものではなかった。しかし、決死部隊の突然の行動に空港警備のイスラエル兵が乱射。乗降客を中心に二六名が殺害される大惨事となった。

この作戦には丸岡さんも参加を要請されたが、決死作戦は事前の約束とちがうということで参加を断る。また重信さんもリッダ闘争に直接関わっていたわけではない。作戦後、丸岡さんは帰国の途に着こうとする。しかし、中継地のヨーロッパでリッダ闘争の重要参考人として名前が挙がっていることに気がつき、帰国を断念した。

こうして再び中東にもどった丸岡さんは、ドクターことアブ・ハニ（本名はワディエ・ハダード）率いるＰＦＬＰのアウトサイドワークの一員としてさまざまな武装闘争に参加することになった。その第一弾が七三年七月二〇日のドバイ・ハイジャック闘争（パリ発東京行き日航機をハイジャック）である。

しかしこの作戦は、アウトサイドワークとしては失敗した作戦であった。死者を出したうえ要求は受け入れられず、しかも、投降地のリビアでは部隊全員が拘束されてしまったのだ。そこで丸岡さんは、電気ショックなどの拷問までも受けることになる。「リッダの英雄」のグループの一員である丸岡さんだけは釈放を許されたが、「部隊全員でなければだめだ」と釈放を拒否してもいる。

そうしたことから、丸岡さんや重信さんなどＰＦＬＰの指揮下で動いていた日本人グループは自立を模索し始める一方、大使館占拠などの軍事作戦を展開する。その間、アラブ赤軍などを自称するが、実態としては個人個人のバラバラな集まりでしかなかった。そのため、七四年一二月、日本赤軍という独立した組織としての第一歩を踏み出すことになった。

しかし、決して順風満帆な航跡をたどったわけではない。七五年三月、スウェーデン・ストックホルムで日本赤軍メンバー二人が拘束され日本に強制送還されたため、同年八月、その二人を奪還するために在クアラルンプールのアメリカ大使館、スウェーデン大使館を日本赤軍は占拠し、その二人と日本の獄中にいた連合赤軍、東アジア反日武装戦線のメンバーら五名を、超法規的措置で奪還する。

翌年九月には、日本赤軍の日高敏彦さん、奥平純三さんがヨルダンで拘束される。日高さんは拷問で殺され、純三さんは日本に強制送還された。

そのため丸岡さんは、七七年九月二八日、ダッカ・ハイジャック闘争（パリ発東京行き日航機をまたハイジャック）を指揮。純三さんのほか、獄中の東アジア反日武装戦線メンバーら六名を超法規的に奪還することに成功している。

八〇年代はイスラエルのベイルート侵攻に対し、軍事抵抗を続けていくことになる。それと同時に、日本赤軍は国際的なネットワークの構築を図り、丸岡さんも世界各地を飛び回っていた。

一九八七年一一月二一日、日本に潜入したところを東京シティエアターミナル（T-CAT）で警視庁に逮捕される。旅券法違反とドバイ闘争、ダッカ闘争の二件で航空機の強取等の処罰に関する法律（通称・ハイジャック防止法）違反で起訴される。公判では無罪を主張。第二章に記した重信公判証人出廷時の段階では、まだ無罪主張を取り下げていない。

こうして、丸岡さんは裁判闘争に明け暮れることになるが、一九九六年二月、気管支炎から肺炎を悪化させ昏睡状態に陥った。生死の境をさまよったものの、幸いにして意識は回復するが、以降、拡張型心筋症に苦しむことになる（初期の段階では心不全と診断されていた）。

一方、日本赤軍は世界各地で逮捕が相次ぎ、重信さんも二〇〇〇年一一月八日、潜伏先の日本で逮捕される。そして、翌〇一年四月、日本赤軍は解散を表明。

丸岡さんも、〇一年三月二八日、無期刑が最高裁で確定する。こうして丸岡さんは、東京拘置所から宮城刑務所へと移監されるが、病状が悪化すると八王子医療刑務所（略称・八医刑）に移監されることがたびたびであった。刑務所の外の病院に入院されたこともあった。それでも、元同志の公判には証人出廷することを拒まず、重信さんの公判に出廷した時は、東京拘置所に移監している。

しかし、次第に呼吸困難と腎不全による排尿不全に苦しみ、体はむくみ、立つことも話すことも困難になっていった。ついに死期を悟り、過去の闘争に関与したことを発表したのが、冒頭の「黒の告白」である。

弁護士らは、〇七年から六回も丸岡さんの刑の執行停止を申し立ててきたが、東京高等検察庁の担当検事は拒否。そして、六次申し立て中（第六次の担当者は川口克己）の二〇一一年五月二九日、丸岡さんは八医刑で苦しみながら亡くなった。

享年六〇歳。

その後、丸岡さんの友人たち（「丸岡さんに生きる途を！」の会）は、二〇一三年四月一日、東京高検検事・川口克己、八王子医療刑務所所長・大橋秀夫の二名を、特別公務員凌虐致死罪で最高検察庁に共同告発した（共同告発人は一一六名）。民主主義国家において、獄中者の人権は最大限に守られなければならないはずだ。それに背いた彼らには、相応の裁きがあってしかるべきだろう。

さて、本書は四章構成とし、第一章は丸岡さんが書き残したものから、彼の自分史をまとめた。第二章では重信公判での丸岡さんの証言を紹介している。日本赤軍創成期から試行錯誤しながら発展していく過程を主に述べている。第三章には遺稿として、逮捕直後に発表した「対立の根拠は無数だが、団結する根拠は一つ」、冒頭意見陳述書と、本人が病状について くわしく報告している「難病に抗して生きる」を収録した。第四章は日本赤軍関係者と、大谷恭子弁護士の証言を集めた。

フェミニズムの旗手である上野千鶴子氏は、『生き延びるための思想』（二〇一二年、岩波現代文庫）で、元日本赤軍の浴田由紀子さん、重信房子さんを俎上に載せて論じたのち、女性革命兵士になるよりも、「逃げよ、生き延びよ」それこそがフェミニズムの思想だと述べた。

まさにそのとおりだろう。しかし、時代的地理的政治的状況次第では、逃げのびた先に待っているのは五二ページに見るサブラ、シャティーラ・キャンプの虐殺でしかなかった場合もあった。その圧倒的な暴力差がわかりきっていても、立ち向かわざるを得ない時代があるのだ。

作家の村上春樹氏は、イスラエルのエルサレム賞の授賞式で「高くて固い壁があり、それにぶつかって壊れる卵があるとしたら、私は常に卵の側に立つ」（二〇〇九年二月一五日）と昂然とスピーチし話題を呼んだ。村上氏が日本赤軍をどのように評価しているのかはわからないが、丸岡さんや日本赤軍の闘いとは、まさにその〝卵〟の闘いだったのだ。

丸岡さんは、詩作を好んだが預言者ではなかった。イラストは得意だったが、歌や音楽は苦手であった。そして、実直で誠実な軍人であったのだ。

二〇一三年卯月

編　者

〈凡例〉

引用に際し、明らかな誤植は訂正し、用字を統一した。

［　］で示した説明は編者によるものである。

丸岡修自述　元・日本赤軍軍事指揮官告白録　目次

装幀　閏月社

第一章　自分史

〈引用交流誌〉

『アッサラーム』和泉の会（現在廃刊）

『ザ・パスポート』帰国者の裁判を考える会（現在廃刊）

『支援連ニュース』東アジア反日武装戦線への死刑・重刑攻撃とたたかう支援連絡会議

『夢と希望つうしん』「夢と希望つうしん」係（現在廃刊）

「自己紹介」

一九五〇年（一〇月二〇日）徳島県生まれ、関西育ち（大阪・神戸）の中年男。大阪府立清水谷高校卒。生家は大地主らしかったそうですが、戦争と祖父の散財で私が生まれた時は没落していました。五二年頃、大阪に。最初はアパート（階段をはい上がったり、おまるを使った記憶あり）、次は狭い長屋暮らし。貧しい生活でした。その小五までの大阪での暮らしが私の出発点です。貧しいながらも幼稚園には行かせてもらってたので両親は大変だったと思います。その自身の貧しさの体験と、小学校で映画や本を通して教えられた被差別部落の人々の状況、在日朝鮮人の人々の状況を知ったことが、世の中に疑問を持つ始まりでした。自分の家よりもっと貧しい人々もいることを知り、この国はおかしいと子ども心にも感じました。神戸に小五の冬に引っ越しました。高級住宅街とバラック小屋が混在し、大阪よりもすごい貧富の差にびっくりしました。小五担任教師の貧乏人差別言辞（友だちに対する）にも怒りを覚えました。しかし、その頃の私は世の中の仕組みが分からず、父が二・二六事件にあこがれて士官になったことや（戦後は反天皇）、小六の担任教師が軍国主義者だったこともあり、私は日本の変革は軍人になって「クーデター」というイメージしかありませんでした。中一の夏、大阪に引越し。中二時代までは、防衛大学校も志望校の一つであったりし、日の丸・君が代派でした（父は反日の丸でしたが）。

中三になって初めてマルクス主義があるのを知りました。ソ連などの国があるのは知っていたのに、社会主義が何かを理解していませんでした。資本主義の欠陥が、貧富の差や恐慌の発生をもたらすなどと「政治経済」の参考書で知りました。私が目指すべきは社会主義だとなりました。また、当時（六五年）は米国によるベトナム侵略戦争が拡大し、反戦意識も持つようになりました。日本共産党支持者に変わりました。高一の時の担任が広島被爆者でもあり、共産党支持の立場は強くなりました。そして高二、六七年の一〇月八日羽田闘争のニュースに接しました。京大生山崎さんが警察に殺されたのを。この時から新左翼に関心が。続く六八年の佐世保エンプラ寄港阻止闘争などを知ると同時に、共産党の新左翼非難にもあきれ、新左翼シンパに私は変わりました。高三になって、集会を見にいくようになりました。毛沢東思想も少しかじるように。べ平連の「殺すな」バッジをつけて通学するなどしていました。その夏休みに市岡高校で占拠闘争がありましたが、他校でもあり、まだ傍観者でした。友人と交番の掲示板に貼ってある自衛官募集ポスターを破ったり（スリル満点、笑）、

若き日の丸岡さん、左端

自衛隊方面部に行って入り口のポスターをはぎとり、「国を守る力、自衛隊」の〝国〟を「資本家」と書き替え、高校の廊下の壁に貼ったりといういたずら半分のことはやってました。

　大学に入ってから学生運動をしようと（それまでまったく勉強をしていませんでしたが）、夏休みに阪大を目指し猛勉強。慣れないことをするものではありません。たった二週間で左目の網膜が炎症。医者に行くと、「失明の可能性がある。受験は延期しろ」と言われました。普通ならがっかりするのでしょうが、努力が苦手な私にはホッでした。五〇人中四九番が指定席だったのに九月の試験では一気に一七番あたりまで浮上したものの、勉強やめたら、すぐ指定席にまで落ちました。あっさり阪大合格はあきらめ、同じ受け直すなら、今度は学生運動のメッカ、京都に行くと、卒業後、京都の予備校に入りました（六九年）。しかし、勉強のできる環境ではありませんでした。授業に出たのは二週間のみ。四月の下旬にはヘルメットかぶってデモに……。当時、京大の助手をやっていた滝田修氏を呼んで「入試粉砕の論理とは何か」を予備校でやったり……。他の予備校に押しかけて「授業料値上げ阻止」の集会をやったり……。気がつけば、同志社大や京大のバリケードのうちにいる方が普通になっていました。浪人同士の団体は「浪人共闘会議」と名乗り、予備校内では「関文理反戦」を名乗っていました。ブント（共産主義者同盟）系が多かったのですが、私は中国派でした。

　夏に赤軍派が結成されましたが、同志社で自称している学生の作風がひどくて（全員ではない）、お断りでした。私は、関西べ平連がやっていた六九年夏の反戦万博（ハンパク）の方に関わり（七〇年にシールをべ平連が作りましたが、太陽の塔が倒れている図柄とゲバラの図柄は私が描きました。見た方もおられるかも）、浪人運動のパネル出展をやりました。それがきっかけで六九年夏以降、関西べ平連に出入りしていました。秋に浪人べ平連を作りました。京都でも浪共闘を続けていたので、バイトもやりながら、活動のためだけに大阪と京都を往復していました。七〇年に二浪をやることに。何をしていることか。さすがに大阪だけで浪人べ平連をやっていました。

滝田氏を呼んで（大阪の予備校の講師もされていた）、大阪市大でティーチ・インを開いたりしました。

一方、ブント系労働者が中心だった「関西労働者学園」の活動にも参加。哲学者の藤本進治先生宅にも出入りするように。京都での滝田ゼミにも出るようになり、京大パルチザン、立命パルチザンの連中と深くつき合うようになりました。オモテでは市民運動、ウラでは武闘を目指す以上、市民運動に迷惑をかけてはいけないと、七〇年末を最後に関西べ平連から抜けました。七一年の地方選では、後学のため自民党福岡市議会議員候補山崎広太郎の選挙運動員をやり（国会議員をやったあと、今は福岡市長）、その後、サラリーマンに。

赤軍派に対しては疑問を持ちつつも、同じ武闘志向として評価はしていましたが、彼らの軍事路線には反対で、接触する気はありませんでした。ですから、七二年四月のレバノン行きは、無党派「パルチザン」としてでした（日本赤軍は七一年に赤軍派から分派した同志重信と同志奥平剛士の二人から始まった）。［『夢と希望つうしん』準備号（二〇〇〇年六月一〇日）］

「ある軍国少年の転向」

ある軍国少年とは、実は私のことです。私は徳島の地主の家に生まれましたが、いろいろあって物心ついた時は大阪で両親は貧しい生活をしていました。その後大阪の小学校に入り、そこで民主的な映画を見たり、先生の話を聞くうちに、世の中にはさらに貧しい人々がいること、「被差別部落」に対する差別、政治の腐敗などを知るようになりました。小五時に神戸に転校。神戸は貧富の差が極端で、バラック小屋から通っていた友もいれば、大邸宅からの友もいて、大阪の小学校で聞いていた話は本当だと思いました。小学校教師は保守的で、神戸では教師に親が贈り物をするのが普通で、えこひいきも歴然。教師は「アジア解放の戦いだった」と日本の戦争を正義化。

他方、私の父は、二・二六事件に触発され、志願して陸軍将校になった人。それで、私は日本の社会的腐敗、貧富の差の解決には、二・二六のように軍事クーデターでという考えになり、マルクス主義を知らなかったガキは、北一輝にあこがれるように。中学生になってもそうで、当然「国体護持」となり天皇制の下での変革しか頭になく、天皇に対しては非常な親近感を持っていました。そのまま行けば右翼です。ところがある日、町内会回覧板で「日の丸」販売案内（〝祝祭日に国旗を掲げよう〟というもの）があった時に、父に買うべきだと言ったところ、「そんなものはいらん」と一蹴されました。あれっと思っていたら、天皇の話になって、「ヒロヒトなんか敬うな」と父が言い始めました。父は左翼ではもちろんなく（民社系、この頃は公明）、軍隊や戦争の話を聞いていただけに意外。「二・二六に決起した将兵らは日本の変革を考えていた。その訴えにいっさい耳を貸さず、『殺せ』と命令したのはヒロヒトだ。戦争を指揮したのもそうだ。ワシの部下の兵たちは天皇のために死んだ。中国人の首も斬った。あの男が最大の戦犯だ。自分は責任とらずに東條におっかぶせた。吊るされるべきは天皇だ」。

本人は戦犯として公職追放になっていたので、余計に腹にすえかねていたのでしょう。私の天皇に対する思いは変わりました。天皇の存在とは何か、考えるようになりました。

天皇は、大和、平安時代に日本の支配的位置にあった一族に過ぎず、中世、近世においては「歴史的伝統」が利用されただけ。足利尊氏にもう少し力があれば、あるいは織田信長がもう少し生きていれば、彼らが天皇を廃して国王を宣言したかもしれない。明治になって維新派勢力が徳川に代わる国家統治の権威として祭り上げたにすぎない。当時、このように考え、天皇制が馬鹿らしくなりました。この頃やっとマルクス主義の存在を知りました。

それまで（中三）、貧富の差などの発生は、政治家と財閥が悪いぐらいにしか思っていなかったのに、自分が抱いていた疑問に解答を与えてくれたのはマルクス主義でした。また、父が、自身が対峙した経験から「相手が蒋介石の軍だったら日本は勝てたが、毛沢東、朱徳の軍隊を見た時は敗けると思った」と言っていたこともあって（彼は、かつての〝敵の〟指導者を尊敬すらしていた）、中国共産党に興味を持つようになりました。だが、当時はここまでで、中学の卒業式には、「やはり日の丸・君が代を」と言っていましたから、よくわかっていたわけではありません。

高一になって、広島での被爆体験を教師から聞いたり、ベトナムでアメリカが侵略していることの報道に接する中で、左傾化を深め、日本共産党のシンパになりました。そして、高二（六七年）の一〇月、羽田闘争（佐藤訪米阻止）で京大生・山崎さんが警察に殺されたニュースは、私を左翼にむかせました。

英国のブックメーカー（賭け屋）は、「英王国が今世紀中（十年以内だったかも）になくなる」に一〇〇倍としていたのを、最近は八倍にしたとのこと。二〇年後の日本がどうでしょうか。私は二倍とします。

〔『支援連ニュース』一二九号（一九九三年三月）〕

——団塊の世代として生を享けた丸岡さんは、こうして社会問題に目覚め、その改革を志すようになった。

1971年、20歳の頃。鳥取の海水浴場で

「無題」

「一九七〇年のこんにちは」という歌が六九年に流れていました。七〇年大阪万国博覧会の歌です。私はもちろん万博反対派で、反戦万国博を準備していた関西べ平連（ベトナムに平和を！市民連合）の事務所によく出入りするようになりました（六九年六月、まだ一八歳浪人中）。京都で「浪人共闘会議」（デモ動員力二〇〇人）をやっていた時。べ平連は、大阪万博に対抗して「反博（ハンパク）」を六九年八月、大阪城公園で開催。全国からさまざまな市民運動、党派、各種運動団体も出展。と言っても、大テントでティーチ・イン（今風で言うとトークライブ）、野外でベニヤ板によるパネル展。加藤登紀子さんのライブもあったりして。

開会式は報道陣も来て結構盛大。私は数人で冒頭に大阪万博旗を報道陣に見せて、焼き払いパフォーマンス。夜のTVに出てしまった（笑）。確か、主催者に無断で（私の思いつき）……。関係者のみなさん、あの時はごめんなさい！

あの頃、私は予備校には行かず（金は払ったのに）、バイト先（阪神百貨店清掃）と会場の往復。夜は公園内の地面で直接寝てました。元気やったんやなぁ、と思います（着替えは家に立ち寄って）。

〔『アッサラーム』九号（一九九九年一二月）〕

「無題」

一一月一三日は六九年大阪扇町公園で関大生糖谷氏（プロ学同）が警察機動隊に撲殺されて三〇年。三〇周忌追悼！（岡山大生だったかもしれない。京大バリケード封鎖解除の機動隊との衝突で焼死した学生と記憶の混同があるかも。先に逝った先輩たちには礼を欠く話だが）

当夜、私も同じ会場にいました。一一月一七日の首相佐藤の訪米阻止闘争の前段で、総評労働者も参加した数万人規模の集会。私は浪人生ばかり三〇〇人ぐらいのグループのデモ指揮をやっていました。集会の途中、公園入り口に機動隊が乱入し、学生グループとの衝突が始まり、私は状況把握のために現場へ。労働者の列に飛び込もうとする学生に「逃げるな」と追い返したりしてる内に、機動隊が引き上げ、あちこちで学生が倒れ、何人かは機動隊に引きずられていきました。彼の頭骨には警棒に殴られた跡が残っていたそうですが、警察の主張は学生の角材が当たったものというふざけたもの。三〇年過ぎても落とし前をつけられていない。この無念さをいつの日にか！

［『ザ・パスポート』八九号（一九九九年一二月一一日）］

――このように暴力が激しくなる中で青春の日々を送るうち、丸岡さんも武装闘争を志すようになる。浪人生という鬱屈も内心にはあっただろうし、経験・学習面で大学生には負けたくないとも思ったことだろう。そして、人間関係も広がっていった。大きく影響を受けたのは、当時京都大学経済学部助手であった滝田修（本名・竹本信弘）さんだった。パルチザンと呼ばれる若者のグループが京都を中心に広がり、そのアジテーターが滝田さんであり、そこから奥平剛士（アラブ名バーシム）さんとその弟の純三さんらと知り合っていく。その一人に立命館大学パルチザンの檜森孝雄（アラブ名ユセフ）さんがいた。

「檜森Cとの出会い」

自己紹介をし合わなかったけれども、七〇年か七一年に、彼とは立命館大学パルチザンの銀閣寺アジトで会ったか、京都大学パルチザンが中心の「滝田修ゼミ」で会っていたような気がします。私はどちらのパルチザンにも属さずに大阪でやっていましたが、私が師と仰いでいた滝田修氏に私を紹介されて連絡してきたのが京大パルチザンのX同志で、そこから立大パルチの一部の人たちとは七〇年から関係ができていました。その縁で銀閣寺アジトを訪ねたことがありました。

七二年三月に私は彼と会うことになります。

七二年二月、あまり深いつき合いがなかった神戸のパルチザンの人から電話があり、いきなり「パレスチナにゲリラとして行かないか」という話が来ました。二、三回しか会ったことがない私に電話で話をするようでは、とても信頼できないとして断りました。あとで考えると檜森が帰国し、「作戦参加者」を探していたようです。一、二週間後に、京大パルチのX（Xやバーシムの弟の純三同志たちと私は、国内での地下党、地下軍事組織の創設を七一年から話し合っていた）から連絡があり、会うと、パレスチナに行かないかという話でした。「あちこちに声をかけたが、誰もいないので困っている」と。私は「むやみやたらに声を掛け過ぎだ。別ルートからも誘いがあったが断った」と批判したうえで、「話によっては考えてみる」と答えました。この時に実は「兄貴（バーシムのこと）が行っている」という話を初めて聞き（各グループの同志は秘密保持を原則にしていて、党・軍組織化の話し合いとは別にしていた）、行く人間を探しているというものでした。

私はしばらく考えたうえで「生きて帰ってこれるのか。何かの作戦に参加するのか。訓練は受けられるのか」などを質問。回答は「生きて帰ってこれるはずだ。何か作戦を準備しているようだが、ＥＬＡＬ（イスラエル航空）機をハイジャックしてアルジェリアかリビアに行くという話だ」でした。「作戦に参加して結果として帰れなくなるのはかまわない。しかし、死ぬ可能性が大きいのなら、自分たち（グループ）の態勢が整っておらず、今は行けない。親との関係もあるし、その場合は一年の時間をくれ」と私は答えました。Ｘも「決死作戦を予定していた」とは知らなかったのでしょう。結局、他に人がいないということで私が行くことになりました。

その後、三月下旬、檜森Ｃと京大近くのクラッシック喫茶店で会いました。私は会社員をやっていましたが、西陣の織物工場への出向だったので会社のホンダカブで駆けつけたラフなジャンパー姿、彼は多分一張羅の背広姿だったと思います。赤軍派関連の弾圧で奥平兄弟の下宿先（私もよく出入りしていた）にも家宅捜索が入り、私の会社にまで京都府警の滝田修特捜の聞き込みに訪ねてくるという状況であったので（滝田氏が指名手配されて自宅で押収された手帳にあった私の名に二重丸が付いていたことから、潜伏に関わったのではないか、と）、檜森とは必要最小限にしか会わないし話さないとしていました。という次第で「作戦」の話は何も二人でしなかったため、彼の意図と私の渡航目的は、ずれたままでした。

［『水平線の向こうに　ルポルタージュ檜森孝雄』二〇〇五年、小社］

――こうして丸岡さんもアラブ行きを決断するが、それはあくまでも軍事訓練を目的としたものであった。つまり、パレスチナでなんらかの訓練を受け、その経験をもとに、日本での武装蜂起を目指していたのだ。

奥平剛士さんは赤軍派（共産主義者同盟赤軍派）に入り、重信房子さんと偽装結婚してすでにレバノン・ベイルート入りしていた（七一年二月）。続けて、檜森・安田安之・山田修さんもベイルート入りし（七一年九月）、それぞれがＰＦＬＰの軍事訓練を受け、現地で信頼され始めていた。そしてＰＦＬＰのアウトサイドワーク（国外作戦部）は、その日本人部隊中心の作戦を練ることになる。

イスラエルに奪われた土地を取りもどそうとするパレスチ

ナ人の闘争は、アラブ民族運動として目覚め、ＰＦＬＰはその最左派に位置していた。一九六八年からハイジャック闘争やゲリラ闘争を激化し、特に七〇年に五機をハイジャックした「革命空港」は世界を震撼させた事件でもあった。作家でもありＰＦＬＰのスポークスマンでもあったガッサン・カナファーニ氏は、「プロパガンダの最良の形態は武装闘争である」と宣言し、パレスチナ人の闘いを国際的に理解してもらうには武装闘争するしかないと訴えていた。

いまの時代、武装闘争の激化が紛争の解決に結びつくという考えは理解されにくいかもしれない。しかし、当時のパレスチナ人は、イスラエルの侵略により世界から孤絶された状況に置かれていた。その不当さを平和的に叫んでみても、誰も聞く耳など持とうともしない。それならば、暴力的手段に訴えてでも彼らの置かれている困難を世界中にアピールしなければ、奪われた土地にもどることを夢見ることすらできなかったのだ。

しかし、ＰＦＬＰの突出した武装闘争は、アラブ社会の喝采を招く一方で、アラブの解放勢力にひずみをもたらしたことも事実であった。

そういう複雑なアラブの地政学の中に飛び込んでいった日本の若者にも、不幸が襲いかかる。七二年一月四日、ベイルートのピジョン・ロックで水泳中に山田修さんが溺死。このことで、ＰＦＬＰ内の日本人グループの存在が明らかとなった。山田さんの遺体と共に檜森さんは帰国。交替メンバーを探すことになる。その一人が岡本公三さんであり、丸岡さんだった。

こうして丸岡さんは、七二年四月一三日、羽田を飛び立ち、ベイルート入りするためギリシャへと向かった。そして、ベイルートではリッダ作戦が待っていた。

「リッダ闘争」

檜森Ｃが二つの文章（一九九九、二〇〇二）に書き残していたので、若干関連することだけ書いておきます。具体的には、別の機会に私のリッダ闘争との関わり総括の中で書きます。今まで具体的な話をしてこなかったのは、私自身が「共同正犯」として指名手配され（無実）、二〇〇二年の時効を待っていたからです（八七年に同容疑で逮捕されなかったのは、イスラエル当局が捜査資料の提供を拒んだこと、同志岡本公三が日本に拘束されていなかったことから――公安刑事の弁）。

ギリシャでは檜森の話と違って、レバノン行き手続きに手間取りましたが、無事にベイルート到着。私をハムラ通りのホテルまで迎えに来たバーシム、サラーハ（同志・安田）の二人は私を連れ、そのままラオシェ区の鳩の岩（ピジョン・

ロック）まで直行しました。そこでウリード（同志・山田修）が水死したことを聞かされ、屋台で買ったオレンジの絞りたてジュースと彼の好物だったラーメンに代えてのスパゲティを三人で海に投げ込みました。一月に日本で読んだ小さな新聞記事（ベイルートで京大生が水死）は、このことだったのかと初めて知りました（もちろん、檜森は伏せていた。お互いにそれくらい秘密は徹底していた）。そして、下町の大衆食堂で昼食をとってから、アハマド（同志・岡本公三）の待つバールベックに向かいました。

そこで四人の共同生活と訓練が始まりました。肉体訓練だけでなく、武器、爆薬、戦術（対正規軍戦闘）をみっちり十日間程。一週間は足腰が立たないほどにきついものでしたが、それが過ぎると自分で量を増やせるようになって、新入り二人に対して組まれた訓練は終わりました。

そんなある日、バーシムの方から決死作戦の計画が打ち明けられ、参加の意思を打診されました。私の回答は「日本で聞いていた話とはまったく違うので参加できない。死ぬ覚悟はあるが、残してきた活動があるし、死ぬことを前提で家族とは別れてきていない。一度日本に帰って一年後なら参加できる」でした。バーシムは「そうか、わかった。滑走路に伏せての狙撃にニザール（私のアラブ名）の射撃の腕がほしかったが、仕方ない。ニザールなら今後のことを任せられる。アハマドにも意思を聞いて彼も駄目なら二人で決行する。サラーハと相談するから気にするな」と言い、アハマドとの意思確認に行きました。アハマドが二つ返事で引き受けた結果、三人での決行が決まりました。

その後、私とバーシムとの話し合いで、連合赤軍を乗り越える地下軍事組織の構築、国内での武装闘争の開始、そしてリッダ闘争に続く国際連帯としてＰＦＬＰとの共同で日航機ハイジャックを実行して日本でも政治犯釈放の闘いを始める、などを決めました。バーシムからは旧赤軍派と連合赤軍の数名の名を告げられ、私はそれらを遺言として受け止めました。

リッダ闘争自体は、日本人の左翼とは一切出ないようにし、日本人らしき者たちがＰＦＬＰの国際義勇兵としてパレスチナの大義に命を捨てたことにするとなっていました（これは、アハマドが生きて拘束されて、ジャパニーズ・レッド・スター・アーミーと名乗ったことからＰＦＬＰの情宣部長のガッサン・カナファーニ同志の助言で「日本赤軍」という名称を使うこととなった）。しかし、リッダに継続する闘いは、日本を対象にした新しい革命の部隊として登場しようと確認していました。檜森の言う「助っ人」という規定はもはやしていませんでした。連合赤軍の誤りを乗り越える組織作りの端緒にする、でした。

路線としては、国際義勇兵としての登場と同時に、日本における武闘の基盤をつくり、世界と日本の解放運動に寄与しようというものでした。それは、Xや私が日本で話していた「日本〇〇戦線—PFLP—ブラック・パンサー党」と共通するものでした（Xと純三と私と三人で夜の京大工学部教室で檜森のレバノンみやげというジョニ黒で別れの盃を交わした時、Xはこれを壁に落書き。今考えると、我々は幼稚だった）。

この時、バーシムに要請されたのが、「赤軍派とも共同してやってくれ」でした。私が赤軍派に批判的であったことを承知のうえで、後日、同志重信を紹介されました。この時も私は、「えっ、赤軍派の人とも組んでいたんですか」と驚いたものです。知らなかったのです。〔『水平線の向こうに』前掲〕

「五・三〇リッダ闘争二〇周年にあたって」

一、岡本公三同志の解放
八五年五月。リッダ闘争から十三年。「殺人罪」で「無期刑」に服されていた岡本公三同志を初めとする千余名のパレスチナ人戦士の捕虜と国際革命勢力の捕虜が、パレスチナ側が捕まえていたイスラエル軍兵士たちとの捕虜交換によって、解放された。七二年九月のミュンヘン五輪イスラエル選手団村襲撃闘争以降、常にパレスチナ側の釈放要求リストの第一番に名のあった岡本公三同志。イスラエルはやっと、イスラエル軍兵士の捕虜との戦争捕虜としての交換に合意した。十三年を要した。国際赤十字がチャーターしたオーストリア航空機（オーストリア政府も捕虜交換を仲介）に乗って、ジュネーヴで捕虜の交換。リビアのトリポリにむかった。

同年某月。リビアで休養していた多くの戦士たちは、拷問で受けた傷を治療したり、放置されていた病気を治癒した後に、各派それぞれに分かれ、戦線復帰にむけて出発した。岡本同志たちの部隊はレバノンに行くことになった。しかし、レバノンの空港は閉じており、シリアを経由し陸路で来ることになった。国境の近くにまで多くの戦士たちと共に迎えに行く。上空には、イスラエル空軍の偵察機二機が舞っている。奴らは通過時刻まで知っていた。公然の秘密だから知っていて当然なのだが、日本の新聞の特派員が知る前に知っている。先導車がやってきた。解放された戦士たちが乗るバスがやって来た。皆、一斉に降りる。

「岡本同志！　ご苦労さまでした」

岡本同志がランドクルーザーのうしろに乗って、さぁ、出発。町に近くなると多くの人々が沿道に立っている。その前を通り過ぎる。すると若い女の子たちが叫ぶ。

「あっ、ヤバーニー（日本人）よ！　あっ、オカモトだ！　みんなぁ、オカモトよ！」

「キャーッ」

悲鳴の中をパレスチナ人同志がニコニコしながら運転していく。岡本同志は、そう、日本で言うところの「アイドル」であった。ここはパレスチナ人の町ではない。レバノン人の町である。

イスラエルの偵察機はまだ上空を旋回している。さぁ、小休止と昼食である。町に長居はできない。なぜなら、そこに滞在しているとイスラエルが判断すれば、数日後に空爆が住民に加えられる。なぜすぐに解放捕虜の車列に爆撃しないのか、と読者は思うでしょう（実際には、一ヵ月後、戦士たちが分散している数ヵ所の基地に爆撃があった）。さすがに、イスラエルであっても、捕虜交換で解放したばかりの捕虜に爆撃するようなことはしない。これはイスラエル兵の捕虜が次に捕まった時に殺されないための暗黙のルールであるからだ。したがって、我々の側もイスラエル兵捕虜に対しては丁重に扱う。食事も我々よりもよいものを与えるし、爆撃を受けても大丈夫なところにかくまう。しかし、「紳士協定」（ジュネーヴ協定も紳士協定のようなもの。そちらが破ればこちらも破る。そちらが守ればこちらも守る）が暗黙にあるとは言え、パレスチナの戦士たちも大胆なものである。ちなみに、イスラエルの偵察機の解読能力は、どれくらいだと思いますか。兵士が銃を持って上空を見上げているところまでわかります。こちらはもう、裸も同然です。だいたいは、二機が前後に少しずれて平行して飛行します。できあがった合成写真は立体的になります。

二、どういう闘いであったのか

一九七二年五月三〇日深夜、ローマからエール・フランス機がイスラエルのテルアビヴ空港（パレスチナ地名の英語読みではリッダ、ユダヤ地名の英語読みではロッド）に到着。荷物受け取り所で乗客たちが荷物を受け取っている時、三人の日本人とイスラエル国軍警備隊との間で銃撃戦が始まり、二六人が死亡、多数が負傷。二人の日本人が手榴弾で自爆し、一人は建物外に出たところで弾が切れ、イスラエル航空機に手榴弾を投げようとした時に、警備隊に取り押さえられました。これがいわゆる「テルアビヴ事件」とマスコミが呼んでいるリッダ闘争のあらましです。私たちは、これをリッダ闘争と呼び、パレスチナ人民は「アマリーア・マタール・リッドュ（リッダ空港作戦）」と呼びます。ＰＦＬＰ（パレスチナ解放人民戦線）は、これをディール・ヤシン作戦と名づけています。四八年、後にイスラエル首相になって八二年のレバノン侵略戦争を指揮したメナハム・ベギンが指揮するシオニストのテロリスト集団に、パレスチナ人のディール・ヤシン村が襲われ、二五四人の住民が虐殺されたことにちなんで、「ディール・ヤシン作戦」と呼ばれました。

戦死した同志は、奥平剛士同志と安田安之同志で、捕虜になったのが岡本同志でした。

リッダ闘争は、パレスチナ人民のみならず、アラブ人民に感動を与え、エジプトの故サダト大統領でさえも、この闘争に賞賛を与え、戦死した奥平同志と安田同志、そして生き残った岡本同志は、パレスチナ、アラブの民族的英雄の位置を与えられました。日本の報道からは想像できないことでしょうが、事実です。時の田中政権が、イスラエルに謝罪し、見舞金を送ったことに、アラブの世論は驚き、反動王政国家のクウェートにおいてさえ、日本製品の不買運動を呼びかける動きがあったくらいです。リッダ闘争は、自画自賛抜きにアラブ人民と一体となった闘いでした。

当時、私はベイルートにいました。レバノンに残る私たちには、作戦の内容、日時、場所は一切知らされていませんでした。ＰＦＬＰでも知っていたのは一部の人だけでしょう。五月三一日の朝、この闘争があったことを知らなかった私は、いつものように朝早く、安ホテルから散歩に出て（ＰＦＬＰから、キャンプではなく、一人でホテルに滞在しておくようにと指示があったので、ひょっとすると、いなくなった同志たちが何かやるのかな、という感じはあった）、本屋に寄って英字新聞を買おうとした。なじみの店のオヤジがニコニコして新聞を差し出し、お金を払おうとしたら、「今日はいらん。日本人はタダだ」というので、けげんな顔をした。店のオヤジは、「お前、まだ知らないのか、これを」。オヤジは一面を高々とかかげた。日本人のフェダイーン（戦士）がリッダ空港を襲撃、とあった。あっ、やったんだ、これなのか、と小躍りしそうになったが、その興奮を隠しながら新聞を受け取った。あまり私が喜ばないので、オヤジは「わかっていないな、こいつは」という顔をしながらも、去ろうとする私の肩をたたいて、「日本人はすばらしい」と言っていた。あわてて、ホテルに帰って新聞を読みふけった。同志から連絡が入って待ち合わせ場所にむかった。タクシーを拾う。「お前は、日本人か」と聞くので、「そうだ」と答える。もうすぐにリッダ闘争の話であった。降り際に料金を払おうとすると、受け取らなかった。「今日はあんたからお金はもらえないよ。我々アラブは日本人コマンドに感謝している」。私をキャンプから出した理由がわかった。大騒ぎになって、日本人の私の所在が大きくなり、イスラエルが日本人がいるキャンプとして報復爆撃する可能性があったからです。

これがレバノンの様子でした。ほかの一般日本人もあちこちで、歓待を受けたはずです。市中では、私は「赤軍」ではなく、ただの「旅行者」を装っていたわけで、私への対応は、他の日本人にも共通していたはず。私が少しアラビア語を話せるようになっていたからというのもあるでしょう。私と同じ経験の原稿を送った日本特派員もいたはずです。本社の外信部長が日本ではなじめないとしてボツにしたケースが。

三、敵の反撃

イスラエルにとっては衝撃的な事件でした。戦闘地域として厳重な警戒下にある足元の空港で起こされたのですから。時の首相、ゴールダ・メイヤー（女性）が陣頭指揮をとって処理にあたりました。連中の立場は、報復にはさらなる報復を！　です。ヨーロッパのユダヤ人たちがナチス・ドイツに受けた虐待と同じことをパレスチナ人に加えておきながら、それにはまったく無頓着で、イスラエル国家の存続のためにはあらゆる手段を行使できるとするのがイスラエルです。リッダ闘争の前に、自分たちがベイルート空港を爆撃したことやパレスチナ人キャンプを爆撃したことにはまったく不問で、リッダ闘争の実行責任を発表したＰＦＬＰに対する報復テロが検討されました。

六月に入って、早速、パレスチナ・キャンプ（パレスチナ避難民の居住区。レバノンではキャンプといってもテント村ではなく、ブロック積みの平屋か二階建ての家が並んでいます）が空爆されました（資料がないので正確な数字をあげられません。爆撃があったのは事実です）。イスラエルはもちろん空爆だけでは満足せず、テロも仕掛けてきました（空爆もテロですけど）。

七二年七月八日、ベイルート。パレスチナ人作家、ガッサン・カナファーニ氏と彼の姪（少女）が車に乗り、イグニッション・スイッチを回すと同時に仕掛けられた爆弾が爆発。二人共即死でした。カナファーニ氏は、世界的にも有名な作家で、パレスチナ人出稼ぎ労働者の悲劇を描いた『太陽の男』は映画にもなっています。ＰＦＬＰの公然合法事務所（ＰＦＬＰは一部の反動諸国を除きアラブ諸国ではもちろん公然合法）でもある機関誌『アル・ハダフ』（標的）の編集長をやっていました。

若松プロダクション制作のドキュメンタリー映画『赤軍―ＰＦＬＰ　世界戦争宣言』にＰＦＬＰスポークスマンとして登場し、「武装闘争は最良のプロパガンダである」と述べた人でもありました。レバノン政府が車爆弾の犯人の捜査を命じましたが、イスラエル情報機関モサド工作員の犯行であることは明らかになっても、犯人は不明のままでした。カナファーニ氏の連れ合いはデンマークの女性で、その後、遺児を抱えながら避難民キャンプの園長を続けていました。

同じ頃、レバノン東部ベカー高原にあるバールベック（有名なローマ遺蹟がある）の町にもモサドのテロリストが現れました。リッダ戦士らが訓練を受けたとされ、その教官と見られたパレスチナ人の家に軽機関銃で武装した男たちが侵入。たまたまそれを目撃していた住民がレバノン警察と外出中だった本人に通報したので難を逃れました。侵入したテロリストたちは失敗したのがわかり逃亡。イスラエルのテロ組織は他国の領土で白昼にこういうことを堂々とやるのです。

カナファーニ氏の後、バッサム・アブシャリーフ（現在はＰＬＯアラファト議長のスポークスマン）〔ＰＬＯはパレスチナ解放機構〕が編集長になりました。すると今度はアブシャリーフ氏宛に小包みが知人の名で送られてきました。アブシャリーフ氏が爆弾点検をしないで封を切った瞬間に爆発。指を失い、顔を負傷しました。実は、保安係がすべての小包みを点検していたのですが、アブシャリーフ氏はその時に限り自分で開けてしまったのです。イスラエルのテロは巧妙で、エジプトのパレスチナゲリラ支援の軍幹部暗殺の時も、知人の名をかたり、本人が最も興味のある内容物を偽装して送りつけました。

イスラエルは我々に対してももちろん狙いをつけてきました。それがどういうことであり、どのように対応したのかは残念ながら書けません。

イスラエルが最も狙いをつけたのは、ＰＦＬＰの対外作戦の責任者であったドクター・ワディエ・ハダード氏でした。スパイの形で何人か送りこんだり、搭乗機のハイジャックを試みましたが、ことごとく失敗しました。ファタハ〔ＰＬＯ内最大組織〕保安責任者のアブ・イヤード氏（昨年一月に、イスラエルのスパイによってついに暗殺された。アラファト氏の後任と目されていた人）、このハダード氏、ＰＦＬＰ‐ＧＣ（総司令部派）のアハマド・ジブリール氏、ファタハ革命評議会派（反アラファト派）のアブニダール氏が、イスラエルに命を狙われていたパレスチナ人指導者たちです。ハダード氏は七八年に病死、ジブリール氏とアブニダール氏は現在も健在。この二人を米国ＣＩＡも狙っています。

私たちの戦争は、目に見える形での前線での砲撃戦だけではなく、このような地下戦争としてもあります。

現在、パレスチナ被占領地で続くインティファーダ（蜂起）に対して、イスラエルは特務暗殺部隊を送り込み挑発や暗殺をやっており、イスラエル人の人権組織が非難するまでになっています。それくらいひどいのです。この特務暗殺部隊は、ラテンアメリカでのデス・スクォード（死の部隊）と同じく、暗殺によって反対派を一掃しようとするものです。ＰＬＯ各派、ハマス（パレスチナのイスラム原理主義運動）の活動家を次々に暗殺しています。ＰＬＯ系とハマス系の矛盾に付け入り、双方に偽装した挑発行動も行っています。イスラエルは米国の戦略的同盟国であるがゆえに、国連の制裁を、イラク、新ユーゴスラビア、リビアと異なり、まったく受けていません。また、国連の人権員会は、イスラエルによる占領、拉致、拷問、暗殺に何ら有効的な対応をやっていません。

四、アラブ諸国での反応

すでに何度も書いていることですが、エジプトの故サダト大統領は、リッダ闘争に対して、「日本人フェダイーンの勇気を讃える。我々アラブも続かなければならない」と言明しました。サダト大統領は七〇年九月のヨルダン内戦（ヨルダン政府軍とＰＬＯとの軍事衝突。多くのパレスチナ人が殺された）の仲裁中に急死したナセル大統領（エジプト革命の指導者。反米民族社会主義者。パレスチナ解放運動に大きく貢献。米国ＣＩＡによる謀殺説が人民の間に強い）に替わり登場したナセル主義者右派。親米派で七三年の第四次中東戦争以降、ナセル主義を捨てて米国に接近し、七八年、米国のキャンプデービッド（デービッド基地）でイスラエル首相ベギンと会談し、カーター（米大統領）の仲介で「和平」合意。七七年にイスラエルを訪問してサウジアラビアを含むアラブ諸国から非難されてアラブ・リーグからエジプトは除名。八一年にはエジプトのイスラム原理運動の陸軍将校に暗殺された。その人物が、リッダ闘争を非難せず評価したことに、リッダ闘争がどのようにとらえられたかがうかがえると思います。

日本政府はリッダ闘争に驚き、事態を把握できないままにイスラエル政府に対して百五〇万ドル（記憶は定かではないが）の「見舞金」を支払いました。これにはアラブの人民が反発し、反動王政のクウェートの新聞さえもが、日本製品のボイコットを呼びかけるくらいでした。日本政府は、そのアラブ諸国の反応を軽視し、イスラエル寄り（米国への追随）の外交政策を続けたために翌年の第四次中東戦争を契機に、石油禁輸の対象国になったのです。その結果、日本はアブラ外交としてのアラブ外交を重点にしました。ＴＶのワイドショー・キャスターをしていた山口淑子（自民党前参院議員）は、日本赤軍とインタビューしたことをも親アラブの売名の材料にして、アラブ諸国に食い込んだりしていました。日本の政府と商社は一方では私たちを非難しながら、他方ではアラブの人々の親日感情の一つの理由になったリッダ闘争のおかげで、〝親アラブ〟の体裁を取れたといっても言い過ぎではないでしょう。

リッダ戦士たちが残した言葉。

「国境を越えたたたかいは、日本革命を保証し、日本革命は世界の人民革命を推し進める。日本の友人たち、行動と犠牲の上に雄雄しく燃えている革命の歴史を継承し、世界の友人と共に進め！　隊伍を整えよ、敵は一つだ。我々は日本人民の誇りをもってパレスチナ人民と戦争に行く。葬列を繰り出すな。ただ祭りを、我々と世界革命の友人たちのために」

五、日本国内での反応

連合赤軍による「同志粛清」の後だけに旧赤軍派及びその周辺には大きなとまどいがあり、支持表明どころか沈黙あるいは批判を表明するという状態でした。諸党派も一部を除いては無視もしくは、「コスモポリタニズム」とか「義勇兵にすぎない」とか否定的でした。むしろ無党派系の活動家、元共産党系の人たちなどが「プロレタリア国際主義の闘い」と正当な評価をしました。赤軍派とは無関係の『人民新聞』などもそうでした。べ平連系の知識人、文化人の人たちが「リッダ闘争を支持する」と声明を出し、三里塚の戸村一作さん、反天皇の奥崎謙三さん、沖縄の富村順一さんたちが支持表明しました。宇賀神寿一さんのように無党派系の学生たちが各地の学園で支持表明しました。

党派及び旧赤軍派の消極的反応は、私たち自身がそれまでにパレスチナ問題を充分に国内に返しきれなかった結果でもありました。もちろん旧赤軍派の中でも積極的に対応した同志たちもいました。七二年八月には、京都でのリッダ闘争支持国際連帯集会の組織化へといたっています。七〇〇名が集まったと聞いています。

同時に、国内では空前絶後の弾圧が繰り広げられ、公安当局は手当たり次第にガサ入れを強行し、国内友人たちの「別件逮捕」なども行われました。その弾圧に対し抗議声明を出し原則的に対応したのは市民運動系の人たちでした。

六、パレスチナ革命への継承

リッダ闘争の闘いは、それ以降のアラブ人民の闘いに継承され、それまでのゲリラ戦（ヒットエンドラン）の中に、決死作戦も戦術の中に組み込まれるようになりました（もちろん、決死作戦がかつての日本帝国主義のカミカゼ特攻隊のように、軍指導部が若い青年たちを将棋の駒のように使い犠牲を強要するような形で支配階級防衛のために行われるのなら、それは大きな誤りです。一つ一つの作戦は、解放・革命戦略の中に位置付けられ、戦闘の過程の中で退路を確保できない場合、味方全体の防衛上においてどうしても止むをえない場合にのみ、決死作戦は行われるべきです。決死作戦に対する批判が出ていますが、これは後に述べます）。

いずれにせよ、どのような戦闘であれ（地上での対峙戦、遊撃的な戦闘、特殊作戦）、同じ武器、もしくはそれ以上の量と性能の武器を持った敵軍と対峙する以上、生と死は隣り合わせのものとしてあり、パレスチナの解放戦士たちも、私たちもそのような覚悟の上に日常を生きています。侵略者、抑圧者が近代兵器でもって大量殺戮する行為に対して、人民が武器をもって抵抗するのは人間として当然の権利であり、生存権でもあります。

七二年九月、西ドイツのミュンヘンで開かれたオリンピック。そのイスラエル選手団村をブラック・セプテンバー（黒い九月）の同志たちが襲撃しました。彼らがイスラエル政府に解放要求をしたパレスチナ人戦士たちのリストの最初に、コーゾー・オカモトの名がありました。この闘争は、イスラエル国防相ダヤンがモサドを現地で直接指揮し、他方、西ドイツ政府に圧力をかけてミュンヘン空港にヘリコプターで移動してきた戦士たちへの攻撃を促しました。イスラエル人選手たちを連れてやってきた戦士たちに、西ドイツ軍特殊部隊が一斉射撃を行い、銃撃戦になり、戦士全員、イスラエル選手団全員が死亡しました（選手村に負傷して残っていた三人の戦士は、その年のうちに、他のパレスチナ組織のルフトハンザ機ハイジャック闘争で解放され、リビアにむかいました。ミュンヘン闘争は、西側の映画会社が、「24ｈｏｕｒｓ　ａｔ　Ｍｕｎｉｃｈ」という映画にしました。西側の映画に対してパレスチナ問題を正面から扱い、「事件」を比較的客観的に描いています）。

その後、七三年以降、被占領地において、ＤＦＬＰ（パレスチナ解放民主戦線）の「マーロット作戦」、ＰＦＬＰ‐ＧＣ（パレスチナ解放人民戦線総司令部派）の「クリアティシャモナ作戦」などの決死的な闘いが展開され、常に解放要求リストの中に岡本公三同志の名がありました。

七八年にイスラエル軍の大きな南部レバノン侵攻があり、イスラエル軍兵士を捕虜にしました。ＰＬＯは、その捕虜交換リストの中に躊躇なく岡本同志の名を入れました。

また、七八年には、イスラエル人乗客多数が乗ったエール・フランス機がＰＦＬＰにハイジャックされ、ウガンダのエンテベ空港に着陸。戦士・乗客がいる空港ビルがイスラエル軍特殊部隊に奇襲され、戦士全員、ウガンダ兵多数が殺されて失敗した闘争があります。この時、イスラエルは両面作戦をとっており、軍事的奇襲が失敗した時は、要求受け入れを検討していました（現首相ラビンが国防相、現外相ペレスが首相の時です）。この時、岡本同志は、「人質」交換用の飛行機に乗せられていました。

「パレスチナ革命にとって、捕虜になっているパレスチナ戦士たちの解放、レバノン戦士たちの解放と共に同志オカモトの解放を実現することはパレスチナ人の義務である」とパレスチナの同志たちは党派を越えていつも宣言していました。

八五年、イスラエルはついに、岡本同志を捕虜交換のリストに加えることに同意しました。それまでイスラエルは、「岡本は出せないがその代わり何名かのパレスチナ人なら出す」と拒否してきましたが、今度こそはと非妥協を貫いたパレスチナ側（特にイスラエル兵捕虜を逮捕していたＰＦＬＰ‐ＧＣ）の要求が実現されたのです。

〈一九七九年、初めて、政治犯が七六人、闘いの中で解放

1972年8月頃

されました。それは遊撃戦によるものではなく、イスラエルのレバノン南部侵略時にレバノン領土を防衛するパレスチナ、レバノン人民勢力によって捕虜となったイスラエル兵一人と、イスラエル兵の死体と交換に釈放されたのです。イスラエルがこれまで決して政治犯釈放に応じず、拒否しつづけてきたのにパレスチナ勢力の要求に屈したのは、イスラエル兵がどんどん内部告発をしはじめたからでした。このイスラエルの若い青年は、「自分の国を守る」「当然の仕事」として従軍し、捕虜となったのですが、パレスチナの人々の実際の歴史、生活を見て、自分たちのあり方がまちがっているのではないか？　と疑問を抱き、陽気なパレスチナ人の確信に満ちた生き方こそ正義ではないか、と思ったのです。イスラエルが「青年が拷問を受けている」とさわぎまくる最中、公然と記者会見をして、自分たちが侵略者であり、侵略行為を行っている事実を認めるべきだと主張しはじめたのでした。そんな圧力がイスラエル内矛盾へ拡大し始め、シオニストは、ＰＬＯの釈放要求リストをああだこうだと全面的に認めず、赤十字の交渉を通してやっと七六人の釈放を青年との交換として了承しました。

　こうして初めて、政治犯の釈放が成功したのです。そのうちの人々が、日本赤軍を訪ねてきて岡本同志の近況を伝えてくれました。「岡本同志は我々にかわって闘った我々の兄弟だ。民族を愛する兄弟という理由で、彼がずっと独房に入れられてきた。奴らは岡本同志を廃人にするために着々と計画を実現してきた。リッダ闘争によって殺された物理学者の兄弟が介入しているためだ。

　彼が『きちがい〔ママ〕』だとして、両手、両足を鎖につながれて放置されることは、日常茶飯事のことだ。そして薬などを大量投与して彼の『精神を安定させる』ことを続けている。岡本はおかしいのではない。奴らが岡本をおかしくしている。だから、奴らの手から解放されれば、岡本はリッダ闘争を闘った岡本にたちなおるはずだ。彼は、我々の兄弟だから我々は制限された獄の中でできるだけ兄弟のために尽くしあってきた。日本人がパレスチナ人を助けたように今度は我々が助ける番だから。我々はこれからも兄弟として彼を助け続けることを忘れないでほしい」。パレスチナの戦士は、涙をひっそりと浮かべて拷問のためにだめにされてしまった腰をさすりながら、静かに話してくれました。それから、私たちは、パレスチナの革命歌を、そして次に「心騒ぐ青春の歌」をスクラムを組んで歌い励ましあいました。

　岡本同志、パレスチナの囚われた戦士の情景を眼の前に描きながら。〉

（『十年目の眼差から』一九八三年、話の特集）

　七二年七月に、以前に述べたガッサン・カナファーニ氏とその姪がイスラエルの爆弾テロで殺された後、パレスチナ人民、レバノン人民による盛大な葬式がベイルートで行われ、六万人の武装デモがありました。その時、カナファーニ氏の写真と共に、バーシム奥平同志たちの写真も掲げられていました。

　七二年、バーシム（奥平同志）、サラーハ（安田同志）、アハマド（岡本同志）の名は、その年に生まれたパレスチナの子どもたちに残されました。

［『ザ・パスポート』二七〜三三号（一九九二年五月二五日〜一九九三年四月一二日）］

　――一一一ページで丸岡さんが証言しているように、リッダ闘争で生き残った岡本公三さんの自供から丸岡さんの名前も浮上し、「第四の男」ということで重要参考人として名前が挙がる（その九月、黒い九月のミュンヘン闘争で国際指名手配に変更）。

こうしてアラブの闘いに骨を埋める決意を固めた丸岡さんは、PFLPの指揮下で作戦活動に従事することになる。アウトサイドワークの一員として参加した最初の国際ゲリラ活動がドバイ・ハイジャック闘争である。その後の丸岡さんの裁判で、日本の検察官は、次のように事件概要を説明した。

「ドバイ事件について」

（一）パリ発アムステルダム、アンカレッジ経由東京国際空港行日本航空株式会社（以下、「日本航空」又は「日航」とも言う。）定期旅客機四〇四便旅客機（以下、「四〇四便」とも言う。）は、昭和四八年（一九七三年）七月二〇日午後九時一〇分（日本時間。以下も同様。）ころ、フランス共和国パリ所在のオルリー空港を離陸し、オランダ王国アムステルダム所在のスキポール空港に到着後、全乗客をいったん降機させるとともに全乗務員が交替し、同空港から機長、O（原文実名）、副操縦士T（同）、機関士U（同）、チーフパーサーM（同）ら乗務員二二名（デッドヘッドクルー二名を含む）、乗客一二三名（犯人五名を含む）が搭乗して、同日午後一一時三九分ころ、同空港を離陸した。

（二）同機内において、ベルト着用のサインが消えた後の同日午後一一時五〇分過ぎころ、「ペラルタ夫妻」と称してファーストクラスに搭乗していた犯人二名（男女各一名であり、以下男性犯人を「A」、女性犯人を「B」と略称する。）は、乗務員に申し出て同機二階のラウンジに上がり、同室内において、Mチーフパーサーから回転椅子の操作方法について教示を受けていた際、Bの隠し持っていた手りゅう弾が暴発して同女は即死し、Mも負傷した。この時、四〇四号便は北海上空のブルーベルインターセクション付近を高度約二万フィートで飛行中であった。

右手りゅう弾の爆発後、Aは、無施錠となっていた操縦室出入口のドアから同室内に乱入し、「ハイジャック、ハイジャック」などと叫びながら、O機長らにけん銃をつき付けて脅迫し、いずれも英語で、「パンパスへ戻れ。」「高度を三万七、〇〇〇フィートに上げろ。」などと要求し、更に「言うことを聞けば安全を保障する」旨申し向けた。

（三）　Aは、T副操縦士を一階客室へ降ろした上、U機関士を副操縦席へ移動させた後、操縦室内のマイクを使い、英語で、「この飛行機はハイジャックされた。新しい機長はカッサムだ。」などと機内放送した。すると、これに呼応して一階客席に搭乗していた外国人犯人二名（以下、「C」、「D」と略称する。）及び日本人犯人一名（以下、「E」と略称する。）が同客室の前方へ走り寄り、それぞれ、けん銃及び手りゅう弾を示しながら、乗客に対し、英語及び日本語で、「動くな。手を上げろ。」などと申し向けて脅迫し、さらに機内放送用のインターホーンを用い、まず、Dが英語で、次いで、Fが日本語で、「我々は、被占領地域の息子達と日本赤軍である。我々が、この飛行機を完全に支配している。我々の指示に従え。座れ。動くな。手を上げろ。」などと放送してハイジャックを宣言した。

その後、C・D・Eらは、けん銃及び手りゅう弾を示すなどして乗務員及び乗客を制圧し、さらに、機内放送により、乗客らからパスポート、カメラ、ラジオ等の所持品を通路に投げ出させてスチュワーデスに集めさせ、また、男性客を窓側へ、女性客を通路側へ着席させるように席を移動させた。

（四）　一方、O機長は、Aの隙をみてハイジャックコードを発信していたが、その後、地上管制施設（プレストン）へ「パンパスへ向かう。」旨通信した後、Aの指示に従い、前記スキポール空港から約二四キロメートル離れた無線標識局が設置されているパンパス方面へ変針した。

その後、操縦室内においては、A及びCが地上との交信用マイクを使用してハイジャックを宣言しながら四〇四便を航行させ、さらに、A及びCの指示により、同機は、ドルトムント、フランクフルト、チューリッヒ、アテネ、ニコシア、ダマスカス、バクダッドなどの上空を経て、同月二一日午前七時一〇分ころ、アラブ首長国連邦ドバイ所在のドバイ国際空港に着陸した。

（五）　ドバイ空港へ着陸する直前ころ、Ｅは、機内放送により、英語及び日本語で、「ドアに爆弾を仕掛ける。危ないからドアに近付くな。」などと告知して、乗務員・乗客を威嚇し、着陸後も、Ｃ・Ｄ・Ｅらは、けん銃を構えるなどして乗客に対する脅迫を継続し、乗客及び乗務員らに脱出の機会を与えないように制圧を続けた。

同空港へ着陸後、Ａは、Ｏ機長及びＵ機関士とともに一階客室へ下り、操縦室内では、Ｃが、アラビア語で同空港管制塔に対し、「誰も飛行機に近づくな。近づこうとすれば飛行機を爆破する。」と警告した上、「アラブ首長国連邦に対する要求はない。司令部からの指示を待っている。」などと通告した。

その後、犯人グループからの要求により、食料・水等の搬入及び燃料の補給が行われ、その間にＢの遺体が降ろされ、さらに、Ｍについては降機が許されて病院へ収容された。

客室内の乗客及び乗務員は、けん銃を持った各犯人らから監視を受け続け、食料等が搬入された際には両手を頭上に上げさせられ、また、常時、犯人らの了解を受けなければ座席から動くこともできない状態にあった。

（六）　他方、同月二三日正午前ころ、日本航空東京支店に、「被占領地の息子達」を差出人名義とし、「パリ発東京行四〇四便ジャンボジェット機は、我々のコマンドの完全な支配下にある。身代金合計三九億九、八〇〇万円を支払え。松田久及び松浦順一を釈放してドバイに着陸した同機まで移送せよ。」との内容の英文による書簡が郵送され、同書簡が被告人らハイジャック犯人と連携した同人の所属の組織からのものと判断されたため、同書簡の内容は、同日午後六時四〇分ころ、その全文がドバイ空港管制塔へ伝えられ、さらに、同管制塔から犯人側へ伝えられた。

（七）　犯人らは、管制塔からの乗務員・乗客の解放要請に対し、これを拒否し続けたが、同月二四日午前四時過ぎころ、病気の乗客とその妻を解放するとともに、Ｂの遺体を入れた棺桶を機内へ搬入させた後の同日午前五時五分ころ、同機を同空港から離陸させた。

その後、同機は、Ａの指示によりバクダッドへ向かい、バクダッド空港への着陸を求めたが拒否されたため、行き先をシリア・アラブ共和国ダマスカス空港へ変更し、同日午前八時四五分ころ、同空港に着陸した。同空港では、燃料を補給しただけで、同日午前一一時五八分ころ離陸し、引き続きＡの指示により飛行を続け、同日午後三時過ぎころ、リビア・アラブ共和国ベンガジ空港へ着陸した。

同空港への着陸に先だって、Ｄは、英語で「我々は、日本とアメリカ帝国主義、ドイツのファシズムに反抗するために

朝日新聞1973年7月21日夕刊

アラブ・ゲリラ 日航機乗っ取る

東京行き145人乗りジャンボ機 オランダ離陸直後

ドバイ空港（アラビア）に着陸

犯人と交渉開始

三、四人組 機内で演説「革命組織のため」

犯人の一人？女性爆死 手投げ弾誤爆 乗員一人けが

犯人、日本人含む？

戦っている。」などと、またEは、日本語で「日本政府に同志の釈放と金を要求したが、二つとも拒否されたので、着陸後飛行機を爆破する。全ての責任は日本政府にある。」などと、それぞれ機内放送により演説した。

そして、犯人らは、同空港への着陸後、直ちに、全乗客・乗員を乗務員の誘導により、各乗降口のエアシュートで機外に脱出させた。なお、乗務員・乗客らは、右脱出時間が極めて短時間、かつ、異常であったため、そのほとんどが、所持品を放置し、靴を脱ぎ捨てて着の身着のままで脱出するなど混乱の極みに達し、その間に負傷した者もあった。

その直後の同日午後三時六分ころ、犯人らは、手りゅう弾を使用して機体爆破の準備をし、自らも機外に出た上で、同機を爆破炎上させ、リビア・アラブ共和国官憲に投降した。

〔論告要旨（一九九三年五月二五日）〕

――あえて悪意のにじみ出た文章を転載したが、これはこれで一つの見方だろう。

その後、丸岡さんたちがリビアに拘留されてしまったため、重信さんは投降部隊の解放に尽力していた。一六六ﾍﾟｰｼﾞで、日本から来た庄司宏弁護士と二人で、リビア政府と交渉した旨を丸岡さんも述べているが、重信公判に丸岡さんが証人出廷した時点では、まだドバイ闘争への関与を認めていなかったので、かなりぼかした証言となっている。投降部隊がようやく解放されたのは翌年の七月であったが、その間に、第四次中東戦争とオイルショックが起こり（七三年一〇月）、七四年一月末には、アウトサイドワークの指揮の下、シンガポール・クウェート闘争が行われた。これは、四名の部隊でシンガポールのシェル石油精製所を攻撃。シンガポール政府に安全な脱出を要求したところ、日本政府の横槍が入って事態が膠着化したため、クウェートの日本大使館をＰＦＬＰが襲撃し、大使館員らを人質にとって日本政府の要求をはねつけたというものである。

一方で、ドバイ闘争の失敗は、在アラブ日本人グループの自立をうながさざるをえなかった。当時彼らは、「アラブ赤軍」を自称し、在欧日本人グループ（以下、ヨーロッパグループ）にその支持を広げていた。国内からも、丸岡さんを送り出した京都パルチの流れを汲む人々（リッダ闘争後「ＶＺ58」を名乗る。のちに共産同火花派へと発展）、『赤軍―ＰＦＬＰ　世界戦争宣言』（若松孝二・足立正生監督、一九七一年）の上映隊（世界革命戦線情報センター、別称・ＩＲＦ）などからアラブへの人員の送り出しがあり、組織としてまとまっていく条件がようやく整い始めていた。

そこで、資金獲得のため、オイルショック時に買い占めを批判された日本商社の在欧支店長を拉致しようという話が、ヨーロッパグループから持ち上がる。これが翻訳作戦（ホンヤク作戦とも）と呼ばれるものだが、その途中、アブ・ハニなどの書簡や偽ドルを携えたＹさんが、パリのオルリー空港で逮捕されてしまった（七四年七月二六日）。

フランスはＤＳＴ（国土監視局、警察内に置かれていた防諜機関）を筆頭に捜査に乗り出し、芋づる式にヨーロッパグループを摘発して、全容の解明に努めた。そこで、拘束されたＹさんを奪還するためにアウトサイドワークが行ったのがハーグ闘争である。その実行部隊は丸岡さんと入れ違いにヨーロッパへと向かい、オランダ・ハーグのフランス大使館を占拠し、Ｙ氏の解放を要求した。詳細は第二章丸岡さんの証言にゆずるが、ここでもかなりの手違いなどがあり、アラブ赤軍はアウトサイドワークとのこれ以上の共同は無理だと判断していく。

のちに、このハーグ闘争の共謀共同正犯として重信房子さんは起訴され、現在は懲役二〇年が確定している。丸岡さんがくわしく述べているようにアウトサイドワークの作戦はすべて極秘に進行するものであり、彼女が関われるわけもないが、日本国家はそのメンツのためだけに彼女に冤罪の重罪を課したのだ。

一方、ハーグ闘争では思いもかけなかった資金がアラブ赤軍にもたらされた（二八八ページ）。ヨーロッパグループのアラブへの合流、そして独立資金が入手できたことで、いよいよ自立へと加速し、七四年一二月に「日本赤軍」として再編することになった（その経緯は、二八五ページ、三二九ページなど）。ヨーロッパグループから日本赤軍に参加した日高敏彦さんについて、丸岡さんは次のように回想している。

「日高敏彦同志生誕五〇年」

一九七六年一〇月に、ヨルダン秘密警察に殺された日高同志の誕生日は、一九四四年一二月一七日でした。三一歳で亡くなった同志の生誕五〇年に今月があります。

彼の活動歴と彼の詩「ガサ入れ」を『ザ・パスポート』に転載してもらいます（ウニタ書舗・人民新聞社、七八年刊『団結をめざして』より）。彼の死後、私たちで曲をつけ「ガサ入れのうた」にしました。

「ガサ入れ」（公安警察による家宅捜索）は彼の実体験によるものです。彼の父上は日本共産党の関係者でした。五〇年代初めの日共の武装闘争時には、全国でレッドパージが吹き荒れ、ガサ入れも無差別に行われました（今も変わっていません）。彼の家も例外ではありませんでした。子どもにどれほどのショックを与えるかというと、六九年にガサを受けた神戸大のある助手の息子さんが〝どもり《（ママ）》〟になったことにも明らかです。

一九七一年、デンマークに天皇ヒロヒトが来た時に、日高同志は他のアジアの仲間と共にヒロヒトの車にクソ爆弾（コンドームに人糞と小便を入れて二重にしたもの。投げると目標に当たって破裂する）を投げました。当時、侍従長だった入江某の回想録にもこの訪欧時の反対運動について出ています。デンマーク警察に逮捕されましたが、彼らも日高同志らの行動に同情的で取調べらしい取調べもなく六〇日間で釈放、国外退去だけでした。日高同志は西ドイツに戻りましたが（西独の大学に留学していた）、何のとがめもなし。今の日本国外務省ならすぐに「旅券の無効化」をやるでしょうが、当時の外務省はヘタなことをしてヨーロッパの新聞に叩かれては逆効果と何もしませんでした（いかにヨーロッパでヒロヒトラーがヒトラーと同じようにきらわれていたか一目瞭然です）。

射撃の腕前は抜群でした（日本赤軍に合流後）。空気銃で一〇メートル先のロウソクの火を消す（弾を芯に当てれば消える）ぐらいの。ある日、訓練で二階の屋上から大柄の同志をロープで降ろしていたところ、そのロープが切れてしまいました。彼は小さな身体（身長は一五五センチくらい）にもかかわらず、すかさず身を受けに駆け寄りました。中学時代は体操をしていただけあって丸太のような腕でしたが、普通は躊躇するものです。活動歴の中にある「手榴弾の信管云々」はまちがいです。手榴弾の爆発は点火されてから四〜七秒なので本体に信管をねじこむのはまちがいであって、信管を五メートルほど先に投げ捨てればよいだけ。日高同志がやったのは、ジェリングナイト（軍用ダイナマイト）に他の同志たちがいい加減に雷管を装着したためにはずれたので、その雷管をはめ直しただけで一秒でできます。穴に入れて柔らかいジェリングナイトをギュッと握りしめるだけ。訓練時には一〇秒以上の導火線をつけるので、落ち着いてやり直せば可能。ただし、教官は危険防止のため、点火後のはめ直しを特殊訓練以外は許可しない。筆者が思わず「手榴弾」と書きまちがえたのは、日高同志なら、同志を救うためには敵に投げられた手榴弾の上に伏せるであろうから、みなの思い出話をそのように聞きまちがえたのです。

彼の愛唱歌は、第三インターナショナルの歌である〝くろがねのこぶし〟でした。彼いわく、「レーニンの愛唱歌」。彼の死後、ソヴィエトの革命歌テープでこの曲を聞いた時には涙が止まりませんでした。

彼は会社の上司を殴ってクビになりましたが（けんかは強い。西独でチンピラのアゴを蹴り上げて一発でのしたこともあります。「足がよく届いたなぁ」と私なんかは彼をからかいましたが）、ドイツ留学の費用と旅費をどのように稼いだかと言うと、大阪の梅田地下街でエロ写真を売ってということでした。パレスチナで戦死した安田安之同志は麻雀で稼ぎ、競馬で三倍にしようとしてスッカラカンになり、結局、土方仕事をして旅費を稼いだと言っていました。私は？　私はサラリーマンで貯めた金で……。脱線ついでに、安田同志の麻雀の話。彼は京大に入ったものの名古屋で沖仲仕をやったり大阪のヤクザの組に修行に行ったり、そういう中で麻雀屋で雇われるほどの腕でした。七一年在ベイルート（レバノン）の日本大使が、日本人会内では悪名高き賭け麻雀の王者だったので、安田同志がそれに参加して逆に巻き上げようと話していたらしい。

日高同志がきらいだったのは、グリーンピース（要は豆類）。同志がグリーンピース入りのごはんを炊いたりすると、ブツブツ言いながら取り除いていました。しかし料理は得意でした。ドイツの中華料理店で見習いコックをやっていただけあって、作るのが早いし、とにかくうまかった。欠点は気が短いことでした。彼にも生きていてほしかった。

〔『ザ・パスポート』四六号（一九九五年一月一日）〕

――その日高さんと奥平純三さんが、七六年九月、ヨルダンで逮捕され、日高さんは拷問で殺され、純三さんは日本へ強制送還される。純三さんの奪還と新たな同志獲得のために日本赤軍の行ったのがダッカ闘争である。

前年三月にはスウェーデン・ストックホルムで日本赤軍メンバー二人が逮捕され日本に強制送還されたため、その二人と新たな同志獲得のためにマレーシアでクアラルンプール闘争を日本赤軍は仕掛け（クアラルンプールのアメリカ領事館とスウェーデン大使館を占拠）、奪還に成功している。

ダッカ闘争がどのようなものだったのか、日本の検察は次のように主張した。それに続けて、日高隊（ダッカ闘争実行部隊のコードネーム）の声明文を掲載する。

「ダッカ事件について」

（一）　パリ発アテネ、カイロ、カラチ、ボンベイ、バンコック経由東京国際空港行き日本航空定期旅客四七二便旅客機（以下、「四七二便」とも言う。）は、昭和五二年〔一九七七年〕九月二八日午前一〇時三一分ころ（日本時間。以下も同じ。）、インド共和国ボンベイ国際空港を離陸した。

同機には、機長T〔原文実名〕、副操縦士IK〔同〕、機関士WY〔同〕、パーサーIT〔同〕ら乗務員一四名とWK〔同〕ら乗客一四二人（犯人五人を含む。）が搭乗し、また、本件犯人グループ五名は、乗客を装って本機エコノミークラスの客席に搭乗していた。

（二）　同日午前一〇時四五分ころ、四七二便が同国上空の高度約一万七〇〇〇フィートまで上昇し、機内において禁煙サインが消え、フライトプランが放送されていた際、犯人らは、座席から立ち上がり、「ワァー」という喚声をあげ、あるいは、「ハイジャック、ハイジャック」などと叫びながら、それぞれ、手にけん銃及び手りゅう弾を持ちながら本機客室の前方へ駆け寄り、客室乗務員及び乗客に対し、けん銃の銃口を向け、また、手りゅう弾を見せ付けながら、日本語で「手を上げろ。顔を見るな。下を向け。動くな。」などと言って乗務員及び乗客を座席に座らせたまま両手を頭の後ろに組ませ、下を向かせるなどして制圧した。

さらに、犯人らは、四七二便ラウンジにいたアシスタントパーサーS〔同〕らに対し、けん銃を突きつけながら、「操縦室の鍵を出せ。出さないと乗客を殺す。」などとおどし、右Sにインターホーンを用いて運行乗務員に対して操縦室の出入り口ドアを開けさせるように伝えさせた。

一方、操縦室内では客室内での喧騒状態からハイジャック事件が発生したことを察知し、T機長は、ボンベイ空港所在の日航航務課宛にハイジャック事件発生を連絡するとともに、高度を約一万二、〇〇〇フィートまで下げた上、定期便の飛行コースから外れるために機体を左旋回させた。

その後、T機長は、インターホーンを通じて、右Sから、「客を殺すと言っているのでドアを開けてほしい」旨言われ、乗客及び本機の安全のために、やむを得ず、WY機関士に指示して、操縦室ドアを開けさせた。

（三）　操縦室ドアが開けられたことにより、犯人グループのうちの三名が操縦室内へ乱入し、犯人の一人は、WY機関士に対し、日本語で、「なぜドアをすぐ開けなかった。」などと怒鳴りながら、手拳でその後頭部を二回程殴打した。

また、他の犯人の一人（以下、「A」とも言う。）は、機長席後方のオブザーバー席からT機長に対してけん銃を突き付け、日本語で、「我々は日本赤軍だ。これだけの武器を用意している。我々の言うことを聞け。我々の指示どおりにすれば乗務員・乗客の生命は保証する。」などと申し向けて脅迫し、さらに、犯人Aは、機内放送用のマイクを用いて客室に向け、英語と日本語で、「我々は日本赤軍日高隊である。この飛行機は我々がハイジャックした。我々の指示に従ってもらいたい。従わない者は厳重に処罰する。」との機内放送を行い、T機長をはじめとする乗務員及び乗客らを完全に制圧した。

その上で、犯人Aは、ボンベイ地区管制に対し、英語で、「我々はレッドアーミーである。」などと告げて、ハイジャック宣言を行い、また、本機のコールサインを「日高隊」とすること（ただし、コールサインは後に「団結」と変更された。）や、ダッカ方向への飛行を指示し、他方、他の犯人らは、客室において、けん銃及び手りゅう弾を持って脅迫しながら、客室乗務員及び乗客に対し、パスポート及び時計・筆記具などの提出及び着席場所の変更などを行わせた。

（四）犯人Aらは、T機長に指示して、本機をバングラデシュ人民共和国ダッカ・テジュガオ所在のテジュガオ国際空港（通称ダッカ空港。以下「ダッカ空港」という。）に向かわせ、約三〇分間上空で待機した後、管制塔からの着陸許可を受けないまま、同日午後二時三二分ころ、同機を同空港に強制着陸させた。

犯人らは、着陸直後ころから、本機の前・後部の乗降口に爆発物を設置した上、乗務員・乗客に対し、日本語等で、「ドアに爆発物を設置した。危ないから近付かないように。」などと機内放送を行い、また、Aは管制塔と連絡を取り、英語で、「要求した以外に人員・器材を近付けるな。」「特殊な行動に出た場合は乗客・乗務員もろとも機体を爆破する」旨通告するとともに、燃料補給、給水等を要求し、その後、順次、外部電源車、エアコン車、食料等を要求した。

（五）犯人Aは、同日午後九時一五分ころ、四七二便操縦室から、同空港管制塔を通じ、日本政府に対し、①拘置中である奥平純三（以下、奥平という。）ら九人の釈放・引渡し、②身代金としての六〇〇万米ドルの引渡しを各要求するとともに、三時間以内に承諾の返事がなければ人質の乗客を一人ずつ殺害する旨通告した。

その後、犯人らは、日本政府からの右回答期限を同月二九日午前三時まで延期し、その上で、右奥平ら九名の釈放・引渡しが認められないのであれば、同日午前八時から乗客を処刑する旨通告し、その後、更に期限を延ばし、「一八時間以内に六〇〇万米ドルと奥平ら九名を飛行機まで届けろ。」などと前記要求を繰り返し、最終的に、右期限を同年一〇月一日午前七時に設定して右要求の承諾を日本政府に強く迫るとともに、その間、犯人らは、操縦室において、乗務員・乗客から集めたパスポートで、乗客の中から拾い上げた氏名をもとに「処刑リスト」を作成し、管制塔に対して、英語で、「要求が容れられない場合は、ガブリエルを処刑する。」などと通告した。

(六) 一方、日本国政府は、同年九月二八日、「ダッカ日航機ハイジャック事件対策本部」を設置し、本件の対応策について、種々検討した結果、犯人グループの要求に応じることを最終的に決定し、現金六〇〇万米ドルの用意及び釈放要求のあった前記奥平らに対する出国意思の確認などの諸手続きを進めるとともに、右要求の受け入れを、バングラデシュ政府を通じて犯人側に伝えた。そして、犯人側から釈放要求があった前記奥平のほか、大道寺あや子、浴田由紀子、城崎勉、泉水博、仁平映の五名のうち、出国意思を表明した奥平ら六名が釈放されることになり、同年一〇月一日、右六名は、東京拘置所から羽田空港へ護送された上、政府救援代表団及び右現金六〇〇万米ドルとともに、日航特別機によって羽田空港を出発し、ダッカ空港へ向かった。

当時、

ア 奥平は、ハーグ・フランス大使館襲撃事件、クアラルンプール事件により、東京地裁において公判中(勾留中)

イ 大道寺は、三菱重工等連続企業爆破事件により、東京地裁において公判中(勾留中)

ウ 浴田は、三井物産等連続企業爆破事件により、東京地裁において公判中(勾留中)

エ 城崎は、赤軍派による銀行等連続強盗事件により、懲役一〇年の刑が確定し、府中刑務所で服役中

オ 泉水は、会社重役夫人強殺事件、千葉刑務所管理部長等傷害事件により、無期懲役を確定し旭川刑務所で服役中

カ 仁平は、山谷殺人事件により東京高裁で公判中(勾留中)

であった。

(七) ところで、前記日航特別機は、一〇月一日午前二時二分過ぎ、ダッカ空港へ到着したが、犯人グループとの間で、前記奥平ら釈放犯の引渡しと乗客等の解放の方法等について折合いがつかなかったために膠着状態が続いた。そのため、犯人グループは、T機長をして、四七二便をいったん同空港滑走路中央部まで移動させて離陸を装い、また乗客の一人である前記ガブリエルを操縦室内へ連行して同人にけん銃を突

朝日新聞1977年９月29日夕刊

日航機乗っ取り　過激派の釈放要求

「拒めば機体爆破」

乗客は不安な一夜

ダッカ

「ヒダカ部隊」名乗る

ベイルートで声明

ハイジャック機のコース

き付けた上、同人をして、犯人側の要求に従わなければ処刑される旨訴えさせるなどした後、四七二便を前記駐機場所に戻して交渉を継続した。

その後、犯人グループと管制塔との間で、右釈放犯及び現金と乗客等との交換方法に関する交渉がまとまり、同月二日午前零時過ぎころから、釈放犯一名と乗客一〇名の割合で順次交換が行われ、同日午前七時過ぎころまでの間に、前記奥平ら六名が本機に乗り込んだのと引き換えに乗客合計六〇名が解放され、また、前記現金六〇〇万米ドルが犯人グループに引き渡された。

犯人グループは、その後乗務員の交替に同意し、機長SK〔原文実名〕、同N〔同〕、機関士M〔同〕の搭乗と引き換えに、さらに、乗客四二名及び乗務員五名を解放した上で、同月三日午前零時過ぎころ、右桜庭らの操縦による本機を離陸させ、クウェイトに向けてダッカ空港を出発した。

（八）　犯人グループを乗せた四七二便は、同月三日午前八時五分ころ、いったんクウェイト国際空港に着陸して燃料の補給と引き換えに乗客七名を解放したが同国が犯人の受け入れを拒否したため、さらに、同空港を離陸してシリア・アラブ共和国ダマスカス空港に向かい、同日午後零時二六分ころ、同空港に着陸し、燃料・食料及び飲料水の補給と引き換えに乗客一〇名を解放した。この間、犯人グループは、いずれもけん銃を持つなどして本機の操縦に当たっていたSK機長ら乗務員及び乗客らを脅迫し続けて、その反抗を不能な状態に置き続けた。

その後、犯人グループは、アルジェリア民主人民共和国のダル・エル・ベイダ空港を最終目的地とし、同日午後六時一五分ころ、ダマスカス空港を出発して、ダル・エル・ベイダ空港へ向かい、同日午後一一時一七分ころ、同空港に到着した。

（九）　四七二便が同空港に到着した後、犯人Aは、日本語等により、機内マイクを用いて、日本の政治体制を批判する演説を行った後、乗務員・乗客の全てを解放する旨宣言し、その後、犯人五名は、前記奥平ら釈放犯六名とともに本機を降りて何れかに立ち去った。

［論告要旨（前出）］

「日高隊声明」（一九七七年九月二八日）

日本の同志、人民のみなさん。

私たちは団結をもとめて作戦を遂行します。そして同志虐殺にたいする階級的報復と獄中同志奪還・革命基盤獲得のために作戦を遂行します。

1

日本帝国主義のブタどもと、その追随者どもよ。

お前たちは自らの欲望と野望の実現のために人民に寄生し、その血と汗の上にふんぞりかえってきた。人民にあびせられたありとあらゆる汚名はお前たちにこそふさわしい。

日高同志を虐殺し、奥平同志たちを強制送還し、英雄的な闘いに起きあがった同志たちを獄に閉じこめ、苦しめ、虐殺しようとしている天皇制日本帝国主義と反動どもにたいする憎しみは、けっして消えるものではない。それは人民の日々の生活と生命を奪い続けていることにたいする憎しみである。

お前たちは私たちの要求にこたえる義務がある。虐殺と送還の責任をとらねばならない。もし、応じないなら、私たちはお前たちの一人一人を確実に処断する。

お前たちがいかに権力をもち、弾圧を強化しようとも、お前たちが個々人の欲望と野望の実現を基盤にしている限り、支配の道具であった差別と分断を自らにもちこみ破滅していく。お前たちは敗北し、死滅する。労働者階級、人民は勝利し、新しい社会をつくる。

2

日高同志、やっと階級的報復ができます。

私たちは同志の一つ一つの闘いを思いおこします。つねに本音で生き、闘い続けた同志の限りない愛と明るさをけっして忘れません。「一番大切なのは同志愛だ」と最期の闘いにおもむいた同志の政治生命と使命を、私たちはしっかりとうけつぎます。

奥平同志たち。

この闘いは私たちの自己批判です。私たちはどんな敗北や屈辱や欠陥をも共有しあい、共に学び克服しあい、不滅の同志的団結を築きたいと思います。私たちは必ず出会います。そして、日本革命の勝利完成の確信と階級の中核の団結をうちかためるでしょう。天皇制日本帝国主義と最前線で闘っている戦士は、「政治犯」「刑事犯」を問わず、全て同志です。

今、日本共産主義者に、国際権威主義から自立し、皆が自分の頭で考え、率直に自己をかえ、団結を武器として闘うことをよびかけます。

3

私たちは、私たち自身の敗北、連合赤軍や東アジア反日武装戦線、そして日本共産党の戦前戦後の敗北等、日本共産主義運動の敗北を自分たちの日常実践の中で総括してきました。それは私たち個人各々の思想欠陥の日々の総括です。

その思想闘争の結論と成果をもって、私たちは作戦を遂行します。

その結論とは「人間が変わる」という確信です。

人間は必ず変わります。短気な人は粘り強くなります。自分のことしか考えなかった人が、他人のことを考えるようになります。失敗しては嘆いていた人も、失敗を大胆に教訓化して楽天的になります。しかし、変わるということは、自分の好きなように変わるということでも、表面的な作風や能力だけが変わるということでもありません。自分の立場やメンツにこだわっていたら、自分のなりたいように作風や能力を変えようとするだけです。そうではなく、自分の立場、観点そのもの、つまり、感性として日常不断にあらわれる思想を変えていくことです。そのためには、日常的に、同志、人民の立場に立って実践し、思想闘争をする以外にありません。思想闘争、組織生活はあらゆる場でできます。家庭や職場や学校で、団結を求めて実践し、団結して実践すれば必ず変わります。

4

日本共産主義運動も国際共産主義運動も、人間が変わるという観点から、必ず統一できると確信します。そして、人間憎悪のブルジョア思想と非妥協で闘う階級性こそが、それを保証します。

日本の内ゲバや、中国とソ連の分裂にたいして、「仕方がない現状だ」と現状肯定せず、人間が変わるという確信から、非妥協に思想闘争を続けねばなりません。私たちは武装闘争を非妥協に持久的に闘い続けます。

5

私たちは、労働者階級人民の生活を守ることは、一回の軍事作戦やはなばなしい宣伝戦ではできないことを知っています。父さんや母さんたちが生活を闘いとって私たちを育て、支えてくれたことも知っています。生活の場を闘いの場として持久的に闘い続けることによってのみ生活はかちとれるのです。そういう闘いと心を一つにして結びつきあって、初めて武装闘争が人民の闘いとなるのだと確信します。

私たちは天皇制日本帝国主義を打倒し、アメリカ帝国主義を追い出し、社会主義を建設するために闘います。だれもが革命し、飢えることも、生活のために屈辱を味わうこともなく、革命の主人公として、共に幸せに生きられる人民共和国建設を私たちは今からあらゆる分野で行います。


私たちは必ず勝利します。

これからも敗北することはあるでしょう。私たちは、まだまだ主観主義や個人主義の誤りを根強くもっているからです。しかし、私たちは、人間は変わるという確信と、必ず一つの真理の前に私たちの隊、さらに全軍が統一できるという確信のもとに作戦を遂行します。だから、どんな困難や危機に陥っても、必ず団結して克服します。不滅の同志愛と敵愾心をもって。

私たちは必勝を誓います。団結を！

更なる階級的団結を！

〔『日本赤軍20年の軌跡』一九九三年、話の特集〕

――こうして日本赤軍の人員は増えていき、アラブ解放勢力との共闘も軌道に乗りつつあった。しかし、彼らの拠点とするレバノンは徐々に内戦が激しくなっていった。エジプトが親米に転じたことを機に、七八年三月、イスラエルはレバノンに侵略し南部を占領した。レバノンの内戦が長期化する一方、七九年にはイラン革命が起き、それがイラン - イラク戦争へと展開していく。そうした緊張下、八二年六月、イスラエルがついに本格的なレバノン侵略を開始した。

当然、丸岡さんはじめ日本赤軍もこの事態に直面することになった。

「一九八二年のベイルートの暑い夏」

〔重信房子著『ベイルート 一九八二年 夏』（一九八四年、話の特集）にちなんでいる〕

六月四日〔一九八二年〕午後、イスラエル空軍機がベイルート南部の爆撃を開始。私はその現場から二〇〇メートルのところにいた。スポーツスタジアム（競技場）は、七五年の内戦（キリスト教徒右派ファシスト対レバノン左翼とパレスチナ解放勢力の合同軍）の開始以降、無人の施設となっており、PLOの武器庫になっていた。そのスタジアムを中心に、パレスチナ解放勢力の各派の事務所があると思われる建物の多くが狙われた（と言っても、ほとんどが民間人の住む七、八階建てのビルである。日本の人にはベイルートの町のイメージはわかりにくいだろうが、広い歩道付きの四車線や二車線の道路が縦横に走り、それをはさんでぎっしりと七、八階建てのビルが並んでいる。幹線道路は四車線から六車線。アラビア語の看板がなければ、ヨーロッパの近代都市の風景とまったく同じである。人口八〇万人の都市である。人口密度は東京以上）。

戦闘爆撃機の急降下音がしたと思ったら、爆撃音があたり一面に響きわたる。ちょうど、ある同志と打ち合わせをしていた時である。幸いに第一撃は逃れた（第二次大戦中のように、飛行機の爆音が聞こえてから避難して間に合う時代ではなく、爆音が聞こえる時には空対地ミサイルが打ち込まれている。到底、避けることはできない。運にまかせるしかない）ので、二人で急いで書類の整理を行った。他の同志が、早く逃げろと呼びに来たが、「命より書類の方が大事だ」と追い返す。二人で部屋を直撃されても重要なものはない状態にして、地上まで一挙にかけ降りた。途中の階の住民のほとんどは避難ずみであった。

しかし、他の同志たちとの連絡があるので建物を離れることができない。

爆風のことを考え、中庭に通じるところに待機。破壊された地区から人々が赤ん坊と貴重な荷物を抱え、子どもの手を引きながら、次から次と前の通りを過ぎていった。若い女性二人がちょうど、前を通り過ぎようとした時、その一人が恐怖に耐え切れなくなって失神した。身体を支えようとしたが一瞬躊躇した。なぜならアラブでは夫以外の男が女性に手を触れてはならず、まして未婚の女性に手を触れることは禁じられている（アラブ人の女性には相手が握手を求めてこない限り、男が握手を絶対に求めてはならない）。それに私は女性にはうぶだし（誰だ？――ここで笑うのは）。

しかし、その一瞬後には彼女の身体を受け止め、地面に寝かせ上半身を支えていた。すぐ前を走っていた青年を呼び止め（アラブ社会では、見知らぬ者でも「兄弟！」と呼びかければ話は通じる）、冷たい水を持ってくるように頼む。青年はシャッターを下ろしかけていた店から冷たいミネラルウォーターをもらってきた。その水を青年が顔に振りかけたら、彼女はやっと気づいた。「立てるか」と聞くと、うなずくので、「次の爆撃までにはまだ間があるから落ち着いて歩くように」とうながした。そばで心配していた女性が抱きかかえ、青年がついていくことになった。元気な方の女性が、「赤軍の人たち、ありがとう」と言うので否定しかかったが、そんな場合でもないので、聞こえなかったふりをして「元気で」とあいさつした。

同志と「なんで赤やとわかるんやろ」と話をしながら建物の壁を振り返って見てわかった。なんと「リッダ闘争一〇周年」の大きなポスターが貼ってあったのだ。よく見ると、あっちこっちに貼ってあった。

数日前の五月三〇日が一〇周年であったのだ。その時はあまり気づかなかった（街中に、戦死した多くのパレスチナ、レバノン戦士たちのポスターは貼ってある）。我々のポスターをパレスチナの人たちがあちこちに貼ってくれていたのだ。私と同志はうかつにもそのポスターの前に立っていたのである（上空ばかりを気にしていたので気づかず）。ポスターは奥平同志、カナファーニ同志（リッダ闘争の報復として、姪と共にイスラエルが仕かけた車爆弾で殺されたパレスチナ人作家）の写真であった。

しばらくすると、街がゴーストタウン化してきた。救急車のサイレンが響きわたっていた。高射砲を積んだジープが走りまわっている。シリア軍兵士を乗せたトラックも通過。爆撃が大規模に行われていることが街の動きを見るだけでわかる。レポの同志がやってきた。お互い、無事を確認し、指示された地点に向かう。

集合地に着いた頃、対空砲が鳴り響き出した。第二派の爆撃が始まったのである。

その日の夕、レバノンTVニュースでスタジアムとその周辺の爆撃による負傷者の救出活動をやっていた市民救援隊に第二派の爆撃が加えられたことを知った。

〔『ザ・パスポート』二九号（一九九二年一〇月二八日）〕

——イスラエルの本格侵攻に対し、パレスチナ解放組織と連携し日本赤軍も戦闘に参加する。日本赤軍は、南部レバノン戦線とベイルート篭城組とに大きく別れ、丸岡さんはその統括に当たっていた。

八二年八月、PLOを中心とする各組織は撤退を開始。日本赤軍もベイルートを離れレバノン・ベカー高原へ撤退。反撃の準備を始めることになる。そして、武装勢力が不在となったベイルートでは、サブラキャンプとシャティーラキャンプで、悪名高き虐殺が行われた。

「サブラ、シャティーラの虐殺から十年、中東和平会議の今」

パレスチナ住民大量虐殺

十年前の八二年九月一六日から一八日、レバノンの首都ベイルート南郊のパレスチナ人キャンプのサブラとシャティーラで、イスラエル軍の包囲下、レバノンキリスト教徒右翼のカタエブ（ファランジスト）とSLA（南レバノン軍。イスラエルの傀儡軍）の民兵によって三千人強が虐殺された（ブルドーザーで多くの死体が埋められ、正確な数は不明）。イタリアの港湾労働者はイスラエル船の荷積みを拒否し、EC諸国でさえイスラエルを公式非難した。被占領地パレスチナではパレスチナ人だけでなくユダヤ人も抗議行動を起こした。

避難民キャンプと言えば、日本の人々にはテント村のイメージだろうが、実際には一、二階建ての家が並んでいる。昔の日本の長屋と路地を連想してもらえばよいが、木造ではなくブロック造、汲み取り便所ではなくアラブ式水洗便所（日本と同じしゃがみ込み。ただし逆向き）である。車が通れる道もあれば、人しか通れない路地もある。広くはないが一応住宅の体裁はある。豊かではないが貧しくもない。スラムではなく庶民集落である。それが戦火で地獄に化した。

以下、ジャーナリストとしては最初に虐殺現場を訪れ、世界に衝撃のニュースを送った広河隆一氏の著『パレスチナ』（岩波新書）から一部抜粋する（立場は異なるが身の危険をものともしない氏の勇気には敬服する）。

《ハンカチを頭の上にかぶせた死体。のちの証言では頭をオノで割られたのだという。……一軒の家の庭には、その家の住民と思われる女性と子どもたちが瓦礫の上に投げ出されていた。一番上に幼児がうつぶせになっているのは、おそらく叩きつけられたのだろう。さるぐつわをかまされた女性が、服をひきさかれて死んでいた。チェックのスカートの女の子が手を差し伸べるようにして殺され、男の子は、首を針金のようなもので縛られていた。（中略）病院ではパレスチナ人の医師が連れ出され、殺された。……負傷者たちはベッドの上で殺された。（中略）一九歳の看護婦が大勢の民兵に犯され、切り刻まれた。（中略）一七日、イスラエルの放送は、イスラエルが「キャンプを清める」仕事をファランジストに任せたと伝えた。イスラエル兵たちは虐殺を目撃するが、それを止めるどころかファランジストに食糧と水を供給し続けた。……イスラエルの従軍記者たちがファランジスト民兵にインタビューすると、「俺たちは奴らを殺して、その母親や妹たちを犯しに行くんだ」という答えが戻ってきた。……夜九時、（イスラエル軍の）エイタン参謀総長はシャロン国防相に電話し「彼らはやり過ぎた」と言ったが、中止命令はなかった。（中略）夫と娘を失ったパレスチナ人女性の小さな娘はキャンプの外の病院にいた母親を心配して病院に向かい行方不明になった。のちにイスラエル軍の手から生還した親戚の人が、キャンプから引き立てられていく時に道のわきに殺されて倒れている娘を見た、と伝えた。……》

これが六百万人の同朋をナチス・ドイツに虐殺されたユダヤ人のシオニスト軍隊が、手先を使って行ったことである。半世紀前にユーゴスラヴィア占領時のナチスがセルビア人虐殺をクロアチア人を使ってやったように。虐殺現場から逃れ、泣き叫びながら人々に助けを求めるパレスチナ人女性、彼女を抱きとめながら何もできない悔しさをにじませたレバノン人女性の顔。九月とはいえ暑い日差しの下で腐敗しガスで膨脹した死体。目をくり抜かれた老人の死体。「戦争だから」の一言で片づけられるのだろうか。

虐殺の意図は何か。パレスチナ人とレバノンキリスト教徒右翼との抗争という単純なものではない。ベイルートに残るパレスチナ住民全員を追い出すために、イスラエルが仕組んだものだ。四八年五月の「イスラエル建国」を前にした四月、シオニストどもは、パレスチナ人のディール・ヤシン村を襲撃し二五四人を虐殺した。虐殺テロが全土に拡がり、追放措置もあり一ヵ月余で三〇万人ものパレスチナ人が故郷を捨てた。その再現が狙いである。

しかし、この虐殺はイスラエルにとって逆効果をもたらした。被占領地内のパレスチナ人民は、この虐殺を見て闘いか死かその二つしかないと悟り、それが五年後（八七年一二月）から始まり現在も続いているインティファーダ（蜂起）の闘いにつながっている。このストと石の抵抗運動ですでに千数百人ものパレスチナ人が四年半の間にイスラエル軍の銃弾で倒れている。日本の新聞には出ないが、火炎瓶闘争などは今も毎日続いている（この八月末には一六歳の少女がイスラエル警備員をキッチンナイフで刺そうとした）。

レバノン人民にもイスラエルとその手先に成り下がったキリスト教徒右翼（主要にはファランジストとＳＬＡ）に対する強い敵愾心を育てた。その怒りの矛先は、こういう事態が予想されたが故に残留するはずであったのに、ＰＬＯとアラブ平和維持軍（アラブ・リーグの決定でシリア軍が駐留）撤退後に引き揚げてしまった米仏伊多国籍軍にも向けられた。

決死作戦を実行するレバノン人民

レバノン人民が、イスラエル軍と手先のファシスト民兵、多国籍軍に大きなダメージを与えた数多くの決死作戦。レバノンのイスラム・シーア派教徒から共産党員にいたるまで多くの戦士が、爆弾を車に積み、あるいは身体に巻いて散っていった。あくまでこれは一つの戦術にすぎないが、日本では日本のかつての特攻隊に像がダブり嫌悪する人が多いかもしれない。だが、本質的には異なる。レバノン人民、パレスチナ人民は闘わなければ、服従か死を選ぶしかない状況に置かれており、天皇を守るためではなく自分の家族、同朋、民族を守るためであり、何よりも人間の尊厳を大切にするからこそ、人間として生きるために殉じるのである。八四年二月にベイルートを解放したが、南部レバノンでは八五年になっても毎週のように決死作戦が闘われた。イスラエルは南部の直接統治をあきらめた。

八三年一〇月、米海兵隊本部爆破。

シーア派のイスラミック・ジハード（イスラム聖戦機構）の青年がトラックにＴＮＴ爆薬を積んで、建物ごと爆破し二四一名の海兵隊員を道連れにした。この時に生き残った米兵は歩哨をしていた者、屋上にいた者たちである。その歩哨が語った。「一台のトラックが近づいた時、静止させようとしたが、そのまま突っ込んできた。自分の前を通過する時に運転していた青年はほほえんでいたのが強く印象に残っている」。

イスラエル軍の検問所を車ごと決死爆破。八三年から八五年にいくつものイスラエル軍とＳＬＡの検問所、パトロール部隊、拠点が決死隊によって爆砕されていった。その中で多くのアラブ人民に感銘を与えたのが、レバノン人の一少女によるイスラエル軍検問所の爆破であった。ハイティーンの少女で、人々から〝南部の花嫁〟と呼ばれている。シリア民族社会主義党（シリアと無関係のレバノン人の組織）青年部員であった。作戦出発前にビデオで声明を残していた。両親への遺書も残していた。自らの志願であったこと、自分の幸福は南部レバノン解放に命を捧げること、などを語っていた。「私の死を悲しまないで下さい。私は南部レバノンの花嫁になります」。両親はむろん知らなかった。知った時は嘆き悲しんだが、すぐに自分たちの娘を誇りに思う、と語った。娘を失うことがどんなに悲しいことであろうか。これを書きながら私も泣いている。飽食に明け暮れる日本人が「決死作戦」を批判するのは易しい。毎日の命と生活に脅威がないからである。だが、闘わなければ敵に殺される。これが現地の姿なのだ。いつもは慈悲深く優しい人々をここまで駆り立てたのは、侵略と抑圧に対する怒りである。【略】

〔『話の特集』一九九二年一二月号〕

「〝ベイルート　一九八二年　夏〟その後」

「キャンプの入口で、子供たちを含めて、決死の阻止線を展開している。とくに、十歳、九歳という子供たちが、体にＴＮＴ爆薬を抱いて、戦車の下にもぐり込み、自分の生命とひきかえにイスラエル軍の戦車をせんめつしている」（話の特集刊『ベイルート　一九八二年　夏』より）

八二年六月に、イスラエルは十万の軍隊を投入してレバノン南部駐留の国連平和維持軍をはねのけ、大規模な侵略作戦を展開した。レバノン全土の三分の一が占領され、ベイルートが完全包囲され、ＰＬＯ、シリア軍がベイルートからの撤退を余儀なくされた。あれから十年。九一年の「湾岸戦争」を経て、「中東和平会議」が米国主導によって開かれている。日本のマスコミ報道には西側の視点しかなく、そこには侵略され抑圧された側の人々の視点はない。例えば、「ＰＬＯは湾岸戦争時にイラクを支持したから孤立した」というのも、米国の側からの論理でしかなく、アラブ人民の中でＰＬＯが孤立しているわけではない。ソ連、東欧が崩壊し、米国は唯一の超大国として、世界支配を目的にした「新世界秩序」をうちだしているが、それはあくまで米国の帝国主義的な思惑でしかなく、力によっては人民の意志を支配することはできない。歴史的教訓を米国は忘れるべきではない。

ベイルート　一九八二年　夏

八二年二月。レバノンのキリスト教右翼の国民党指導者ダニー・シャモーンは、右翼主流派カタエブ（ファラン〈党――ファシスト）との対立が激化し、PLOに助けを求め、イスラエルとカタエブによるベイルート挟撃計画があることを通報した。イスラエル軍がレバノン右翼の協力を得て、ベイルートを東と南から包囲し、海上を封鎖して、シリアとの戦略道路であるダマスカス街道を遮断し、PLOの潰滅をはかるというものであった。実際にイスラエルは、二月中旬に予備役兵士を召集していた。あとは時期を待つだけであった。しかし、PLOとレバノン左派勢力は、実現不可能な計画と誤判断した。

六月三日。在ロンドンのイスラエル大使の暗殺未遂。反アラファト議長派の「ファタハ革命評議会」の闘争であった。四日、イスラエルはこの作戦を「停戦違反」であるとし、ベイルート及びレバノン南部のパレスチナ人キャンプを猛爆撃した。多くの民間人が死傷した。イスラエルはすべての準備を整え、侵略の機会をうかがっていたのである。五日も無差別爆撃が続けられ、南部から避難する市民の車列にも加えられ、学校、病院も標的になった。パレスチナ側は、南部からイスラエル（パレスチナ被占領地）北部に砲撃で対抗。

六日。満を持したイスラエルの大軍が「ガリレー（パレスチナ北部）に平和を」と叫びながら侵攻し、レバノン南部駐留の国連平和維持軍をはねのけて、全面戦争を始めたのである。「平和」の名の下に。

十四日には、ほぼ完全に西ベイルートは包囲された（緒戦において、PLO側の誤った南部最前線部隊への撤退命令があり、レバノン左派勢力、シリア軍の第二線にあった防御陣型を整える時間が稼げず、イスラエルの電撃的な侵攻を早めさせてしまった）。パレスチナ戦士七千人、パレスチナ解放軍（PLA、シリア系のパレスチナ正規軍）四千人、シリア軍五千人、レバノン左派戦士四千人の計二万人の兵力と六十万人以上のレバノン人、パレスチナ人の一般市民が閉じ込められた。そして、西ベイルートをめぐって八月中旬まで、二ヵ月の戦闘が続いた。レバノン全土での二ヵ月間の死者は約一万二千人。負傷者は十万人以上と言われている。

この二ヵ月間に、国連安保理ではいくつかのイスラエル非難決議が採択された。しかしイスラエルに対する制裁決議はすべて、米国の拒否権によってつぶされた。米国は、米国とイスラエルに不利な国連の実質的介入を阻止し、その代わり、イスラエルの同盟国として交渉に乗り出してきた。イスラエルをなだめながら、レバノン全土からPLOとシリア軍を撤退させ、米国に都合の良い新しい中東の枠組を押しつけようと。

　イスラエルが侵略当初に出していた侵略停止の四条件は、①PLOの物質基盤の破壊、②PLO、シリア軍のレバノンからの撤退、③レバノンに強力な中央政府を樹立、④レバノンとイスラエルの「平和」条約締結と国交樹立（イスラエルの認知）、であった。しかし、二ヵ月の攻防戦を経て米国の仲介で成立したのは、①西ベイルートからのPLO、シリア軍、PLAの撤退、②西ベイルート市民と残るパレスチナ住民の安全を多国籍軍（米、仏、英、伊）が保障する、であった。この交渉が大詰めにさしかかっていた八月一二日、イスラエルは一一時間にわたって西ベイルートを、地上、空、海から砲爆撃。百五十六名が死亡。しかし、イスラエルに対する国際世論の高まりの中で、一三日停戦が成立。交渉も成立し、八月二一日からシリア軍、PLA、PLOの撤退が順に陸路と海路から始まった。

　八月二三日、イスラエルのあと押しで、レバノン右翼ファシストのカタエブ党首、ブシール・ジャマイエルが、国会議員を脅迫し、ぎりぎりの賛成票で新大統領になった。八月末に、多国籍軍は西ベイルート市民と残留パレスチナ住民の安全を保障しないままに引き揚げた。イスラエル軍は、残るレバノン左派勢力と戦闘し、無抵抗のレバノン軍をそのままにベイルートに侵入した。

　九月一六日夜、イスラエル軍に包囲されたパレスチナ避難民のサブラ、シャティーラのキャンプにカタエブ・テロリスト達が侵入。イスラエル軍が打ち上げる照明弾の中で虐殺が行われ、三千人のパレスチナ人が老若男女の区別なく殺された。看護婦は強姦され、老人は目をくり抜かれ、子供にも容赦はなかった。イスラエルが四八年の「建国」以前からやっていた手口である。住民に恐怖を与え、追い出すために（この虐殺事件後の一〇月になって、多国籍軍がもどってくる）。

　しかし、闘いは終わらなかった。

侵略者とファシストに対する反撃

八二年九月一四日。大統領就任を目前にして、カタエブ党本部での会議中にブシール他、二十五名の幹部を爆殺。シリア民族社会主義党の党員が爆弾をしかけたのである（この党はレバノン人の組織であり、シリアバース党とは無関係。アマル、レバノン共産党と共に、前線で最も戦闘的にイスラエル軍と戦った）。イスラエルがブシールをレバノン大統領にして、レバノンの支配を目論んだが、一発の爆弾がそれを頓挫させた。

レバノン左派勢力（ナセル主義者、社会主義者、共産主義者、スンニ派進歩勢力）とアマル（イスラムシーア派の抵抗軍団）は、キリスト教勢力のフランジーエ（元大統領）派を含む「レバノン救国戦線」を結成し、パレスチナの非アラファト派各派、シリアと連携しながら、反撃を用意した。

被占領下のレバノン人民の抵抗の意志は、ベイルートで、南レバノンで、示された。イスラエルは占領に巨額の資金を必要とし、一日百万ドルと言われ、八三年にはイスラエル経済が崩壊した（年率千％のインフレ）。

イスラエルは、八三年五月一七日、レバノン政府（ブシールの兄アミンが大統領に就任した右翼政権）と協定を締結（イスラエルの占領政策の押しつけ、シリア、PLOのレバノンからの排除、南部の恒常的占領、など）。レバノン人民のレジスタンス（抵抗運動）は激しさを増した。イスラエルは、ついに占領から一年たった八月にベイルート近郊、サイダ、ベカー高原中部からの撤退を余儀なくされた。

同年一〇月二三日、ベイルートの米海兵隊本部を爆破（二百四十一名の海兵隊員死亡。六八年一月のテト攻勢下のベトナム全域での米兵の死者二百四十六名以降、一日の死者の数では最高）、フランス空挺隊本部爆破（五十八名死亡）。いずれもシーア派戦士による決死攻撃（爆弾をトラックに載せて戦士が自爆する）によってである。その後も、在レバノンイスラエル軍治安本部も爆破。

一二月、レバノン右派の政府軍とカタエブ軍を相手に、ベイルート近郊と山岳部で激戦。右翼政権を支える米国は、レバノン救国戦線の兵力を支えているシリア軍の補給線に空爆を加えようとしたが、逆に二機を撃墜され、空爆を断念し、艦砲射撃に切りかえた。パレスチナ勢力はシリアと共にレバノン人民自身による戦いを支えた。七五年からのレバノン内戦を通して初めて本格的に、レバノンの解放勢力が共産主義者からキリスト教徒まで含めた統一戦線を形成し、解放の主体として登場した。

八四年二月。ベイルートの南部からと南東部の山岳から総攻撃を加え、二月七日、一年半ぶりに西ベイルートを解放。多国籍軍の英軍、伊軍が次々と撤退。二六日に、海兵隊は上陸用舟艇を海岸につけ、そこからみじめな撤退を行った。イスラエルには、再び侵攻する力はなかった。

抑圧のあるところには反抗があり、侵略のあるところには解放の闘いがある。人民の闘いの意志を力でくじき続けることはできない。八七年一二月から始まったパレスチナ人民のインティファーダの闘いは、被占領地で現在も続いている。何の罪もない多くの人々が、パレスチナとレバノンで殺され続けている。イスラエルと米国の支配者たちは、いつかその

報いを受けるであろう。（九二年四月記）

［『話の特集』一九九二年八月号］

――レバノン解放の戦闘はパレスチナ側優位のうちに展開し、一九九〇年にシリアが紛争を完全鎮圧するまで続いた。こうした戦闘に日本赤軍も参加する一方、国際的なネットワークの構築、共同も形を整えつつあった。それを日本赤軍は「国際反帝統一戦線」と名づけていたが、そのために丸岡さんも世界を飛び回っていた。日本をはじめ、フィリピン、香港にはよく足を運んでいたと自身も述べている。そんなある日の情景を、次のように振り返っている。

「無題」

フィリピン・マニラのことであった。熱帯特有の激しい雨の後、街中でも水はけの悪い舗装路は水たまりだらけになり、下水道は以前よりは定着していたものの、歩道のない脇道はそのままでは通れなくなってしまうことがままある。そんなある日、雨上がりの道を歩いていたら、幼い女の子を連れた若い母親が、水たまりを前に立ち止まっていた。横にホテルの花壇があり、その敷石の上にあがって数メートル歩けば水たまりを越えられる。私は、当然のごとく、母子が横に上がって渡り終えるのを、その後ろで待っていた。その時、外国人が一人（欧米系）歩み出て、母子に手を差しのべ、子をすっと抱え上げ敷石の上に乗せ、母親の手を引く。

「あっ、負けた」と思った。勝った負けたのでもないのだが、ほんのささいな気遣いができなかった己が恥ずかしかったのである。なぜ私は手を差しのべなかったのだろう。確かに日本人の感覚で言えば、見ず知らずの女性に、しかも明らかな人妻の手をとるのはタブーとも言える。しかし、この場合、そんなことを気にする方がおかしいのである。母親に手を差しのべるのは欧米人ならではであるが、子どもを敷石に乗せてあげることはできた。

さり気なく、ごく自然に行動できる積極さ。まねしようと思った。欧米人のみが親切なわけでは決してない。日本人に多いアメリカ人崇拝の立場に私はない。アジア諸国やアフリカ諸国などでも、同じように人々の優しさ、思いやりに触れることができる。私が言いたいのは、日本人も本来は優しい民族ではあるのに、恥ずかしがり屋であるために、素直に動けないのだということ。恥じるべきでないことまで恥じている（逆にその分、恥じるべきことを恥じてなかったりするから性《タチ》が悪い）。

なぜ親切を恥ずかしいと思ってしまうのだろうか。よく言われていることであるのだが、やはり画一性を好む民族性だからだろう。人と違うことをするのに勇気がいる。できれば目立ちたくない。私自身、小さい頃から天邪鬼で目立ちたがり屋であったはずなのだが、電車によく乗るようになった高校生の時、最初は老人が乗ってきた時に席を替われなかった。自分が座りたいということではなく、恥ずかしかったのである。一度、譲ってしまうと、次からは恥ずかしいと思わなくなったが、最初の行動が難しかった。

海外における日本人の評判は必ずしもよくはない。アジア諸国においては戦前の日本の国としての行動からであるが、ヨーロッパなどでちょっとした親切やあいさつを恥ずかしく思い行動できないことによる面も大きい。海外生活が長かったり、語学に自信がある者以外の日本人は外国人に話しかけられると、まずはニヤニヤ笑いながら手を振り逃げる。海外旅行に出て英語や仏語を話せなくとも、なんの恥でもないのに、日本語で手振り身振りで話せば通じるし、日常会話は中学英語で充分なのだから、最小限の会話はできるはずなのに。こんな日本人であるが、集団になると、それまでの臆病さが抜けて豹変する。この結果、海外日本人の評判が悪くなるのだ。

同じマニラでこんなことがあった。日本人の宿泊客も多い一流ホテルのレセプション（「フロント」は和製英語）を通りかかると、キャッシャー（精算所）で日本人の若い女性三人が宿泊代の支払いをしているところであった。現地女性がレシートをチェックしていたのだが、一人の日本人女性の口から出た言葉には驚かされた。「早くしなさいよ。このブスッ」。相手に日本語が通じないだろうと思うがゆえの暴言である。一人で支払いをやっていれば、このようには言わないだろう。あきれた私は、思わず口走ってしまった。「言ってる方がブスやんけ」。カウンターで固まっている彼女らを後ろにして去った私である。彼女らも彼女らだが、私も私である。「日本語がわからないからといって、そのようなことを言うべきではない。あなた自身の品を落としてしまいますよ」とさとすべきであったのだ。実は、恥ずかしかったのである。

［自筆ノート、二〇〇〇年七月頃か］

――一九八七年一一月二一日、香港経由で日本に入国したところ、東京シティエアターミナルで警視庁に逮捕される。その状況や引き続く取り調べなどについては、『公安警察ナンボのもんじゃ』（一九九〇年、新泉社）に丸岡さん自身がくわしく述べている。そして、その逮捕に違法性があったと丸岡さんは主張していた。転び公妨といわれる、警察官が勝手に転び、それで公務執行妨害罪で逮捕する常套の手口である。

逮捕後、警視庁から東京拘置所に移り、丸岡さんは本格的に裁判闘争に立ち向かうことになる。そして、逮捕された以

朝日新聞1987年11月25日

日本赤軍幹部の丸岡逮捕

「韓国で行動」準備?

来月、ソウル便予約

偽造旅券で帰国

都内で職質

上は、日本赤軍の公然スポークスマンとして、日本赤軍の闘いを日本に認知してもらうために活発に寄稿を行うようになった。

　ところが、八九年一〇月末、実父が他界される。

「父よ、なぜ急に逝くのか
あと十年は待ってほしかった」（八九年一〇月二七日）

父よ、あなたの六八年の人生は何だったのか。

（徳島の）大地主の長男として生まれ、池田中学を卒業し、養蚕の研究に夢を抱き京都工繊に進学したあなたは、ナイロンの発明で夢こわれ、陸軍士官の道を選んだ。満鉄防衛隊の中隊長で日本帝国主義の敗戦を迎え、国民党軍の捕虜となり帰還したあなたを迎えたものは、没落地主の家だった。私は農地解放を支持するが、戦争中に軍に山林のほとんどを徴発された祖父の嘆きは深く、失意のうちに酒に死した。公職追放の中、母と結婚したあなたは弟達の進学を保障することもできなかった。K叔父は大学進学をあきらめ、丁稚奉公に出、H叔父は金のかからない商船学校に進んだ。九州に嫁いだ妹も失い、あなたの心中はどのようなものであったか。

なけなしの財産を売り払い「本家」を継がずに大阪に出てきた「地方の坊っちゃん」を待っていたのは、非情な生き馬の目を抜く都会の厳しさだった。詐欺に引っ掛かり、スリにも金をすられ、「武家の商法」しかできないあなたには、大阪はあまりにも厳しい世界だった。結局、あなたはあなたの意にそわないまま、妻の親族からの援助は、あなたのプライドが許さなかった。やがてあなたはあなたの父のように酒で自分の気分を紛らわせなければならなかった。あの頃、わたしは小学生だった。父の酔っ払った姿が大嫌いだったが、今は酒に逃げたあなたの気持ちはよくわかる。しかし、父よ、あなたは現実から逃げるべきではなかった。酒と私の行動があなたの寿命を縮めてしまった。職業に上下も貴賎もないが、被服縫製で一流の職人であったとしても、あなたには人生の目標、夢があったはずだ。妻子を抱えたあなたには時の流れに身を任すしかなかった。あなたの本来の夢はなんだったのか、わたしにはもうわからない。あなたの悔いを背負い続けた人生を私は惜しみ悲しむ。


父よ、あなたは偉大だった。

あなたは加工屋の親父として一生を終え、何も残せなかったが、人の価値は金で決まるものではない。あなたは父として偉大だった。あなたの戦争体験、人生経験から私は数多くのことを学んだ。それはあなたの残した偉大な財産だ。勉強でわからないことを聞けば、そのすべてに答え、私はあなたの縫った服を着て成長した。腕力は私が二十歳になってもあなたにはかなわなかった。あなたが酔っ払っていなければ腕相撲をするのがいやだった。剣・柔・泳・馬に通じ、逆立ちで何十mも歩くあなたが羨ましかった。私の目標にできないのだから。そんなあなたが、なぜ病に勝てなかったのか。四五歳になった時に、あなたは私の中学校で体力測定を受け、三〇代前半の体力だと自慢し、二日酔い以外では寝込まなかった人が。

父よ、あなたはあまりにも器用であまりにも不器用だった。

あなたは何にでも器用で、何でもできた。あなたのつくる刺身と茶碗蒸しをもう一度たべたかった。ところがあなたは世渡りがあまりにも不器用だった。子供心に縫製の下請けで金など貯まるはずがない、商売をすべきだと思っていた。あなたはあえて金にならない職を選んだ。私はそんなあなたの不器用さを尊敬する。


父よ、あなたの喜怒哀楽の顔を忘れない。

私が高校に合格した時、あなたは私に黙って先に合格発表を見に行っていた。私の帰りを待っていたあなたの笑顔を覚えている。私は試験を受けた時に合格を確信していたので、本人よりあなたの方が喜んでいた。私が阪大入試に落ちた時、来なくて良いと言ったのにあなたは発表会場に来た。私の名を見つけられない時のあなたの悲しい顔を覚えている。あなたに言わなかったかもしれないが、私は医者から失明の恐れがあるので受験を一、二年はあきらめるようにと言われていたし、あの時代の私にとって大学は学生運動に参加するためのものでしかなくなっていた。

あなたの末弟のH叔父が結婚した時、安心したようなあなたの顔と、息子のような弟を花嫁に奪われたような寂し気なあなたの顔を覚えている。

私が小学三年生で、妹がまだ三歳の頃、あなたと西部劇ごっこをして遊んだ。狭い家の中で寝ていた妹の上に私が転がった時、あなたは怒り、私の持っていたおもちゃの拳銃を取り上げ床にたたきつけた。私はその壊れたおもちゃを悲しみながらも、あなたの怒った顔の裏の、子らに対する愛をあれほど深く感じたことはなかった。

父よ、私はあなたを苦しめた。

あなたと最後に別れたのは十七年前の四月だった。旅立つ私をあなたは車で家から大阪駅前まで運んでくれた。「必ず帰るので」と言う私の言葉に（あなたは後日、これは嘘だったのかと私に聞いたが、嘘ではなかった。帰ることにはなっていた。警察が帰れなくしたのである）見せたあなたの「期待しているよ」という顔、数か月後に新聞で見たあなたの悲しみの顔を今も覚えている。あなたとの再会を今になって金網越しでするとは思ってもいなかった。

私は子供の頃から、あなたや母に楽な生活を送ってもらえるよう、売り払った家屋敷も買い戻し、郷里であなたや母が何不自由なく暮らせるようにするというのが夢だった。しかし高校になって、社会の矛盾の本質がわかり、社会の様々な不正を見るにつけ、個人の幸福よりも多くの働く人々の幸福を実現することのほうが何倍も、何十倍も重要だと思うようになった。

父よ、私はあなたを苦しめ、母や親戚の方達を苦しめた。だけど、私は革命の大義に生きる。あなた達に与えた苦しみをそのままにはしない。その苦しみを新しい日本を創ることでかならず報いよう。世直しを真剣にやろうとすればするほど、今の日本では義と孝を両立させられない。革命の大義と人民と同志達を裏切ることはできない。義を捨てた人生は人としての価値を捨てたことになる。

父よ、孝を捨て（捨てたくはないが、敵との関係で捨てざるをえない）、義に生きる私を認めてほしい。許しは請わない。

父よ、あなたが兄弟を愛し、妻子を愛し、孫を愛し、甥、姪を愛するように、私はそれ以上に民を愛し、同志達を愛し、革命に身を捧げる。それが私に生を与え、育ててくれたあなたや母の恩、私に様々な援助をしてくれた、伯（叔）父、伯（叔）母の恩に報いうる私の唯一の方法である。

父よ、あなたの死を深く悼む。

しかし私は涙を流さない。その涙を革命の力にする。

父よ、あなたの死を無駄にはしない。

あなたは私の心の中に生き、あなたを知る人々の心の中に生き続ける。

父よ、安らかに。

亡き三好、半田の両祖父母、私と面識のない九州の叔母と兄、戦死した半田の伯父、そして六甲の伯母、甲南の伯父によろしく。

あなたの息子　修

［『ザ・パスポート』七号（一九八九年一一月二九日）］

——何かと不便な東京拘置所（略称・東拘）の生活に置かれても、気丈に、また時にひょうきんな面を見せ、支援者も獲得していった。差し入れられた『じゃりン子チエ』やライトノベルを愛読し、無聊をなぐさめてもいた。

しかし、一九九六年二月、気管支炎から肺炎を悪化させ、昏睡状態に陥る。幸いにして意識は回復したものの、以降、拡張型心筋症に苦しむことになる。

冒頭に掲げた「黒の告白」で述べているように、無罪を主張した裁判闘争そのものがストレスフルであり、そのことが病気の遠因であったのかもしれない。しかし、それでも努めて明るくふるまおうとしていた。

「病気回復報告」（九六・五・一〇）

一．皆様へのお礼

今回の私の病気に対して、本誌読者の皆様を初め多くの様々な方たちから計り知れない激励と支援をいただきました。ありがとうございます。あちこちにご心配とご迷惑をかけたことをお詫びします。

二月一〇日に意識を失い、一一日から一三日まで重体に陥り二四日まで意識不明、混濁の状態が続きましたが、二五日に意識を回復して以後は順調に回復し、四月一一日には、元の房に戻るまでになりました。みなさんのおかげです。多くの便り、カンパ、その他いろいろと最多謝！

二．病気報告

昨年九月下旬から慢性気管支炎が再発し（九三年から毎年）、咳が続いていました。そこに一二月末にインフルエンザも加わり、今年の一月はさすがにぐったりしていました。それまでの六時間睡眠をやめて八時間以上寝るようにしましたが、一向になおりませんでした。一月下旬に東拘での診察を受けたものの、私もその時の担当医師も慢性気管支炎のままと思っていました。一月二七日、深呼吸をした時に自分で肺の異常に気づきました。二九日に他の医師の診察を受けたところ異常ありと、すぐ血液検査とX線撮影がなされました。肺炎ということでその日のうちに病舎入り。点滴を二日受けて三一日に元の房に戻ったものの好転せず、二月五日に再入病舎。この頃は、咳と痰出しで疲労の極に達していました。八日、面会者と話していて思考が鈍っていることに気づき、酸欠脳（低酸素血症）になっているとわかりました。病舎に戻って心電図検査の後、医務に酸素吸入を要請。様態悪化ということですぐ、一般病舎から「集中治療室（ＩＣＵ）」に移されました。

血路確保、尿路確保等がなされ、この日から寝たきりになります。一〇日朝に起きましたが（ベッド上）、その直後から意識不明になりました。この日に母がかけつけて私に面会し話を交わしたらしいが（職員によれば）、本人はまったく記憶なし。『支援連ニュース』によれば、「やることが多く残っており、まだ死ぬわけにはいかない」と言ったらしい。医師には「監獄で病死するとは思っていなかった」と言ったらしい。実は、九日の時点で「今度ばかりはダメか」と自分で思っていました。一〇日に意識がうすれていく中で、「一〇人くらいに不義理しているけど、もういいか」と弱気になったものの、「いや、三ケタではきかんぞ。これでは、今、死ぬわけにはいかん！」とすぐ思い直しました。これがよかったのかも（笑）。一一日から一三日まで重体。本人はむろん何も覚えていない。最悪の時は、肝臓や腎臓などが機能せず全身もむくみ、多臓器不全、呼吸不全に陥り、動いていたのは唯一心臓だけだったとのことです。心臓が力尽きればそこで終わりだったとのこと。東拘医務では心停止に備えて電気ショックで心臓を再生する装置まで用意していました。四月に面会に来てくれた医師は、「普通、死んでるよ。奇跡の回復」と言われていました。東拘の医師たちも「三途の川に首までつかっていた」とか「いやー、よく生きてくれた」と言っていたので、やはり危なかったみたい。私の心臓は普通の人が三日間走り続けたような状態だったとのことです。

結局、一七日頃まで完全な意識不明、二四日まで意識混濁状態が続きました。『支援連ニュース』によれば、Ｖサインをしたり字を書いたらしいが、記憶はまったくありません。ただ二週目は、家族と弁護人の面会があったことは覚えています。二二日にはＹ弁護士への選任届を書いていましたが、さすがにこれは覚えています。しかし二四日までは、瞬間的に意識があっただけでそれ以外は不明状態でした。完全に回復したのは二五日の朝、看護婦さんが私のヒゲをそってくれていたのだけど、それがあまりにも痛くて、「あいたた」と目覚めたのでした（笑）。看護婦たちの直前の会話も耳に入っていました。「先生から借りたシェービング・ムースを使っているのだけど、なんか痛そうみたい」。

この二五日以後は、日ごとに回復し、医師や看護婦たちから「治療のやりがいがある」と喜ばれていました。首に穴をあけて人工呼吸器がつながれ、それで生きていたわけですが、数日後から自力呼吸に切り替えるリハビリが始まりました。三月二一日に、二／一〇以来いた「手術室（処置室）」からＩＣＵに移されました。二八日には一般病舎に移動、四月一一日に、やっと元の病舎に戻りました。戻ったと言っても二ヵ月間も寝たきりだったため足腰がガタガタで歩くのはヨタヨタで、階段を上がることができませんでした。今は、それもできるようになっています。まあ、しかし五月末まではのんびりゆっくりと養生します。

三．私がいたところ

一般病舎（独房）から同じ獄舎の「集中治療室」に移ったのが二／八、重体になって二／一〇に運ばれたのが医務棟（医療スタッフの事務所、検査室等がある）の「手術室（処置室）」でした。一二畳（四〇㎡）くらいの広さで窓には鉄格子もなく（もっとも日光遮断の二重カーテンがひかれていた）、三方のドアのうち一つは開けっ放し。むろん、二四時間の暖房（一般病舎では朝から夕のみで夜間は湯たんぽ）。ちり紙も市販の箱入りティッシュペーパー支給で、一応、檻の外でした。その代わり、二四時間四人交代で看守が見張りにつき（ほとんど全員が私と顔なじみかすぐ親しくなるので、私には見張られている感覚はなし）、夜間は「抑制帯」という布製の拘束具を片手、片足にはめられていました。さまざまな医療器具があったりドアが開けっ放しということもあるが、看守の居眠り対策でもある（笑）。ニュースをのぞく音楽番組という制限つきながらラジオカセットが二四時間つけっ放し（昼夜の区別をつけICU症候群の予防という医療目的による医師の指示があり、保安当局が同意）、二四時間の完全看護（日中は看護婦、夜間は保健助手）で、東拘にしては特例的処置でした。三／二一に戻った「ICU」は獄舎内だから、東拘らしい処遇に後退しました（笑）。三／二八には急患（自殺未遂者）が発生し、夜八時に急遽、一般病舎に戻されました。ただし、前と違ってTVカメラ付の自殺房でした。「そこしかあいてなかった」ということで。もっともTVカメラは作動させていなかったようです。一般房に替えろと要求しようと思いましたが、雑役（受刑者）さんたちがきれいに掃除してくれたし、大道寺将司さんら自殺房拘禁の仲間たちと同じ種類の房を味わうのも一興とそれでがまんすることにしました。

四．糾弾すべきこと

糾弾すべきは、法務省・検察庁の指示によって、私の外部（市中）病院への移送（拘置執行の停止）が拒否されたことです。二／九の時点で、東拘の医務部長は東京高検に私の病状を重症と報告し、伺いを立てていました。私の家族にもこの日に連絡しており、生命の危険がありと医務当局は認識していたことになります。しかし、医務部長の報告（「病況書」）は「病状は予断を許さない」と書いてはあるものの、「東拘で治療できる」とは一言も書いていませんでした。ところが、検察の東京高等裁判所への報告では「東拘で治療できるので移送の必要はなし」となっていました。しかも高検公判部は、東拘からの報告を高検公安部に回していました。私の移送拒否は、最初から最後まで「治安維持」の立場からのものでした。三／二八に発生した自殺未遂者の場合に東拘は、その日の夜のうちに外部病院へ移送していました（翌日、病院で死亡）。私に対する対応とはまったく違います。検察は、二／一〇の時点で東京高裁に報告し、二／一一及び一二の「連休中、被告人側からの執行停止又は保釈請求に対して即応できる体制を整える」と述べていた。二月一四日の弁護人から東京高裁への執行停止請求に対して、検察は「被告人は、……違法活動を繰り返し活動してきた者であって、……支援者らに被告人を奪還される恐れが大であり……」などとわめき、検察追従の高裁の「棄却決定」を導き出しました。人の命よりも治安維持を優先するというのが、この連中の発想です。検察と裁判所のこのような姿勢に対しては、いつか必ずそれ相応の報復をしてやる！

法務当局による東拘への指示が「丸岡は出すな。しかし死なすな」であったため、東拘は「東拘始まって以来」と言われる手厚い医療態勢を組みました。組まざるを得なかったのが真相です。通常なら、私のような病状であれば、ただちに専門病院に移送されているのに、「東拘で処置せよ」となったのだから。仮に、私の「刑」が不当にも確定していたら、果たしてこれだけの態勢が組まれたかと言えば、組まれなかったでしょう。「死刑判決」が確定している連合赤軍の永田洋子さんの脳腫瘍が放置されている事実からみて。

病気報告

（五三号では「病気回復報告」と書きましたが、実は回復していなかったので「病気報告」とします。あーあ）

一．皆様へのお礼

その後も多くの激励をいただいており、感謝至極です。また、私の病中に多くのカンパが考える会にあったとのこと、ありがとうございます。弁護団の費用、家族の交通費などに活用できたそうです。

弁護団と言えば、重体前は新たに選任したＫ弁護人だけだったのに、二／二五に意識回復した時には一一人の大弁護団になっていました。

二．私の病状

前回の報告は五／一〇付になっていましたが、実はあれ、病舎で書いていました。四／一一に退病舎になって調子よかったのですが、下旬の春冷えで慢性気管支炎（カゼではありません）が再発し、ゴホンゴホンとやっていたら軽症の気管支炎になりました。これは二月の重症肺炎時のように肺の八割がやられていたのとは違い、一部分です。四／二七には三九℃以上の熱が出、土曜日なのに一般舎房まで私の様子を見にきた医師がびっくりして（通常なら保健助手しか一般房には来ない）、すぐ再入病舎になりました。厳密には三度目の病舎入り（一月末に病舎に入ったが三日間で出され、数日後に再入病）。この時は三日間で平熱になりましたが、五／二〇まで病舎で治療を受けました。四／一一、医務部長が私に「いつでも呼んでくれ。休日を含め二四時間受付ける」と約束していたとおりの病舎入りでした。その医務部長も四／二七の夕方に飛んできました。

五／二〇にこれで終わりかと思っていたら、気管支炎の方は好転せず、五月末にまた発熱し、六／一土曜日に四度目の病舎入りになってしまいました。やはり軽症肺炎の再発でした。そしてこの六／一以降、病舎に入り放しです。六／一〇頃にようやく平熱におさまり、七／八には「もうすぐ退病（舎）できますね」と医師が言っていたのですが、梅雨寒が二、三日あるとたちまちに逆戻りし、七／二三には、「肺炎の疑いあり（レントゲン検査から）」としてまた抗生物質の点滴（静脈）になりました。半年間に四度も肺炎になったことになります。七月の喀痰検査ではカビまで検出されました。「二月に死にかけた時は、充分な酸素が全身に供給されず内蔵がやられた。その時に細胞もダメージを受けており免疫能力が極端に低下し肺炎を再発しやすくなっているのでしょう」が、医師たちの見解でした。私もそう思います。ほとんど死んでいたのが生き返ったのですから。「よく脳がやられなかった（重体であと二、三日続けば、死ぬか植物化していたらしい）」と言われてもいたし、これぐらいの後遺症は仕方ないでしょう。一般的に肺炎からの回復には一年くらいかかるそうですから。

三．心不全

八月に入って息切れがし、微熱だった体温が三八℃を越え、五日朝の診察で医師が心臓を疑ってX線検査をしたところ悪いということで、午後に心臓担当医が来て診察。「心臓がくたびれてしまっている」とのこと。確かに手足がむくんでおり、早速酸素吸入になりました。この吸入は動脈血中酸素濃度が正常値になったとして七日に中止。六日からの利尿剤投与が効いたのか、三日間でむくみもとれました。九日にも血中酸素濃度検査があり、医師が「酸素吸入なしで正常値になっているので安心してください」と結果を言いに来ました。一〇日には平熱になり、一二日には七／二三以来の抗生物質の点滴も中止になりました。ひどかった咳と痰も治まりました。体重はこの一週間で六kg減り五二・五kgに。利尿剤で体の水分を絞り出したためです。水を出して、水もしたたる男に（笑）。ちなみに一月には七五kgでした（意識不明時の一五日間で二〇kg減になったが四月には六〇kgに回復）。

今は五五kg。

今回の病名は心不全ということです。二月に心臓以外の臓器すべてが不全になっていたので（脳も含めて）、これで全臓器をやったことになります。心不全の処置が数日遅れていれば危なかったかもしれません。我ながらしぶとい。

現在は、この心臓治療が中心になっています。二月に「心臓にかなりのダメージが残っているので一年ぐらいかかるかも」と言われてはいたのです。心肥大と心室性期外収縮（不整脈）が症状です。危険域ではないが、正常ではないレベルにあります。肺は異常なし、気管支がまだ少しというところです。九／二五、やっと許可になった戸外運動（一五分間の散歩のみ）に出ました。実に四ヵ月ぶりの日光浴でした。

現在、書き物（原稿、信書など）は一日三時間に制限し、睡眠は一〇時間もとっています。ナーンもできません。

四．東京高裁の態度

七／一七に弁護人が二度目の勾留執行停止を東京高裁に申立てました。「その後も被告人は病舎の出入りを繰り返しており、いまなお病舎にいるのであって、病状には一向に回復の兆しが見えず、しかも東拘は別紙資料Ⅱ（東京弁護士会から東拘に照会したもの）のとおり、被告人の病気の原因を未だ特定していない」として某病院への移送（勾留執行停止）を申立てました。二月重体時には即日に「却下」した高裁（小林充）はすぐには判断せず、七／二六になって「却下」しました。二月と同様に検察官の反対意見をそのままに採用したのです。私が四度目の肺炎治療を受けている時に。法務省役人でもある医務部長は「東拘で治療可能」としている。

八月には心不全になったため、さすがの高裁も九月の公判期日を延期して一一月にしましたが、これ以上は被告人欠席でも公判をすすめる意向を示しています。

［『ザ・パスポート』五三～五五号（一九九六年七月一〇日～一〇月一五日）］

――一方、国際情勢は日本赤軍の存立を厳しくしていった。ソ連・東欧の社会主義圏の崩壊は、アメリカ・イスラエルと闘う勢力の後衛地の消滅も意味していたからだ。日本赤軍は武装闘争を放棄し、人民革命路線へと方針を転換する。具体的には、日本国内に人民革命党を現出させ、将来的には日本赤軍もそこに合流していこうと考えていた。

しかし、一九九五年から世界各地で、日本赤軍メンバーや関係者の逮捕が続くようになり、一九九七年二月にはレバノンで岡本公三さんを含む五名（内一名は、元日本赤軍関係者）が逮捕される。二〇〇〇年三月、岡本さんはレバノンへの政治亡命が認められるが、同時に逮捕されていた日本赤軍メンバーなどは日本へ強制送還される。さらには、同年一一月、重信房子さんも潜入先の大阪で逮捕され、翌年、日本赤軍は解散を表明した。丸岡さんらの救援活動に奔走していたかつての送り出し人・檜森孝雄さんは、二〇〇二年三月三〇日（パレスチナでは「土地の日」と呼ばれる抗議の日）、日比谷公園で焼身自決した。

こうした一連の動きに、病身の丸岡さんも焦慮したことだろう。

「拝啓、『天声人語』様――英雄と『テロリスト』」

私が三月七日、朝日新聞・天声人語に書いた手紙を紹介します。なぜかと言うと、リッダ闘争で一般旅行者に巻き添え死傷者が出たことによって疑問を表明する人は、本誌読者にも割りと多くおられるので。

岡本同志たち五人が拘束された九七年の二月に天声人語は「非情なテロリストによる無差別テロ」としてリッダ闘争を非難し、岡本同志をなじりました。それに対して何か書かねばと思っていましたが、その時間がなく、釈放時期にあたり、ようやく書いたのがコレです。

この手紙（資料を添えた）は読まれたようで、岡本同志の政治亡命と他四名の帰国で騒然とした翌日三月一九日の天声人語は、「テロリスト」非難が一方的なものにはなっていませんでした。日本ではテロリストでも中東では英雄となることについて考察する文章に。リンカーンが米国北部では奴隷解放者でも南部では侵略者、豊臣秀吉は日本で愛されているが韓国では侵略者となる例を示し。

やはりきちんとした対応は必要だと思いました。日本赤軍は今まで日本でマスコミに出て話をする者がおらず（理解者として代弁された文化人の方たちはいましたが、大変な風当りを受けた）、言われっぱなし。公然の合法的組織は強く必要とされています。【略】

朝日新聞社　「天声人語」御中

拝啓
早春の候、風が柔らかくなって参りました。
貴社ますますご隆盛の由、何よりと存じ上げます。
さて、本題に入ります。【略】
一．私は現在、東京拘置所在監中の被告人です。「日本赤軍幹部（警察が勝手に称しただけで証拠がなく裁判所もそのような認定はしていません）」などとマスコミに報じられているので、私の名もご存知のことと思います。

朝日新聞 1997 年 2 月 20 日

天声人語

なかば忘れていた四半世紀前の記事を再読した。日本赤軍・岡本公三容疑者（以下、Oと省略）ら三人が起こしたテルアビブ空港乱射事件（一九七二年）の、イスラエルでの裁判の模様だ▼自動小銃や手投げ弾を使った無差別銃撃によって、居合わせた二十四人が殺され、七十六人が傷つけられた。法廷でOが「われわれ三人は死んだあと、オリオンの三つ星になろうと考えていた」と述べたことは、今回も再録された。実は、それに続けてこう言っている。「われわれが殺した人間も、何人か星になったと思う」▼二十四人の死者の内訳はプエルトリコ人十四人、イスラエル人八人など。Oは「ブルジョアは殺す」とも言ったが、とくにプエルトリコからの旅行者は、ブルジョアどころか毎日をつましく生きる、まったく何の関係もない人たちだった。けれどもOは、手前勝手な理屈を並べた。「世界革命戦争でいろんな星が増えると思う。同じ天上で輝くと思えば心も休まる」と▼彼が裁判で開陳した思想は、脈絡のつけにくいものだった。しいて整理するなら、と当時の特派員は書いている。〈世界の歴史の流れは世界革命戦争を指向しており、その先頭に赤軍がある。その流れのわからない者は殺《さつ》戮《りく》す。都市を破壊する〉。殺戮ということばが、ポンポン出たそうだ▼レバノンがOを含むとみられる日本赤軍の身柄を拘束したことについて、いろいろな解析がある。真の中東和平への道筋がつき始めているいま、彼らは用済みになり捨てられようとしている、との見方が支配的だ。もはや亡霊なのだ、という解説も読んだ▼「なぜみんながこんなに興奮しているのか、自分にはわからない」。これもOのことばである。かりに亡霊であったとしても、彼らの犯罪を忘れるわけにはいかない。あらためてそう思う。一連のOの発言こそテロリズムの本質なのだ。

朝日新聞 2000 年 3 月 19 日

天声人語

「英雄」とは何だろうか▼帰国した日本赤軍の四人は逮捕・収監されたが、岡本公三容疑者（五二）だけはレバノンへの亡命が認められた。イスラエルと戦争状態にある現地レバノンでは、彼はパレスチナ解放闘争の「英雄」なのである▼イスラエル・テルアビブの空港で日本人ゲリラが自動小銃を乱射、旅行客多数が死傷。一九七二年のあの事件の直後、本欄は〈犯人が日本人だと聞いて、思わず立ちすくんだ〉と書いた。国際社会も凍りついた。しかしアラブ側の、とくに民衆の間では、岡本容疑者は最初から称賛のまとだった▼ベイルートの街では「英雄的行動」をたたえる演説があり、アラブ人の新聞記者が「さすが日本人だ。よくやった」と日本人記者に握手を求めてきた。当時の新聞は、そう伝える。一方から見れば残虐きわまるテロリスト。だが同じ人物の同じ行為が、もう一方の側には「英雄」として映る。どうにもやりきれない思いにとらわれる▼けれども目を転じると、そうした例は枚挙にいとまがない。たとえば「奴隷解放」で知られるリンカーン。アメリカ南部諸州では、彼は「南部経済の破壊者」であり「北部からの侵略者」と位置づけられがちだった。リンカーンの生誕記念日も、南部のいくつかの州では祝日とはしていない▼豊臣秀吉は日本では昔から愛され、テレビの大河ドラマにも繰り返し登場してきた。しかし韓国では、まったく事情が異なる。秀吉は朝鮮半島に出兵し、当時の記録によれば、その軍隊は暴虐の限りを尽くした。この「侵略者」の水軍を打ち破った将軍李舜臣は、韓国の国民的英雄となっている▼名画『チャップリンの殺人狂時代』では、チャプリン演じる殺人犯が「英雄」を定義する。「一人を殺せば犯罪者だが、百万人を殺せば英雄だ。数が行為を神聖化するのです」。戦争を風刺して、痛烈だ。

私自身は二件の「ハイジャック事件」の「犯人」と公安当局にされてしまいましたが、無関与の無実です。マスコミは警察発表を鵜呑みにしているので、私が無罪を訴えても信じてはいただけないかと思います。

今回はそのことについてではなく、九七年にレバノンで拘束された岡本公三（同志）ら五名のことについて書かせていただきます。

九七年春、貴コラムでお書きになられたご非難（非難に「ご」はつけませんね。「ご批判」よりは非難の趣旨でしたが、私たちが腹を立てる筋ではありませんので「ご非難」）に対して、一筆しておかねばと、ずっと考えておりました。気にはなり続けておりましたが、九六年二月に肺炎重体で死にかけて以降（呼吸不全、多臓器不全）、慢性心不全で病舎に収容されたまま未だに病人生活していることもあり、今日になってしまいました。

「天声人語」への抗議ということではまったくなく、私たちの側の考えもお知りになっていただきたくてお便りする次第です。

私たち日本赤軍への支持あるいは同意を求めるものでは決してなく、公安当局側のフィクションだけでなく、「過激派」の言い分も情報としてお持ち頂きたいからです。私たちをいかように批判されようと非難されようと貴紙のご自由です。しかし、次の二点をお願いしたいのです。第一に、事実に基づくこと（公安当局や日本政府の発表の鵜呑みではなく）、第二に、当事者の言い分にも賛成する否かは別に、耳を傾けてほしい。

【略、「二」も略】

三．リッダ闘争（みなさんの言われるテルアビブ空港乱射事件）の巻き添えで死傷された非戦闘員の方々には、ただ謝罪するしかありません。その点の批判、非難は甘受するしかないと考えています。作戦は一般市民の殺傷を目的にしたものでは決してなく、イスラエル軍空港警備隊との銃撃戦を目的としておりました。ところが、イスラエルの警備当局は「伏せろ」と命令し、伏せなかった者に対しては巻き添えやむなしという戦術をとっていました。イスラエル軍によるウガンダ・エンテベ空港での「人質解放作戦」を描いた映画『エンテベの九〇分（勝利）』などの例を示すまでもなく。

それでも、イスラエル軍の発砲による犠牲者が多い事実があるものの、私たちの部隊がロビーで戦闘を始めなければ（始めざるを得なかった情況であったようですが）、巻き添え犠牲者を発生させなかったはずなのですから、非難されても仕方はありません。

これは言い訳にしかなりませんが、パレスチナ解放勢力との共同作戦という性格上、戦争状態にある当事者間（アラブ対イスラエル）の戦闘エスカレートの中で、パレスチナ側の作戦指揮に従わざるを得なかった面もあります。

現地でのパレスチナ人民が置かれた情況から言えば、私たちやパレスチナ解放勢力の側のみが日本のマスコミに一方的に非難されるのは不公平かと思います。

イスラエル軍によるベイルート空港爆撃、パレスチナ人避難民キャンプへの爆撃という情況、イスラエル側に非戦闘員のアラブ人女性、子供たちが殺されてきた情況からもご考慮をお願いします。昨年のＮＡＴＯ軍によるユーゴスラビィアにおける爆撃が一般市民の犠牲者発生を前提にして（ＮＡＴＯ軍高官も言明）されたように、イスラエル軍の攻撃は一九四八年にあったディール・ヤシン村の虐殺（後に首相になったベギンに率いられたテロ集団によって二五四人も住民が射殺された。リッダ闘争の作戦名「ディール・ヤシン」はここから名付けられた）に代表されるように、無差別テロは侵略国家、侵略者どもの手段です。だからと言って、パレスチナ側が米国やイスラエルと同じことをやってよいとならないのは当たり前です。

しかし、被侵略・被抑圧側のアラブ側が「巻き添え犠牲者が生じてもやむを得ない」と考えるのもまた、やむを得ないのではないでしょうか。オウム真理教のテロのように、最初から一般市民を対象に狙ったものではないからです。家を破壊され、土地を奪われ、家族・友人を殺されてきたパレスチナ人にとっては、その野蛮行為を実行したのがユダヤ人の入植者であり、一般市民だったのですから、人々の憎悪は被占領地パレスチナに住むすべてのユダヤ人に向いてしまう情況があるのです。もちろん、やられたから同じことをやり返していたのでは、憎悪の悪循環にしかなりません。ユダヤ人だからと言って、金持ちだからと言って殺されるようなことがあってはなりません。私たちの理屈ではそうです。ただその理屈は、「イスラエル側は軍も市民も無差別に攻撃してくるのに、なぜこちらのパレスチナ側が『最悪の場合は巻き添えもあるかもしれない』形での反撃すらできないのか」と問い返された時、ぐらつきます。「ならば、巻き添え犠牲者を極力出さない形でやるしかない」とリッダの時にはなりました。「それでも、抵抗は平和的に」とおっしゃることでしょう。しかし、目の前で愛する者を失い、明日はまた一人失うかもしれないという人々にとっては、「黙って殺されよ」と言うに等しいのです。もちろん「テロの応酬」は断たれるべきです。

二〇〇〇万人以上のアジア人民を殺害しておきながら「太平洋戦争での死者は八〇〇万人」と言い張る日本政府。南京大虐殺ですら保守勢力の多くは「そのような事実はなかった」と言い張っています。オーストリア自由党のハイダー党首がヨーロッパ中の非難を受けていますが、日本の保守派の人々が日頃述べていることと何ら内容に違いはありません。であるのに、日本人にとってはまったくの他人事です。そんな日本人にパレスチナ解放勢力を非難する資格が果たしてあるのでしょうか。米国やイスラエルによる残虐行為には口をつぐんでおいて。


四．米国の原爆投下は最初から一般市民の殺傷を目的にしていましたが、リッダ闘争は結果として巻き添え犠牲者を出してしまったものの、私たちは決して「無差別」を目的にしてきたことはありません。

もちろん、結果には責任を持たねばならず、ただお詫びするのみです。

これ以降、日本赤軍としては巻き添えの死者を出してはいません。しかし、航空機のハイジャックのように、一般市民をも「人質」にしてしまい、事件に巻き込んでしまいました。私たちにはいろいろな理由や言い訳はありますが、被害者の方たちには深くお詫びします。
私たちは一九七七年の「ダッカ」以降、ハイジャックを初めとした一般市民をも「人質」にしてしまう作戦は一切中止しました。先日もインド・アフガニスタンでハイジャックがあったように、もし私たちがその気になれば難しくはありません。それでも二十数年間、占拠やハイジャックをやらないのは、やる力がないのではなく、実行しないことに決めたからです。
一九八九年の『朝日ジャーナル』誌での重信房子インタビューにあるように、「武闘路線」は日本人民には望まれていないとして、転換しております。元々、武闘中心の路線は七五年春に停止しています。（インタビュー掲載時に編集部は、「獄中同志奪還を目指す」という間違った括り方をしましたが、編集部自身がその後の号で謝罪し撤回しています）【略】
〔『ザ・パスポート』九一号（二〇〇〇年四月一日）〕

『日本赤軍』の解散について

一、積極的意味での「解散」
解散自体に、私は何ら異議も違和感もない。私自身が数年前から「武闘の停止を宣言せよ、日本赤軍の名称を変更せよ、公然合法の部隊を登場させよ」と広言してきた。厳密に言えば、私の言っていたのは「解散」というよりも「再編」であったが、名称の変更という意味では「日本赤軍の解散」ということではある。積極的意味における解散としてだ。その表明は、組織の代表である重信同志の被拘束以前になされるべきであった。遅きに失した。

二、消極的意味での「解散」
残念ながら、今回の重信同志被拘束をめぐる問題の後では、消極的意味でも解散以外にはない。重信同志が犯した誤りは、そのまま私たち旧日本赤軍の誤りである。

（一）誤りの第一
誤りの第一は、重信自身のモットーであり、私たちのモットーでもあるはずの「最悪事態を想定して最善を尽くす」の結果の被逮捕ではなかったことである。

私自身の一九八七年の被逮捕の教訓として、「順調に計画が進んでいくうちに、公安当局の力を過小評価するようになり、最悪事態に備えた活動ができていなかった」があった。私のときの不幸中の幸いは、自身と自組織への被害はもたらしたものの、ガサ入れ被害者たちのガサ理由になる「証拠」を公安当局には一切与えなかったことである。しかし今回は、私たちの初歩的な誤りから無関係の人々へのガサですら、敵に口実を与える物が多く押収されている。そのことに敏感な同志だったのに、どうしてかと思う。

一九九五~九七年にかけて世界各地で多くの同志たち（党員及び非党員）が拘束された。九六年までの敗北の教訓から、私は一九九八年に救援会誌の『ザ・パスポート』に次のようなことを書いた。「他人の失敗を他人事とせず、自身の戒めとせよ」、「白色地区で赤色地区と同じような活動をすることは許されない。白色地区でフロッピィディスクに重要文書を残すなど言語道断である。同じ誤りを繰り返すならば、我々は革命組織の看板を降ろすしかない」等。その誤りを繰り返した。正に、革命組織の看板を降ろすしかないのである。（私たちは、レバノンでさえ、イスラエル軍の奇襲があるからとして「赤色地区」とはみなさず、中間地とみなしていたはず。）

（二）誤りの第二

誤りの第二は、使ってはならない手段をとってしまったことである。それは、入院「障害者」の身分利用である。重信自身は知らなかったようではあるが、少なくとも担当者は知っていたのであり、それは取りも直さず個人の責任というより、私たち組織全体の責任である。むろん、代表である以上、重信自身の責任も逃れえない。

「人民性を党性とする」、「党は人民（の闘い）を支援する」等は、「赤」〔日本赤軍の略称〕の口先だけの建前ではなく、実践のモットーであるはずだ。その基準が同志一人一人に徹底されていたならば、使っていいか悪いかの答えは明白。党員一人一人の行動に示される判断基準が、組織の思想を示す。そうである以上、「赤」自身がその存在意義を自ら否定する行動をとったという一点においても、私たちに残された道は解党的出直ししかあり得ない。

三、今回の事態で総括すべき点

私が一九八七年に、泉水同志が一九八八年に、そして私たちとは無関係だが、一九八八年に菊村氏、「よど号グループ」の柴田氏が拘束される事態が続き、『人民新聞』が一九八八年五月二五日号で批判特集「日本赤軍及び共産同赤軍派の諸君へ」を組み、一一月頃まで投書等が続けられた。編集部からの批判の趣旨は、次のようなものであった。

（一）一九八七年から不用意に逮捕されすぎ。

（二）その結果多くの人々が関係ないのに権力から被害を受けた。

（三）日本革命は自分たちが指導しなければならないという思い上がった考えを持っているのではないか。

（四）その性急さと傲慢さは日本人民の地道な闘いを無視し

ている。

（五）そういったあり方を自己批判した七七・五・三〇声明の趣旨に反するのではないか。自らの利益より人民の利益を優先させるべきだ。

当時の私はまだ接見等禁止中であったが、弁護士を通して回答を寄せ、その文章も八・五号から九・五号にかけて三回連載された。しかし、それはあくまで言葉でしかなく、「赤」の実際の行動によって、上記批判に応える義務が私たちにはあった。日本革命を唱える以上、私たちが国内に活動拠点を作ることは必然であるが、いざそれが発覚したときの弾圧を予測した態勢を組まねばならない。私たちに実際に関係する者たちへの波及はある程度の覚悟をせねばならないが、無関係の人々や運動団体への被害の拡大を防ぐ努力は絶対的に必要なのである。この一二年前の教訓を私たちが生かしていれば、重信被拘束はやむをえないとしても、被害の無限的拡大を防ぐことはできたはずだ。

私たちに対する批判を私たちの変革の力にせねばならない。

【略】

［集会用資料から（二〇〇一年七月）］

――日本赤軍の解散という状況とは別に、丸岡さんの公判も結審し、無期刑が確定する。

「行ってきまぁーす！　生きて還ってくるぞ！

不当『上告棄却』報告と、長い長い再会までのご挨拶」

一、三月二九日午前、東拘職員が突然に沈痛な面持ちで鉄扉を開けて入ってきました。「来ちゃったよ」。その私への同情的な口調で、何が来たかは分かりました。「えっ、最高裁？」。そうだったのです。三月二八日付の「決定」。

「（主文）本件上告を棄却する。当審における未決勾留日数九〇〇日を本件に算入する。理由／弁護人〇〇及び被告人本人の各上告趣意は、いずれも、違憲という点を含め、実質は単なる法令違反、事実誤認の主張であって、刑訴法四〇五条の上告理由に当たらない。よって、同法四一四条、三八六条一項三号、平成七年法律第九一号による改正前の刑法二一条により、裁判官全員一致の意見で、主文のとおり決定する。平成一二年〔二〇〇〇年〕三月二八日　最高裁判所第三小法廷」

というあっけないもの。誰に対しても同文、個人名と日付印などを入れたら終わり。月日の数字はハンコですよ！　と淡々と書きましたが、これが日本の裁判かっ！　怒髪衝天（その程度の髪はまだあります。笑）、アドレナリンの分泌を感じるほどの闘志が湧いてきます。私を死ぬまで監獄に閉じ込めても、私を病死に追いやっても、私の思想、信条は殺せないぞ！　これが私のその場での気持ちでした。

持って来た職員には、その礼を言い、今後の必要なことを聞きました。異議申立の方法、期限（送達された日から土日を除く三日以内）、確定までの手順など。職員が去ってからようやく実感が。そして浮かんだのは、怒りと悔しさ。

どんな裁判じゃ。目撃証言なるものを分析すれば、ハイジャック二件で私の無実を証明するしかないやないか！　どんな頭をしとんじゃ、オンドレらは。公務執行妨害にしても、公安デカどもの供述があんなにデタラメなのに、オンドレらは分析能力（真実を見抜く目）はないんか！　まず有罪ありきでしか調べんからじゃ。ドアホッ！　結論を先に出しといて論理をつくるな。一つ一つ検証してから結論を導け！　アッタマ（頭）来んで、ほんま。河内ことばで思考する私でした。何が「全員一致の意見で」じゃ。調査官の「棄却決定相当」の報告を聞いただけで、何も調べずに決定したくせに。

何が悔しいかというと、被告人、弁護人の主張にまったく耳を傾けようとしないこと。白を黒と一つ一つの事実を言い替えられて、腹が立たない人はいないでしょう。しかもさらに悔しいのは、無実を証明する新証拠の提出ができそうだと、新たに弁護人もついて、さぁ、これからという時にやられたのです。弁護人選任届を提出した二八日に。三月に入ってレバノンで拘束されていた五同志のことが大きく報道され、しかも年度末ということで「こいつの上告を片付けておこう」とやられたのは間違いありません。検察からもう上告から三年になると催促もあったことでしょう。

もう一つ腹が立つのは、丸岡裁判の慎重審理を求める六〇〇人以上の方たちの署名が提出されたことに対して（一月）、それらをあざ笑うかのような返礼であることです。

二、まったく不当な「無期懲役刑」に対して、むしろ原稿書きを離れ（中味はたいしたことない）、毎日四通の手紙も書けなくなり、時間的余裕が、懲役労働があるにしてもできることになるので、「病気にはいいかな。勉強もできるし」とか思っていたのです。実は。だから精神面の準備はできているのですが、問題は物理面。ナーンもできとらんのですよ、これが。やり残していることのあまりの多さ、房内での未整理のままにある一万数千通の書信（手紙・ハガキ）、書きまくった文章の写し（捨てることにした）、裁判書類、パンフの多さ（未整理。泣く泣く捨てます）。

何から手をつけたらいいものか。呆然自失というやつです。またやった。私はいつもこうなのです。上告棄却まで三年あったのに私は何してたんや（手紙と原稿に一日が明け暮れて三年……）。自分自身への腹立ちで、不当決定への腹立ちが弱くなるほどです。二日たった今も、これらの原稿書きで、何も物は片付けてません。はぁー。

三、私を応援してくださっている方たちの中には、「左翼党派だから実際にはやっているのに、やっていないと言っているのだろう」と思っている方もいます。もちろん悪気があってではなく、「革命無罪」と思われているから。単に左翼党派だから「有罪を認めないのだ」と。信じられなくてもかまわない、と私は思っています。

どんな事件でも、弁護人は「被告が無実を主張しているのなら、まずそれを信じる」という立場が基本であり、私も他の刑事事件被告の人たちに同じ態度です。「本当はやったのではないか」と思う人がいても、別にかまいません。

でも、この間の私の上告趣意補充書を通して読んでみてください。やはり、私に対する有罪認定が理不尽であることをご理解いただけると思います。【略】

四、現在、私には思い残すことばかりです。二つの出版の話の一つはあきらめます（どちらも五年前から）。それは同志たちに押し付けていきます（笑）。

未だにご返事できていない人々への連絡もあきらめます。どうか、私の不義理、無礼の数々をお許しください。

書き残しておくべきことが山のようにあります。それももはや果たせません。統一獄中者組合も九七年まで運営委員を五年間していましたが、九六年の病後は何もできませんでした。他にもあります。「来週にはお手紙する」と言っておいて、そのままにした人が何人も……。我ながらお恥ずかしい。

救援のみなさん、弁護士のみなさん、家族にもいろいろとご迷惑をかけたままです。すみません。そして、ありがとう！　応援してくださったみなさんにも、いっぱいのありがとう！　うつうつと悔いることばかり。この未練を引きずったまま下獄します。無事釈放されて義理を返すまで、私はうかうか病気で死ぬこともできません。

こんな理由を生還の意志固めの材料にしてよいのでしょうか。許してください。私のもう一つの心残りは、レバノンから帰国した四人の同志たち、むこうに残った岡本同志、岐阜刑の泉水同志、東拘の浴田、西川両同志、「赤軍罪」によって米国でひどい目にあっている菊村さん（赤軍に無関与）、城崎さん（赤軍に非参加）たちのこと。

今は無茶苦茶な日本ですが、私は必ず変革されると確信しています。

四五～四七年、五〇～五二年、五八～六〇年、六八～七〇年、八二年（反核）、八九年（参院選）と、変化のきざしはあったのです。保守勢力が圧倒的に強いのではなく、七〇年以降はっきりしているのは革新勢力にとって代わるだけの能力がないことです。しかし、少しずつですが、日本の民主主義を人々自身が作り出す闘いは進んでいます。フランス革命も共和制が定着するまで、王政復古まであって一〇〇年かかりました。一〇〇年単位で考えれば、日本の未来も明るいのです。私は沈む心無く、みなさんの励ましを胸に元気に下獄してきます。

「仮釈放」には何の望みも持っていません。転向を迫られて、それに応じることはありません。今の政府に私から頭を下げません。みなさんが本当の人民の政権を実現した時に、私を獄から出してください。それを心待ちにします。

明日への希望を持ち続け、必勝の信念で新たな長い闘いに向かいます。生ある限り、闘い続けます。

病気（慢性心不全）については、戦場にいる時と同じで、死を恐れず、生を諦めず。私はしつこいのです。

五、それでは、行ってきまぁーす！　お互いに元気に必ず再会しましょう！（無事出所して、お好み焼きときつねうどんを食べんね）

多謝！

［『ザ・パスポート』特別号（二〇〇〇年三月）］

――こうして一度宮城刑務所に移監されるが、拡張型心筋症は確実に悪化していった。しかし病身をおして、重信さんはじめ、他の同志の公判にも証人出廷した。重信公判では、イスに座っていることもつらそうな姿を見せていた。刑の執行停止の申し立てと外部病院での治療を弁護士から何度も要求するが、東京高等検察庁は頑として認めなかった。見殺しにしたかったのだ（五〇二㌻参照）。こうして、シャバでお好み焼きときつねうどんを食べることはかなわず、二〇一一年五月二九日、八王子医療刑務所で他界。その若すぎる晩年、日本赤軍の闘争を次のように総括している。

「旧日本赤軍の路線の誤り」

〈総括にむけて・その一〉

一　はじめに

私は二〇〇二年頃まで、同志Eや同志Tの各人の公判における「最終意見陳述」の一部については「清算主義的である」、「人民の抵抗権としての軍事まで否定してしまっている」として同意できませんでしたし、同志Wの総括意見「国際義勇軍に徹すべきだった」にも反対でした。ただし、私は九五年頃以降、武装闘争の放棄宣言、「軍」名称の変更を日本赤軍に求めてはいました。

しかし現在の日本を見ると、（この問題意識に到ったのは今年の夏であるのですが）米国に日本を叩き売った小泉・竹中の弱肉強食「改革」がこの五年間で強行されたのにもかかわらず、この政権が各社の世論調査では常に過半数であった事実から目を逸らすことはできません。さらに九月に到って、小泉に輪をかけた超タカ派（極右と言ってもよい）の安部晋三が首相に就任しましたが、それを座視するしかありませんでした。「もはや戦後ではない」と言われ始めて久しいですが、今や「戦中」と言っても決して過言ではありません（私は「戦前」という規定をしていましたが、中東問題の板垣雄三先生が日本のイラク戦争への自衛隊関与を指摘して「今は戦中である」と講演されたことを知り、そのとおりと思いました）。

なぜこんなことになってしまったのかと考えた時、残念ながら我々左翼（既成政党も含めて、旧日本赤軍に到るまで）の現在の敗北を認めるしかありません。敗北と言っても未来にわたってということではなく、現在はという意味ではあります。また、旧日本赤軍は自己解体しましたが、共産党、社民党、新左翼党派が頑張っていないということでは勿論ありません。しかし、客観的な力関係として六〇年代の革新派の伸張、新左翼の登場、八九年参院選での社会党の大躍進はありましたが、そのままの勢いで自民党政治を終焉させることはできなかっただけでなく、現在は圧倒的少数派の位置に追い込まれています。日本の左翼は滅んではいないが敗れてはいます。

この現実を直視しなければ、逆転勝利を導くことはできないでしょう。なぜ負けたのか。早い話が、社共を含めた私たち左翼が自民党を上回る過半数の人民の共感・支持を得られなかった、得られていないことにつきます（チャンスがなかったわけではない。戦後数度あったチャンスを生かせなかった。特に八九年参院選では初めて社会党と自民党の得票率が逆転したのに、日本の左翼に政権交代の準備ができていなかった）。それを今まで、敵の力が上回っていたから、ブルジョアジーが国家権力を握っているから（国家独占資本主義）などと負けを正当化していましたが、旧日赤自体もそうなっていたと言えるでしょう。それが故に、自分たちの検証はまったく不十分なものとなり、結成からの路線的誤りに気付けませんでした。同志たちは気付いていたかもしれませんが、私は気付いていませんでした。

二　旧日本赤軍に対してあった肯定的評価

肯定面も否定面も含めて統一的に検証するのがマルクス主義者のとる立場であり、私は、総括を全面否定として行うことも全面肯定として行うことも誤りだと考えています。

今でこそ（この一〇年）よく言う人は皆無と言ってもよいですが、七〇年代は私たちにとっては意外と思うほど、「海外で戦闘的に闘かっている」として評価してくれる人々は少なくありませんでした。特に五〇年代を闘った日本共産党の方たち（宮本指導部を批判して昔に離党した人たち）や反戦市民運動の方たち、がそうでした。人民新聞（当時「新左翼」）もそうでした。哲学者の故山崎謙氏、故伊藤律氏らもそうでした。八〇年代にご迷惑をおかけした広河隆一氏は著書の中で（岩波新書『パレスチナ』）「日本人にパレスチナ問題を知らしめたのは日本赤軍」の旨書かれていましたし、最近でも武者小路公秀先生は『インパクション』一四八号の対談の中で「私は、七〇年代の闘争の後で、日本赤軍だけがパレスチナ民族の闘争と日本の民主化闘争とをつなげていたと思う。パレスチナ民族の闘争と連帯しようとする勢力が日本の中にあったということは素晴らしいことだと思うんです」と語られています。

もちろん非難する人々や党派も多く、評価派より非難派の方が多数派であったことは確かです。自民党やマスコミと同じ用語「テロリスト」と非難したのは日共だけでなく、一部新左翼党派もそうでした。ロイター通信やＢＢＣが二〇〇一年の「九・一一事件」後でさえ「テロ」使用を控えているのに、というのは別の話です。しかし、ある新左翼党派（非ブント系、非中国派系）の人によれば、七〇年代の日赤の行動を日雇労働者や在日朝鮮・韓国人の中にも評価する声は決して少なくなかったとのことでした。

これらは「プロレタリア国際主義」という面からの評価、「海外で日本政府を相手に武装闘争を行い勝っている」という面からの評価が中心だったと言えるでしょう。そういった評価に私たちは甘え、また私たちの実態や実力から離れた過分の評価を自分たちの実力と錯覚もしていました。七五年の敗北から七七年にかけて、そういった自分たちのあり方をとらえ返して「軍事至上主義」などと総括しました（七七年五・三〇声明）。ですが自分たちの路線を転換するには到らず、「軍事至上」のあり方を問うただけであり、革命の暴力としての「軍事」は必要であるとして、国内外での武装闘争という方向性は全面否定したものではなく、軍事路線そのものを全面否定したものではなく、「政治に従属するが放棄はしない」ものにしかなりませんでした。

三　日本革命の手段を軍事に求めたことの誤り

旧日本赤軍だけでなく、七〇年の「安保決戦」を前に多くの青年がラジカルに過激な闘い方に走る歴史的必然性があったことは確かです。世界的な学生運動の昂揚は「先進」資本主義国だけでなく社会主義国にも広がり、第三世界人民の帝国主義に対する闘い方はより戦闘的に勝利的に発展していたし（ヴェトナムなど）、社会主義を目指す闘いは世界地図の色を大きく変えようとしていました。他方、日本国内では警察力が急激に強化され、学園においても街頭においてもその力関係は六八年から六九年にかけて変化しました。それを突破しようと、ブント（共産同）からは赤軍派、中国派からは京浜安保共闘、ノンセクト・ラジカルからは私もその出身であるが京都を中心にしたパルチザン・グループや、黒ヘルグループ（東アジア反日武装戦線も基本的にはこの系譜）など、多くの青年がそれぞれに政治路線、立場を異にしながらも、武装闘争を志向するようになりました。

「ベトナムに向けての戦車が日本から運ばれている」現実を前にして座視することはできない、また六九年華青闘（華僑青年闘争委員会）からぶつけられた歴史的「加害者としての日本人」の新左翼に対する問い（日本人としての加害性はべ平連の中でもその前から問われるようになっていた）に行動で答えるしかなかったのであり、「極左暴力に走った」として一言でくくることは決してできません。

必然性はあった。しかし、それは強大な国家権力に対する無力感からであったことも事実です。そして、私も含めて当時の青年たちは「自分がたたかう」、「自分たちが革命の先駆となる」ことに価値を置いていたと言えます。

私は、「歴史的世界的必然性はあった。しかし、平和的手段が可能だった当時の日本の状況下で軍事に革命の手段を求めたことは誤りであった」と今は考えています。（「暴力革命」の否定、「平和革命」の肯定については、長くなりそうなので別の機会に意見をまとめます。）

〈前置きが長くなりました。「受刑者」の身の上では、書くのに時間的制約があるので結論を急ぎます。〉

旧日本赤軍の誤りは、一九世紀のヨーロッパ、二〇世紀はじめのロシアにおける武力革命や現在に到る民族解放闘争など被抑圧人民の武装闘争の正当性を戦後二五年の七〇年代の日本にも適用して正当と考えたことです。いくら自民党が、自民党に有利な選挙制度や財界・官界との結びつきが強くて政権奪取が容易でなかったとしても、人民の意志さえあれば容易に転換することは、八九年参院選挙での社会党の圧勝に明らかなように地道な合法活動を通しても可能だったのです。人民の多数意見が変革を求めなければ、少数の「前衛」が革命政権を樹立しても革命を発展させるどころか維持もできないことは、ソ連型社会主義の崩壊に明らかです。維持しようとすれば、「プロレタリア独裁」の名の下に国家権力を行使するしかなくなり、プロレタリア民主主義は名目上に後退し、全体主義の独裁と大差のないものに変質してしまいます。それでは社会主義の本質（人民主権と徹底した民主主義）と相容れません。人民の意識を変えることに政治組織は努力すべきなのです。説得と共感と組織自体の普段の変革を通して。

故に、旧日本赤軍は、日本国内での武装闘争や武装蜂起を手段とした革命を構想すべきではなかったし、ましてや国外で日本を対象にした武装闘争は全面的な誤りだったと言うほかありません。

旧日赤（略してこう書きます）は国外では、スペイン市民戦争の当時と同様にプロレタリア国際主義の「国際義勇軍」として の軍事的な闘いと、ヨーロッパの共産党などのように公然分野における平和的な国際連帯運動としてのボランティア活動や多様な連帯活動にすべきでした。私たちはいずれも中途半端でした。

国内においては、軍事路線を放棄して非暴力直接行動と議会活動を通した変革を図るべきでした。合法的活動の条件と状況がありながら、非合法的手段をとることによって自ら戦術の幅をせばめ、何よりも人民の中での活動を放棄することになり、革命の組織でありながら人民の点検を受けないありかたになっていました。六〇年代以降の日本は外国軍隊による軍事的暴力的被占領下でもなければ（かつての中国、朝鮮、ベトナムや現在のパレスチナなど）、ツァーリ時代のロシアや戦前の軍国主義下のような状況でもありませんでした。合法的である限り、多少の弾圧を受けても社会変革ができることは現在も日共や中核派などが健闘していることに明らかです。市民運動も元気です。

旧日赤は、七七年のダッカ闘争を最後にこの種の「同志奪還闘争」は「党のための戦い」でしかないとして停止を決め、今後は「党としての戦い」を展開するとしただけで、国際分野では義勇軍ではなく国際共闘としての地下遊撃戦に転換しただけで「国外で日本を対象に武闘」という方向性も変わりませんでした。自分たちの路線のあいまい性には気付かず、軍事路線の継続は同じでした。変わったのは「建党、建軍、建国」という戦略方向性と綱領らしい綱領を持つに到っただけで、党の立場や思想を定めても軍事路線そのものは絶対不可欠のものとして党の役割として、統一戦線、国際連帯などと共に軍事問題の解決（人民の武装を実現する党の軍事力量の形成等）を規定していました。今から考えれば、「あらゆる革命の事態を想定し、その状況に対応できる力の形成」という言葉に酔っていただけで、現実の発展を無視した書生論だったと言うしかありません。

仮に国内で指導部が政治的弾圧を受ければ、それこそ五〇年代の日共のように、インドネシアやフィリピン共産党、ラテンアメリカの革命組織などのように堂々と他国（ヨーロッパ、アラブ、アジア）に政治亡命すればよかったのです。

四　七二年、リッダ闘争で戦死した奥平・安田両同志との確認

私は二〇〇二年から翌年にかけて東京地裁での同志重信（被告）の裁判に弁護側証人として出廷し、以下の二点を明らかにしました。

第一に、リッダ闘争は戦死した奥平剛士同志たちの意向として「アジアから来た無名の義勇兵の死とする」であったこと。

第二に、奥平同志たちの遺志として残った丸岡に期待された使命は、「連合赤軍などとはまったく違った新たな軍事革命勢力を日本国内に構築すること。そのためにも次は日航機ハイジャック闘争を成功させ○○、○○を解放する。パレスチナ革命と共同武装闘争を展開する中で国内での戦いを発展させる」であったこと。

その当時の私たち（旧赤軍派ではない奥平、安田、私の三人のパルチザン派）は、旧赤軍派とは基本的に同じで「日本革命を国外から支援」ではありました。元々は中国派で「革命は銃口から」の立場であった私に疑問の余地はまったくありませんでした。結果として私の名前も発覚するに及んで帰国の道を断たれた私は、国内の再編という使命を果たせず、同志たちの戦死の現実にも遭い、その申し訳なさから「あと追い（革命とは死ぬことと見つけたり）」思考になりその後の旧日赤の軍事至上主義を導くことになりました（なお、旧同志の一人が「丸岡は決死作戦への参加を拒否した負い目から」の旨述べていますが、それは彼の誤解です。私の参加拒否は私の送り出しを国内で担当した同志たちの話とは異なっており約束違反だったからです。私はアラブ行きを決める前に「決死作戦への参加であるなら今は行けない。国内の態勢を整えるまで一年は必要だ」と言ったのに対して、「決死ではない。他に行ける人間がいない。頼む」とあったので「ならば行く」としたのでした。従って、私に参加拒否の躊躇もなければ、そのことに対する引け目などというものはまったくありませんでした）。

五　私の悔い

今から考えれば、日本共産党の四五年から六〇年までの戦後一五年間の闘い、特に五一年からの武装闘争、それらの記録と教訓などを日本にいた時にしっかり学習しておくべきでした。まず「武装ありき」になっていたため、「日共は失敗したが新左翼はそれを越える」という根拠のない確信の下、「我々は日共よりうまくやる」としてやったことと言えば、人民への広がりという意味では当時の日共の足元にも及びませんでした。

「賢者は歴史から学び、愚者は（己れの）経験から学ぶ」という言葉がありますが、まったくそのとおりです。

〈時間的に制約があり、まだ中途半端ですが「その一」として終えます。〉

〈総括にむけて・その二〉「その一」の補足として

くしくもリッダ闘争三五周年！　三五周年の日であるからでしょうが、テレビ朝日の朝八時の「スーパーモーニング」で「時空ミステリー／真相、最後の赤軍・岡本公三」が放映されたようです。

さて、「その一」に二、三補足します。

一　「国際義勇軍」とはしなかった理由

第一に、日本革命が自分たちの本分、その上で国際連帯というとらえ方だった。旧赤軍派森指導部とは異なり、パレスチナ革命を日本革命の後方とは位置付けず、前線＝後方の相互支援と位置づけていた。しかし、理想と現実は異なる。結果としては、日本に支持基盤を築けず基本的にパレスチナ革命に支えられたものであった（我々の側からの支援は質的にも量的にもとても小さなものだった）。

第二に、対イスラエルのレバノン南部前線に日本人（兵士）を配置しないようPFLP側から申し入れられていた（リッダ闘争以降、七八年頃まで）。リッダ闘争に対するイスラエル側からの報復が予想されたため。実際、七四年一一月のベイルート南郊でのPLO訓練キャンプで日本赤軍訓練後、爆撃が一二月初めにあった。また、七五年夏にバールベック近郊の爆撃があったが、その数週間ほど前に日本赤軍の訓練があった。いずれの時も日本人は引き揚げた後なので日本人に被害はなかったが、パレスチナの友人たちはそうではなかった。

結局、和光同志が旧日赤と別れて単独参加するまで、義勇軍的な「前線活動」は一切避けてしまった。対外活動分野の同志たちのキャンプでの合法的ボランティアや日本からの友人たちの案内としての南部巡りはしていたが、兵士としては七二年に丸岡が短期間、条件付で部隊を回ったきりだった。その他は南部で数人によるささいな訓練をしていただけで前線活動とは言えない。七一年に奥平同志は前線にも配置されていたが、安田同志ら参加後は北部に。八二年春にようやく南部前線に派遣。〝八二年戦争〟後は南部は物理的に困難になったとして、軍事部門は地下の国際連帯活動中心に移行。それと少数の内線前線（小規模の銃撃戦・砲撃戦）への長期配属（八六年頃まで）。（私は八八年以降については不知。）

二　党の問題

前書「その一」をアンチ党派の友人たちにも見せたところ、「党派の立場からのものであり、結局、党が人民を組織することになっている。説得、共感によって人民を変えるとなっている」という意見をもらった。他方、そのような疑問はなく全体を評価する意見ももらっている。また、意見を述べない人には「プロ独」〔プロレタリア独裁論〕否定などへの反論だらけ（丸岡に対して）ということもあろう。それらについては別の機会に論じるとして「党」の是非について一言。

今までの共産主義を唱える党のあり方から全面否定の意見を持つ人が多くなっていることは理解できる。しかし、党の問題は全面肯定か全面否定かの二元論ではなく、その役割と欠陥を総合的にとらえるべきだと思う。

今までの「前衛党が労働者階級を代表し、人民を指導するという」マルクス・レーニン主義が破綻して久しい（私も八〇年頃までこの立場だった）。では党は有害無益であり不要なのかと言えばそうではないと思う。「党∨大衆、党が人民を上から指導する」ということではなく、一定の方向性を示す「リーダーシップ」は社会変革に必要ではないか。〝党＝目的意識性の体現〟として絶対化（唯一正しい）してきたことに問題があったのであって、その役割自体が無用とは決して言えない。

天皇制廃止や死刑廃止の例をとれば分かり易い。どちらも現在、「国民」の中では圧倒的多数派が存続派であり、廃止派は一〇％前後（以下？）に追いやられている。では存続が多数だから正しいのか。「国鉄民営化」「郵政民営化」は？　旧来の革命党は「我々の目的、理論が正しいのだから（労働者階級、人民の利益である）」、支持率が十数％であっても権力奪取して労働者階級の政権を樹立することに正当性があるとしてきた。それは民主主義を唱えながら民主主義を否定するものであったと言えよう（「その一」で少し書いた）。多数派形成こそが必要であり、それは力によってではなく人々の自発的主体的な意志によってでなければならない。しかし、人々の意志は言わば「自然発生」と言える（日本は、残念ながら小泉や石原が「強いリーダーシップ」だけで中味の正邪を問われずに高い支持を受ける国である。「自然発生性」に委ねれば朝鮮に対する「拉致解決」を理由とした戦争すら「世論調査」で多数派を占めそうなこの国では現実の危険性としてある）。これは「大衆蔑視」ということではなく、客観的な日本人民の状態である。

目的意識性を持つ人々、言い変えれば問題意識を持つ人々が、それらを持たない、あるいは明らかに誤ったそれらを持つ人々に働きかけることは不可欠である。目的意識性を持つ人々の集まりが党や団体、運動を構成するのであり、これ自体が否定されるべきことではない。問題はそういった組織が独善性に陥り、自らを絶対化したり、誤りを正せなくなった時である。それが故に私は「総括に向けて・その一」で「説得と共感と、組織自体の不断の変革を通して」と述べた。

★とりあえず以上を乱文ですが、補足しておきます。ご批判を歓迎します。今回も中途半端ですが、体調が良好ということではないので（休み休み二日間かけて書いています）、ここで「その二」は終えておきます。

多謝　　丸岡

［弁護団への意見書面（二〇〇六年一二月一一日、二〇〇七年五月三〇日）］

第二章

重信房子公判丸岡修証人出廷証言

二〇〇〇年一一月八日、潜伏先の大阪府内で逮捕された重信房子さんの一審公判は、翌年四月二三日から〇六年二月二三日まで六二回にわたって行われた。ここでは、丸岡さんが証人出廷した回だけを抄録する。

一般に証言とは、記憶に基づくものである以上、混濁や忘却はもちろんのこと、無意識に自己正当化などが紛れ込むものである。また、他の関係者から見れば、事実関係やニュアンスの違いなどもあることだろう。この証言も、その一般論から免れないものであることを最初にお断りしておく。

そして、公判での証言である以上、被告である重信さんや他の関係者に、累が及ばないよう考えながらの発言であることは言うまでもない。

しかし、丸岡さんの記憶の明晰さには驚かされる。

重信さんは、結局、二〇一〇年八月、懲役二〇年が最高裁で確定し、現在、八王子医療刑務所で服役中である。

小見出しは編者による。

二〇〇二年一一月一九日
重信公判第二三回

弁護人（前田）

——証人が現在置かれている状況、及び健康状態についてお伺いをいたします。現在、宮城刑務所で受刑中であるというふうに聞いておりますが、いつ刑が確定しておりますか。

刑が正式に確定したのは、二〇〇〇年四月一一日です。

——いつから宮城刑務所には在監しておられますか。

その年の六月一三日に移監されまして、その日から宮城刑務所に在監しております。

——証人に対する判決主文はどういうものでしたか。

無期懲役に処する、未決算入二七〇〇日というものでした。

——証人が無期懲役の判決を受けられる対象となった事件名は、通称で結構ですが、おっしゃっていただけますか。

旅券法違反と航空機の強取等の処罰に関する法律違反、その二件で、合計三件です。

——ドバイ事件と言われてるものが入っておりますか。

はい、入ってます。

——ダッカ事件と言われている事件がありますか。

はい。

——それらの事件で無期懲役の判決を受けたと、こういうことですね。

はい、そうです。

——現在の証人の健康状態はいかがですか。宮城刑務所では病舎に入っておられるのではありませんか。

はい、そうです。

——病名は何ですか。

虚血性心疾患と慢性心不全です。具体的には、いわゆる左心室拡大による心不全と、狭心症と、それから肺うっ血です。

——冠動脈攣縮という。

それは、狭心症発作のときの症状が、冠動脈が攣縮するということで。

——で、胸の痛みが毎日数回認められるというようなことですか。

それは昨年当時で、今年は大分緩和しまして、一週間に一〇回前後で、心臓専門医ですが、主治医からは、狭心症自体は三分の一ぐらいじゃないかと、あとは心不全と肺うっ血によるものではないかと。だから、日常生活をする分には大丈夫だろうと。

――それから、今年の一一月になって東京拘置所に移監をされて、今日証人として出廷されておられますが、東京拘置所でも病舎におられるわけですか。

はい、そうです。

――それでは、これから約三〇年くらい前のお話をお伺いしますので、記憶にない部分もあるかと思いますけれども、記憶にない部分はないということでお答えください。

はい。

生い立ち

――まず、証人の生まれた年、何年生まれですか。

一九五〇年です。

――高校まではどこで過ごしておられますか。

高校までは大阪です。

――証人は、日本赤軍のメンバーであったということでよろしいでしょうか。

厳密にはちょっとずれますけど、そうです。

――別件の日本赤軍関係者の公判に証人として証言されて、物理的には一九七二年の四月に日本赤軍のメンバーになったと証言されておられるようですが、覚えておられますか。

はい、覚えています。

――その物理的にというのはどのような意味合いでしょうか。

たしかそのときの弁護人の質問が、組織自体は、アラブ赤軍と言っていたり、その後日本赤軍と変わって、さらに現在は解散しているけれども、便宜上日本赤軍として言いますということだったんで、厳密に言えば少し変わりますけれども、そういうアラブ赤軍当時も含めて日本赤軍ということであれば、物理的にレバノンに行った時点ということで、そういうふうに四月ということで述べたと思います。

――あとで時系列的に伺いますし、日本赤軍の組織状況に関しては別の弁護人からも伺いますけれども、一九七二年の四月に初めて証人がアラブに渡ったと、こういう事実があるわけですね。

はい。

――それを指して七二年四月というふうに言い、物理的にという言葉を使ったと、こう理解してよろしいんですか。

はい。

――七二年四月に丸岡さんがアラブに渡った時点で、日本赤軍という組織が存在したわけではないと、こう理解してよろしいでしょうか。

はい、組織があったわけではないです。

――アラブに渡る以前の丸岡さんの日本国内での活動状況に

ついてお伺いをいたします。政治に関心を持つようになったのはいつごろからですか。

社会的な関心を持つようになったのは、小学校四年生当時です。

――それはどういう意味での関心ですか。

私の両親はいわゆる昔の旧家出身で、家自体は金持ちだったようですけど、私が生まれたころには、いわゆる落ちぶれ地主という形で、貧しい生活をしていまして、それで、貧富の差というのを何となく感じていたんですが、小学校なんかで映画「つづり方兄妹」〔久松静児監督、一九五八年〕とか、被差別部落の存在とか、在日朝鮮人の存在とかを学校の先生らから聞くことを通して、ちょっと世の中おかしいなというのと、もう一つは、自分より貧しく差別されている人たちがいると、何となく社会はおかしいなという感覚を持っていました。それと、ちょうど六〇年安保のときで、テレビのニュースで見て、これは何だろうなという感じを抱くようになったんです。

――六〇年安保のときが一〇歳くらいということですよね。

はい。

――小学校の。

四年生ですね。それから、私はその当時は大阪の守口市だったんですけど、小学校五年生のときに家庭の事情で神戸に転校することになったんです。で、神戸に行ってびっくりしたのは、大阪よりもっとひどい貧富の差がありまして、要するに、私の友達で、金持ちは大企業の社長の息子だし、貧しい方の友達と言えば掘っ建て小屋に住んでたんで、それとあと、神戸というのは、被差別部落もありましたし、在日朝鮮人の部落もありましたし、そういうのを現実に見ることによって、要するに、ちょっと世の中おかしいんじゃないかというような感じを持つようになってました。

――いわゆる左翼活動に関心を持ち始めたのはいつごろからですか。

左翼活動に関心を持ち始めたのは中学三年生ですけど、その原体験みたいなのは小学校五年生、六年生。だから、六年生の時点ではあんまり政治意識もなかったので、ただ、私の父親が陸軍の将校をやってたもんで、昔の二・二六事件にシンパシーを持っていた人間だったんで、その話を聞いてるうちに、いわゆる日本を変えるには軍隊にいないといけないというので、中学一年生のときは防衛大学校を志望してました。

だから、中学二年生のときもまだどちらかというと非常に体制的な考え方、体制内改革という考え方で、いわゆる二・二六事件の皇道派の将校らにあこがれていましたので、三年生になった当初は、卒業式ではその当時私の中学校でも日の丸、君が代というのはやってなかったんで、卒業式には日の丸、君が代をやるべきだというようなことを口走っていました。で、そういうのを口走っていたんですけど、おやじもすっかり皇道派と思ってたんですけど、ある日私が、町内会で日の丸販売の回覧板があったんで、ぜひ日の丸を買って掲揚すべきじゃないかとおやじに言ったら、おやじは、いや、とんでもないと、自分は戦争に参加して将校をやってたけれども、実際には部下を亡くしているし、多くの中国人に結果として手をかけたと、そういう意味では日本の戦争犯罪というのは消えることではないのに関わらず、ただ一人戦争犯罪を逃れている人間がいると、それが天皇であるので、要するに、日の丸を掲揚するというのは、天皇を敬うというようなことだから、そういうことは一切するなと。そういうのがあったんですけれども、一つはそういう話を聞いたことが契機と、それとあと、政治経済の参考書に資本主義の問題点は何かというのがありまして、それを見て、要するに、自分が求めてるのは、そういう北一輝のような国家社会主義ではなくて、マルクス主義だというのが二つ目の理由で、それで、三つ目は、アメリカのベトナム侵略戦争が本格的に開始されたときであったので、そこから逆に、左の運動とか政治に関心を持つようになりました。

――そうすると、中学校までは必ずしも左翼活動に関心を持っていたわけではないけれども、その最終の段階でそういう運動に関心を持つというか、社会改革をするためにはそういうところでやらなきゃいけないと、こういう思いを持ってきたということですか。

はい、そうです。

――支持をする政党だとか党派というのは、そのころはありましたか。

だから、三年生のときは共産党と社会党。それで、共産党というのは、父親は共産党支持ではないんですけど、民主商工会に入っていた関係から、「赤旗日曜版」が届くようになっていたんです。それで、「赤旗」を見るようになって、共産党を主要に支持する立場になりました。

――日本共産党にシンパシーを持っていたと、こう理解していいですか。

はい、それでよろしいです。

――それが一転するというようなことが何かの闘争を契機に生じましたか。

はい。特に高校に入って自分自身は活動していなかったんですけれども、左翼運動には関心がありまして、高校二年生ごろから「朝日ジャーナル」をよく読むようになって、新左翼という存在を知るようになったんです。それで高校にフラクがあったのは民青だけだったので、まだ新左翼という感覚はなかったんですけれども、高校二年生のときちょうど六七年だったんですが、その一〇月八日に羽田闘争がありまして、それをテレビのニュースで見まして、かなりの衝撃を受けたんです。

――京都大学の学生であった山崎さんという方が亡くなった闘争でしたね。

はい。

――その状況を見て、どのような気持ちになりましたか。

三派系全学連が非常に闘っていると、で、一番闘っているというふうに感じるようになったんだけれども、「赤旗」とかを見ると、過激派暴力学生というふうになじっているというので、要するに、自分が選ぶ方向は三派系の方だというふうに考えました。

――今証言されましたけど、高校時代に具体的な活動をしたということではなかったわけですか。

活動自体は、高校三年になって、学校に党派の人間がいれば一緒にやってたんだろうけど、いなかったんで、中核派のビラを入手して、六月一五日の集会に参加したところ、そこで日中友好協会がパンフを配ってたんですね、それと毛沢東思想学院、月刊誌を配っていたのです。それを見て、非常に共感を覚えました。

――今の話だと、集会などには参加をしていたということになりますか。

はい。

――それ以上に、自分で組織を作ったりする、あるいは、学校の中で友人たちと何か運動をするというところまではしていないと、こういうことですか。

政治的な運動とまでは行っていないけれども、いわゆる学生運動という形では行っていないけれども、政治的なハプニングを起こしたり、そういうことはやっていました。

――具体的には。

具体的には、例えば、高校では、学年対抗の仮装大会というのを体育祭のときにやるんですが、そのときに私はクラスの総務委員とかいうのをやってたんですけど、学年単位で企画を練るときに、各クラスの代表に私が言ったのは、要するに、この時代にノンポリの催しをやっても意味ないと、だから、もっと高校生として社会事象に目を開いた仮装をやるべきであるというので、私自身はソ連がチェコスロバキアに介入した年でもあったんで、六八年、だから、私のクラスはソ連のチェコ介入を批判する、あるクラスは羽田闘争を運動場で実現すると。かなり本格的で、発煙筒まで出して、で、圧倒的多数の支持を得て三年生が優勝とか、あとは、交番に張ってある自衛隊のポスターをはがしてきて、「国を守る力、自衛隊」というように標語が書いてあるんですが、その「国」というのを「資本家」と書き直して、「資本家を守る力、自衛隊」というふうに書き直して、高校の通路に張ったりとか、そういうお祭的なことはやってました。

――そのような活動はやっていたということですね。

はい。

――丸岡さんは大学には進学をしなかったと聞いておりますが、それはどういう経緯で大学に行くことをやめたんでしょうか。

高校三年の夏休みに、遊び回ってたわけです、遊びまくってたんで、これじゃだめだというので、大学へ行こうと。大学へ行くんだったら、どうせだったら、学生運動のメッカの京都大学に行こうというので、八月中旬から猛勉強を始めたんです。そうすると、二週間ぐらいすると網膜を痛めまして、眼科医から失明のおそれが非常に強いので一年間は浪人するようにと言われて、浪人することにしました。

――そういう身体的な状況の結果、浪人せざるを得なくなったと、こういうことですね。

はい。

浪人共闘会議

――浪人をしている間は、どこで、どういう生活をしたんですか。

私の親友が京都にいい予備校があるというふうに言うので、じゃあ、そこを紹介してくれというふうに言ったのが、関西文理学院といって、同志社大学の北側に、近くにある予備校に入りました。

――同志社大学といえば京都ですね。

はい。

――同志社大学の近くの関西文理学院という予備校に入ったということですか。

はい、そうです。

――その予備校での生活はどういう生活でしたか。

予備校で、最初は、入った当座は本気で勉強する気だったんですけど、三年間分を回復する予定だったんですけど、もう最初の日から他の予備校生がビラを配ったりしてたんです。それで、要するに、私の方は大学に入ってから学生運動というふうに考えていましたけど、予備校でやってるやつがいるんだったら、じゃあ、おれも参加しようというので、すぐ声を掛けて、彼らと行動を共にするようになりました。

――高校を卒業した年は一九六九年ということですかね。

はい、そうです。

――それで、ビラ配りなどをやっている仲間と共に、組織を作ったということはあるんですか。

はい。

――どういう組織で、どんなことをしましたか。

京都浪人共闘会議。

――それは、浪人生ばかりの共闘会議と、こういうことですか。

はい。

――具体的にはどんなことをしたんでしょうか。

四月二八日に沖縄デーという日があって、さっそくデモとか、で、近くの近畿予備校が授業料値上げをやってたので、授業料値上げ阻止で予備校の前で集会をやったり、それから、パルチザン元祖と言われている滝田修さんを関西文理学院に招待して、当時入試粉砕って大学でやってましたから、だから、入試粉砕の論理とは何かという講演会を開いたり、そういう活動をしてました。

――いわゆる党派に所属したりしたことはありましたか。

党派に所属したことはありません。

――どこかシンパシーを持っている党派というのはあったんでしょうか。

高校三年のときから日中友好協会とかの出版物を読んでましたんで、中国派に近く、旧ブント系のＭＬ派、マルクス・レーニン主義派と言って、中国派ですね、そこのシンパでした。

――六九年ですから、その後半には赤軍派というのができるわけですけれども、共産同赤軍派については、証人は何か関わりを持っていたんでしょうか。

浪人共闘会議のアジトというのを同志社大学の学生会館で借りてましたんで、借りてるといってもただで使わせてもらってただけですけど、いたんですが、要は、当時の赤軍派の主力というのは同志社大学出身者、京都大学出身者が大勢を占めてたんで、近いところで見てはいました。

――見てはいたが、どうだったんでしょうか。

見てはいたけれども、自分自身は参加する気はまったくなかったです。

――何か理由がありましたか。

当時、同志社大学をバリケード封鎖していましたが、そこにいた自称赤軍派の人たちの作風がちょっとひどいので、要するに、こういう人らがやっているところではちょっと私はごめんと。

――作風をもう少し説明してください。

中国派だったもんで、作風って、日本語で言うと、一般的に言えば礼儀作法とか、礼儀作法というよりも、品がないと。

――そういうことで、距離を置いてたということになるわけですか。

はい。

――綱領的なものとか、スローガン的なものについてはいかがなんでしょうか。

要は、軍事の必要な時代になったというような主張、こういうふうにまとめると怒られるかもしれませんが、それ自体は非常にそうだというふうに私も思っていたので、そうだと。それで、いわゆるそういう革命側の軍隊を建設するという方向においては、入る気はないけれども、関心は持つと、そういう態度で私はいました。

——そういう活動を大学浪人時代にやって、結局大学に行くことはしないと、こう決めたということになるわけですかね。

結局、浪人の活動というのは私は二年間もやっているんです。実際には大学へ行く気はほとんどなかったんですが、最初の赤軍派の結成があった当時に、同志社大学にみんな主要な活動家がいなくなってしまって、で、私自身は、その影響もあって何となく京都の運動が低下したんですね。で、浪人共闘会議をやっているときに、ベ平連系の者たちもいたんで、私は高校三年生のときにベ平連にはちょっと参加はしてました。それで、ベ平連系の人間らと一緒に、同志社大学のベ平連の事務所でたむろしてたんです。そうすると、関西ベ平連が大阪で反戦万国博覧会をやるというので、面白そうだというので。

——万国博覧会というのは、七〇年の話をしておられるんですか。

六九年です。そう言えば、赤軍派のできる当時と並行してましたね。だから、そのちょっと前です。ちょっと前から、七月ぐらいから関西ベ平連の方に出入りしまして、反戦万国博という、それの準備を手伝いながら、浪人運動のパネルを出展したりとか、そういうのをやっていたんです。それで、二股、京都と大阪と、大阪にも浪人がいたんで、じゃあ、それなら大阪ではベ平連でやろうということで、私は京都では浪人共闘会議というのをやりまして、大阪では浪人ベ平連というのをやってたんです。それで、大学に通るはずはないので、結局翌年も浪人というふうにいて、結局、その層のデモに参加したいけど行くところがないという人たちもいたんで、じゃあ、もう一回浪人ベ平連でやるというので、翌年もやっていたんです。翌年ということは、七〇年の四月からですね。

京都パルチザン

——滝田修さんという名前が先ほど出ましたけれども、この方は、パルチザンというグループの代表格とされている方でしたよね。

はい。代表というより、提唱者というのが正確かと思うんです。

——京都パルチザンというグループの活動はどんな活動だったのかというのは、当時から知っておられましたか。

基本的に、政治的には赤軍派の軍事路線は支持するけれども、そういう党的結集というよりも、無党派の、要するに、流民革命という方向で、もっと無政府的な、要するに、そういう暴力的な状況を作り出そうというのが滝田氏の味だったので、そういう意味では、無党派というのはノンセクトですね、ノンセクト・ラジカルの人間が結集するところがなかったんで、京都ではそういう意味では一つの流行みたいで、多くの学生らが集まりました。

——丸岡さん自身は、京都パルチザンと言われている方々との関係はどうなるんですか。

結局滝田さんが媒介になるんですけれども、七〇年に私はもう一回滝田さんを今度は大阪に呼んで、滝田さん自身が予備校の教師もやってましたから、大阪に呼んで、大阪市立大学で集会をやったことがあるんです。呼んで、それ以来滝田さんとはよく付き合うようになって、七〇年の七月ぐらいですかね、京大のＩ〔原文実名、以下イニシャルとする〕から電話がかかってきまして、滝田さんから紹介されたんだけれども、要するに、大阪に面白いやつがいるというので、ちょっと会って話をしたいというので、彼と会ったら、大阪で関西ブント系が開いてた関西労働者学園というのがあるんです。労働者学園を一緒にやらないかという内容でした。

——そうすると、その後は、滝田さんの関係、あるいはＩさんとの関係で、労働者学園などに関わるという意味では、京都パルチザンで活動していた方々とは深い関係になっていくということですか。

はい。パルチザンと言っても、京大全共闘みたいな一つの組織としてあるんじゃなくて、京大パルチザンと自称するグループが幾つもありまして、あと、立命館大学パルチザン、同志社はいなかったみたいですけど、で、私は大阪の方にいましたから、だから、それぞれ勝手にパルチザンと言ってまして、パルチザンも二通りありまして、地域闘争を主体にする地域パルチザンというのと、いわゆる何らかの闘争目標を決めて、それに向かうパルチザンという二つの傾向がありまして、Ｉは地域パルチザンというので、堺で、堺の反公害運動をやってたんです。

——労働者学園ではどういう方を知ることになりましたか。

労働組合をやっている人とか、参加されている人はほとんど労働者で、学生はＩら数人と、それで、私が最年少だったんです。で、政治的な潮流と言えば、いわゆる共産同関西派から赤軍派の人たちが全部出ていくんですけど、残った人たち、いわゆる東京の中央派でもないし、赤軍派とはちょっとという人たちが多く残ってたんです。で、ブント系の人らが大体中心、六〇年安保世代が中心でした。主宰は哲学者の藤本進治先生がやっていました。

——藤本進治さんからの影響というのは大きかったんですか。

藤本さん自身はもう相当のお年だったので、学園には一切顔は出されないんですけど、私が自宅を訪ねてよく話を聞いてもらうことが多くなって、それで、かなりの影響を受けました。藤本先生自身は、ブントというよりも中国派ですね。

——京都パルチザンといっても、いろんなところでパルチザンという名前を名のっているグループがあったんだというお話でしたが、差し支えない範囲で結構ですが、どんな方々がいるか、挙げることはできますか。

名前の割れてる範囲で言えば、先ほどのI、それで、そのグループに奥平純三、リッダで戦死した剛士の弟です。それから、Iのパルチザンはあと二人いました。名前は知っていますが、言いたくはないです。もう既に今現在一般市民の方たちですから。それから、あとは、立命館パルチザンというのもありまして、その一つのグループの一人が檜森孝雄というので、彼もレバノンに行っていた人間です。そういうのがいました。他もいますが、先ほどと同じ理由で、あんまり名前は申し上げたくないです。

——共産同赤軍派と、京都パルチザンという名前で活動していた人たちとの関係というのは、今もちょっと証言の中に出てきてますけど、基本的にはないんですね。

関係はないです。ただ、同じブントを目指すということで、シンパはいたみたいですけどね。それで、どっちみちどうせ京大生ばっかりでしょう、だから、人脈的には友達の友達という関係はあったと思います。

——後に連合赤軍という組織ができていますけれども、丸岡さんは連合赤軍には参加はしていないということでしょうか。

はい、そうです。していません。

——当時の連合赤軍については、丸岡さんはどう評価しておりましたか。

私は一切評価はしていなかったです。

——どの点を評価していなかったということになりますか。

一つは、私自身は中国派に近かったですけど、京浜安保共闘と赤軍派では性質的に合わないんじゃないかというのと、あと、軍事は必要性は認めるんだけれども、何となく野合と、要するに、武装闘争するために二つの組織が引っついたと。だから、マイナスとマイナスが引っついたんじゃないかという印象で、積極的な意味での共にやろうと、共に闘うということじゃなくて、要するに、赤軍派も、京浜安保共闘も追いつめられていると、そういう状況の中で、共闘を図るというので、赤軍派の路線自体は、具体的な戦術とか、M作戦とか、ああいうのを支持していなかったので、それが恐らくネックで、連合赤軍も同程度のものというのがあったと思います。それで、同じ中国派でも、京浜安保共闘をあんまり評価は、ゴリゴリという、私から言うのも何ですが、極左という感じがしたんで。

――結果として同志を殺すとか、浅間山荘事件というのが起きておりますが、これについての評価はどうしていましたか。

私自身は、一般的に、当時の新左翼では、銃撃戦は支持、同志粛清は反対というのがあったんですけど、私は、同志粛清のうえになされた銃撃戦であるから、要するに、銃撃戦も支持できないと。銃撃戦も、本当に銃撃戦というんであれば、人質になった牟田さんをまず出して、そこで撃ち合いをやれば、それが本当の銃撃戦であって、あれは銃撃戦でも何でもないという立場でいました。私みたいな立場は少数でした。

――それから、今二年間ほど浪人生として活動をしたというふうに証言しておられますが、七一年の三月までは浪人生としての職に就かない生活だったと理解していいんですか。

はい。一応肉体労働ということで、鉄工所で、その前は大型郵便車の助手をやってたりしていましたが、その当時から、要するに、大学に行きたいから大学へ行くというのはナンセンスだから、とにかく自分がまず労働者になって、二、三年労働経験をしたうえで、そのうえで大学に行くんだったら、ブランドにこだわらずに、二部とか、そういう本当に勉強するという目的が自分にできればそうしようというので、とにかく働こうというふうに考えるようになっていました。

――何年ごろから働いておられるんですか。

それが七一年の三月ですね。で、それも滝田さんの関連なんだけど、就職しようというふうに探してはいたんですけど、そのときに、神戸の人から、滝田さんに紹介されたんだけれども、ちょっと面白い話があるのでというので呼ばれまして、それで、行ったら、自民党の選挙運動員をやらないかと。それで、要するに、こういう時代だから、自民党がどういう運動をして、どういう人たちが支持しているかというのは非常に勉強になるし、どうかと、自分は途中までやってたんだけど、抜けるので、君がいてくれないかということで、滝田さんが、やらせるんだったらあいつにやらせると言ってたというので、福岡の市会議員選挙、その候補者は後に衆議院議員になって、おとつい福岡市長を再選されています。そこに一か月、統一地方選挙でしたから、投票翌日までいました。

――その自民党の選挙運動をしたというのは、どのくらいの期間やったんですか。

そうですね、実質的に一か月足らずだと思います。

――七一年は、労働者として働きながら活動を続けていたと、こう理解すればいいですか。

はい。それで、その後に、六月に戻って、結構難しかったんですね。で、結局京都時代の友達に声を掛けたら、おじが工場長をやってて、その工場長が大阪の親会社で正式社員を求めてるというので、二年で辞めてしまうけれども、じゃあ、そこを紹介してくれというので、そこに入りました。

――で、先ほどおっしゃったような滝田さんとの関係だとか、労働者学園との関係は続いていたということですね。

はい、それはやっていました。ベ平連の活動も七一年の三月までやっていました。

――丸岡さんのアラブに渡る前の活動の概要を伺いましたが、丸岡さんの右手にいる重信さんは御存じですよね。

はい。

――重信さんと国内にいるときに活動を共にしたという経験はありますか。

それはないです。赤軍派の人とは一切ないです。

――重信さん自身は知っていたんですか。そういう人がいるということ自体は知っていたんですか。

それは知っていました。一つは週刊誌に出ていたのと、一つは私の友達が日本アラブ文化協会の仕事をボランティアで手伝っていまして、そいつ自身は早稲田に行ってたんですが、そいつが赤軍派で行ってる人にも会ってると言ってました。二回ぐらい行ったんじゃないかな、と思います。会ってると言ってました。で、私は興味なかったんで、ああ、赤軍派のやつが行ってるのかと、そう言えば週刊誌に出てたなというぐらいで、名前は実は覚えてなかったんです。

――その程度だったということになるわけですかね。

はい。

――それから、「赤軍・ＰＦＬＰ　世界戦争宣言」という映画を上映している方々とのつながりというのはありましたか。

ありません。なかったです。

――国内にいるときの話ですが、ないですか。

はい。

――今の映画は略称して赤Ｐというふうに言うようですけれども、その上映活動が行われるとか、そういうことも当時はあんまり知らなかったということですか。

上映活動は知っていました。

――映画を見たりとか、そういうことはしていなかったということになるんですね。

はい。あの映画自体は、赤軍派とそんなに関係がよくなかったというのはあとで知ったんですけれども、赤軍派と共同で上映運動をやってたふうに私は理解してたんで、やばいというので、一切関わらないようにしてました。

――むしろ関わらないようにしていたということですか。

はい。だから、関西大学で上映会があるとかいうのは知ってたんですけど、見にも行きませんでした。

――あとでまた整理して聞きますけど、世界革命戦線情報センターなどの設立などに関しては、丸岡さんは関与しておられないということでよろしいんでしょうか。

はい、そうです。

――世界革命戦線情報センターと今聞きました赤Ｐという映画の上映を中心として担っていた人たち、これはどういう関係になるんでしょうか。

だから、国内にいたときは一切知らなかったので。

――丸岡さんは知らないですが、今知ってる事実でいいんですけれども、世界革命戦線情報センターと赤Ｐの上映運動をやっている人たちとの関係というか、これはどのように理解しておられますかという質問です。

何年以降ですか。

――できたのは七二年ですよね。

七二年段階、リッダの以前ですか。

――いや、リッダの以前でも以後でも、それはかまわないんですけれども、その後、世界革命戦線情報センターが日本国内で活動しておりますよね。それと、先ほど聞いた。

そういう意味で言えば、リッダ以降にパンフレットを発行されてたので、それを知ったのと、あと、秋に足立同志に会って、それで、大体事情は知りました。

――人物としては、今名前が出ましたけど、足立正生さんが映画の上映運動も中心的なメンバーの一人として担っておられたし、世界革命戦線情報センターというのも足立さんが中心の組織と、こう理解していいわけですね。

そうですね。

アラブへ

――一九七二年四月にアラブに行っておられますが、アラブに行くことになったきっかけを述べていただけますか。

それは、二月か三月ごろに、一回あんまり私と付き合いのない人からアラブへ行かないかという話があって、うーん？と思って、すぐそれは、いや、そんな行く用意はないというように断って、しばらくしたら、Ｉから、ちょっと話がしたいというので、会ったら、レバノンに行かないかという話が。

――先ほど出てきたＩさんから声を掛けられたということになりますかね。

はい。

――結局、アラブに行くことを丸岡さんは承諾されるわけですね。

はい。

――アラブに行くことを承諾した理由というのは、何かありましたか。

最初は、一回目は行ってる暇ないというので、断ったんです。それで、分かったというので、それで、また一週間ぐらいしたら、やはり行くやつがいないと、もう一回ちょっと相談したいというので、じゃあ、一つだけ聞きたいと、要するに、日本に帰ってくる前提でいいのかどうかと言ったら、その前提でいいと。それで、言ったのは、要するに、決死とか、もう行って帰ってこれないというのであるなら、一年間待ってくれと。そうでないのであれば行っていいという返事をしました。

――そうすると、いったん行って、しばらくいてまた戻るという前提の話だったので承諾をしたと、こういうことになるわけですね。

はい。

――当時、丸岡さんはアラブの問題に関心がありましたか。

少しはありました。

――どういうところが関心を持つ中身だったんでしょうか。

それは、先ほど述べた私の友達が日本アラブ文化協会のボランティアをしていると言いましたが、彼からレバノン、パレスチナ情勢というのを聞いたこともあって、関心は持っていたのと、あと、ＰＦＬＰによった七〇年のヨルダンの革命飛行場、そういうのは非常に強く印象に残ってましたので、そういう関心は持っていました。

――当時アラブに行った日本人を知っていましたか。

Ｉに言われるまで、奥平剛士同志、兄貴の方ですけど、兄貴が行ってるというのは知らなかったです。

――重信さんが行ってるというのは知ってましたか。

赤軍派として行ってるというのは知ってました。

――で、国内にいるときに、丸岡さんが直接アラブの関係者と連絡を取るというようなことはありましたか。

私からですか、それはないです。

――Ｉさんを通じて連絡を取っていたということになりますか。

Ｉを通しても、私からは連絡は取っていないです。

――じゃあ、Ｉさんから一方的に話があって、それで承諾したと、その後特に連絡を取り合ったこともないと、こういうことですか。

はい。

――アラブに行くについては、何らかのグループというか、党派というか、そういうものを代表して行くということなんでしょうか。それとも、個人として行くということになるんですか。

そういう意味では、組織的確認とか、そういうのは一切なかったんで、だから、個人。檜森にも一回会ってますけど、そういういわゆる組織確認とか、そういうのは一切なくて、あくまでも個人ということで。

――そうすると、アラブに行く際は、丸岡さん一人だったわけでしょうか。

はい。

――で、Ｉさんから誘われて、アラブに行って何をするんだということだったんですか。

何をすると言われたかということですか。

――はい。

だから、向こうの活動を手伝ってくれという内容だったと思います。

――丸岡さん自身がアラブに行って何かをしようという目的意識というのか、そういうのはありましたか。

前提が帰るという前提だったから、そういう何かするという目的意識はなかったです。

――当時、アラブに行った日本人グループに参加すると、こういう意識はありましたか。

それは、Ｉから兄貴が行ってると、あと二人行ってるというのは聞いてましたから。

――奥平剛士さんらのやっているところに行くんだと、こういう意識はあったわけですか。

はい。

――アラブに行った正確な時期は覚えておられますか。

四月一五日か一七日前後だと思います。

――七二年四月一五日でいいですね。

一五日というふうに断定はできないんですけど、一五日から一七日までの間だったと思います。

――日本を出て、どういうルートでアラブの方に行かれましたか。

檜森の指示では、いったんギリシャに出て、それで、ギリシャで改めてビザを取得して、ギリシャからベイルートに行くようにという指示でした。

――檜森さんの指示どおりに、ギリシャ経由でアラブの方に行ったということですか。

はい。

――具体的にどこに行かれましたか。着いた先。

アテネ以降ですか。

――はい。

その翌日に、旅券の渡航先追記を日本大使館でして、それから、レバノンのビザを取って、ミドルイースト・エアウェイズ、現中東航空、レバノンの航空会社、それでベイルートに入りました。

ベイルートでの出会い

――ベイルートでの丸岡さんの受入先というのは、どこだったんでしょうか。

まず指定された連絡先に連絡して、相手からの連絡を待っていたら、中継のアラブの人が来て、それで、もう一回私の名前を伝えて、それで、伝えたら、翌日か翌々日に安田安之同志から私の泊まっていたホテルに電話連絡があって、それで、会いました。待ち合わせ場所に行ったら、兄貴の方も一緒にいて、二人いました。

——ＰＦＬＰという組織がございますね。

はい。

——そのアラブサイドでの受入先は、ＰＦＬＰであったということではないんでしょうか。

彼ら二人の属してたのはＰＦＬＰでしたから、そうなります。

裁判長

——今言われた彼ら二人は誰を指すんですか。

奥平と安田です。

弁護人（前田）

——ＰＦＬＰの組織状況などにつきましては、また後にお伺いしますが、当時のＰＦＬＰの外国人受入れについての考え方とはどんなものだったか、簡単に御説明いただけますか。

私の場合はもう既に奥平兄貴が自由に彼自身の判断で動いてましたから、そういう簡単な形でしたが、一般的には、ＰＦＬＰの機関誌局、機関誌を発行している事務所がありまして、「アル・ハダフ」といいますが、「アル・ハダフ」に訪れて、そこで用件をまず伝えると。で、用件を伝えると、そこでまず次に判断して、次はＰＦＬＰのフォーリン・リレーションズ・コミッティーというのがありまして、そのまま直訳すれば外務関係委員会、そこは純粋にいわゆる外交的な営業、渉外ですね、そこでまずどういう目的でＰＦＬＰに接触してきたのか、インタビューをしたいのか、もちろんその程度は最初に機関誌局で聞かれますけど、そのうえで、取捨選択したうえで回してくるわけです。で、回ってきたところでインタビューを、いわゆる医療とか、そういうボランティアがしたいのか、それとも政治討議がしたいのか、それとも他に軍事的な支援をしてくれるのか、あるいは望むのか、そういった目的を聞いて、そのうえで外務関係委員会がまた交通整理するということになりますね、一般的には。

——パレスチナ支援に訪れた外国人については、比較的広く門戸を開いて受け入れるという、そういう態勢、考え方であったわけですね。

はい、そうです。

——でも、丸岡さんの場合は既に奥平さんが先行して行っているという関係で、すんなりと受け入れてもらえたと、こういうことですか。

はい。

――当時、ベイルートにいた日本人とＰＦＬＰとの関係と言うと、どういうことになりますか。

奥平らとＰＦＬＰですか。

――そうですね。

奥平は、はっきりと最初に軍事的な経験を、彼から聞いた話ですけど、経験させてくれという形で入って、で、実際にパレスチナコマンドと共同生活したり、前線を回ったりしている中で、武装闘争による連帯が必要だというふうに彼は意思を固めたみたいです。で、そういう中で、そういうことであれば、いわゆるアブ・ハニ、いわゆる軍事的な目的で来たりすると、アブ・ハニのセクションに、対象組織が、相手の組織がそういう軍事的なことを望んでたりすると、アブ・ハニの方に送るか、外務関係委員会で受けるか、どっちかだったんですけど、彼の場合はアブ・ハニのセクション、アウトサイドワークというんですけど、いわゆる域外の活動、地域外、地域というのはパレスチナ、レバノンを指して、その域外、そちらに回るという形で、彼はそちらと関係を深めていました。

――アブ・ハニという方についてはあとで聞きますけれども、ワディ・ハダッドというのが本名ですか。

ワディーエ・ハダッド。

――今丸岡さんが説明されましたが、ＰＦＬＰの政治局の局員ではあるんですか。

そうだったと私は奥平から聞きました。

――それで、域外の活動に関する責任者で、軍事的な部門を担当しておられた方と、こういうことですか。

軍事的と言っても、域外専門、域外専門だけれども、いわゆる非パレスチナ、非アラブの外国組織が来て、訓練を受けさせてくれとかいうと、外務関係委員会がアブ・ハニがいた域外活動部に送るか、それか、正規軍の方に送るか、分けるんです。

――で、奥平さん、安田さんはアブ・ハニの組織の下に入っていったと、こういうことでいいんですか。

はい。

――それで、日本人だけで組織を作っていたというようなことはありますか。

いや、それはないです。

――アラブに着いて、丸岡さんがやったことは、具体的にどんなことでしたか。

奥平に会ってからということですか。時期も言ってもらえると答えやすいんで。

――七二年四月一七日にベイルートに入ったと、それで、何日かあったけれども、安田さんと連絡が取れて、その後は奥平さんや安田さんが関わっていたところに行ったんだと、こういう話まで聞きましたね。

はい。

――その後、具体的にどんなことを試みましたか。

私が着いたときは、既にPFLPとしての軍事訓練期間は終わってて、それは、岡本公三同志といって、二人とは別に待っていたんです。それで、彼がいたところに私を連れて二人が戻って四人になったんですが、そこから話をしますと、既に訓練期間は終わっているということで。

――訓練期間が終わっているというのは。

PFLPとしての訓練期間は終わっていると、で、岡本君はそれは受けたと。で、私のときはもう既に終わっていたので、私に対して、奥平と安田の両名が私に基本的な訓練を施すということになりました。

――奥平さん、安田さんから軍事訓練を受けたと、そういうことになるわけですか。

はい。

――PFLPから直接受けたということじゃないんですか。

それは、奥平は非常に信用されていまして、PFLPにも、住民にも。だから、彼自身はもうアラブ人とほとんど変わらない。

――奥平剛士さんは、アラブに渡って既に一年以上の年月がたっていたということになるんですかね。

はい、そうですね。彼が自由に動いてたというのは、アブ・ハニから信頼を抜群にされていたので、ある程度任されていたということです、その日常的な活動については。

――軍事訓練を受けたというんですが、どういうところでそのような訓練を受けたんですか。

はっきり言いますと、ベッカー高原の北部にバールベックという町があるんですが、その郊外。夜間は民家で、起床後、体操とか食事とかが終わると、町外れへ、町外れを少し行くともう既に荒野ですから。

――そのような場所で軍事訓練をされたということですね。

はい。

――民家では、先ほど出ましたけれども、奥平さん、安田さん、岡本さんらと生活を共にしていたんですか。

はい、そうです。

――重信さんとの関係ですが、別件の公判では、重信さんとは会っていないというふうに証言された記録もあるんですけれども、一回、二回は会ったということではないんですか。

そもそも赤軍派の重信さんという人というより、名前も忘れていたんですけど、赤軍派の女性活動家が行っているというのは知っていましたけれども、奥平兄貴らと一緒にやっているとはまったく思っていなかったんです。だから、会うのは会ったんですが、それは、兄貴から引継ぎという形で会ったのが初めてで、紹介されたときは、赤軍派と一緒なのか？と私の方がびっくりしたぐらいで、まったく想定外だったんです。Ｉらは知ってたんだとは思いますけれど。

――重信さんは日本の共産同赤軍派としてアラブに渡っていると、こういうことはあったけど、奥平さんはまったく別ルートでアラブに行っているんだと、こういうふうに丸岡さんは認識していたということですね。

そうですね。経緯を知らなかったんです。偽装結婚の相手側が兄貴というふうにはまったく思っていなかったんです。偽装結婚うんぬんというのは週刊誌にたしか出てたと思うんですね。

――会ったことはあったというふうに述べておられますが、奥平さんらとの引継ぎの機会と言っておられますけれども、何か記憶に残っていることがありますか。

被告人との関係ですか。

――ええ。

奥平、安田、岡本の三人ですが、それが出発するということになって、だから、顔見せ、引継ぎを兼ねて被告人を紹介するということで、奥平らのお別れ会を兼ねて、私の名義でアブ・ハニグループが借りていたアパートでお別れ会をやったときに、他の日本人グループと、私は誰が他にいるのか知らなかったですけど、他の日本人ボランティアメンバーと一緒に握り寿司を作って持ってきていただいたんです。それが最初に会ったときです。

――その際、重信さんと赤軍のことで論争になったというようなことがあったんですか。

はい、ありました。

――どんなことでしたか。

私は赤軍派は嫌いだったんで、重信さんがということじゃなくて、赤軍派の人間は一般的に信用できないと、捕まればすぐ自供するし、奥平の弟のところがガサ入れ食らってるんですよね、赤軍派で逮捕された人が立ち寄ったと話をしたりして。それで、信用できないという話をして、逆にかなり酔っぱらっていた重信さんが、だから、高校出身活動家は生意気なんだというふうに言われて、私は、結構リッダ以降は、政治とか、ああいうのは一切しゃべらないやつと同志たちには思われていますけど、リッダ以前は結構口うるさかったんです。それで、理屈が先行するというので、二人で口論になって、兄貴が止めに入ったということがありました。

――先ほど日本人グループというふうに証言されましたけれども、そのころ特にグループとして日本人がベイルートで活動したことはないですね。

先生が日本人グループとたしか質問されたので言ったんですけど、重信さんの友人と言った方がいいですかね。

——奥平さんや安田さん、岡本さんはとにかく一緒に行動はしていたわけですよね。

私の当時の認識では、兄貴、奥平のことですが、兄貴らが軍事で、それで、重信さんはいわゆる合法公然的なそっちの方を分担されてるんだなというふうに思いました。

——丸岡さんがベイルートに行かれた七二年の四月から五月ころにかけて、重信さんが具体的にどんな活動をしていたかというのは分かりますか。

その当時は知らないです。

リッダ闘争

——さて、言葉としては何回か出てきていますが、七二年五月三〇日に、いわゆるリッダ闘争というのがありましたね。

はい。

——丸岡さん自身はリッダ闘争に直接関与することはなかったと聞いてよろしいですか。

はい、直接関与はしていないです。

——リッダ闘争を知ったのはいつでしたか。

もちろん闘争をやるというのは知っていました。それも、決死作戦であるということも知っていました。他の公判では決死作戦は知らないと言いましたが、実は知っていました。

——いつやるのかということまでは知らなかったということですか。

いつやるかは、大体、どこかというのは知りませんでしたけど、時期はアブ・ハニ、ドクターから言われてましたから。

——で、現実に闘争が行われたというのは、どこで、いつ知りましたか。

現実に知ったのは、翌日の早朝です。

——どういうことで知りましたか。

一つは新聞にも出ていましたから。前日はパレスチナ人の同志の家で、夜あるというのは聞いていたんです。ドクターから、九時前後、ニュースをきちんと聞いておくようにと。それで、作戦が成功したら、帰国、私が翌日出発すると、失敗したら、今後の善後策を話すので残れというふうに言われていたんです。それで、当日は他の若い私のパレスチナ人の友人のアパートで午後一〇時か午後一一時まで聞いていたんですけど、なかったので、翌朝も早いんで、夜間もうろちょろできないんで、私は引き揚げたんです。その後にニュースはあったらしいんです。

朝日新聞 1972 年５月 31 日夕刊

日本人ゲリラ３人が乱射
テルアビブ空港の待合室
死亡26、重軽傷72
犯人２人死に１人を逮捕 「赤星軍」と自供

旅券に「スギザキ」「ナゴ」

報復行為の作戦 PFLP声明

赤軍派とゲリラPFLP 「同時革命」で提携？

――新聞でというのは、新聞か何かを買いに行って分かったということですか。

はい。

――そのときのベイルートの雰囲気ほどうでしたか。

なんか最初は全然気がつかなかったんですけど、新聞を見て気がついたのは、要するに、なんか町が興奮してるような状態で、新聞屋のおやじに、私がいつもデイリースターを買ってたんで、顔なじみだったんで、これ見たか、おまえというので、いきなり見せられたのがリッダエアポートで銃撃うんぬんというのが出てて、だから、新聞代要らないから持って帰れというので、ついでにフランス語の新聞、オリエンルジュールというのがありました。それもやるから持って帰れというので、もらいました。そういう感じでした。それから、タクシーも一回ただになったこともあります。

――リッダ闘争を担ったのは、日本人だけというふうに思ったんでしょうか。

後ほどにドクター、アブ・ハニのことですね、ドクターから聞いたのでは、ＰＦＬＰの部隊も空港外で別の作戦を用意してたらしいんですが、到着便が遅れたので、外側のこうした作戦はできなかったというふうにドクターは説明していました。

――リッダ闘争自体はＰＦＬＰの作戦だったと理解してよろしいんですか。

はい。それは、兄貴の意思が元々そういう意思でしたから。

――リッダ闘争の際に、赤軍としての声明文が出ていますけれども、現時点では御存じですよね。

はい。

――当時は声明文が出たということは知っていましたか。

三一日に私はレバノンを離れましたので、その段階では知らなかったです。

――声明文は、誰が作り、どういう経過でできたのかというのは、知らなかったと。

そのときには。

――簡単でいいですけど、その後知ったことで、この声明文を出すに至ったいきさつ、分かってることだけでいいですから、簡単に述べてくれますか。

兄貴の意思は、とにかく無名のアジア人が来て、PFLPの義勇軍、義勇兵士として戦死したと、パレスチナの大義のために戦死したというふうに残すと。で、それが日本人とかそういうのは出さないと、旅券から分かりますけど、そういうのを出さないと、とにかく無名の日本人らしいアジア人が来て、パレスチナの大義で闘ったと、それが目的であるから、声明はPFLPだけが出して、当時は我々は組織はなかったんですけど、いわゆる日本人からは出さないと、出す主体もいないし。

――今奥平剛士さんの言葉として、PFLPの義勇兵というような言葉が吐かれたということでしたけど、義勇兵と位置づけて、実態としてもよろしいんですか。

はい。

――で、その後、そういうことだったけれども、声明が出たのはなぜですか。

それは、三人共自決する計画だったんですが、岡本同志が生き残って、で、彼がレッド・スター・アーミーというふうに名のったことによって、生き残ってると、パレスチナの大義のために捧げたと彼が言ってるということで、ガッサン・カナファーニ氏が重信に声明を出した方がいいというふうに提案したというふうにあとで聞きました。

――ガッサン・カナファーニという方は、先ほど出ましたが、PFLPの機関誌、「アル・ハダフ」の編集長ですね。

はい。

帰国を断念

――それで、丸岡さんは日本に帰る予定だったということで、先ほどのアブ・ハニとの話だと、リッダ闘争が成功したらすぐにベイルートを離れると、こういうことだったんですか。

はい。

――それで、その後は具体的にはどうなったんですか。

ベイルートからチューリッヒに飛びました。依頼されていた仕事があったんで、南周り便で日本に帰る予定でいましたが、途中、東南アジアへ寄る予定だったんですけど、私の旅券は一時旅券だったので、渡航先が檜森の指示だけでは足りないので、渡航先追記が要ると。だから、日本大使館に行く必要があったんです。それで、いったん私の旅券に渡航先としてあったギリシャ、スイス、イタリア、フランス、ドイツ、オーストリア、六か国だったと思います。四か国だったかもしれないですけど。で、スイスがその一つだったので、それでスイスに行ったんです。

――スイスに行って、日本大使館で渡航先の追記を受けようと、こういうことなんですか。

はい、そうです。

――で、実際にベイルートを出発したのはいつになりますか。

三一日の午前ですね。

――で、チューリッヒまでは行かれたわけですね。

はい。

――で、その後、スイスの大使館というのはどこになるんですかね。

ベルンにあります。

――大使館まで行かれたんですか。

着いた翌日にベルンに移動して、それからホテルをすぐ取って、大使館の前まで行ったんですけれども、前まで行って、チューリッヒに到着したときに、荷物を徹底検査されたんですね、三一日に。それがあったんで、レバノン出国から翌日で、スタンプ押してありますから、これはちょっと何か聞かれると、ここはいったん引いて、もうちょっと作戦を練ってから出直そうと引き返したんです。ほとんど日本大使館の入り口までもう一〇メートルぐらいだったです。

――リッダ闘争が起きた翌日にベイルートを出た日本人ということで、当然チェックを受けると、こう判断されたわけですね。

はい。日本大使館でいろいろ質問されるんじゃないかと、何のために行ってたかとか。ギリシャで渡航先追記したときは、リッダの以前でしたから、まったく問題なくて、親切でしたし、私は大体切符を日本航空のアテネ支店で買ってましたから、現地の支店長さんが親切に手配してくれたんで、そういう状況でしたけれども、さすがに事態が違うだろうというので、やめたんです。

――新聞に丸岡さんの名前が出たということがあったんでしょうか。

はい、ありました。

――それはいつのことですか。

ベルンでそれをやめて、で、一応次の国に移動した翌日か翌々日ぐらいです。

――どんな記事でしたか。

四番目の人間の名前が分かったと、岡本君が供述してるというので、オサム・マルオカと出てて、最初は気がつかなかったんです、他人の名前のような気がしていて。で、もう一回よく読むと、ああ、これおれの名前じゃないかというので分かったんです。

——奥平剛士、安田安之、岡本公三、この三人の他に、四番目のリッダ闘争関係者として丸岡さんの名前が出てたと。

はい。

——これは、新聞名は分かりますか。

インターナショナル・ヘラルド・トリビューンと言います。他の公判でトリビュートというふうに書かれていましたが。

——トリビューンですね。

トリビューンです。それは、私はずっとザ・タイムズを買ってたんです。ザ・タイムズを買ってたのを、ザ・タイムズは日曜日が休みなんで、日曜日の新聞を探してたら、サンデー・タイムズというのがあって、あと、ヘラルド・トリビューンは土日号を土曜日に売っていたんで、ヘラルド・トリビューンの方が値段も安いし、パリで発行してる新聞ですけど、イギリスの新聞より安いので、それをついでに買ってみようと買ったか、それか、翌日の月曜日に、日曜日にはとにかく買ったのは確かなんです。それを知って、月曜日に再び買ったら名前が出てたか、だから、出てたのは、土曜日付けのヘラルド・トリビューンか、その二日後の月曜日付けのヘラルド・トリビューンに名前が出てたんです。

——いずれにしても、ヘラルド・トリビューンにリッダ闘争の関係者として丸岡さんの名前が出ておったということを受けて、丸岡さんはどうすることにしましたか。


そのままではすぐ、スイスから家族とか会社にアリバイ証明のために絵はがきを出してたんです。それで、ホテルでアルプス行きの切符もわざと買って、それからパリに抜けたんですね。ところが、スイス国境で、やはりレバノンのスタンプが押してあるというので、非常に厳しく検査されたんです、旅券も、荷物も。これで、これじゃちょっとやばいというので、パリに入ったときは偽名でホテルに入ってたんです。で、偽名で入ったんですけれども、駅のツーリスト、インフォメーションを通してるので、これは追跡が来るというので、ホテルを引き払って、別のところに潜伏しました。

——新聞に出たので潜伏したと、こういうことですね。

はい。

——その後、日を置いて、ベイルートに戻るというようなことはありましたか。

ベイルートではありませんが、中東には戻りました。

——潜伏先は、広く言うとヨーロッパということでよろしいですか。

フランスということでいいです。

——フランスにはどのくらいいたんですか。

そのときは本物の自分の旅券しか持っていなかったんで、要するに、かわりの旅券が入手できるまでいましたから、二か月ちょっとです。

――七二年の八月までフランスにいたということになりますか。

はい。

――七二年の九月にミュンヘンオリンピックが開かれて、そこで、事件が発生しているんですが、その後に丸岡さんが国際指名手配を受けたということがありますか。

はい。

――それは、何を対象に指名手配を受けたということになるんですか。

リッダ闘争に関連してということです。それまでは重要参考人だったみたいです。

――リッダ闘争の共同正犯というような容疑ですか。

はい、だったと思います。

――そのことを受けて、日本への帰国を断念するということがございましたか。

はい。

アラブに戻ってからの状況

――リッダ闘争後のアラブにいた日本人の置かれた状況について少しお伺いします。リッダ闘争後、アラブにいた重信さんに境遇の変化というのはありましたか。

はい。

――どのようになったと聞いていますか。

イスラエルに狙われるということで、ＰＦＬＰ側が庇護するということになったはずです。

――重信さんがＰＦＬＰの庇護下に置かれるようになったのはなぜですか。

それは、イスラエル側にとっては、岡本君がレッド・アーミー・スターと名のって、その後彼自身がたしか赤軍と名のったと思うんですけど、そうなると、赤軍派の国際部として出ていた人という、それとあと、それがなくても、リッダ闘争の報復攻撃をＰＦＬＰ側が予想していて、とにかく実体があろうとなかろうと、顔、いわゆる日本人の顔を狙ってくると。で、ＰＦＬＰとしても、狙われているというのが分かっててイスラエル側に暗殺されると、メンツを失うということもあって、要するに、徹底して庇護するということにしていました。

――先ほど名前が出てきた「アル・ハダフ」編集長のガッサン・カナファーニという方が殺されたという事件がありましたか。

はい。リッダの後、一週間後か、たしかそうだったと思います。

――七月の初めというふうにこちらでは把握してますけど。

そうかもしれません。姪御さんと二人で、はい。

——そのことも、PFLPが重信さんなどをPFLPの庇護下に置く大きな理由になっているんでしょうか。

はい。庇護を強化する理由になったはずです。

——庇護下にあるというのは、具体的にはどんな状況をいうんですか。

一目見ればアジア人と分かるので、アジア人イコール日本人なので、だから、まず、人目に立たないということが条件になったはずです。

——表に出ないということですか、出さないということですか。

はい、そうです。

——その他には。

表に出ないとだから、どうしたのかというと、会う人はPFLP側で手配するということになっていました。

——PFLPを介さない限りは一切人と会えないと、こういうことですか。

そうです。

——それは、日本人同士でも同じですか。

それは同じです。私はドクター・アブ・ハニの管轄下にいましたから。で、重信は別の部の管轄にいましたから、同じ日本人でも自由に会うということはできなかったです。

——会うことができるのは正月程度というようなことがあったと聞いていますが、そんな実態でしたか。

はい、必要な用件があるときのみと。

——あまりに日本人同士の連絡についても厳しい制約があるんで、面会などの自由を認めてくれという意見書をアブ・ハニに出したというような事実はありませんでしたか。

意見書というほど大層なものじゃないですけど、何回か、今後の打合せをする必要があるから、会談させてくれという手紙を出して、で、向こうで保安上の態勢、要するに、私を送っても問題ない保安上の態勢を整えて、整ったら会わせると。だから、なんか監獄にいるみたいにということじゃないです。

——アブ・ハニに意見書という表現をするほどのものじゃないとおっしゃってますけど、そういう申出をした時期というのは覚えておられますか。

七二年の年末、その前には一度私がアラブに帰還したときにもちろん会ってますけど、その後私は、秋以降は、一〇月か一二月ぐらいはレバノンにいましたから、私の方は動き回ってましたんで、年末ですね。年末、日本人にとっては新年はアラブ人のラマダン月明けのお祭みたいなもんだから、日本人で集まらせてくれというので、要望を出したことがあります。で、私はアブ・ハニのセクションにいたから、勝手にそういうことができないから、アブ・ハニの方に出して、アブ・ハニの方から重信が庇護されているセクションというか、部の方に連絡を取って、調整するという形で。

――ＰＦＬＰの庇護下にあった日本人というのは、他にも何人もいるわけですか。

いや、とにかく顔ということで、彼女だけでした。

――リッダ闘争の後、七二年六月から八月はフランスに潜伏をしていたということでしたね。

はい。

――その後、八月にアラブに戻ったという話をされましたが、具体的にはどこに行かれたか、述べることはできますか。

バグダッドです。

――当時、ＰＦＬＰとイラクとの関係は、必ずしも良好ではなかったということがありましたか。

良好とか悪かったとかいうよりも、関係が薄かった。

――そのＰＦＬＰとイラクとの関係を切り開くために、当時アラブに行っていた重信さんらが動いていたというような事実はありますか。

重信らが動いたというよりも、重信らがいるということで、アラブ諸国の中ではうちに来たらどうですかというのはあったようです。だから、私がバグダッドへ行ったのも、私の方はドクター・アブ・ハニの方ですけど、結局四人目で手配されているのがいるから、引き受けてやってくれというので、それで、イラク政府としては、リッダの四人目だったらぜひうちの方で引き受けましょうというので、むしろ相互利用ですね。で、その理由をもって、ドクターの事務所開設というのが承認されたみたいです。

――バグダッドにおいても、ＰＦＬＰのアブ・ハニの傘下にある人たちと、それから、重信さんらが活動していた領域とはまた別だったということですか。

はい、それは別です。

――当時重信さんらが活動していたＰＦＬＰの指導者と言うと、アブアリという方ですか。

全体の指導者はジョージ・ハバシュで、それの副に当たる、その当時はまだ副議長職はなかった、他の人だったかも、いや、たしかなかったかと思いますけど、大体アブアリ・ムスタファ同志〔のちＰＦＬＰ議長。二〇〇一年八月、イスラエルに爆殺される〕が政治局内での実際的な統括はしていたようです。

――丸岡さん自身は、しばらくはバグダッド、イラクを中心に活動していたということになるわけですか。

はい、そうですね。レバノンにも行ってはいます。

――七二年の一一月にベイルートに行き、重信さんが日本から来た週刊誌のインタビューを受けるのに立ち会ったというような事実はありますか。

時期は、いろいろと思い出してみようとしたんだけど、まだあいまいなんですけど、一〇月か一一月、秋だったと思うんですけど、一〇月から私はレバノンに、私の方は、眉も濃くて、目も大きくて、ひげを生やせば、一応髪の毛もありましたから、で、アラブ人で一応通るということで、キャンプとか、必ずアブ・ハニの下の若い同志が二人一緒についていて、私の支援みたいなので、一緒に南部を回ったりとかしていました。というのは、兄貴はスキューバダイビングのアクアラングの訓練まで受けていたし、南部の前線にも回っていたんです。だから、私もぜひ経験させてくれと。ただ、アクアラングだけは結構ですと、海は嫌だからと。で、いたので、すぐそれは。

――で、重信さんのインタビューに立ち会った時期は、七二年の秋という記憶はあるということでよろしいですか。

はい。

――七三年の一月から六月ころにかけては、丸岡さんは、何を、どこでしておられましたか。

そのときは、バグダッドへ戻って、ＰＦＬＰの、正確に言えばアブ・ハニセクションの訓練の外国人訓練のコーチをやっていました。

――丸岡さん自身がコーチをしているんですか。

はい。

――その時点では、丸岡さん自身も相当軍事訓練を積んできて、一定の技能、技術を備えていたと、こういうことになるんですかね。

はい。四回ほど参加してるんですけど、最初の訓練は一般参加者として参加しましたが、一応成績優秀だということで、次の二回目からは教官のアシスタント、助手みたいなことをやってくれというので、それをやっていました。多分恐らく私がショーウインドウだったんじゃないかと思います。

――どういう意味ですか。

ＰＦＬＰの国際連帯の日本人はこういうふうにやってるというのだったと思います、多分。

――その訓練所にはどんな方が来てるわけですか。

いろんな国の革命勢力が来ていまして、アメリカ合衆国からも来ていました。で、ラテンアメリカ、それからヨーロッパ、アフリカ、かなり多岐にわたっています。

――日本人もいましたか。

はい。それと、あとは、七〇年代に革命政権ができたところがあったんですが、その後に大臣になった人も訓練に参加されていました。

――丸岡さんが軍事訓練所でのコーチをしておられる間、重信さんには会っておられますか。

一度レバノンに行ってますから、そのときに会っています。

――今のお話ですと、レバノンにしろ、イラクにしろ、いずれも丸岡さん自身はアブ・ハニの指揮下にあって、そこで行動しておられたと。

はい。

――重信さんは、アブアリの指揮下で別の活動をしておられたと、こういう関係になりますか。

そうです。

――七三年の六月まで聞きましたけれども、そういうことで間違いございませんか。

はい。途中ヨーロッパに出たこともあります。

リッダ前後の日本人グループ

弁護人（虎頭）

――まず、あなたがベイルートに行かれた七二年の四月ないし五月ころのことをお伺いします。そのころＰＦＬＰの下にいた日本人というのは、リッダの三人以外に何人ぐらいいましたか。

いわゆる軍事的な。

――いや、全部で、ボランティアの人も含めて聞いています。

全部で、数の特定は避けたいんですけど、七、八人じゃないでしょうか。

――その中で名前を挙げられる人というのはいるんですか。

手配されている人は挙げられます。

――差し支えない範囲で、その当時ベイルートなりレバノンにいた日本人というのは誰ですか。

奥平ら三人と私、それから重信、それからＹＫ〔原文実名、以下イニシャルとする〕、あとプラスアルファ、三名と。

――そのメンバーの中には、軍事目的ではなくて、医療関係とか、福祉関係とか、そういうボランティア関係の人もいたわけでしょうか。

はい。

――その中で、共産同赤軍派の人というのは誰だったんですか。

それは重信一人だけです。

――先ほど、リッダの岡本さんが捕まった後にレッド・アーミーと名のったという話が出ましたが、岡本さんは赤軍派ではなかったんですか。

彼は、赤軍派シンパというのが正しいかと思います。彼のお兄さんが、長兄は東大全共闘でやっていましたし、次兄は京大全共闘で、例のよど号の諸君らの中の一人、岡本武が次の兄で、本人自体は赤軍派にシンパシーを持っていて、彼は赤軍派に近かったと思います。

――近いけれども、赤軍派のメンバーではないと。

メンバーには、同盟にはなってなかったと思います。

――岡本さんがベイルートなりへ行ったのも、赤軍派として派遣されたわけではないわけですね。

それはまったくないです。

――先ほど、奥平剛士さん、それから安田さんなどは京大パルチザンの出身というか、その系列ということですが、それ以外の人は、言わば出身母体というか、それはみんなばらばらという感じですか。

まったくばらばらです。革共同〔第四インター〕系の人もいましたし。

――先ほど、日本人グループという言葉が出たわけですが、これは、グループといえるほどのものでもなかったということでしょうか。

はい、そうです。なかったです。

――先ほどお別れの会かな、そのときに集まったときも、集まった人は友人関係ぐらいじゃなかったかというようなお話だったんですが。

グループといえないというのは、例えば、一つの目標で、一つの決まりを持ってて、そういう中で活動しているということじゃまったくなかったんで、友達以上グループ未満みたいな人です。

――組織という言葉は、グループよりももうちょっと拘束力があるというようなイメージで、じゃあ、一体何をするかとか、いろいろ議論をしたりというイメージがあるんですが、そういうことはまったくなかったわけですか、その日本人の中では。

路線的にはなかったですね。路線的に言えば、多分対立したんじゃないかと、私は中国派ですから。

――そういう日本人ということで、顔見知りであり、もちろん会えば話もするでしょうけれども、住んでいるところも別々だったんでしょうか。

住んでいるところは、同じ者もいたし、別々の者もいたと。

――やってる活動は。

別々です。兄貴らは、私は同じですけど。

――そういう日本人の七、八名とかおっしゃいましたけれども、考え方ではある程度統一するものはあったわけでしょう。

考え方は、パレスチナ連帯ということで、武装闘争まではそんなに、理解するというのと支持するというぐらいの差はあったと思います。

――武装闘争に反対しないというぐらいの位置ですか。

そうですね。

――例えば、国際連帯を目指すというのはどうですか。

だから、パレスチナ連帯ということで、国際連帯の、パレスチナが当時は最前線と、国家でない、いわゆる戦線、国家がない戦線として最前線でしたから、だから、国際連帯というのの中核部分というか、中核と言うとちょっと表現はふさわしくないんですけど、適切な表現がちょっと思いつかない、刑務所にいると言葉の数が少なくなっちゃって分からないんです。

——人によっては、アラブの地には行ったけれども、最終的には日本の革命というか、日本の変革を目指すんだという考え方の人もいたようですが、その点はいかがですか。

いました。私なんかが典型です。

——ただ、全員がそうだったわけでもないんですね。

兄貴も、日本にどう実態を作るか、国際連帯と同時に、日本の変革を進めるかと、だから、自分たちが捨て石になるという位置づけだから、兄貴たちもそういう意味でいえば、要するに、あくまで日本を焦点、日本ということを考えていたと思います。

——そういう意味で、人によって、取りあえずどっちに力点を置くかという点では、やっぱりばらつきがあったと伺っていいですか。

はい。完全にアラブだと思って考えてた人もいたとは思います。

——重信さん自身は、日本の問題とアラブの問題、どう力点を置くべきかとか、それについて当時どう考えていたか、御存じでしょうか。

私が同意した考え方としては、前線イコール後方という考え方で、要するに、日本の変革運動を支えるパレスチナ革命と、パレスチナ解放運動と、パレスチナ解放運動を支える日本の運動と、それが、片方が支えて、片方が支えられるということじゃなくて、相互支援の関係、支えつつ支えられる、そういう関係を作る必要があると、それが真の国際連帯、その中で、戦いの質を同質にしていくと。で、その考え方は私は賛成でした。

——ところで、あなたがアラブに行くときには、戻ってくることが前提だったというお話でしたよね。

はい、私はそうです。

——あなた自身としては、どれぐらいの期間、行っているつもりだったんですか。

半年ぐらいを考えていました。

——その中で、先ほどの話では、アラブへ行って手伝ってくれないかと言われて行くことにしたという話ですが、具体的には何を手伝ってほしいとか、そういう話はあったんですか。

いや、私が乗り気じゃなかったんで、私が言ったのは、結果として帰れなくなってもそれはかまわないと、最初から帰れないと分かってるんだったら、それは行かないし、だから、一部、檜森が言ってたのは闘争参加を考えてたみたいですけど、闘争参加というのははっきり言わなかったんです。我々は言わない、聞かないという主義でお互いにやっていましたから、もし決死作戦だったら私自身は無理だと、一年待ってくれというふうに、はっきり明言していましたから。

——例えば、アラブで軍事訓練などは受けてこようという気持ちは、最初から持ってたんですか。

はい。だから、軍事訓練を受けたり、例えば、活動といっても、何かの作戦で、生還することが前提の作戦であったらかまわないと、ただ、それで、生還するという前提で参加したけれども名前が発覚したとか、そういうことで結果として帰れないとか、それはかまわないと。

——あなたのつもりでは、半年ぐらいいて戻ってくるつもりだったということですが、先ほどのお話だと、四月半ばに着いて、五月の末には向こうを出発するような形になってますよね。

はい。

——これは何か事情の変化があったんですか。

それは、リッダ闘争というので、それは、私の計画は六か月以内ですけれども、要するに、兄貴の方はそうは考えていなかったらしいんです。で、兄貴の方は、一人ベイルートで水死していましたから〔一九七二年一月、安田、檜森さんらとベイルートに渡った山田修さんが水死〕、作戦に参加、共同できる人を送ってくれという意図みたいだったです。だから、ずれてたんです。

——そうすると、リッダの後に、あなたは日本に戻って、どういう活動をすることが期待されていたんですか。

それは、一つは、具体的には、パレスチナとの共同闘争を継続できる主体を日本で構築すると。

ＶＺ58

——じゃあ、ちょっと別な話を聞きますね。ＶＺ58という、これはグループというべきなのか、組織というべきなのか、そういう集団がありますよね。

はい。

——このＶＺ58という名前の由来は御存じですか。

はい、知っています。

——どういうことですか。

リッダ作戦に使用されたチェコスロバキア製の自動小銃の制式番号です。

——簡単にＶＺと、58を省略して言いますが、ＶＺの名前がついたのは、リッダの後になるんですか。

後です。

——その名前をつけたのはいつごろになるんですか。

八月に京都大学で連帯集会があって、その連帯集会にメッセージを寄せる関係でその前でつけたと思いますから、七月ぐらいじゃないかと思います。六月はとにかく弾圧されてましたから、彼らもばたばたしてたから、七月だと思います。

――七二年の七月ごろに、ＶＺを名のった集団というか、それは元々はどういう集団だったんですか。

元々は、私と一緒にやってた京大パルチのＩ、純三、純三というのは弟の方です。

――奥平純三さんのことですね。

はい。

――そういう人たちのグループが、リッダ闘争を契機にＶＺと名のるようになったということでいいんでしょうか。

はい。七一年ぐらいから私も入って、参加して、Ｉのグループからはの、あともう一つ立命のグループからＡ〔ママ〕という人、私のグループから私、三人で、要するに、日本の今後の展望というのを討論とかしてましたから、ＩはＩで独自の人脈を作っていましたから、別のグループ、純三とか自分のグループ以外にも別に作ってましたから、その何人かが集まって作ったみたいです。だから、私の知らないメンバーがかなりいます。

――そうすると、Ｉさんのグループだとか、立命館のグループ、幾つかのグループが言わば集まって、最終的にＶＺを名のるようになったという感じでよろしいんでしょうか。

はい、そうです。

――あなたがベイルートに行かれたときには、まだＶＺとは名のってないわけですよね。

はい、名のっていないです。

――言わば、それの前の母体の一つみたいなもの。

はい。

――あなたは一応そこから派遣された形にはなるんですか。

一応そうなりますね。まだ組織にはなっていないけれども、パルチザンという考え方自体が、アルジェリアのＦＬＮ〔民族解放戦線〕のように、三人、三人、三人、細胞が集まって、三人ずつの細胞があって、その細胞が三つ集まって一つの核を作ると。で、その積み重ねという形で想定していましたから、まず、アメーバのミトコンドリアみたいなものですか、自分たちは。

――ＶＺの母体になったグループと、それから、京都パルチザンなり、京大パルチザン、その辺は、人間的にはかなりダブる形になるんでしょうか。

はい、ダブると思います。京都パルチザンという、そういう組織はないんです。とにかくパルチザンと自称するグループが幾つか、京大にあった、立命館にあった、大阪にあった、神戸にあったと、そういう関係です。非常に融通無碍な。

――週刊誌なんかを見ますと、あたかも京都パルチザンとかいう文字があって、そういう組織があったかのごとく書かれているわけですが、実態は違うということですか。

はい、違います。

——各いろんなところでパルチザンと名のっているところがあって、それがあるときはくっつき、あるときは別々に行動しというようなのが実態だったということでしょうか。

実態というか、そういう運動でやろうと。

——元々組織的にきちんと綱領みたいなのを決めて動こうというのを拒否するグループですか、どちらかというと。

拒否とまではいかないけれども、いわゆる赤軍派のような組織戦術は取らないと。だから、いわゆる党的な主体は必要だという共通認識はあったんで、Iと立命パルチのAという人と私と三人で、合宿なんかしながら研究してたことはあるんです。だから、VZはその延長で結成したんだと思います。

——あなたの後に、VZの関係者でアラブの方へ行った人はいるんですか。

はい、います。

——何人ぐらいいるんですか。

名前がはっきりしているのは、純三と戸平です。で、それ以外は名前とか人数はちょっと、いたことはいたと、それは言えます。ただ、名前と人数はちょっと控えさせてください。

——あなた自身は、半年ぐらいいてまた日本へ戻ってくるというつもりだったという話ですよね。

はい。

——そうすると、他のVZの関係者も同じような考えだったんですか。それとも、またそれは人によって違ったんでしょうか。

基本的には同じだと思います。もう既にそのときは国内で相当な弾圧を受けたりしてましたから、これは国内の主体を作らないかぎり、国際連帯といっても絵に描いた餅にしかならないという問題意識をみんな持ってたようですから、とにかくアラブでの経験を国内に返すという立場だったはずです。

——ところが、現実にはいろんな事情で戻れなくなった人もいたというわけですか。

はい、そうです。

——その中の一人があなただと。

はい。

——戸平さんもそうですか。

そうです。

——彼も戻るつもりだったけれど、結局戻れなくなったということを言ってたんですか。

はい。彼は、アラブでやっているうちに、戻れなくなったら戻れなくなってもいいやという、そういう感じにはなっていたみたいです。

——VZの母体というべき集団というか、その辺がPFLPと関係を持つようになったきっかけというのは、何だったんですか。

それは兄貴との関係、それだけです。

――先ほどの話でちょっとよく分からなかったんですが、奥平剛士さんがアラブに行くときは、事前にＰＦＬＰなり何なりと話をつけていったんですか。

いや、つけていっていないと思います。

――言わば、押しかけ的にという感じですか。

はい。要は、当時赤軍派だった重信さんの話に、それは面白そうだから乗っかるという形だったみたいです。

――その奥平剛士さんが直接アラブに行き、ＰＦＬＰの信頼も得て、その後、ＶＺないしその母体なんでしょうけど、それとＰＦＬＰとの関係ができていったということでいいんですか。

とにかくＶＺとＰＦＬＰの組織的関係と、そういうのは一切ないです。あくまでＶＺ、あるいはＶＺとなる前の集団から人が行って、ＰＦＬＰの活動に参加したと、それだけの関係で、それ以上のＶＺとＰＦＬＰが組織的確認を取って人を交流するとか、そういうことはなかったです。

――例えば、アラブの方からもっと人を送れということを言ってきたのかどうかは知りませんし、それから、日本から向こうへ行くよということをやってたのかどうかも分からないんですが、そういう連絡というのはある程度はやってたわけですか。

はい、それはやっていました。

――それは、要するに、日本国内とアラブの日本人との間での連絡ということでしょうか。

はい、そうです。

――それはやっぱり郵便みたいな感じですか。

まあ郵便みたいな感じです。

――ところで、ＶＺの関係の人が向こうへ行く場合には、例えば、事前にこういう人が行きますよというのは、連絡が行くわけですか。

はい、基本的には。来るときと来ないときもありますけど。

――例えば、事前に連絡するときには、どういう人が行くというのを具体的な名前も連絡するんですか。

名前は、人が替わる可能性もあるので、アラブ名を大体指定するという形を取っていました。

――それは、何のためにアラブ名を事前に教えていくわけですか。

それは割り符みたいなものです。暗号。言葉だと忘れることもあるし、ものだとどっかへなくすことがあると。

――割り符というのは元々一つの紙か何かを切って、分けて。切って、合わせて、相手を確認すると。

――それで、ぴったり合ったときに間違いないという、そういうものだとなくなっちゃう可能性もあるので、アラブ名で記憶させて来させるというやり方をしてたということですか。

はい、一番簡単な方法なんで。

ＰＦＬＰとの接触

――先ほどの話で、アラブへ何らかの形でＰＦＬＰとの接触を持とうとする場合には、「アル・ハダフ」の事務所へ行くのがまず最初だというようなお話がありましたよね。

一般的には、はい。

――そうすると、ＶＺの関係なんかで、事前にアラブ名なんかを教えられた人なんかも、やはり同じようにしていたんでしょうか。

本来は、連絡先も一応、連絡方法とかも伝えたうえで送ってくるということになっていました。

――そうすると、事前に来る人が分かってる場合には、どっかホテルか何かにいれば、連絡員か何かが迎えに行くなり、連絡を取るなりという態勢が組まれるのが一般的だったと。

はい。基本的には、ドクタールートの場合は、こちらが指定する番号に連絡を取って、来た後に、相手の宿泊先にこちらから再連絡を取って、それから合流するという方法が大体、私が行ったときもそうでしたし。

――ところで、先ほどの話で、あなたは、七三年の一月から六月ころまでは訓練のコーチをしていたという話でしたよね。

はい。

――いろいろなところからいろんな人が来ていたという話ですが、これは、個人として来てる場合と、本国の組織から送られてくる人と、大きく分けて二つあったということでいいんですか。

そうですね。そうなりますね。

――本国の組織から送られてきている人、こういう人たちは、基本的にはまた本国へ戻るのを予定していたんでしょうか。

はい、そうですね。中には、いわゆるフランス軍の傭兵みたいにＰＦＬＰの兵士になる目的の人もいれば、あくまで自国に戻るという人もいて。だから、いわゆる志願兵もいれば、いわゆる組織共同で来てる人たちもいるんです。

――組織と組織の関係で来ているような人たち、これは、アラブでもある程度まとまって動くというか、一つの組織として動くようなところはありましたか。

要は、アラブで組織活動をするかと。

――そうです。

一部にはありますね。本国で弾圧されてるとかいう状況の下だと。

――また、先ほども言われましたけれども、個人として来ている人もたくさんいたわけですよね。

はい。

――その個人で来ている人たちというのは、また基本的には、本国なり、どっかよそのところへ行って運動をやろうとしていたのか、それとも、当面の間はアラブに残って活動をしようとしていたのか、その辺はどうですか。

だから、それこそいろんな多様な人たちがいて、有名なカルロス〔一九九四年、仏に移送され、終身刑を服役中〕のように、完全なパレスチナコーズ、コーズというのは大義という意味ですけど、パレスチナの大義で、それだけやると。彼はベネズエラかどっかの人だけど、そういう自国とは一切関係ないと、あくまでパレスチナ関係のみという人もいれば、あくまで共産党的な、共産党から来て、それから戻ると、党に帰るという人たちと、それは様々です。あくまで個人で、パレスチナ系アメリカ人だから、一定程度訓練を受けたいとか、そういう人もいましたし。

――リッダの三人以外に、向こうにいた人で、例えば、現地での撃ち合いか何か知りませんけど、そういう軍事的な衝突、そういうのに参加していた日本人はいるんでしょうか。

そういう軍事作戦に関係する日本人はいなかったですけれども、軍事といってもいろいろありますから、調査とか、研究とか、それから新機材の開発とか、そういった部分で共同していた日本人はいたようです。

――もう一ぺん最後に確認しておきますけど、外国から来た軍事的な訓練を受けたり、そういう人たちというのは、全部アブ・ハニの指揮下にあったということではいいんですか。

そうですね。基本的にいったんアブ・ハニのところに入ると。「アル・ハダフ」に行って、それから外務関係委員会に行って、それから、ドクターのところに回っていくというのと、あと、正規軍に回る人たちもいます。あくまでもボランティア志望だったら医療委員会とか、そちらの方に回りますし、だから、いわゆるパレスチナのＰＦＬＰの軍事的な状況を知りたいとか、あるいは訓練とか、そういうことになると、ドクターのところに回ってきていました。だから、いわゆる非公然ばかりドクターのところに回ってきたということではないです。

――和光晴生さんという人がいますよね。

はい。

――あなたは、和光さんと初めて会ったのはいつごろになるんですか。

七四年の一一月です。

――そうすると、ハーグ事件の後ですか。

はい、後です。

――和光さんがいつごろからアラブへ来ていたかは知っていますか。

それは後から聞いて知っています。

——あなた自身が和光さんと一緒に活動したようなことはありますか。

同じ任務ということですか。

——いや、そうじゃなくて、同じグループというか何というか、まあ同じ任務でもいいですけど。

彼とは宿舎を共同していたか否かで言えば、全部合わせて一年ぐらいじゃないかと、一年に満たないかもしれない。

——七四年の一一月以降というのは、あなたは、アブ・ハニの指揮下にあったということでいいんでしょうか。

七四年の一一月は、もうアブ・ハニとの関係をはっきりするという立場ですから、もう指揮下は離れていました。

——言わばそこで初めて日本赤軍としての自立というか、組織ができたような話もありますが、そのことをおっしゃっているわけですか。

はい、そうです。で、関係性もはっきりして、だから、共同はしていないです、ほとんど。

——一応二人共軍事部門ということになっていたのではないんですか。

私が言ったのはアブ・ハニとの共同です。

——あなたと和光さんは、七四年の一一月以降は、赤軍の軍事委員会というのかな、軍事部門ということでよろしいんでしょうか。

そうですね。七五年の夏まで。

——そこで、所属するところは違うようになったんですか。

七五年の夏に、彼自身はクアラ作戦〔七五年八月四日、在クアラルンプールの米・スウェーデン大使館を日本赤軍が占拠〕に参加していますから、だから、一応組織内の任務は解除ですね、専任ということで。で、それ以降、帰還してから後は、彼は軍事関係は外れましたし、私も外れましたから、まったくそれぞれ別々でした。

——和光さんが例えば、日本かアラブかどっちに力点を置くかとか、その辺についてはどういう考えを持っていたか御存じですか。

七〇年代は日本に置いていたと思います。彼は、七九年に組織を離れるんですが、その前ぐらいからはむしろアラブを主にすべきだという意見に変わってたみたいです。いや、おれはそんなこと言ってないって本人は言うかもしれませんけれども。

——それはあなたの感じですか。

私の受け止め方です。

二〇〇二年一二月二〇日
重信公判第二四回

弁護人（虎頭）

——あなたは、宮城刑務所から東京拘置所に移監された後、体調を崩して、前回の証言当日まで点滴を打ってたというふうに聞いてるんですが、それはそのとおりで間違いないですか。

はい、二九日まで受けてました。

——それから、そういう体調があまりよくないということもあって、前回は、その法廷の入口まで車椅子で来ておられたということも、そのとおりですか。

はい。

——今日の体調は大丈夫ですか。

はい、今日はいいです。昔、肺炎で、東京拘置所で重体になって、そのときの後遺症で、急性気管支炎で発熱が出たので、医務当局が慎重を期すということで、現在は平熱ですし、血液検査も良好で、支障ありません。

アウトサイドワーク

——あなたは、Ｙ〔原文実名、以下イニシャルとする。アラブ名ジハード〕さんは知ってますね。

はい、知ってます。

——Ｙさんは、証人としてこの法廷に出廷されて、ボランティア外国人の受入窓口として国際関係委員会というのがあったと、ここが配属先を振り分けるんだという証言をしてるんですが、これは、前回あなたが言われたフォーリン・リレーションズ・コミッティーと同じものと考えていいですか。

はい、そうです。

——アウトサイドワークという組織があるんだというふうに前回言われたんですが、日本語で言うと、どうなりますかね。

被占領地外行動ですね。

——前回、域外活動部というような言い方もあなたはされてたんですが、趣旨は同じですね。

被占領地外と言うと長いので、短縮して域外というふうに言いましたけど、正確には被占領地外です。

——Ｙさんは、やはり同じ証言の中で、Ｙさんがアブ・ハニが責任者である国際部に配属されたとか、それから、軍事部門や軍事委員会に配属されたという証言をしております。それから、また、あなたが証人として出廷された足立さんの公判で、検察官はアブ・ハニの組織を海外活動部というような言い方をしてるんですが、これはいずれもあなたの言うアウトサイドワークと同じものであることは間違いないですね。

はい、間違いないです。

――ところで、国際部とか、海外活動部という言い方は、少し紛らわしくありませんか。

大変、紛らわしいと思います。

――それは、どういう趣旨で紛らわしいというふうに思いますか。

一つは、政治局の下による組織的な活動を行う部門でフォーリン・リレーションズ・コミッティーとありますが、それも、私は混乱を避ける意味で、わざわざ日本の国会みたいに外務関係委員会と言いましたけど、そこを国際関係委員会というふうに呼ぶ方が適切であるのに、ドクターの部門を国際部と呼ぶと、いかにも同じような部局のように聞こえるので、これは明確に分けた方がいいと思います。

――今、ドクターと言われましたけど、これはアブ・ハニのことですね。

はい、そうです。

――それから、アウトサイドワークのことを軍事委員会とか、軍事部門とかという言い方で呼ぶのも紛らわしくないでしょうか。

はい、紛らわしいです。

――それは、どういう意味で紛らわしいんでしょうか。

というのは、本隊と異なり、あくまでアウトサイドワークというのは、非常に特殊な部門であって、軍事委員会とか、そういう名称を使えば、それは本隊を指すものであって、それ自身は、同じＰＦＬＰですけど、まったく別の組織機関になります。

――後でもう一遍聞きますけど、要するに、ＰＦＬＰには、軍事に関係する部門が、アウトサイドワークだけではなくて、別にまだあったと、そういうことですね。

はい、厳密に言いますと、アウトサイドワークが別にあったというふうに言う方が正確だと思います。

――アウトサイドワークの責任者は誰になるんですか。

ワッディーエ・ハダッド、通称アブ・ハニです。

――アウトサイドワークの活動場所はどこになりますか。

部局の活動してるという意味ですか、それとも。

――行動、作戦。

それは、基本的には被占領地外の作戦全般、それから被占領地内においても遊撃的な展開、例えば、リッダ闘争みたいなものとか、海からアクアラングを着けて侵入する作戦とか、そういうのをアウトサイドワークが引き受けたりしていました。

――被占領地という言葉が出てくるんですが、大体、どの辺を指すわけでしょうか。

いわゆるガザとヨルダン側西岸だけではなくて、それは、六七年の戦争で占領された地域ですが、四八年戦争で占領された地域も指します。イスラエルがイスラエル国家を樹立したという、その地域自体を被占領地と言います。

――アウトサイドワークのメンバーですが、これはパレスチナ人と外国人の両方が含まれてるということでいいですか。

厳密に言うと、パレスチナ人とアラブ人、それから、外国人で党員になってる人と、それから、あくまでボランティアの人と分かれます。

――アウトサイドワークの本拠地というようなものはあったんでしょうか。

場所は決まってはいません。

――それは時期によって動いてるというか、移動してるという意味ですか。

はい、そうです。

――例えば、正確な、いつ、どこへ、どう移ったとか、それは結構ですから、一応、その本拠地であった場所としてはどういうところがありますか。

レバノン、イラク、アルジェリア、イエメン、それから、後にはソマリア、ウガンダなどがありました。それで、正確に言いますと、ドクターの機関に配属されている人で、それぞれ各地に定着している同志もいます。だから、主要に置いてるのはどこかというのは、基本的に、今述べたのは、ドクターの移動に応じて指揮の場所が変わると、そういう意味です。

――いわば、アウトサイドワークの司令部というか、そういうところが時期によって転々としていたという理解でいいですか。

はい、そうです。

――なぜ、そういうふうに移動していたんでしょうか。

それはドクターがイスラエル側のターゲットになっていましたので、要するに暗殺リストのトップになっていましたので、その警戒と、あと、アメリカＣＩＡからも標的にされていましたので、それの秘密保持のために、安全性維持というので、一つの場所には定着しないと。

――アウトサイドワークの本拠地というか、司令部が、例えば、自分の国のどこかにあるというのは、その国は知ってるわけでしょう。

知ってますね。

――その国の事情で、移らざるを得ないというようなこともあるんでしょうか。

そういうこともあります。

――それから、ＰＦＬＰの最高機関としては、どういう組織がありますか。

それは政治局が最高の執行機関だと思います。最高決議機関は、恐らく党大会のはずですから、最高の執行機関が政治局。

――アウトサイドワークは、政治局の下にあるということでいいわけですか。

はい、よろしいです。

――アウトサイドワークが何らかの作戦や行動を行う場合、事前に政治局の了解なり承認を得て行っていたのでしょうか。

得たのもあれば、得ずに遂行したのもあったと思います。

――承認を得られないにも関わらず、作戦を実行してしまうというのは、どういうケースがあるんですか。

一つは、ドクターにとってですけど、秘密が敵に漏れては困る恐れがある場合で、かつ、通さずにでも、後で承認を得られるだろうと、ドクターが判断すれば承認を得ないし、漏れる危険性はあるけども、承認を得ておかないと後で問題になるというふうにドクターが考えれば承認を得ると、それはあくまでドクター側の判断で、政治局の判断とはまた異なります。

――例えば、事前に政治局の承認を得ようとすると、政治局から承認が得られないだろうという場合でも、実行する場合があるんですね。

はい、ドクターの場合はありました。

――逆に、事前に政治局に話をしても、政治局の方が了解しないだろうと思われるケースとしては、どういうのがあるんですか。

国際的な非難を受けるだろうということが一つ、それから、アラブの人民の支持がそれほど得られないんではないかというような、そういったものがあると思います。

――アラブ人民の支持が得られないだろうというようなケース、それはどういう考え方から来てるんでしょうか。

それは目標が不明確な場合で、それが金銭に、要するに、身代金目的とか、そういった場合は、相手が帝国主義であればいいじゃないかという声も多いのですが、一方では、イスラム社会ではタブーの一つでありますので、それは支持しないという声もあると、そういった配慮だと思います。

――アラブ世界というと、我々あんまりよく分かってないんですが、例えば、敵から身代金を取ること、これについて、それは構わないという考えの国もあるんでしょうか。

はい、あります。

――具体的には、例えば、どういうところですか。

いわゆるイスラムの戒律にとらわれない国、卑近な例で言えば、要は、飲酒を認めてるか、認めていないかで分ければ、非常に分かりやすい。

――例えば、戒律にあまりとらわれないアラブの国というと、具体的にはどういうところがありますか。

いわゆる共和制にある国。

――国名で。

エジプト、レバノン、シリア、イラク、そういった国々、それから、モロッコは王制国ですけども、比較的緩やかだったと思います。

――逆に、戒律の厳しい国では、敵から身代金を取るのなんか、とんでもないという感覚なんでしょうか。

一応、コーランでは銀行の利子も禁止されていますから、利子も禁止に値するというふうに、サウジアラビアのイスラムの学会では、そういう見解を出してますので、サウジアラビアは、たしかサウジアラビア人に対しては銀行の利子が付かないと思います。そういう厳しい地域が存在してると。

――戒律の厳しい国としては、例えば、サウジアラビアがあるわけですね。

はい。

――他には。

王制の湾岸諸国ですね。それから、あと、いわゆるモロッコ以外の王制諸国は大体戒律が厳しいと思います。例外的に、進歩主義の国で厳しいのはリビアです。

――アブ・ハニ自身は、敵からお金を取ることについては、何の抵抗感もなかったんでしょうか。

正当な行為であると、搾取者、抑圧者、植民地主義者から取り立てるのは税金であって、正当な行為であると。

――それは、ＰＦＬＰの政治局なんかの全体的な考えでもあるんですか。

基本的にはそうです。

――ただ、そうすると、ＰＦＬＰの政治局自身は、アブ・ハニと同じように、敵から金取って何が悪いということだということですが、それでも、お金を取る作戦については、政治局が慎重になる場合があるわけですか。

それは、やはりムスリムが、ムスリムというのはイスラム教徒のことですが、イスラム教徒が多数派であるので、だから、そういう民衆の素朴な意識というのを尊重するという立場にあります。ＰＦＬＰ自身は、ジョージ・ハバシュ議長はキリスト教徒ですし、実はドクターもキリスト教徒です。だけども、一応、ムスリムが多数派であるので、そういう民衆の意識をできる限り尊重しようと。

――先ほど、政治局が承認しないケースとして、国際的非難を浴びる可能性がある場合というふうにおっしゃいましたが、それと同じように、アラブの民衆の支持を失いかねない行為についても、なかなか承認しないと、そういうことでしょうか。

はい、コーズ（ｃａｕｓｅ）という意味での大義が理解されにくい作戦は控えようというふうに、七三年以降、なっていたようです。

アウトサイドワークの日本人

――ところで、七三、四年ころ、アウトサイドワークの指揮下にいた日本人というと、具体的には誰がいましたか。氏名ですか。

――もし、話せるんであれば。

一応公然化されている名前で言いますと、Ｙ、和光、西川、奥平の純三それから、戸平、私、名前が割れてる意味という意味では、そういったところです。

――実は、まだ何人かはいたということになるんですか。

はい。

――ところで、そういう日本人の人たちはアウトサイドワークの指揮下にいたのはいつごろまでになりますか。

七四年の、大体八月から九月ということになります。人によります。

――七四年の一一月ないし一二月に、いわゆる総括会議というものが行われてますよね。

はい。

――その以降は、完全にアウトサイドワークの指揮下からは離れたということではいいんですか。

はい、それは一一月か一二月に、私の方からドクターに通告して、組織の共同原則を作るまでは、いわゆる実践的な共同は一切凍結したいというので、政治的関係性、まず、そちらの方を強化しようというふうに提案して、とにかく、政治協議をするんであれば、ＰＦＬＰの国際関係委員会の方と詰めてくれということで、とりあえず、そういう実践、いわゆる軍事共同についてはすべて凍結と。

――ところで、アブハニの人の使い方について、Ｙ証人は一人一任務というような言い方をしてるんですが、これはそのとおりでしょうか。

はい、そのとおりです。

――一人一任務というのを説明していただくと、どういうことになりますか。

例えば、調査ということになれば、Ａという目標を調査するという人はそれについてだけの任務と、例えば、いろんな物資の搬入のルートを調査するという人がいれば、その人はその任務だけで、どういう目的なのかというのは、一切知らされないと。

――作戦の全体像というものは知らされずに、ごく限られた部分だけを引き受けるというか、やるという状態ということでいいですか。

そうです。それは、向こうでは、敵に拘束されれば、拷問を受けてしゃべってしまうということが前提になっていますし、それで、イスラエルを含めてアラブ地域では、イスラエルもそうですけど、黙秘権というのがないので、要するに、黙秘すると、それは拷問されても仕方がないというのが、イスラエルの最高裁でも、一時、拷問は憲法違反だというふうに最高裁が認定したんですが、シャロン政権になって解除してますから、基本的には、あの地域はそういう地域なんで、一人一任務というのは、そういう防衛的な意味で必要とされていたと言えます。

——ところで、ＰＦＬＰの中には、アウトサイドワーク以外にも軍事関係の組織があるという話でしたね。

はい。

——いわば、これが先ほど本隊という言葉が出ましたが、前回の証言では、正規軍という言葉も出てくるんですが、それは同じものですね。

はい、同じものです。

——例えば、人数とか、そういう規模なんかでも、本隊というか、正規軍というか、そちらの方がはるかに大きいということなんでしょうか。

はい、そうです。本来の人民戦線というか、例えが悪いんですけど、イスラエル国家でたとえると、本隊というのが国防軍、それから、アウトサイドワークというのがモサドに大体相当するというふうに、それを模型というふうに考えていただければ分かりやすいと思います。

——本隊の活動場所、それはどこになるんですか。

被占領地内においては、非公然、それから、あとレバノンとか、あと、周辺、シリアとか、エジプトとか、そういったところでは、避難民キャンプ、日本政府は避難民のことを難民という形で言って、国境を出れば難民、国内では避難民という言い方をしてますが、私は難民という言い方は好きじゃないので、一律に避難民と言います。話を戻しますが、避難民キャンプの防衛、それから、あと軍事キャンプ、軍事基地ですね。軍事基地の維持、それから、前線のパトロール、それが対峙してるときはその対峙線を張ると、そういうことですね。

——当然、アウトサイドワークの責任者がアブ・ハニであったと同様に、本隊の方でも責任者はいるわけでしょう。

はい、います。

——七〇年のヨルダン内戦当時、その正規軍の責任者というか、それは誰だったか覚えてますか。

アブアリ・ムスタファ同志です。

――アブアリという人は、その後、政治局の立場で動いていたというふうに聞いていますが、それはそのとおりでしょうか。

はい、そうです。ヨルダンから撤収後、政治局任務に専念されてます。

――それで、PFLPの副議長的な立場にあったとか、それから、ハバシュ議長の後継者と目されていたとかという話もありますが、それはそのとおりでよろしいですか。

はい、そうです。その当時は副議長職というのはなかったので、議長代行というような形だと思います。八〇年代に入って副議長職というのができて、副議長に就いたと思います。

――アブアリは、本隊の責任者から、いわば昇格して政治局へ行ったというふうなことでいいんですか。

はい、一般社会にたとえれば、そういうことです。

――七四年ごろの本隊の責任者は誰だったんですか。

フワドという同志です。

――アブアリは、いわば政治局を指導するような立場にいたということでいいですか。

はい。

――アブアリは、アウトサイドワークに対して指揮したり、命令はできたんでしょうか。

建前としてはできましたが、実際的には、指揮、統制はできていなかったと思います。

――例えば、政治局の方で何らかの指示なり、指令なり、出しても、アブ・ハニの方で無視したり、言うことを聞かなかったりしたことがあったということでしょうか。

はい。

――それから、アブ・ハニがPFLPから除名されたというような話も出てるんですが、そのことはお聞きになっていますか。

除名は七六年ごろだと思います。

――例えば、七三年ごろに、PFLPからアブ・ハニは何かの処分を受けたということは聞いてますか。

はい、聞いてます。

――誰から、どういうふうに聞いてますか。

それは、本人から処分されたというので、処分内容は、話からいうと権利停止処分に相当してたと思います。

――七六年ごろ、除名になったということもあるんですか。

はい、結局は、その権利停止を繰り返して、同じ組織でやっていけないということで除名になったと思います。

――アブ・ハニは、いつ、どこで亡くなったか御存じですか。

はい、知っています。

――いつ、どこでしょうか。

七八年にドイツ民主共和国、東ベルリンで亡くなっています。

——アブ・ハニの葬儀がどこであったかは。

それはバグダッドです。

——その葬儀はどういうものだったか聞いてますか。

はい、非常に盛大なもので、数万人の葬列になったというふうに聞いてます。それで、ＰＦＬＰの党の葬式ということで運営されました。

——除名はどうなったんですかね。

それは不問ということになりました。

——アブ・ハニ自身が七六年で除名になったんじゃないかという話ですが、それは、除名によってＰＦＬＰと完全に切れちゃったんでしょうか。

組織的には切れてますが、ドクターという人は、もともとアラブナショナリストムーブメントで中心的な人でしたから、ファタハから含めて、ＰＬＯ各派に人脈が多くて、だから、本人は、除名されても別に何の支障もないと、むしろフリーハンドで動けるというような受け止め方をしてました。

ＰＦＬＰとアラブ各国

——それから、「アル・ハダフ」というのは、ＰＦＬＰの機関誌の名前ということでいいですか。

はい、そうです。日本語に訳すと、標的という意味です。

——これはどれぐらいの頻度で出されていたものですか。

当時はよく覚えてないんですが、アラビア語版だったんで、週刊誌にはなってたんじゃないかと思います。

——この「アル・ハダフ」とは別に、ＰＦＬＰが英語版の機関誌を出したことがありますか。

はい、あります。

——それは何という名前の機関誌だったんですか。

「ＰＦブレティン」。

——それはどれぐらいの頻度で出ていたんでしょうか。

「ＰＦブレティン」は月刊です。

——どういうことで、その英語版を出すようになったのか御存じですか。

はい、知っています。

——どういうことだったでしょうか。

それは、重信同志が「アル・ハダフ」にずっと毎日勤めるという形になってて、勤めると言っても、ボランティアだから無給ですけど、そこで、ぜひ英語で国際的に情宣した方がいいじゃないか、というふうに、彼女が大変な有名な作家のガッサン・カナファーニ編集長に提案したら、じゃ、あなたがやりなさいと言うので、彼女が中心になって、「アル・ハダフ」の英語版としての「ＰＦブレティン」というのが出るようになったというふうに聞いてます。

——その英語版が発行されるようになったのはいつごろからでしたか。

七一年というのは分かってますが、私はまだいなかったんで、何月号かは覚えてないですけど、私が七二年に来たときには、ＰＦＬＰのバールベックの事務所には並べてありましたから、その時点にはずっとありました。

——「アル・ハダフ」なり、この英語版の「ＰＦブレティン」、これは町の本屋とか、そういうところに置いてあるものなんですか。

はい、アラブ諸国の本屋には置いてあると思います。現在は知りませんけど。

——重信さんは、その英語版の編集だとか、そういうのに携わっていたということですか。

はい、そうです。

——それから、今度は、七三年ないし四年ころのＰＦＬＰ、アブ・ハニと南イエメンとの関係についてお聞きします。当時の南イエメン政府というのは、どういう政党なり、傾向の政権だったんでしょうか。

一言で言えば、統一戦線政府です。

——それは、要するに、幾つかのところが集まって一つの、いわば連立政権的なものだったということですか。

はい、そうです。

——それはどういう系統のところが集まってたんですか。

一つは、アラブナショナリストムーブメント、日本語に訳せば、アラブ民族主義運動、それから、二番目がアル・バース、バース党、それから、三番目が共産党。

——共産党というのは、ソ連共産党系ということでいいですか。

ソ連派か、中国派か、ユーロ派か、どれかに分けるかといえば、ソ連派に属しますけれども、東ヨーロッパのような衛星党という感じではないです。

——それから、バース党系というか、それはどういうものですか。

有名なのは、シリアの政権、イラクの政権、どちらもバース党の政権ですが、戦後にアラブの統一、それから、社会主義、それから、自由をスローガンにした社会主義政党です。

——それから、もう一つ、アラブナショナリストムーブメント、頭文字を取ってＡＮＭ、これはどういうことをスローガンに掲げていたものでしょうか。

反植民地主義と民族主義を掲げていて、だから、政治的に言えば、共産党が一番左派、その次がバース党、その次がＡＮＭだったと思います。

——ＰＦＬＰは、この三つある組織のどこと主としてつながっていたんでしょうか。

それはＡＮＭです。ＡＮＭのベイルートで初期の運動をやってた人がジョージ・ハバシュ議長であり、ドクターアブ・ハニであって、それと友好的な関係があったのが、いわゆるエジプトのナセル主義者と言われているナセル大統領に近いアラブソーシャリストユニオン、社会主義同盟とか、そういったのがＡＮＭの親類といいますか、系統といいます。

――もともとＰＦＬＰのハバシュ議長とか、アブ・ハニとか、その辺は、その出発点はＡＮＭであったということですか。

はい、そうです。

――そうすると、そのＰＦＬＰの組織の中では、南イエメン政府の要人などとも顔がつながってたわけですか。

ええ、一部の要人とはつながっていたということになります。

――そうすると、アブ・ハニ自身も、そういう政府の要人とのパイプがあったということでしょうか。

はい。

――それから、ＰＦＬＰないしアブ・ハニとイラクの関係について、ちょっとお聞きしますが、七二年当時、イラク政府はバース党だったのでしょうか。

はい、そうです。

――ＰＦＬＰとイラクとの関係というか、つながりができるようになったのは、それはいつごろからですか。

関係が深くなるのは七二年です。すみません、イラクの政党は、七二年ということであれば、サダム・フセインの前の政権で、バクルだったと思いますけど、そのときの政権は、バース党の独裁ではなくて、バース党とイラク共産党とクルディスタン民主党、クルドで一番大きい勢力です。その三つがいわゆる連立するという形を取っていました。

――それで、ＰＦＬＰとイラク政府との関係が深まったのが七二年というふうにおっしゃったんですが、それは何が契機になったんですか。

大きな契機は、リッダ闘争と言えます。

――あなた自身、七二年の八月にバグダッドに行かれたという話でしたよね。

はい、そうです。

――その一か月ぐらいの前の七月ごろだと思うんですが、重信さんがバグダッドに来たという話は聞いてますか。

はい、聞いてます。

――重信さんは、一人でバグダッドに来たという話でしたか。アブアリ同志らと何人かで、代表団の一人という形で入ったと思います。

――そのアブアリというのは、先ほどから名前が出ている政治局の指導者という人ですね。

はい。ややこしいので、以後は副議長と言います。

――重信さんや副議長は、何のためにバグダッドに来たというふうに聞いてますか。

基本的には、リッダの戦士の指導者であった奥平剛士の未亡人であるということで、いわゆる顔ということで、イスラエルのテロの標的になる可能性があるというので、その保護を求めたところ、イラク政府が歓迎するということだったと、思います。

――そういうことで、バグダッドへ行って、ＰＦＬＰとイラク政府との関係が深まっていったということになるんですか。

はい、そうです。

――そうすると、例えば、ＰＦＬＰがバグダッドに事務所というか、住居というか、分かりませんけど、いろんなものを設けたり、例えば、イラク国内で軍事訓練をやったりするのを認めるようになったということでしょうか。

はい、そうです。重信は、その副議長の方の保護下、副議長のルートでということになってますが、私の方は、ドクターの方のルートという形になってます。それを追加しておきます。

――それは、今の話だと、ＰＦＬＰとイラク政府とのいわば公式ルートみたいな印象を受けるんですが、アブ・ハニ個人も、イラク政府なり、その政府の要人とのルートというのは作り上げていったんでしょうか。

もちろん一つの組織ですから、副議長が最初にそういう交渉をして、こういう部門が具体的にやりたいということで、ドクターのセクションが入ったと、ちょうどいい具合に、リッダの関係で日本政府から手配されてるというのが一人いるというので、じゃあ、その戦士も引き取りましょうということで、ＰＦ全体の事務所というのは議長中心なんですが、それに別にドクターの事務所を開設という形になって、それで、訓練などはドクターのところが行うと。

――ところで、前回のお話では、七三年の一月から六月ごろの間、バグダッドで外国人訓練のコーチをやってたということですよね。

私、外国人だけと言ったんでしたら、ちょっと言い漏らしです。外国人、アラブ人、もちろん、パレスチナ人も入ってます。で、やっていました。一時期、四月、五月は、ベイルートに行ったり、ヨーロッパに出たりしてましたが。

――その訓練というのは、基本的には武装訓練ということでいいですか。

武装と言うより、私らの言葉で言えば、軍事訓練。

――そのころ、あなた自身に対して、留学しないかという話がありませんでしたか。

はい、ありました。

――それは、誰からどういう話だったんですか。

一つは、訓練の視察に来たイラク軍の幹部の人が、うちの軍学校に一年間ぐらい留学してみないかというのと、あとは、もう一つ別に、ドクターの方から、他に留学する気はないかという話がありました。

――アブ・ハニが考えていた他の国というのは、どういうところだったんですか。

アルジェリアか、東ヨーロッパだったと思います。

――それも軍関係の、要するに、正規の学校への留学という趣旨ですか。

その場合は、ドクターの方のは、まずＰＦの党員になって、ＰＦの党員として留学するという話でした。

――ＰＦＬＰは、それ以前から、党員の他の国の軍関係の学校へ留学させるようなことはやっていたんですか。

はい、例えば、私が助手をしていた一人の教官は、エジプト軍でエジプトに留学してた人で、もう一人は中国に留学してた人でした。一番多いのは、東ヨーロッパとアラブ諸国への留学が一番多いみたいです。

――あなたはその話に乗ったんですか。

いや、それはちょっと答えるのは控えさせてください。

リッダ闘争への関わり

――リッダ闘争のことなんですが、奥平剛士さんから、あなた自身が作戦に参加しないかと誘われたことはありませんか。

はい、あります。

――どういうふうに言われたんですか。

私が非常に射撃の成績がよかったので、狙撃手として丸岡がいると、非常な戦力になるので参加しないかという話が最初にありました。

――それはいつごろの話ですか。

それは七二年の五月です。

――リッダのどれぐらい前ですか。

五月の上旬だったと思います。

――参加してもらいたい作戦の内容については、どの程度の説明があったんですか。

私の方から、それは生還できるのか、できないのか、私はあくまで日本に帰るという前提で来てるので、もし生還できないということであれば、それは参加できないと、生還を前提とした作戦で、結果として拘束されたり、負傷したり、死んだり、それはいいと、だけど、最初から生還できないと分かってる作戦であれば、日本を出るときの約束ではないので、それは参加できないと、一年後であれば、身辺整理を全部してきて、参加しますと。

――生還できるのか、できないのかというあなたの質問に対する剛士さんの答えはどうだったんですか。

できないと、それで、実は自決する作戦であるというふうに聞きました。

――生還の見込みはまったくない作戦だということを言われたわけですか。

はい、むしろ、自決というのが方針の一つであるというふうに言われました。

――それ以上に、具体的に、いつごろ、どこで、どういうふうにやるのかという説明はなかったですか。

それは、近いうちに訓練が始まって、その訓練の後に行うと、それはそんなに遠い時期じゃないと、近い時期であると、ただし、その内容については、参加しないから知らない方がいいということで、だから、どこで、どういう作戦をやるかというのは聞いてないです。ただ、自決が方針の一つになっている作戦であると。

――剛士さんたちは生還の見込みのない作戦に参加した、その心情というか、気持ち、考え方、それはどういうことによるものだというふうに、あなたは考えてますか。

そのときに、私は、非常に奥平同志と安田同志とも気が合っていたので、生きてほしいという立場であったので、そこまでする必要があるのかというふうに質問を返したら、彼の方から、一つは、今度のは、初めてパレスチナでアジアから来た戦士たちがパレスチナの大義に命をかけたと、自分たちの作戦では、結局、イスラエル兵であっても、結局人をあやめると、人をあやめるということは、自分たちもそれ相応の犠牲は払わないといけないと、だから、要するに自決する作戦である必要があると、で、二番目に、イスラエルの拷問というのは非常に厳しくて、観念で拷問に耐えられるというものではないと、実際にパレスチナ戦士たちが捕まれば、皆、大体自供してるし、だから、生きてぱくられるということを前提にしてはいない、結果として生き残ることがあったとしても、それを前提にはできないと、それで三番目には、連合赤軍の同志粛清があったので、彼らは非常に衝撃を受けてたので、要するに、革命家の死というのは仲間に殺される死であってはならないと、それはあくまで戦いの中で死ななければならないと、それと同時に、同志殺しがあった以上、自分たちの作戦で非戦闘員が巻き添えになる可能性もあると、その場合には、同じレベルの者としか見られないと、だから、自分たちが生き残るという道は選べないと、そういう話を受けました。

――前回の証言で、あなたは、他の公判では決死作戦は知らないと言ったけども、実は知ってましたというふうに述べておられますね。

はい。

――別の公判というのは、足立さんの公判での証言のことですね。

はい、そうです。

――足立さんの公判では、決死作戦であることは知らなかったというふうに証言したのはなぜですか。

弁護士の先生からの不意打ちだったんで、私の方は、無意識的に、リッダ闘争の作戦に具体的には関与は一切していないんですけれども、決死作戦を知っていたというふうに言えば、私自身が実際に七二年にリッダ闘争の共同正犯として指名手配を受けて、逮捕状も実際に出ていましたから、だから、つい自己防衛が働いて、そういうふうに結果として嘘を言うことになったんで、まずかったというふうに考えています。そのときは答えられないと言うべきであったというふうに思います。もう一つ、基本的には、この一一月で、もちろん私はリッダ闘争には関わってはいないんですけども、法的には時効を迎えたということもあって、はっきりさせたいと。

――実際にリッダ闘争が決死作戦として行われたんですが、その後、あなた自身に与えた影響というか、それはどういうものですか。

前回も言いましたけど、私は、日本ではそういうのをいっぱしの活動家ぶってまして、ある程度口もしゃべれるというので、それで、その当時は、そういう自慢にならないような自信というのを持ってたんですけども、実際に同志たちが決死をやると聞いたときも、別にそれほどの実感、リアリティというのはなかったんです。だけども、実際に彼らが死んだという現実に直面したときに、自分の価値観が一八〇度変わってしまったと、一八〇度変わったというのは、それまで理論とか、そういったものをある程度重視すべきだというふうに思っていたんですけども、いや、まず口ではなくて実践だと、だから、やることであると、そういうふうにがらっと変わってしまったと。だから、後に、重信に七二年の八月に会うんですけども、そのときに、あなたも文章を書いてほしいというふうに言われたんですけど、いや、もう私はやるだけですというので、そういう政治的なことはそちらでどうぞやってくださいと、赤軍派は嫌いだけども、赤軍派の路線まで否定はしていないので、そちらでどうぞやってくださいと、私はとにかく奥平同志の後に続くということを個人的な決意にしてました。

リッダ闘争の影響

――それで、リッダ闘争についてのアラブ諸国の反応がどうだったかということについて、ちょっとお聞きしたいんですが、例えば、エジプトあたりの反応というのはどんなものでしたか。

当時、ナセル大統領が亡くなって、右派のサダト大統領になってましたが、そのサダト大統領が、我々も日本人に続かなければならないというような演説をしたと思います。

——例えば、クウェートの新聞の論調なんかで、何か記憶してることはありませんか。

日本政府が、そのときの田中政権が、イスラエルに見舞金として、たしか一五〇万ドルを支払ったという報道がクウェートに流れて、クウェートの新聞がそれを批判して、要するに、日本がイスラエル側に立ったと、だから、当時はイスラエル製品のボイコットは普通でしたから、イスラエルと取引している西側の製品はボイコットするというのは、アラブ諸国が提唱してたりしてましたから、それに日本企業の製品もリストに入れてボイコットすべきだというような記事が流れてました。

——ボイコットの前提としては、当然のことながら、リッダ闘争を大きく評価していたと。

はい、そうです。

——新聞の論調なんかは、どういう言い方をしてましたか。

正当な闘いという論調だったと思います。アラブ諸国では、神聖なる武装闘争、非占領地を解放する闘いは神聖なる闘いというふうに称してましたから、エジプトなどの少し右寄りの政権、それから、クウェートなどのそういった地域でも、リッダ闘争は絶対評価という形になっていました。

——当時、リビアとか、シリア、アルジェリア、南イエメン、このあたりは反アメリカ政権だったと思うんですが、その辺のところのリッダ闘争に対する反応はどうでしたか。

もちろん強く支持するという立場でした。一つだけ、ちょっとエピソードを紹介したいんですけど、リビアで、いわゆるドバイ事件があったときに、実行者たちは一応拘束されたわけです。ところが、同じ七三年の七月に拘束されたんですが、七三年の一一月に、リビア当局は日本人に対して、日本人だけはいつでも国外に出ていいと、自由ですと、それはなぜかというと、要するにリッダ闘争の赤軍のメンバーであるから、赤軍のメンバーを拘束したり、裁判にかけることはできないと、だから、いつでもいいと、そうならなかったのは、日本人が、あくまでユニットの闘いであるから、自分だけが解放されるわけにいかないと、解放するんだったら、全員一緒にしてくれということになって、お流れになったというのがあったというのがありますし、それから、シリアでは、七八年に私どもは絵はがき、五・三〇リッダ闘争六周年の絵はがきを作って、レバノンの各派とか、パレスチナ各派の組織にばらまいたりしてたんですね。それで、一つ、シリアバース党系のパレスチナ人組織でサイカというのがありますが、そのサイカにも絵はがきを渡したんです。そしたら、そのサイカの人がシリアの党の機関誌にその絵はがきをそのまま掲載して、我々は赤軍に感謝しなければならないという論調を書いて、在ダマスカスの日本大使館がシリア側に厳重に抗議を申し入れたということがあったというふうにサイカの人から聞いたりしています。だから、そういう形の強い支持というのはあったようです。

――レバノン共産党というのがありますよね。

はい。

――これはどういう立場の組織か、簡単に言ってくれますか。

レバノン共産党も、先ほど言った、あえてソ連派、中国派か、ユーロ派かと分ければ、ソ連派に近いけれども、衛星共産党ではないと。

――レバノン共産党のリッダ闘争に対する反応はどうでしたか。

七二年の党大会への招待状が来ました。

――従来は全然関係なかったと。

はい、関係なかったです。

――そのリッダ闘争が行われたことによって、ＰＦＬＰの地位というか、それを高めたというふうには言えるんでしょうか。

それはあると思います。

――ＰＬＯの中での他の派のリッダ闘争に対する反応というのはどういうものでしたか。

かなり高い評価、賞賛に近い評価だったと思います。

――従来、ＰＬＯの中で、ＰＦＬＰというのはどの程度の評価を受けてたんですか。

一応、ファタハに続く第二勢力でしたけれども、俗な言い方で言いますと、ちょっと身勝手が多いと、そういう評価があったようです。

――全体のことを考えずに、勝手にはね回ってるみたいな印象ですか。

はい、そうです。

――例えば、具体的にはどういう事件ですか。

具体的には、アンマンの革命飛行場です。革命飛行場をやることはいいんだけども、それがきっかけで、ヨルダン政府の大弾圧につながったと、だから、一言自分たちにもあってよかったじゃないかというようなことです。

――今、言われた革命飛行場というのは、七〇年に航空機を四機か五機、ハイジャックして、砂漠で全部爆破したという事件ですね。

はい、そうです。

――他の派は、それがヨルダンの大弾圧を招いたということで、ＰＦＬＰの闘争のやり方には、ある程度、批判的だったわけですね。

はい、支持してる派もあったようですけど、批判的な派が多かったようです。

――それは、リッダ闘争によって、その批判的な空気が一変したというような感じでしょうか。

一変したというと言い過ぎかもしれないですけども、PFLPに対する再評価があったというのと、もう一つは、民主戦線とか、総司令部派なんかは、PFLPに続くという形になったと思います。

――リッダ闘争では、実際には民間人も亡くなってるんですが、作戦としてやり過ぎじゃなかったのかというのが、アラブ世界ではありませんでしたか。

アラブ世界ではなかったです。

連絡方法

――あなたは、最初、アブ・ハニの指揮下にいたということですが、アブ・ハニからあなたに連絡するのは簡単にできたんですか。

連絡してくれと言うのは簡単でした。実際に連絡が取れるというのは、ばらつきがありました。早いときもあれば、遅いときもありました。

――あなたからアブ・ハニに何か連絡しようとするときには、ある程度、時間がかかったんですか。

アブ・ハニが同じ町にいるときは、その日か次の日、で、いないときが問題で、大体、電話では一切やりませんから、人を介すと口頭か手紙なので、結局時間がかかると、だから、同じ町でも一日から三日ぐらいかかるときもありましたから、違う地域にいたりすると、一週間、二週間かかるということもありました。

――例えば、手紙にしろ、口頭にしろ、誰かが直接あなたから聞いたり、手紙を受け取って、そのまま直接アブ・ハニのところに行くんですか、それとも、途中でまた中継点みたいなのがあって、つないでいくんですか。

だから、その場所によります。直接ドクターから来ている同志の場合は、その場に帰ればすぐつながりますし、離れていると人づてになりますから。

――アブ・ハニが大体どこにいるのかというのは知ってたんですか。

知らなかったです。

――例えば、アブ・ハニが何か連絡して、それで返事をもらいたいというようなときには、まず、誰に連絡するんですか。

彼の周りには秘書役の同志たちが四、五人いまして、その中の一人が赤軍担当ということになってましたから、その同志にまず伝えると、で、その同志が、大体どこに連絡取ればアブ・ハニに伝わるかというのを把握してるので、そこから伝わるという形になって、で、その同志が忙しいと、その班の人になるので、さらに間に人が一人入ってしまうと、そういう形です。

——それから、今度は、あなたと重信さんとの連絡について、ちょっとお聞きしておきますが、あなたが重信さんに連絡しようとした場合には、すぐに伝わりましたか。

いや、すぐには伝わりませんでした。

——それはなぜですか。

それは、私はドクターのところにいるので、ドクターのところで、まず、上に上げるという言い方はしたくないんですけど、上げると、そこからさらに副議長の担当者の方に渡すと、で、副議長の担当者の方から重信の方に渡すと、その間に、それが直であったり、人が介在したりとか、そういう形になりますから、間に人が少ないときは二人、多いときは四、五人入ると。

——逆に、重信さんが、例えば、あなたに連絡しようとする場合も、同じことになるんですね。

同じパターンになります。

——例えば、電話で連絡するというのはやらなかったんですか。

電話は、当時は一切やってないです。

——それは何か理由があるんですか。

一つは、国際電話というのがまったく発達していなかったし、一つの国の中でも、都市と都市の回線がそんなに十分ではないし、公衆電話も限られていますし、それと、あとは盗聴警戒というのもあったと思います。

——例えば、重信さんが大体どの辺にいるのかというようなことは知ってたんですか。

はい、私の方は知ってました。

——それは、どの程度知ってたんですか。例えば、バグダッドにいるとか、ベイルートにいるとかという程度の認識ですか。

大体、バグダッドにいるときは、どこにいるか全部知ってました。それから、ベイルートにいるときは、大体どの地域にいるかというのは、ある程度土地鑑がありましたので、それは分かっていました。

——大体分かってたということですか。

はい、頭越しにやるわけにはいかないので。

ドバイ・ハイジャック闘争

——ドバイ日航機事件というのがありましたね。

はい。

――実行部隊は、アウトサイドワークの指揮下ということでいいですか。

そうですね。

――このドバイ作戦というのは、事前に政治局に承認を得て行われたものでしょうか。

当初、アブ・ハニは、政治局の承認を得たPFLPとしての作戦というふうに説明していましたが、いざふたが開くと、政治局には一切通していなかったということが分かりました。

――政治局は、事前には知らなかったわけですか。

はい、そのように聞いています。

――そうすると、ドバイ事件については、政治局はどういう態度を取ったんですか。

責任を否定するというのと、ハイジャック自体は、PFLPは放棄するというふうに方針にしていましたんで、だから、ハイジャック自身は認められないというので、否定するだけでなくて、非難を一つ加えるという形になってます。

――うちの組織とは無関係で、けしからんという反応ということでしょうか。

はい。

――アブ・ハニ自身は、どういうふうに結果を評価してたんですか。

結果は、敗北と評価してたと思います。

――ドバイ事件について、アラブにいた日本人の中での評価というか、その辺はどうですか。

まず、政治局の否定ということについて、ちょっと言わせてください。まず、赤軍側には、ドクターは、これはあくまでPFLPとしてのという説明をしていたので、要するに、約束が違うじゃないかと、まずドクターに対する評価はそれで、ドクターは信用できないという評価、それから、作戦自体については、政治的には目標達成と、物的には敗北という評価を日本人の中ではしました。

検察官（西谷）

――先ほど来のドバイ事件の証言ですが、これは、直接体験事実を証言しておるのか、単なる伝聞なのか、証人の意見なのか、まったく分かりません。まず、その前提を明らかにしていただいたうえで、伝聞であれば、当然、その排斥を求めたいと思いますので、まず、そこから尋問していただきたいと思います。

弁護人（虎頭）

――ドバイ事件が、PFLPから日本人が自立していこうという一つのきっかけになったという話があるんですが、あなた自身もそう は思いますか。

はい。

――どういう意味で、自立化していこうという考えが生まれてきたんでしょうか。

それは、端的に言えば、ドクターのやり方が共産主義者のやり方ではないという、その一点です。

――共産主義者のやり方ではないというのをもうちょっと分かりやすく。

まず、とにかく戦士たちを将棋の駒のように扱うと、主体性を全然与えていないと、意思一致が、そういう一人一任務の悪用というか、必要悪ではあるんだけども、それに対して、それをより組織的な意思一致を作ったものにしようとしていないと、それから、戦術が非常に経験主義的であると、このときにうまくいったから、今回もうまくいくという形で、例えばドバイ事件は、その前年にＰＦＬＰが東京発フランクフルト行きのルフトハンザ機をハイジャックして、アデン〔当時、南イエメンの首都〕に着陸させたことがあるんですけども、それとまったく同じ方法を取ったと、そういった旧態依然としたやり方、それから、対人関係は徒弟制度、そういうやり方というのは承服できないと。

裁判長

――そういう考え方は誰が抱いていたんですか。

それは、言い方としては我々。

――我々というのは、あなたと。

私を含む、当時、まだ日本赤軍というふうにはなっていなかったですけども、日本人の中でのアブ・ハニに対する評価ということになります。

ヨーロッパグループ

弁護人（虎頭）

――七〇年代の前半に、ヨーロッパに居住する日本人で、ＰＦＬＰやアラブにいる日本人とつながりのあった人たちがいますよね。

はい。

――一応、ヨーロッパグループという言い方をしますんで、その前提で答えてください。このヨーロッパグループというのは、組織と言えるものでしょうか。

組織とは言えないです。

――どういう意味で、組織と言えないんでしょうか。

一つの指揮系統があるとか、会の決まりがあるとか、そういったものはないと。

――リーダーといえる者もいないと。

いないです。

――そのヨーロッパグループといわれる人という者の最低限の共通認識というか理解というか、そういうものはあるんでしょうか。

はい、それはあると思います。

――例えば、それはどういうものですか。

それは、いわゆるアラブ赤軍と同じで、パレスチナ連帯による国際連帯、それから、武装闘争の支持、自分がする、しないは別にした、心情的な支持、それから、政治的にいえば、反帝国主義とか、そういったことになると思います。

――その具体的な活動の面でいえば、実際には例えばそういう戦士として自分も参加するという人もいれば、そんなの全然やらないという人もいたという理解でいいですか。

分けると、一つが、軍事を含めて共同したいと、赤軍を含めて共同したいと、二つが、武装闘争を自分はできないけれども、そういうのを支援できる範囲ですると、三つ目が、非合法でない、合法的な範囲において、手伝えることは手伝いますと。

――今、三つに分けて言われたんですが、ヨーロッパグループの中で多かったのは、どういう人たちが多かったんでしょうか。

二番目と三番目に述べたグループですね。自分は武装闘争には関われないけれども、できる範囲のことはしたいという人たちと、非合法活動には一切関われないけれども、合法的な範囲であれば、手伝えることは手伝いたいと。

――そうすると、組織とは言えないというお話だったんですが、考え方も、ある意味ではばらばらだったということになりますか。

そうですね。

――七四年の七月ごろに和光さんがヨーロッパに行ったというお話がありますでしょう。

はい。

――そのヨーロッパグループの状況を見てきたようですが、戻ってきて、どういうふうに言っていたか、御存じですか。

それも、後で聞いた話でもいいですよ。

聞きましたけど、ちょっとよく覚えてないけど、一つは、組織的なまとまり、統一性がまったくないというのと、あと、方針を都合で変えたりすると、そういった批判的な内容。

検察官（西谷）

――今のは伝聞ですから、異議を申し立てます。

裁判長

――明らかに聞いた話と言えば、話なんですけど、では、異議をとどめておきます。

弁護人（虎頭）

――ヨーロッパグループの人は、みんなＰＦＬＰとは、一応つながっていたんでしょうか。

全員ではないです。

――つながってない人もいると。

はい。

――例えば、ＰＦＬＰとつながった時期ですが、それはリッダ闘争の前からの人もいれば、リッダ闘争後の人もいるということでいいですか。

はい、それでよろしいです。

――ＰＦＬＰと何らかのつながりを持っている人は、アブ・ハニなり、アウトサイドワークともつながっていたんでしょうか。

そうですね。

――必ずしも、そうでもない人もいるんじゃないですか。

ええ、それはいます。だから、調査とか、そういう軍事情報活動、そういったことになれば、ドクターの方に紹介されますし、それ以外の、いわゆる政治的な支援とか、連帯とか、そういうことであれば、国際関係委員会、前回、外務関係委員会と言いましたけど、イメージとしては、国際関係委員会の方がいいので、以後そういうふうに言います。国際関係委員会はフォーリン・リレーションズ・コミッティーは、以後そういうふうに言います。国際関係委員会になるということになります。

――ある程度、軍事作戦の調査とか、そういうのまではやっていいよと言う人はアブ・ハニのアウトサイドワークとつながってるわけですよね。

はい。

――アブ・ハニの方につながってるヨーロッパグループの人は何人かいると思うんですが、それはまたお互いに知ってるんですか。

それは、ドクターの作り方というのは、すべて放射状に作るという形ですから、横の連携は、ドクターの方から紹介したりはしないです。活動上は、どうしても必要であるということであれば紹介するけども、それ以外のときは、そういう横のネットにするというふうにはしないですね。

――今の放射状とおっしゃったのは、中心にアブ・ハニがいて、ヨーロッパグループの人たちも、それぞれ直接アブ・ハニにつながる形になってると。

はい。

――で、横同士の連絡は、基本的にはできていないという理解でいいですか。

はい。

――何か必要が生じるときだけ横をつなぐと。

はい。

――そうすると、同じヨーロッパグループと言われてる人同士でも、お互いに知らないということはあり得るわけですか。

はい、あり得ます。

アシェングループ

弁護人（大谷）

――今までの証言で、要するに、証人とすると、七二年の四月以降、いわゆるアブ・ハニさんのアウトサイドワークに関与していたと、こういうふうに伺ってよろしいですか。

はい、そうです。その指揮下にあったというふうに言っていいです。

――いわゆる、その指揮下の中で日本人名を特定していただきましたけれども、その日本人の中では一番古くから指揮下にあったと、こういうふうに伺ってよろしいですか。

はい、よろしいです。

――ところで、証人自身は、確定した判決はドバイ事件とダッカ事件ですか。

と、旅券法違反の三つです。


――ドバイとダッカについては、否認なさっておられますよね。

はい。

――そういう立場であるということを踏まえて、ただし、長くアブ・ハニ配下にいる者として、いろいろアブ・ハニさんのやり方とか、作風とか、そういうことにはくわしいというふうに伺ってよろしいですか。

はい、くわしいです。

――直接に伺いますけれども、ハーグ事件には関与なさってますか。

いや、していません。

――ただ、そのやり方など、身近に見る者としての証言を以降していただくという、具体的な事実に関して伺っていきますけれども、七四年の七月下旬、あるいは、八月初旬ということですけれども、ベイルート空港で逮捕された人がいるということは知っていますか。

はい、知っていました。

――これはどこで知りましたか。

ある国で知りました。

――どういうルートで、その事実を知りましたか。

ラジオのフランス語ニュースで、フランスの海外向け短波放送か、レバノンにも放送しているモンテカルロ放送のいずれかです。

――ベイルート空港で逮捕された人はいろいろいるだろうけれども、それがニュースに流れたということですよね。

はい。

――ベイルート空港から出国しようとした人が逮捕されたということですか。

はい。

――どういう罪名とか、どういうことで逮捕されたと報道されてましたか。

爆薬をパリに向け密輸しようとしていたということでした。

――そういうことをしようとしていた人が逮捕されたというニュースを海外で聞いたと、こういうことですよね。

はい。

――その人は誰かということまで報道されていましたか。

たしか、報道されてたと思います。

――固有名詞は。

はい。

――その人自身は、あなたが知っている人でしたか。

私が知っている者の友人でした。

――あなたが知っている人の友人というか、誰か具体的なグループに属している人ですか。

はい。

――そのグループ名は言うことはできますか。

アシェングループと言われてます。

――そのアシェングループと言われてる人の友人が逮捕されたと、こういうことですか。要するに、あなたは、アシェングループはどうして知っていますか。

アシェングループには、七三年の五月以前に、アシェングループの人たちと少し関わりを持っていました。

――あなたが直接関わったことがあるからということですか。

はい。

――アシェングループというのは、どういうグループなんですか。

知ってますけど、私からあんまり話したくはないです。

――本件ではちょろちょろと出てくるんですが、あまり明解な説明をどなたもしてくださらないんで、知ってる限りで差し障りがなければと思ったんだけれども。

一応、追認するのは避けたいと思います。

――その人たちはアブ・ハニが使っていたグループですか。

使ってたというか、アブ・ハニのところと関係していたグループです。使われていたというのはあまり表現として好まないので、そういう意味です。共同してたという意味です。

――共同もしくは共闘していたグループというふうに言っていいですか。

はい。

――それはアウトサイドワークの中のメンバーもしくはアブ・ハニの指揮下にあるということでも、ちょっと違うんですか。

指揮下というより、もっと対等な姿勢を持っていたと思います。

――その事実を知ったのは七月下旬、あるいは、八月初旬ということなんですけど、具体的な時期はもう少し特定できませんか。

最初は七月の下旬、二六、七だと思ってたんですけど、この間、いろいろひねり出して、もしかしたら八月初めかもしれないです。私の頭の中では七月二六日ごろから八月の二日、その間だと思います。だから、特定は、もう昔のことなんでちょっと難しいです。

――少なくとも、七月二六日から八月の二、三日の間のことだろうと、こういうことですか。

はい、ニュースに流れたのはね。そのニュースを聞いたのは、アシェングループの者ということではないです。私の友達というのはアラブ系の友達です。彼がアシェングループの人をよく知っていたと、で、私自身もアシェングループの人はよくは比較的知っていました。ただ、そのラジオニュースを伝えたのはアシェングループの人ということではないです。そこをちょっと誤解のないように。

――アラブの人ですか。

はい。

――要するに、逮捕された人はアラブの人だということなのね。

いや、私にそのニュースを教えてくれたのがアラブの友人で、逮捕されたのがアシェングループの人であると、そういう意味です。

ベイルートからバグダッドへ

――さて、あなたはそのころ海外にいたということなんですけれども、海外からベイルートに帰ってきたということが、その時期、ありますよね。

はい。

――これはいつごろですか。

正確には、ダマスカス経由で、八月の七日から一一日ぐらいの間です。少し一日、二日、後ろにずれるかもしれないですけど。

――ダマス経由でベイルートに入ったのは、そのくらいの時期じゃないかと。

はい、実はダマスカスでバグダッド行きの航空券をすぐ買ったので、その日は金曜日ではなかったはずなので、九日を除く七日から一一日の間にダマスカスに入って、バグダッド行きの切符を購入して、その足で数時間後にベイルートに向かいました。

——ベイルートにはどこに行きましたか。

ベイルート市内のレバノン人のムスリム居住地域です。

——それは何か用があってもしくは誰かに会いたくて行ったんですか。

はい。

——誰に会いたくて行ったんですか。

ドクターグループの私の友人に会いに行こうとして。

——何か、海外から帰ってすぐ話がしたいことがあるとかいうようなことがあって行ったんですか。

はい、そうです。実は、ドクターの方から呼出しもあったので、バグダッドに来いということであったんですけれども、ダマスカスに住んでいるドクター系の友人もいたので、しょっちゅうレバノンと出入りしている友人がいるんですけど、その友人に行って聞いて、もしベイルートにいるんだったら、私は日本人の同志たちにも会いたいのでベイルートに行くと、ドクターが居たかどうか知らないかと聞いたら、いや、数日前にいたのは確かだと、だから、行くんだったら、今行ったらどうかと、送ってやるということで、それでベイルートに向かったんです。だから、会いに行くというのは、もしかしたらドクターがいるかもしれないと、ドクターがいれば、ベイルートで用件を済ませられるし、日本人の同志たちとも会えるということです。

——あなたが会いたい人は誰だったんですか。アブ・ハニさんなんですか、アブ・ハニさんの友人なんですか。

アブ・ハニのところには、知らないので直接行けませんから、その友人は、アブ・ハニグループで私を担当してた同志でしたので、そこに行けば会えると、少なくとも消息が分かるということ。

——そうすると、ドクターの友人というふうにあなたが証言した人は、日本人ではないんですね。

はい、アラブ人です。

——アラブの人に、とにかく連絡を取ってもらいたいということでということですか。

はい、だから、直接的にはその友人に会うために行ったと。

——その友人にはベイルートで会うことができましたか。

はい、会いました。

——それで、話ができたんですか。

はい、できました。

——どういうことになったんでしょうか。

ドクターはいないと、私がバグダッドに来いと言われてるんだけどと言ったら、じゃ、予定どおり行った方がいいんじゃないかと、それで、最初はドクターグループとの関係で、私の後を継いでやってるのがジハード、Yでしたから、だから、ジハードはいるかと聞いたら、ジハードはフランスに行ったんだけど、何かあったらしいと、だから、いずれにせよ、ドクターの方へ行った方がいいという話で、じゃ、とにかく日本人で、すぐ連絡できる人間がいるかと聞いたら、ある同志の名前を言ったんで、それでいいかと言うから、それで、とにかく私がバグダッドにすぐ行くと、何か用事があれば連絡をくれというメッセージだけ残して戻ったと。

——要するに、あなたは、アブ・ハニさんの連絡要員のアラブの人に会いに行こうと思って行ったわけでしょう。

はい、そうです。

——そしたら、アブ・ハニさんはバグダッドにいるよと、そしたら、また今度は、日本人にも会いたくなって、ジハードはいるかという話になったと、こういうことを言ったわけだよね。

はい、同じベイルートにいる、ついでだから、先に連絡だけを取っておこうと。

——そしたら、ジハードはいないよと、こういう話になったわけだよね。

はい。

——ジハードはいないと言われて、それで、あきらめてすぐバグダッドに行くんじゃなくて、もっと違う日本人がいないかと捜したということですか。

他に連絡つくのがいるかと聞いたら、いると言うので、私の知ってる同志だったんで、じゃ、伝えてくれと、用件だけ残して。

——そのあなたの知ってる、連絡のできる同志は誰ですか。

ちょっと言いたくはないです。軍事関係の同志ではなくて、非軍事部門の同志です。

——その人は少なくともベイにはいなくて、違う都市の名前を言ったので、じゃあ、いいということで、あなたはバグダッドに行こうということになったということですか。

まず、アブ・ハニはいなかったと、それで、ジハードはいるかと聞いたら、先ほど述べたように、いないと、とにかく日本人の同志たちに連絡を残したいので、伝達をやってくれるかと言ったら、それはできると、誰それと言ったんで、じゃ、お願いするというふうに言って、それを確認して、私はもう既にダマスカスからの予約をしてましたので、引き返したということなんです。もう一日いれば、会えたんですけど、そういう時間がなかったんで、私はとにかくメッセージだけ残して、ダマスカスに戻ったということです。だから、会ったのは、そのドクターグループの人間のアラブ人だけに会ったのは彼一人です。だから、伝言を託したと。

──具体的に聞きますけど、あなたはその日に重信さんと会いましたか。

いや、会っていないです。

──重信さんと会おうというふうにしましたか。

どこにいるか分からないので、捜していないです。

──少なくても、今あなたが言った、非軍事組織の日本人は重信さんのことではないんですか。

ではないです。

──それじゃ、その後、すぐバグダッドに行ったわけですね。

はい。

──その日のうちに行ったというふうに伺っていいですね。

明け方、ダマスカスに戻りましたから、だから、翌日ということになりますね。

──そして、アブ・ハニさんと会うことができましたか。

はい、できました。

──どこで会いましたか。

バグダッドのドクターの事務所、私も昔住んでいたところです。

──ドクターの事務所というのは、別個にアブ・ハニさんの持っている事務所があったということですか。

そうです。

──ドクターに会えて、どんな話をしましたか。

一つは、アシェングループの関係での呼出しがあったんで、それはどういうことかというのと、それと、あとはジハードが何かトラブルがあったらしいけど、どういうことだということと、それと、あとこれまでの報告、話はそれです。

──ジハードが何かトラブルがあったらしいけどという話を、そうすると、あなたは、八月の早くても七日、遅くても一一日ごろに、アブ・ハニさんとしたということですか。

だから、記憶では一一日以降ですね。

──一一日過ぎあたりにアブ・ハニと会ったのではないかと。

だから、一一日から一四日の間です。

パリ事件

──それで、何かトラブルがあったらしいということは、Ｙさんの逮捕ということまで聞きましたか。

いや、そこまで私は聞いていなかったんで、それは、いや、実はパリで逮捕されたということ〔パリ事件という〕をドクターから聞きました。

──それ以外に、今までの報告とか、それから、アシェンググループのことということも話し合う必要があるというふうに思ってたわけですか。

はい、何の用事か分からないので、それを尋ねたということです。

――Yの逮捕以外のことに関して、もう少し具体的にこういうことを話ししたというようなことで、今、言えることはありませんか。

それは、日本人の同志たちから話をまだ全然聞いていないので分からないけれども、今後の共闘のことについて話をきちんとしておきたいという話をしました。そのアシェングループの件に関して、何の用事だと聞いたら、私が彼らを知っていたので、私に連絡にフランスに行ってもらいたいということだったようです。だけども、代わりにジローが行ったから、もういいということだったです。ジローというのはT〔原文実名、以下イニシャルとする〕さんです。

――あなたが今言ったことは、ドクターからの呼出しもあって行ったと。

はい。

――その呼出しの内容が、フランスにも行ってもらいたいという内容だったんだということですか。

ドクターに中身を聞けば、そういうことだったんです。

――でも、もうその用事は要らないよということになったということですか。

はい。

――既に、もうジローという人が行ったから、その用はなくなったという話を聞いたということですか。

はい、そうです。

――それが八月の一二日過ぎではないかということね。

一二日から一四日ぐらいの間、その辺だと、思います。

――この時期、重信さんはバグダッドにいましたか。

いませんでした。

――会おうと努力しましたか。

まず、いるかどうか、ドクターに聞きました。もう一つの、いわゆる副議長系の家は、場所とか知ってるんですけど、一応、まずドクターに確認したうえで、ドクターの指揮下から外れたうえでというふうに決めてましたから、ドクターに会うまで確認するのは待ってました。で、確認したら、いないと、他の同志はいるという話だったんです。

――そうすると、あなたは、海外から帰ってきてドクターと会うまでは、日本人と会っていなかったということですか。

そうですね。

――そうすると、Yさん逮捕は、ドクターから逮捕ということを初めて聞いたというふうに伺っていいですか。

はい。

――このとき、ドクターがどういう言い方をしたかと、Y逮捕に対してドクター自身がどういう見解を持ってたとか、この先、どういう展開になるだろうというようなことは、話が出ましたか。

はい、出ました。

――どういうふうに言っていましたか。

事情はよく分からないんだけれども、フランス当局に対して紳士的に解決したいというのを申し出ると、とにかく八月末までにＹ君を安全に出すようにというのを交渉すると、そのうえで、もし出なければ、いわゆる、今、流行してる重大な結果を招くという内容の交渉をするということを聞きました。

――その紳士的なというのは、いわゆる政治的な交渉をして、釈放するようにというようなことをすると、しているということですか。

すると、たしか言ってたと思います。したと言ったかも分からないですが、そこはちょっと記憶が曖昧です。

――そうすると、現にしてるかどうか分からないけど、とにかく自分の心づもりはそういうことだというふうに聞いたということですね。

はい、そうです。

――こういうふうに釈放させるための政治的な交渉、政治交渉というのは、紳士的な運動というか、動き、これは具体的にどこがするんですか。

一つは、表のルートは弁護士、それから、政治家ですね。それから、少し裏のルートになると、武器商人とか、それから、あとは中間的には、フランス大使館の、大体、情報機関の書記官がレバノンとかいますから、フランス大使館で交渉するとか。

――そういういろんな手段があるんでしょうけど、交渉するこちら側というか、それはドクターが責任を持ってやるということなんですか。

はい。

――このことに関して、あなたは足立さんの法廷で既に証言なさってますよね。

はい。

――まず、アブ・ハニさんから、Ｙが逮捕されたので戻ってこいというふうに呼ばれて知ったというような趣旨の証言をなさってるんですけれども、大体、足立さんの法廷では、今言ったことをかいつまんで言ったということなんですか。

はい。

――アブ・ハニさんから、Ｙが逮捕されたので戻ってこいというような証言になってるんですけれども。

はい、覚えてます。

――これはどういうことなのかな。どういうふうに読んだらいいんですか。

そのときは記憶違いで、思い込んでまして、Y君が七月二六日に逮捕されたというのは何年も染みついてますから、その記憶と混同があって、証言中にアシェングループのことを思い出したんです。ただ、アシェングループのことを表に出したくなかったので、訂正するわけにいかず、それはそのまま飛ばしました。

――そうすると、必ずしも、そこのところは証言どおりではないということなのね。

はい。

――その後、話合いがつかなければ闘争を組むというふうにドクターは言っていたというような証言になってるんですけれども、これは、今あなたが言った、重大な結果を生むだろうというような趣旨をドクターは既に言っていたということですか。

はい、フランス側とはそのように交渉するというふうに言ってました。

――これは闘争を組むという表現になってるんだけれども、その後、起きてくるハーグ闘争のようなことを想定した言い方なんですか。

趣旨はそうです。

――あえて、証言に出てるので聞きますけど、そちらの方に私は割かれるというような言い方まであなたはしてるんですけど、これはどういうことですか。

それは、だから、いつ、どこで、どのようにやるというのは、一切聞いてなかったんですけど、ただ、それに付随して、声明文とか、そういった作業に忙殺されるという意味です。声明文作成に忙殺されるということです。

――闘争そのものを知っていたとか、関与するつもりだとかという趣旨ではないんですよね。

それはまったくないです。

――この辺の時期なんですけれども、バグダッドに行って直後の話というふうに伺ってよろしいですか。

そうです。

――そうすると、まず会ったのがドクターということですね。

はい。

戸平さんの合流

――じゃ、バグダッドでは日本人には会わなかったんですか。

その後、会いました。

――バグダッドで会った日本人の名前は、言うことができますか。

一部は。もう既に出ているということであれば、その同志に関しては言えます。

――どなたに会いましたか。

戸平に会ってます。

――戸平さんにあなたはバグダッドで会ったと。

はい。

――いつごろだったか、記憶はないですか。

アブ・ハニに会ってから、四、五日はたってたと思います。その前に、出てるのかどうか知らないですけど、ＹＫにも会ってます。

――その辺は、前後して会ったというふうに伺ってよろしいですか。

はい。

――本件でいろいろ問題になってる、戸平さんの組織名を知っていましたか。

はい、知っていました。

――何ていう組織名でしたか。

ケファー。

――このケファーというのは、誰がつけたか知っていますか。

戸平に直接つけたのではなくて、その名前を使ってくれというふうに言ったのは私です。

――それはどういう経緯で、そういう名前を使ってくれというふうに言ったんですか。

それは、ＶＺの者とその前年に会ったときに、人を送る場合は、暗号代わりにこの名前を使ってくれというふうにしました。最初は合い言葉とか、それから、割り符とかいうふうに考えてたんですけど、割り符だと、なくしたら終わりだし、合い言葉はややこしくなるので、とにかく、この名前を使ってくれという形で、名前を二つ渡しました。その一つがケファーだったんです。

――そうすると、前年にあなたがＶＺの人に会ったときに決めていた名前ということですか。

はい。

――あなた自身は、戸平さんは日本で知っていたんですか。

いえ、知りませんでした。

――そうすると、会って初めての人ですよね。

はい。

――だけど、ＶＺから来たということは、そのケファーの名前で分かったということですか。

はい。

――ＶＺからのそういう連絡、これは証人に直接来るわけですか。

はい、そうです。

――それは、その前年に会ったときというんだけれども、それはＶＺの人がベイもしくはバグダッドに来たときに、あなたが会ったということですか。

五月にヨーロッパで会ってます。

――その人を介して、日本からの連絡はあなたに届くということになってたわけですか。

はい。

――差し障りなければ、その五月にヨーロッパで会ったＶＺの人というのは誰ですか。

ちょっと控えさせてください。

――戸平さんの調書だったと思うんだけれども、七三年の六月ころ、日本からＶＺに訓練を受けに来た人がいるというのはあったかと思うんですけど、知りませんか。軍事訓練に参加した人がいるということは。

参加したかどうかも、ちょっと答えたくはないです。相手側の迷惑になるかと思いますんで。

――そういう人がいたかどうかはどうですか。

否定はしないです。

――証人が留守になってしまうような場合、これは、日本のＶＺからの連絡は、誰が受け取るもしくは誰が経由するんですか。

基本的にベイルートに残っている日本人の同志に、その連絡を担当する同志に引き継ぎます。

――そうすると、特定した誰かに連絡を頼むということではないんですか。

とにかく、窓口を担当する同志に連絡を引き継ぐ形になります。

――窓口を担当する同志というのはどなたでしょうか。

それは、組織的部門を担当する同志が何人かいますから、その中の一人と、ただ名前は出したくはないです。

――戸平さんとあなたが会ったのは、そうすると、七四年の八月の中旬以降ですよね。

はい。

――だから、一五日過ぎ、二〇日前ぐらいのころですか。

はい。

――そのときには、戸平さんは軍事訓練を終えていたということは知っていましたか。

本人から聞きました。

――この軍事訓練はＰＦＬＰの主催のものですよね。

はい。

――その軍事訓練を終えると、もうアブ・ハニの指揮下に入ると、アウトサイドワークの中に入るということはあるんですか。

厳密に言えば、何らかの活動に関与するときに指揮下に入るということになりますけれども、例えば、訓練を受けてるとか、あるいは、バグダッドでドクターとの事務所との連絡を取ってるとか、そういったときも、指揮に入ってるということにはなります。勝手に動いてはいけない状態ですから、そういう意味では、広い意味での指揮で。作戦とか、そういう例えば調査活動とか、具体的な活動になれば、具体的にその指揮下にあるということになると思います。だから、自動的に、訓練を受けたから、もうその指揮下とか、ＰＦの党員とか、そういうことではないです。だから、抽象的な指揮を受ける場合と、具体的な指揮を受ける場合とあります。

――例えば、そのころ、戸平さんの立場というのは、この法廷でもいろいろ微妙な発言があったんですけど、どっちなんでしょうね。アブ・ハニの指揮下に入っていたというふうに思われるのか、それとも、軍事訓練終わってるんだから、抽象的な。

基本的には、たしか、戸平は、和光か誰かに、バグダッドに行くように指示されたんじゃないですか。

――要するに、抽象的な指揮下の中にはあるけれども、具体的な指揮下には。

そういう意味ではそうですね、訓練自体は、ジハードとか、和光がやってましたから、その訓練自体はドクターの指揮下ですから、指揮下に入ってると、まだ入った状態であるというふうに言っていいと思います。

――その後、今、ちょっと証人が言ったように、戸平さんが、いわゆるハーグの予備要員ということで、ヨーロッパに向かうことになるんだけれども、戸平さんを、とにかく予備要員なのか、本要員なのか、よく分からないけど、とにかくヨーロッパに来いというふうに指名したのは誰ですか。

それは、和光がベイルートを出発する前にしていったんだと思います。

――具体的に作戦のメンバーを指名するのは和光さんなんですか。

例えば、和光がキャップというふうに決められれば、和光が指定できます。

――そうすると、一人一人全員をアブ・ハニさんが指名するんじゃなくて、キャップである者がこいつと組みたいというような形で指名するだろうと、こういうことですか。

はい、そうです。

パリの弾圧

――八月の二〇日に、Ｔさんら日本人が次々にパリで逮捕されたということがあるんですけれども、このことは、あなたはすぐ知りましたか。

逮捕された人たちが撤収してきたときに知りました。

――そうすると、撤収するまでは分からなかったと。

はい。

――逮捕されたという事実は分からなかったと。

はい。

――そうすると、撤収されて、アラブに彼らが来ることによって、その事実が分かるということなんですか。

はい、そうです。

――そうすると、誰から一番最初聞きましたか。

Tさんと日高同志が撤収してきたんですけど、どちらが先だったか、ちょっとはっきりしないですけど、どちらか二人のうち一人というのは確かです。

――あなたは、先ほど来から出してるTさんという方なんだけれども、Tさんを知っていたんですか。

名前だけは知っていました。

――会ったことはなかったんですか。

会ったことは、話をするというのはなかったですけど、見たことはあります。

――見たというのはどこで見たんですか。

バグダッドで見ています。

――見かけたという意味ですか。

見かけたということでいいと思います。

――バグダッドのどこで見かけたんですか。

ドクターの事務所で見かけました。

――それはいつごろのことですか。

それは七二年の九月ごろだと思います。

――そのときあなたが見かけた人が、あれがTさんだということは分かりましたか。

Tさんという人が来るというのを聞いていましたので、私は会わないことになっていたので、二階から顔だけ確認しました。

――なぜ会わないことになっていたんですか。

一つは、私が最初はそのころは逮捕状が出てたのか、重要参考人だったのか、分からないですけど、とにかくリッダ関係の人間ということで手配はされていましたから、そういう非合法の人間にTさんが会うと、Tさんにとって支障があるであろうということと、それと、私自身がまだそこにいるということを知らせたくなかったというのがあります。

――そうすると、Tさんはアブ・ハニさんの事務所で見かけたということなんだけれども、あくまでも、あなたとすれば、いわゆる合法の人というか、アウトサイドワークなり、軍事的な行動をする人ではないという位置づけなんですか。

はい、そうです。アウトサイドワークというのが。必ずしも非合法ということじゃないですから、そういう意味です。非公然ということはやってますから、合法の関係の人も来ますから。

――そうすると、Tさんは何のためにアブ・ハニさんの事務所に出入りしているというふうに思ったんですか。

それは、具体的には、その事務所は私が実は住んでたところなんですけど、ちょうどその時期に、重信が副議長関係で、ずっと七月から、そのときは滞在してましたから、Tさんの目的というのは、重信に会うのが目的だったんです。

――というふうにあなたは思ったんですか、それとも、聞いたんですか。

それは聞きました。

――誰からですか。

ドクターから。それで、私もいるところに重信に来てもらったんです。

――重信さんにアブ・ハニの事務所にTさんが来てるから来てもらったということですか。そこで会うようにというふうにセットしたということですか。

そうです。

――それは、Tさんが、重信さんが住んでるところに会いに行けばいいことでもないの。

その当時は、副議長関係のは知らせなかったはずです。それから、Tさん自身が、ルートとして持っていたのがドクタールートで、ドクター関係の、最初はたしか政治討議から入ったと思います。

――ドクター関係のルートをTさんが持っていたということですよね。

はい。

――そうすると、どういうふうなルート、逆に言うと、ドクターはTさんに何か具体的な仕事を頼むとか、そういうようなことはあったんですか。

あったと思います。たしか、そういう話はTさん本人から聞きました。それと、たしか、Tさん自身がベイルートで、リッダ以前に会ってますから。

――Tさんと重信さんが。

いわゆるリッダで重信が庇護下に入るでしょう。その前に、重信が普通の日本大使館にも出入りしてましたから、そういう時代に会ってる。

――会ってたはずだということですか。

はい。

――私が聞きたいのは、アブ・ハニさんはTさんとどういう関係だったのかということを聞きたいんですけども。

何らかの協力をしてもらっていたと。

――どういう協力ですか。

ちょっと聞いてますけど、あんまり話したくはないです。

――例えば、抽象的に、ドクターというのは、ヨーロッパに住んでいる人たちを調査に使うとか、何か軍事的な行動をやるための調査活動に、ヨーロッパに住んでる人たちも使うとかいうことはありましたか。

はい、ありました。

――それは、ヨーロッパに住んでる日本人も使うということもありましたか。

はい。

――そして、パリを追放された日本人がバグダッドに来ることによって、あなたはパリでの逮捕、弾圧を知ったということですよね。

はい。

――Tさんから、どういうことでパリを追放されてきたのかと、もしくは日高さんが先かどっちか分からないということでしたけども、どういうふうに聞きましたか。

大体の経過を全部聞きました。ほとんど、あらましは聞いたという意味です。

――その辺は、例えば、翻訳作戦の内容とか。

翻訳作戦については、具体的なことは聞いていないです。さらっと、とにかく拘束されたということと、それと、Yが逮捕されてるということと、Yが携行してたすべてのものが押収されてると、それから、恐らく日本大使館も出てきてるだろうという分析、そういったことを主要に聞きました。

――そうすると、翻訳作戦の中身よりも、Y逮捕に伴う具体的な被害というか、そういうようなことを聞いたということですか。

はい、緊急性のあるものから先に。

日高さんとの出会い

――あなたは、日高さんとバグダッドで話ししたこともあるということですよね。

はい。

――日高さんと会うのは初めてですか。

はい、初めてです。

――どっちから聞いたのかもしくはどっちから先に聞いたのか、分からないということですよね。

はい、両方から聞いてますから、私の頭の中では、それはセットになってますから、それをちょっと解きほぐすのは難しい。

――調書というか、記録によりますと、八月二五日に日本人がパリを追放されてるんですけれども、いつごろバグダッドに来たかということは分かりませんか。

二五日から二九日の間であることは確かです。

――何か、そういうふうに思う根拠はありますか。

二九日から三一日の間に私はベイルートに行ってますから、ベイルートに飛びましたから。

――これは、G〔原文実名、以下イニシャルとする〕さんの調書によると、Tさんは直接パリからバグダッドに来たんじゃなくて、ケルンに行って、そして、バグダッドに来たと、こういうような感じになってるんですけど、そうすると、少し二五日よりも数日遅れて入ってきたと。

と思います。そのころは庄司先生にも会ってますから。とにかく、非常にどたばたしてましたから、二七と言われれば、二七日だったような気もします。

――パリを追放された日本人以外の人たちはバグダッドに来ましたか。

私の知る範囲では来ていないです。

――日高さんもバグダッドに来ましたよね。

はい。

――日高さんとTさんは、ほとんど同時か、どっちが先にバグダッドに来たか分からないと、こういうことでしたよね。

はい、一日違い、そういう差だったと思います。

――日高さんは何でバグダッドに来たということは聞きませんでしたか。

はい、本人から聞きました。

――何で来たんですか。

とにかく、ヨーロッパが総弾圧を受けてるので、撤収してきたと。

――Tさんがパリを追放されたのは、これは分かりますよね。

はい。

――日高さんは、その前、どこにいたということでしたか。

たしか、ドイツにいたと思います。

――ドイツにいた人も、パリでの弾圧を逃れるためにバグダッドにわざわざ来るということでしたよね。

はい。

――誰かに言われて来たのかということはどうですか。

はい、言ってました。

――誰に言われたと言ってましたか。

ちょっと。

――思い出せなかったらいいですよ。

大江と言ったか。

――思い出せませんか。

はい。

――可能性として聞くだけですけど、Gさんの調書によると、和光さんに会って、和光さんから指示されて、バグダッドに来たのではないかというような記載があるんだけども、そういう可能性はその時期感じませんか、もしくは今ならどうですか。

……そうだったような気もしますけど。

――けど、はっきりはしないということですね。

ちょっと記憶、飛んでます。

庄司宏弁護士

――庄司さんに会ったということでしたよね。庄司弁護士にバグダッドで会ったんですか。

はい、会いました。

――いつごろですか。

二五日ぐらいだと思います。

――そうすると、パリ追放組がバグダッドに来る前だったように思うと。

はい、私の記憶では、どたばたする直前だったと思います。

――庄司弁護士はどこから来ましたか。

ベイルートから来ました。

――その前はどこにいたかは言ってませんでしたか。

その前はカイロ、リビア。

――から来たと。

はい。

――庄司弁護士とはどんな話をしましたか。

庄司さん自身の目的が、リビアで裁判があるということで見えたんで、まず、そのことの向こうの話とか、状況とか、それから、あとそれに関連して、機内で死亡した女性の話とか、知ってることがあったら教えてほしいとか、それから、あとは国内情勢とか、それから、あと第四次中東戦争の話、アラブ側が優勢だった原因とか、そういう話をしたら、庄司さんは非常に関心を持たれて、そういう話とかをしました。

――庄司弁護士は、ドバイ組の人の裁判のためにリビアに行っていたということですよね。

はい。

――そのことで、ドバイ組の裁判の人たちは、裁判のある前もしくはそのときなのか分かりませんけれども、会えなかったんですよね。

はい。

――その辺のリビアでの経験、どうだったのかというような話も出ましたか。どういうようなことがリビアであったのかとか、庄司さん自身の経験として、裁判に行ったのに裁判が開かれなかったとか、そんなような話は聞いたんでしょう。

はい、聞きました。

――庄司さんがリビアで、ＰＦもしくはＰＬＯの誰かに会ったという話は聞きませんでしたか。

聞きました。

――誰に会ったというふうに言っていましたか。

ＰＬＯのアブイアードさん。

――アブイアードさんというのはどういう人ですか。

ファタハでアラファト議長に次ぐ地位の人で、ナンバー２か、ナンバー３の人です。

――その人とリビアで会うことができたという話をしたということですか。

はい、そうです。

――アブイアードさんと会って、どんな話をしたとか、どういうようなことでアブイアードさんに会ったというふうに言っていましたか。

会った目的は、リビアで裁判を受けるという人たちの話。

――その辺、釈放の段取りの話とかいうようなことをアブイアードさんから聞いたということですか。

はい、そうです。

――アブイアードさんというのは、やはり、それなりにＰＬＯの高官というか、ナンバー２の人ですよね。

はい。

――庄司弁護士も、もちろん日本で高名な弁護士だけど、直接リビアに行って、すぐアブイアードさんに会いたいと、こういうふうに言っても、会える人ではないんじゃないですか。

そういう意味ではそうです。

――その辺、庄司弁護士がリビアで弁護活動もしくは釈放交渉するに当たって、誰かつないでくれてる人がいるということは聞いてませんか。

ええ、聞いてます。

――誰がその辺のパイプをやってくれたというふうに言っていましたか。

それは重信です。

――重信がその辺のパイプ役をやってるというふうに、庄司さん自身から聞いたんですか。

はい、聞きました。

――庄司さんは重信さんのことを何と呼びますか。

お姉ちゃん。

――そうすると、お姉ちゃんと会ったかどうかはどうですか。

会ったと言ってました。

――リビアで会いましたと。

はい。

――お姉ちゃんがやってくれたということを聞いたということですか。

はい。

――これは新聞報道などで確認されてることですからあれなんですけど、庄司弁護士は八月の十七、八日までリビアのトリポリにいたようなんですけれども、その後に、あなたの今言った、カイロ、ベイルートを通ってバグダッドに来たと、こういうことなんですか。

そうです。

――それ以外に、庄司さんとどんな話をしたか覚えてますか。今、あなたが言った裁判の話もそうだけど、七三年の秋、一〇月でしたか、第四次中東戦争とかの話も出たと。

はい。

――それ以外、何か思い出されるようなことがありますか。

とにかく、お姉ちゃん、待たされて退屈だと、毎日退屈だというふうにぼやいていたという話とかは聞きました。

ハーグ闘争の準備

――その後、今度は、バグダッドにパリ追放組というか、来ますよね。

はい。

――彼らは、いつぐらいまでバグダッドにいたんですか。

Tさんはそのまま残ってもらいました。それで、日高にはすぐベイルートに行ってもらいました。

――なぜベイルートに行ってもらったんですか。

一つは、ヨーロッパの具体的な情報をベイルートにいる同志たちに伝えてもらうということと、それと、彼自身は軍事の方をやらせてくれというふうに私に言ってましたから、私も行くから、そっちで待っていてくれという話をしました。軍事というのは、軍事的部門の活動という意味です。

――そうすると、先ほど、あなたがアウトサイドワークに入ってる日本人として日高さんを挙げてましたよね。

はい。

――第何番目かの人として、彼がやってくれるだろうということは、この時点で確認したと、こういうことですか。

はい、彼自身は、リッダの話とか、すごく私にうれしそうにしてましたから。

――あなた自身も、もうベイルートに行くつもりになってたんですか。

はい。

――それは、何でベイルートに行こうと思ってたんですか。

それは、ドクターから、和光らがY解放の作戦に関わるというふうに聞いてましたから、実際に始まるのがいつか分からないけれども、そのフォローの態勢を作るとか、そういうことで、とにかくベイルートに行かないと動きが取れない、バグダッドというのは、そういう意味では外れですから。

――あなたは、和光さんがドクターから何らかの使命をもらっ

朝日新聞 1974 年 9 月 14 日

赤軍派が「スズキ」釈放求め

オランダの仏大使館襲う

大使ら9人を人質 1人は釈放か

ゲリラ、国外脱出要求

「スズキ」オランダ着 仏、要求のむ

空港を動かず「スズキ」

てるということは、その時点で知ってたということですか。

はい、それはドクターから聞きましたから。

——それはいつごろのことですか。

それは先ほどの中旬の話です。

——そのときにまとめて話を聞いたんですか。何回かに分けた話じゃなくて、最初に会ったときに、もう既にそういう話になってたということですか。

はい、そうです。

——そうすると、早ければ八月一二日ごろに、ドクターの口から政治交渉をしてるかもしくはこれからするつもりなのか、そういう話ですよね。だめなら闘争を組むというような話、それから、もうそのとき既には、具体的に和光がキャップだという話も出たということですか。

基本的にはカルロスをチーフにして、それから、現場は和光をキャップにしてというふうに自分は考えてるという話を聞きました。

——それは、海外から帰った直後に、ドクターに会えたときに話が出たということなんですね。

はい。

——バグダッドでは何回かに分けてドクターに会ってるわけじゃないんですか。その一回だけですか。

二回会ってます。

——とりあえず会いたいということで、バグダッドに着いて、直後にとにかく会いましたよね。

はい。

——それから、その後、どのぐらいの時期にアブ・ハニさんに会いましたか。

かなり近い、間一日か、間二日おいて、忙しい人ですから。

——そのころに会って、その二回の間にそのような話を聞いたということですか。

はい。

ベイルートの拠点つくり

──ベイルートに行きましたね。

はい。

──あなたが八月の三〇日前後だったというふうに言ってますけれど、ベイルートに着いたのはいつごろですか。

当時の飛行機の時刻表があれば、特定できるんですけど。

──大体で。

三〇日か三一日だと思うんですけどね。飛行機だけはよく覚えてて、バグダッドからダマス行きのイラク航空だったというのは、ある事故があったんでよく覚えてるんですけど、日付は、現地の当時の新聞とかあれば分かります。

──でも、九月には入ってなかったぐらいの時期と。

はい、とにかくTさんにも会ってますし。

──バグダッドでね。

はい、バグダッドでね。だから、二八から三一の三日間のいずれかで、イラク航空がバグダッドからダマスに飛んだ曜日が分かれば、特定はできます。

──まず、ベイルートに着いて、どなたに会いましたか。

それはうちの人間というか。

──うちのというのは、アウトサイドワークをしている人たちということですか。

いや、組織的部門の活動をしてる同志たち、日本人です。

──誰に会いましたか。

足立同志とか、他数名。

──そのころ、重信さんはいましたか。

いませんでした。

──あなたは、重信さんにベイルートで、その後、会いましたよね。

はい。

──いつごろ重信さんに会ったか、記憶してますか。

二、三日か、四、五日後だと思います。

──足立さんと会って、どんな話をしたか覚えてますか。

それは、とにかく緊急性のあることということで、Y君の話、それから、ヨーロッパでの弾圧の話、そういった話をしてました。

──ヨーロッパから追放されてきた人もしくは逃げてきた人が、ベイルートにも来ていましたよね。

はい。

──誰と会いましたか。

G氏に会いました。

──Gさんは、その前に知っていましたか。

いや、知らなかったです。

――そうすると、誰かにＧさんを紹介されたんですか。

はい、日高。具体的に言いますとＰＦの同志が連絡してきて、こういう名前を名乗ってる人間がいるけど、そちらのメンバーかと、日高がちょうどいたので確認したら、ああ、あいつだ、あいつだという話で、それで連れてきてもらいました。

――日高さんは、もう既にあなたと一緒に軍事的なことをやりたいということをバグダッドで意思表示してますよね。

はい。

――日高さんは、そのころベイルートのどこにいたんですか。

場所とすれば、ハムラ通りの近く、脇というか。

――そこに日高さんは居住するということになりましたよね。

はい。

――あなた自身は、ベイルートに行ったときには、どういうところに泊まるんですか。

同じところに泊まってます。

――そうすると、日高さんとあなたが一緒に生活しようかと、こういうことになったわけですか。

はい。その前に組織的部門の活動をやってる同志が借りてたんですけど、こちらに引き渡してもらって、それで、私と日高が住んでました。

――あなたと日高さんはそこを使わせてくれという話になったと。

ええ、使わせてくれと。

――Ｇさんはヨーロッパから来て、あなたたちと合流するというか、ベイルートで生活するようなことになりましたよね。

はい。

――こういうときは、Ｇさんはどういうところにいるんですか。

とりあえず、私のいるところに泊まってもらいました。

――そうすると、九月になって、ベイルートに行った日高、証人、Ｇさん、その三人で、一つの居室で生活するようなことがあったんですか。

はい、ありました。

――それは、いつぐらいまでそういう状態だったんですか。

九月の二〇日ぐらいまでだと。

日本人グループ内の区分け

――それと、今度は、あなたが先ほどから組織部門の人と、こういうふうに言ってますけれども、その当時、いわゆる組織部門とか、そういう政治もしくは軍事というような、はっきりした区分けはされていましたか。

一応されていました。

――それは、日本人だけで区分けをしていたということですか、それとも、ＰＦＬＰの部局の違いによって区分けされていたのか、どっちでしょう。

それは、基本的に日本人の中で区別してました。最初は、それぞれ、私の活動がドクターのところで、重信らの活動が副議長のところでしたから、最初は都合よくというか、二つに分かれて、で、七三年以降、独自の活動というのを模索してたようで、私が行ったときには、きちんと分かれてました。だから、七二年、七三年当時は、ＰＦが分かれたのに対応した形で分かれてましたけど、七三年、ドバイ以降というのは、明確にこちらの意思できちんと分かれていました。

――ただ、七三年から七四年の八月、あなたが海外から帰ってくるまで、あなたは一応留守していましたよね。

ええ。

――そのころ、どういうような日本人の状態だったのかということに関しては、あまりくわしくはないのではないですか。

くわしくはないけれども、情報はまったく断絶してたわけじゃないですから、数か月に一度はきちんと聞いてましたからきちんとというかどうかはあれですけど、一応のことは聞いてました。

――そうすると、組織部門というふうにあなたが先ほどから言ってる人たち、これは、今、足立さんがそうだと、こういうふうに言いましたよね。

はい。

――それ以外にはどういう人がいるんですか。

重信、それから、ＹＫ、それから、名前は言えないですけど、数人。

――その人たちは、軍事、アウトサイドワークをする人たちとは確然と分かれていたはずだと、こういうことですか。

明確に分かれていました。

――ただ、そういうアウトサイドワークをしているあなたと、それから、重信さんと、話し合うとか、会うとかいうことはありましたよね。

はい。

――これが、自分が着いてから二、三日後もしくは三、四日後ぐらいのことだろうということでしたよね。

はい。

――足立さんとまず話をして、その後に重信さんとも会おうというふうに思ったのはどうしてですか。何か会う必要があったの。

それは、当然会う必要がありました。

――どういうことで会おうと思ったんですか。

とにかく、かなりの被害を受けてると、それと、Ｙ君の拘束による直接的な被害、それから、Ｔさんがフランス当局に、フランスの情報機関にかなり話してしまってるという形で、相当の被害が広がってるだろうと、その対策とか、きちんと取らないといけないという話をしました。

――そうすると、あくまでも被害の状況を正確に把握するために会う必要があったと、こういうことですか。

はい。

――重信さんと会うときには、あなたと二人だけですか、それとも、誰か他にいますか。

二人だけで話ししたこともあるし、足立も入っていたこともあるし、他の組織的部門の同志たちが入ってたこともあります。

――あなたとＧさんと重信さんの三人で話をしたということはありますか。

それもあります。日高も、そのときは入ってたと思います。

――日高さんも一緒にですか。

はい、私がいるところに、まったく足立とか、重信とか、出入りしないということじゃなくて、Ｇ氏と重信は知り合いですから、当然久しぶりに会ったという話で訪ねてきましたから、そういう機会があったかどうかということであれば、ありました。

――そうすると、例えば、Ｇさんに、部隊は既に動いてるとかいう話をあなたは重信さんの前でしたことはありますか。

したことあります。

――重信さんの前で、重信さんがその場にいたかどうかということなんだけども。

いや、いたかどうか、ちょっと分からないですね。というのは、他のいわゆる組織的部門の同志たちにも、ある程度事情を説明しないといけないので、要するに、Ｙが逮捕されたということ、それと、ドクターの方で態勢を取るということというのは、一応抽象的な形で話はしましたから、だから、そういう話をしたときにいたかどうか、あるいは、別々のときに話ししたかどうかというのは、そんなはっきりした記憶はないです。

――Ｙさんの逮捕の話を重信さんと話をしたときに、重信さんがあなたに対してどういうふうなことを言ったかという記憶ありますか。重信さんがどういう言い方をしてたのか。

ドクター関係のことは、自分はタッチできないから、それはとにかく私の裁量できちんとやってくださいという話でした。

政治交渉

――このころ、政治交渉をするか、しないかという話は、どうなっちゃったんですか。もう政治交渉では何とかならないのかとか、そういうことではなかったんですか。

私自身は、政治交渉、紳士協定という言い方をしてましたけども、偽札があったと、Y君が拘束されたときに偽札を所持してたはずなんで、それはドクターから聞いてましたから、偽札が絡むと、まず難しいだろうというふうに私の方は分析してましたから、そういう前提で、既にジャマル、和光が動いてましたから、そういう形で、とにかく、軍事の鉄則というのは、政治交渉が成立するか、しないかを待つんではなくて、政治交渉が成立しないということを前提にして動くというのが、イスラエルなんかのもそうだし、いわゆる軍事的な活動の万国共通の鉄則みたいなもんですね。だから、そういうのがあるから、私の方は、一方でいつやるのか分からないけども、九月になればあるだろうというふうに考えてました。それと、あとはドクター関係のベイルートの同志もいますから、そこで新たな情報がないかどうかというのを聞いてましたから、政治交渉が成立したという話は一切なかったんで、恐らくやるんだろうという前提で、私の方は考えてました。

——いつ具体的にどんなことかは知らないけれど、何らかの行動はあるだろうということですね。

はい。

——あなたは、泪橋と呼ばれてる家、居室は知っていますか。

泪橋というふうに呼んでいた家があったことは知ってます。

——泪橋と言われている家は、いつ時点にあったものなんですか。

一一月の中旬か上旬か、そこはちょっと難しいですけど、一一月に開設したところです。

——七四年の一一月ということなんですね。

はい。

——そうすると、この九月当時には、少なくとも泪橋と呼ばれている家はないということですね。

はい、私がいたハムラ通りの外れというのと、もう一つは、南側に組織的部門の同志たちがいるアパートというか、事務所がありました。それ以外は、その時点では二か所だけです。

——それ以外にまだ二か所あったということですか。その二つがあったということですか。

その二つだけ。【略】

連絡方法

弁護人（大谷）

——西川さんが九月七日、指導部からの指示でヨーロッパに移動したというふうに、彼自身が七五年の調書で言ってるんですね。

はい。

――このころ、西川さんにとって指導部というのは、誰を指すんですかね。

それは、Y、和光だと思います。

――西川さんというのは、明らかにアブ・ハニ指揮下のアウトサイドワークに入ってる人間ということだったんですね。

はい。

――そうすると、例えば、指導部からの軍事的な指令が文書で出されるということはあるんですか。

文書で出されるということは、ケース・バイ・ケースであります。

――例えば、手紙でここに動けとかいうような文書ということが送られたり、送ったりすることはあるんですか。

はい、あります。

――電話は使わないということでしたよね。

はい。

――このころの手紙のやり方なんですけれども、郵便局気付で送るやり方をやっていましたか。

ヨーロッパなど、未知の都市ではそういう方法も使ってました。あんまり証言したくはないですけど、もう解散したからいいんですけどね。

――例えば、海外からのエアメール、それもこの方法でやるということもあるわけですね。

それは、ポストレスタンテ〔郵便局留め〕と言うんですけども、大体保管期間が一週間から二週間と限られてるので、それは基本的な、要するに、待ち合わせをどこにするかとか、同日にここまで来てくれとか、そういった、そういう緊急連絡、あるいは、物を持って歩かないと、要するに、パスポートコントロールの検査とか、引っかかることもあるので、そういうのを郵便で処理するというのは、大体、そういう未知の土地ではそういうことをやりますけど。

――例えば、一つの可能性なんですけども、G調書によると、和光さんが日高さんをベイルートに呼ぶ方法をこのやり方をやったのではないかという記載があるんで、あえて聞いてるんですよ。G調書が本当かどうか知りませんけど、そこに日高さんを、翻訳作戦のころだと思うんですけれども、ベイルートに呼ぶのに、中央郵便局気付で手紙を送ったと、日高がこれを知ってヨーロッパに来たんだと、こんなような記載があるもんですから、そういうこともありますかということなんです。

ベイルートの郵便局に送って、ベイルートから呼んだということですか。

――と読めるんですけどね。

理論的には可能です。ベイルートの中央郵便局も局留めはやってましたから。

――もしくはバグダッドにもアブ・ハニさんの事務所がありますよね。

はい。

――そういう指示というのがどういうルートで西川さんにたどり着くのかなという可能性を今お聞きしたんですけれども。

それは、西川がPFの連絡先を知っていれば、ドクターの事務所には電話がありますから、それを知っていれば連絡は可能だし、伝言などが残っていれば、それは自動的に渡ります。

――あなたがこの当時ベイにいるとしても、西川さんに対する、例えば軍事的な指揮というのは、あなた自身が出すわけではないんですか。

そのときは西川と面識ないですし、それから、要するに、軍事的部門の他の同志たちの承認も得ていないので、私が無視して勝手に指揮を出すということは、その時点ではできないです。

――そうすると、重信さんが西川さんに指示を出すということはあり得ますか。

それはあり得ないです。

――それはどうしてですか。

それは、彼女らは、組織的部門の同志たちは、一切軍事的部門にはタッチしないと、そういう軍事的な行動に関することに対して一切タッチしないという、そういう当然の原則。

――になってたと。

うん、地下活動のそういう原則として守ってましたから。

――後日の話でいいんですけども、K〔原文実名、以下イニシャルとする〕さんはヨーロッパで西川さんに動けというふうに指示を出したということが、何か問題になったことがありませんか。

はい、あります。

――そういうことが問題になるということは、当時の人たちはよく分かってたということですね。

そうですね。

――それでは、もう少しその辺のことを聞きますけども、もう一度、Gさんとの話なんですけれども、Gさんの調書によりますと、もしくはこの法廷でもその趣旨は述べられたんですけども、証人から、Y奪還のため、既にコマンドが出発しているというふうに告げられたと、こういうふうに供述して、証言もしてるんですけど、これはいつごろのころですか。

それは、彼の意向とか聞いてからですから、九月になっていたと思います。

――だって、あなたがベイルートに入ったのが八月の末でしょう。だから、九月にはなってるよね。

はい。

――ハーグの始まるころから起点すると、どのくらい前ですか。

一〇日ぐらい前じゃないかなと。

ハーグ闘争

――このときに合わせて、これは、先ほど七五年の九月一五日付けのＧさんの員面によると、重信さんが、コマンドが既にヨーロッパに向かっており、西川が連絡を取れないときは、戸平を要員として充てるというふうに、丸岡さんの前で重信さんがそういう発言をしたというような調書になってるんですけれども、そういうようなことはまずありましたか。

いや、なかったと思います。

――そういうふうに戸平を要員として充てるとかいうようなことを、あなたの前で重信さんが発言するということですよ。そういうことは、あなた自身の記憶としてありますか。

ないですし、あり得ないはずです。

――あり得ないはずというのは、先ほどから言ってる、軍事的なことだからということですか。あり得ないというのは、どういうことですか。

そういうことです。とにかく、旧赤軍派、塩見〔孝也〕さんとかの。

――日本の赤軍派ね。

はい、その旧赤軍派は、政治局のメンバーは皆、共同謀議で上げられて、ほとんど壊滅状態になったという教訓があったので、とにかく後々に共同謀議にかけられるような形は一切取らないと、だから、そういう軍事作戦と非合法な行動に対しては、徹底した秘密厳守、隔離というのをやってましたから。

――そうすると、あなたとＧさんの間では、そういう話はあったかもしれないと。

はい。

――既にコマンドが動いたとか、ヨーロッパに向かってるというような話はしたかもしれないと。

うん。

――でも、重信さんを交えてもしくは重信さんがそういうような発言をしたということはないということは、旧赤軍派以来の教訓だと、こういうことですか。

そうです、だから、ドクターに聞いた話というのがあったでしょう、紳士協定うんぬんと、そういう話はしてます。ただ、具体的に、例えば西川の動きがどうのこうのとか、仮に戸平を補充に、作戦に、具体的行動に関わるようなことは、私、後々に秘密主義者とみんなから批判されるんですけど、私の性格からいって言ったとは思えないです。

――調書は、そもそもあなたが言ったというんじゃないんです。重信さんが言ったと調書はいってるんです。

だから、意味としては、重信がそこまで説明する情報を私から得ていなかったんではないかということです。だから、あり得ないはずですと。

――ハーグ事件が始まったことはどこで知りましたか。

それはラジオニュースで知りました。

――これを重信さんに伝えたことはありますか。

あります。

――重信さんに伝えに行ったのは、あなたということでいいんですか。

はい、よろしいです。

――重信さんはどこでどうしていましたか。

もう一つのアジトという言い方になるんで、ちょっと口ごもるんですけど、もう一つのアパートに、他の組織的部門の同志たちと一緒にいました。

――それは、先ほど来から出てる泪橋と言われてる場所ではないんですね。

ではないです。

――ハーグ事件の実行犯が日本人だけだということが分かったのは、いつ、どういうふうにして分かりましたか。

それはBBC放送、BBCというのはイギリス国営放送ですけど、そこで流れてるニュースで知りました。

――これは実行部隊が誰かということは、具体的には、作戦開始する前は分かってなかったんでしょう。具体的メンバーは、これとこれとこの人になったということは。

和光というのは把握してました。

――あなたもキャップが和光だろうということは分かってたかもしれないけど、それ以外の人が誰かということは分かってなかったわけですよね。それ以外、例えば、日本人グループの中で、Gさんとかが、その実行部隊は既に西川さんとか、奥平さんだというようなことは、分かっていたということはあり得ますか。

想像はできたと思います。確認はできないと思います。大体、西川が入ってるのか、戸平が入ってるのかも分からないわけですから。

――それは想像の範囲だろうということなのね。

はい。

――この人たちは、いわゆる、先ほど来から出てるアブ・ハニの指揮下にいる日本人ということですよね。

はい。

――アブ・ハニの指揮下にいる人たちは、日本人以外にも、アラブの人もいるし、他の外国の人もいるということですよね。

はい。

――この日本人だけで実行行為があったということに関して、何かあなたは違和感があったとか、そういうことはありませんか。

違和感はなかったです。

――それは、どうしてそういうことになったのかと思いましたか。

作戦の展開の仕方を分けたんだろうと。カルロスさんらも関わってるというのは、彼が中心になってやるというふうに聞いてましたから、だから、例によって、交渉と実行を分けたんだろうというふうに最初は思いました。

――もうその辺は、あなたは、アブ・ハニの従来のやり方で実行と交渉を分けたということは、日本人グループだけの実行者だということを見たときに感じたということですか。

はい、多分そうだというふうに感じました。

――あえて聞きますけども、こういう具体的な人選、要するに、実行行為者の選定に、重信さんが関与するということはありますか。

いや、それはないです。

――これは、先ほど来から出ているキャップが決めるというか、その責任者がメンバーを決めるということなんですか。

はい。

――それは、どの闘争でも、大体そういうやり方をするんですか。

そうです。

――アブ・ハニさんが全部選ぶというやり方もあるの。

アブ・ハニがよく知っている同志の場合は、アブ・ハニが声をかける、それから、あと志願者を集める、そういう方法、あとは能力的にどうしても必要だと思われる同志に声をかけるという形で選んでいきますけど、ただ、誰がどういう能力を持ってやってるかというのは、具体的に、例えば、日本人の中で、誰がどういう役割を果たせるかというのは分からないわけですから、それ自身は、例えばキャップを和光と決めれば、和光にあとは委ねるということになると思います。

――そうすると、やはり軍事的な行動というのは、軍事的な能力も含めて、分かってる人が人選しなければいけないということですよね。

はい、人選についてはそうです。

――軍事訓練を一緒にやった人間とか、そういう人たちじゃないと決められないと、こういうことですか。

例えば、和光が誰それがふさわしいとドクターに言えば、じゃ、それで信用できるかどうかという確認をしたうえで、信用できるとなれば、それでいいだろうということになって、ドクターから与えられる数少ない権限です。今述べたのは、一人一任務というふうに、作戦もすべて区分けしていくという形を述べましたけど、そういう意味で、采配できるのは数少ない、例えば、人選ぐらいであるという意味です。

二〇〇三年二月一八日
重信公判第二六回

アブ・ハニセクション

弁護人（大谷）

――ちょっと時間が空いてしまいましたので少し確認させていただきますけども、一番最初二三回公判で、重信さんが庇護されているセクションは、自分はアブ・ハニさんのセクションにいたのでまた別のセクションであるというような趣旨の証言されてるんですけど、御記憶ありますか。

はい。

――この庇護されているセクションというのは、具体的にどこのことを言うんでしょうか。

直接的にはアブアリ・ムスタファ同志のおられたとこで、だから、政治局直轄という形になるんじゃないかと思います。

――それは、二四回公判のときにも重信さんは政治局の保護下にいたというような証言があるんですけれども、それと同じ趣旨というふうに伺ってよろしいですか。

はい、同じ趣旨です。

――七四年の八月から九月当時、本件の当時ですけれども、同じく重信さんはＰＦＬＰの政治局の庇護下にあったというふうに伺ってよろしいですか。

そうですね。

――これは、政治局のというのは、後に副議長になったアブアリさんの下にいたというふうに伺ってよろしいですか。

そうですね。

――今、あえて後に副議長になったアブアリさんというふうに伺ったんですけれども、アブ・ハニさん、ドクターというふうにあなた呼んでますけれども、ドクターはＰＦＬＰの副議長兼国際作戦部長だったことはありますか。

当時、副議長職というのはなかったと思います。それから、アブ・ハニ同志はジョージ・ハバシュ議長と共にＰＦを創設した人で、だから、それなりに党内で敬意を表されてましたが、そういう副議長職にはなかったと思うし、就いていなかったと思います。で、当時は、その辺私はよく記憶してないんですが、アブマヘル同志か、それかアブアリさんかどちらかが代行職みたいな形でやってたと思います。

――その辺は先回伺ってはいるんですけれど、アブ・ハニさんは副議長であったかどうかだけちょっと今確認したかったんですけど、というのは、Yさんの長澤調書によると、アブ・ハニさんが副議長だったように書かれてる箇所もあるんですけれども、そういうことありましたか。それはなかったということで今伺っていいですね。

七四年当時は、違うと思います。

――ところで、PFLPの中では、アブ・ハニさんのアウトサイドワークをするセクションと、副議長、後に副議長でもいいですけどもアブアリさんの政治局のセクションとは明確に別れてるというふうに伺ってよろしいですね。

はい、別れています。

――そのアブ・ハニさんが軍事作戦をやるときに、いわゆる副議長の保護下にある、アブアリさんの保護下にある重信さんを使ったことはありますか。

いや、それはないです。

――軍事行動をするときには、あなたの一般的な経験でいいんですけれども、秘密の厳守というのは、これは命に関わることだというふうに伺ってよろしいですよね。

はい。

――そういったことでは、かなりPFLPの中でも、厳密に秘密の厳守を確保するための組織的な手立てというのはできあがってたんですか。

はい、できあがっていました。特にアウトサイドワークのセクションは徹底してました。他の情宣局とか、そういった公然活動をしてる部分は相当ゆるいです。

――そうすると、今度は逆に重信さんが、例えばPFLPに武器の調達や調査を政治局を使って依頼するとかいうようなことっていうのはあるでしょうかね。

それは、あり得ないです。

――あえて聞きますけど、重信さんが、アブ・ハニさんに直接軍事作戦を依頼するっていうことはありますか。

いや、それもあり得ないです。

――もうひとつ聞きますけれども重信さんが、カルロスもしくはムカルベルさんに直接武器の調達や調査を依頼するということもあり得ますか。

それはあり得ないと思います。第一、面識がなかったと思います。

カルロス・ザ・ジャッカル

――ところで、ムカルベルさんのことをついでに聞いておきますけれどもこの方はPFLPのどのセクションにいた人か御存じですか。

アウトサイドワークにいました。

——ということは、アブ・ハニさんの部下ということでよろしいんでしょうか。

部下ですね

——一部には、ＰＦＬＰのヨーロッパ責任者ではなかったのかということもあるんですが、それはどうですか。

ＰＦＬＰのヨーロッパの責任者ではなかったと思います。単にドクターが信頼している、ヨーロッパ担当のアウトサイドワークのセクションの者だったと思います。

——七三年の五月に、ＰＦＬＰのヨーロッパ責任者バーセル・クバイシーさんが暗殺されましたよね。

はい。

——これはパリで暗殺されたというふうに伺ってるんですけど、御存じですか。

存じております。

——その彼の後任ということではないんですか。

それではないと思います。バーセルさんは個人としては完全に合法的にフランスに滞在していた人で、要するに政治的にＰＦＬＰを代表しつつ、ドクターとも関係があったという位置の人です。ちょっとついでになりますけど、ＶＺ58に私が人を送ってきたときの合言葉として名前を二つ渡しましたが、そのうちの一つがバーセル・クバイシーから取ったバーセルです。前回言ってなかったようなんで。

——要するに、バーセルさんというのは、政治的なところもやってて、いわゆる表の仕事もしていた人だけれども、ムカルベルさんというのは、完全に地下活動をしていた人だということですね。

そうなります。

——ついでに聞きますが、カルロスさんもアブ・ハニさんが使っていた人ですか。

そうです。

——あなたは、カルロスさんを知っていますか。

知っています。

——カルロスとムカルベルの関係は、御存じですか。

ムカルベルさんが上司です。

——軍事的な指揮系列から言うと、アブ・ハニさんがムカルベルを使い、ムカルベルさんがカルロスを使いとこういうような感じだっていうことですか。

はい、縦系列で言えばそうなります。

——ムカルベルさんは、カルロスさんに殺されたんですよね。

はい。

——それは、七五年というふうに伺ってるんですけれども、その殺された理由は知っていますか。

知っています。

――その点は、本法廷でもＹ証人が一部述べてくれたんですけど、どういう理由で殺されたんですか。

ムカルベル氏がパリで確か空港で拘束されたんだと思いますが、拘束された後、ＤＳＴ、ＤＳＴというのはフランスの領土保全局と言ってアメリカのＦＢＩとＣＩＡとを折衷したような機関ですが、要するに情報機関、そこの情報機関員を二人連れてカルロスのアパートまで連れてきたんです。それで、カルロスが、要するにスパイだというのでそのＤＳＴの情報員二人とムカルベル氏の三人を射殺して逃走したと。

――ムカルベルはスパイだったというふうなことで。

と、カルロス氏は判断したと。

――このことに関して、アブ・ハニさんは何か言ってたことを記憶してますか。

記憶してます。

――どういうふうに言ってましたか。

要するに、カルロス氏がやり過ぎだと、ムカルベル氏がスパイであるはずはないと、だから、たまたま捕まって、尋問に負けて行っただけなんだから殺すこともないだろうと、ただＤＳＴの係員を負傷させて逃げ出せばよかったんじゃないかというふうに、非常に残念がっていました。

――あなたは、カルロスさんとは会ったことありますか。

あります。

――いつごろ会いましたか。

七五年の五月か六月です。ちょうどその事件があって、彼がいったん英国に脱出して、それから中東方面に脱出してきたんですけど、偶然空港で出会わせて、なぜ分かったかと言うと、私を迎えに来てたＰＦの人も私だけじゃなくて彼をも迎えに来てて、ああカルロスだというのが分かったと。

――ムカルベルさんとは、会ったことありますか。

一度会ってたはずです。ただ、私の担当者ではなかったんで顔は覚えてないです。それと、名前も組織名を名乗ってたと思います。ミシェル・ムカルベルというのは事件の後出た名前だったと思います。

――先回、アブ・ハニから、カルロスをチーフに、和光を現場のキャップに就けるというふうに聞いたというふうに証言されましたね。

はい。

――これは、和光さんがカルロスの指揮下に入ると、こういう意味ですよね。

そういう意味です。

――例によって交渉と実行を分けたなと思ったっていうふうなことを証言されてるんですけど、例によってというのにちょっとこだわるんですけれども、それはアブ・ハニさんのやり方という意味ですか。

そうです。

——具体的に、こういうふうに交渉と実行、占拠するなり実行する部隊を分けた作戦で、あなたが知ってるものはありますか。

あります。

——どういう作戦ですか。

一つは、七二年の一月か二月にあった、東京が始発のルフトハンザ南回り線がハイジャックされてアデン空港に着陸した事件があったんですが、そのときのやり方、それから、いわゆるドバイ事件のやり方と同じなんだろうというふうに理解しました。

——それは、もうアブ・ハニさんのやり方ということで、踏襲されてるやり方ということなんですかね。

はい。

アブ・ハニの決意

——何か、それは作戦の講習というか、こういうふうにやるものだというような講義の課題にもなってるということはありますか。

はい。

——そのとき、一二日以降ということでしたから七四年の八月の中旬ころですよね。アブ・ハニさんからは、証人はどうしていろというふうに言われたんですか。

要するに、ニザール〔丸岡さんのアラブ名〕、おまえは今までいろいろ大変だったんだから、とにかく休んでおけ、休暇だと思って休んでくれと、それと、Y、当時ジハードと呼んでましたが、ジハードの件は自分たちの問題でもあるし、自分の責任において彼のことはやるので、おまえはもう長期休暇だと思って自由にやってくれという内容でした。

——とにかく休暇だと、任務を与えないということだったということですね。

はい。

——それから、ついでに聞きますけど、先回、この間の私の報告もしたと、この間というのは久しぶりにアブ・ハニさんに会って私の報告もしたというような証言があるんですけれども、その報告はどんな内容ですか。

それは、ちょっと言えないです。

——もう一つ、これからの共闘のあり方なんですけど、あなたの証言ですと、今後の共闘についても話をきちんとしておきたいとアブ・ハニさんに申し入れたということだったんですけれども、このとき、具体的な共闘のあり方については話はしたんですか。

いや、とにかく彼の方はY君の件を全力投入するということでしたんで、とにかくY君の件が終われば、今後の共同の在り方をきちんと話し合いたいというふうに私の方から提起しました。

――そうすると、内容に関しては入らないと。

内容については入っていないです。で、それについてドクターが言ってたのは、政治討議は政治局の方とマリアン〔重信さんのアラブ名〕の方がやることになっていると、だから、自分とニザールとの間では、軍事共同についてじゃあそのときに協議しましょうということでした。

――あなたは、そのときにはまだベイルートにいる日本人にも会えないで、アブ・ハニさんと会ったということでしたよね。

そうです。

――先回、ベイルートでアブ・ハニさんと会えるかなと思って立ち寄ったときに、アラブ人が組織的部門の人の名前を挙げて、そいつならいるよと言ったというような証言なさいましたよね。

はい。

――その人の名前は言えないということだったんだけど、どうして言えないんでしょうかね。今でもまだその人の名前は教えていただけませんか。

それはできないです。

――それは、なぜその人の名前は言えないんですか。

日本赤軍は既に解散していますけども解散する以前から日本赤軍を離れて、現在は国内で社会生活を営んでいるので、要するにここで名前を出すわけにはいかないということです。

――そうすると、この間、いわゆる事件関係者として名前が挙がってる人以外の名前だということですね。

そうです。

――ちなみに、あなたに伝えたっていうアラブ人の名前は言えますか。

それは言えます。

――どなたですか。

アブダルダ。

――この人は、いわゆるアブ・ハニの配下なんですか。

そうです。

――アウトサイドワークをしている人ですか。

はい。七二年以降、私をずっと担当してた人です。

――そのときにも、あなたはアブダルダさんに、バグダッドに行くから何か用があれば連絡くれというふうに伝えてくれということを言い残して行ったというふうに先回証言されましたよね。

はい。

——ということは、まだベイルートにいる日本人の人たちは、あなたが海外から戻ってきたっていうことも知らなかったんですか。

はい、私のメッセージを受けるまでは知らなかったはずです。

アブ・ハニの信条

——ところで、アブ・ハニさんというのは部下思いの方ですか。

部下思いです。

——Yさんは、この法廷では、コマンドは沢山いるから使い捨てるようなこともあるんだというような趣旨の証言もなさったんだけど、それはどうですか。

まあ非常に誤解を受けやすい人なんですけど、そういう意味でY君の誤解がかなり入ってると思います。

——アブ・ハニさんは部下を必ず奪還しようとするかどうかに関しては、どうですか。

要するに彼が信条にしてるのは、とにかく敵に拘束された者は必ず解放させるというのを信条にしていました。

——アブ・ハニさんの作戦で、いわゆる拘束されたコマンド、同志を奪還する作戦は他に御存じですか。

存じております。

——ライラ・ハリッド〔パレスチナのハイファ出身。七〇年代は「ハイジャックの女王」と称される。現在、パレスチナ民族評議会議員〕さんの奪還もありましたよね。

はい。

——これは一九七〇年だったと思うんですけれども、これもアブ・ハニさんの作戦ですか。

そうです。そのときは、確かスイス国内でエルアル航空機を滑走路上で襲撃した戦士たちも二人ほどスイスに拘束されていましたが、その戦士たちもこのとき同時に解放されてます。

——アブ・ハニさんは、いわゆるリッダ闘争で、奥平剛士さんたちが自決というか、自ら死を方針として選ぶということがあったようなんだけど、その方針を止めたと、奪還するから待ってろというようなことがあったんではないですか。

ありました。

——それは、誰から聞きましたか。

ドクター本人から聞きました。

——どんなふうに言ってたか聞いてますか。

ドクターは、バーシム、奥平剛士を非常に気に入ってたというより、変な意味ではなくてかなり好いていたと。

——大事にしてたのね。

はい。非常に大事にして、とにかく安田も含めて命を失わさせたくは絶対なかったんだと、だから、とにかく時間がどんなに掛かろうとも解放するから、イスラエルの獄中で待ってくれというふうに言ったんだけども、彼らの意志が堅くて思い止めることはできなかったと。

――剛士さんも大分大事にされたんでしょうけど、アブ・ハニさんはジハードさんＹさんも大事にしてたんじゃないですかね。それは聞いたことありませんか。

はい、大事にしていました。なお、バーシムのことでどうしても言っておきたいことがあるんですけど、そのときに、ドクターはバーシムとサラハ〔安田安之さんのアラブ名〕の遺族に年金を払いたいと、要するに、彼は彼の作戦で亡くなった同志とかには必ず遺族に対して何らかの年金に相当するものを出してたんです。で、それと同じように彼ら二人の家族にも出したいと、まあ岡本君は生きてるから、とにかくその二人の家族に出したいと、で、それに対して私の方は、いや、日本では生活水準も高いし、むしろＰＦＬＰが家族にそういうお金を出すと逆に家族に迷惑になるから、それは辞退しますというふうに断ったことがあります。だから、そういう意味では非常にそういう死んだ者とかに対してはそういう思い入れの強い人で、もちろん拘束された者に対してもそういう思いは非常に強かった人です。

――要するに、大事にすると、コマンドの使い捨てかなっていう感じの人とＹ証言ではあったんだけど、そんなことはないと。

それは、一つは、向こうでは前にも証言しましたように拷問とかは日本で想像を絶するものがあって、要するに、拘束されれば自供するというのを前提にすべて動いてるわけです。だから、自供したからといって特に批判されることもないわけです。そういった状況にあるので、戦士一人一任務の徹底というのは、そういう意味では非常にやむを得ない側面があったといえます。それからもう一つは、ドクターはキリスト教徒ですけどもイスラムの風土がありまして、要するに、向こうでは殉死することは神の祝福を受けることであると、だから天国への早道というふうに多くの人は信じてるので、そういう風土があるので、犠牲ということに対して躊躇しない人が多いと、で、そういう中であって、人に犠牲を強いるということ自身は、送る側にとってもそういう意味では非常な覚悟を要求するわけです。で、そういった覚悟性を持ってた人であると、で、私はそういうのは非常に評価はしてました。前回悪口ばっかし述べたんで、ちょっと評価しておきたいと思います。そういう意味では、日本の政治家のように自分たちはまったく責任を取らない地位にいながら、兵士を戦場に派遣しようというのとはまったく違います。

――Ｙ君の件で私が聞きたかったのは、アブ・ハニさんはＹ

君を大事にしていたかどうかという結論なんだけど、それは大事にしていたということだよね。

それは、非常に大事にしていました。七四年の八月以降の話ですけど、一一月ぐらいだったかと思いますけど、一度私が、私がいないとき代わりにドクターと話するのが誰がいいかと言えば、躊躇なくジハードにしてくれと、彼と自分は気が合ってんだと、そういう言い方をしてました。

――そういうふうに、アブ・ハニさんから直接聞いたの。

はい、気が合ってるというような言い方してました。

二次作戦の検討

――本件〔ハーグ事件〕の関係ですけれども、二次作戦についてちょっと伺っておきますけれども、二次作戦をやろうという話を、あなたはその当時Gさんとしたことありますか。

やろうという話をしたことはないです。検討してみようという話はしたことあります。

――これは、誰とそういう話をしましたか。

直接的には日高としました。

――日高さんというのは、もういわゆるアウトサイドワークというか、軍事的活動をするということを意思表示していた人ですか。

はい。

――Gさんは、どうですか。

私の方は、Gさんはあくまでヨーロッパグループの人と、だからヨーロッパ総括も終わってというふうに考えてたんですけど、日高が、いや、彼はやる気あるから誘ったらどうかというふうに言って、じゃあ誘ってみようかと声掛けたら、ぜひ仲間に入れてくれという。

――それは、先回ちょろっと、意思を確認したのでというようなことを証言なさってるんだけど、そのことですか。

そういうことです。

――要するに、Gさんに軍事的行動をする気があるかどうかということを確認したら、いいよということだったということですか。

はい。

――それはやろうというか、その二次作戦の検討なんですけれども、その検討のメンバーには足立さんは入ってましたか。

いや、入ってないです。

――重信さんは、そのメンバーにいましたか。

いや、もちろん入ってないです。

――そうすると、あくまでも意思表示していた日高さん、新しく意思表示したGさんと三人の間で検討を始めたということですか。

はい。

――どうなんですか、本気で準備をしていたんですか。

いや、そういうふうに聞かれれば、言ってしまえば机上の演習で、本気ということは、あえて言えば三分の一程度じゃないですか。どちらかというと、中心は机上の演習、こういったときに、要するに自分たちのシミュレーションの訓練になるということで始めましたし、それで、最初はＹ君を解放する作戦がどこでどういうふうにいつあるのか分からないわけですから、実際には立てようもないわけですから。だから、実際に起こって始まってから、今後の展開を予想しながら、じゃあ自分たちが、やるやらないは別にしてどういうことが可能だろうかというのを検討したということで、実際にできるとは思ってはいなかったです。

――実際、実現、実行するためには、武器をどうするかとか、そういうような手配をしなくちゃいけませんよね。

そうです。

――そこにまで、まだ至ってるような話ではないということですよね。

実際に、仮定で考えれば、要するに日本人がハーグでそういう作戦をやってると、じゃあそういった同じ時期にヨーロッパに同じ日本人が姿を現せるかと言ったら、現すことはできないわけです。そういった現すこともできないのに、じゃあ武器を自分たちで運ぶかといったこともできないと、それから、人数から言って、例えば三人でできるはずはないわけですね。

――そうすると、シミュレーション、机上の空論と言っちゃあ失礼かもしれませんけど、やってみていたということですかね。実行の可能性はあったんですか。

だから、実際に実行の可能性があったかと聞かれれば、先ほど申し上げましたように、条件的には、具体的に見ればほとんど不可能なわけですから。

――Ｇさんの調書によると、攻撃目標の候補地としてはギリシャかトルコのフランス大使館というふうになってるんですけれども、そういう話はありましたか。

フランス大使館という話は、いわゆるハーグ組がやるとしたらフランス大使館かもしれないという話はしたことがあります。

――ハーグが始まる前にね。

前に。で、いわゆる二次作戦でフランス大使館という話はしたことはないです。論理的にも、現実にフランス大使館やってるときに、そのフランス大使館占拠しても屋上屋を建てることにしかならないわけですから、論理的にも成立しないし。

――トルコという国名を挙げてるんですけど、これはどうですか。

トルコは絶対あり得ないですね。

――それは、どうしてですか。

トルコは当時軍事政権でしたし、ギリシャも軍事政権だったような気もしますけど、トルコはヨーロッパだと主張していますけどアジアだと思うんですけど、いわゆるヨーロッパとは要するに人命の価値がはっきりと違うわけです。で、トルコは人の命が非常に安いと、安いということは戦士たちの命も安いんであるし、仮に外交官を人質に取ったとしても、その外交官自身の命も安いと、だから、そういった地域で実行するということはあり得ないです。

――そうすると、あなたが、そういう国名を出すということはあり得ないということですね。

はい、あり得ないです。

――Gさんの調書では、そんなようになっちゃってるんですけれども、これはGさんの勘違いですかね。

というより、部分的に供述してしまったことを組み立てられてしまったということだと思います。

――そういう二次作戦を、重信さんがPFLPと話し合ってやめると、話し合った結果もうやめようというようになったということはありますか。

それはないです。

ハーグ闘争の現実

――実際のハーグのことに関してもう少し聞きますけども、アデンに一度着陸しましたね。

はい。

――あなたは、アデンに着陸したことについてどう思いましたか。

まあ妥当な線だろうというのと、もう一つは、カルロスの、当時カルロスという名前は知らなかったですけど、話が簡単なんでカルロスというふうに言いますけど、要するにカルロスの方の方針なんだろうというふうに理解したと。

――妥当だというふうに思ったということですね。

はい。

――妥当だと思ったというのは、どうしてですか。なぜアデンが妥当な選択だと思ったんですか。

受け入れる可能性はあるだろうというふうに。

――それは、先回相弁護人の方に答えた理由ということでよろしいですね。

よろしいです。

――そういう投降地は、作戦開始前に部隊に一応指示されているものなんですか。

大体は指示されていると思います。

――そういう実行部隊に、とにかくとりあえずそこへ行けと、こういうような指示はあるだろうと。

はい。

――それでは、投降地というか、受入国には作戦開始前に了承は取り付けるものですか。

それはあり得ないと思います。

――それは、やはり秘密の厳守という意味からあり得ないっていうことですか。

というのもありますし、要するに、国としては国家という体面があるわけですから、事前にそういった交渉を、ＰＦＬＰといえども組織とそういった約束事をするということは、国家にとっては体面上、外交的な関係からいって命取りなわけだから、そういうことはすることはあり得ないです。それからまた、秘密の保持という点からもあり得ないと。

――もう一つ、今あなたが言った理由で、アデンに行けとカルロスが指示しただろうというふうに思ったということですよね。

はい。

――それは、なぜカルロスがそういうような指示をしたというふうに思ったんですか。

それは、ドクターが私に語っていたのは、カルロスが指揮を執るというふうに言ってたんで、そうなんだろうと。

――ところが、アデンはすぐ離陸しましたよね。

はい。

――これは、あなたとすると意外な展開だったんですか。

まあ、少し意外でしたね。

――すぐ飛び立ってしまったことで、事前に南イエメンと話合いが付いていないというふうに思いましたか。事前に話合いを付けるものではないという証言でしたけれども。

まあ、基本的にはきちんと作戦自体が計画されてたものであれば、作戦が始まってから、ドクターがもし来たら受け入れてやってくれというような交渉をするのが普通ですから、だから、時間的に間に合わなかったのかもしれないというような印象を受けました。

――そういう投降地が決まらない場合には、ドクター、いわゆるアウトサイドワークの方の責任を持って探すんですか。具体的に言うと、ＰＦＬＰの政治局が関与するっていうことはないんですか。

現実に投降地が決まらなくて、飛行機がうろうろするということになれば、ＰＦＬＰが交渉しても時間的にはどうしようもないわけですから、それは傍観してるということになると思います。

――そうすると、やはりドクターが交渉するか、何らかの動きを出すということなんですか。

恐らく再受け入れしてくれとか、もう一度来たら今度は人道上の理由で受け入れてくれとか、そういった交渉はしてたとは言ってました。

――このハーグは、先回相弁護人が聞いた、事前に政治局の承認を得る作戦なのか、承認を得ない作戦なのかとか、いろいろ場合分けがありましたね。

はい。

――元々ハーグ作戦というのは、これはＰＦＬＰの政治局が承認した作戦だったのかどうかに関しては、あなたはどう思ってましたか。

事後承認みたいだったみたいです。

――事前承認があったかどうかは分からないけど、事後には承認されたと。

はい。というのは、ＰＦＬＰとしてはハーグ闘争は評価するという立場でいましたから。だから、作戦の内容見て、いや、これは関係ないというのと、これは評価するというふうに使い分けてたと思います。

――アブ・ハニさんは、受入国がなかなか決まらないことについて何か言っていませんでしたか。

いや、それは聞いてないです。アデンでできなかったことについては聞いたことありますけど、受入国を探してたうんぬんは、聞いたことはないです。

――何かアデンで攻撃されたというか、発砲まで受けたというようなことがあったようなんですけど、そのことはその事件の当時知っていましたか。

いや、知りませんでした。

――和光さんが帰ってくるまで、ハーグのいわゆる実行部隊が帰ってくるまで、そういう発砲されてまで拒絶されたっていうことは知らなかったと。

はい。

――これも確認的に聞いておきますけれども、重信さんが、作戦開始前に、その投降予定地とされた南イエメン政府に依頼するというようなことはあり得ますか。

それはあり得ないです。ドクターでさえあり得ないわけですから、当然、重信からということはまったくあり得ない話です。

――実行部隊が、重信さんに何かその投降地のことに関して期待すると、ああいうことやってもらいたかったってようなことはあり得ますか。

いや、それはないと思います。

――最終的に、部隊がダマスに着陸しますよね。

はい。

――これも、妥当だとの判断でしょうかね。

はい。

――当時、ＰＦＬＰとシリアの関係は、どういう関係でしたか。

良くもなければ悪くもないという関係だったと思います。路線的にはシリア政府もそれからシリア系のパレスチナ組織もミニパレスチナ案支持という立場で、ＰＦＬＰはミニパレスチナ案断固反対という立場で、その点は対立してましたが、要するにＰＦの党員がシリア国内で拘束されるとかそういう関係ではなかったと。ただ、良くはなかったという関係です。

――こういうふうに一応受入れがあった後、シリアに対して、安全帰還要請っていうか早く戻せっていうようなことをＰＦＬＰは要請するんですか。

こちらが、我々がＰＦＬＰの国際関係委員会に相談したときに、その委員会の代表が、それはもう僕に全部任せなさいと、僕が全面的に交渉しますというふうに引き受けてくれて、で、そこを窓口にして交渉が始まったんです。

――そうすると、投降しちゃった後、いつどういう形で返してくれるのかというのは、国際関係委員会が窓口になるということですね。

そのときは、そうです。

――もう、いわゆるアウトサイドワーク、アブ・ハニさんの手から離れて、公的なっていうか政治的な関係の中で、返してもらったり、いつどうするのかというような交渉になるというふうに伺っていいですか。

はい。要は、アデンに拒否されてシリアに行って、シリアで着陸したという段階で、国際関係委員会が、同志的に自分たちが積極的に協力しようということだったです。

――作戦終了後のことなんですけれども、日本人の間でっていうふうにくくって言ってしまいますけど、一番問題になったことは何ですか。

問題になったことは、とにかくカルロスのやり方、当時は和光はスペシャリストという言い方してましたけど、とにかくスペシャリストのやり方がむちゃくちゃであると、そういう点で言ってました。

――何が、むちゃくちゃだったんですか。

一つは、要するに作戦の指揮をすべて握ろうとしてて、交渉まで自分たちがやるんだと、日本人はただ占拠すればいいと、それで、外からの指令で終われば飛び立てばいいと、撤退すればいいんだと、そういうやり方で、一切主体的な判断とかいう余地を一切与えられなかったと、それと、あとは武器の確保、各人に拳銃一丁ずつ、手榴弾一個ずつというような約束だったのに、それもネグられた、無視されたという、そういった点を強く批判してました。

――そういう作戦に関わる内容は、和光さんたちというかハーグの人たちが帰ってきてから分かったことですよね。そうです。

——武器をネグられたっておっしゃったけど、武器をネグった人は誰なんですか。

それは、スペシャリストって言ってた。

——カルロスがネグったっていうふうだったんですか。

はい、ムカルベル氏かどちらかだと思います。

翻訳作戦の失敗

——九月、ハーグの前後を通じてでいいですけれども、いわゆる翻訳の自供で、ヨーロッパの人たちに迷惑を掛けたということはありましたか。

ありました。

——どの程度の被害を与えたかと。

まあ、相当壊滅的な被害を与えたと。

——もう少し具体的に、どういう被害を与えたかっていうことを覚えていますか。

一つは、フランスに政治亡命を認められて、フランスで事業としての画廊を閉鎖せざるを得なくなったというので、フランスで築いてた経済的基盤すべてを放棄するということになった組織もあれば、もう一つは、第二次世界大戦当時フランス国内で対ナチスのレジスタンスをやっていた組織があるんですけど、そこの中心的な人も名前が出てしまって、その人はフランス国籍を持っていたのかどうかそこは忘れましたけど国外に出されて、その人はイタリアに政治亡命してたわけです。それで、数年後に、その人は他にもアラブのパレスチナ組織とかそういった支援もしていたということで、イスラエルのモサドに暗殺されてます。だから、結局国外に出ざるを得なくなった状況を作ったというのが、まあ我々であり、Tさんの自供であったと。

——そういう事態になってるということは、もう七四年の八月の二五日過ぎ、ヨーロッパから撤退してきた人たちから聞いて分かるところでしたよね。

はい。

——もう一つ、その翻訳作戦に関しては、あなたは誰かから聞いてますか。

聞いてます。

——誰から聞きましたか。

Tさん、日高に、最初にバグダッドで聞きました。

——この翻訳作戦というのは、Tさん、日高さんからどの程度の話を聞いたか分かりませんけど、実現可能なことというふうに思いましたか。

バグダッドで聞いたときは、その被害の方の問題の方が大きかったんであらまししか聞いてなくて、ベイルートに移動してから、重信らから具体的なことは聞きました。

——この翻訳作戦に重信さんがどのような関わり方をしたかっていうことは、聞きましたか。

聞きました。

——どんなふうに言ってましたか。

翻訳については、自立の基盤を作るために必要だということで始めたのだけども、その軍人たちの一部で仲が悪かったりしてうまく事が運ばないということもあって、積極的に動いたみたいです。

——これは、重信さんの手紙がＹさん逮捕で押収されたということもパリの逮捕の一端にもなってると思うんですけど、その辺は、重信さんと話ししたときは出ませんでしたか。

出ました。

——重信さんの手紙とか、重信さんだけじゃないけども、それから、Ｔさんが逮捕された後自供したとかいうようなことで、大分ヨーロッパに迷惑を掛けたと、こういうことでもあったわけですよね。

そうです。

——どうも重信さんとＴさんがかなり迷惑を掛けたように思うんだけども、その辺は、あなたとすればその当時どんなふうに感じてましたか。

むちゃくちゃやなあと。私自身は関わっていなかったということで、非常に第三者的だったなあということでその後反省することになるんですけど、そのころはもう第三者的に聞いてたんで、むちゃくちゃやなあということでした。

——軍事に不慣れな人が口を出したからというような印象を持ちませんでしたか。

一つは、七二年のときに、バーシムから私が引き継ぐときに、くれぐれも重信は軍事に口出しをさせないようにしてくれと、で、とにかく区分、要するに軍事と非軍事の区分というのはきちんとしろというふうに言われていましたし、だから、彼女にも会ったときにはくれぐれも関わらないようにというふうに言ってたけども、例えば私がいなかった、それからＹ君と誰それが仲が悪かった、そういう条件があって、何とかしなければいけないというふうに思ったんです。それから、Ｔさんも非常に頑張ってもうやる気十分で、Ｔさんはベトナム解放民族戦線の支援とか、それからモロ解放戦線〔フィリピンのイスラム教徒反政府武装勢力〕の支援とか、そういった東南アジアの解放組織の支援に特に力を入れてたので、要するに、自分たちが経済基盤を作れば東南アジアの運動の支えにもなると、海賊放送局とかいう話もしてましたから、だから、そういったところで二人が非常に張り切ってたようです。

――だけど、結局押収物と自供という結果だったわけだけど、その辺のことに関して、あなたとして、あなたは軍事をずっとやってきた人だということだからあえて聞くけど、めちゃくちゃだなというような表現なさいましたけど。

まあ、私がやればもっとむちゃくちゃだったかもしれないですけど。

――要するに、総括する必要があるという話になったんでしょうかね。

はい。それと、あといろんなヨーロッパのグループとの矛盾とか、自分たちアラブにいた者たちの間でも意見の相違とか目立ってきてたんで、要するに今の状態ではできないと、きちんと総括して再出発させないといけないというような認識がありました。

――これは、いわゆるハーグの人たちが帰ってくる前に、もうそういう被害が発生してるということで、何とかしなくちゃいかんという話になったということでいいですか。

よろしいです。

――バーシムさんは、何で重信さんに軍事をやらせるなって言ったの。

いや、一つは経験が一切、赤軍派に彼女がいた当時財政担当をやってた人だし、それから、元々PFとの関わりも、バーシムがアブ・ハニ、重信が政治局関係、情宣関係という区分を分けてたので、要するにそれを徹底しろということだったと思います。

――さっきちょっと聞き漏らしたなと思うところですが、日高さんは欧州から撤退するのを誰の指示っていうふうに言ったか、聞いてませんか。

それは、前も大江じゃないかというように言い方しましたけど、そういう撤退の方針自身はKさん、Kさんですけど、Kさんが出して。

――日高さんから、直接それは聞きましたか。

撤退方針が出てるというのは聞きました。具体的に誰からというのは、ちょっと今の時点では思い出せないですけど。

――日高さんはヨーロッパで和光さんと連絡は取れたかどうかに関しては、日高さんから聞いてませんか。

連絡を取ったような言い方はしてました。会ったか、電話連絡で済ましたか、そこは覚えてないですけど。

――何か話はあったようだっていう記憶ですね。

はい。

――日高さんと和光さんはどんな話をしたかに関しては、聞いてませんか。

あまり言いたくはないですけど、西川君のことだったと。

――それから、重信さんとは九月の初旬、五、六日かに会ったということですよね。

日にちは断定できないです。三日から七日ぐらいの間というふうに。

——丸岡さんがベイルートに着いたときには、まだいなかったということですね。

私が着いたときにはいなかったです。

——どこかからか帰ってきたというふうには、言ってませんでしたか。

言ってました。

——どこからっていうふうに言ってましたか。

リビア共和国。

——そこでどんなことがあったかという話は、しませんでしたか。

しました。

——何か、記憶にあることありますか。

庄司さんに会った話とか、それから、待たされるばかりで時間を非常に無駄にしたというので、大事な期間いなくて申し訳ないという話でした。

アブ・ハニへの不満

——あなたは、七四年の九月ですけど、アラブに渡って二年半アブ・ハニさんのところでやってきたんだけど、こういう形で、同じような形で活動を続けようというふうにその当時思っていましたか。

いや、思っていませんでした。

——あなた自身が、このままこの形で続けることは問題だと思っていた一番の問題は何ですか。

一番の問題は、前回は共産主義的でないというような抽象的な言い方しましたけども、一番問題なのは、国際連帯、連帯というのはソリダリティの連帯、国際主義のとらえ方がまったく違うという、そういう意味ではスターリン時代のソ連共産党的なとらえ方、すなわちソ連の防衛が世界革命の防衛だというような、そういう発想と非常によく似てて、パレスチナ革命の発展こそが世界の革命運動を発展させると、だからパレスチナ革命を中心に他の組織をとらえるというような形で、結局それは結果としてどうなるかというと、大きい組織が小さい組織を支配するというような形になるし、関係性が対等ではなくて一方的な関係性、パレスチナ革命をまず支援すること、で、そこからその拡大が第三世界の解放運動の発展というような。

——それは、前回アブ・ハニさんのやり方の問題点として指摘したことが、今言ったことですよね。

はい。

——要するに、それが一番問題だと。

まあ一番問題といえば、それが一番問題だったと思います。

——そういう問題な状況を解決するために、やはり日本人だけで組織を作ろうというような動きになったんですか。

そうです。八月の時点で私はそういう意識は持ってましたけども、そのときは、ドクターの方はY君の方で一生懸命なんだから、水を差すことはないということで口にはしないで、とにかく終わってから協議しましょうとだけ提起して、九月に私がベイルートに入ってからは、とにかく自立の具体化を始めるべきだというような立場でいました。

——あなたがそういう、もうこれは問題だというふうに思うようになったのは、いつぐらいですか。

七三年に入ってからです。

——七三年の初めぐらいから、もう問題だと。

七三年の初めぐらいはまだドクターを一方的に尊敬するだけで、その具体的な問題点というのはあまり自覚はしてなかったです。ただ、抽象的に、七三年の正月に同志たちに会ったときに、経済的にも、保安の維持においても、日本人で自立していくことが必要だなあという話はしてましたけども、そのときは数人程度しかいないわけで、実力もないし、とにかく私自身はドクターから学ぶことが必要だというので、そのときはそういう単なる希望であったと、ところが、七三年になっていろんな話聞いてたりしてると、どうもやり方がおかしいというので、六月ぐらいにはもう強い批判を持つようになってました。

——特にドバイ以降に関しては、日本人全体として、そういう気持ちを強く持つようになったというふうに伺っていいですか。

はい。

——ただ、具体的に、アブ・ハニさんには、八月中旬ころ共闘関係について話し合いたいというふうに申し入れたものの、まだ日本人だけで話し合ってませんよね。

はい。

——その話合いを持とうというふうには、思ってたわけね。

はい。

——取りあえず、日本人だけで話し合わなくちゃというふうに思ってたわけですか。

はい。私の独断でそういったことを決めるわけにもいかないし、それから、Y君、和光君もいないわけだから、彼らの意見も聞かないといけないし。

——そういうことを、重信さんと話したことはありますよね。

はい。

——組織が必要だと。

ええ。

日本人グループの再建に向けて

——これは、いつごろのことですか。

九月の上旬に会ってますよね。だから、もう中旬ぐらいにはすぐそういう話をし始めてたと思います。

——そうすると、ハーグの前後を通じてそういうような話をしたことがあるということですか。

はい。

——重信さんと、そういう日本人だけの組織がやっぱり必要じゃないかっていう話をしたのは、そのときが初めてですか。

抽象的には七三年の正月にしてたのと、あと、七三年の夏にも、会ったときにはそういう話をしてはいました。

——その重信さんと抽象的に話をしたことがあるというような内容で、何か覚えてることはありませんか。どんな組織を作ろうとか、どう在りたいとかいうような話で覚えてることありませんか。

七四年の九月に言ってた内容は覚えてますけど、七三年当時に言ってた内容はちょっと覚えてないです。

——本法廷で、松田〔男政〕さんに、いわゆるステーションとしての党とか、対等に結び合うような組織の形態もイメージした時期があるみたいなんだけど、そういう話を重信さんとした覚えはありませんか。

それは、その七四年の九月に、そういうふうに予定してたというのを聞きました。

——そうすると、例えば五者構想とか四者構想、三者構想と、いろいろあったみたいなんですけれども、そういうことは覚えておられますか。

覚えてます。

——五者っていうのは、誰と誰と誰が組織として結び合おうというふうに思ってたんですか。

アラブ地域の日本人、それからヨーロッパの日本人、それからあと国内ではＶＺ58、それから足立同志がやってた国際革命戦線情報センター、もう一つはアラブの軍事的部門、それで五つと。

——そうすると、アラブにいる非軍事的な部分と、軍事を担ってきたアウトサイドワークをしていた部分、この人たちを別々のものとして五者として連合したらどうかというのが、五者構想ですよね。

そうです。ちょっと補足させといてください。五者で一つの党を作るという形よりも、ヨーロッパ国内それぞれが党を作ると、で、それを彼女はステーションの党というような呼び方、とにかく対等な関係、要するに、中央があってすべて仕切るということじゃなくて対等な関係、で、私自身は日本にいたときに、前に述べましたようにパルチザンやってたときに党形成の話うんぬんというのをしたと思いますけど、そのときは地区党のイメージで国内にいた人たちとは話ししてたわけです。そういう意味で、ああそれはいいアイデアだというのですぐ同意したと、だから、私としては地区党のイメージでとらえていました。中央集権の党ではなくて、地区の党がそれぞれ分権的なそういう内容としてとらえていた、実は違ってたりしたら困るんですが。

——そういう一つ一つが独立して、対等に連絡するというか連立するというイメージですよね。

はい。

——実際は、その国内のＶＺとか、それから足立さんがやっていた世界革命戦線情報センターとか、そういうようなものと一緒に党を連立的にでもいいから作ろうという構想は、その後連携はうまく行きましたか。

そういう構想はしてたんですけど、一つは、ＩＲＦ〔世界革命戦線情報センター〕の方とは足立自身が帰国できない状況になって、そういう協議を同時に進めていくということができなかったというのと、あと、ＶＺの方からは人を送る、送ると言いながら結局来なかったんで、まあ戸平はその前に来てるんですけど、そういう協議する役割では来てなかったんで、その協議する役割の人が来ないんで話が進まないと。

——ヨーロッパは、どうなりましたか。

立直しの方が先で、それどころではなくなったと。

——そうすると、地区党というふうに表現なさった各地域、大きく地域で言うと、ヨーロッパ、日本国内、アラブという三つの地域での連立だったわけですよね。

はい。

——日本国内との連絡は、足立さんが帰れなくなることによってなかなかうまく行かない、ヨーロッパは壊滅状態ということで、結果として、アラブだけでもう組織を作ろうという話になったんですか。

そうです。

——アラブにいる日本人の間で、七四年九月以前、日本人が日本人を指導するという意味での指導部と言われるものはありましたか。

それはなかったです。私自身も、自分がそういう指導ができるとも思っていなかったし、したいとも思ってなかったし、それは重信も同じような気持ちでいたんです。

——組織部と言われるものは、ありましたか。

結論から先に言いますと組織部というものはなかったです。組織部という言い方をすれば組織の機関としてあるように聞こえますけど、機関としてはなかったわけです。だから、当初のバーシム時代に分けたように、その延長上で、非軍事的分野の活動を担っていた部門、だから、私の方は組織部門とか組織部という言い方は一切しないで、わざわざ組織的部門と言ってるのはそういう趣旨で言ってます。だから、そういう機関としてはなかったけども、例えば国内との連絡とか、政治的な情宣とか、他の組織との外交活動とか、そういった分野をやっていたと。

――そうすると、組織的部門と呼ばれるような部分はあったかもしれないけど、いわゆる組織部と命名されたしっかりしたものがあるわけではないと。

はい、組織の機関というのはなかったと。

――実力部隊と呼ばれるものは、ありましたか。

実力部隊……

――まず、あなたたちの言葉で、実力部隊というような用語は使いますか。

いや、使ったことないです。大体左翼用語でもないと思います。だから、中核派とか、社青同解放派とか、いわゆる武闘派左翼もそんな実力部隊というような用語は使ってないと思います。まあ日本共産党は暴力革命を強力革命というふうに言ってますけど。

――そういう言葉を使ったこともないし、そういう呼ばれたものはないだろうということですね。

はい。

――ただし、軍事に関わる人たちはいたと。アウトサイドワークをしてる人は。

はい。

――そして、それ以外の人たち、非軍事の人たちもいたと。

はい。

――だから、その人たちのことをあなたは組織的部門の人たちと、こういう感じで呼んだのね。

はい。それから、ドクターの指揮下にある者たちを軍事的部門という言い方をしてました。

――先回、あなたの証言でも、組織的部門と軍事的部門は日本人の間でも分かれていたというように証言なさってるんだけれども、これは。

念のために言っておきますけど、当時組織的部門と軍事的部門、そういう言葉も使ってはいないです。とにかく軍事をやる者たちと……。

――軍事の人たちと、非軍事の人たちと。

そういう分け方ですね。

――そうすると、軍事の人と非軍事の人たちというのは、結局はＰＦＬＰのどこの部門と共同してるのかと、一緒にやってるのかっていうことによって分かれてたということでいいですか。

それでいいです。

――自力更生ということが言葉として出てくるので、この言葉自身はいつごろから使っていましたか。

それは、七三年の末ぐらいからと思います。というのは、七三年の末にドバイの教訓からPFLPとの組織的関係性をきちんとしようということで、重信がジョージ・ハバシュ議長と会談してると思います。それ以降、その自力更生というのを、実体は別にして言葉にはするようになったと思います。

――ハーグの作戦前に、自力というか経営的な自力更生も含めてできあがっていましたか。

いや、できあがっていませんでした。

――ハーグは、PFLPから自立した作戦ですか。

いいえ、違います。ドクターセクションの作戦というのが正確な表現です。

――そうすると、七四年の九月当時っていうのは、いわゆる自力更生の面から言うと、どの段階というふうに言っていいですか。

抽象的になりますけども初めの一歩を踏み出す準備段階、開店準備中というふうに。

――七三年の夏以降言われた自力更生、これが一年たってもまだ初めの一歩の準備という段階だった理由は、何だというふうにあなたは思ってますか。

一つは、現実的にドバイ作戦でその実行部隊の者たちがリビアで拘束されたままとか、それに対する対策とか、それから、あと結局軍事的部門の方が作戦で先行すると、例えばシンガポール作戦とかあったりして、で、成功すると、結局それに引きずられたりする形で、現実的に自立する態勢を作ることが難しかったというのが一つと、それとあともう一つは何だったけな……。

――何か思い当たること、ありますか。

もう一つは、言っておかないといけないなと今思ったんだけど……。あんまり大したことじゃないと思います。

総括会議

弁護人（渡邉）

――先ほどのお話で、日本人だけの組織作りをするということで、重信さんと九月中旬に話をしたということでしたね。

はい。

――そのときは、話をしたのは重信さんと二人で話をしたんですか。

足立同志も入っていたと思います。

――三人で話をしたわけですか。

はい。雑談的には、他の組織的部門の同志たちとも話ししたりはしてました。

――日本人だけの組織作りをするということでそういった話をしたのは、そのとき一回切りですか。それとも、その後も何回も話をしたんですか。

何回も話ししてます。

――その九月中旬の話ですけども、その際に、日本赤軍という名称について何か話題に出たことはありますか。

あります。

――具体的に、どういう話題になったんでしょうか。

とにかく、アラブ赤軍という名称では日本革命の主体という性格が出ないと、そもそもアラブ赤軍というふうに言い方してたのは、自分たちが日本革命の主体という位置付けではなくて、日本に将来登場するであろう日本革命の主体というか党組織の在外支部であるという位置付けで、アラブ赤軍というよりアラブの赤軍と、もちろん国内の将来登場するであろう主体というのは、旧赤軍派ではまったくなくて、新しいものを想定してました。で、それではあまりにも待機主義的であるし、要するに自分たちの主体が出ないというので、日本赤軍というふうに正式に名乗っていくべきじゃないかということです。

――そういう話が、九月中旬の時点で出たわけですね。

はい。中旬だったたか、下旬だったたか。

――それから、その際には、今後三つの委員会制を確立していくというような話題は出てますか。

出てます。

――それは、簡単に言うと、どういう話になりましたか。

一つは、そういった改組ということで、組織態勢も整備というか確立していかないといけないということで、日本共産党とかＰＦＬＰだと、書記局とか政治局というのがあるんですけども、私たちの場合は、まだ二〇人に満ちていない状態だったんで、むしろそういう実践的な陣形ということで、政治委員会それから軍事委員会、組織委員会というような想定だったです。

――そういう話が、九月の中旬か下旬か分かりませんけども出たわけですね。

はい。

――そういった組織作りについての話は、それっ切りじゃなくて何回も重ねたわけですね。

重ねました。

――その後になると思いますけども、いわゆる総括会議と言われる会議が開かれたことはありますか。

あります。

――この総括会議というのは、何なんですか。簡単に説明してもらえますか。

国語辞典的に言えば、組織とか運動体が、反省したり検証したりして、今後の方向を見出すというような言い方ですけど、私たち的にも同じような意味合いで、抽象的に説明すれば、とにかく今までの活動を検証して今後の教訓にしていくという、それで、この当時の時点で言えば、とにかく今までの状態ではやっていけないと、翻訳の件とか、パリ事件の件とかあって、だから、それらを検証してとらえ返して、要するに再生させようという意味だったと。あっ、今突然思い出したんですけど、先ほど大谷先生が最後に質問された、一年たってもできなかったのはなぜかということで、さっきは組織的部門の否定からの話をしてたんですが、軍事的な部門、自分の部門から言えば、とにかくアブ・ハニの指揮下という形を抜け出られる物質的条件が一切なかったと、だから、財政的にも、保安、セキュリティの維持にしてもそれから軍事訓練一つにしても、まったくそういう実力がなかったということで、要するに、軍事的部門からいえば物理的にも無理だったということでした。そういうのもあって、九月中旬か下旬に掛けてそういう自立の方向というのがあったと。

――総括会議と言われるものは、これは一つだけですか。

いや、各種ありました。総括というだけじゃなくて、方針の確立とか、あと方針協議の会議とかそういうかなり各種の会議があったと。

――本件で、重信さんの裁判で一番問題になってる総括会議というのは、戸平さんとかが参加したものがあるんですけども、それはどれか分かりますか。

それは、総括会議は大きくは三つあったんですけど、その一つで。

――その三つというのを説明してください。

一つは戸平君らも参加した軍事的部門の総括会議と、二つ目は組織的部門の総括会議、三つ目はヨーロッパの活動の総括会議、それが三つです。

――それを順番に聞いていきますけども、まず七四年の九月、一〇月当時、いわゆるパリ事件の影響でヨーロッパからアラブに撤収してきた日本の人たちがいましたね。

はい。

――その人たちも、総括会議と言われるものを独自に開いたわけですか。

はい。

――丸岡さんは、その会議には出席しましたか。

しました。

――その会議にいたのは誰ですか。差し支えない範囲で教えてもらえますか。

Tさん、Gさん、それから私、足立、重信です。ヨーロッパの総括会議も二種類ありまして、先生が今聞かれた会議というのは、一一月の下旬に開いたやつです。その前に、T、山本、Gの三人で予備的な会議を別に一〇月にやってます。

——今言った丸岡さんが出た会議というのは、場所はどこですか。ベイルート市内ですか。

ベイルート市内です。場所はアラブ大学の近くで、国際関係委員会の人が借りていたアパート。

——先ほど大きく分けると三つあると、戸平さんなどが参加した軍事の部門の人たちの総括会議と、あと非軍事の人たちの総括会議、それからヨーロッパの人たちの総括会議、これは場所はそれぞれ三つとも別の場所なんですか。

時期も、場所も、別です。

——それから、今言った非軍事の人たちの会議、これは時期はいつごろですか。

一〇月下旬だったと思います。

——これも、ベイルート市内の、先ほど言ったのとは別の場所ということですね。

はい。場所としてはっきり言えるのは軍事的部門の会議をやったとこで、その当時は人が急に増えたんでアパートが四つあったんですけど、で、軍事的部門を除く三つのうちのどれか一つ、それはちょっと覚えてないです。

——その非軍事の人たちの総括会議ですが、丸岡さんはこれには参加しましたか。

それには参加していないです。報告を聞いただけです。

——それには、誰が参加したか分かりますか。

それには、重信、足立、それからちょっと名前明かせない人たち数人。

——今、軍事の人たちの総括会議とおっしゃった、本件で問題になってるものですが、いわゆる軍事の人たちとあなたがおっしゃった人たちの総括会議が開かれた時期はいつですか。

一一月の上旬です。ハーグ組が全員そろった時点ですから。

——場所は、ベイルート市内ということですね。

ベイルート市内で、具体的に言うとアラブ大学近くの消防署の前です。

——丸岡さんは、これには出席しましたか。

もちろんしています。

——ずっと、最初から最後まで出席していますか。

最初から最後まで出席してます。

——この会議は、全体で何日間行われましたか。

五日間ぐらいだったと思います。断定はできないですけど。

——連続して、毎日五日間だったという記憶ですか。

その会議は大きくは三つに分かれてまして、一つ目と二つ目との間は、一日か二日空いたような気もします。ただ、連続してたような記憶もあってちょっと分かりません。とにかく前半と後半が離れた可能性はあるけども、前半、後半それぞれの会議は連日、それは確かです。

――ちょっとその三つとかが分からなくなるんだけども、その軍事の人たちの総括会議というのは、同じ場所でとにかく全体で五日間ぐらい開かれたのはいいんですね。

はい。

――で、それを、間に何日か空けたときもあったかもしれないということですか。

そうです。

――場所は、ずっと同じですね。

場所は同じです。

――その総括会議が開かれた時間帯ですが、大体何時から何時まで、何時間ぐらい行われましたか。日によっても違うんであれば、そういうふうにお答えいただきたいんですが。

七〇年代後半以降の会議は朝から晩までぶっ通しなんですけど、その当時は午後数時間、だから昼食後から夕食の間ぐらい、四時間ぐらいだったんじゃないかと思います。

――その五日間というのは、大体午後の数時間ということでいいですか。

よろしいです。

――それで、その軍事の人たちとおっしゃった総括会議ですけども、これに参加した人は誰ですか。一部だけ出席した人も含めて、とにかく出席した人を全員列挙していただけますか。

まず私、それからY、和光、西川、佐藤、佐藤というのは仮名です。それから戸平、日高、それとあと部分的に重信、足立。

――今、部分的にとおっしゃいましたが、重信さんと足立さんは一部だけ出席したわけですか。

そうです。

――他に、一部だけ出席した人はいますか。

その中で一部だけ出席というのは、戸平、日高が一部出席です。

――西川さんはどうですか。全部出席してますか。

西川と佐藤は違う会議に抜けてると、だから、説明がややこしくなると思います。抜けたというか、どこに参加してたかというより、どこに参加してたかと聞いていただいた方が聞く方は分かりやすいと思います。

――今言った人たちが会議に参加したのは、理由は何ですか。簡単に言うとどういう人たちの集まりということになりますか。要するに、全部出席してる人は、丸岡さんとかYさんとか和光さんとかYさんでしょう。

その三人です。

――で、その中に重信さんや足立さんが加わったり、西川さんや佐藤さんが加わったり、あと戸平さんや日高さんは加わったり、出たりしてるわけですか。

そうです。

――さっき三つと言ったのは、その出席者によって一応区分したということですか。

そうです。

――で、先ほどの質問に戻りますけど、こういった人たちがこの会議に出席した理由っていうのは何ですか。

それは、先ほど述べた総括という趣旨で出席したということです。

――会議の目的は、何だったんですか。

会議の目的は、とにかくその間の活動を総括して、今後の方向性を見出すというような趣旨でした。

――その会議の進行に沿って伺いますが、まず、本件で問題になってるこの総括会議というのはどういう形で始まりましたか。

まずは、七四年春以前から活動している者たちだけの会議というのを最初にしました。

――最初の時点で出席していたのは、誰ですか。

それが、私、Ｙ、和光、重信、足立、その五人です。

――最初はその五人で、まずどういう形で会議は始まりましたか。

とにかく今後の予定というのをまず確認して、会議の進行とか、それから会議以降のこととかを確認したうえで、相互報告、要するにハーグから戻ってきた者たち、それからベイルートにいた者たちの相互報告、それから、翻訳の総括が基本でした。

――その五人が出席した間に出た議題として、他にどういうものがありましたか。まずざっと列挙していただけますか。

議題としては、まず相互報告、大きくは先ほど言った相互報告、翻訳なんですけど、相互報告を今細かく言っていいんでしょうか。

――相互報告というのは、ハーグ事件とかの話も出たわけですね。

はい。とにかくＹ君の拘束以降の問題点をそれぞれに出したと。

――Ｙさんが拘束されたときの話と、あと、ハーグの準備の話も出ましたか。

ハーグの準備の話は、そこの最初の、仮に第一部と言いますが、第一部の会議ではやってないです。相互報告、要するにパリ事件のことは和光らは具体的には知らないわけですから、だからパリ事件の報告とか、それで、和光側からはハーグの準備過程の問題とか、それから翻訳時の問題とかいうのを再提起するということがあったり。

——そのとき、専ら話をしてたのは誰ですか。みんながそれぞれ発言するという形なのか、それとも誰かが中心になって話をしていたという形なのか。

被害状況については、私が話ししてました。それから、あと全体的なベイルート側の状況というのは重信が話ししてました。それから、ハーグ準備中の問題とかそういった点は和光が、それから、拘束時の状況というのはYが、それぞれ話をしたと。

——翻訳作戦に関しては、話題に出たということですが、どういう話が出たか覚えてますか。

先ほどちらっと出ましたけど、前回かその前に証言したように、和光君からは、ヨーロッパグループに対する批判的な内容というのが出てたというのと、あと、自分たちの路線的な内容が不明確だとかそういった内容も出てました。

——翻訳作戦に関して、丸岡さんは何か発言した覚えがありますか。

だから、そのパリの被害状況、Tさんに聞いた話とか、自供問題、そういった内容を話ししてます。

——今、第一部の会議と言いましたけど、五人がいたときの話として、重信さんの発言としては、覚えてるのはどういうことがありましたか。

リビアの報告をしてたような気もしますけど、あとは総括的に、リッダ闘争以降、私の言葉でいえば軍事的部門の同志たちに任せるという形で、自然発生的な形にゆだねてきたと、その点をとらえ返したいというような発言はありました。

——この際に、話が紛糾したようなことはありましたか。

紛糾はないです。

——誰かを査問したり、つるし上げたりというようなことはありましたか。

そういうのはないです。意見が異なるというのはありますけど。

——この五人で話をしたのは、一日ですか。

二日ぐらいだったと思います。

——で、その後誰かが加わったわけですか。

はい。

——二日ぐらいやってから、三日目からまた誰かが加わったということですか。

そうです。

——二日目と三日目の間には、間があるんですか、連続ですか。

私の記憶としては、間が空いてたような気もするんですが、それははっきりしないです。午前に第一部やって、第二部をその日の午後やったかもしれないし、はっきりしないです。

——その五人の後に、誰かが加わったわけですか。

加わりました。

――誰が加わりましたか。

西川と佐藤の二名です。

――先ほどから佐藤さんとおっしゃってますけども、これは先ほどもおっしゃったように仮名ですね。

はい。

――記録読めば誰かっていうのは大体分かるんですが、それをあえて仮名で言うのはなぜですか。

それは、七六年に奥平純三が拘束されて、彼の初公判でハーグ事件に関しては認否拒否してますので、仁義上、認否拒否してるわけだから、私があえて名前を追認したり、名前を出すというのはできないということです。

――戸平さんと日高さんは、さらにその後で参加したわけですか。

そうです。

――今言った最初の五人の他に、西川さんと佐藤さんが加わって話をしたということですが、足立さんはずっと参加してたんですか。

足立は、最初の二日の会議だけだと思います。あとは、そのアパートに来たときに顔を出すという程度で、会議に参加するということではなかったと思います。

――足立さんがこの会議に出席した理由というのは、何ですか。

それは、今後組織再編していくに当たって、要するに軍事的部門の状況を知ってもらうには、その総括会議に出てもらうのが妥当だし、それから、ハーグ組のシリアからの帰還を担当してたのは足立ですし、だからそういった関連もありますし。

――それから、重信さんも、この会議には全部出席していたというわけではないわけですね。

五日間全部じゃないです。

――重信さんがいなくなったのは、いつの時点か分かりますか。

第二部の初めにいたような気もしますが、記憶ないです。全部は参加していないのは確かです。

――重信さんは、どっかでいなくなったのは確かだけども、どこでいなくなったかはちょっとはっきり覚えてないということですか。

私の言い方でいえば、第一部はもちろん全部いましたけど、第二部はどこで入ったか、どこで抜けたかは、ちょっと記憶にはないです。

――重信さんがこの会議に参加した理由というのは、何ですか。

第一部に関しては、今後の組織再編に当たって全体の状況を把握してもらうということ、それから、私は、戸平とか純三とかは顔は知ってますけども、Y君と和光君については初対面、初対面と言っても既に数日間一緒に過ごしてはいるんだけれども、いろんなそれまでの活動のことは共有してなかったんで話ししにくいと、それで、私が彼らより二歳年下ということもあって、それも含めて重信には出てもらったということです。

——含めてということは、重信さんに紹介してもらうということですか。

紹介してもらう面もあったと。それで、もう一つはその組織再編の意味から参加する必要があったと。

——重信さんには、誰かが要請して来てもらったということなんですか。

いや、一つは、その組織再編という意味から言えば必要性があったと、それでもう一つ、人物紹介ということについては私の要請と、だから、両方の意味があったというふうに理解してください。

——西川さんと佐藤さんが加わりましたよね。

はい。

——その後は、どういう話になったんですか。

ハーグの準備段階の話と。

——から、始まったわけですか。

と、思います。

——準備段階の話としては、誰かが主に話をしたのか、みんながそれぞれ話をしたのか、それはどうですか。

準備段階は和光なんで、和光が中心に報告するという形になってます。

——和光さんは、どういうことを報告というか話をしていましたか。まずその項目だけ簡単にざっと列挙してもらえますか。

まず共闘組織との関係性、それからヨーロッパグループとの連携上の問題、その二つが中心だったと思います。

——具体的には、その共闘組織との関係性ということに関しては、どういう話がありましたか。

それは、先ほども述べたカルロス氏がすべて仕切ろうとしたということ、それから武器の問題、それから、いわゆるアデンの受入れの問題といったところです。

——もうちょっと具体的に言うとどういうことを言ったか、重複するのかもしれないけども、このときに出たという話ですから、和光さんがどういう報告をしたのか言っていただけますか。例えば武器の話としては、和光さんはどういう報告をしたんですか。

それは、カルロス氏と確認した数の武器がなかったと、それと、自動拳銃三丁というふうに要請したのに、実際に来たのはまともなのは一丁だけと、それでもう一つあったんだけども、それはスポーツ競技、オリンピックとかそういう競技会に出る拳銃で、自分たちを防衛する機能はまったくないと、だから非常に立腹してました。

――和光さんは、このとき誰かを批判してたようなことはありますか。

だから、そのカルロス氏を批判していました。カルロス氏との問題、共闘組織との問題に関してはそうです。

――ヨーロッパとの関係では、どういう話をしましたか。

ヨーロッパとの関係としては、とにかく連携がまったく取れなかったと、取れなくて、西川をヨーロッパグループが無断で中東に帰して、連絡が取れなくなって混乱することになったと、だから、非常に指揮への介入で問題あるというようなことを強く批判してました。

――今のは、大体ハーグの準備段階に関する話ですか。

はい、準備段階としてはそうです。

――その後、どういう話になりましたか。ハーグの事件の実行に関する報告とかはしましたか。

ハーグの本番についてには、戸平、日高が入ってからの会議ですから、一緒に聞かれると混乱すると思います。

――西川さんと佐藤さんが加わってからは、今言ったハーグの準備の話をしたわけですね。

はい。

――で、その後、今度はハーグの準備の話が終わった段階で、戸平さんと日高さんが加わったわけですか。

そうです。

――戸平さんと日高さんが、途中から加わった理由というのは何ですか。

それは、一つは、戸平は、彼が出た時点はハーグというのは分かっていなかったんですけども、いわゆるハーグ関係のメンバーが足りなかったときのピンチヒッターという立場にあったんで、必要だということ、それから、日高も、ヨーロッパでの軍事的な活動を彼はやるというふうに言ってたわけなんで、それの共有が必要だということで、むしろ彼らも参加して話した方がいいということで参加してもらったんです。

――ハーグの準備の話をしてた段階では、日高さんとか戸平さんは加わってないんですけども、何か彼らに知られると都合が悪いとか、そういう事情でもあったんですか。

結果としては、聞かれてはまずいというのはなかったんで、大体の話は、食事のときとか他のときで共有はしてます。

――ハーグの準備に関する和光さんがいろいろ報告したことは、後から日高さんや戸平さんにも伝わってるはずだということですか。

はい。和光がカルロス氏との関係で悔し涙を流したというようなエピソードも出てました。

――その戸平さんと日高さんが加わった後は、ハーグの実行段階の話になったわけですか。

そうです。

——戸平さんと日高さんが加わってから、具体的にどういう話になりましたか。まず項目だけざっと列挙してもらえますか。

それは時間を追ってやっていくという形で、まず戸平からは、西川、和光らに会った経過とかそういう話があって、それから後、とにかくハーグの作戦というのは当日、九月一三日になって決まったものであって、だから、そのときカルロスにどういうふうに言われたかとか、それから、和光君が突然朝調査報告をされて、それで午後やれというような指示を受けたと、めちゃくちゃな話であったというところからスタートしました。

——大体、九月一三日以降の状況について、時系列に沿って報告があったわけですか。

はい。

——誰が中心になって、話をしましたか。

和光が中心的に話しして、それを各自関わった部分を補足すると、だから、西川君が補足したり、佐藤君が補足したりしたと。

——ハーグの実行の段階の話から始まって、それから最終的にはシリアに行きますよね。

はい。

——そこまでの話を、大体時系列に沿って話をしたということですか。

そうです。

——丸岡さんは、何か発言をした覚えはありますか。

私が発言したのは、会議の締めでは発言してますけど話が飛びますので、ハーグに関しては、アデンではもう少し粘った方がよかったんじゃないかと、拒否されたからといってすぐ離陸したんでは、ドクターといえども対応のしようがないんじゃないかと、それと、アデンの政府にとっては建前が要るわけだから、人道上やむを得ず受け入れるだとかいうのが要るわけだから、例えばパイロットが病気で操縦できないんだとか、そういった形で粘るべきだったんじゃないかというような話はしたと思います。

——丸岡さんは、そういう発言をしたわけね。

はい。

——それに対して、何か言われましたか。

いや、銃撃があったんだと、要するに、すぐ離陸しなければ銃撃するというふうに言われて、実際に発砲があったという話がありました。

——このハーグの実行の話からシリア入りあたりまでの話、この間に、重信さんは何か発言したことはありますか。

していなかったと思いますよ。聞き役だったと思います。

——ハーグのシリア入りまでの話がそうやって進んで、その後はどういう話になりましたか。

大体会議を締めるという形で、私が話ししたと思います。

——どういうことを話したか覚えてますか。

いや、私は会議嫌いだったもので、Ｙ君と一緒で自分で発言したのあまり覚えてないんですけど、とにかくハーグで出てきた問題、出てきた問題というのは共闘組織、ドクターグループとの関係性というのを教訓にして、今後彼らとは共闘原則を確立していく中で関係性を整理していこうとか、それから、一応ハーグは作戦としては成功したけれども、パリ事件で相当な被害を与えてると、だから、そういった重みというのを受け止めて、今後の活動に生かしていかなければならないんじゃないかとか、そういった話だったと思います。

——締めは、丸岡さんがしたという記憶ですか。

立場上、議長やってましたからね。渋々だったと思いますけど、強引にまとめたと思います。

——大体、会議はそういう形で終わったわけですか。

はい。まあ、他にもいろんな問題とか出てはいましたけど。

第二次建軍運動

——例えば、どういうのがありますか。

それは、後で我々自身が誤りを重ねることになっていくんだけども、会議全体の雰囲気としては、Ｙ君は黙秘したと、だけどＴさんは全面自供したという形で、それから、我々はハーグを一応成功させたと、しかし、ヨーロッパグループはほとんど解体してるというような形で、どっちかいうと全体的にヨーロッパグループに対して、アラブ赤軍を自己批判的にとらえるというよりもヨーロッパグループが遅れてると、要するに支援者意識でやってるから問題なんだというような話が濃厚にあったと。

——今言ったような総括会議の内容をざっと聞いたんですけども、重信さんの発言で記憶に残ってる、特に印象に残ってるようなことは何かありますか。

それは、先ほど述べた、第一部の会議で出た発言、要するに、リッダ以降自然発生性にゆだねる形でやってきたと。

——この総括会議の中での重信さんの発言内容について、ちょっと順番に確認していきますね。

その前に、先生に質問されると思って待ってたんですけど、なかったんで一つだけ言っておきますが、翻訳の関係では、和光同志からいろいろとやり方の批判というのは出てました。で、それに対して、大谷先生のところでも言いましたけど、私はむちゃくちゃやなあという、第三者的に、無責任に、そういった感想を述べた記憶はあります。

——翻訳の話が出たとき、丸岡さんがそのむちゃくちゃやなということを発言した記憶があると。

はい。で、先ほどの重信のリッダ闘争以降うんぬんかんぬんというのも、その第一部の中で出たと。【略】

――総括会議が終わった後は、重信さんはどういうことをしてたかは分かりますか。

その後、七四年春以前から活動してる同志たちと方針確立の会議をやるので、その準備に忙殺されていました。

――準備というのは、具体的にどういうことやってたんですか。レジュメ作りです。

――重信さんは、一人でレジュメを作ってたんですか。誰かと一緒に。

足立も書いてました。私も言われたんですけど、私はごめんなさいと抜けました。逃げたと言いますか。

――そのレジュメを作ってたのは、総括会議の後に重信さんは初めて作り始めたんですか。それとも、その前からもう何か作ってたんですか。

その前に、大谷先生に聞かれました四者会議とかいう形があって、Tさんも文章書かれていたので、そういった文章も活用しながらだったと思います。

――今言った総括会議があって、その後重信さんがレジュメ作りとかやってて、その後は、また組織作りに向けての話合いとかはあったんですか。

はい、しました。

――それは、いつごろですか。

それは一一月の中旬だと思います。あまり間を空かなかったと思いますから、中旬だと思います。

――それは、誰が参加しましたか。

まず私、それからY、和光、重信。足立が参加してたかどうかちょっと記憶ないですが、参加してたような気もします。その会議は、組織的部門の同志たちとも同じようにやってます。

――今言った丸岡さんが出た一一月中旬ころの話合いですけども、それは戸平さんはいなかったのね。

参加してないです。

――そこでのその話合いをした目的というのは、どういうことになりますか。

目的は、要するに、それまでの問題点を踏まえたうえで、今後の方向性を討議して決めようという会議です。

――ここでの話合いというのは、期間はどれくらいやりましたか。

期間は三日間ぐらいだと思います。

――どういう内容のことが話されましたか。これも項目をざっと言っていただけますか。

まず、国際、国内の情勢、それから二番目に現状の問題点、三番目に政治路線問題、四番目に今後の方向という内容だったと思います。絶対そうかというふうに聞かれると、そうだとはいえないですけど。

——丸岡さんの記憶では、大体そういう話があったということですね。

はい、私の記憶ではそういう内容です。

——ここでは、日本赤軍という名称については何か話し合われましたか。

はい。

——出たの。

出ました。

——どういう話が出ましたか。

それは、今後の方向というところで、日本赤軍への改組が必要だということで、九月に話してた内容を再確認して、Y、和光両人の意見を聞くというような形になってます。

——それから、三委員会制にするとかいう話は、このときは出ましたか。

その会議の中で、今後の方向というところで、組織体制の確立という趣旨で三委員会体制を作るというような形、とにかく三委員会制を作ろうという話をしてます。

——それから、第二次建軍運動という話は、このときは出てますか。

出てます。

——どういう話になりましたか。

第一次建軍がドクターグループとの関係に制約される形になっていたのを、要するに、国際革命協議会形成に向けた主体形成という形で建軍を始めようというような内容です。

——その他に、このときの話合いの中で出たことはありますか。例えばリッダの地平がどうのこうのとか、そういう話は出てますか。

はい、出ました。

——どういう話ですか。

それも、四番目の今後の方向の中での話だったと思いますけども、要するに、第二次建軍の核というのがリッダ闘争の地平と、それから、一つはハーグの総括が我々は誤ってたんだけれども戦士としての資質かな、ちょっと言葉としてはよく覚えていないんですけど、とにかく軍事至上主義になるような傾向を持ってました。だから、第二次建軍運動も、和光からまだ抽象的だと、具体的な目標というのが明確にすべきじゃないかというふうに言ったんで、私の方から言ったのは、リッダ闘争とは異なる形で、いわゆる自決作戦ではなくて生還する作戦で、かつアラブの大義、リッダ闘争の否定面としては、イスラエル兵だけではなくて一般人も殺傷してしまったということから、それを避けたアラブの大義の実現の闘争を目標にしようと、その作戦を実行しようというのを目標に、だから、結局また作戦で隊を形成するというような形になったと思います。で、結局それは、それでみんなを納得させるというような形になってしまったと。

——大体そういった話が、三日間の話の中で出たわけね。

はい。

——大体、会議はそんな複数いろいろ話合いを積み重ねたということですね。で、その後もさらにやりましたか。

いや、その中で、今後、軍事委員会、組織委員会というのをそれぞれ作って、それぞれ誰が所属するかという話を確認したりしてます。政治路線も結構我々にとっては大事な話なんですけど、聞かれないので答えないです。

——その後、例えば軍事の人たちだけが集まって話合いをしたようなことはあるんですか。

はい。だから、それで三委員会態勢というのを古いメンバー間で確認したうえで、新しい人たちにも共有するという会議を、軍事部門では途中で軍事訓練挟んで一二月上旬にやってます。

——それは、重信さんは出てないのね。出てるの。

出てないです。

——丸岡さんは出ましたか。

はい、もちろん。それは参加者の名前は言わなくていいんですか。

——重信さんは出てないのね。

はい。

——じゃあ、いいです。

裁判長

——言いたければ言っていいですよ。あなたと、どなたなんですか。

私と、和光、それから西川、戸平、日高、奥平純三、それから新しく入った同志、名前は言えません。それからG氏、それだけです。

——軍事の人ね。

軍事委員会、ただ、当時はいわゆる規約とかいうのもまったくなくて、党員とか非党員という区別も非常にあいまいで、武装闘争を一緒にやれるか、やれないかというような基準で、しかも、それで軍事的な共同をできるかどうかという基準でやってましたんで、戸平君はまだ日本赤軍でやるという表明はしていなかったけれども入ってもらうと、それから、ヨーロッパからの人でGさんは、そういう意味では党員でも何でもなかったんだけども、そういう趣旨から参加してもらったというような形で、軍事委員会という形が初めて一二月にできたにも関わらず、非常にあいまいな実態でした。

二〇〇三年五月一三日
重信公判第二九回

日本出国の頃

【略】

検察官（西谷）

――今訂正がありましたが、証人はこれまでの公判調書は手元に持っているということですか。

はい、いただいています。

――そうすると、ちょっと前のことになるんであれですけれども、これまで何を証言したか、一応は読んで、記憶は鮮明だということですか。

はい。読んだこと自体も過ぎていますから、まあ一応覚えていることは覚えていると思います。鮮明というほどではないと思います。

――主尋問の順番に即して聞いていきますが、証人がアラブに行ったいきさつとして、Iからアラブに行って向こうの活動を手伝ってくれと誘われたと、こう証言していましたが、アラブに行ってどういう活動を手伝ってくれということだったんですか。

そこは具体的な内容はなくて、私の方で勝手にイメージして、軍事訓練とか、それから向こうのパレスチナ勢力との政治的な討議というか、レクチャーを受けるとか、それから向こうの実態を知るとか、そういう内容というのを知って乗りました。

――軍事訓練、討議、レクチャー、実体を知るということですけれども、武装闘争に参加したいという気持ちは証人の方にはあったんですか。

闘争に参加という形では言われなかったので、だからそういうふうには理解しませんでした。

――Iから言われなかったということですけど、証人の方でそういう気持ちはなかったかどうかという点ではどうでしょうか。

そのときに述べたと思いますけれども、とにかく帰国できるかどうかと、それを条件にしていったところ、できるという話だったので、だからIの方は帰国できるような闘争というイメージで言ったのかもしれないです。その当時我々は余計なことは言わない、余計なことは聞かないというのでやっていましたから、そういう行き違いはあったかもしれません。

――例えばパレスチナで実戦を積もうというような気持ちというのは証人の方にはなかったんですか。

戦いではなくて実践、それこそプラクティスを積むという意味ではありました。

――戦いではなくてプラクティスの方ということですね。

はい。

――アラブに行く前に檜森氏と会ったと証言していましたですね。

はい。

――アラブに行く前に檜森とは何回くらい会いましたですか。

二回です。

――檜森からはどういう話があったんですか。

いや、もうそれは実務的な話で、現地での連絡方法とか、旅券の申請の仕方とか、それからビザはどこを申請するかとか、そういった内容です。

――檜森からPFLPの闘争に参加してほしいという話はありましたか。

それはなかったです。

――じゃ、例えば檜森から日本に帰らないつもりでベイルートに行ってもらいたいという話はなかったですか。

なかったです。

――ベイルートに行けばPFLPが任務を与えるだろうというような説明はありましたか。

それは、なかったです。

――檜森は昭和四六年〔一九七一年〕九月に出国してベイルートに行って、四七年二月に帰国しているわけですが、彼は何の目的で帰国したのか聞いていますか。

いや、目的は聞いていないですね。というのは、あとで向こうに行ってから知ったんですけど、山田同志が水死したというのを聞きまして、その遺体を親族に届けるというので帰国したというのを現地で聞きました。本人からは聞いていません。

――檜森は証人や岡本公三の送り出しのために帰国したのではないですか。

岡本君については知りませんけど、私についてはそうです。

――檜森が帰国したときに、あなたに会うとともに、鹿児島で岡本公三に会っているということは聞いたことはないですか。

それは聞いたことないです。岡本君からレバノンで聞きました。

――レバノンで聞いたことがあるということですか。

はい。

――当時檜森は具体的な作戦のためにあなたや岡本公三を日

本から出国させようとしていたんではないですか。

いや、作戦ということでは私は聞いていないです。

——当時日本で聞いていたかどうかはさておき、ベイルートでは聞いていないですか。君に来てもらったのはこういう作戦のためなんだよという話は聞いていないですか。

それはこの前に述べたように、作戦に参加しないかという誘いは受けました。

——それは何の作戦なんですか。

あとで分かったことではリッダ作戦です。

——リッダ作戦ではなくて、それ以外の作戦に参加させようとして日本から送り出したというようなことはなかったですか。

リッダ作戦以前は何か他の作戦を想定していたようなことは聞きましたけれども。

——それは具体的にどういう作戦だったんですか。

エルアル機、イスラエル航空機の乗っ取りじゃないかと思います。

——そのイスラエルの航空機の乗っ取りなんですけど、檜森があなたに期待していた役割というのは何だったんですか。

それは聞いていません。

——岡本公三に期待していた役割は何ですか。

あとから分かったのでは、参加者を一人探していたということです。

——あなたを実行部隊メンバーとし、岡本公三を予備調査のメンバーとするということで送り出しに来たのではないですか。

そういう話は一切聞いていなかったので、向こうで話が違うので、話が違う以上できませんというふうに断りました。

——ハイジャック作戦に参加してもらうために人を送り出すために檜森は帰ってきているわけですね。

はい。

——それだと例えば日本国内にいたときに、こういうことを想定しているんだという話が少しはあるような気がするんですけど、そういうのはまったくなかったんですか。

まったくなかったです。彼としては恐らくＩから聞いているという前提だったんじゃないかと思います。というのは、喫茶店で会っていますから。彼も余計なことは言わない、私も余計なことは聞かないという性格の人間でしたから。

——作戦の細かいことをそこで話すかどうかはさておき、ニュアンスとして、もう日本に帰らないつもりでベイルートに行ってもらいたいとか、そんな感じの話というのはなかったんですか。

そういう話だったら私は一年待てというふうに言ったので、そういう話はなかったです。

——それではそのエルアル機のハイジャックの作戦というのは結局どうなったんですか。

それは奥平同志、兄貴の方ですね、彼から聞いたのは、連合赤軍の事件があって変更したというふうに聞きました。

——それと証人が出国したときの費用なんですけれども、これはどうしたんですか。

その当時は会社員をやっていましたので、自分の金と、それとI君が供述しているみたいですけど、彼から一〇万円もらいました。

——檜森から出国費用を受け取ったことはないですか。

ないです。

——檜森と二回目に会ったときに七、八万円をもらったということはないですか。

その記憶はないです。

——これまでの証言によると、七二年五月三〇日のリッダ闘争のあとのことですけれども、証人は依頼された仕事があったので、南回り便で日本に帰る予定だったと、こう証言していたんですけど、この依頼された仕事というのは何なんですか。

それは言いたくありません。

——じゃ、誰に依頼されたんですか。

それはアブ・ハニさんから依頼されました。

——証人は依頼された仕事を行うため、どこに行くつもりだったんですか。

東南アジアです。

——それから証人は以前代わりの旅券ができるまでフランスに滞在していたと証言していましたけれども、これはいつまで滞在していたんですか。

八月の中旬ぐらいまでです。

——そうすると、中東に戻ったのはいつになるんですか。

その八月の中旬です。

——フランスのどこに滞在していたんですか。

必要ですか。

——パリに滞在していたんですか。

一応パリということにしておいてください。

——ではパリではないということですか。

否定はしないです。

——フランスの滞在ですけれども、一一月中旬ぐらいまでパリに滞在していたということはないですか。

それはないです。

——八月にはもうそのフランスの滞在は終わっていたということですか。

はい、終わっています。

——代わりの旅券ができるまでということですけれども、代わりの旅券というのは誰が作成するんですか。

それはドクターの方に連絡しまして取り寄せました。

——アブ・ハニということですか。

はい、そうです。

――代わりの旅券というのは日本国旅券ということですか。

そうです。

――その旅券というのは、アブ・ハニからどうやって証人の手に渡るんですか。

彼の人脈を通してです。

重信さんの初期の活動

――質問は変わりますけれども、重信被告人は赤軍派としてアラブに渡っていたわけですよね。

はい。

――その赤軍派の国際部代表というような形だったんですか。

だからその時に証言しましたように、私の方は週刊誌情報しか知りませんでした。

――じゃ、その重信被告人がアラブで赤軍派として活動していたかどうかというのも分からないということですか。

はい、個人としては。要は私にとっては完全な第三者だったので、ここで証言していると思いますが、私の友人から話は聞いたことがあります。

――そうすると、その話を聞いた話として、アラブで赤軍派としてどのような活動をしていたんですか。

いや、くわしくは聞いていないです。その友人自身がつぼか何か買い出しとかしていたみたいですから、私の方はあまり政治的なものとしては受け取っていません。

――重信被告人が赤軍派の国際根拠地を実現するために、アブ・ハニとの間で国際革命協議会の設立を目指していたという話を聞いたことはないですか。

その国際革命協議会という概念自体はそののちのことであったし、その対象もドクターということではなかったです。

――国際革命協議会という名称はさておいて、アブ・ハニとの間でそういう何かの協議会というか、そういうグループというか、会というか、そういうものの何かの設立を目指していたということはなかったですか。

ドクターグループとではないですね。あくまでＰＦＬＰ、それからその他の解放勢力。

――それとどういう組織を作ろうとしていたんですか。

それは七四年の一一月以降の話です。

――そうすると、七二年の四月か五月ごろ、そのころにはそういうアブ・ハニとの間での何か設立の動きというような話を聞いたことはないということですか。

それはないです。

――リッダ闘争のあと、重信被告人はＰＦＬＰの庇護下に置かれていたということですか。

はい、そうです。

――リッダ闘争をきっかけにＰＦＬＰの庇護下に置かれた日本人というのは重信被告人一人なんですか。

具体的にいわゆる政治局の庇護下ということでは彼女が一人です。

――重信被告人はＰＦＬＰの政治局の庇護下に置かれていたわけですか。

そうです。

――例えば保安部局というのはＰＦＬＰの中ではどこに位置するんですか。

政治局の直轄だと思います。

――そうすると、リッダ闘争をきっかけに政治局以外の部局の庇護下に置かれた日本人というのはいるんですか。

それは私です。

――証人だけですか。

もう一度質問をお願いします。

――重信被告人はリッダ闘争を契機として政治局の庇護下に置かれたということですね。

はい。

――じゃ、政治局以外の部局の庇護下にリッダ闘争を契機として置かれた日本人というのはいますか。

います。

――それが証人だということでしたね。

私はドクターの部局の庇護下で、他の日本人はそれぞれの活動分野の委員会の保護下です。

――アブ・ハニは重信被告人の庇護とかセキュリティに責任を負っているのですか。

負っていないです。

――まったく関係していないんですか。

いや、同じＰＦＬＰですからね。

――そういう意味においてはということですか。

そういう意味においては日本人全般の防衛というのはあると思いますから、検事さんの言われる広い意味でいえば、それはそういう意味ではそれは副議長も同じになります。

――質問が抽象的だったんで、具体的に言うと、例えばアブ・ハニが重信被告人の身辺警護について誰かに指示を出すということはあるんですか。

関連がなければ出さないと思います。

――その関連とはどういう場合でしょう。

例えば日本人同士でどこかに行くとかいうことになると、私いわゆる軍事的防衛と称していますけど、その同志にボディーガードをやらせると。それはＰＦＬＰ自体の規則みたいなものですから、そういうふうになっていました。

――そうすると、重信被告ならＰＦＬＰの政治局の庇護下に置かれているわけですが、その政治局の庇護下に置かれるということは、具体的にはどういう状態に置かれるというふうに考えたらいいんでしょう。

七二年当時は厳しい庇護下でしたから、完全隔離といっていいです。

――完全隔離ということは、外部の人間は重信被告人に接触できないんですか。

そうです。

――接触しようとすればどういう手順がいるんですか。

接触しようとすれば、ＰＦＬＰのそれぞれの部局に申請して許可をもらわないとできないです。

――そうすると、重信被告人はその当時定まった場所で活動しているということではなかったんですか。

はい。妊娠していたのは私も聞いていましたから、いわゆる政治活動とか、公然活動を活発にできる状況にはなかったんです。

――じゃ、例えば公然活動をするときには公然の場所に行きますよね。そこで接触できるとかそういうんじゃなくて、公然活動もせずに、厳重な警戒の中で、誰とも接触しないというような状態に置かれていたということですか。

そうですね、ＰＦＬＰの関係者以外。

――それが途中で緩やかになったりしたことあるんですか。

少なくとも七三年の夏までは厳しかったです。夏以降はよく知らないです。

――証人が外国から帰ってきてからはどうなんですか。

帰ってきたときは、私の方は自立方針出していましたから。というより、軍事的部門は八月段階までドクターの指揮下にありました。それから組織的部門は比較的自由に動く状況にはまっていました。まあありていにいえば、自分たちでアパートを借りる、借りれないと。

――その組織的部門の中に重信被告人も含まれるということですか。

はい、そうです。

〈休廷〉

先ほどの調書の訂正じゃないですけど、答えがあいまいだったのを一つだけはっきり言っておきます。パリにいたか、いなかったかについては、パリにいたというのは否定しませんというふうに。先ほどパリにいたかどうかは言う必要がありますかと聞いて、私が答えると、検事さんの方は、じゃ、それはパリじゃないということですねと言われて、それに対して私が否定しませんと言ったんで、その答え方だとパリではなかったという答えになると思うんですよね。

裁判長

――パリにいたことを否定しないという形。

はい、そうです。

――いたことがあるのかなと思ったんですけど。

はい。パリにいたことは否定しませんと。立場上積極的には肯定しないですけど、消極的には肯定しておきますと、そういう趣旨です。

検察官（西谷）

――休廷前の点で一点確認したいんですけど、アブ・ハニが誰かに重信被告人のボディーガードをするように命じる場合というのはどういう場合なんですか。

まあありていにいえば日本人だけで動く場合。

――日本人だけで動く場合は本来付いている政治局の警護というのは行われないんですか。

行われないので、いわゆる私の用語でいえば軍事的部門の日本人が代わりに警護に付くと。

――日本人だけで動くときは何で政治局の警護は行われないんですか。

アラブ人同伴で構わないところは政治局の方の、具体的にいえば保安が付きますけど、アラブ人同伴が必要ないというとき、具体例でいえばヨーロッパに行くというときの場合とか、そういうときです。

――そのヨーロッパに日本人だけで行くような場合はアブ・ハニが重信被告人のボディーガードを命じるということになるわけですか。

いや、保安の方が付かないという話で、かついわゆる日本人グループの活動上必要ということであれば、人がいるので、原則は保安部の方から要請して、日本人出せということになります。

軍事訓練とVZとの話し合い

――休廷前の続きですけど、証人は七二年四月にベイルートに入り、奥平剛士氏と安田から基本的な軍事訓練を施されたと、こう証言していましたが、PFLPの行う軍事訓練に参加したこともあるわけですか。

七二年四月当時ですか。

――いや。その七二年四月以降のいつの時点でもいいんですけど、PFLPの行う軍事訓練に参加したこともあるんですか。

はい、あります。

――前回の証言でちょっとはっきりしなかったんですけど、

軍事訓練は四回ほど参加したと。最初の訓練は一般参加者として参加したと証言していましたが、この最初の訓練というのはＰＦＬＰの行う軍事訓練のことですか。

そうです。

――それはいつ参加したんですか。

七三年一月です。

――証人がそのＰＦＬＰの行う軍事訓練に参加した理由というのは何かあるんですか。

禅問答になりますが、訓練を受けるためです。

――私の素朴な疑問は、既に奥平剛士、安田から基本的な軍事訓練を施されていたのにＰＦＬＰの軍事訓練にも参加したのはなぜでしょうかということなんですけど。

それは正式な訓練を受けるということで。それとドクターからも参加したらどうかという要請があったんで、参加することに。それまではレバノン南部とか行ったりしていましたので。

――証人は七三年五月にヨーロッパでＶＺの者と会ったと、こう証言していましたですね。

はい。

――証人はいつヨーロッパに行ったのですか。

七三年五月。

――これは何のために行ったんですか。

その日本人に会うため。

――その日本人に会うことを目的として行ったということですか。

はい。

――他の目的はないということですか。

それともう一つはアシェングループの人間に会うため。

――そのアシェングループの人間に会うのはなぜなんですか。

言えません。

――それは証言できないと。

できません。

――アシェングループの人間に会うためということは、行ったのはパリですか。

パリです。

――そうすると、ＶＺの人間と会ったのもパリで会ったということになるわけですか。

そうです。

――そのＶＺの人間でパリで会った人間の名前は言えないということですけど、これはキクチと呼ばれている人ということではないんですか。

言えません。

――じゃ、そのＶＺの人と会ったのは何のために会ったんですか。

それは連絡。一年間会っていないので、その間の協議とか、今後の方向とか、そういうことです。

——そのＶＺの人とはどういう話をしたんですか。

言いたくないです。

——当然日本ではこういうことになっているんだよという状況をあなたに説明したりはしますよね。

はい。主要にはＶＺの方針について話をしました。総括と。というのは、自供者が出て、その彼らの自供総括というのを提起受けたりしていましたので。

——そうすると、その当時の日本のＶＺに対する取締り状況、あなた方の言葉でいうと弾圧状況ということになるんでしょうけど、そういうことについて話を聞いたということになるわけですか。

それと二名拘束されたのはご存じですよね。

——ええ。

彼らが自供したりしていましたので、彼らの方から自己批判総括というのが出されていましたし、私がいたときは各自給料の一〇パーセントを拠出というので、私も出していたんですが、そういった今まで作ったものが全部ゼロになったんで、彼らは再建という方向にあったんで、そういった点について話をしました。

——あなたの帰国について何か話は出ましたか。

いや、私の方は既に日本政府から手配が出ているので、そういう話は出ませんでした。手配が出ていなければ、もちろん帰国するということになったと思います。

——そのパリですけれども、いつごろぐらいまで滞在していたんですか。

それほど長くはなかったと思います。二、三週間。

——その間はアシェングループとの接触とかもしていたということになるわけですか。

はい、話合いをしたりしておりました。

——その後そのパリを出てどこに移動したんですか。

バグダッドです。

——バグダッドに戻ったときに重信被告人に会っていないですか。

七三年の五月か六月ということになりますよね。

——そうですね、七三年の五月か六月。

バグダッドでは会っていないです。

——バグダッド以外のところでは会ったんですか。

四月にレバノンで会っています。

——それはパリに行く前ですよね。

そうですね。

——パリに行って、四月にレバノンで会ったときにはどういう話をしたんですか。

それはメイ君が産まれたので、その顔見せというか、誕生祝というか、お祝いに訪れたと。

——誕生のお祝いに訪れたということですか。

はい。それでそのついでにいろんな話をしたりはしました。

——それでそのあとにパリに行きましたよね。

はい。

——パリから帰ってきて、バグダッドなりどこかで重信被告人には会っていないですか。

会っていないです。

——その証人がパリから戻ってきたころというのは、重信被告人というのはどこにいたんですか。

レバノンになると思います。

——都市名でいうとどこになるんですか。

——バグダッドではなくてベイルート。

ベイルートです。

——証人はヨーロッパからバグダッドに戻って、バグダッドで新たな軍事訓練に参加していないですか。

バグダッドではなくてベイルートです。

していいます。

——それはどこで行われたんでしょうか。

バグダッドです。

——バグダッドの郊外ですか。

郊外です。

——どういう訓練だったんですか。

いわゆる定例のというか。

——通常ということですか。

通常の訓練です。

——通常の武器の取扱いとかそういう訓練に加えて、さらに特別な訓練を受けてはいないんですか。

いや、受けていないです。

——その訓練というのはいつから行われたんですか。

その当時はコーチでやっていましたから、コーチで三回やっていますから、細かい日付けまでは覚えていないです。

——訓練が終わったあと、証人はどうしたんですか。

……終わったあとはベイルートに行ったと思います。

ドバイ闘争での失敗

——ベイルートには何をしに行ったんですか。

アブ・ハニとの会議。

——そのときには重信被告人には会っていないんですか。

会っていないです。アブ・ハニの会議のあとは会っています。

——それはどういった用件で会ったんですか。

その当時軍事的部門ではドクターと矛盾があったんで、その矛盾の現状を伝えています。

——その矛盾というのは何についての矛盾なんですか。

いわゆるドバイ事件。

——ドバイ事件の作戦のやり方についての対立みたいなものがあったわけですか。

そうですね。

——今のお話だと、その当時ベイルートに重信被告人がいて、アブ・ハニがいて、証人がいたということですよね。

ええ。

——それでドバイ事件のやり方を巡って対立が生じていたと。

ええ。

——その対立が生じているのはいいんですけど、軍事部門とアブ・ハニとの間に生じた対立を、なぜ重信被告人のところに話をしているんでしょう。

それは単に現状を報告しただけです。

——軍事部門は秘密主義で保秘が要求されるわけですよね。

ええ。

——それで公然の人間である重信被告人に作戦のやり方を話すというのは。

やり方は話していないですよ。

——じゃ、どういうことを話したんですか。

論争していると。論争して、要するにPFとの共闘の責任は私が取るというふうにやっていたので、全部棚上げしようかというふうに考えているという話をしました。

——ちょっと話がドバイ事件の作戦の方に行っているんでお聞きしますけど、ドバイ事件におけるアブ・ハニの目的というのは何だったんですか。

アブ・ハニの目的は資金調達でした。

——それで実際は金の要求の他に松田久と松浦順一の釈放要求がなされましたですね。

はい。

——この松田らの釈放が要求に含まれたいきさつというのはどういうものなんですか。

それはこちらから提起した内容です。

——アブ・ハニに対して提起したんですか。

そうです。

——これは当初から二名を釈放するよう要求する予定だったんですか。

はい。

——当初は一名の釈放で、要求によってもう一名増えたということはないですか。

そういうことはありましたね。当初二名だったのが一名に減ったが、再び二名になった。

――そうだったということですか。

はい。

――要するにアブ・ハニとの交渉の中で釈放の人間が増えたと、こういうことになるわけですか。

はい。

――そのドバイ事件のランディング地ですけれども、これはどこだったんですか。

リビアです。

――元々当初からリビアの予定だったんですか。

それはそうみたいです。

――これはなぜリビアに決まったんですか。

順番を追っていきますと、ミュンヘンオリンピック襲撃事件〔一九七二年九月、黒い九月グループによる〕がありまして、戦士が当時西ドイツに拘束されていて、その救出ということでルフトハンザ機のハイジャックというのがあり、それがリビアに行って歓迎されたということがあったからです。

――カダフィの腹心の中心にナセリストがいるということから、リビアをランディング地にしたということではないんですか。

まあそういう話はドクターはのちになってしていますけど、当時は歓迎された人間というのはドクター関係の人脈で、その歓迎されたという状況があったんで、単純にそういうふうに選んだということのようです。

――そうすると、ランディング地はアブ・ハニが決めたんですか。

と思います。

――そのランディング地をリビアとした場合の帰還の見通しについてアブ・ハニはどう考えていたんですか。

それはそのルフトハンザのときと同様の処置が得られるだろうというふうに考えていました。

――そうすると、好待遇で早期に帰還できるということですか。

そうです。

――正確にいうと、好待遇で、向こうには少しの間いて。

まあＶＩＰ待遇と。

――そういうアブ・ハニの見通しとか、リビアをランディング地とすることについて、異論とかなかったんですか。

日本人からは異論はなかったようです。

――日本人の方からはなかったんですか。

はい。

――そうすると、別の人間からは異論があったということになるんですか。

それは結果的にリビアに着陸した者たちが歓迎されなかったという結果があって、おかしいんじゃないかと。

――そうすると、作戦実行前に、リビアでは早期帰還の保証がないのではないかということで、アブ・ハニに対して異論を唱えるということはなかったんですか。

なかったです。

――そうすると、そのアブ・ハニと証人のいうところの軍事的部門の対立というのは、一つは政治目的の点ですよね。

はい。

――じゃ、ランディング地はその対立姿勢には含まれていないと。

はい。

――ランディング地をリビアにすることについては異論を唱えていないということですか。

そうですね。

――他にどういう点についてその軍事的部門はアブ・ハニに異論を唱えたわけですか。

前にですか。

――作戦実行前に。

彼の方は資金獲得の方が主で、いわゆる我々の言い方からいえば同志解放というのが従、ついでという形であったということと、それと日本赤軍という名称、それはリッダ闘争があったのでそういう名称を対外的には使っていたわけですが、その名称も使わないでやるべきだというような話をしていました。

――作戦部隊は指示された内容だけを遂行すればよいと、そういう経験主義的なやり方について、あなたのいうところの軍事的部門がアブ・ハニに対して批判をしたということはなかったですか。

その当時は日本人からはその点については批判は出ていなかったと思います。

――そういう軍事的部門からアブ・ハニに対する批判が出て、最終的にはそれはどういうことになるわけですか。

最終的にはドクターが同意して、資金調達主というのはやめて、あくまで同志解放、それから日本赤軍という名称も出すと。ただしPFLPという名称は出せないということでした。

――それが先ほど証言されていた、釈放すべき釈放犯の要求が一名から二名に増えたということを意味するわけですか。

そうですね。

――そういういきさつがドバイ事件についてはアブ・ハニとの間であったわけですね。

はい。

――それを重信被告人に話したと。

矛盾があったということについて話しました。具体的な内容については話していないです。

――せっかく会っても具体的には話さないんですか。

はい。

——じゃ、何で重信被告人に会うんですか。具体的な内容を話さないんだったら、重信被告人に会った理由は何なんでしょう。

一応ＰＦＬＰとの関係性の問題であるので全体の問題であるから報告したというか、話をしたと。

——アブ・ハニらアウトサイドワークと軍事的部門の関係性の問題にとどまらないということなんですか。

そうですね。要するに軍事共闘という形でやっている以上、日本人グループとＰＦＬＰ全体との関係ということになりますから、要するに軍事的部門ではこういう矛盾が発生しているというのを一応伝えておくと。

——それで伝えられた重信被告人はそれをどうするんですか。

いや、どうもしないです。

——例えばＰＦＬＰの政治局部門とその点について話をするとか。

いや、一応情報として把握しておくと。

——それだけということなんですか。

それだけです。

——あるいは政治局部門じゃなくてもアブ・ハニと話をしに行くとか。

それはないです。私が担当していることですから。

ドバイ闘争での声明発表

——もうちょっとドバイ事件についてお聞きしたいんですけど、七三年八月一三日にパリで行われたドバイ事件に関する足立の記者会見ですけれども、これは足立が誰かの指示を受けて行ったということですか。

そうですね。

——それは誰の指示を受けたんですか。

そのときは私は不在なので具体的には分からないですが、足立自身はドクタールートもあったし、重信ルートもあったんで、それは本人に聞いていただくのがよいかと思います。

——以前足立氏の公判でご証言されたときは、アブ・ハニルートだったという話をされていたと思うんですが、そうではないんですか。

伝聞ではそうだったです。

——今のご証言では重信ルートの話が出ていますが、当時足立証言では、アラブ赤軍の誰かから依頼が来たのではないという、ＰＦＬＰがすべて手配して足立に連絡をつけたんだと思うという話だったんですが、そうではなくて。

いや、伝聞としてはそうです。

——そうすると、重信ルートというのはなくなっちゃうんですか。

いや、足立同志自身は、ルートというのは、付き合いがあったとか、そういう意味で言っているんです。面識というか、被告とは親しい関係、それからドクターとも面識があると、そういう意味で重信ルート、ドクタールートというふうに申し上げました。

——そうすると、元々この記者会見というのを立案するというか、計画したのは誰になるんですか。

弁護人（大谷）

——証人はそこ不在中知らないと。伝聞でよければということで言ったわけですから、それ以降くわしい質問をしても、証人自身の経験に基づいた証言にはならないと思うんですけど。

検察官（西谷）

——じゃ、それは知らないとお答えいただければいいだけの話であって。

裁判長

——そう思いますが、今の質問についての答えはどうですか。

事実関係は知らないです。

検察官（西谷）

——そうすると、そのあたり足立公判の証言はありますけど、実際のところはパリで行われたドバイ事件に関する足立の記者会見はどういういきさつで誰が決めてどう指示が行ったのかというのは知らないということになるわけですか。

はい。足立公判で述べましたように、ドクターから聞いた話ではという形で述べております。

——ドクターから聞いた話ではドクターということですか。

はい。ということであのときは述べております。牧野さん〔足立公判の担当検事〕はそれで構わないということでしたんで。

——そのあと私が問題にしているのは、アラブ赤軍の誰かではないという、PFLP側がすべて手配して足立に連絡をつけたというところはどうなんですかという話なんですが。

実際は日本人グループの方もどうも歓迎されていないということで対策に動いていましたから、その点は協議したはずです。協議していたと思います。

——ただその部分については誰かから話を聞いたわけではないということになるわけですか。

誰かから……

——例えば実際に私は協議していたのよと重信被告人から聞

いたとか、足立からあのときは実はアブ・ハニから話が来たけれども、日本人ルートからも来たんだよという話を聞いたとか、そういう誰かから聞いたということはあるんですかということです。

日本人側からも一応経緯は聞きました。

――そうすると、日本人側から経緯を聞いたところ、どういうことだったんですか。

とにかく日本人側からは、ドクターの方は分からないので、要するに副議長を通して政治局の方に聞いたら、政治局の方はＰＦとしては関知していないということだったんで、それでは要するに軍事的部門の同志から聞いている話と違うと。関知していないのはどういうことだというので聞いたら、どうも政治局の話では、ドクターの独走であったということであったんで、では対策を取ってくれというので政治局と交渉をしたということがあります。だから声明についても、その関連で共同するという形があったと思います。

――そうすると、足立に白羽の矢を立てたのは誰になるんですか。

多分ドクターだと思うんです。

――ドクターが足立を知っていて足立に白羽の矢を立てたということですか。

はい。ドクターは無方針状態、失敗したということで方針がないという状態であったんで、政治局の方からも、要するに日本人との関係をきちんと始末しろというふうにきつく言われたんで、アターに、アターというのは足立のことですけど、要するに顔見知りではあったんで、じゃ、やってもらおうかということだったみたいです。

――ドクターがやってもらおうかと白羽の矢を立てたということになるわけですか。

はい。だから積極的に動いたのはどちらがどうかといえば日本人の方だったと思います。

――そのＰＦＬＰ側がすべて手配して足立に連絡をつけたというのではなくて、日本人が。

話がややっこしいですけど、要するにまず政治局にアプローチしたのは日本人グループであると。それで政治局がドクターに圧力を加えたと。誠実に対応しろという圧力を加えたと。それでドクターの方は方針がない状態であったんだけれども、ちょうどアターがいたんで、アターの方からも、正確には日本人グループの方からもそういう意向があったんで、ドクターの方は渡りに船ということで、じゃ、具体的にというのはドクターの方からアターに提起があったというふうになります。

――例えば記者会見の場所をパリにするとか、あるいはその声明文を誰が作るとか、そういうのはどこがやっていたんですか。

それは確かアターとドクターの方で協議したんだったと思います。念のために言っておきますけれども、検事さんの方は人物を特定したいんでしょうけど、組織的部門の複数です。被告を含む複数です。

二〇〇三年五月二七日
重信公判第三〇回

アウトサイドワークの内実

検察官（西谷）

――ドバイ事件なんですけれども、ドバイ事件にアシェングループというのは関与しているんですか。

答えたくありません。

――アシェングループはドバイ事件の犯人の釈放ということに関心はあったんでしょうか。

答えたくありません。

――別の質問に移りますが、ハーグ事件が起きた七四年九月までの間、アブ・ハニと重信被告人の二人はどのくらいの頻度で会ったり、連絡を取り合ったりしていたんでしょうか。

承知はしていないです。それから担当者ではないので、直接的な関係はなかったはずです。

――担当者ではないのでという意味がちょっとよく分からないんですけど。

これは従来私が言っている軍事的部門、それから非軍事的、組織的と言っていますが、組織的部門ということで、担当分野が違うという意味です。

――そうすると、例えばアブ・ハニが軍事的活動を行うときに重信被告人に連絡を取るということはなかったということですか。

はい、それはないです。

――ちょっとくどいようですけれども、アブ・ハニが軍事活動を行うときに、重信被告人に連絡を取って、アブ・ハニの指示に沿って重信被告人があれこれ人の動きを差配すると、そういうこともなかったということですか。

はい。

――これはあなたが証言するところの外国に行く前でも、またあなたが外国から帰ってきたあとでも同じですか。

はい、同じです。

――そうすると、アブ・ハニが軍事活動を行うとき、重信被告人以外の日本人と連絡を取るということはあったんですか。

はい、それはあります。

――それは誰と連絡を取っていたんですか。

私がいるときは私で、私がいないときはYです。

——そうすると、あなたとかY氏がアブ・ハニから指示を受けて人の動きなどを差配したりもするんですか。

必要があれば。

——今のは軍事のことなんですけれども、じゃ、アブ・ハニが軍事以外の活動を行う際に重信被告人と連絡を取るということはあったんですか。

軍事以外の場合は他の、政治局など確認のうえで連絡を取ることはあったとは思います。

——軍事以外の場面というと、例えばどういう場面だったんでしょうか。

情宣関係……ちょっと今思い付くのは情宣関係だけです。

——そのY氏はこの公判でアブ・ハニが重信被告人に金を借りようとしたと。それでY氏経由で連絡を取ったようなことを証言していましたけど、そういうことというのはあったんですか。

私がいるときにはなかったです。

——証人たち日本人の方からアブ・ハニに連絡を取るときに、アブ・ハニサイドの窓口というのは決まっているんですか。

はい、決まっています。

——それは誰なんですか。

私が前回言った、私がいた当時はアブダルダという同志です。

——例えばムカルベルを通じてアブ・ハニに連絡を取るということはあるんですか。

ムカルベルは私のいないときにヨーロッパの担当をやっていたんで、私のいないときは必要があればそういう同志が担当していたということはあると思います。

——証人がいたときにはヨーロッパの担当はムカルベルではなかったんですか。

私が会っていたのは、ヨーロッパの担当とは会っていなかったですから。

——そうすると、ムカルベルがヨーロッパの担当になったのは、証人が外国に行ったあとということなんですか。

外国にいた間だと思います。私が七四年の夏に戻ってきたときには既にそういうのをやっていましたから。ただ七三年の夏以前には聞いたことがなかったんで、その間だと思います。

——ちょっと質問が変わりますが、アブ・ハニの軍事作戦に外国人の共闘組織とか、あるいはボランティアが参加する場合のことなんですけれども、作戦の内容について、例えば外国人の共闘組織のリーダーとか、あるいは作戦のキャップに指名された外国人とかが、事前にアブ・ハニと作戦の内容について意見交換したり議論したりはしないんですか。

そういったことは一切よその組織の人間には教えてくれないというか、教えないというのを原則にされていた方でしたから、その具体的な内容は私は知りません。

――アブ・ハニがそういう原則を取っていたということですか。

はい、そうです。

――例えば作戦の実行方法とか、あるいはそのランディングとか、そういうことでアブ・ハニと議論したり、あるいは意見を述べたりということはないんですか。

私が申し上げたのは、例えば外国の組織、あるいは外国の組織の指導者と会ってこうこうこういう話をしているとか、そういった話をそれ以外の人間、私に対して話をするということはないと。そういうことは話さないというのが彼の原則ですから。

――そうすると、じゃ、共闘組織のリーダーとか、あるいは作戦のキャップに指名された人間とアブ・ハニとの間では議論は行われるんですか。

それもケース・バイ・ケースによるみたいです。

――ケース・バイ・ケースということですか。

はい。

――以前の証言ですと、例えば和光がキャップだったら和光が日本人のメンバーを人選できるんだと。数少ない与えられた権限なんですという話をしていましたですね。

はい、そうです。

――そういう人選を任されたキャップというのは作戦の内容というのは事前に知っているんですか。

大体一応の提起は受けると思います。

――その提起を受けた作戦について、いや、これはこうすべきだとかいう議論をアブ・ハニとの間ではしないんですか。

計画が十分なされている場合と突発的な作戦と、その場合は異なると思いますけど、事前に十分に計画された作戦であれば、一応参加するメンバーとはきちんとした確認をする人です。

――そうすると、その確認というのには議論をして共通理解を得るとか、理解を得るということも含まれるんですか。

含まれます。

――それから例えば外国人のキャップが人選したメンバーについて、アブ・ハニの方で意思確認をするということはあるんですか。

それは……アブ・ハニ部局の活動を具体的に取って、要するにアブ・ハニ部局の者の指揮で動いている人とか、そういった場合はドクターが確認を取りますけど、そうでない場合は、例えばAの国の人間としたら、そのAの国の責任者に任せるということになります。

――それから例えばアブ・ハニの軍事作戦が開始されたあとに作戦がうまく進まなかった場合、そういう場合にこれには誰が対処するんですか。

具体例があるとはっきり答えられるんですけど、抽象的にいえば、政治的な責任、例えばAという組織に対してPFLPが政治的な責任を負っている場合、それはPFLP全体で負うということになります。それがあくまでドクター人脈だけの関係であれば、それはドクターの側で処理する必要があります。

――そのドクター人脈で負っているときにはドクターの側で処理するというのは、例えばどういう処理をするということになるんですか。

個別に政治局に諮らないで動くということもあるとは思います。一般論で述べていますけど。

――その軍事作戦が始まりますよね。それでその終結までの間に予定していたものとは違うような経過をたどることがありますよね。まあハーグ事件もそうだったのかもしれないですけど。そうなったときにそれを主導的に軌道修正するというのは、これはアブ・ハニが行うんですか。

ドクターが計画準備した作戦においてその予想以外の事態になった場合に、対応は一応ドクターもしくはドクター関係者が行うということになると思います。

――その作戦に人を出している共闘組織とか、あるいはボランティアとかのリーダーが、どうこの本来の予定からずれた局面に対処するかについてアブ・ハニと議論したり、意見を出したりということはあるんですか。

それはケース・バイ・ケースだと思います。

――今のは作戦の途中なんですけど、そうやって作戦が終わったあと、予想外の結果に終わってしまったと。例えば参加してくれた外国人の共闘組織とかボランティアに損害が生じたといった場合は、これはアブ・ハニとの間で補償交渉というんですか、そういうことはあるんですか。

組織によってはあると思います。

――例えば作戦における事実関係の調査を求めたりするということもあるんですか。

組織によってはあると思います。一般の貿易取引なんかでも欧米系と日本なんかと違いお分かりでしょう。だから欧米系は割とそういうのはしつこいというか、日本人とかアラブ人とかアジア人はあっさりしていますけど、欧米人はそういうのは厳しいとはいえます。

――もうちょっとアブ・ハニの作戦のやり方についてお尋ねしたいんですけど、作戦の実行と交渉を分けるんだということを証言していましたですよね。

はい。

――作戦の実行と交渉を分けるメリットというのはどこにあるんですか。

ＰＦＬＰというか、アウトサイドワークの作戦で当初やっていたのは、作戦部隊に交渉権限を持たせて、作戦部隊が独自に、例えば相手国と交渉をして動きを決めるというふうにやっていました。ところがそれが何件も起こると、西側諸国もイスラエルも態勢を取って、とにかく作戦部隊との交渉で時間を掛けると。時間を掛けて、とにかく文字通り交渉ですね、要求を引っ込めさせるか、降伏させるかというので、そういう交渉になっていったということがあって、それを克服というか、新たな戦術としてドクターが立てたのが、要するに作戦部隊に交渉権限がなければ相手国が作戦部隊と交渉できないということになるでしょう。結局ドクター側の別ルートからきた要求に対して、交渉しようにも、相手が一方的な通告しかないので交渉ができなくなるということで、そういう戦術として新たに作ったのを、七〇年代に入って、七七、八年当時までずっとそういう戦術を選んでいたみたいです。

――その戦術ですと、その実行部隊と交渉を行う者との連絡というのはどうやって取るんですか。

例えば大使館占拠であれば、その占拠された国と作戦部隊との、いわゆる人質の交渉というのはありますよね。だからそれに対しては、相手国に対してその交渉側の人間が部隊にこのように伝えるという形を取ってやると思います。

――そうすると、何か相手国を介してやるということになるわけですか。

ええ。だから事前に作戦部隊には合言葉を伝えて、こういう言葉が相手国から伝言として来ればそのときはこのように動けと。それで来なければこのように動けと、そういう作戦計画にしていたみたいです。

――要するに実行部隊と交渉を行う者とが作戦が始まってから連絡を取ろうとしても、相手国を通じてとか、あるいは電話会社を通じてでもいいんですけど、要するに筒抜けですよね。

そうです。

――それもそういう欠点を補うために事前にそういう準備をしておくわけですか。

事前にそういう合言葉を決めて、相手国がそのまま、例えば青と言えと交渉者が言えば、相手国が、いや、青という連絡が入りましたと。それで受けた側が、ああ、青ということだったら、じゃ、次の行動はこうすると、そういう計画をしていたようです。

――じゃ、事前に行動のパターンを決めて、暗号化して、その暗号を相手国経由で交渉役から犯人グループに伝えたりするということになるわけですか。

はい、そうです。だから欠点もありますよね。欠点というのは、そういうふうに想定した以外の事態が起きたときに対応できなくなるというので、失敗した例もあります。

——そうすると、その行動パターンを決めてそれを暗号化して事前に実行グループと交渉役で了解しておくというのは、ハーグ事件も同じなんですか。

ハーグのときは、そこはよく覚えていないんですけど、暗号で入れるといったのか、連絡をするといったのか、どっちかだったと。和光君に聞いた方がいいと思いますけど。

——例えば総括会議で何か暗号がうまくいかなかったとか、そういう話は出ていないんですか。

出たのは、交渉部隊から連絡をする、どうもその手段を決めていなかったみたいです。だから和光同志たちは、要するに相手国を通して入るのか、直接電話が入ってくるのかというのを想定していたみたいです。だから当時スペシャリストと呼んでいましたけど、スペシャリストの作戦ミスだと思います。

——それから投降地なんですけれども、作戦開始前に受入国と交渉することはないという証言でしたですね。

はい。

——そうすると、作戦が開始されたあと、作戦の途中において受入国と交渉するということはあるんですか。

それはあります。

——その交渉をしたけれどもそれがまとまらないというときはどう対処するんですか。

……もう一度質問をお願いします。

——作戦開始前は受入国と交渉しないんですよね。

はい。

——じゃ、作戦が始まりましたと。始まってまだ終了していない途中において受入国と交渉をすると。今作戦をやっているけれども、あなたの国で受け入れてくれないかという交渉をするということはあるんですか。

はい、あります。

——その場合に交渉をしたけれどもまとまらないといったときはどう対処するんですか。

いや、それはちょっとドクターからそこまで聞いたことないですね。

——そういうところはあんまり考えないんですか。

具体例でいうと、ハーグのときの、いわゆるアデンの着陸うんぬんかんぬんのときは、交渉する時間がなかったというふうにドクターからは説明を受けています。スペシャリストの方から何月何日に始まるという連絡が事前に入っていなくて、事情がよく分からなくてドクターの方で対応できなかったと。それともう一つは、部隊がアデンで粘ってくれれば時間的に間に合ったんだけれども、粘らなかったんで、そのままいってしまったんで、交渉がうまくできなかったというふうに後日聞きました。具体例でいいますとそういうことです。

――要するに作戦を開始して、それがせっかく解決しても、受入先がないとなれば作戦はそこで暗礁に乗り上げちゃうわけですよね。

はい。

――そういうことを防ぐために、例えば事前に交渉をするとか、あるいは作戦途中で何としても交渉をするとか、そういうことではないんですか。

そのときはドクターの方で、スペシャリストのカルロス氏の方からそういう事前の連絡を受けなかったと。本来ドクターが準備している作戦というのはきちんとあらかじめ何か月も掛けて準備するんだけれども、あのときは時間的制約があって、突発的にスペシャリストにある程度権限を渡してやらせたということがあったんで、そのスペシャリストの方から逐次報告、事前報告というのがきちんとなされていなかったんで、自分には対応できる時間がなかったんだと。ただそのときそれはこちらからドクターに対して批判として提起している分だから、ドクターの側としては弁護の側から説明していたというのがありますから、実際のところはどうだったかはちょっと分からないですけど。

――そうすると、スペシャリスト、カルロスからアブ・ハニに連絡が来て、それでアブ・ハニが受入国の交渉を始めるという段取りになっていたんですか。

私の推測ですけど、多分スペシャリストの確認ではアデンに行けというふうにドクターは指示していたと思います。だからスペシャリストの方は指示した本人がいるんだから、起こったら動くだろうというふうに考えたと思います。その辺の連携と事前確認が悪かったんだと思います。私がドクターの言い訳を聞いて推測したものはそういうことです。

――そうすると、本来であればアブ・ハニがその作戦開始後にアデンの方と交渉をするということになっていたんですか。

多分スペシャリストの方はそう認識していたと思います。

――アブ・ハニの方はどう認識していたんですか。

私の本音を言いますと、多分アブ・ハニは認識していたはずだと思います。ただ失敗したので、そういうふうには言えないから、私にはそういう説明をしたのだと思います。あともう一つは、アデン政府、当時の南イエメン政府も困ったんだと思います。というのは、作戦自体が日本人によるもので、フランス大使館相手ということで、アラブの大義というところから少し遠いということだったと思います。

――ちょっとくどいようですけど、そうすると、証人の認識では、アブ・ハニは南イエメン政府と交渉はしたんだけどうまくいかなかったということなんですか。それとも交渉もしていないということなんですか。どっちになるんですか。

それはどちらかは分からないです。

――それは分からない。

はい。アブ・ハニが私に説明をしたのは、交渉する時期を逸したと。

――じゃ、交渉していないということですか。

交渉する時間がなかったという意味で言っていました。

翻訳作戦の内実

――次の話なんですけど、翻訳作戦なんですが、翻訳作戦が立案されることになったきっかけというのは何なのか聞いていいますか。

伝聞だから記憶は鮮明ではないですけど、構わないですか。

――何だったんですか。

一つはTさんたちがアジアの様々な解放運動、一番大きなところでは南ベトナム解放戦線、それからモロ民族解放戦線とか、そういった支援で動いていまして、そういった中で具体的に支援で動くとしても、支援というのはパレスチナ側も結び付けて、そういう国際連帯を作る形によって支援を拡大するという意味ですが、実際にそういった資金が必要とされるというのと、あともう一つは、ちょうど第一次石油危機で、日本では買占め騒動とかあって、トイレットペーパー不足とかいうのがあったときに、商社がいろんな物資を買占めしていたと。買占めして値上げを待っていたというのが日本で騒ぎになっていたと思うんですけど、そういったところで、商社に対して政治的に、要するに鞍馬天狗じゃないですけど、制裁を与える必要があるんじゃないかという話が出たのがきっかけだったというふうには聞いていますというふうに私は記憶しています。

――そうすると、そもそもの最初というのは、T氏が支援する民族解放闘争の資金獲得のためということなんですか。

それが中心だったと思います。それともちろん自分たちの活動のあれにもなるということはあったと思いますけど。

――それはT氏の欲する資金とともに日本赤軍の自立、当時のアラブ赤軍の自立のための資金獲得と、この二つの目的があったということ。

その二番目がどれぐらいの重点があったかどうかはちょっと思い出せないです。

――名称はいいんですけど、誘拐作戦を行うんだということを最初に言い出したのは誰になるんですか。

そこの具体的な内容はちょっと記憶にないです。

――これは例えばK氏が重信被告人に話を持ってきたもので

はないんですか。

ちょっとそれは控えさせてください。Kさんに迷惑かもしれないので。

――そういう話を重信被告人から聞いたことはないですか。

聞いたかどうかもちょっと伏せたいと思います。

――じゃ、誰が持ってきたかは別として、話を持っていった相手というのは重信被告人になるんですか。

ヨーロッパの人たちとの対応をしていたのは被告だから、必然的にそうなったと思います。

――その結果重信被告人に話が行ったということになるわけですか。

と思います。

――以前翻訳作戦について、軍人たちの一部で仲が悪かったりしてうまく事が運ばなかったと、こう証言していたんですけど、この軍人たちというのは誰なんですか。

Y、和光同志たちです。

――この軍人たちの一部で仲が悪かったりしてうまく事が運ばなかったというのは、これは具体的にはどういうことがあったということなんですか。

単純にいえば性格が合わない、気が合わないと、そういうレベルです。

――いや、二人の仲が悪かったという方じゃなくて、私が聞いているのは、うまく事が運ばなかったのは、具体的にはどういうことが運ばなかったんですかと、そちらなんですけど。

だから実際にそういう準備をしようとすれば、ヨーロッパの友人たちと緻密な連絡を取って計画を作り上げていくわけですけど、そういう不仲があったりすると、仕事よりも、ちょっとあいつとは一緒にやれないといった、そういう人間関係の方で制約されると。そういうのは一般社会でもあると思いますけど。

――翻訳作戦にY氏はどう関与していたんですか。

その辺の具体的な内容まではちょっと覚えていないです。当時は聞いたのは確かですけど。

――その軍人たちの一部で仲が悪かったりしてうまく事が運ばなかったと、そういうこともあって、重信被告人が積極的に動いたみたいだったと、こう証言されていますですね。

はい。

――そうすると、証人の理解では、これは本当は軍人たちが動かなきゃいけないところを、動かないんで、代わりに重信被告人が動いたということになるんですか。

そうです。言い方は悪いですけど、余計なことをしたと。

――その軍人たちが仲が悪くて代わりに重信被告人が動いたということですけど、他の人ではなくて、何で重信被告人が積極的に動いたかというのは聞いていますか。

それは先ほど申し上げましたように、Tさんたちの関わりがあったんで結局話が被告の方に回っていたということになると思います。

——翻訳作戦にはアブ・ハニは関与していないんですか。していなかったはずですけど。

——まったく関与していないんですか。

その辺のところは、例えばY君がどういうふうに交渉していたか、そこがちょっと分からないです。そういう意味ではTさんもドクターとも知り合いであったですから。ただその当時総括といっても、結局ハーグ勝った、勝ったで浮かれていましたから、そういう具体的に一つ一つ事例を洗っていって、ここにこういう問題があったという総括はやっていないんです。

——要するにアブ・ハニとアラブ赤軍の関わり方、あり方、関係が問題になって総括会議をしているわけですよね。

はい。

——その中で当然ハーグ事件におけるアブ・ハニとアラブ赤軍との関わり方が問題になると思うんですけど、当然翻訳作戦だって、もしアブ・ハニが関与しているんであれば、アブ・ハニとアラブ赤軍との関わり方についても問題になって議論しているんじゃないですかね。

そういう言い方で言いますと、ドクターが計画したものではないというのははっきりしていましたから、総括対象として非常に弱い位置にありました。

——計画したものではないけれども、何らかの形では関与していたんですか。

それはY氏からのちに聞いています。

——それはどういうところに関与していたんですか。

結局日本人たちではどうもうまくいかないみたいだから、ドクター関係の方で関わった方がいいんじゃないかというようなことだったと思います。

——もしアブ・ハニが関与して作戦が行われたとして、それでアラブ赤軍の自立のための資金獲得という目的は達成できるんですか。

さあ、微妙ですね。

——全部持っていかれちゃうとかいうことにはならないんですか。

当時はドクターは尊敬もしていましたけど、結局ドクター傘下という状況に変化をもたらすことはできなかったんじゃないかと思います。

——やっぱりドクター抜きでやろうというような動きというのはなかったんでしょうか。

潜在的にはあったんじゃないかと思います。

——そのあたりの具体的なプロセスというのは総括会議では

出ていないということですか。

はい。翻訳も最大の問題はＹが拘束されたと。もう一つはＴさんたちが自供してしまったと、そちらの問題にぱあっと流れてしまっていましたから、そういう立案からその準備過程の問題とかいうのを緻密に一つずつ洗っていくということはしなかったです。

――翻訳作戦でヨーロッパグループとその重信被告人らとの間に意見のずれとかがあったみたいなんですけど、そういうのも議題には上っていないというか、話題に上っていないということですか。

はい。ただ上ったとしたら標的が変わってどうのこうの、ヨーロッパの意思一致がどうなっているんだという形で、ヨーロッパの人たちへの批判という形で和光氏が出していたような気もしますけど。

――標的が変わるというのは、具体的にはどういうことですか。

対象というか、三菱か丸紅か何だかだったと思います。

――翻訳作戦の過程で和光氏が偽ドル札を持ち帰ったというのは知っていますか。

はい、聞いています。

――これは何で持ち帰ったのか、理由については聞いていますか。

使用というか、利用できないかどうかというのを、ドクターが本職で、そういう地下関係のルートを持っていますから、そういう意味でアラブ側に問うてほしいということだったようです。

――例えばこの偽ドルが使用できたとして、換金できたとして、その金は何に使うんですか。

それは私の方は知らないです。ドクターの側は偽札は一切手を出さないという立場でしたので、躊躇なく断ったようです。

――そうすると、和光は偽札をどこから持って帰ってきたんですか。

まあそれはヨーロッパの出先から持って帰ったという。

――アシェングループから。

いや、それはちょっと私は答えたくないです。

ハーグ闘争前夜

――それから証人のいうところの外国から帰ってきたところから聞きたいんですけど、八月七日から一一日ぐらいの間、ダマスカス経由でベイルートに入り、ドクターグループの友人のアラブ人に会ったと、こう証言していましたですね。

はい。

――ベイルートに入ったわけですね。

はい。

――そのとき連絡が付く非軍事部門の日本人同志がベイルートにいたと、そう証言していましたが、ベイルートには軍事部門の日本人同志というのはいなかったんですか。

私が聞いたときには、軍事か非軍事かとは聞かないで、いわゆるアラブ赤軍の同志、誰がいるか知っているかと聞いたら、返ってきた答えがそれだったんです。それともう一つは、ジハードの名前は知っていましたんで、ジハードはいるかと聞いたら、ジハードはいないというふうに答えられたんで、じゃ、誰がいるかと聞いたら、非軍事的部門の者の名前が出たんで、じゃ、そっちに伝えてくれというふうに言いました。

――和光氏はいなかったんですか。

そのときは私は彼の名前を知らなかったんです。だから私が口に出せば、ジハードかジャマルはいるかというふうに聞けば、ああ、ジャマルならいるというふうにいったかもしれないです。ただそのアラブ人の同志は私とジャマルは顔見知りでないというのを知っていますから、だから顔見知りの人間の名前だけ言った可能性があります。

――そうすると、和光氏はいたか、いないか分からないんだけれども、あなたはそのベイルートではそれを確認できなかったということになるわけですか。

はい。いわゆるそのアラブ赤軍の者はいるけれども、和光君がいたかどうかというのは、私の方からは確認しなかったです。

――その当時ベイルートにムカルベルはいたんですか。

多分いたと思います。

――証人はムカルベルとの間で、例えば何か一緒に軍事活動をしたことというのはあるんですか。

いや、ないです。

――和光氏とムカルベルというのはどうでしょうか。

それはあったと思います。

――何か具体的に知っていますか。

中身はあれですけど、ハーグの件は聞きました。

――そうすると、ムカルベルと和光氏というのはどういう関係になるんですか。

ドクターグループとの責任はY君が取っていたので、だから和光君がどういうふうに連絡を取っていたのかまでは、そこまでは報告し合ってはいないです。

――そのY氏が取っていたというのは、Y氏に窓口が一本化されているんですか。

Yがいて、その助手みたいな形で和光がいて。だからそのドクターグループという形で、ドクターグループも部門が分かれていたりしますから、そこでY君と付いていれば、顔見知りなはずですから、だからムカルベル氏と関係があったというのはあると思います。というのは、ヨーロッパをうろちょろしたりしているわけですから、当然ドクターの方としてはムカルベル氏を担当に当てていた可能性はあります。

――それからその外国から帰ってきたあとの話ですが、一二日から一四日の間にバグダッドに戻ってアブ・ハニの事務所でアブ・ハニに会ったと、こう証言していましたですね。

はい。

――このアブ・ハニの事務所で会うということはどうやって決まったんですか。

元々の私がもらっている連絡がバグダッドに来てくれと。ドクターが話があるというふうに来ていましたから。それでドクターの事務所というのは私が設営に関わっていましたので、場所とかは全部知っていたので、メッセージとしてはバグダッドに来いというだけで十分です。

――そうすると、あなたが事前に知っていたアブ・ハニの事務所に直接行ったということになるんですか。

はい、そうです。

――そこでアブ・ハニとの話の中で、カルロスをチーフにして和光をキャップにすることを考えていると話していたということなんですけど、アブ・ハニはなぜカルロスをチーフとするか、その理由について何か言っていましたか。

そこまでは言っていなかったです。

――和光をキャップとする理由については何か言っていましたか。

それも言っていなかったです。

――証人はこのY奪還作戦への参加について、例えば志願するというようなことはなかったんですか。

していないです。

――以前にそのY奪還作戦に関与するつもりはなかったと証言していましたが、なぜ関与するつもりがなかったんですか。

事情がよく分からないのに口出したり、乗り出せば、結局和光君の邪魔になるし、ドクターが自分の責任でやると言っている以上、私がでしゃばる必要性がまったくなかったわけです。それからドクターからもバケーションを取れというふうに言われていましたから。

――じゃ、例えば実行部隊として奪還闘争に参加しなくても、アブ・ハニから他にこういうことをしてくれという指示とか、あるいはこういう協力をしてくれという依頼とか、そういうのはなかったんですか。

それはなかったです。

――そうすると、アブ・ハニはなぜ証人にY奪還闘争を行う考えのあることを打ち明けたんですか。

それはジハードの件はどうなっているんだというふうに聞

いたからで、何かあったらしいんだけど、どういうことかと聞いて、実はこういう事態でこういう動きをしていると。だから具体的な内容はもちろん聞いていないですけど。

――どうなったんだというのに対して、例えばもうちゃんと我々で奪還するから心配するなという程度の話でもいいわけですよね。例えばカルロスがリーダーで和光がキャップでとかいう話でなくても。

ええ。

――何で証人にちょっと具体的な話までしたんですかね。

それは私が要するに心配するだろうというので、日程の事情を説明するというので説明してくれたわけです。

――あとその闘争に付随して声明文の作成などに忙殺されるというようなことを証言しておられましたが、これは何の声明文を作るということなんですか。

闘争に関連してということになると思います。

――証人が作るんですか。

ちょっと答えたくないです。

――アブ・ハニがあなたに対してY奪還闘争の声明文を作ってくれと依頼したわけではないんですよね。

ええ。

――それより前にアブ・ハニが証人に、例えば声明文を作成するよう求めたことということのはあるんですか。

ドクターからそういうのを求められたことはないです。

――ドバイ事件の声明文というのは証人が作ったわけじゃないですよね。

はい、違います。

――そうすると、例えばドバイ事件の声明文を作った人間が、ハーグ事件でも声明文を作るとか、そういうことにはならないんですか。

それはならないです。

――それはなぜなんですか。

例えば日にちがたって、そういう闘争の政治的、あるいは路線的提起とかいう場合は被告がやっていたりしていましたけど、その闘争自体についての声明というのは、それは大体ベイルートにいる者の中でときどき分担してやるという形になっています。だから文章を分析してもらえれば筆者が違うというのは分かると思います。

――ハーグ事件ではその闘争自体の声明というのは出たんですか。

はい。ドバイもシンガもハーグもクアラもダッカも毎回出ています。

――そのハーグ事件の声明文というのは証人が作ったんですか。

ちょっと答えたくないです。

――それからバグダッドでアブ・ハニと会ったときに、重信被告人がバグダッドにいるかどうかアブ・ハニに尋ねたと、こう証言していましたですね。

もう一度お願いします。

――バグダッドでアブ・ハニと会いましたよね。

はい。

――そのときに重信被告人がバグダッドにいるかどうかアブ・ハニに尋ねたと、そう証言していましたですね。

はい。

――何でアブ・ハニに重信被告人の居場所を尋ねたんですか。

それは前に申し上げましたように、被告はアブアリ同志の管轄下の家にいて、それは郊外にあるんですけど、それの保安上から、車はいつも私はドクターの事務所から出してもらっていたんです。それで聞いたんです。

――そうすると、アブ・ハニは重信被告人の居場所というのは把握しているんですか。

それは同じＰＦＬＰだから。レバノンは部隊も多いし保安も徹底されていますからあれですけど、バグダッドは政治局とドクターと、どちらも相互に確認してやっていますから、場所の把握はできていたはずです。

――そうすると、それはバグダッドに限ってはというような話になるんですか。

はい、そうですね。駐在者が限られていましたから。

〈休廷〉

リビアでのドバイ事件裁判

検察官（西谷）

――四年八月一五日過ぎから二〇日の前ごろ、バグダッドで戸平氏と会ったと証言していましたですね。

はい。

――バグダッドのどこで戸平氏と会ったのか覚えていますか。

ホテルにいたのでホテルと、あとは事務所に連れてきたこともあったと思います。

――そうすると、何回か会っているということですか。

はい。

――何回ぐらい会っていますか。

結構会っていたと思います。いた間毎日会っていたと思います。

――毎日。

はい。だから彼がもし五日いたら、四日ぐらいは会っていたと思います。

――一番最初に会うとき、戸平氏とはどうやって連絡を取ったんですか。

ドクターの事務所の人が来ているというふうに教えてくれました。

――戸平氏と会う目的というのは何だったんですか。

ＶＺ58から来ているということなんで。

――ということで、どうだということなんですか。

いわゆるＶＺ58というのは旧知ですから。

――旧交を温めるということですか。

はい。戸平自身とはないですけど。

――戸平氏との間で、戸平氏がハーグ闘争に参加するということについての話は出たんですか。

そこはちょっと答えたくないです。

――端的に聞きますけど、証人が戸平氏にハーグ闘争の参加を求めたということはあるんですか。

答えたくないです。

――今の点ですけど、以前に和光氏がベイルートを出発する前に戸平氏にヨーロッパに向かうよう指示していったと思うというように証言していましたが、そういうことなんですか。

そういう指示があったんだと思います。

――それは誰かから話を聞いて知っているということなんですか。

ちょっと答えたくないです。

――総括会議とかで話は出なかったんですか。

出たとは思いますけど。

――そういう総括会議での話では、和光がベイルートを出発する前に戸平にヨーロッパに向かうよう指示していったということなんですか。

はい、そのように記憶しています。

――同じ年の八月二五日ころ、バグダッドで庄司弁護士と会ったと証言していましたですね。

はい。

――庄司弁護士とはどのようにして連絡を取ったんですか。

ベイルートから来るという連絡をあらかじめ受けていたので、どこのホテルに泊まるかというのも聞いていたので、会いに行きました。

――そうすると、庄司弁護士とバグダッドで会う前、最後に会ったのはどこなんですか。

バグダッドの前ですか。

――はい。

確か会っていないです。

――ずっと会っていない。

ずっと会っていないです。

――日本出国前は当然ご存じなんですか。

センター〔救援連絡センター〕の方だったから、名前は存じております。

——そうすると、バグダッドで初めて会ったんですか。

初対面のはずです。

——バグダッドで庄司弁護士と会った際、庄司弁護士はリビアで重信被告人と会ったと話していたわけですね。

はい。

——庄司弁護士は重信被告人といつ会ったというふうに話していたんですか。

そこはちょっと覚えていないですね。日付けまでは。

——じゃ、リビアのどこで会ったというのは話していましたか。

それはトリポリ。

——重信被告人がリビアに行った理由について庄司弁護士は何か話していたんですか。

それはリビアにいる日本人が一応裁判を受けるという形になっているので、裁判の弁護と引渡しと言いますか。

——今のは庄司弁護士がリビアに行っている意味じゃないですか。

いや、重信も似たような理由だったと。

——重信被告人が待たされて退屈だとぼやいていたと庄司弁護士が話していたということですけれども、重信被告人が何について待たされていたのか、庄司弁護士は話していましたか。

それは当局との交渉だと思います。

——交渉が始まるのを待っていたんですか。結果が出るのを待っていたんですか。

それは全部含めてだと思います。

——ドバイ事件の裁判というのは八月一一日にリビアのベンガジで行われる予定だったと、こういうことですか。

というのは聞いています。

——それで庄司弁護士はトリポリにいたという証言ですけど、裁判のためにベンガジには行かなかったんですか。

ベンガジに行ったかどうかまではちょっと聞いていないですね。行っていないんじゃないですか。

——庄司弁護士はその裁判が開かれるベンガジではなくてトリポリに滞在していたのはなぜなんですか。

そういった交渉の責任者はリビア政府が首都がトリポリだということと、アブイヤードの事務所もトリポリですから、だからトリポリに。ベンガジで最終的に日本人に会えるとか、例えば仮に裁判というのが実際にあるとすれば、その裁判に出席するということになれば場所を移すと思いますけど。

——そうすると、庄司弁護士は裁判に出て弁護するというよりも、そのトリポリにいて釈放を交渉するというような感じだったわけですか。

現実的には裁判問題というのはＰＬＯ解放機構自体はまったく問題視をしていなかったので、あくまでリビア政府との話ということが中心であったので、実際は裁判対象というよりもPLOとの打合せということが大きかったと思います。

――そのために庄司弁護士が日本から来たということになるんですか。

基本的には裁判があるということだから裁判だけれども、実際現地に行けばPLOの人に会えばそういう政治交渉の方を中心にとどめられると思います。だから裁判所に通うとか、獄中にいるということであれば獄中に通うとか、そういうような提案は一切しないと思います。

――そうすると、庄司弁護士は重信被告人とずっと行動を共にしていたと、そういう形になるんですか。

いや、恐らくホテルで待機という形になっていたと思います。リビア政府との交渉というのは、大体ホテルで待機して、担当官庁の時間帯になれば政府側から迎えが来るという形だから、それ以外は待機と。

――ベンガジの裁判ですけど、八月一一日に開かれたものの、ドバイ事件の犯人たちは出廷しなかったというのは知っていますね。

ニュースになっていましたから知っています。

――犯人はベンガジからトリポリに既に移されていたということのようなんですけど、それは知っていますか。

はい、聞いております。

――それは八月五日に移されていたんですか。


同日かというのはちょっと私覚えていません。

――要するに八月一一日の裁判の前にもう既に犯人たちはベンガジからトリポリに移されていたということですよね。

私はそういう事実を話したこともないし、それは知らないです。ベンガジからトリポリに同日に移されたかというのは。

――もう一回整理しますが、ベンガジからトリポリに移されたというのはいいんですか。

ベンガジからトリポリに移動していたというのは知っています。

――それでトリポリに移されてすぐリビアから国外に出たわけではないですよね。

私自身はその辺あんまり答えたくないですけど。

――じゃ、一点だけ確認させてください。八月一一日のベンガジの裁判より前にベンガジからトリポリに移されていたんじゃないんですか。

それはそうですね。

――それでそのトリポリで庄司弁護士は移されてきた犯人たちとは会っていないんですか。

それは会わせないと思います。なぜかというと、あくまで日本政府向けにその裁判という舞台が必要なわけですから、その裁判の始まる前に日本から来た左翼側の弁護士に会わせるということになると、日本政府のメンツに関わるので、それはしないと思います。

――そうすると、庄司弁護士はいいとして、トリポリに交渉に来ているＰＬＯの人間とか、あるいは重信被告人とか、こういう人たちは、トリポリに移ってきた犯人たちとトリポリでは会わないんですか。

それは窓口がまったく違うからそういうことはしないと思います。というのは、例えばそういう交渉とかは大体外務省とか、あとは革命評議会の対外工作部が担当するわけですけど、そういう拘束されたりしていた者たちは内務省の担当になりますから。それから事前に例えばリビア政府が、じゃ、日本赤軍と正式な関係を作りましょうという決定もされていない時点でそういう会わせ方はしないです。

――庄司弁護士は八月一七日か一八日までトリポリに滞在していたと証言していましたですね。

日にちまで言っていなかったと思いますけどね。

弁護人（大谷）

――それは質問の中で言っていることであって、証人が証言したんじゃないんです。新聞報道などではそのようになっていますけれどという私の質問です。

検察官（西谷）

――それではもうちょっと抽象的に聞きますけど、ドバイ事件の犯人たちがリビアから国外に出たあとも庄司弁護士はトリポリに滞在していたんですか。

私の記憶の鮮明なのは、バグダッドに見えたときは鮮明だけど、それ以前のベイルート、カイロ、トリポリ、それは具体的日付けまで覚える関心もなかったし、直接的経験でもないから、聞いたとは思うんですけど忘れています。

――そうすると、そのあたりの細かい行動の前後関係、いつ犯人が出ていって、それから庄司弁護士が出ていってとか、そういう前後関係というのは分からないということですか。

そういう意味でいえばそうです。検事さんが気にされているのは、ハイジャッカーたちがいるのに、例えば庄司さんとか被告も同じ町にいるのに会わなかったのは不思議じゃないかということなんじゃないですか。

――いや、それはさっきの質問で終わりましたよね。次に私が気にしているのは、ドバイ事件の犯人たちがもうリビアを出て行ったのに、庄司弁護士はなぜさらに滞在を続けたのかというところなんですけど。

それはリビア政府としてはハイジャッカーたちが既に離れているということ、裁判の前に国外に出したということが公になるというのを伏せたいということだと思います。だからいわゆる裁判が終わるまでずっと公表を延ばしていたんだと思います。

――その裁判が八月一一日ですよね。弁護人の質問によると、庄司弁護士がトリポリから移動したのは八月一七日ですよね。さらに間が空いていますけど、その間庄司弁護士はなぜリビアに滞在していたのか聞いていますか。

庄司先生はいわゆる左翼関係の裁判以外にも何か他にいろんな商社とかのエージェントみたいな商売もされていましたから、そういった話とか、もちろんその間にも被告に会っていた可能性はあると思います。ただ私そこまでくわしく覚えていないです。

――今被告と言ったのは重信被告人のことですね。

はい。

――証人は八月三〇日前後ころにY解放作戦のフォロー態勢を作るためにベイルートに入ったと、こう証言していましたですね。

はい。

――このフォロー態勢というのは具体的にはどういうことを指しているんですか。

一つは政治交渉をするといっていたんで、その経緯を聞くには、ドクターがバグダッドからすぐいなくなりましたし、バグダッドのドクター事務所ではそういったことは報告受けないですから、だからベイルートにいれば、ベイルートのドクター関係の方であればそういう人たちはいるので、そこから情報をもらえるのと、あとその政治交渉の経緯が分かれば、そういういわゆるフランス政府にとっての重大なる結果というのはいつごろ始まるのかというのは想定はできますし、それもドクター部局の人から聞けるかもしれないというのと、あといざ始まれば例の声明といったこともあるという意味でのフォロー態勢ということになります。

――そのフォロー態勢というのは誰と態勢を作るということだったんですか。

一つは政治交渉ではなくて、いわゆる軍事的なことになったりすれば、要するにレバノンにいる日本人に対する規制とか、フランス側からの対抗手段とかありうるので、そういう保安態勢とかを取る必要があるので。

――証人がベイルートに移動したあと、アブ・ハニとは連絡は取れるんですか。

それは向こうには事務所、もちろん非公然の裏事務所ですけどありますから。それからいわゆるアラブの担当責任者はベイルートにずっといましたから。

――それで七四年九月になって、ベイルートで重信被告人と会ったと、こう証言しましたですね。

はい。

――これは重信被告人とはどうやって連絡を取ったんですか。

それは前にも述べたと思いますけど、組織的部門というのはもう既に独自の非公然の事務所を持っていたわけですから、そういう常時の連絡態勢というのはその七四年九月の時点ではできていました。

――そうすると、ベイルートにある組織的部門の事務所に行って会ったということですか。

というか、連携。連携というのは向こうの部門の同志たちも私のいるところは知っているし、私も彼らがいるところは知っているわけですから、それで常時連絡というのは。だからそれはもう以前、七三年当時の形とは全然違いますから。

――そうすると、ベイルートに帰ってきた重信被告人と初めて会ったのは、そのベイルートの組織的部門の事務所ということですか。

そうですね、初めてという意味では。

――そのリビアから帰ってきたと話していたというその話というのは、初めて会ったときに聞いたんですか。

もう一度お願いします。

――重信被告人がベイルートに帰ってきて、重信被告人からリビアから帰ってきたというふうな話を聞くわけですよね。

ええ。

――リビアでは庄司弁護士に会ったとか、待たされるばかりで時間を非常に無駄にしたとか、そういう話をされるわけですよね。

はい。

――その話というのはベイルートで重信被告人と最初に会った、要するにベイルートに重信被告人が帰ってきて最初に会った、そのときに出た話なんですか。

いや、その前に庄司先生の方からそういう話を聞いています。

――庄司先生はいいんですけど、重信被告人からも同じような話をされたのは。

そういう意味ではそうです。

――それはベイルートの組織的部門の事務所でということですか。

はい。

――その話が出たときにそれを聞いていたのはあなた以外には他に誰かいるんですか。

いたと思います。

――イメージとして、あなたと一対一になってそういう話をしているのか、組織的部門の人間やら、何やらかんやらいろんな人間がいるところに重信被告人がいてそういう話をしているのか、どういう感じだったんですか。

二人だけじゃなかったと思います。あと一人か二人いたと思います。

――それは誰なんですか。

ちょっと定かではないです。理屈でこじ付ければ足立ともう一人いたかとは思いますけど、それはいたはずだろうと、論理的に考えればそうだけど、確かな記憶としてどうかというふうに聞かれると、そこまでは覚えていないです。

――先ほどの庄司弁護士と同じような、待たされるばかりで非常に時間を無駄にしていたという話を重信被告人もしていたんですか。

彼女もしていました。

――それ以上に、例えば何を待っていたとか、そういう具体的な話は出ていないんですか。

一つはPFLPとの関係性、PFLPとリビア政府の関係が悪かったんで、その仲介という目的もありましたから、それの折衝で回答とかもらうというのがあったということと、それとあとは九月一日がリビアの革命記念日で、そのときは確か五周年の記念日で、ぜひ出席しろという話であったみたいだから、そういう話を聞きました。

――出席したという話だったんですか。

テレビカメラとかで映るので結局出席しなかったと思います。だから式典には参加せずに、リビア政府の首脳の人、ちょっとリビア政府に迷惑が掛かるので申し上げられないですが、会って、直接的に祝辞を述べるとかしていたようです。

――そうすると、九月一日の革命記念日にはリビアにいたということですか。

はい。

――重信被告人はY氏がパリで身柄を拘束されたということは知っていたんですか。

知っていました。

――これはいつ知ったかということについては話に出ていますか。

そこまでは。

――リビアに行く前からもう知っていたというような感じでしたか。

それは知っていたと思います。非常に心苦しかったというふうに言っていましたから。

――T氏とか山本萬里子さんとかK氏、パリで身柄を拘束されたということは重信被告人は知っていたんですか。

それは知らなかったです。

――そうすると、あなたと会ったときも知らなかったんですか。

はい、知らなかったです。

――そうすると、T、山本、Kの三氏、まあ三氏だけじゃないんですけど、そういう関係者がパリで身柄を拘束されたことを重信被告人が知ったというのはいつになるんですか。

だからその日ですね。最初に会った日ですね。

――そうすると、あなたが言ったからということになるんですか。

はい。ただもちろんＴさんらが拘束されたことというのは組織的部門の同志たちにも話してありましたから、もちろんそこから先に聞いていることは聞いています。ただＴさんに直接会ったのは私だし。それとあとＧ氏とか日高が私と一緒にいましたんで、だから私のいたところに来てもらったりしていましたから。

――ちょっと確認したいんですけど、誰が最初にそれを重信被告人に伝えたかは別として、リビアから帰ってくるまで重信被告人はＴ、山本、Ｋの三氏、その他の人たちがパリで身柄を拘束されたということは知らなかったということなんですか。

はい、知らなかったです。非常にびっくりしていましたから。

――それから重信被告人はそのときにドクター関係のことは自分はタッチできないという話をしていたと証言していましたが、ドクター関係というのはドクターの行う軍事作戦ということですか。

はい、そうです。

――その軍事作戦の手前にある政治交渉とかいうのは入らない。それにもタッチできないということですか。

いいや、それは入ります。

――ドクターの行う軍事作戦の前にまず政治交渉があるわけですよね。

フランス政府との政治交渉ですか。

――それには。

関わらないです。

――それにも関われないということですか。

ええ、関われないです。

――軍事じゃなくても関われないということですか。

はい。それは例えばＰＦＬＰの国際関係委員会から話があれば関わることになると思います。ただ政治交渉については国際関係委員会に話は行っていなかったと思います。

――アブ・ハニが国際関係委員会に話をしていないということですか。

多分個人ルートでやっていたと、私はそのように理解していましたけど。

――じゃ、軍事作戦のみならず、その前の政治交渉も個人ルートでやっていたということですか。

はい。フランス政府との裏ルートは持っていましたから。フランスの情報機関なんかのルートのようです。

――この重信被告人がドクター関係のことは自分はタッチできないというのは、従前証人が証言されている、非軍事部門の人間だから軍事作戦にはタッチできないという趣旨ですか。

はい、そのとおりです。

――八月三〇日前後ころ証人がベイルートに入ったあと、ハーグ事件が終了するまで、証人はずっとベイルートにいたんですか。

はい、いました。

――その間証人はベイルートで何をしていたんですか。

……忙しかったという記憶だけは残っていますけど。検事さんも去年の八月三〇日に何をしていましたかと聞かれたら、ちょっと仕事していましたとは言えると思いますけど。

ベイルートでの生活

――ちょっと質問を変えますけれども、要するにベイルートに滞在している間、証人が他の日本人の人たちとどこかで集まるというようなことはあったんですか。

はい、ありました。

――それはどこに集まったりしていたんですか。

G氏とか日高のときは私のいたところで話をしたり、それから例えば山本が来たといったときは、組織的部門の事務所で集まって、どうだったとかいう話を聞いたりしておりました。

――G氏、日高氏と証人がいるところというのは、いってみれば軍事的部門の事務所みたいなところですか。

そうです。場所でいいますとハムラ通りの北側。軍事的部門と組織的部門というのは言葉が長いので、分かりやすいようにハムラの北側のアパートと。

――軍事的部門のアパートにいたり、組織的部門のアパートに顔を出したりというような。

はい、ハムラ通りの南側のアパート。

――もう一回質問しますが、軍事的部門のアパートにいたり、組織的部門のアパートに顔を出したりという生活だったわけですか。

私はそうです。それからPFLP関係も回ったりしておりました。

――組織的部門の事務所、アパートには日本人が集まったりしていたわけですか。

はい。

――重信被告人もそこに行ったわけですか。

はい、そこに。

――集まって何をしていたんですか。

検事さんから見ればちょっと分かりにくい……そう取り立てて……普通に生活していたとしかいいようがないんですけど。被告は国際関係委員会とのあれをやっていましたから、国際関係委員会などの会議に出掛けたり、それからアブアリ同志のところに出掛けたり、そういった活動をしていました。

――国際関係委員会に出掛けたのはハーグ事件の関係でということですか。

いや、ＰＦＬＰとの全体の政治関係と、それとリビアの報告というのもありましたから。

――そうすると、ハーグ事件との関連で何か活動はしていなかったんですか。

それはしていないです。

――じゃ、例えばハーグ事件が起きますよね。起きてからもそうなんですか。

起きたら話題には出ると思いますよ、その国際関係委員会で、やっているねという話は当然出ます。

――ハーグ事件について、例えば皆で成り行きを心配して集まって話をするとか、そういうことはないんですか。

成り行きをチェックしていたのは私と日高とＧ氏の三人で、定期的にＢＢＣと、情報としてくわしかったのはイスラエル放送なんで、それを大体二時間おきにチェックしていましたけど、組織的部門の方はそこまでのチェックはしていなかったと思います。ただ要するにニュースで何か新しいニュースが入っているかなと聞いてはいたと思いますけど、皆でがん首そろえて心配顔しているというのはないです。

――ちょっと話は変わりますけど、七四年九月当時ＹＫさんはどこにいたんですか。

バグダッドです。

――当時ＹＫさんは何をしていたんですか。

養育です。

――お子さんの養育。

はい。

――七四年九月に西川氏がバグダッドに戻ってきたというのは知っていますか。

はい。

――これは総括会議でも話題になっていますよね。

はい、なっています。

――それで西川はバグダッドに戻ってきて指示文書を受け取って再びヨーロッパに向かったわけですよね。

はい。

――この指示文書というのは誰が出したんですか。

ちょっと答えたくないです。

――じゃ、この指示文書は誰が西川に手渡したんですか。

それも答えたくないです。

――ＹＫさんじゃないんですか。

私本人のことではないので答えたくないです。

——もう一点なんですけど、G氏が証人と行動を共にするようになったのは、それはG氏の意思を確認して軍事的部門に受け入れたということなんですか。

形式的にいえばそうなりますけど、当時はそんな形式張って話をしていないですから、どう、一緒にやるかといって、もちろんやるよと。そういうニュアンスですから。

——日高氏は軍事訓練にも行っていますよね。

はい。

——G氏はそういう素地がなくて、ヨーロッパから来た人で、それで日高さんとG氏とあなたと三人で軍事的部門の事務所に詰めていたと。何かいきなり軍事的部門に入っているみたいな印象を受けるんですが、そのいきさつというのはどういうものなんですか。

私がいないときには何か訓練が一つの登竜門みたいになっていたみたいですけど、私が日高から聞いたのは、翻訳の関係で運転役で一緒にいろいろ準備していたというので、じゃ、例えば日本の左翼の人、軍事訓練なんかやっていないわけですから、だからそういう地下、非合法、できるかどうかという基準でしたから、彼にそういう意思があるんならこっちでやってくれと。

二次作戦の立案

——それでその日高氏とG氏と証人とで二次作戦の検討をしたことがあると証言していましたけど、これはハーグ事件が発生してからどれくらいたってから検討したんですか。

初日からしたと思います。

——事件が勃発したときから、もう検討を始めたんですか。

はい。一つは研究というか、戦術の立案訓練も含め。立案訓練にもなりますから。

——その二次作戦というのは机上の演習だとか、自分たちのシミュレーションの訓練になることで始めたと、こう証言しておられましたが、これは要するに最初から実行するつもりはまったくなかったんですか。

三分の一は可能性があったというふうに申し上げたと思いますけど、その三分の一というのは、万が一なったら、実際物理的に動けるかどうかは別にして、自分たちの意識だけはいつでもそういう態勢を組めるようにしようという意図を指して言っております。そういう意識性を言っています。

——最初からもうまったく実行しないと、完全な机上の演習ですよということではなくて。

はい、そこまでは言わないです。

――それでどういう作戦の内容を立案していたんですか。大使館占拠なんですか。

現実にハーグでフランス大使館占拠がなされていて、それで要求が通らないという事態になれば、同じ作戦をしても意味がないので、それを上回る事態としてどういう可能性があるのかというのと、もう一つはそのハーグのフランス政府への圧力、自分たちが交渉しなくてもフランス政府への圧力になる方法でどういうのがあるかと、その二点ですね。白状すれば。

――それで結論としたらどういう作戦なんですか。

結論としては、ヨーロッパの地中海にあるマルタは警備が緩いですから、マルタかモナコあたりでのフランスの権益に対するサボタージュというか、破壊活動。

――大使館の占拠ということは二次作戦の立案の中で検討されたことはないんですか。

検討はしました。

――その対象国をトルコとすることはありえないというのが前回の証言だったんですけど、ギリシャというのはどうですか。

ギリシャは対象選考はしました。私が土地鑑があった、それだけの理由ですけど。

――それとハーグ事件の側面支援作戦ということについて、アブ・ハニはそれを行っていないんですか。ドクターの方からそういうのをやるというふうには聞いていませんでした。

――カルロスはどうですか。

スペシャリストはやったみたいなんです。それは我々は支持できないという立場でいました。

――それはパリのドラッグストアに手榴弾を投げ込んだという事件のことですか。

はい。それはもうとにかく逆効果にしかならない。

――それはカルロスがハーグ事件の側面支援のために行ったんですか。

というのはあとで聞きました。

――それはそのカルロスが独自に行うんですか。

それは全体の計画を立てたのは彼ですから、彼の判断でそのようにしたんだと思います。

――そうすると、彼にはそれだけの権限がアブ・ハニから与えられるんですか。

多分。要するに時間の制約という条件の下でそういう権限が。ミシェルが承知していたのかどうか、私はドクターグループの総括会議には出席していないですからそれは分からないし、ドクターからそういう報告はもらえなかったです。

ハーグ部隊のシリア投降

――ちょっと話が変わりますが、ハーグ事件が起きたときに重信被告人はハーグ事件の早期解決のためにPFLPに話をするとかいうことはなかったんですか。

検事さんの方で具体的に想定していただければ分かると思いますけど、例えば早期解決でベイルートにいる人間がPFLPと話す内容というのはないわけです。それは現実的に考えていただければお分かりいただけると思います。

――Y氏がこの法廷で証言したところによると、例えばその事件が起きて、日本人が主体になってやっているということだったら、ベイルートの日本人は何か助けたいという状態になって、「アル・ハダフ」に殺到したり、何かやれとプレッシャーを掛けるんだというようなことを言っているんですけど、ハーグ事件でそういうことはなかったんでしょうかという質問なんですけど。

それはドバイとの関連でY氏は言っているんだと思うんですけど、ドバイというのは既に事件も終わって、終わったところで、要するにどうもPFLPの責任でやっているはずというのが違うようだというので、「アル・ハダフ」も含めて、聞いた話ではアラファト議長の事務所にも押し掛けたらしいですけど、それとは違って、ハーグというのは現実にそういう作戦が遂行されているわけですから、それでどうこうしても、例えば「アル・ハダフ」の、そのときは責任者がバッサム・アブシャリーフですか、バッサムにしても、そんな言われても困るよということになるかと思います。

――そうすると、じゃ、ハーグ事件では、例えば日本人の誰かが重信被告人に対してPFLPに働き掛けるとか、あるいは重信被告人の方でPFLPに働き掛けるとか、そういう動きというのはなかったということになるわけですか。

はい。

――それから証人は戸平氏がヨーロッパからベイルートに戻ってきたのは知っていますか。

はい、知っています。

――それはすぐ知ったんですか。

ベイルートに来たときだから、ベイルートに来たときか、誰かからいつ行くというメッセージが来たときか、どちらかなんですけど。

――戸平氏が戻ってきたのはどうやって知ったわけですか。

それはそっちのハムラの南の事務所、いわゆる組織的部門の電話番号は知っていたはずですから、確かそのルートだったと思います。それで私の記憶では九月中旬か、一〇月中旬か、一月空いてしまうんですけど、どっちかなんですけど。

——そうすると、今の話ですと、戸平氏の方から帰ってきましたということを組織的部門の事務所に連絡したということになるわけですか。

はい、そのはずです。ただ彼の方はドクター事務所の電話番号も知っていたはずですから、ちょっと彼には申し訳ないんですけど、彼に関する記憶のところはあいまいなんです。

——証人は戸平氏にしばらく待機するように指示したということはないんですか。

はい、あります。

——それはどういう形で指示をしたんですか。

私が記憶に鮮明にあるのは、ハーグ部隊が戻ってくる前に一定の総括方針というのを立てるというふうに入っていましたんで、戸平君と話している時間が私自身にはないので、だから待機してくれというのと、あともう一つは、アジア関係の人も撤退してきていたので、その人を世話する人間がいない。それで彼に担当してもらったというのがあります。それから新しい同志も来たりしていたんで、その同志に対する対応とか、そういうのをやってもらっていました。一一月の下旬に非常に短い期間ですけど軍事訓練をやるんですけれども、その前まで待機してもらうという形になっていました。総括会議の期間を除ければ。

——戸平氏は法廷で、ベイルートに戻ってきてＰＦＬＰの人から差出人のない封書を渡されたら、そこにしばらく待機するような指示が書いてあったと。そういう手紙をもらったということなんですけど、その手紙は証人が書いて渡したんじゃないんですか。

というより、恐らくそれは戸平氏の記憶違いだと思うんですけど、直接的に会っています。

——それはいつごろ会っているんですか。

それが私の記憶では一〇月中旬なんだけども、戸平氏の記憶では九月中旬らしいんですよね。すぐ会ったはずです。

——ただ九月中旬に帰ってきますよね。

ええ。

——それから一〇月中旬までは会っていないんですか。その間が空いている。

九月中旬に帰ってきたとしても、ときどきは会っていたはずです。

——そうすると、九月中旬に帰ってきて、それで戸平氏と会っていると。

はい。

——じゃ、しばらく待機してくれという手紙を書いて出したということではないと。

はい。多分私と会ったというのは、私をかばおうとしてそういうふうに言われたんだと思います。

――じゃ、その会ったときに待機してくれという話は証人がしたということなんですか。

はい。したり、例えばアジアの人たちにはこうこうこういう対応をしてくれとか、あとは新しい同志にはこうこうこういう訓練をしてくれとか、そういう話をしています。

――じゃ、待機とともにいろんな指示も出していると。それは直接会ってということですか。

はい。そのときは日高も一緒に参加してもらって、日高がその場の責任者と。例えばアジア人の人と三人でいるときは、責任者は日高という形でやって、戸平はそのアシスタントをやってもらうという形を取っていました。

――それから和光氏らハーグ事件の実行部隊がシリアに投降しますね。

はい。

――投降したあと、シリアに行った日本赤軍のメンバーというのはいるんですか。

います。

――それは誰なんですか。

それは組織的部門の人間です。

――足立さん。

はい。

――他の人は行っていないんですか。

他の者は行っていません。

――そうすると、シリアには足立氏が様子を見に行ったということになるんですか。

経緯を話しますと〔ハーグの仏大使館を占拠した部隊は仏に拘束されていたY氏を奪還し、特別機でシリアに向かった〕、シリアに着陸したということで、歓迎されているのか、歓迎されていないのか、まったく分からないと。ところが我々にはシリア政府と交渉するルートがなかったので、そのときにPFLPの国際関係委員会に相談したんです。それで国際関係委員会の責任者はテシール・クーバという人なんですが、その人も政治局員ですけれども、その人に相談したところ、シリア系のパレスチナ人組織でサイカというのがあって、サイカの議長、名前はズヘール・モーセン議長と親しいから、自分に任せなさいということで交渉してもらったところ、サイカの方もリッダ闘争を評価していたんで、大歓迎だということで仲介していただいたと。それでその仲介しているときに誰か行ってみないかという話があるというふうにテシルさんからあって、そういうことで組織的部門の人間が行ったということになります。

――組織的部門の人間が行きますよね。それで帰ってきてその報告というのは聞いたんですか。

はい、聞きました。

――それはどういう内容の報告なんですか。ハーグの準備段階の経緯とか。

――そういう内容の方。

はい。ハーグの部隊に会っているでしょう。その報告です。釈放交渉には行っていないですから。釈放交渉はあくまでＰＦＬＰの国際関係委員会とサイカの人がシリア政府と交渉するというので、我々がその交渉団の一員に入ったということではないです。

――そうすると、組織的部門の人はシリアに行って和光氏ら実行部隊と会って、ハーグ事件の経緯を聞いて、それで帰ってきて、それをベイルートで報告したと、こういうことになるわけですか。

はい、報告受けました。

――その報告を受けたハーグ事件の経緯というのは、総括会議で出てきたのと同じような内容なんですか。

はい、大体同じような内容です。というか、総括会議と総括会議の前に和光から提起のあった内容とほぼ同じだったと思います。

――釈放の見通しとか、そういう話は出ないんですか。

それはズヘルさんとテシルさんの方から、裁判に掛けるとか、監獄に入れるとかいうのは一切ないので、むしろ歓迎しているので、近いうちに。日本政府の方はむしろ日本に引き渡せ、引き渡せというふうにやってきているわけですから、だから政府の政治決断がいるので待ってくれという内容は既に聞いていましたから。それでそれまで大変だろうからというので誰か行ったらどうだと。大体そういう話はとんとんと進んでいました。

――じゃ、釈放の見通しを知るために組織的部門の人間が行ったんじゃなくて、日本人を励ましに送ったみたいな感じなんですか。

というか、多分恐らく四人連中、ニュースも何もないから、ちょっと精神的に落ち着かないだろうから、行って落ち着かせたらどうかということだったんだと思います。

――励ましに行くのはいいんですけど、それで何で経緯を聞いて報告するというのがその時期に行われるんですか。

それは部隊としてはすぐ伝えたいというのがあって、それで私が戻っているというのも知っていますから、ドクターと確認してくれという望みもあったから、それは当然報告をすると。

――そのシリアに拘束されていた四人ですけれども、四人一緒にベイルートに帰ってきたんですか。

二回に分かれて帰ってきました。

――最初に帰ってきたのは誰なんですか。

最初はＹと佐藤。

――そうすると、和光氏と西川氏はあとに帰ってきたと。

はい、第二陣。

——両者の間はどれくらい空いているんですか。

正確でなくてもいいですか。

——記憶のあるところで。

記憶のあるところでは四、五日ぐらいだと思います。

共闘原則の提起

——総括会議を行う前に、一部のメンバーで総括会議をどうするのか方向性について議論するとか、大筋を決めてしまうとかいうようなことはあったんですか。

こうこうこういうふうに総括をして、もうそういう大筋を決めたという意味ですか。

——ええ。

問題点を出して、組織確立をどうするかとか、日本赤軍への改組とか、そういうのは私は九月から言っていましたし、そういうのはもう既に出ていました。ただ総括自体は和光氏とかY氏の意見も聞かないといけないし、そのハーグ闘争自体というのは当事者抜きには語れないわけですから、その総括の討議を踏まえたうえで、それまでにベイルートで話していた内容と掛け合わせて、それと一遍作ってあった方針に反映させるという形だったと思います。

——そうすると、今言ったようなそういう話、問題点を注視するとか、そういった話というのは、シリアに拘束されている四人が帰ってくる前に行われていたということになるわけですか。

いや、それはないです。

——そうすると、和光氏がシリアから帰ってきてから問題点の洗い出しとか、総括会議へ向けての作業が始まったということなんですか。

会議としては。ただ問題点というのはその前にY、純三が帰ってきていますから、もちろんこういう問題があった、こういう問題があったと話が出ていますから、当然、じゃ、和光氏が来るまで待っていようかというわけにはいかないわけですから。Y氏からもくわしい話ありましたから、話はしています。それでベイルート側ではこうこうこういう話しているんだよという話をY氏と話をしたことがあります。

——それは和光氏が帰ってくる前の段階でということですか。

はい。

——それから和光氏ら実行部隊のコマンドというのは帰ってきたあとPFLPに対して作戦の状況について報告したりするんですか。

していないです。

――アブ・ハニと会って、こういう経過をたどったんだという状況を報告したりもしないんですか。

それは私がドクターにしました。

――証人がアブ・ハニにしたと。

はい。

――それはいつごろのことになるんですか。

で一一月は確かなんですけど、中旬下旬……一一月中旬から一二月上旬までの間です。

――それは総括会議がもう終わったあとということですか。

はい、終わっていました。記憶では終わっていました。

――終わったあと、証人がアブ・ハニにハーグ作戦の状況について報告をしたと。

はい。

――これはそういうふうに作戦について状況を報告するルールみたいなものがあるんですか。

状況というか、その時点でとにかく総括会議とそのあとの古株連中との会議の中で共闘原則を提起するというふうに言っていましたんで。むしろそっちの共闘原則、問題点がこうこうこういうのが出たと、それを解決しないといけないし、上との関係というのはハバシュ議長とそのマリアンとの会議で決まったように、きちんと原則を作る形の中でやろうという話をもうしていましたから、だから私の方はＹらをドクターの指揮下に入れるということは一切考えていないし、彼らもうドクター指揮下というより、ＰＦＬＰともっとパレスチナ革命全体、他の組織も含めた、そういう関係するような中というのは大賛成だというので、じゃ、アウトサイドワークとの関係については共闘原則ができるまで凍結ということに。それでドクターにもそういう話をするということにしていました。

――そうすると、例えばドバイ事件が終わったあと、そのコマンドはドバイ事件の状況についてアブ・ハニに報告したりするんですか。

リーダーはしたと思います。

――例えばシンガ、クウェートも同じですか。

はい、同じです。

――ハーグ事件はむしろそれは報告に行ったというよりも、関係性を確認するために行ったんで、報告のために行ったわけではないということになるんですか。

はい。シンガ、ハーグ、共通しているのはその作戦まではドクターの、指揮下であると。違いは作戦後が変わったと。ドバイ、シンガというのは、作戦後もドクターの指揮下にあったと。ハーグのあとはアデンに着陸できていれば事態は違う形になったと思いますけど、シリアだったんで、それでいわゆる共同武装闘争という形では切れたという形になりました。

二〇〇三年六月二三日
重信公判第三一回

純三さんとの再会

検察官（西谷）

――今日は総括会議からなんですが、その前に、ちょっと前回まで、何点か補足させてください。

はい。

――最初に、七四年の七月二六日ごろから八月二日ころまでの間、証人の知人で、アシェングループの人間が、ベイルートの空港で逮捕されたと、こう証言しておられますですね。

はい。

――この事件に、アブ・ハニはどうからんでいるんですか。

確か、ドクターの依頼で、ものを運ぶ手はずだったようです。

――それで、この事件というのは、結局その後どうなったんですか。

空港で拘束された人は、爆発物を所持していたということで、逮捕され、レバノンで裁判を受けて、レバノンで受刑してます。

――そうすると、奪還闘争とかそういうこともなく、もうそのまま司法手続に乗って、承認されたということになりますか。

はい、それで、一年ぐらいだったと思いますが、その後釈放されています。合法的にです。

――この事件を、もっと早期に奪還するために、アブ・ハニが何か動いていたとか、そういうことはないんですか。

それは、ちょっと知らないです。

――それから、この事件の関係で、T氏がヨーロッパに行ったわけですか。

はい、そのように聞いています。

――それは、アブ・ハニから直接、T氏が依頼を受けて行ったということになるんですか。

ああ、そのようです。

――それから、あなたが奥平純三氏に初めて会ったのはいつになるんですか。

日本国内でですか、海外でですか。

――まず、ちょっと日本国内から聞きましょう。日本国内ではいつになるんですか。

……七〇年の夏ぐらいです。主尋問のところで、滝田修さんからＩを紹介してもらったというのがあったでしょう。あのときに、その後か、Ｉと一緒に来たか、どちらか、多分その後だったと思います。だから、七〇年です。

――日本国内では、奥平純三氏とは、交遊というのはあったんですか。

はい、かなり、付き合いは深かったです。

――それで、その後、アラブの地で奥平純三氏と初めて会ったのはいつになるんですか。

七四年の八月です。

――そうすると、ハーグ事件の前ということですか。

はい、前です。

――それはどこで会ったということですか。

バグダッドで会ってます。

――そうすると、あなたが、あなたの言うところの外国からアラブに戻ってきて、それで奥平純三氏と会っているということですか。

はい、そうです。

――それはバグダッドでということですか。

はい。

――戸平氏とも会っていますよね。

はい、会ってます。

――これは、一緒に会ったということではないんですか。

いや、一緒に会ったということです。今まで出てなかったんで、聞かれないことは答えない主義です。

――もう一回整理しますけど、戸平氏とは、バグダッドで会ったんですよね。

はい。

――それで最初はホテルとかで会って、その後も何回か会ったということでしたよね。

はい。

――奥平純三氏は、その当時、戸平氏と行動を共にしてたんですか。

はい、同じようにいました。

――それは同じホテルにいたということなんですか。

ホテル、同じだったかどうか、ちょっと覚えてないですけど。

――じゃあ、あなたがホテルに戸平氏を訪ねていったときは、奥平氏も一緒にいたということですか。

はい。

――それで、奥平氏とは、どういう話をしたんですか。

もうそれは懐かしいですから、昔からの話と、あと、その後、国内でどういうことがあったかとか、そういった話、してます。

――ハーグ事件に関連する話はしなかったんですか。

ハーグ事件に関連する話は、していないです。していないですというか、何といいますか……まあ、話がややこしくなるので、答えられないということにしておきます。

——あなたが、バグダッドを離れたときには、戸平氏はまだバグダッドにいたんですか。

いや、戸平は私より先に出ました。

——奥平氏も一緒にいたんですか。

はい、前後して、出ました。

——そうすると、戸平氏と奥平氏は、あなたがバグダッドを離れるまでは、行動を共にしていたというふうに理解していいですか。

はい。

資金負担

——それで、ハーグ事件が始まる前、ハーグ事件の実行部隊が、和光氏と西川氏と組織名佐藤というこの三人であって、戸平氏を補欠に充てるんだということは、これは知ってたんですか。

……まあ、知ってたかどうかということは、知り得る状況にはありました。

——その知り得る状況にあったということなんですけど、誰から聞いて知り得る状況にあったんですか。

……日高じゃないな、その前でしたね。とにかくドクターと話して、ジャマルから送ってくれというふうに言われているという話は受けました。ただし、その中身については、お前は関わるなということで、送り出しということと、あと、ジハードの件で和光が向こうに行っていると、ヨーロッパですね、という話はしました。

——そうすると、あなたがアブ・ハニと会ったときに、和光をキャップとして作戦をするんだという話を聞いたというのは、これまで証言に出ておりますですね。

はい。

——そのときに、アブ・ハニから、西川とか組織名佐藤とかをコマンドに充てるんだと、それで戸平を補欠に充てるんだというような話もあったんですか。

戸平、補欠かどうかまでは……どうだったかな、とにかく、二人を送るように、それで日本人だから、一応送るに当たって、細々とした切符の手配とか、そういうのがあるから、それだけはやってくれと。それで、要するにジハードに関わる、ジャマルがやる作戦については、一切関わらないで、それはジャマルから、彼らが直接的指揮を受けるようにしてくれと、そういうことでした。

——そうすると、今証言に出た「二人」というのは、当時アラブにいた、組織名佐藤と、それと戸平氏と、この二人ということになるわけですね。

はい、二人です。

――この二人についての、アラブからヨーロッパへの送り出しについて、それをサポートしてくれということを依頼されたということですか。

はい、そうです。

――それで、実際に航空機の手配とかそういうのは、証人がやられたんですか。

日時だけ調べて、それでそれをドクター事務所の人に言って、それで購入とかそういう手配はドクター事務所の人が、確か、二人の旅券を預けて、そっちの方はドクター事務所の人がやりました。こっちは、彼らに切符を渡そうとしても、そういうお金がなかったし。

――そうすると、ハーグ事件の資金的な面というのは、これは、アブ・ハニのアウトサイドワークの方が全部負担していたということになるんですか。

はい、当時軍事的部門というふうに、私、言ってますが、その部門の人間については、生活費から、そういう旅費などすべて、給料は出ないですけどね、経費は、すべてアウトサイドワークから出してもらっていました。

――それは、ハーグ事件においても同じだということになるわけですか。

はい、そのはずです。

――ハーグ事件において、例えばアウトサイドワークとは別のところとの間で、その資金をどう調達するかとか、あるいは日本人グループが資金調達に奔走したとか、そういうことはなかったんですか。

アウトサイドワークの仕事に関する限り、そういうことはないです。ただ、いわゆる組織的部門の方では奔走していたようです。

――組織的部門の方では、何のために奔走していたんですか。

ああ、それは、日本国内との連絡というのもありますし、それで、ベイルートで独自にアパートを構えたりしてましたから、そういった費用とか。それから弁護士費用とか、そういうのもありますから。

――それじゃ、それはハーグ作戦の直接の費用ということではないわけですね。

それは、一切関係ないです。

総括会議と組織作り

――それで、ちょっと話は戻りますけれども、そうすると、さっきの話の流れだと、そういうふうにアブ・ハニから送り出しのサポートを依頼されていて、それで戸平氏と奥平純三氏と会うわけですよね、バグダッドで。

はい。

――そうすると、当然その送り出しの話というふうにはならないんですか。

まあ、ジハードの話にはなりますよね。出ますよね。

――それは、具体的にはどういう話をしていたんですか。

いや、それは、もうとにかく、和光氏が、確かスイスかオーストリアで待ってるから、とにかく接触して、その指揮を受けてくれという話だけです。

――ちょっと、今の流れでついでに聞きますけど、西川、帰ってきて、ヨーロッパに行きますよね。

はい。

――その送り出しというのは、サポートしないんですか。

まあ、日高と私のどちらかですよね、理屈から言いますと。

――それで、実際にはどちらがサポートしたんですか。

それはちょっと答えたくないです。

――じゃあ、今までは補足で、ちょっと、本題に戻りまして、総括会議なんですが、最初に確認しておきたいんですが、総括会議を行う目的というのは、何だったんですか。

まあ、いろいろ問題があったけれども、どういった点があったのか、それから、それ、今後どう教訓化していくかということでしたが、当時の総括というのは、非常に浅くて、要するに問題出れば、じゃあ、それがどういう原因で発生して、その原因自身を変えていくのにはどうしたらいいかというふうにはやっていなくて、ただ、どういう問題があった、こういう問題があったというところで、非常に浅く終わったということになります。

――そうすると、それは、作戦それ自体の問題点を摘出して、みんなで議論すると、そういうような感じになるんですか。

はい。それで、言いっぱなしで終わったと。だから、教訓を導くというふうにいっておきながら、教訓化するまでは深めてなかったといえます。

――組織作りに向けての話合いもあるわけですよね。

はい。

――総括会議の後にあるわけですか。

はい。

――それは、総括会議では、そういう組織作りに向けての話合いというか、それを念頭においた話合いというのは、行われないんでしょうか。

それは、既に、いわゆるハーグ組が帰ってくる前からしていましたから、大体帰ってきたときには方向性というのは、一応出していましたけども、ただ、もう、これ、方針これでやるから、さあ従えというわけにはいかないから、だから、彼らの意見、特に古株のY、和光両氏の意見をとにかく反映させないといけないですから。ただし、彼らにも大体こちらでは、ベイルートサイドでは、こういう方向で考えてきたと、それで組織的部門の同志たちとも、大体そういう話を、総括についてはしてきたし、それから、方針については、これから話し合うというふうな話をしたと。

――そうすると、そういう話は、もうY氏、和光氏が戻ってくるころには、もう方向性というのは、できたことなんですか。

ああ、方向性、試案という形では大体できていたと思います。

――そのY氏、和光氏に、そういう方向性とか試案をぶつけて、その意見を聞くという場は、それは総括会議とは違うんですか。

総括会議が、主尋問で、第一部と第二部という形で申し上げましたけど、その第一部の中で、大体こういう方向で検討してきたという話を出してたと思います。

――総括会議というのは、ハーグ事件以前にも行われていたんですか。

まあ、総括という意味では、いろいろ問題が、もう七月ぐらいに出てましたから、Tさんが再びヨーロッパに行く前から、そういう話は始めてたらしいです。

――ちょっと私の質問の意味は、日本赤軍というか、その当時のアラブの日本人が参加した闘争というのが、リッダ闘争から、ドバイ、シンガ、クウェートとあるわけですよね。

はい、はい。

――そういう、ハーグ事件以外の事件、作戦について、総括会議のようなことというのは、行われていたんですか。

行われたと聞いたことはないです。だから、そういう意味では、ハーグが最初かもしれないです。

――ハーグ事件後は行われているんでしょうか。

ハーグ事件後はだんだん総括会議が形も整いだしてクアラルンプール以降……ああ、クアラルンプール以降じゃないですね、ストックホルムで二人が逮捕されます、逮捕されて、それから、総括会議というのが真剣に行われるようになったと。

――それから、総括会議は、これまでのご証言ですと、軍事的部門、組織的部門、ヨーロッパと分かれて行われていたと。

はい。

――そうすると、これ、分かれて会議を行った後、全体で会議を行ったのが先ですか。

すいません、そこもう一度。

――分かれて会議、行いますよね。

はい。

――その後、全体で、みんなで集まって会議を行うというようなことはないんですか。

その当時はやってないです。

——例えば、一つの部門で行われた会議の結果というのは、他の部門の人はどうやって知るんですか。

それがいわゆる三つの委員会に分かれて、各委員会の会議と、その会議の中で報告するという形になりました。

——そうすると、その三委員会制ができるまでは、他の会議、他の部門で行われている総括会議の結果とか、途中経過というのは分からないということになるわけですか。

そうですね、知ってなかったですね。もちろん、七五年以降は、きちんとやるようになって、七八年ぐらいからは、大会という形で開くようになってますけど、その当時七四年当時は、始めたばっかしで、会議のやり方も、日本語で何と言いますか、手さぐり状態という感じでした。

——あなたは、組織的部門の総括会議には出席しているんですか。

組織的部門の総括会議には出ていないです。ただ、どういう話が出たということは、報告、受けました。

——それは重信被告人からですか。

と、足立。

——ヨーロッパの総括会議には、出席しているんですか。

はい、しました。

——組織的部門の総括会議には出席しなくて、ヨーロッパの方に出席したのは、何か理由があるんですか。

組織的部門の方は、もう私の活動内容からはまったく関係ないと、当時の認識ですよ。というのと、ただ、ヨーロッパに関しては、関わり、翻訳とかの関わりもあったし、そういう軍事的部門の、ハーグの会議で出た問題点とかもありましたから、それは、私も出席するということになりました。

——軍事的部門の総括会議なんですけども、司会者というのは、誰だったんですか。

ああ、私です。

——これは、あなたが証言するところの第一部の会議も、あるいはその後の、西川と組織名佐藤が加わった後の会議とか、戸平氏や日高氏が加わった後の会議も同じなんですか。

はい。

——一貫して、あなたが司会をしていたということですか。

ただ、第一部は、特に司会という形、決まってなかったですから。

——そうすると、第一部は決まってなかったと。

はい。

——そうすると、第二部は決まってたんでしょうか。

第二部は、一応建前として、私が主催するということになっていました。

――それから、軍事的部門の総括会議に、部分的に重信被告人が出席しているということなんですけれども、これは、例えば、どういう部分に重信被告人が出席するとか、そういうのは何かあるんですか。

……特に、被告は、他のＰＦＬＰの国際関係委員会との会議とか、それから後、他のヨーロッパの人との会議とか、ヨーロッパって、ヨーロッパの日本人グループではなくて、ヨーロッパのヨーロッパ人グループとの会議とか、あって、そういうので、その合間に参加するという形でした。

――例えば、自分が関与している部分にだけ出席するとか、翻訳の部分だけ出るとか、そういう何かの基準があって、出る、出ないが決まっているとかいうことではないんですか。

第二部では、翻訳は話、しなかったので、関わりが、そういう意味ではなかったということになります。関わりはなかったけれども一応いわゆる三委員会を作っていくに当たって、要するに政治委員会になるわけですから、全体、初めて組織という形になっていくわけですから、それは、もう最初から、大体どういった問題が出てくるかというのは把握しておいた方がいいだろうということで、同じような趣旨から、足立にも参加してもらったということになります。

――そうすると、重信被告人と、足立氏については、将来の政治委員会のメンバーになることが予定されていたので参加してもらったということですか。

はい。それと、もう一つは、よく知っているのは、Ｙ、和光それぞれが、来た当座から知っているのは、重信でしたから、まあ、他にも組織的部門の人はいましたけれども、一応政治委員会という形で想定していたのは、重信、足立だったので、そういう意味では重信ということになっていました。

――軍事的部門の総括会議で、重信被告人が、言葉どおりではなくて、証人の言葉で言えば、軍事部門の同志に任せるという形で、自然発生的な形に委ねてきた点をとらえ返したいというような発言をしていたんだと、こういうご証言でしたね。

はい。

――この発言というのは、第一部の会議、第二部の会議、順番にあるようですけれども、どこの段階で出た話なんですか。

両方で、どちらでも出たと思います。

――同じ話が出た。

はい。

――そうすると、この発言を聞いてたのは誰ということになるんでしょうか。

その発言を聞いたのは、第一部の会議に参加した者も聞いてたはずですし、第二部に参加していた者も聞いてたはずです。

――第一部の会議に参加している人はいいんですけど、第二部の会議ですけど、人がだんだんだんだん増えてくるんですけど、要するに、西川氏、組織名佐藤氏が加わり、さらに、戸平氏、日高氏が加わるということなんですけれども、どのメンバーのときなんですかね。

最後の方だったと思いますから、多分、日高、戸平もいたときだったと思います。絶対そうかというふうに詰問されると、いや……というふうになりますけど、多分そうだったと思います。

――その発言なんですけど、言葉どおりではないということですが、軍事部門の同志たちに任せるという形で、自然発生的な形に委ねてきたというのは、これはちょっと意味が分かりにくいんですけど、これはどういうことを言わんとしているわけなんですか。

まあ、言わんとしたことは、まあ、何とかやってるんだろう、うまくやってるんだろうという形で、自分は関わりないからという、非主体的に……結果についていくだけだったというようなことだったと思います。俗っぽく言えば、引きずられていたと、要するに、当時やはり、結局軍事やってる者が発言権強いという形で、それで上下関係もなかったところで、共同武装闘争といっても実際にやるのは軍事的部門の者たちだから、そっちの発言の方が、発言権は強いわけですから、それでそれに引きずられて、だから、いわゆる日本人グループをきちんと組織的にまとめていくとか、それはヨーロッパの日本人たちも含めて、こう組織的にしていくという、そういう視点を一切持っていなかったということですね。

――そうすると、例えば、その軍事作戦というのは、軍事的部門の同志たちに任せてしまうということについての議案ですか。

軍事的部門の日常生活から含めた、そういった活動を全部、何とかうまくやってるんだろうというふうに、全部委ねてたということと、結局そういうことで、だから、共同武装闘争というのも、ＰＦＬＰと軍事的部門の同志たちとで話して、どんどん進めていくという形になってましたから、結局それに後追いでついていくと。だから、例えばリビアで釈放されずに拘束されているということになったら、じゃあその救援に動くという形に、引きずられるということになって、それで結局、そういう起こった事態、起こった事態に引きずられる形で、こう左翼用語で言えば目的意識的に組織として作っていくというような視点が抜けていたということになると思います。

――そうすると、今のが実態だとすると、重信被告人の言わんとする理想というのは、理想形というか、あるべき形というのは、それはどういう形をイメージしているんですか。

当時ですか。

――その発言のあった当時。

七四年当時……その当時は、私もあまり関心なかったんで、よく覚えてない、以後の話だと分かるんですがね。七〇年代後半以降だとね。ただ、その当時は、私もあんまり、組織にしないといけないという、私あたりに危機感というのはそれだけで、じゃあ、具体的に組織をどう作っていくのかとなると、ああ、じゃあ、それはマリアン、お願いしますという形でしたから、私自身が。だから、それは被告人本人に聞いていただくのが一番いいかと思います。

――そうすると、じゃあ、あなたの言葉では、重信被告人は、この点をとらえ返したいというようなことを話してたらしいんですけど、とらえ返した結果というのは、聞いてないいんですか。

……まあ、結果というか、それ自体がいわゆる三委員会体制、作っていくとか、そういった方向という内容だったと思います。内容だったはずです。

――今のような発言、軍事部門の同志たちに任せるという形で自然発生的な形に委ねてきたという発言以外に、重信被告人の発言というのはなかったんですか。

……他にもあったとは思いますけど、いわゆる総括的な内容としての発言はそれだけだったです。ただ、いわゆるいろんな問題点、挙げていくときに、こういった点、問題ではないかというような意味での発言は、あったと思います。あと、翻訳とか、問題点とか、そういった指摘は出ていました し、和光氏からの批判も出ていましたから。

――そうすると、ちょっと順番にいくと、例えば翻訳作戦についての発言というのは、どういうものがあったんですか。

いや、それはあんまり覚えてないんですよね。

カルロスの失敗

――じゃあ、ハーグ事件において、カルロスがすべてを仕切ろうとしたとか、武器の問題、アデンの受入問題ということが議論されたと証言してましたけど、その問題に関しての重信被告人の発言というのは、何かあったんですか。

……質問とかという形であったと思いますけど。

――重信被告人が質問をするということですか。

はい、それはどうだったのかとか。

――事実関係について確認するということですね。

ええ。

――その質問じゃなくて、何というか……。

見解とか。

――評価とか、コメントとか。

……いや、ひどいとか、カルロスのやり方がひどいとか、そういうコメントはしてたと思いますけど。

――カルロスのやり方はひどいというようなコメントはしていたと。

ええ、それは、聞けば誰でも言うと思います。私も言ってましたから。

――重信被告人が、自分の問題としてとらえて発言するということはなかったんですか。

それはなかったですね。

――例えば、ハーグ事件の、今言ったような問題について、自分が何もタッチせずに、共闘組織と実行部隊に任せてしまったことに問題があったとか、そういう発言というのは、なかったんですか。

そういう意味の発言はなかったですね。

――作戦を、責任を持って組織せずに、何もしなかったんで、実行部隊と共闘組織が勝手にやっていくことを認めてしまったというような発言というのは、なかったんですか。

それはなかったです。

――それで、そのハーグ事件の準備段階の問題点なんですけども、カルロスがすべてを仕切ったことや、武器の問題、アデンの受入問題を話したということなんですが、和光は、これらの問題について、怒ってたんですかね。

怒ってはいましたね。

――どういう感じで怒ってたんでしょうか。

いや、直接会って話をつけたいとか、そういう意味で、やり方、むちゃくちゃだとか。

――その、直接会って和光が話をつけたいと言っていた対象は誰ですか。

スペシャリスト、カルロスですね。

――アブ・ハニではなくて。

ええ。

――それで、カルロスがすべて仕切ろうとしたということは、具体的にはカルロスがどうしようとしたということなんですか。

ああ、それは、フランス当局との交渉から……そうですね、実際的には調査もカルロス任せでしたし、武器調達も彼任せでしたし、それで、対象の指定も彼の指示によるものだったし、それで、交渉も彼がやるということだったんで、要はまとまったのは、とにかくアデン、行けというだけがあっただけで、その武器も、要請したものが全然用意されなかったというので、どうも、ネグったみたいだということ……それは後にフランス情報当局か何かで、ハーグで使用された武器が、ドイツ赤軍派がアメリカ軍基地からとったものであったと、数が合わないと、じゃあ、残ったのはどこに行ったのかというのは、それは後に分かったことですからね、その当時はそれは分かってなかったですけど。今のは余談ですけども、そういった、約束違反だということと、あと、交渉は全部外でやるからというので、それに和光はかなり抵抗したらしいんですけども、結局押し切られて、自分の力のなさに、悔し涙をホテルで流したとか、そういう話をしてました。

――その交渉からちょっとお伺いしたいんですけども、結局その交渉というのは、カルロスがやったんですか。

やったかどうか、結局最後まで分からなかったんです。だからそこをよく、緻密に打合せしてなかったみたいで、外からそういう指示なんか、占拠しているところに電話なんかできるわけないんだから、電話しても、当局経由になるわけです、回線、全部そっちに回るわけですから。だから、実際はあったんだけども、当局が遮断したのかどうか、それはちょっと分からないですけど、それで、ないので、じゃあ、中から出していこうと、それで、最初の要求だけは準備してたということでしたし、それで、進展しないので、それで次の要求を出していくという形に進んでいったみたいです。

――そうすると、当初の予定ですと、最初の要求だけは和光の方が出して、和光というか、実行部隊の方が出して、その後は何の交渉もせずに、ただ占拠だけしてれば、外で全部やってくれると。

そうです。

――そういう話で、突入したということになるわけですか。

ええ。

――ところが、現実はそうではなかったと。

はい。だから、和光が機転をきかせなければ、時間だけ経過して、突入されて終わりと、まあ、そちら側からいえば、犯人逮捕で事件解決ということになりますけど、そうなってたと思います。

――それから、武器なんですけれども、和光はどういう武器を望んでいたのかというのは、総括会議では話は出たんですか。

それは、一人一丁の自動拳銃と、一人一個ずつの手榴弾だったと思います、確か。

――そうすると、現実問題としては、拳銃が一丁足りないということですか。

現実問題としては、拳銃は二丁足りないと言った方が正確です。というのは、まともなのは一つだけで、もう一つ、検察庁が和光の起訴のときに、大型ピストルというふうに、「大型」というのを強調されていたんですけど、大型というのは、スポーツ競技用、いわゆるオリンピックの射撃とか、ピストル射撃とかに使う競技用のもので、口径も五ミリ程度のもので、いわゆる警察的にいう殺傷力はない拳銃で、護身用にもならないと、おもちゃと言うのは言いすぎですけれども、空気銃に毛が生えたものというので、実際には一丁しかなかったと言っても、過言ではないです。

――その拳銃が足りなかった原因というのは、総括会議のときには、もう分かってたんですか。

原因は分かってないです。

――その後、分かったんですか。

その後も、ドクターに、私の方から非常に問題だというふうに提起したんですけれども、ドクターなどがカルロスの責任だと言うので、カルロスの責任にしてたんで、私の方が、いや、カルロスに指揮、取らせたのはドクターなんだから、ドクターの方できちんと回答してくれというふうに言ったんですけど、その後半年後ぐらいですかね、聞いたら、とにかくあれしか調達できなかったらしいんだという話で、もう終わってしまいました。

――そうすると、実際のところは、なぜ調達できなかったかというのは、分からない、今でも分からないわけ。

それは、フランス当局から出た情報で、いや、だから、真偽は分からないですけど、全部、ドイツ赤軍派からは、日本、いわゆるＪＲＡがやるので武器を回してくれというふうに頼んで、もらった武器を、全部渡さないで、別ルートに回したということだったみたいです。

――和光が、総括会議で、武器の調達についてカルロスを批判していたというのは、全要求どおりにそろわなかったことを批判していたんですか。

あと、いわゆる交渉と作戦を分けるやり方というのを……。

――そっちは置いておいて、ちょっと武器の話に絞りますと、和光の批判というのは、要するにカルロスが準備できなかったことを批判していたんですか。

準備できなかったこと……武器に関してですか。

――武器に関して。

武器に関しては……そうですね、準備できなかったことを批判してました。要求したものを全然そろえてくれなかったということとして、批判してました。

――結果として、準備できないものは、もうしょうがないじゃないかとか、そういうことにはならない。

……まあ、佐藤は、現実問題、いいんじゃないのという対応だったそうですけど、和光は割ときちょうめんな性格ですから、誰が持つかというのを考え、誰がどれを持つかと考えて、どうしてもちょっと難しいんじゃないかというふうに、非常に慎重な人だから、悩んだみたいです。まあ、悩むとは思います。

――例えば、カルロスの方で、武器を一人一丁ずつ、ちゃんと用意するというふうな空約束がされてたとか、安請け合いがされてたとか、そういう事情があるわけでもなくてということですか。

いや、それは約束されていたから、怒っていたわけです。最初から、できるだけやってみるけど、難しいかもしれないというふうに言われてれば、一丁とスポーツ拳銃でも、よくやった、これで何とかやってみるという話になりますけど、最初は一人一丁必ず確保するという話だったので、まあ、怒りがつのったということになります。

――現実には、武器が足りないというのを目の前にして、これはもう決行するのはやめようとか、そういう話になったとか、そういうことはなかったんですか。

……検討はしてみたけれども、とにかくある条件でやろうということに、結論としてはなったみたいです。それは確かと思います。調査、折角カルロスの方でしてきてくれて、もう向こうは今日やれと言っているんだからということで、じゃあ、もういい、やろうということだったと思います。

――それから、アデンの受入問題についても、総括会議で議論になったわけですか。

ああ、そうですね。

――このアデンの受入問題というのは、これに関しては、和光は総括会議でどういうふうに報告してたんですか。

ドクターの……スペシャリストの話では、アデン、行けばいいということだったので、ドクターの方から、話はつけられているんだろうというふうに、和光の方は、思い込んでいたみたいです。

――それで、実際に行ったら、受入れを拒否されたという経緯についても、報告とかはしたわけですか。

拒否されたという……

――その経緯についての報告も、和光からあったと。

はい。

――そうすると、ドクターの方は、一体どういう交渉をしたのかということについて、総括会議で、それを批判するとかいう声も出たわけですか。

ドクターがですか。

――ドクターが、アデンの受入問題について、一体どういう交渉をしてたのかと。

批判よりも、疑問ですよね。ちゃんとやってくれてたんだろうか、否かという疑問は出されてました。

――それで、その疑問について、それを調査しようという話にはならなかったですか。

それは、私が、会うときに、問いただしてみるという話にはなったと思います。

――あなたが、アブ・ハニと会ったときに、問いただしてみるという話になったということですか。

はい。

――それは、アデンでの受入問題以外のものも全部そうなんですか。

とにかく、共闘原則の、相互の確認抜きには、やめようというのが、私のずっと一貫した立場だったんで、彼らも、「彼ら」というのは、和光たちも、そういうんだったらそれでいいということでした。

警官への発砲

——あと、ハーグ事件の準備過程で、西川氏が、和光氏らとなかなか合流できなかったということについて、報告とか、それをめぐっての議論とか、そういうのはあったんですか。

はい、ありました。

——それは、どういう議論をしたんですか。

それは、第一部でも、第二部でもあった話ですけれども差し障りがあるので、Kさんということにさせてください、ヨーロッパの日本人の人、Kさん。検事さんは、分かると思いますけど、固有名詞、Kさんと言うと。Kさんがそういう指示を出したんだけども、そのKさんの越権行為じゃないかと、一切こちら側の要請というのを無視して、一方的に撤退方針出して、帰してしまったと。それで、要するに、何様だというような声が出ていました。それで、そういうこともあって、私が主尋問《〔ママ〕》のところで、結局、ヨーロッパグループは何だという形にして、自分たちアラブ側の自己批判的なとらえ方は一切せず、要するに、ヨーロッパは悪いけど、自分たちは勝ったと、それで、ジハードは獄中で頑張ったと、ヨーロッパの人たちは自供したと。それで、自分たちは、こういうふうに頑張れたのは、リッダの質があったからだということで、自分たち、要するに、私を含む自分たちの傲慢な在り方というのを、とらえ返すことができなかったということ、結局ストックホルム以降反省することになっていくわけですけども、七四年の段階ではそうでした。

——それから、その総括会議で、警察官に発砲した状況についての報告とか、そういうのはあったんですか。

はい、ありました。

——それは、どういう報告があったんですか。

警察官との衝突の状況と、その経過ですか、ありました。

——その報告に対して、誰がどういう発言をしてたんですか。

佐藤は、思わず撃ってしまったという形で、相手が女性だったというのが後で分かって、大丈夫だろうかと、とにかく……まあ、我々の原則としては、突入時に、相手国の、いわゆる警備員であれ、警察官であれ、軍人であれ、死者を出すと、それは失敗だと、作戦失敗するという前提だったわけですから、必ずそれ、事態は避けるという、日本の警察じゃないけども、必ず威嚇発砲して、それから後は致命傷は絶対に与えないという原則はありましたんで、当時から。だから、それについて思わず、自分の方、銃を構えられたんで、その銃を持っている手をねらって発砲したと。ほんなら、佐藤自身も、腕を撃たれたと、そういう話だったです。それで、とにかく、とっさの事態とはいえ、慎重さを欠いたという、そういう反省の言葉はありました。

——二人撃たれているんですけれども、というか、組織名佐藤は撃っているんですけれども、それについては、何か話は出なかったの。

とにかく、とっさの事態のことで、とりあえず、そういう致命傷だけは避けるというのは、念頭にはあったんだけども、とっさの事態であったと。ただし、その当時、我々、男尊女卑の傾向もあって〔三四八ページ参照〕、その裏返しで、女性には一切傷つけないというのがありましたから、その傷つけたというのを非常に悔やんではいました。

——拳銃を構えられたので撃ったということですけど、構えていたのは女性なんですか。

とにかく、相手方が、撃つ姿勢を取っていたというので、その腕をねらって撃ったと。

——それは二人が。それとも一人が。

いや、二人というか、相手側の腕をねらって撃ったと。致命傷だけは避けるというのは念頭にあったので、そのようにしたと。

三〇万ドルの受け取り

——総括会議で、三〇万ドルについて、報告はあったんですか。

ありました。

——それは、どういう報告があったんですか。

……最初一〇〇万ドル要請……という、スペシャリストはそういう確認だったと思うんですけども、交渉の中で三〇万ドルになったという話です。

——この一〇〇万ドルという要請は、元々は誰が決めたんですか。

元々はドクターが決めてたと思います。私は、ドクターからそういう話は全然聞いてはいなかったです。

——少なくとも、和光氏の方で決めたということではないわけですよね。

はい。

——それがその交渉の結果、三〇万ドルに値切られちゃっているわけなんですけども、これについては、何か議論にはならなかったんですか。

そのときはなってないですね。それで、後日に、ドクターとか、他のそういうパレスチナの軍事関係の人たちからは、ああいうのは値切られては駄目だという話はしてましたけども、私自身はやむを得ないだろうというふうに、和光から聞いたときは思いましたね。

——例えば、総括会議の場で、そうやって、身の代金を値切ればまけるんだと、減額するんだというような先例を作るのはよくないとか、そんな議論にはならなかったんですか。

ならなかったです。当時、我々、そういう発想、なかったですから。パレスチナ側から聞いて、いや、他の組織の作戦に影響すると、君らがそういう前例をフランス当局相手に作ってしまうと、パレスチナの他の組織がそういう作戦、やったときに、値切られてしまうという話は、大分後です。

——三〇万ドルという金額に値切ることを認めたのは、それは和光氏ということになるわけですか。

となると思います。

——和光氏が一存で決めたということですか。

まあ、彼のことだから、他の二人に相談したとは思います。

佐藤と西川に相談したと思います。

——アウトサイドワークとの間では、まったく没交渉のまま、日本人グループだけで決めたということ。

はい。

——ちょっと次の話になるんですが、ヨーロッパグループの総括会議というのは、先ほどの話ですと、あなたも出席されていたと。

はい。

——他には誰が出席していたんですか。

一応、参加者、もう一度述べますと、私でしょう、それから被告、それから足立、それからTさん、Gさん、この五人。それで、日高には、出るかと聞いたんだけども、彼は、いや、自分はもうアラブで骨を埋めるつもりだから、出る必要はないと。一任するという形だったです。それで、山本は、関わりがなかったから、自分は出る必要がないということで、その二人は出なかったです。ということで、結局五人ですね。

——この総括会議というのは、結局総括を見るというんですか、結論とか出たんですか。

結論は、とにかく、ヨーロッパに残っている人たち、Kさんとか、Sさん、法廷ではもうご存じだと思いますけど、K〔ママ〕さんとかSさんとかの意向が、意見が分からないから、とにかく持ち回りで話を進めていこうということで、Tさんが代表して、北欧まで行って、話して、また持ち帰ってくるということになっていました。

〈休廷〉

三委員会体制

検察官（西谷）

――日本赤軍がハーグ事件後、三委員会制になったということなんですが、そのうち政治委員会というのは、どういう機能を持つ委員会ということなんですか。

いわゆる、共産党なんかの政治局を想定して、政治指導、指導部形成という、いわゆる執行機関、そういう性格として。

――そうすると、それは、指導部みたいなものになるわけですか。

はい。まあ、共産党の政治局というような、実体も実力もないので、そういう指向性だけ、そういう意味です、政治指導部というような。

――最高意思決定機関というのは、共産党組織なんかでは党大会ですけど、そういうのはあるんですか。

その当時は、最高決議機関というのはまだなくて、そういうシステムを取るようになったのは、七七年からですね。

――このハーグ事件後できた政治委員会の責任者というのは、重信被告人になるわけですか。

……責任者とは決めてなかったですけど、まあ、一応誰もが文句ないところで、本人もそういう責任者という意識ではまったくなかったようです。だから、要するに、三人で分担するというような感じでした。

――重信被告人が責任者というか、リーダーと、そういうことじゃないんですか。

そのころ、リーダーというふうに、みんな認めるという感じはなかったと思います。認めてるという感じはなかったという、まあ、まだみんな、グループで、古くからいるから、中心的に、マリアンにやってもらってればいいだろうというレベルで、彼女自身がそういう意味で、指導性、発揮するのは、七五年以降ですね。

――そうすると、それより前、政治委員会の責任者というか、メンバーになった経緯というのは、古くからいるからということに尽きちゃうんですか。

まあ、結局そうですね。だから、会社で、一般企業で、忘年会やるときに、幹事とか決めるときに、結局、一番みんなに顔が利いて、世話焼きで、誰からもきらわれていないと、好かれているという人が大体なる、そういうイメージでやってたんです、当時は。投票とかできちんとやるようになったのは、つまり、七七、投票か、あるいは……投票という形になったのは、七九年、八〇年ぐらいからですけど、七七年は、全員に意思表明をきちんとして、一人一人。要するに、誰それは信任する、信任しない、きちんと取ってやってましたけど、その七四年当時は、そういう意味で、まあ、いいんじゃないのというのが、みんなの雰囲気でした。

――その七七年とか、七八年とか、そのころに、そうすると、組織的にはまた一つの変革期はあったということになるわけですか。

一番大きな変革期は、七六年ですね。それが一番大きな、いわゆる三委員会というのを解散して、新しい、組織再編しますから、七六年が一つの区切り、そしてその次が綱領規約を、当時は第二次綱領というような言い方、してましたけど、を確立していった八一年が、次の転換点、八七年以降は、新聞報道でしか知りませんけど。

――そうすると、七六年に組織的な一つの転換期が来たのは、それはどこに原因があるんですか。

それは、日本から新しい同志たちも参加して、まあ、簡単に言うと、佐々木規夫とか、坂東同志らとか、新しい同志たちが参加して……、彼らは七五年に、いわゆる超法規釈放されているわけですが、七六年に、そういう総括討議に入りましたから、そういう意味です。

――そうすると、七六年以降、そうやって、新しい日本赤軍ができたとき、そのときのリーダーというのは、重信被告人になるわけですか。

七六年、はい、そうです。

――それは、どういう経緯なんですか。

経緯ですか……。

――重信被告人が、七六年以降、日本赤軍のリーダーとなったのは、どういう経緯なんでしょうか。

三委員会というのは、要するに、政治委員会、軍事委員会、組織委員会で、実際的な活動は、軍事委員会と組織委員会の二つに分かれてやっているけども、それ自体が、将来というか、国内に戻ってという意味ですけども、国内に新しい党を作るというところに、組織の機能としては成立しないという形で、組織の機能をより実践的なものにするということで、五つの機関に分けたんですね。組織委員会と、軍事委員会をそれぞれ分散して。それで、軍事委員会は実質的には縮小、五つのうちの一つの機関に縮小したと。それでそれぞれの機関の代表を選出して、その代表が、一つの執行機関みたいな形にするようにして、それで、その執行機関を統括する人間を一人、当初は被告なんかの想定では複数を想定していたみたいだけども、結局全員があの人だったら認めようというのが、被告だけだったんで、被告がその位置に就いたというふうになります。

――ちなみにその五つの委員会というのは、残り三つというのは何になるんですか。

政治委員会はなくなりました。

――なくなって。

……いわゆる政治新聞ですよね、それから組織内の教育、それから外交というか、対外関係、それから財政、それで最後に軍事、そういう分け方をしました。

――一番最初に言ったのは、政治新聞、ニュースペーパーということですか。

情宣とかそういうのを担当する、それとあと、機関紙発行、そういう意味で政治新聞。

――ちょっと話は戻りますけど、ハーグ事件後、三委員会制になって、軍事委員会の責任者というのは、これは証人になるわけですか。

はい、私です。

――それで、組織委員会の責任者というのは、足立氏になるんですか。

……はっきりしてなかったけど、私は被告だというふうに考えていましたけど。だから、被告は、そういう意味で、他の各パレスチナ、関係性は、七四年の一一月以降拡大しましたから、パレスチナ各派とか、そういう政治折衝、それから、外国の……それからいわゆる国際革命協議会というような方針、出しましたから、そっちに忙殺されてましたから、実質、組織委員会の責任者は足立という形になったと思います。

――ハーグ事件後初めてできた三委員会制で、政治委員会のメンバーというのは、あなたと重信被告人と足立氏になるわけですか。

はい、その三人です。

――だけど、重信被告人が組織委員会の代表者だと、足立氏は何で政治委員会に入っているんですか。

……だから、あれ、四者会議とか、そういうのを想定してましたから、そこからTさんが抜けたんで、自分には、いわゆる地下活動は無理だと、フランスで屈伏してしまったし、自分にはそういう能力がないというので下りたんで、結局その三地区を代表してという形が三人になったという、その延長でやってましたから、だから、結局組織委員会は二人でやってるという形になっていたと思います。それで、そのバランスからいえば、軍事委員会が、私とYということになるんですけど、Yの方は、ちょうど他の活動があったんで、自分、ちょっとごめんって、彼自身は、ドクターのところでコマンドとしてやるというのを、元々そういう意向で来てましたから、それだけごめんという形で、だから、私一人でやってるという形で、それのサポートを和光がやるという形になっていました。

――そのアブ・ハニとの関係なんですけども、三委員会制になってから、アブ・ハニとの関係というのは、どうなったんですか。

だから、それは私が主尋問で申し上げましたように、共闘原則を相互に確認できない限りは、軍事共闘は凍結したいということで、申し出たんで、そういういわゆる軍事的、ドクターの指揮下にあった全員は、指揮、外れるという形、事実的には外れるという形になっていましたし、全員外したという形になってます。それで、組織と組織の関係では、あくまでPFLPとしてやるということで、PFLPの国際関係委員会が、直接的な責任を、我々との関係では、国際関係委員会が責任を持つという形になりました。

――それで、その後、アブ・ハニとの間で、共闘関係を構築するための討議というか、そういうものはあったんですか。

結局、ドクターが共闘原則をいやがったんで、なしで、だから、実際に共闘するということはなくなりました。ただ討議は、そういう定期的な討議は継続するということになりました。だからそれは、七八年、ドクターが亡くなるまで、一年に一回か二回のペースですけど、私が会って話をするというのは、やってました。

――アブ・ハニ以外の、セクションとか、PFLPとの関係というのは、三委員会制になってから、どういうふうに変わってきたんですか。

密になりました。要は、組織的部門の活動強化という形になりましたので、関係性は密になりました。

――それはPFLPのどの部門との関係が密になってきたわけですか。

国際関係委員会、それから情宣局、情宣局というのは、機関紙「アル・ハダフ」を発行している、いわゆる事務所、きちんとした事務所も、レバノン政府に承認された事務所も備えているところですけども、だからそういう活動……。

――元々、日本人グループには資金が足りないというので、翻訳作戦を計画するとか、そういう経緯があったわけですけど、三委員会制になりました、そういう器ができましたと、だけど資金はやっぱりないですよね。

ああ、資金はその三〇万ドルでできたんです。

――三〇万ドルって、返したんじゃないんですか、あれは。

返ってはいないです。

――あなた方の懐に入ったんですか、じゃあ。

はい。PFLPの国際関係委員会とサイカの方は、これは自分たちはいらないから、君らが使えばいい、いや、ドクターの方に回さなくてもいいんですかと聞いたら、国際関係委員会のテシル・クーバ氏が、任せなさいと、一言で、こちらに回ってきました。

――最後、シリアに行きますよね。

はい。

――三〇万ドルは、和光氏たちは、飛行機の中に置いて出たらしいんですけど、その金は、どう回ってあなたたちのところに来たんですか。

乗務員が困って、金銭だから、いわゆる金品だから、シリア政府に預けたらしいですね。それでシリア政府は、これはフランス政府とコマンドの交渉の結果だから、それはコマンド側に回すという形で、サイカのズヘール・モーセン氏と、ＰＦＬＰの国際関係委員会のテシール・クーバ氏に、これは彼らに返してくれということで、シリア政府も一切手をつけないで、そのまま回したというのが真相です。

――それでＰＦＬＰは、それをアブ・ハニの方には渡さずに、アウトサイドワークの方には流さずに、まるまる日本赤軍というか、日本人グループの皆さんにくれたと、こういうことになるわけですか。

はい、そうなります。

――それは、みんな知ってることなんですか、和光氏とかも。

知ってるはずです。

新しいインターナショナルの模索

――それと、アブ・ハニに依存して、アブ・ハニの下で軍事作戦をやるというグループだったわけですよね、日本人グループというのは。

はい。

――それが共闘をやめてしまいましたと。

はい。

――そうすると、共闘をやめると、何をするのかという疑問があるんですが、それは何をしようということだったんですか。

共闘というのが、そもそもドクターグループとの共闘ということ自体が、武装闘争という、非常に狭い範囲であったんで、だから、むしろ政治的には、政治的な関係性というのは拡がったんで、そういう政治討議とか、そちらとのいわゆる、我々は国際革命協議会という概念で、他の組織は、それ自体に同調するということはないけれども、いわゆる共同の、共産党の国際主義、昔なら第三インターとかって、それから、五〇年ぐらいまではコミンフォルムという形にあって、ありましたけども、その後は、いわゆる共産党、労働党何とかというのが、ソ連中心にしてありましたけども、いわゆる革命運動の、そういう国際主義的な機構とかいうのがないので、それを共同で作ろうと、だからそれは武装闘争うんぬんという範囲に限ったことではなくて、いわゆる公然合法の運動も含めた、そういう広い政治運動として、新しいインターナショナルを作るという形に、活動は拡がっていましたから、それでパレスチナ関係も、ＰＦＬＰだけじゃなくて、ファタハ、それからサイカ、アラブ解放戦線、パレスチナ闘争戦線、ＰＦＬＰ総司令部派、それから民主戦線などに拡がっていましたし、他にも、エリトリア解放戦線とか、そういった組織とも、そういった話合いとか始めていましたから、そういう意味では非常に多忙にはなりました。

——三委員会制になった後、どこかの組織と、武装闘争を共闘して行うということはあるわけですよね。

はい、仮の話として。仮の話としてですか。

——そういう、「仮の話として」って、実際にもあったんですよね。

共同ね。

——共闘で。

共闘で武装闘争……

——武装闘争を行うと。

いや、止まってます。

——それはない。

はい。

——じゃあ、アブ・ハニだけじゃなくて、他の組織とも、日本赤軍が共闘関係にある組織と、共闘で、共同で武装闘争を行うということは、そのころはもうないんですか。

話したことはありますけど、実際にやったのはないです。

まあ、分かりやすく言えば、クアラルンプールもダッカも、単独であると。

——その調査過程から全部含めて、単独ということなんですか。

まあ、それは、中には調査協力したり、そういう支援……

弁護人（大谷）

——本件のからみでどういった視点で聞いておられるんですか。要するに主尋問の範囲を大分越えて尋問されていますんでね。

ステーションとしての党

検察官（西谷）

——分かりました。じゃあ、ちょっと抽象的にもう一度聞き直します。私が聞きたいのは、その三委員会制になった後の軍事作戦の立案計画のプロセスというのは、どういうふうになったのかというのを聞きたかったんですけども、それはどういうものだったんですか。

それは、軍事委員会の決定事項……。

——軍事委員会が立案しますよね。

はい。

――それは、政治委員会には上がるんですか。

いや、上げないです。

――じゃあ、軍事委員会でやっちゃうんですか。

いわゆる、主尋問で、次の作戦で、第二次建軍運動の目標として、アラブの大義で、それからリッダ闘争のように一般人に死傷者を出さない、そういう闘いをやると、そこまでは決めると、あとは、軍事委員会の裁量で決めるというような形になります。

――そうすると、政治委員会の事前承認、事後承認とか、そういうものはないんですか。

だから、最初のそういう方向の闘いをやるというのが、あとは、信用してくれということになります、具体的には。

――その方向性というのは、非常に抽象的な方向性なんですか。それとも、今度例えばハイジャック闘争をやる、こういう政治的な意味も持つハイジャック闘争をやると、そこまで具体的なものなんですか。

戦術は出さないです。専門機関だけで検討します。

――それと、重信被告人が、「ステーションとしての党」という構想を持っていたということは、聞いたこと、ありますか。

はい。

――この構想というのは、端的に言うとどういうものなんですか。

まあ、私の言葉に変えると、被告は不満かもしれませんけれども、地区の党の連合体みたいな。

――地区の党、Ａ地区、Ｂ地区という、地方の区ですか。

そうそう、地方の区の、党の連合体、だから、中央集権の、いわゆるレーニン的な、そういう中央集権の党じゃなくて、同様の、同じような党が幾つかあって、それが連合体みたいな形で結集するというイメージで、私は受け止めていました。

――あなたは、この構想については、どう思っていたんですか。

私は、パルチザンでやってましたから、イメージ的には共通するというふうに考えました。

――それで、この構想は、ハーグ事件後の日本赤軍の組織作りには、取り込まれているんですか。

ええ、実質的には、ヨーロッパ壊滅ということで、あと、国内との連絡態勢が思うようにいかないと、意思一致も思うようにいかないと、足立自身が帰れなくなったという形で、何といいますか……見切り発車という形になりました。それで、そうこうやっているうちに、いろいろストックホルムの件とか、問題が出てきて、それどころではなくなったと。

――日本赤軍は、結局共産党組織にある中央集権型の組織になっているわけですか。

まあ、いわゆる、マルクス・レーニン主義的、民主一致集中制……

――民主集中制になっている。

はい。

――それで、そういう党組織、いわゆる共産党的な党組織にするということは、ステーションとしての党ではなくて、そういう党組織にするということは、なぜというか、どういう理由で決まったんですか。

……国内の、まず、新左翼の運動というのが、とにかく、一言でいえば反対、反対でやってきたと。要するに安保粉砕、日帝打倒というふうにやってきたけれども、じゃあ、日帝打倒というふうにしたときに、じゃあ、どういう社会を作るのか、どういう国を作っていくのかと、そういう視点がないと。だから、反対ということじゃなくて、じゃあ、反対であるとするならば、じゃあ、どういう具体的な政策として作っていくかというふうな、そういうふうなジンテーゼ、アンチテーゼでなくて、ジンテーゼを出す主体とならなければならないという形で、要するに、日本国内での建党、それから、建国、国づくりというのを……それから、まだ軍事路線は捨ててませんでしたから、建軍と、だから、建党、建軍、建国という方向性になったところで、一元的な党組織、そういうところで、結局結果として、マルクス・レーニン主義的な党組織という形になったと思います。

――それから、日本赤軍の綱領的原則というものはあるんですよね。

はい。

――それはいつできたんですか。

……七四年に作ったのは……七四年の九月から一一月の過程で作ったのは、そんな……三枚か、五枚ぐらいあったか、情勢とかそういうのを入れればもうちょっとあったかと思いますけど、そういうものでした。それで、七六年に、もうちょっときちんとした第一次綱領というので、確認するという形になって、それで、第二次綱領、八〇年になってから、いわゆる形態だけは日本共産党にも負けないという内容のものにはなりましたけど。

ストックホルム事件の総括

――あと、戸平氏と西川氏がハーグ事件について自白したということは、もちろん知ってますよね〔ストックホルム事件〕。

はい。

――それで、この二人が超法規的措置で釈放されて、日本赤軍に合流した後に、その自白について総括したということはありましたか。

はい、あります。

――この二人は、自白について、どういう総括をしていたんですか。

私、担当機関じゃなかったんで、いわゆる大会に当たる会議のときには提起されてたんですけど、内容的にはちょっと覚えてないいんです。戸平、後ろにいるんで、言いにくいんですけど。申し訳ないいんです、言いにくいんですけど、内容ちょっと覚えてないです。

――そうすると、総括を担当していたのは、どこの機関になるわけですか。

それは、組織内の教育という機関が担当してました。

――日本赤軍では、戸平とか西川の自白調書のコピーというのは、入手してたんですか。

ああ、来てました。

――それは、あなたも読んだことあるというか、見たことはある。

結構分厚かったんで、分厚かったのは見たけども、中は読まなかったです。もう必要ないというので。

――その自白調書というのは、一体どこから手に入れたんですか。

それは救援活動とか。

――救援活動グループから入手したということですか。

ああ、救援活動の弁護士、庄司先生、弁護人されてましたから、二人の。

――それはいつごろの話ですか。

その調書類の入手ですか。

――ええ。

結構後です。八〇年ぐらいじゃないですかね。

――八〇年代になってからということですか。

うーん……いや、ちょっと待ってください。あるという話で、ものは、結局もらわなかったんじゃなかったですか、調書類、供述調書類は、確か。そうです、あるけども、必要かどうかと、必要なら送るけども、という話だったんですよ。

――それで、必要ないということだったわけですか。

だから、二人からもう、自己批判、総括、提起されてますし、いいんじゃないのという話になったと思います、多分。それで私、読んでないんだと思います。見たというのは、こっちへ来てからだと。つまり私が逮捕されてからです。それ以降は読みましたよ、逮捕されて以降は。

――この重信被告人の裁判ですけども、この裁判での、誰がどういう証言をしているかとか、そういう証言録というのは、読んでるんですか。

はい、読んでます。

――戸平氏、Y氏、G氏……

ああ、そこまでです。

——あたりは読んでいる。

はい。「あたり」というか、そこまでです。

——松田政男さんのやつは読んでないんですか。

読んでないです。

——重信被告人の意見書とか、そういうのも読んでるわけですか。

はい、見ました。読みました。

——例えば、和光公判での、和光氏の被告人質問とかの証言というのは、読んでいるんですか。

和光被告の証人にもなる予定なんで、私がね。それで、彼の意見書と被告人尋問調書というのは、五月分までは受け取ってます。和光弁護団から送付されてます。

アラブ名

弁護人（大谷）

——皆さんにアラブ名がそれぞれつけられているようですよね。

はい。

——これは、アラブにいる日本人にはすべてアラブ名がつけられたの。

はい。というのは、本名で呼び合うわけにはいかないので、全員、誰か来て、活動すると、同志であろうと、友人であろうと、一緒に生活したりするときは、必ずアラブ組織名、アラビア語の組織名をつけるふうに、いつまでかな……七六年まで、七五年末まではそういうふうにしました。

——それは、本名で呼ぶわけにいかないという、組織上の配慮ですか。アラブ人が日本語名を呼びにくいとかいう、技術的なことじゃないんですか。

とにかく、例えば、町中で話しするときに、本名で呼んだら、誰か、日本語分かる者に聞かれたときに、丸岡とかYとかいうふうには呼び合えないし、それから、名前が分かってはいけない人たちもいるわけですから、当局に逮捕請求されてない者とかね。だから、そういう本名が残らない形にするというのが、基本ですね。

——それは、一つの名前を長く使うと、一つの名前をずっと使い続けるということですか。

大体そうですね。

——あなたの名前は、調書などによると、アブハッサンというふうに呼ばれていたようですけども、間違いありませんか。

ああ、一時期だけです。

——それはどういう時期。

七四年の一一月から、四月ぐらいまでです。

——七四年の一一月以降に、アブハッサンと呼ばれた時期があると。

七四年の一一月から、七五年の、翌年の四月ぐらいまでは、アブハッサンです。

——和光さんは、七四年の九月当時、これはどういうふうに呼ばれていましたか。

ジャマルです、九月は。

——ジョマと呼ばれていた時期はあるんですか。

彼にジョマという名前を使ったらどうかというふうに私が言ったのは、七四年の一一月で、じゃあ、それ、使おうとは言っていたんだけども、結局、もう既にジャマルで通ってるし、支障はどっかに、フランス当局にもれたとかいうこともないので、支障がないので、そのまま使うとジャマルをそのまま使うという形で、ジャマルを使っていて、彼が実際にジョマというのを使ったことはないです。ジョマという名前を使ったらどうかと、私が提起して、使おうかなとは考えてたみたいですけど、結局使わなかったです。

——使ったことはないと。

はい。

——じゃあ、山本さんがシルビーと呼ばれてたことはありますか。

ああ、ヨーロッパにいたときは、そうですね。

——ヨーロッパにいたということになると、七四年の八月以前ということですか。

そうですね。

——そうすると、アラブでは、シルビーと呼ばれていたことはない。

はい、ないです。

——もう一人、日高さん、日高さんは何と呼ばれてたんですか。

日高は、アサドというふうに呼ばれていたのを、七四年の一一月以降に、アリというふうに変えました。

——これも七四年の一一月以降に、アリと呼ばれるようになったということ。

はい。

——それは、あなたの記憶で、七四年以降、大分変えたと、こういうことですか。

はい。というのは、七四年……ジハードが、Ｙですけど、フランス当局に押収された手紙類とか、それからＴさんがフランス当局に供述しているということで、足立もアターとかいう名前だったんですけど、とにかくそういった名前つかこういう機会だから変えようと、当局にどういう名前全部、れてるか分からないし、いい機会だから、名前、変えてみようかというので、私は一一月の下旬ぐらいかな、みんなに言って、変えるというふうに決めた人と、いや、前のままの方でいいやという人と、二つに分かれて、変えた人が何人かいるということです。アターは、ナビールという名前で、変えました。七四年一一月以降ね。

——それぞれの名称なんですけれども、これはあなたの主尋問で、各事務所、その当時使っていた事務所の場所に関しては、詳細に証言してもらったんですけど、それは今でもどこに何があったかということは、記憶しているんですか。

はい。当時の、七四年、その当時はいろんな出来事があったんで、その出来事とからんだということにおいて覚えています。

アジト

——主尋問で、七四年九月当時、ベイルートに組織的部門の人が借りていたところ、使っていたところと、もしくは軍事的部門の人が使っていたところの二か所あったと証言なさってますよね。

はい。

——これは、名称みたいな、通称みたいなものはあるんですか。

はい、ありました。

——覚えておられますか、それ。

はい。

——じゃあ、軍事的部門の人たちが使っていたもの、これは皆さんはどういうふうに呼んでいますか。

八月、九月、使ってたのは、奥の院。

——それが、ハムラ通り北側というふうに証言なさったものですか。

はい、そうです。

——「奥の院」って、何で奥の院なんですか。

もう一つのアパートを、お寺というふうに呼んでましたから、お寺の本尊とか置いてあるところを奥の院というふうに言いますから、それで奥の院だったと思います。

——では、組織部門の人たちが使っていた事務所、その場所は、ハムラ通りの南側と、こういうふうに証言なさってますけれども、これは通称はあるんですか。

だから、先ほど申しましたように、お寺。

——これがお寺なんですか。

ええ、ここがお寺だから、もう一つが奥の院。

——私たちがよく調書で見る、泪橋の事務所というか、アジトというふうに表現されたりしますけれども、これは、七四年の九月当時はなかったということですよね。

はい。

平成12年合（わ）第521号等事件

★ 1974年8月以降の居住状況一覧表

'03. 7. 10 作成　丸岡修

〈注〉 日付は特定できない。前後に~~1、2週間~~3〜7日間程度の誤差ある。

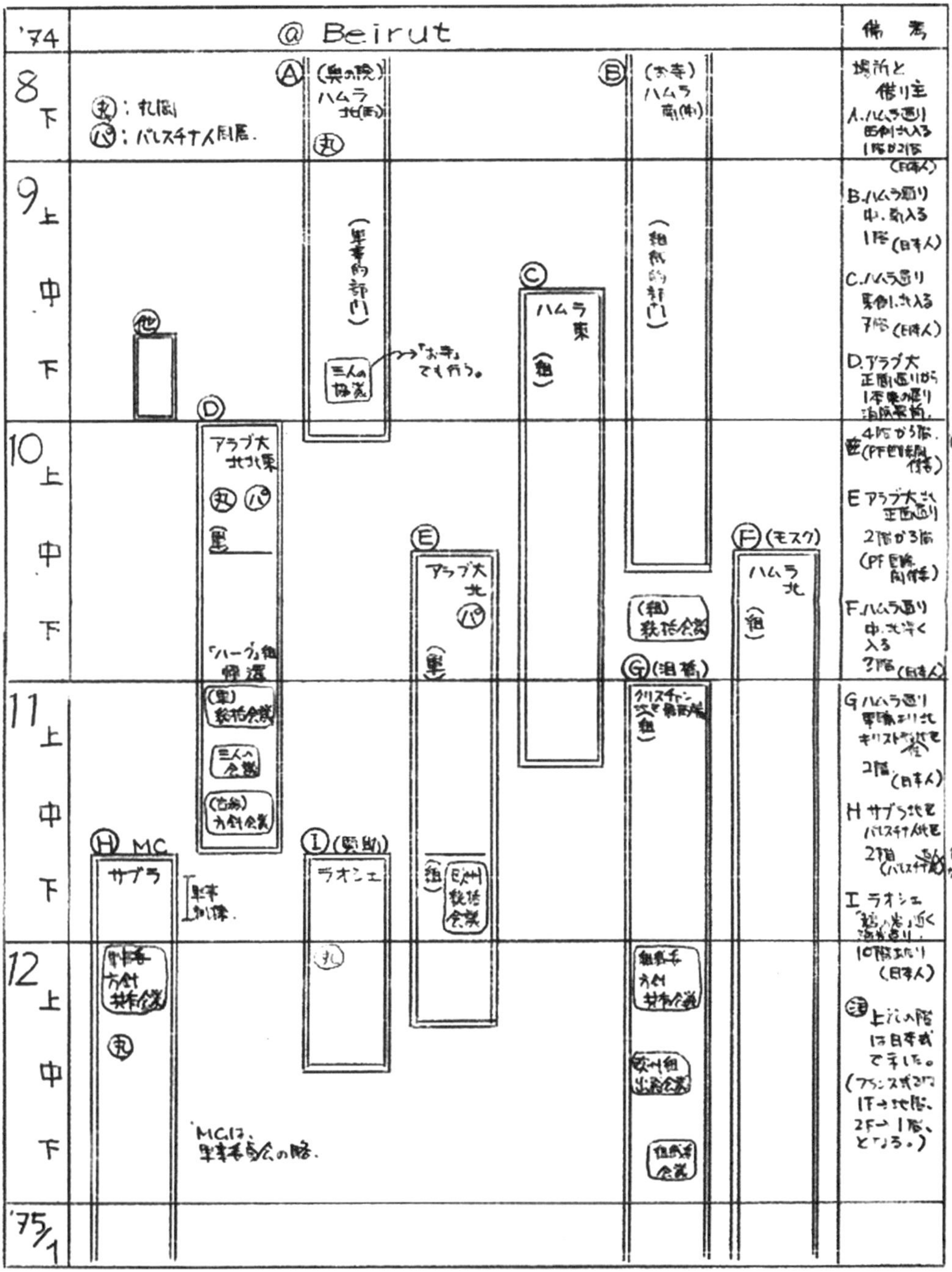

――この汨橋の事務所ができたのは、いつごろですか。

一一月の初めだと思います。

――これ以外に、ヨーロッパの人たちがたくさん帰ってきたので、あと二つぐらい事務所を増やしたと、こういうことですよね。

はい。

――この通称もあるんですか。

通称をつけたアパートは、他は、二つだけです。通称をつけたアパートと、つけてないアパートもあります。

――日本人が通称をつけたものは、他に何がありますか。

他は、モスクというのと、クモスケ。

――モスクとクモスケは、いつごろ作ったんですか。

モスクは、お寺の後継として作ったやつですから、一〇月の中旬以降、モスクというのは、アラビア語でイスラム教寺院、イスラム教のお寺を、アラビア語ではモスクと言いますから、お寺だからモスクと。だから、次に、お寺を引き払って移ったところがモスク、それからクモスケというのは、一時的に、一一月の下旬から一二月の中旬ぐらいまで借りてた、日本でいう、いわゆるウィークリーマンションですが、そこをクモスケというふうに言ってました。

――この場所などに関しては、あなた、まだ記憶しているんですね。

はい、記憶してます。

――そこで、どういう会議、どういう話がなされたかということに関しても、記憶してるの。

はい。

――具体的な話に関しては、次回、総括会議のところでもう少しくわしく伺いますけども、この会議はここの場所というような形で記憶しているということですか。

はい。全部で……九か所、延べにして九か所は記憶してます。

――そういうふうに、事務所を、同時に九か所持っていたわけじゃないんでしょう。

じゃないです。同時には四か所が最大で、それで九月当時は、お金もないので、二か所あっただけです。一番多くあったときで四か所で、要するに、当時はドクターから私は助言で、とにかくベイルート市内は、半年以上は絶対借りるなと、とにかく半年だと、要するにイスラエルのモサドが調査に来て、それでそれを作戦立てて、イスラエル側のテロの、実際に行動、起こるまで六か月だから、六か月単位で移れば、ばれたとしても、やられる前に移れるということで、とにかく六か月で切るという形で、特にベイルート市内の、外国人が居住している地域にいるときは、必ず半年で切るというふうにして、それで私もお寺というのは初めて見たんですけど、一階にあって、一階というか、地上一階ですね。地上一階にあって、要するに、保安上よくないから、早く替われ、替われというふうに言って、それでそういう意味で替わったりしてましたから。それとあと、会議用に、ＰＦＬＰの人たちから借りた部屋とかいうのもありましたから。そういう意味で、当時、七四年の九月から一二月までの間の期間で、合わせれば九か所ということになります。

——その事務所というか、会議用の場所でもいいんですけども、日本人の人たちがそこで生活していたんですか。

ああ、生活もしていました。

——そうすると、軍事的部門の人、あなたの証言で言うと、あなたと日高さんとＧさん、この三人が生活していた場所があると。

それは、奥の院で、九月末か一〇月頭までです。ただし、日高は、ヨーロッパからアジア人も撤収してきましたから、そちらの人の世話、しないといけないから、日高は、九月下旬はそっちに当たってもらいましたけど。

——それじゃ、具体的なことも少し伺いますけど、大丈夫。

その前に、アブハッサンという名前の説明、ちょっとさしてもらえますか。

——ああ、じゃあいいですよ。

その一一月になぜ変えたかというのは、三委員会制に変えるということになって、先ほど述べたように、保安上の理由とかいうので変えたと。それで、私は、当初ハッサンという名前にしたんだけども、ハッサンだと、モロッコの国王と同じ名前だから、他のないかというふうに聞いたら、純三が、「純三」というのは、奥平純三ですね、奥平純三が、軍事委員会に、一二月に全員に報告するけど、軍事委員会と組織委員会と政治委員会、三委員会に分かれるという話は、もう雑談で、食事なんかのときに、もう出してましたから、だから、純三はすぐ、みんなにあだ名をつけてたんですね。それで、私を、保安長官というふうに呼んでたんです。それで、保安長官だから、アブをつけたらどうかと。「アブ」というのは、現地用語では、父親という意味だけど、要するに、ちょっと格好がつくからと。ハッサンだと格好つかないから、アブをつけて、格好つけたらと言うので、じゃあ、アブハッサンと。

——じゃあ、その話は、Ｙさんは知ってるんですか、それじゃ。

ええ、私を保安長官というふうに呼んでたのは、Ｙは知ってるはずです。

——その「アブ」というのは、おじさんで、みんながいるというような話は、Ｙさんはその場にいて聞いてたのかな。

はい、それは知ってたと思います。聞いてた……あのころ、みんな雑談しながら、大抵、例えばＹＫの名前も、こうしたらというのを、私が提案して、なったのが、ハナーンという名前で、ハナーンという名前、こういろいろ出てますけど、あの名前も、一一月以降です。

ベイルート私書箱二一二番

――Yさん逮捕が、これがいつどのようにアラブに知らされたかということに関しては、証人は知らないですよね。

伝聞では知ってますけど、直接的には知らないです。

――証拠によりますと、Tさんが八月七日に、どうやらベイルートに電報を送ったようにも取れる証拠があるんですけれども、それは、聞いてませんか。

知らせたというのは、聞きました。

――Tさんが知らせたということは、聞いた。

Tさんから聞きました。

――Tさんから聞いた。

聞いたことがあると思います。

――フランスからベイルートの電報というのは、これはその日のうちに着くものなんですかね、その当時。

レバノンは、フランスの旧植民地で、フランスは宗主国で、郵便事情はよかったです。それでレバノン、当時は内戦とかなくて、中東で一番発展した地域だったんで、電報だと、半日で着きます。

――このTさんからの電報は、ベイルートのどこに送られたのかということに関しては、あなたはTさんから聞いたことはありませんか。

PFLPの連絡法でTさんが把握してたのは、一つは「アル・ハダフ」が持っている私書箱、もう一つが、ドクターグループが、ドクターの部局が管理している私書箱、この二つをTさんは知ってました。

――そのうち、Tさんは、この第一報をどちらに送ったかということに関しては、Tさんから聞いてませんか。

Tさんからは、どちらに送ったかとは、私も、バグダッドで聞いてますから、PFLPに送ったというだけで、私自身はね。

――これは確認なんですけども、証拠に採用されているTさんの調書によると、二で始まる私書箱がベイルートにあると、こういうふうな調書になっているんですけども、二で始まる私書箱はどこですか。

「アル・ハダフ」が持っている私書箱は、知られている番号なんで言いますけど、二一二番、だから、二で始まるという形で彼が言ってるんならば、それは「アル・ハダフ」の私書箱と思われます。

――その証拠に採用された手紙によると、同じ場所に、電報じゃなくて、手紙も送ったというふうに読めるんですけれども、あなたは、Ｔさんからの手紙を読んだ記憶がありますか。

手紙を読んだ記憶はないです。フランスで手紙の控えを取られたという話は聞いてます。聞いたと思うんですけど、記憶はないです。

——もう一つ、逮捕されているＹさんから、これは掃除夫なんて呼ばれている、Ｙさんから、直接アラブに連絡、ありませんでしたか。

手紙が届いてました。

——どこあてですか。

それも、「アル・ハダフ」の私書箱あてに届きました。

——どういう手紙の内容でしたか。

弁護士を紹介してほしいというような内容でした。

——それは、あなたの記憶で、Ｙから手紙が来たということをＰＦから聞いたというのは、それはあなた自身の記憶ですか。

それは、現物見た記憶、あります。

——そうすると、あなたが戻った以降、八月七日から一一日以降に、次にその手紙が来たんじゃないかと、こういうこと。

Ｙの手紙を見たのは、私がバグダッドに行って、それから次にベイルートに行ったときだから、八月末か九月の頭です。

——それで、いつ来たかは分からないんだ。

来たのは、ちょっと覚えてないです。そのとき、聞いたという記憶はありますけど、じゃあ、同日というふうに聞いたかというのは、それは覚えてないんです。ただ、現物は見ました。フランスの獄中から出せるんだなと。日本だと、警視庁から出せないですけれども、接禁、すぐかかりますから。フランスからは出せるんだなというのは……。

重信さんのリビア行き

——それから、あなたが八月七日から一一日の間に、ベイルートにちょっと立ち寄りますよね。

はい。

——そのときに、アラブ赤軍の同志で誰かいるかと、こう聞いたと、こういうことでしたよね。

ええ。

——主尋問の段階ですけどね。

はい。

——そのときに、組織的部門の人の名前だったと、でもそれは、重信さんではなかったと、こういうことでしたよね。

はい。

——あなたに名前を伝えた人は、重信さんも知ってる人ですか。

多分知ってると思います。

——そうすると、もし重信さんがいれば、重信もいるよと、重信さんというよりその当時はマリアンでしょうかね、マリアンはいるよというふうに言ったと思われる人ですか。

はい、そうです。それは多分じゃないです。知ってます。連絡、昔、頼んだことあります。重信に連絡を頼んだこと、ありますので、知ってます。双方とも知ってると思います。それで、彼が、いないというふうに言ったんで、ああ、いないんだろうと思って。

——まあ、和光さんも、電報を受け取った後、重信さんは旅行に出たというふうに証言しているようですけれども。

はい。

——こういうふうに、重信さんが、仲間の逮捕を知ったうえで、旅行に出ちゃうということですよね。

はい。

——そういったときに、その後のことを和光さんに頼んでいくという関係ですか。

それはちょっと分からないですね、私には。

——こういうときに、重信さんは、例えばＰＦの誰に相談しますか。

それは、アブアリ・ムスタファ議長代行だと思います。

——彼女は、これも法廷に再三出しているんであれなんですけれども、リビアに行ったということなんですけれども、このリビア行きは一人でしょうかね。それともＰＦの人と一緒でしょうか。

ああ、一人だと思います。ただ、ＰＦの人も交渉に行くという話でしたから、ちょっと私、そこまで気にしてなかったので、戻ってきたときに。

——あなたは知らないことですものね。

はい。

——重信さんと庄司弁護士の関係、ちょっと確認させてもらいたいんですけれども、かなり信頼関係が強いというふうに伺っていいですか。

はい、いいです。

——これは、日本にいるときから、また、アラブに行ってからも、かなり密接な関係を持ち続けていたということですか。

日本にいたから、ちょっと知らないですけれども、庄司先生と足立は親しくて、足立、まだ手配される前ですね。足立自身が日本にいたときは、足立、向こう来ると、いや、番頭やってるよとか言ってましたから、庄司先生の番頭を足立がやっているというふうに言ってましたから、かなり親しい関係だったと思います。それで、重信、足立も、日本国内にいたときから、親しい知人関係でしたから。【略】

——さて、ちょっと主尋問と反対尋問のところで理解しにくかったんで確認しますけれども、庄司弁護士から聞いた話ということで、待たされるばかりでつまらなかったと、こういうふうに言ったのは、「待たされるばかりでつまらなかった」と言ったのは、誰なんですか。

それは、お姉ちゃん、庄司さんの言うお姉ちゃん、だから被告のことです。

——重信さんがそう言ったと。

はい。

——そういうふうに言ったことを、庄司先生から聞いていたと、こういうことですよね。

はい、そういうことです。

——待たされるばかりでつまらなかったというふうに、庄司先生自身が感想で言ったように聞こえたから、そうじゃないよね。

はい、それはないです。庄司先生は、昔外務省にいたこともあってか、そういう待たされるというのは、あんまり苦痛に感じられない人みたいです。

——だから、そういう交渉経過を取るだろうということは、納得していたということだったんですね。

はい。そういうのはよく承知されていたようです。

〈休廷〉

アウトサイドワークの指揮系統

弁護人（大谷）

——あなたが海外にいるときに、アブ・ハニさんから、バグに来てくれという連絡が入ったのでバグに行ったと、バグダッドに行ったと、こういうことでしたよね。

ええ。

——この連絡があったのは、海外から帰る何日ぐらい前だったかと記憶していますか。

……一週間ぐらい前だと思いますけど。確かにそうだとまでは言えないです。まあ、それぐらいだったんじゃないかなという見当でしかないですけど。

——あなたがバグダッドでアブ・ハニさんと会った後、アブ・ハニさんは、バグをすぐ離れたと、バグダッドをすぐに離れたというふうに証言なさいましたけれども、ご記憶ありますか。

はい。

——これは、彼はどこに行ったのか知ってますか。ベイルートに行ったんでしょうかね。

いや、それは分からないです。行き先を私は聞いたこともないですし、彼も話しませんから。だから、ベイルートに行ったのか、もっと北アフリカ方面に行ったのか、南の方に行ったのか、ちょっと分からないです。

——ただし、あなたとすると、ジハード、Yさんのことに関しては、もう既に動いてるから心配するなと、こういうことを言って、それでバグダッドを離れたと、こういうことですよね。

ええ。

——そうすると、その後の関係は、彼がバグダッドにいなくても、彼の関係者、アブ・ハニさんの関係者が、すべて采配というか、手配すると、こういうことになるんですね。

はい、なります。ドクターは非常に、日本人以上に緻密な人なので、指示が隅々まで行き渡ってますから。外れたときはちょっと大変ですけれども、基本的には非常に細かい指示を残していく人だから。

——そうすると、バグダッドを離れるときには、あらゆる段取りは、アブ・ハニさんはつけていったんだろうと、こういうことですか。

はい、あと、滞在の責任者もいますし。

——あなたは検察官の反対尋問に、アブ・ハニさんが、いわゆる軍事行動を起こすときには、日本人だったら、自分が直接連絡を取る、それで自分がいないときにはYさんがやると、こういうような証言をなさったんですけれども、ありますよね。

はい。

——もし、これ、丸岡さんもYさんもいない事態になると、アブ・ハニさんは、じゃあ、誰に軍事的な指示をするんですか。

それは和光だと思います。

——直接和光さんにできる関係だったんでしょうかね。

……定かではないですけど、和光は、要するに顔を合わせたことはあるけれども、そういう話はしたことはないと思います。

——アブ・ハニさんと和光さんが、七四年の八月当時、直接何らかの指示を受けるとか、そういう関係になっていたかどうかに関しては、証人、ご存じですか。

彼は、ミシェルと、ミシェルって、前ドクター部局のヨーロッパの責任者と親しかったみたいですから、だから、直接ミシェルとの連絡を取ってたというふうには、後に聞きましたけど。

——それは、たまたま和光さんの方の意思で、ミシェルに、自分がやりたいと、申入れしたと、オファーしたという関係ですよね。

はい。

——それを受けて、アブ・ハニは動くという関係だったように、和光さんは言っておられますけれども、アブ・ハニさんが直接和光さんに指揮するということはあり得るんですか。

Ｙがフランス当局に拘束されてるという状況だったから、それはあり得ます。

――あえて、検察官の反対尋問にあったのでちょっと聞きますけど、重信さん、もし、あなた、丸岡さんもいない、Ｙさんもいない、こういうふうになると、重信さんを通じて和光を動かすんじゃないかと、そういうようなことは、その当時あり得ますか。

それはないと思います。

――でも、あなたもいない、Ｙさんもいない、和光さんと直接の関係がないと。

ただ、部局としては指揮下に、当時の軍事的部門の者は指揮下に入ってますから、それで、Ｙがアシスタントで紹介してたはずですから、それは問題ないと思います。

――翻訳のことを聞きますけれども、翻訳がうまくいかなかったのは、あなたの証言でも、Ｙと和光の仲がうまくいってなかったと。それで、アブ・ハニさんは、重信さんにしか、指示できなかったとか、指示できないとか、そういうようなことはあり得ますか。

翻訳ですか。

――あなたは、Ｙさんと和光さんの仲がうまくいってなかったと、翻訳の当時は、そういうふうに証言なさいましたよね。

ええ。

――この関係の中だと、アブ・ハニさんは、重信さんにしか指示できない、軍事的なことを、重信さんを通じて指示するというようなことが、翻訳で起こり得たとすると、それは、ハーグに引き続いたかどうかということなんだけど。

……。

――分からないね。

意味がよく……。

――私の質問が悪いんだね。

まず、ドクターが、ジハードとジャマルが仲悪くても、それは、仲が悪いということだけであって、指揮出すときは、指揮出します。

――もう一つ、あなたは、このからみで、検察官の反対尋問に対して、アブ・ハニが軍事作戦をするに際し、共闘組織のリーダーと討議するのかどうかというふうに聞かれてるんですけども、これにケース・バイ・ケースと答えてるんですね。

はい。

――どういう場合に共闘組織のリーダーと討議するんですか。

それは、共闘組織のリーダーが、要するに、例えば、共同活動を持ちかけてきたり、そうしたときは、そのリーダーと話し合うと、そういう相手方に応じてという形です。

――共闘組織の方から持ちかけた場合には、やっぱりその共闘組織のリーダーと話し合うと、こういうことですよね。

はい。

――そういうことになると、本件は、それに当たるんですか。

本件は、要するに、和光が出してきたということで、だから、和光に対してどうするかということになります。

――日本人側からのオファー、申入れがあったという感じはあるけれども。

検事さんの想定は、多分アシェングループを想定して言われたと思います。質問は、反対尋問の趣旨は多分。

――本件の日本人グループのリーダー格であったというふうに思われてる重信さんは、話し合わないはずがないんじゃないかと、この本件のケースではどうなのかということを聞かれているんだけれども、あなたは、アシェングループだと思ったから、ケース・バイ・ケースだと言ったの。

そうです。……いや、アシェングループのことを想定して、あいまいに主語をぼかして質問されているんだろうというふうに理解していました。

――じゃあ、私がもう少し具体的に聞きますけれども、本件では、それに当てはまるんですか。ケース・バイ・ケースの、共闘組織のリーダーと議論する場合かどうかというのは、本件はそれに、議論する場合に当てはまるんですか。

当てはまらないです。というのは、共闘組織のリーダーというふうに当時ドクターはとらえてなかったはずです、被告を。

――そうすると、和光さんからの申入れがあったとしても、和光さんを駒として使えばいいというふうに思ったということですか、アブ・ハニさんは。

ジハードはそういうふうに言ってますけど、要するに、駒として使うという、そういう感じはないです。ただ、要するに指揮下にあるから、Yがいないんだから和光という形にはなりますからね。ドクターにとってですよ。

――具体的に聞いた方がいいと思うから、ちょっとその辺慎重に答えてもらいたいんだけども、あなたは、自分もいないとき、自分がいれば軍事的作戦は、アブ・ハニさんは自分を通すはずだ、自分がいないときにはY、ここまで言っているんですよ。

ええ。

――それで、あなたが戻ってきたときに、日本赤軍と日本人グループと軍事的作戦をしようというときに、あなたを通すんですか。

私の場合は特殊なケースで、いわゆる途中で帰ってきたわけですから、だから、そういう場合はもうオミットです。

――バケーションを取れと言われた関係だから、自分が軍事的作戦の仲介というか、間に入ることはないということでいいんでしょう。

はい。

――それだったら続けて聞きますけれども、七四年の八月の下旬、日高さんがバグダッドに来ますよね。

ええ。

――Tさんも来る、バグダッドに来ましたよね。

はい。

――どちらが先かは覚えていないけれども、ほぼ同時に来たと。一日違いだったのを覚えてる、多分Tさんが先だったと思います。

――バグダッドには、アブ・ハニ系列の事務所と、アブアリさん、副議長系列の事務所……。

事務所じゃなくて家です。

――家があったと。

はい。

――日高さんとTさんは、どちらに来たんですか。

家の方に来たんです。

――アブ・ハニ系列じゃない方に来たの。

はい。ちょっと説明しないといけないですけど、私がバケーション取るというふうに言って、最初はハニ君、ドクターの息子です、アブ・ハニの息子、ハニというんですけれども、ハニ君と仲が非常によかったんで、彼はまだ小学生でしたけれども、ハニはいるかと言うと、いないんで、じゃあ、メイ君、被告の娘です、メイ君のいるところでバケーションを過ごしてるというふうに言って、サミーラ、YKのいるところに行ったんです。行って、そこにTさんが来て、それから日高さんが来て。

ヨーロッパグループとの対面

――日高さんは、どうやら直接和光さんから指示されて、バグダッドに来たようなんですけれども、それは聞いておりましたよね。

はい。

――そうすると、和光さんがバグダッドに行ってくれと、こう言ったときに、その行く場所を指示する、その場所はアブ・ハニさんの事務所ではないんですか。あなたに会えと、こういうことだったわけじゃないでしょう、だって。

……だから、私がいるから、事務所の方が回したんだと思います、ドクター事務所が。……Tさん自身は出入りしていたみたいですし。

――日高さんは、アブ・ハニさん、ドクターの連絡場所を、和光さんから聞いてたのではないんですか。

日高は元々知ってたと思いますよ。バグダッド、一回出入りしてたはずですから。

――じゃあ、Tさんも知ってた可能性があると。

はい。

――西川さんが、九月七日ごろ、バグダッドに戻ってしまったと、誰かさんの指示でね、戻ってしまったということは、ベイではどのように知り得たんですか。

それは、便がありますから。ドクター関係の便がありますから。

――ドクターの事務所から連絡が入ったと、こういうことですか。

はい。

――この当時の人間の位置からすると、あなたもベイルートですよね。

はい。

――それから、重信さんもベイルート、こういうことですよね。

はい。

――バグダッドに着いてしまったという西川さんに対して、連絡するのは、電話とか手紙ですよね。

……着くだろう、来るだろうということであるから、手紙ですね。西川への連絡ですか、それは手紙になります。

――だけど、バグダッドに帰ってくるということは、誰も予想してなかったんでしょう。

撤退方針が出てるというのは、日高が言ってました。

――ヨーロッパに、どうやらレポというか、連絡役の人が、ポスト役の人がいましたよね。

ええ。

――このヨーロッパの連絡役の人は、どこの誰に連絡していたか、あなたは知ってますか。

Kさん。

――Kさんではない人。

G氏とか。

――Gさんも引き揚げちゃってますよね、ヨーロッパにまだ残ってる連絡役の人に対して、どういうふうに連絡取っていたか、あなた、知らないですよね。

はい……うん？

――知らないね。

S〔原文実名、以下イニシャルとする〕さんが、いや、他は知らないです。G、日高、Tさん、和光、そこまでしか。それ以外にあるんだと、私、知らないです。

――いや、調書を読むと、ヨーロッパにまだポスト役の人が残ってて、連絡をしてたようですけれども、それは、知らない。それはSさんでしょう。いや、私はそれはずっとSさんというふうに認識してましたから、Sさん以外にいたというんだったら、当時、私、聞いたのか知れないけど、今は覚えてないです。

——和光さんも、どうして西川さんが帰って、バグダッドに行ってしまったのかが分からなかったというふうに、どうも法廷で証言しているようなんですけれども、それはＫさんという人が指示したということが、後で分かったわけでしょう。

……まあ、西川本人がそう言ってましたからね。

——じゃあ、バグダッドに帰ってきてしまう西川さんに対する連絡、これは、ここに帰ってくるかもしれないからということで、何か置き手紙の方式を取ったということなんですかね。

まあ、それしかないです。

——その可能性、置き手紙をできる可能性がある者はということで、先ほど、検察官の反対尋問に、可能性のある人間を名前を挙げたということですか。

はい、まあ、可能性のある人間というふうにすれば、その条件に当てはまるのは、もう一人、Ｔさんもいますが、Ｔさんは、既に、自分はフランスで敗北したんで、これ以上は自分にはできないというふうに表明されていましたから、Ｔさんは除外と。残る可能性としては、日高と私にはなりますねということです。

——その可能性を指摘したということですね。

はい。

——これは、西川さんの調書、西川さんに具体的に聞かなくちゃ分からないですけど、置き手紙は封印されてるということですけれども、あなたにその記憶を聞いてもしょうがないけれども、封印されてる可能性もあると。

まあ、通常そういうのは封印するというのがしきたりです。

——日高さんもあなたも、あなたの証言によると、八月の月末、二七日以降ですかね、バグダッドを離れている、ベイルートに行ってますよね。

ええ。

——そうすると、かなり早い時期に置き手紙をした可能性があると、こういうことになりますけれども、そういったことも含めて、可能性はあったということでいいですか。

はい。

——戸平さんと、その当時、数日一緒にいたということは、従来出てたことなんですが、あなたが証言してたことなんですが。

数日とは言ってないです、連日。

——数日間、バグダッドで一緒にいたということは、既に証言なさいましたよね。

はい。

——純三さんもこの当時バグダッドにいたというのは、私、初めて聞く事実なんですけど、それを何でこの時期言おうということになったんですか。

……まあ、それは、聞かれれば言おうと思ってましたから。それだけの話ですけど。……まあ、和光君の方では、送ってくれというような、してたということは話してるみたいだから、まあ、いいだろうと思っただけです。

——八月下旬にヨーロッパから撤収してきた、日本人だけじゃないですよね、パリからとか。

はい。

——パリから撤収してきた、パリ以外にもいるのかな、撤収してきた日本人以外の活動家、まあ、弾圧を逃れて逃げてきた活動家、その人たちはどこにいたんですか。

ベイルートです。

——バグダッドには来なかったの。

バグダッドには来てないです。

——その中の人たちに、アジア関係の活動家の人たちもいたんですか。

はい、いました。

——その世話を戸平に頼んだと、こういう証言、なさってましたけども。

はい、日高と二人でです、というふうに証言したはずです。

——日高さんと戸平さんに、アジア関係の、パリから撤収してきた活動家の人たち、この人たちを、二人に面倒見てもらおうということだったんですか。

はい。

——それは、最初からそういうふうに思ってたの。

最初、陣形上、いろんな当時のアパートの割り振りとか、そういう中で、食料の購入とかも必要なわけですから、相手、単独で外に歩いてもらうわけにいかないから、一緒に入ってもらったと。それで、レバノンが初めての人だから、大変だから。

——その面倒見るというのは、その人たちと共同生活してもらうということですか。

ああ、早い話がそういうことです。

——そうすると、それはいつごろのことなんですか。

それは、一〇月の中旬以降です。一〇月の頭は、私と日高と、そのアジアの人と、別のアパートにいました。

——そうすると、一〇月の中旬以降に、戸平さんにそちらに行ってもらったと。

はい。というのは、最初にいた、私と日高とアジアの人がいたアパートには、ハーグから戻ってきたらそこに入ってもらう予定だったので、それまでに他に移ってもらうということで、移ってもらったんです。だから、一〇月中旬以降は、他のアパートへ入ってもらった、PFLPの国際関係委員会の方に用意してもらったアパートの方に入ってもらいました。私がよく覚えてるのは、そういう手配、私がやってたから、覚えてるわけです。

――そうすると、一〇月中旬以降は、戸平さんは日本人グループとは少し離れたんですか。

日高と戸平と、そのアジア人と三人で行ってもらったと。それでヨーロッパの事情知ってるのは日高だから、日高が、その三人のうちの責任者で、戸平が日高をサポートするという形です。

保安態勢

――それから、ちょっと違う話を聞いてしまいますけど、保安のことね。重信さんの保安を、アブ・ハニさんが直接指揮したり、命じることはないというふうにライラさんは証言なさってるんですね。

はい。

――これは保安部局がやるんだと、だからやらないと、こういうふうに言っているんですけど、証人によると、これもケース・バイ・ケースということで、場合によればあるんだと。

ええ。

――特に日本人同志の場合には、アブ・ハニ系列の人間が保安することがあると、こういうことでしたよね。

はい。

――Yさんがこの法廷で言ったこともあるんですけれども、それ以外に、あなたの記憶しているところで、日本人が重信さんのボディーガードとか保安に関与したということはありますか。

はい、あります。

――それはいつのこと、言ってるんですか。

まず、一つは、ライラさんが言ってるのは、七三年末までの形です。七三年末に、重信とジョージ・ハバシュ議長との会議がありまして、その中で、いわゆる私が言ってる組織的部門の同志たちは、ベイルートで保安をしっかりするという形において、独自の活動をすると、してもいいという形になったと。一方、軍事的部門の方は、ドクターの部局の指揮下にあって、だから、そちらは勝手にベイルート市内にアパート借りたりとか、そういうのは一切できない状況であったと。だから、そういった状況の中では、被告に対する保安がなされないと困るので、いわゆるライラさんのいう保安部の方から、いわゆる日本人、軍事的部門の日本人がきちんとフォローできるようにしろというふうに、まあ、そういうことをドクター部局に指示できる位置ですからね、アブアリ・ムスタファ議長代行も。だから、そういう指示があって、そういうシステムが取られていたというのはあります。

——そうすると、保安部局からアブアリさんに指示されて、アブアリさんの系列の方に……

いや、保安部からアブ・ハニに。

——アブ・ハニさんに指示されて、アブ・ハニさん系列の日本人が重信さんの保安に当たることはあると。

はい。というか、そこから始まったと思います。だから、ライラさんの言うことは、そのとおりなんです。だから矛盾はしてないです。

——具体的に、Yさんがヨーロッパに行くときに、重信さんのボディーガードをするということはあり得るということですね。

はい。

——それ以外に、あなたが知ってることはありますか。

まあ、私が知ってるというのは、まあ、九月以降ですよね。七四年の九月以降ということになりますよね。七四年の九月に被告と一緒にアブアリ・ムスタファ議長代行にあいさつに行ったことがあります。

——それは何のためにですか。

それは私が戻ってきたということで。私自身は知ってましたから。知り合いでしたから。それでそのあいさつに行ったときに、被告が席を外したときに、アブアリの方から、あの人は一人で動きたがると、もしもイスラエルのテロとか何かがあった場合に、要するに自分たちの、PFLPの責任でもあると、もし何かあるとね。だから、とにかく一人で出歩かないように、ボディーガードを自分たちでしっかりつけるようにしてくれというふうに、議長代行からじきじきに私が言われました。

——それはアブアリさんから言われたの。

はい。

——それはいつごろのことですか。

上旬だったと思いますけど。

——九月の上旬。

はい。

——それは、あなたと重信さんが二人で行ったんですか。

そのときはそうです。

——そして、あなたとすると、じゃあ、重信さんのガード役をつけようという形で、配慮したことはあるんですか。

はい、それ以降配慮してます。

——具体的に誰をガードにつけたんですか。

足立と行動を共にすることが多かったんで、足立がついたりしてました。ただ、足立自身も有名人なんで、G氏に頼んだり、日高に頼んだりしてました。

——それは、七四年九月以降の態勢だと、こういうことですね。

はい。

――和光さんは、意見陳述だったかで、日本人は全員アブ・ハニの指揮下、系列にあるというふうに主張もしくは証言なさっているようなんですけれども、知っていますか。

はい。

――これは事実なんですか。

いや、事実ではないです。彼の誤解です。

――彼が、そういうふうに誤解するに至った原因を、あなたは思い当たりますか。

はい。

――まず、彼が日本からアラブに行ったのは、七三年の秋でしたね。

ええ。

――七三年の秋以降に、和光さんはベイルートに着いてると思うんですけど、その彼が、あなたは誤解だというふうに言う根拠は何ですか。

一つは、議長と被告の会議自体を彼は聞いてなかった、知らされていなかったんだと思います。それで、きちんと組織的な関係を作ろうということで、とにかく政治討議をきちんと始めるというので、それ、パートナーで、テシル・クーバ氏とか、国際関係委員会とか、被告とか決まったんですけど、それで一方で、ドクター関係はすべてジハードが責任を負うと。それで、ただ、ジハードがドクターにいいように言われるのを憂いて、被告人が、ドクターともきちんと政治討議を原則的にやるようにというふうに、ジハードが言われていたわけです。それで、ジハードはそういう政治討議、彼は、実は政治知識、かなり持ってるんですけど、全部それを捨ててきた人だから、自分はやらないというので、ドクターとの会議に、重信にその政治討議をやってもらうので、ついてきてもらったりしてたみたいです。

――その話は、誰から聞いた話でしょうか。あなたは、直接ジハードさんなりアブ・ハニさんから聞いた話ですか。

それは……ジハードから聞いたと思いますけど。

――本来、ジハードがやるべきアブ・ハニさんとの政治討議を、重信さんに代行してもらったので、和光の目からは、全員アブ・ハニ一派に見られたんだと、こういうことですか。

それと、もう一つは、私がずっと言ってるアブアリ議長代行の家と言ってるでしょう、バグダッドで。バグダッドにおいて、議長代行の家というのは議長と親しい、ヨルダン委員会の人が、名義で設営しているんですけど、和光はそれを知らないと思います。要するに古い、彼以前の者しかそういった事情は知らないので、彼の目から見れば、ドクター系列というふうに誤解してた可能性があります。

――だから、七三年の秋以前の事情を知らない人は、七三年秋から、日本から来た人の目から見れば、みんな全員、日本人はアブ・ハニ派だと、アブ・ハニの下にいるんだというふうに見られるような状態があったんでしょうか。

バグダッドにいれば、そういうふうに見えるかもしれないです。だから、そのバグダッドで、ドクターの指揮下にあっても、待機……アウトサイドワークというのは、ほとんど仕事というのは、待機なんです。待機が仕事なんです、待つというのが。だから、訓練所、行ったりとか、そういったことがない限り事務所でずっと待機しているわけです。だから、待機して、私なんかは肉体訓練と、掃除に明け暮れて、掃除ばっかりやってましたけど、そういった、大変だから、だからそういった待機のときは休暇みたいになるわけです。そうなると、そっちの家の方にいたりしてましたから。だから、家の方にいたりすると、被告なんかは、とにかく日本食をコマンドたちにも食べさせてあげたいという人だから、そういうので、呼んだりしてましたから、だから待機中と、要は休暇みたいなものですよね。だから休暇中はみんなそっちに行ったりしてましたから、だからドクター系列というふうに理解してた可能性はあります。

時間が経過してるので、私の想像も入ってしまっていると思いますけど、大体フランス側当局とルートがあるので、そのルートを通して交渉すると、私はそういう説明を受けました。

——このフランス当局のルートというのは、いわゆる正式の外交ルートというふうに伺ってよろしいですか。

はい。アブ・ハニさんのことを面倒くさいのでドクターといいますけれども、ドクター自身はコネが多い人で、だから、アラブ諸国の外交官、それからあとフランス自体の外交官の接触ルートがあって、それは、それ以前のいろんな闘争とかあって、フランス側から接触してきたりとか、そういう経緯があって、そういうルートを通していると。もちろん国家と国家の関係じゃないから、フランス側の方も裏の交渉ルートであるから、そうすんなり事が進むということではない、こちらから、パレスチナ側からの要請がすんなりそのまま通るということではないけれども、一応そういう交渉ルートというのはあったと。

——それは、アブ・ハニさん固有の独自に持っているものというふうに伺っていいですか。

はい。

——ただ、アブ・ハニさん、ドクターがやるにしても、そういうことは、ＰＦＬＰの了承の下にやるのではないんですか。

二〇〇三年七月一六日
重信公判第三二回

アブ・ハニの外交交渉

弁護人（大谷）

——外交交渉についてまず伺います。ハーグ事件の外交交渉、政治交渉ともいってますけれども、これは、アブ・ハニさんが個人ルートでやっていたというふうに証人は証言なさってましたけれども、これは、アブ・ハニさんから聞いたことですか。

はい、そうです。

——実際、アブ・ハニさんは外交交渉をやっていましたか。

はい、やっていました。

——証人は、アブ・ハニさんがどんな外交交渉をやっていたのかは知っていますか。

了承の下でやるときもあるし、個別にやるときもあったと思います。

――この法廷で、ライラさんは、ハーグに関する外交交渉、政治交渉は、国際関係委員会がやっていたというふうに証言しているんですけれども、このことは、証人は御存じですか。

それは、最近弁護士さんから伺ったことです。

――ライラさんがそういうふうに法廷で証言したということを通じて知ったということですか。

はい、そうです。

――そうすると、当時あなたは、国際関係委員会がどのような外交交渉をしていたかは知らなかったと、こういうことですね。

はい。

――ということだと、ハーグでは、国際関係委員会ルートと、アブ・ハニさん、ドクタールートの二本立てで政治交渉、外交交渉がされていたということなんでしょうか。

と、私の方は思います。それで、私がドクタールートというふうにいってるのは、それまでの経緯からいって、ドクターの方でやってるんだろうというふうに、PFLPの組織的承認の下でやってるかどうかというのは、私もあんまり気にはしてなかったので、通してないことも多いので、だから、そういうものかなというふうに思ってただけなんで、だから、実際には、ライラさんが証言されたように、国際関係委員会を通してということだったのかもしれないです。

――そうすると、七四年九月三日とか四日ごろに、あなたが海外から帰ってきて重信さんと初めて会ったときのことなんですけれども、そのときに、政治交渉、外交交渉の話は出ませんでしたか。

私の方から出してます。

――誰の方から出したんですか。

ドクターの方で政治交渉をやっているという話を、私がドクターから聞いてる話として、ベイルートにいた人たち、それから、あとから合流してきた被告に対して、説明してます。

――重信さんは、その当時、あなたに対して、八月いっぱいはフランスはバカンスだから外交交渉は進まないと思ってたとか、そういう話をしたことはありませんでしたか。

被告の方は、むしろジハード君が拘束されているという情報を持ってたまま出掛けたわけですから、実際にPFLPの方で政治交渉をやっているかどうかというのは、着いた時点ではむしろ聞く側だったわけです。で、バカンスうんぬんというのは、Tさんも、本人たちが捕まるというようには八月二〇日までは考えていなかったので、それで、Tさんの方は、フランス国内での弁護士のあっせんとか、それを考えてたみたいですけど、八月は、弁護士関係、いわゆる法曹関係はみんなバカンスでいないということで、対応が取れなかったというような話をされてました。

――フランスは、Ｙさんの拘束を秘密にしていましたよね。

はい。

――公表してませんでしたね。

はい。

――この公表が八月二五日過ぎのようなんですけれども、これも政治的圧力の結果なのでしょうか。

はい、そう思います。フランス側としては、結論をなかなか出せなかったんだと思います。ところが、二〇日の時点で、日本人四名も拘束されて、そこで政治判断して、伏せたままにして穏便に済ませるか、公にしてしまうかということの判断をそこでやって、結局これは公にしようということにしたんだと思います。

――和光さんが証言した内容なんですけれども、フランス政府に対して警告を発したというか、和光さん自身が発したんじゃないけれども、外交交渉として警告が発せられたんだという証言があるんですけれども、こういう警告があったことは知っていますか。

はい、知ってます。

――この警告は、アブ・ハニさんがしたんですか、国際関係委員会がしたんですか。

だから、先ほど申し上げたように、私の方ではアブ・ハニというふうに理解してましたけれども、ライラさんの話によれば、国際関係委員会の方でやってた可能性はあるということです。

――アブ・ハニさんは、外交交渉を国際関係委員会に任せないで自力でやろうとしたということがあるんではないんですか。

そこは私の方は分からないですけど、私の方はドクターから聞いてた話だけですから、ライラさんの証言があってから考えれば、ドクターが私にする説明と違ってて当然ですから、ドクターの方がいろんな政治的判断をしたうえで私に話をしてますから、だから、私の方は、ドクターとしては当然自分のルートで、個人ルートでやるときも、ＰＦＬＰの組織的確認の下でやるときも、彼にとっては同じ、自分たちがやるという証言になりますから、私の方で勝手に、これはドクターで独自でやってるんだなとか、ＰＦＬＰときちんと確認してるのかなとか、そういう判断をしてただけですから。

――国際関係委員会の代表者は、このころテシル・クーバさんということでいいですね。

はい、よろしいです。

――このころ、七四年九月ですけれども、ドクターと国際関係委員会というのは、関係がよくなかったんではないんですか。

そんなによくはなかったと思います。

——いわゆる処分とか、ドクターの処分をめぐってとか、それから、党内闘争というか、ＰＦＬＰ内部の党内闘争のこともあったんじゃないんですか。

党内闘争というよりも、クーバさんは組織原則に非常に忠実な、忠実というか、厳しい人だから、要するに、ドクターの組織原則を無視するようなやり方というのはよくないという立場だったから、処分問題とかが出てきたときには、ドクター批判派だったとは思います。

アブ・ハニの威信

——ドクターにとって、このハーグ闘争というのは、どういう意味、メリットがあったんでしょうか。

一つはジハード君自身の解放というのがありましたけれども、ドクターにとっては、フランス政府との関係において、いわゆる紳士協定風の、要するに、暗黙の了解というのが双方にあって、それをきちんと貫徹させるためには、要するに、穏便な解決方法をフランスが取らないかぎりそれ相応の態度を示すということを非常に重視していました。

——フランスとの紳士協定がドクターとの間、もしくはＰＦＬＰとの間にあったということなんですか。

暗黙の了解という、いわゆる紳士協定というか。だから、フランスで、要するに、フランスの権益を阻害するような事件は起こさないと、そのかわりフランス側も、ＰＦ関係者の問題が生じたときは穏便に解決するというような、例えば、事件を起こしてしまえば、裁判を迅速に行い、それで、刑が決まれば、刑も恩赦がつくような形、あるいは減刑されるような、そういう配慮をするというようなことに、そういったことです。

——ということは、そのことに反することに関しては武装闘争も辞さないと、武装闘争というか、奪還闘争も辞さないという立場にアブ・ハニさんは立ってたと、こういうことですか。

はい、そうです。

——それが七四年の八月いっぱいの話だと、こういうことですか。

はい。

——そういう対フランスとの関係だけではなくて、ドクター自身の名誉とか、失地というか、党内闘争におけるそういう失地を回復させるということもあったんではないんですか。

彼の思考からいえば、失地と、そういうのは考えてはいないと思います。失地回復というようなこと、マイナーなことから考えてはいないと思いますけど、威信をかけると、そういう意図はあったと思います。

——ドクター自身の威信をかけた闘いだったのではないかと、こういうことですか。

はい。だから、そういう意味では、和光君の要請があろうとなかろうと、ドクターは、要するに、ジハード解放という作戦を立てたはずです。

——その絡みで、アブ・ハニさんの作戦への日本人の参加とか共闘について続いて伺いますけれども、ちょっとさかのぼりますけれども、ドバイの作戦企画段階で、証人とアブ・ハニさん、ドクターがぶつかった一番の理由は、作戦の目的、方針のことなんですか。

目的ですね。

——要するに、金を目的にするかどうかということですか。

はい。三つありまして、大きくは二つですけど、一つは、政治的な問題としては、こちら側の想定は、国際連帯、要するに、日本人、パレスチナ、それからラテンアメリカ、そういった国際連帯を中心にと、そういう政治目標ということに力点を置いてというふうに立ててましたけど、ドクターの方は、あくまでパレスチナ革命の支援という、第三者の人から聞けばどっちも同じような意味合いのように聞こえるかもしれないですけど、要するに、対等な連帯というこちらの想定に対して、ドクターの方はピラミッド型の連帯ということです。

——パレスチナ革命に対して支援をしてくれればいいんだと、こういう立場にドクターが立って。

ええ、討議してたらね。

——あなたは、全体として国際連帯を目指そうじゃないかと、こういうことですか。

そうです。

——そういう政治的な内容が問題になったということですか。

はい、一つ。それから、要するに、六月以降になって、実際的なことで問題になったのは、一つは、人か、お金かという問題、それともう一つは、日本赤軍という名称を出すか否かという問題、それが生じたと。

——そうすると、その矛盾について、七三年の四月に、あなたが重信さんに会ったときにも報告したというような証言をなさってますけれども、七三月の四月に会ったときには、そういう国際連帯なのか、パレスチナ革命の支援なのか、どっちなんだと、こういう話を報告したということなんですか。

はい、そっちの方です。

ドバイ闘争の奪還要求

——そういう政治的な話を報告する必要があったと、こういうことですか。

はい。反対尋問のところでその話が出ましたけれども、同じその反対尋問の少し前に、メイ君の誕生があって、それで、それのお祝いに行くという話をしたと思います。そのときの話です。だから、いろんなことを話した中の一つとして、相互に報告し合うというのは、七二年の五月、私はそもそも日本に帰るという予定でしたから、そういう中で、相互にお互いの活動を報告し合うということでずっとやってましたから。

——そうすると、出産のお祝いを兼ねてお互いに状況を話し合ったというか、報告し合ったと、こういうことですか、七三年の四月段階の話は。

ええ。だから、いろんな、例えば、私の愚痴とかいうのもありますし、それからPFLPに対する愚痴とかもありますし、いろんな情宣の問題とか、それからあと、他にも日本人がいましたから、要するに、キャンプの状況とか、そういった話とか、そういういろんな話をし合ってるということです。

——そうすると、人か、お金かとか、そういうような話が出たのは、七三年の六月のころの話だったと、そのころには話にならなかったと、こういうことですね。

はい、六月か七月、そのあたりです。

——直前のころだと、こういうことですね。

はい。

——そのとき、直前の話でもいいんですけれども、ランディング地をどこにするかとか、そういうようなことが事前にドバイ作戦の企画段階で問題になったということはあるんですか。

ランディング地の企画段階では、問題にはなっていないんです。

——ところが、あとでそういうことが問題になったと、こういうことでしたよね。

だから、結果としてリビアで拘束されるという事態になったという、その結果が生じたということにおいて、問題になったということです。

——それでは、ドバイの件ですけれども、二人の日本人の奪還を要求しましたね。

はい。

——この二人の特定というのか、誰にしようかということは、誰が決めたんですか。

それは、七二年の五月に、バーシム、奥平剛士同志と話をしたときに、既に名前が出てたものです。

——和光さんが法廷で証言されてるんですけれども、重信さんがこの二人を奪還してくれというふうに特定したかのような証言もあるんですけれども、これは事実ではないんですか。

それは勘違いだと思います。

——バーシムさんが言い残していた名前だと、こういうことですか。

はい。

――もし重信さんがこの時期、七三年の六月から七月にかけて日本人を要求しようということだったら、誰になると思いますか。

その当時だったら、塩見さんだとか高原〔之浩〕さんだと思います。というのは、七二年ですかね、いわゆる政治文書を書くのを、私にも書かないかとか言われて、私の方は断ったという話を主尋問のどっかでしたと思いますけど、そのころ被告がよく言ってたここに塩見さんがいればなとかいう話があったんで、もし彼女が立てるんだったら、当時は高原さんとか、そういう話がよく出てましたから、赤軍派のね。

――赤軍派のそういうメンバーだったと。

ええ。で、私の方は、赤軍派の政治局というのはお呼びでないという立場でいましたから、はい、はいというように聞いてただけで、そういう話はしてないです。

――重信さんは、ここで要求した松浦さんは知らない人なのかな。

松浦、松田。

――松浦、松田さんは知らない人なの。

私自身は知らないです。

――重信さん自身も知らない人なんですか。

多分知らないんじゃないかと思います。

――さて、ちょっとアシェングループのことはあまりしゃべりたくないようなんですけれども。

ただ。

――いや、いいです。

いや、一応松浦、松田氏にした基準を言っておかないと。

――基準があるんですか。

そのとき彼から聞いたのは、どちらもM作戦〔資金強奪作戦〕の人たちでしょう。

――彼というのは、バーシムさん、奥平さんのことですね。

はい。で、M作戦の人たちで、彼の評価としては、そういうM作戦っていわゆる銀行強盗ですよね。で、銀行強盗で、政治目的もないと、そういう意味では、非常に人々には理解を得られないと、ただの銀行強盗じゃないかと、そういう闘いが一番困難な立場なんだと。要するに、政治的な闘いだと政治的に評価されると、ただ、政治的でない闘いだとまったく評価されないと、だから、それだけ覚悟とか、そういう犠牲的な思いがないとできないんだから、要するに、そういうM作戦の人たちを大事にしたいと。それで、奥平同志は、話したかとも思いますけど、一時赤軍派の方の森さんからの条件として提起されたのは、赤軍派に入らない限り、要するに、海外に重信が行くのは認められないということが出されてたんで、奥平、彼は、じゃあ、そういうんだったら赤軍派に一応入ろうというので入って、それで、一応地下軍事というのでＳ〔ママ〕さんの班に入って、その当時に板東とかとも会ってるわけです。

——そういう話は、あなたは奥平さんから直接聞いていたと、こういうことなのね。

はい。というのは、以降の日本での闘いとか、そういう話は一応ある程度は詰めていましたから。

パレスチナ支援の組織間共闘

——じゃあ、次の質問に入りますけれども、これまた反対尋問で聞かれたことなんですけれども、アブ・ハニさん、ドクターが外国人組織と共闘するとき、ケース・バイ・ケースでリーダーと話し合うことがあると、こう証言されたんだけど、この質問は、あなたとすると、アシェングループを想定された質問だと、こういうふうに思ったということですか。

はい、そうです。

——アシェングループというのは、その当時、一応組織としてはまとまってるという組織なんですか。

はい、そうです。

——それは、いわゆるアラブの日本人グループとは比較にならないほどまとまってると。

はい。もう綱領規約もきちんと制定されて、路線もしっかりしてました。

——ということなので、あなたとすると、とっさにそういうことを聞かれてるのかなというふうに思ったということですか。

検事さんの方はあくまで一般論としてということだったので、例えばという枕詞がありましたし、だから、私も一般論として答えるに当たって、具体例としてアシェングループなどを想定したと。

——もう少し私たちに分かりやすい組織として、外国人組織が共闘するときにリーダーと話し合う具体的な場合というのは、どういう組織ですか。我々の知ってるような組織で何か例示できませんか。

西ヨーロッパの共産党とか、それからＮＧＯ、いわゆるノン・ガバメンタル・オーガニゼーション、ＮＧＯのそういうパレスチナ支援運動関係とか。

——具体的なその当時あった組織で、ヨーロッパの共産党などがパレスチナを支援するようなときに、組織間共闘としてリーダー同士が話し合うことはあるだろうと、こういうことですか。

はい、そうです。

――それから、同じくこれは検察の反対尋問で、作戦の途中で思いがけないことが起きた場合どうするかと、こういう質問に対しても、共闘組織やボランティアのリーダーと討議するのかという質問に対しても、ケース・バイ・ケースというふうに答えてるんですね。

はい。それは、相手組織の状況とか立場によって異なるから、ケース・バイ・ケースというふうに述べたんです。

――このとき、共闘組織やボランティア組織、ボランティアのリーダーと、こういうふうに検察官が聞いてるんですけれどもこのときのボランティアというのは、どの程度のことをあなたは考えたんですか。あなたはどの程度のことを意識して言ったんですか。

設問に作戦というのがあったんですけれども、私がそれを答えたときは、その作戦という設問が抜けてて、ボランティアの私の当時のイメージというと、ボランティアとかいうのは合法的な活動で、例えば、医療活動とか、そういうイメージでしたから、そういうイメージとして、先ほど言ったヨーロッパの共産党とか、そういった組織がありましたから、そういうイメージ、例えば、私が訓練のコーチをやってたと前に言いましたでしょう、そのときにも訓練生としてボランティアの人も入ってましたから、だから、私のぱっと受けるイメージとしてはそういうのがあって、それも含め、例えば、訓練中にけがしたりしたらどうなるのかとか、そういったものも含めて、あくまで一般論として述べていたわけです。

――具体的に聞きますけれども、本件ですけれども、例えば、アデンでランディングができないという、そういったのが思いがけない事態になるのかどうか分かりませんけど、作戦の途中でそういう思いがけない事態に至ったときに、ドクターは、日本人グループのリーダー、その当時リーダーがいたかどうかは知りませんけど、リーダーと話し合うということは想定できるんですか。

いや、ドクターとしては誰と話していいのかというのは分からなかったと思いますし、だから、当時我々も組織としてなってはいなかったですから、だから、ジョージ・ハバシュの方に苦情を申し立てても、組織のリーダーがドクターと話し合うというような形にはならなかったです。

――じゃあ、あなたがケース・バイ・ケースといった答えの中で、話し合うとか討議するような場合では一切ないと、こういうことですよね。

だから、話をしないケースに当たると、ケース・バイ・ケースで。

――作戦が終わった後、今度、予想外の結果に対する補償交渉ということも組織によってあると、こういうふうに反対尋問でお答えになってるんですけど、こういうことは具体的に経験してるんですか。

そういう話を聞いてるかということですか。

――はい。

はい、聞いてます。

――他の組織で、作戦による被害をＰＦＬＰに補償要求をしたことがあるということですか。

はい、聞いてます。

――ベイルートで逮捕された人は、どうやらアシェングループの人らしいんですけれども、彼らがＰＦＬＰに金銭的な補償要求もしたということはありますか。

はい、聞いてます。

――ベイルートで逮捕された人、アシェングループの人らしいんですけど、その奪還要求は知らないというふうにお答えになってますよね。

はい。

――彼ら自身は、自分たちもそういった形で奪還されるのではないかというふうに期待したかどうかは知りませんか、ハーグで。

ハーグでは、期待したかどうかは分からないです。

――ミシェルさんとどうやら逮捕された人は仲が良かったらしいんですけれども、それは知ってますか。

はい、聞いてます。


――個人的な知り合いだったんですか。

個人的知り合いというか、ミシェルさんの担当範囲ですから、当然知り合いも知り合いだと思います。

――そうすると、ミシェルさんとすると、このベイルート空港での逮捕に関しては、責任を感じる立場にいたと、こういうことでしょうか。

はい、それは当然そうです。

――ドクターは、このベイルート空港での逮捕は、相手国がレバノンになってしまうと、それで、作戦を控えたということはないんですか。

ええ、相手国がレバノンだから作戦は控えると、レバノンには敵対する行為は取らないと。

――取れないということで、控えたのではないでしょうかというふうに私が質問してるんだけど。

それが原則です。取らないというのが。

――取らないという原則があったということなんですか。

はい。

――それじゃもう一つ、作戦後ですけれども、事実関係の調査を求めるということも組織としてはあるというふうに御証言なさいましたよね。

はい。組織によっては、そういうことを求める組織もあると。

ハーグ後の報告

――ハーグについて、日本人グループといいますけれども、日本人グループが事実関係の調査を求めたことはありますか。

報告を和光氏らから受けて、それに関して、どうなってるんだという問い合わせをドクターには私からしたことはあります。

――丸岡さんがしたということですか。

はい。だから、一一月以降です。

――一一月以降の話ですか。

はい。

――こちらで証拠採用されている西川さんの調書によると、総括会議の席で、アデンで投降が拒否されたということについて、重信さんが調べてみるという発言があったという記載があるんですけれども、まず、重信さんが調べてみるというような発言をしたかどうか、あなたは記憶はありますか。

いいや、重信は担当外だから、そういう発言はしてなかったと思います。

――そうすると、重信さんは発言してなかったけれども、あなたとすると、調査を求めたと。

はい。

――総括会議の後に求めたということですか。

はい。当然私が担当責任者ですから、私から問い合わせるということになってます。

――ハーグの人たちがシリアに投降後、組織的部門の人がシリアに様子を見に行ったというか、励ましに行くというか、行きましたよね。

はい。

――そのときに、既に和光さんたちからランディング地の問題などが報告されたと、こういうことでしたね。

はい。

――そういう御証言でしたよね。

はい。

――このとき、ドクターに確認してくれという望みもあったというふうな証言をしているんですけれども、そういう確認してくれという望みがあったんで、和光さんは、組織的部門の人に報告というか、不満を打ち明けたというか、不満を訴えたのではないかというような証言に読めるんですけれども、これは、具体的に組織的部門の人が和光さんから頼まれたと、こういうことなんですか。

調べてくれというふうには頼まれていない、こういう問題があったというふうに報告を受けてますから、聞いた方は当然問い合わせするというのが筋だから、ただ、それは、一一月以前にドクターとのアポイントメントを取れなかったんです。それも、聞いた話では、一〇月にもう入ってたはずですから。だから、結局、会議で本人たちから具体的に聞いてということには、結果としてはそうなったけれども、私の方としては、ドクターに問い合わせるということで、レバノンの責任者の方には言ってありました。

——そうすると、組織的部門の人が言ったということであっても、直ちに組織的部門の人がドクターに確認をするということではないということなのね。

そうです。私の方に話が来ました。

——もう一つ、総括会議が終わった後に、証人がアブ・ハニさんにハーグの件の報告をしたと、こういう証言をされてるんですけど、間違いないですね。

間違いないです。

——これは、和光さんではなくて、あなたがしたということなんですね。

はい。

——これは、和光さんがその作戦のリーダーではないんですか。

はい、リーダーです。

——現場のキャップというか。

はい、キャップでした。

——作戦全体のリーダーはカルロスさんになるんですか。

はい、そうです。

——そうすると、カルロスさんは独自にドクターに対して報告をしていると。

多分してたと思います。

——そうすると、なんであなたが報告をしたんですか。

それは、現場を実際に担ったのは和光たちだから、和光たちの現場の話を伝えたんです。

——だったら和光さんがすればいいと思うんだけど、なんであなたがしたんですかと言ってるんです。

それはもう指揮下を外れるという、私の方は、前に何度か言ってますように、共闘原則を確認しないかぎり軍事共闘は打ち切りにするというのを、ハーグが終わったら言う機会を私は待ってたわけだから、だから、和光氏らの話を聞けば、要するに、これはもう共闘原則なしにはできないことの実例ではあったわけですから、担当責任を私がやってましたから、当然私から話をするということです。

——そうすると、単にハーグの報告というか、関係の凍結ということを伝えに行くためにあなたが報告したというか、言ったということですか。

はい。それとあと、作戦のリーダーというのはカルロスということだから、ドクターの方は別に和光の報告を求めては全然いなかったわけですから。

――で、あなたとすると、あえてここは自分が言った方がいいだろうと、こういうことだったんですか。

はい、そうです。むしろ、報告というより、どちらかというと、ドクターにあれは一体どうなってたんだという問い合わせというのが中心でしたから、だから、作戦自体の報告、こうこうこういうふうになりましたという報告じゃなくて。

――そうすると、先ほどいったランディング地の問題の調査というか。

それと、武器の問題とか。

――武器とランディング地の問題。

はい。

――これを、あなたが一一月になってアブ・ハニさんに確認したというか、聞いたと。

はい。

――あわせて、今後は凍結すると、やらないよと、こういう話をしたと、こういうことですか。

はい。言葉はもっとソフトですけど。

――これは、そういうような結論をアブ・ハニさんにするということは、重信さんがするということではないんですね。

はい、ないです。

――もう一つ、重信さんとハバシュ議長と共闘原則を確認していたからと、こういうような証言もされているんですけれども、これは、七三年の一二月のことを指しているんですね。

はい、そうです。

――七三年の一二月の議長との会議は、これは、具体的にどういうことだったのか知ってますか。

要するに、日本人の側はまだ依存するような、頼るような関係であるけれども、関係性を組織対組織というものに発展させようという形で、じゃあ、恒常的な共同、組織共同をどうしていくか、そのシステムとか、それから、定期の会議を、政治討議は国際関係委員会でやるとか、それから、軍事問題については軍事関係の者がやると、そういったシステムとか、そういったものを確認したと思います。

――政治討議を具体的にしていこうというような確認を七三年一二月にしていたと、こういうことですね。

はい。あと、リビアの問題とかもあったと、たしか思います。

――あなたは、このハーグの後、アデンで着陸できていれば事態は違った形になったと思うと、こういうふうにも証言しているんですけれども、これはどういうことですか。

それは、物理的にいって、ベイルートに残ってた我々が、例えば、シリアとの交渉、ＰＦＬＰ、サイカを通してですけど、する必要もなかったわけだし、要するに、四人の受入態勢を作るというような必要はなかったわけで、ドクターのもとに戻るだけの話ですから、だから、そこで原則確認しようとすれば、こちらからアデンに出掛けて話をするとか、その場合は、あくまでドクターの指揮下で成功したということになるわけでしょう、ランディング受入れを。だから、そういう問題が生じないということの中で、私が自立といっても、和光氏らが反対した可能性もあります。それから、ドクターに対する理由というか、こういうことがあれば共闘原則抜きにはもうやれないんじゃないかということもいう実例としてはないわけですから、ハーグ自体がね、ならないわけですから、そういう意味です。

二次作戦は独自方針

――二次作戦についてちょっと簡単に伺っておきますけれども、ハーグで万一二次作戦が必要な場合には、そういう指令というか、指揮というか、これは、証人がするんですか。ドクターではないんですか。

私です。ドクターには関係なく行うわけですから。

――ドクターの作戦であっても、証人が二次作戦をするというのは、どうしてですか。

これは、この前申し上げましたように、シミュレーションで、実際にやるかどうかは大体三分の一ぐらいあったかどうかというもので、だから、実際にドクターの作戦を横取りするとか、そういった問題ではなくて、実際にそういう事態が必要となったときはどうするかというのを立てただけですから。

――じゃあ、あなたとすると、ドクターに関係なく自分でやろうという意識性を持ってたということでしょう。

持ってたということです。

――でも、一般に、ドクターの作戦だったら、作戦が行き詰まったときには、ドクターが二次作戦を指示、指揮するものではないんですか。

クウェート作戦〔七四年二月六日、シンガポール作戦の側面支援としてＰＦＬＰがクウェートの日本大使館を占拠〕の前例がありましたから、そういうドクターの承認を求めてというふうには考えてなかったです。

――クウェート作戦のときの二次作戦、これは、一般にいわれてますけど、シンガ闘争ですか。

はい。

――これは、クウェートの二次作戦として行われたと。シンガの二次作戦としてクウェートがあったと。

――その作戦はドクターの作戦だけれども、二次作戦はドクターは関与していないと、こういうことですか。

はい。あのときは関与していなかったです。

――そういう前例もあるので、自分もやろうと、こういうふうに思ったということですか。

はい。

――ライラさん自身も二次作戦があったということは知らなかったみたいなんですけど。

クウェートですか。

――ええ。そういうことですかね。

はい。

――あと、ライラさんは、ハーグはスィットイン〔Sit In 座り込み〕作戦だというふうに証言してるけれども、これについて、証人はどう思いますか。

それは、スィットインか、オペレーションかと聞かれれば、私はオペレーションというふうに答えます。けれども、ライラさんがスィットイン、座り込みというふうに言った背景というのは、はっきりいえば、レバノンとかパレスチナはアメリカと一緒で銃社会ですから、拳銃というのは武器というふうに受け止めてない、通常誰でも拳銃程度は持ってるということが前提になってますから、だから、拳銃程度持ってて大使館に入ったぐらいでは、占拠にはならないと。

――あの程度の武器では軍事行動とはいえないと、こういう気持ちだということですか。

はい。

〈休廷〉

日本赤軍設立の会議

――じゃあ、総括会議に関して伺います。七四年の七月ごろのことからなんだけど、日本人だけの組織を作るための会議がベイルートで開かれてるということは、あなたはその当時知っていましたか。

開くというのは聞いてました。

――どのメンバーでやるということは、どうですか。

ヨーロッパ、日本という話で聞いてましたから、メンバーを聞いたかどうかちょっと、あとでもちろん誰が参加した、誰が想定してたか知ってますからあれだけど、その時点で知ってたかどうかはちょっと分かりませんが、知らなかったとしても、誰かは想像は全部できていました。

――八月の二五日過ぎごろ、ヨーロッパからTさんが来ますね。

はい。

――このTさんは、日本人だけの組織を作ろうとしたときに、どういう位置にいる人かということは、そのとき知っていましたか。

はい。

――その当時既に知っていたと。

正確にいえば、四者の会議に出席されて、だから、どういう組織にしていくかという話は、まだそこでは聞いてなかったんで、八月二五日、Tさんに聞いた時点では、まだどういう位置に占めるかというふうには考えてなかったけれども。

――まだ分からなかったの。

はい。で、九月の時点では、いわゆる指導的な役割を果たす人と。

――ということは、九月になったときに分かったと。

はい。会議をやるというのは知ってましたけれども、具体的にどういう想定でやるかというのは、九月になって事情がよく分かったんで。

――八月の末に証人がベイルートに行ったと、こういうことなんだけれども、そのときは、組織作りのために、組織的部門の日本人と話し合いたいと、そういう気持ちもあったのではないですか。

はい。もちろんパリ事件のことも含めて、そういった組織を、前私は再編というふうに言ってましたけれども、グループでしかなかったわけだから、組織にするという意識性を持っていました。

――そのためには、早く日本人同士で話し合いたいと、こういう気持ちもあってベイルートに飛んだということではないんですか。

はい。

〈反訳書末尾添付の「一九七四年九～一二月各種会議分類図」(右上に①と表示したもの)を示す〉

――これをあなたが書いてくれましたね。

はい。

――これは、七月一〇日付けで丸岡さんが書いたものを弁護人に送ってくれたということでよろしいですね。

はい。

――まず一番上に、「三人の協議」というふうに四角で囲ってあるものがありますね。

はい。

――これが丸岡さん、足立さん、重信さんということの三人で話し合ったと、こういう内容のものですね。

はい、そうです。

――少し全体をこの流れの中で説明してもらいたいと思うんですけれども、この下に「組織的部門総括会議」、そして、一一月の初旬のころに「軍事的部門総括会議」と、こういうふうに書かれていますけれども、この軍事的部門の総括会議が約五日間、これが本件で問題によくなっている連続五日間の総括会議といわれているものですね。

平成12年合(わ)第521号等事件

★ 1974年9～12月・各種会議分類図

'03.7.10作成 丸岡修

〈注〉日付は特定できない。前後に何日間はずれる。日本人内部の会議に限定（対外日本人たちとの会議も除いた）。

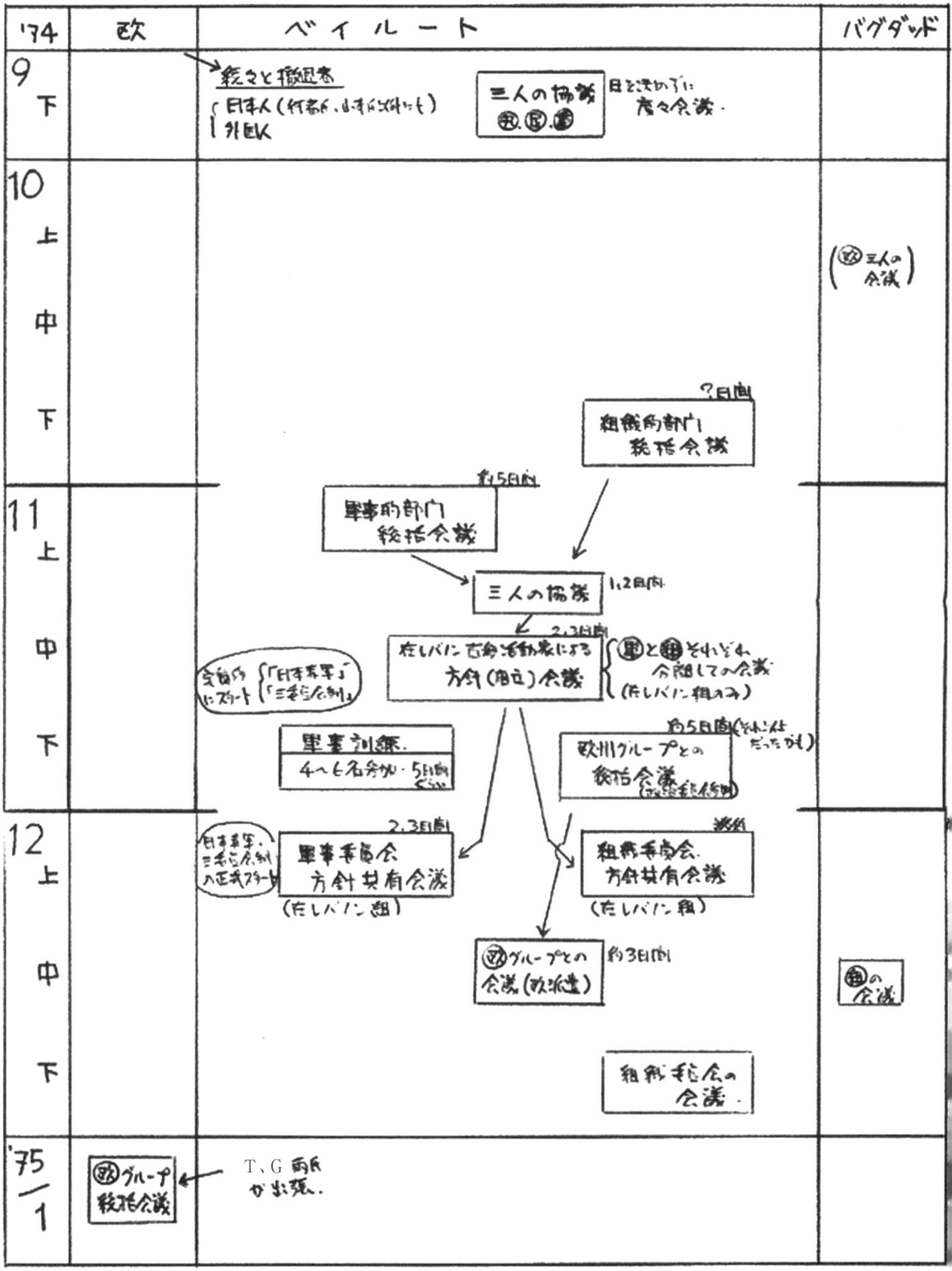

はい、そうです。

――で、あなたが主尋問で証言したように、その後に「三人の協議」があって、そして、「在レバノン古参活動家による方針（確立）会議」と、こういうふうに書いてあるんですけれども、その軍事的部門の総括会議の後に、もう一回三人で話し合って、そして方針会議をしたと、こういう記憶なんですね。

はい。

――この「在レバノン古参活動家」って、誰のことをいうんですか。

適当な日本語が思い浮かばなかったんですけど。

――古くからいる日本人という意味ですか。

はい。要は、七三年末までにいた日本人たちという意味ですね。

――大体誰がそこに入るかというのは証言できますか。古参活動家というのは。

はい。捜査当局に知られている名前でいえば、三人は出ましたよね、丸岡、足立、重信、それから、和光、Y、それからあと、組織的部門のプラスアルファと。

――それがそこで今後どういうふうにしていこうかということを話し合ったと、こういうことなんですね。

はい。

――これが一一月の中旬ごろだったのではなかろうかと、こういうことですか。

はい。それは、軍事的部門と組織的部門、それぞれ分けてやりました。

――その後に、そこで決まった方針を、今度は「軍事委員会方針共有会議」という四角で囲ったものが一二月の初旬からありますね。

はい。

――そして、右の方には、「組織委員会方針共有会議」と、これは、分かれてそれぞれがそこで決まった方針を共有しようという会議を持ったんだと、こういう記憶なんですか。

はい、そうです。

――これをあなたは主尋問で、三人で話し合って、そして、軍事的部門が総括会議をして、もう一度方針会議をして、そして、今度は各委員会に分かれてやったんだと、この流れを証言なさったと、こういうことでよろしいですか。

はい、そうです。だから、例えば、日本赤軍になった会議をどれだけやったかというふうに一言でいうと、一〇月下旬から一二月上旬までやったと。

――たくさんいろんな会議をやったと。

そうです。だから、引っくるめて、一〇月下旬から一二月上旬の会議の中で、日本赤軍と、それから三委員会制を確定したというふうに、そういう報告にはなりますよね。

――そうすると、あなたがわざわざ日本赤軍と三委員会制が実質的にスタートしたのが在レバノン古参活動家による方針会議、ここで何となく方針を決めたんだと、こういうことで説明をつけてるわけね。

はい、そうです。当時は党大会というようなものを設けていなかったので、本来は党大会が最高決議機関であるんですけれども、この当時はそういうのを設けていなかったので、とにかくいわゆるレギュラーメンバーですか、古くからいるメンバーの中で決めた、その時点で一応決まったと、それで、その決まったものを、今度は新しく参加した同志も含めて、全員に共有するという形で、だから、実質的にスタートしたのは、私も含めた古株連中の会議の中で決まったときがスタートにはなりますと。

――でも、そういうふうに決めたことを、あとでみんなに納得してもらうというか、共有したという会議が、各軍事委員会と組織委員会に分かれた一二月以降の会議でされたと。

はい。

――だから、日本赤軍と三委員会制の正式スタートは一二月からですと、こういうふうにあなたは考えてるということなんですね。

はい、そうです。

――そうすると、それプラス欧州の会議もいろいろ書いてあるんですけれども、例えば、バグダッドで「㊇三人の会議」というのが一〇月の中旬ごろに書かれてますけれども、これは、あなたも証言しているように、Ｔさんたちがされた会議だということですか。

はい。Ｔさん、Ｇさん、山本。三人。

――それがした会議と。

はい。この報告は私は受けたか忘れていますけど、会議というよりは相互報告とか話合いという、そういうものになったと思います。

――もう一つ、一一月の下旬に今度はベイルートでされているんですけれども、そうすると、バグダッドで三人やった人たちが、一一月下旬に今度はベイルートに来て、欧州独自の会議、今後どうするかという会議を持ったと、こういうことなのね。

はい。「欧州グループとの総括会議」ということで、このときはＴさんとＧさんが欧州グループの日本人を代表して参加という形で、それから、こちら側からはいわゆる政治委員会というふうに、形になったので、政治委員会の三人が参加で、だから、五人の会議で、それで、「欧州グループとの総括会議」というふうに一応書いてます。

――そうすると、そこでまた三委員会制の方針は共有しよう、今後欧州とはどういう方向でやりましょうということも、この辺ぐらいの会議で決まったはずだと、こういうことですか。

はい。一応まずここまではきちっとTさんを含めた総括会議はしてなかったんで、ここで、要するに、翻訳・パリ事件に至る過程の問題というのは話し合って、今後どうするかと、それで、アラブ側の日本人グループとしてはこういうふうに組織作りをしたと、この中でどう一緒にやっていけるか、その辺を話し合ったと。

――この大体の日にちですけれども、あなたは、「日付は特定できない」と。「前後に何日間はずれる」と、こういうふうにわざわざ書かれてますけれども、大体の記憶で書かれたと、こういうことですね。

はい。たまたま記憶しやすい事件とかあったり、重なってたんで、そういう意味では非常に記憶に鮮明に残ってたということです。

――一番上に書かれている「三人の協議」、これは、ハーグの前と、後だと、どうなんですか。ハーグ後にこの会議は始まったんですか。

多分ハーグ前にも、三人それぞれの問題意識を交換したりしています。それで、Tさんが用意されていたレジュメというのも見せてもらいましたし、そこでどういう話をしてたかという話も報告を受けました。で、ハーグ期間中は私の方でそれは中断させてもらって、で、下旬、一七日以降ですね。

――要するに、ハーグ前後を含めてそういう話をしていたと、こういうことですね。それでよろしいですね。

はい。

――それではもう少し具体的な内容を聞きますけれども、その三人の話合いの中で、三人の話というのは、ハーグ前から始まっていた三人の協議の中で、三委員会制を確立しようとか、日本赤軍の名称にしようという話は、大体出てたんですか。

大体出てました。

――このときの三委員会制というのは、いわゆるピラミッド型の組織をイメージしたんですか。

ピラミッド型というよりも、機能的に考えたら、結局そういう組織形態になったと。

――機能的に組織委員会と軍事委員会と分けた方がいいと。

はい。それまで自然発生的にそれぞれの活動分野で分かれてましたけれども、明確な活動の目標とか、具体方針とか、きちんと確立するためにも、それぞれの役割というのをはっきり位置づけた方がいいと。

――それから、日本赤軍の名称なんですけれども、この日本赤軍にしようというようにいったときには、政治的な内容も、先ほど休廷前に出てたように、パレスチナ支援なのか、それとも、日本人だけが独自の組織を作るということは、例えば、日本革命に何かコンタクトしようというのを考えたのかとか、いろいろそういう政治的な話も出たんですか。

はい、出ました。

――かいつまんでいうと、どういう内容が出たか覚えてますか。日本赤軍にしようというふうにしたときの政治的な内容なんだけど。

それまでアラブ赤軍というような言い方をしてましたが、その位置づけというのは、基本的には、本来日本に登場するであろう日本革命の主体、それで、その主体のアラブ支部という位置づけだったんです、自分たちを、それの在外支部と。旧赤軍派というのは、もう既に連合赤軍に移行してなくなっていますから、そういう旧赤軍派じゃなくて、いわゆる新しい日本革命の主体ができるだろうという想定の下に、将来できるであろうその革命組織の在外支部としての役割を現在から準備すると、アラブでね。だから、アラブ赤軍というようにしてたけれども、それらは国内に誰かがやってくれるまで待つというような形で、非常に待機主義的であるので、より日本革命の主体として自分たちの立場をはっきり出した方がいいと、それと、対外的には日本赤軍を通してて、外向けの文書は日本赤軍を通してるのに、自分たちでアラブ赤軍というふうに称してるのはおかしいといった点もあって、そういったより主体を明確にすると。それで、パレスチナ革命を支援するとしても、要するに、日本国内の主体がなければ支援できないと。だから、コマンドとしてＰＦに参加して、そういう貢献はできるけれども、それは、個人が参加して、それでもう終わってしまうと、そういった日本全体に変革をもたらしながらやっていく、そういう各国の革命の自分たちが後方の役割を果たそうとすれば、自分たち自身の基盤を形成しなければならないと、だから、そういう意味で、きちんと。

――そういう話を七四年の九月当時、「三人の会議」の中でしていたと、こういうことですか。

今のは大体私の考え。

――あなたの理解だと、そうだったはずだと。

自分の考えしか覚えてないんで、それを言ったんです。だから、被告からいわせれば、肝心なことが抜けてるよってあとからいわれるかもしれませんが、そういうことです。

――そういうことは、あなたの今の認識ではそうだったはずだと。かなりそういうことというのは政治的な内容ですよね。

はい。

――だから、具体的な組織をどうするか、パレスチナ革命、国際的な連帯だとか、日本革命はどうするかというようなことは、非常に深く討議しなければいけない内容と、こういうことですか。

はい、そうです。

——それを九月からスタートしようと、会議としてね。

はい。

——そうすると、例えば、第二次建軍運動という言葉が出てきたのは、あなたのいうところの会議だと、どのぐらいのときに出てきたんですか。

第二次建軍運動という、要するに、命名がされたのは、これは、一一月、総括会議の後だったように思います。

——だから、本件で問題となっている五日連続の会議が終わった後の「三人の協議」。

その過程で出てきたと思います、私の記憶ではね。

——古参活動家会議の中でぐらいですか。

その準備の前の、そのための協議の中か、だったと思います。

——リッダの地平とか、そういうようなことを提起されたのは、どの会議ですか。

それは、一一月の中旬の方針会議、提起はね。他の同志たちへの提起は、このときの提起です。

——そこで、そういう言葉として提起されたと、こういうことですね。

はい。

——西川さんの調書によると、これは七五年五月一日の検面なんですけれども、総括会議は一一月下旬から一二月上旬にかけて、五、六回開いたものであり、期日は不定期で、都合のよい日の大体午後から開かれたと、こういう記載があるんですね。

はい。

——そうすると、これは、軍事部門の総括会議と一二月の軍事委員会の会議、これを一緒にしたような記載に読めるんですけれども、そうなんでしょうか。

はい、そういうことだと思います。

——続けて、この会議のうち、マリアンは三、四回、日高君と戸平君は最後の二回だけ出席とあるんですけど、この記載だと、今度は一一月の軍事的部門の連続五日間会議のことをいってるようにも読めるんですよ。

はい。

——だから、この西川さんの調書というのが、いわゆる一一月から一二月にかけてのたくさんあった会議全体を指しているのか、軍事的部門だけの五日間の連日会議を指しているのかがちょっと混同しているように思えるんですけれども。

だから、私もそれは読ませていただきましたけれども、中身の七割ぐらいがいわゆる一一月上旬の軍事的部門の総括会議の内容、それで、残り三割ぐらいが一二月上旬の方針共有会議の内容を全部総括会議の中で話したかのように調書では構成されていると、それと、会議時期については、方針共有会議の方を述べてると。

――あなたが今言ったことは、例えば、具体的に聞きますと、西川さんによるとやはり総括会議で、日本赤軍指導部の方では、リッダ闘争からハーグまでは第一次建軍闘争として総括の意図を示したと、こういうような記載があるんですよ。もしこの記載どおりの発言があったとすると、これはどこの会議のことですか。

方針共有会議で、一一月中旬の会議でした話を報告してますから、文書の形なんかで、それも文書で出たとかなんか記載があったと思いますけど、和光君からレジュメが出たとかどうのこうのと。

――それはまたちょっと別のところなんだけど、そういう意図を示したというところは、また別のくだりなんですね。

ええ。だから、ややこしいですけど、一一月中旬の方針会議で決めた話を、その報告を方針共有会議の冒頭でやっていますから、その内容を指してると思います。

――そうすると、軍事的部門の連日五日間の会議でのものではないと、こういうことですよね。

はい、そういうことです。

――それから、同じく、今度は、まず翻訳作戦とハーグ闘争の具体的な事実関係の照合などが行われたと、こういうふうに続けてあるんですよ。

はい。

――ということは、これは、あなたのいう表の中の軍事的部門の総括会議、連日五日間の方の総括会議でやられた内容であるということなんですね。

はい、そうです。

――それから、続けて、アデンで上陸許可が出なかったことについて調べてみると、先ほど休廷前に聞いたことなんだけれども、そういう発言が重信さんからあったという記載もあるんですけれども、この発言があったとすると、どちらの会議なんですか。

そういう私の発言があったのは総括会議です。

――総括会議というのは。

前者です。

――前者というのは、軍事的部門の連日五日間のときね。

はい。

――その方で調べてみるという発言はしたということですね。

はい。

――そうすると、今度は、同じ文書だから、その他、理論的問題や組織的な問題も討議されたと、こういうふうにあるんですね。で、理論的問題や組織的問題を討議したのは、後者の方のいわゆる方針確立会議を経た後の軍事委員会の方の会議だったと、こういうことなんですね。

はい、そうです。

――三委員会制を採ることになったということが西川さんが知ることになったのは、後者の方の会議、後者というのは、軍事委員会の方の会議だと。

はい。ですが、方針確立会議というものの会議場所には西川君もいましたから、秘密会議じゃないですから、当然食事とか生活は一緒にしてましたから、ある程度話としてはもう出てます。

――少なくとも、前者のというか、いわゆる軍事的部門の総括会議、連日五日間の会議ではないと、こういうことですね。

はい、少なくともそうではないです。

――そうすると、続けて聞きますけれども、西川さんの調書によると、あなたが今言ったように、和光さんが三委員会制についてのレジュメを読んだというふうな記載があるんですよ。和光さんが書いたレジュメを読んだということですね。

――そうです。和光さんが三委員会制についてのレジュメを書いたものを読んだというような記載があるんですね。

ええ。

――まず、そういう事実はあるんですか。

三委員会制じゃなくて、彼が書いてくれたのは、赤軍派の「パンフナンバー4」というのがあるんですけど、一応路線的には、それを一部継承、一部否定という形でやってたんですけど、一部継承した部分があって、それについての解説的なレジュメを和光同志が用意してくれてたと思います。三委員会というんじゃなくて、三委員会制というのは、それは、いわゆるこのときできた政治委員会の方で用意してあった文書のことをいってるんだと思います。だから、それは和光が書いたものではないと思います。

――これは西川さんに聞かなきゃあれなんですけど、あなたの記憶だとそうだということなんだけど、西川さんの調書によると、そのレジュメによると、三委員会制が並列だったと、軍事委員会、組織委員会、政治委員会というのが横並びになってたという調書があるんですけれども、そういうものが出されたという記憶はありませんか。

横並びではなかったと思います。そういう表は出してなかったと思います。表を出すほどのややこしい陣形じゃない。

――そうすると、いわゆる組織図みたいなものは出してなかったんですか。

はい。組織図を出すほどややこしい陣形じゃないですから。

――戸平さんのここで証拠採用された供述調書によると、組織図があるんだけれども、そういうような組織図をその当時作った覚えはないですか。

はい、ないです。だから、多分、戸平同志が警視庁で作った組織図を示されて、西川同志がそういう供述をしたんではないかと私は思います。

――続けて、戸平さんの調書も確認しておきますけれども、これは七五年四月二二日付けの検面なんですけれども、会議は和光さんの司会で始まったというふうにありますけれども、これは事実ですか。そういうことはありましたか。

戸平本人にとっては、総括会議の第二部の後半からの参加であって、それで、その後半の参加は和光が、ハーグを仕切ったのは彼ですから、だから、戸平から見れば、和光氏が始めたという認識になっても不思議はないです。

――あなたは今第二部と、こういうふうに言ったけれども、それは、連続五日のあなたの表でいうところの軍事的部門の中の第二部ということなんでしょう。

ええ、軍事的部門総括会議の中の第二部。

――五日間の中を分けると、第二部に当たるんだと。

それの後半。ややこしいですけど。調書には残ってますから、大丈夫です。

――あなたが主尋問で、四日目、五日目と、こういうふうに言ってますけれども、四日目、五日目のことを指してるのね。

そうです。それで、連日ではなくて、第一部と第二部の間は、途中は空いてる可能性はあるというふうに証言してます。

――そうすると、戸平さんにしてみると、四日目が第一日目だと、こういうことだから、和光さんの司会だったと思われてもしょうがないかなと、こういうことなんですか。

はい、そうです。

――戸平さんはVZの人だと、こういうことですよね。

はい。

――VZの戸平さんが、同じ仲間内のVZの丸岡さんをかばうとか、そういうような気持ちは当時強かったんじゃないですかね。

それはあったと思います。

――あなたの発言があまり見えてこないんですね、戸平さんの調書によると。

はい。

――それは、あなたをかばうというような気持ちがあったのではないかと、あなたに聞いてもしょうがないですけれども、VZ同士の仲間意識というのは、当時あったんですか。

多分そのときに手配されてる中で私が一番重たいですから、当時手配ね、ドバイとハーグとシンガで手配されている者たちでしょう。だから、私が一番重たいので、私にそういう余計なことはかからないようにというふうに考えてくれた可能性はあります。

――そうすると、もう一つ、今度は、これは七五年五月八日、これもよく問題になっている検面ですけれども、主尋問でもこの辺は答えてもらってますけれども、重信さんが共闘グループに闘争準備を依頼したことは問題だったという発言はそのときにはなかったよという発言をいただいてるんだけど、依存したことが問題だったと、依存という言葉を使って何らかの発言があったかどうかはどうですか。

依存という言葉は出てたと思います。依存というか、PFLPに依拠した形でしか我々の活動はできてないというような話はしてたと思います。

——これはどっちの会議の話ですか。どっちでもそういう話があったということですか。

それは、総括会議のときの話です。

——軍事的部門の総括会議だと。

はい。

自立への苦闘

——最初の方の総括会議で、依存なり任せきってたというか、そういうことが問題だったと、こういうような発言があったかもしれないんですか。

依存というか、依拠した形での活動しか我々はできてこなかったというような趣旨です。

——その発言はあったということなんですか。

はい。

——それは、重信さんの発言なんですか、あなたの発言なんですか。

いや、どちらもしてたとは思います。

——だから、その当時の九月から会を重ねて会議をしていた三人の共通の認識としてその辺はあったと、こういうことですか。

はい、共通認識で。

——もう一つだけ、欧州グループの会議なんですけれども、バグダッドではなくて、ベイルートでやった会議、これは誰が参加したんですか。

先ほど申し上げましたように、Tさんと、Gさんと、それと、足立、重信、それから私です。五人です。

——欧州グループで、Tさん、Gさん、山本さん、この辺は分かるんだけど、あなたと重信さんが参加するのはどうしてですか。

それは、重信の場合は、具体的にTさんらと一緒に活動というか、いろいろ協議してたわけですし、それから、私の方も、一応四者会議というのが想定があったと、七月にね。だから、その延長で、状況をきちんとして把握するというので、参加したと。

——この欧州会議というのは、あなたの表でも、古参活動家による方針確立会議、これを経た後の会議ということでしょう。

はい。

――そうすると、やはりここで確立された方針をこの欧州グループの人にも伝えたいと、こういう気持ちもあったということですか。

もちろん。だから、総括方針会議というふうにいってもいいですけどね。

――そこで、Tさんはどういうことになったんですか。

Tさんからは、パリでの自供についての反省というか、我々の言葉でいえば自己批判、総括が提起されて、そのうえで、自分は今まで市民運動の延長ということで、第三世界の革命運動、民族解放運動の支援ということでやってきたと。それで、要するに、この間の失敗からいえば、自分にはそれ以上の役割を果たすことはできないと、自分自身が革命運動に参加して担うということは、自分には無理だというのが分かったと、だから、旧来のいろんな民族解放運動の支援活動ということにとどめたいと。であるがゆえに、日本赤軍として参加することは難しいという、そういう内容でした。

――要するに、離脱というか、既にそういう組織があったわけではないから、離脱という表現は適切じゃないかもしれないけど、やっぱり君たちとはもう一緒にやっていけないよということで、離れることが表明されたと、こういうことですか。

自分の能力として参加する資格がないと、そういう内容でした。で、そのとき、その前後だと思いますが、私が述べたのは、ベトナム共産党の話を出して、要するに、日本の左翼がベトナム革命を連帯したいと、だから、南ベトナムの解放闘争に参加させてくれという要請があったときに、ベトナム共産党は、本来の支援は、要するに、日本人が日本の中で革命をやることですと、それが我々に対する真の連帯ですというふうに回答したと、だから、そういうことからいえば、Tさんは、そういう手伝い者意識ではなくて、自分自身が担うというふうに考えた方がいいんじゃないかというようなことを私は話しました。

――このときに、これはTさんのこの本件でも証拠採用されてるんですけど、ストックでの調書で、何か暴力的な総括があったというふうに記載があるんですけど、そういう事実はありますか。

そういう事実はまったくないです。

――何か彼に対して。

強要するとか。

――暴力を加えるとか、要するに、連合赤軍のイメージがかなり強いのかもしれませんけど、総括という言葉の中に、暴力的な総括というような意味合いでTさん自身が述べているんだけれども、そういうようなことはまったくしなかったんですか。

それは一切ないです。Tさんは、一二月下旬にヨーロッパへ行って、それで、一月下旬に戻ってこられますけど、戻ってこられたときに、私への土産として毛皮の帽子とか買ってきていただいてたし、そんな関係性ではまったくなかったです。それで、我々自身は連合赤軍の総括、いわゆる連合赤軍の総括というのは全面否定してますから、同じようなことをやることはないです。だから、Tさんがスウェーデンでそのように説明されたのは、おそらく日本への強制送還ではなくて、国外退去を認めてもらうために、赤軍とは自分はまったく立場は違うんだと、だから、違うんだということを強調したいがゆえにそういうことを言ったんじゃないかなと思います。

――このときでもいいんですけれども、このときというのは、あなたのいうストックホルムでもいいんですけれども、七四年の八月二〇日ごろにTさんがパリで逮捕されたときにも自供してますよね。

ええ。

――それから、七七年にストックホルムでも逮捕されて自供してますよね。

ええ。

――そうすると、あなたとすると、彼がなんで自白するに至ったかとか、なんで自供しちゃったんだというようなことを、説明を聞いたことはありませんか。

パリ事件のときは聞いてます。

――ストックのときは聞いてないですね。

ストックは聞いてるはずないものね。

――じゃあ、パリ事件のときになんで自白しちゃったんだというふうに説明を聞いてるんですね。

はい、聞きました。

――それは、Tさんはどういうふうにあなたに説明しましたか。

よく覚えてないんですけど、自己保身が働いたというようなことだったと思います。それで、Tさんのパリ事件での自供なんですが、Tさんと昔から深い付き合いがあった組織については、一切しゃべってないんですよ、まったく。

――ちょっとだけ聞きたいんだけど、昔から付き合いがあったということだと、例えば、アジアのグループだとか、ベトナム、べ平連の関係だとか、そういう人たちのことは守って、逆にいうと、赤軍とか、アラブの人とか、PFLPとか、そういったところをしゃべったということはあったんじゃないの。

ええ、そうです。それで、例外的に一つだけ、フランスの対ナチスレジスタンスの組織についてもしゃべってますけど、そういう赤軍関係、PF関係、それから、PFと共闘関係にあったアシェングループ関係とか、それから、先ほどいいました対ナチスレジスタンスの組織の関係は自供されてるんですけど、いわゆるベ平連関係の件は守り通したんです。

――彼とすると、その理由は、アジアは守りたかったたと、アラブは大丈夫だと思ったというか、アラブに責任をなすりつけたというか、アラブの人たちにそこはしょってもらいたいとかいうような説明は聞きませんでしたか。

してました。

――彼自身はフランス学者でもあるから、フランスに将来来れなくなるというようなこともかなり恐れたのではないですか。

はい。で、彼が一番恐れてたのは、彼は、要するに、第三世界の民族解放運動支援に一生捧げるという、それは彼の生きがいであったわけですから、その生きがいを捨てることだけは避けようというのがものすごく心理上そういう追い詰められた中でかなり、それこそＤＳＴには暴力的に迫られたそうなんですけど、心理的に追い詰められて、そういうふうに、とにかく最小限だけ守ろうというので、これならいいだろう、これならいいだろうとやったら、どんどんどんどん話すことになってしまったというようなことでした。

――パリでのＴさんの調書が開示されてないので分からないんですけれども、その調書に、重信さん、もしくはアラブにいる日本人の関与が過大に書かれているのではなかろうかというおそれで聞いてるんですけれども、そういうような説明を受けませんでしたか。

そういうようなことは言ってたと思います。

――もう一つＧさんの調書についても伺いたいと思うんだけれども、七五年九月一〇日付けの員面、七五年九月一五日付けの員面、ＰＳでも、いずれもＴさんの発言に対する供述が極めて少ない、Ｔさんが何言ってたか覚えてないとか、ほとんど黙ってたとか、こういうような調書になっているんですけれども、これは、やっぱりＧさんの立場とすると、Ｔさんをかばってたということはありませんか。

いや、単純に覚えてなかったんじゃないかと思いますけど。

――七五年当時なんですけれどもね。

ええ。

――それじゃ、今、大体七四年の九月から一二月にかけての会議の一覧表を、そういう時系列で示していただきましたよね。

はい。

――それがどこでされたのか、どの場所でされたのかということに関しても、かなりくわしく覚えてらっしゃるということですね。

はい。

――それは、具体的に述べることもかまわないし、地図にそこを示すことも可能ですか。

軍事的部門に関連する方は、よく覚えてます。【略】

――そして、軍事委員会の方針共有会議、これはどこでされたんですか。

これは、サブラ地区にあった一一月下旬に新たに設営したアパートで、これはそこでやりました。その地域はパレスチナ人地域であって、場所としては非常に安全、対イスラエルとか、対日本政府という意味ですが、勝手に入ってこれない地域であるということで、軍事委員会の拠点というふうに設営して、だから、これ自身は、レバノン側にはどうせばれると、レバノン政府にはばれるというので、この場所は割と長期間設営したままにしておきました。

――そこのところで軍事訓練もしたんですか。

軍事訓練は、あるパレスチナ組織が受けたらどうかというので、じゃあ、やってみようということで、和光をキャップにして四、五人参加しました。それは、サブラ、シャティーラ地区の中にＰＬＯの訓練所があって、そこを使わせてもらってやったという形です。

――このサブラ地区というのは、ベイルートではないのね。

ベイルート市内は市内です。いわゆる八二年にレバノンの右翼勢力によってパレスチナ人が三〇〇〇人近く虐殺されましたが、そのキャンプがサブラ、シャティーラのそのサブラで、このサブラの地域はレバノン人も住んでいる地域で、大体七、八階建てのアパートが林立しているところです。で、シャティーラキャンプになりますと、パレスチナ避難の住民が主体で、建物も平屋とか二階建てとか、そういったものがずらっと並んでいる、そういう地域です。【略】

〈休廷〉

綱領問題

先ほどの先生の尋問の中で、数点だけ補足させてください。証言しておかないと悔いが残るので。今日の尋問だから、今日中に。一点目、クウェートの二次作戦というのは一切まったく計画的でなかったという点について、一点だけ言っておきますと、そもそもシンガポールで船を占拠するという事態自身がまったく計画外だったんです。あれはヒットエンドランで、安全に確実に撤退するということだったんですよ。手違いがあって船を占拠するということになったと。あと、クウェート作戦というのがハプニングというのは、あれは、やった同志たちは私の知り合いでもあるんですけれども、無断で、ＰＦＬＰにも諮らずに、またドクターにも諮らなかったということで、ＰＦＬＰで処分されて、しばらく営倉に入ってました。それと、次、スィットインですが、銃社会であるということについて、ライラさんがなぜそう言ったかという一つだけエピソードを言いますと、バッサム・アブシャリーフ氏が日本に行くという話が八三、八四年にに国際会議、国際人民法廷というのが日本でNGOの主催で開かれたときに、日本のビザを申請するというのはダマスカスの日本大使館にビザを申請しに行ったんですが、そのときにボディーガードがついていったわけですが、そのボディーガードは拳銃を携帯してたと。で、日本大使館側が気にしてたみたいですけど、ボディーガードということで、まったくそれが普通のことであったと、だから、ビザ強要とか、そういうことでまったくなしに、まったくそういうのが普通の社会であるし、また、アラファト議長が国連で演説したことがありますけれども、拳銃を携帯して演説してると、オリーブの木と拳銃は携帯したままと。

——そういう社会であるということですか。

そういう社会であるから、ライラさんがそう言う根拠はありますと。それと、あと、居住の件に関して、先生が具体的に覚えてるエピソードでどういうのがあったのかということで、一つだけ追加しておきますと、時期と場所は証明できるので、それを言っておきますと、軍事委員会の方針共有会議のときに、イスラエル空軍機による爆撃があったんです。

——それは私も今聞こうと思ってましたけど、それはあったんですね。

はい。爆撃があって、ちょうどそれは会議中のときで、そのときに、戸平君が空を見上げて、爆音が突然したので、あ、あれはというふうに彼が言ったので、私の方ですぐ爆撃と気がついて、会議に参加してた全員に、伏せろと言ったんです。で、全員が伏せたんだけれどもただ一人ヨーロッパから来た同志がそういう訓練を受けてなかったんで、じっと立ったままであったと。そのとき窓ガラスが全面的に割れて破裂したんですけど、だから、そういうエピソード、そういう事件があったということで、時期とか、鮮明に覚えてると。

裁判長

——それが先ほどの（H）のサブラ地区の住居だということなんですね。

はい、そうです。それがその前に言ってた訓練とも関わってて、訓練をした場所が爆撃されたと。で、それの影響で、衝撃波で窓が割れたと。それは、イスラエルが我々が訓練したというのを把握したためによると思われるというので、非常に鮮明にあります。だから、時期もきちんと特定、イスラエルが証明してくれますと。

弁護人（大谷）

——あなたたちの組織について少し伺いたいと思いますけれども、まず三委員会制を七四年の一一月過ぎに立ち上げたと、こういうことですよね。

はい。

――ただし、一応組織というふうになるためには、綱領とか、規約とか、党員資格をどうするのかとか、そういういろいろ細かいことを決めなければいけませんよね。それは、その当時からやろうという気持ちはあったんですか。

もう一度お願いします。

――綱領とか規約というのは決めて、そういうきちんとした党というか、党組織を作るという気持ちがあって、三委員会制をスタートさせたんですか。

そうですね。党の組織としての形を整えるということで、はい。

――党組織としての規約とかが立ち上がったというか、できあがったのは、大分後になりますよね。

はい。そのときも、七四年の一一月に、綱領的なものは一応出ることは出ました。

――でも、正式なものができあがるいわゆる過渡的なものとして、三委員会制を位置づけたのではないんですか。

綱領は路線の問題を中心にして、それで、過渡的というよりも、その当時は、過渡的といえば過渡的ということになりますけど、手さぐり状態であったと。

――質問を変えます。あなたが反対尋問で、政治委員会の内容について、実態も実力もないので、そういう指向性だけ持ってたと、指向性というのは、方向性だけ持って政治委員会という名前をつけたというか、そういうものを作ったと、こういうようなことを言ってるんだけれども、指向性だけというか、方向性を持って作ったんだというそのことは、どういうことを意味してるんですかという意味です。

その当時は、全体の雰囲気として、指導部というのがあるという認識ではなくて、だから、そういう指導部自体を作っていくという、そういう意味で述べたと思います。

〈(甲)証拠番号七(検面調書謄本)添付の「日本赤軍の組織図」を示す〉

――具体的に聞いた方が早いかなと思うんだけど、戸平さんの昭和五〇年五月一日付け検面調書添付の図面を示しますけど、これは、再三問題になっている組織図というか、図面なんですけれども、この当時こういうものを作らなかったということは、休廷前の証言にありましたね。

はい。

――そこで、政治委員会のところに、重信、丸岡、和光という三名の者が記載されているんですけれども、これは間違いですか。

間違いです。

――それから、その横に、「最高決定機関、革命戦争の作戦」というふうに、括弧書きで、いわゆる政治委員会の説明というふうにしてるんですけれども、これはどういうことですか。こういうような位置づけが、この当時、七五年五月の調書なんですけれども、されたんですか。

そういう話はしてないです。大体革命戦争という表現自体を我々は使っていなかったです。旧赤軍派が六九年のときに革命戦争というのは使ってましたけれども、それは一九六九年の話で、我々はそういう革命戦争というのは使ってなかったです。で、世界革命という表現、赤軍派が世界党、世界赤軍、世界革命統一戦線という表現をしてましたけれども、で、我々は、それは先ほど述べた「ナンバー４」のパンフの中に三つのテーゼの一つとしてあるんですけど、それは、観念的だというので、それは否定して、それに代わるものとして、世界革命協議会、要するに、世界党、世界赤軍という発想が観念的だというのを否定して、世界革命協議会というのをそのときに出したと。それは、他の党派、他のヨーロッパの組織なんかとの討議で、世界革命という語はトロツキズムに通じるというので、反対されたので、以降、国際革命協議会というような表現はしました。その辺の話はいわゆる方針共有会議でしてるので、だから、その断片的な単語だけ取調べのときに追及されて組み合わせて話したんだと思います。

――少なくともこのような位置づけ、定義はされていないと、そういうことですね。

はい、していないです。

――同じくこの組織委員会のところに「重信（大御所、オバハン、マリアン）」と、こういうふうに書いてあるんですけれども、これは、組織委員会が重信であると、これは大体こういうところでいいんですか。

はい、それはいいです。

――それで、「所属不明、足立正生」と真ん中ら辺に書いてあるんですけれども、戸平さんから見ると、足立さんはどこにいるか分からないという感じだったんですか。

ほとんど接触は、軍事委員会の総括会議のときに顔を合わせたぐらいですから。

――それじゃ、その当時、みんなに重信さんはおばはんと呼ばれてたと、こういうことなんですよね。

みんなからではないですけど、要するに、関西出身の私とか奥平純三とか戸平とかはおばはんと呼んでました。

――今どきおばはんというのは、セクハラにもなる言葉なんだけど、なんでおばはんなんですか。

それは、関東の人の受け止め方で、関西ではそういう意味はないです。

――どうしておばはんというふうに呼ばれた、あなた自身も重信さんのことをおばはんというふうに呼んでたんですか。

そういうふうに呼んでました。それは、リッダの安田同志が名付けた名で。

――そうすると、関西の人たちはみんなおばはん、おばはんと、年齢もちょっと上だし、何となく、どういうイメージなんですか。率直にいうと、少しこけにするというか、ばかにするという表現はちょっと不適切かもしれませんけれども、おばはんというのはそういうようなニュアンスも入ってると思うんですけど、どういう意味ですか。

いや、東京ではそういうニュアンスが入ってるようですけど、関西ではそういうニュアンスはなくて、単にあねさんとか、そういう意味合いです。

――会議の中の雰囲気を伺いたいんだけど、最初の方にあった軍事的部門の方の会議でもいいですけれども、軍事をやった人たちの方から、重信さん自身は失敗したというか、どじったというか、そういうのに、自分たちだけは勝利したと、こういうような感じで、少しやゆしたり、こけにしたりというような雰囲気はありませんでしたか。

いや、ヨーロッパグループとの比較で、自分たちが勝利したんだというふうに言ってて、被告に対してそういうのはなかったです。あったのは、軍事には、いわゆる封建的な男尊女卑ではないんですけど、いわゆる男が仕事で女が家事という、そういう概念を我々はもちろん持ってない、むしろ男の方が家事をやってたぐらいで、ないんですけど、軍事には女は入れないと、要するに、船に女は乗せないというような同じ発想、そういう発想を持って、とにかく軍事には口を出させないと、それはもう男の仕事というような発想を我々は持っていたと。

――その七四年当時もあったということですよね。

はい。

――あなたが反対尋問の中で、政治委員会の代表者、責任者を決めなかったというふうにも証言してるんだけど、同じ文書のくだりの中で、一応誰もが文句ないところで重信さんだったかなと、こういうような証言もあるんだけど、少なくとも七四年の一一月当時、誰もが文句ないという意味での指導性というか、そういうことで、単独で代表者になったわけではないですね。

はい、ないです。だから、私も、その証言は、いわゆる政治委員会という形を採ってたのは、七六年の八、九月まで、三委員会という形を採ってました。そのトータルを通していってるわけで、七四年当時はそういう受け止め方はなくて。

――あなたは一方で、七五年以降に重信さんの指導性が発揮されたと、こういうふうに証言してるんですけれども、徐々にそういう意味で指導的になってきたと、こういうことですか。

はい、そうです。

ストックホルムの失敗

——七五年に指導性を発揮されるというか、重信さんが発揮するに至る、そういう何か直接的な契機があるんですか。

はい、あります。

——それは、どういうことがあって指導性が発揮されるようになったんですか。

それは、いわゆるこちらではストックホルム事件というふうに呼ばれてますけれども、それで、二人の同志がストックホルムで逮捕されたということにおいて、私はスウェーデン行きの指示は出してなかったんですけど、デンマーク行きの指示だったんですけど、それはどうでもいいことですけど、それで、要は、二人が逮捕されたということで、私が指揮者であったから、非常に落ち込んだわけです。落ち込んで、無方針状態になって、そういう意味では、一方では私を責める同志も軍事委員会の中にはいたし、それで、他方では、日高同志のように、私と同じように落ち込んだ同志もいて。

——少し具体的に聞きますけど、要するに、ストックホルムで二人が逮捕されて、日本に二人が強制送還されますよね。

はい。

——この二人というのは、西川さんと戸平さんのことですか。

はい、そうです。

——ということで、先ほどから出している調書にもあるように、自白に至ったというか、そういうことですよね。

ええ。

——その問題があったということと、残されたアラブの人たちの方も、送り出した方の責任を追及されたと、こういうことなんですね、言いたかったのは。

まだ自供する前に、とにかく送って捕まらせてしまったということにおいて、まず私が意気消沈、意気消沈というか、まったくの無方針状態、もう方針一つ出せなくなったと。で、日高同志も現場の責任者ということで、彼も意気消沈すると。他方で、以前はヨーロッパが失敗したと、今度は丸岡が失敗したというような形で、そういう批判的な意見を出す人もいたと。そういった中で、組織としてまったく成立していないということで、そのころちょうど被告がベイルートに戻ってきまして、それで、要するに、組織がむちゃくちゃな組織になってるということで、彼女が中心になって、要するに、この問題を、例えば、送り出した者の責任ということよりも、全体の問題としてとらえるべきじゃないかというふうにやって、それで、そういうふうに始まったときに、今度は自供問題が出てきたということになります。

——そうすると逮捕されたのがたしか七五年の二月の末ですよね。

はい。

——それから、調書にあるように、四月、五月ということで、日本で自供が始まってると、こういう流れの中で、あなたの方では、責任追及というか、どうしてこんなことになったんだということで、かなり壊滅的なというか、むちゃくちゃな状態になったときに、重信さんが何かを提起したということなんですか。

むちゃくちゃって、責任追及してたのは同志一人だけなんですけど、とにかく収拾がつかないと、例えば、批判されるのは私ですよね、私がその批判を受けて、じゃあ、こうこうこうしようというふうに出せば批判する側も納得するわけだけれども、本人はただ落ち込むだけで、批判を出してる同志に対して、じゃあ、その批判をどう受け止めるのかというのも返さないし、他の同志たちもものすごく心配してるわけですよね。その中で、こういうふうに再編していこうという方針がまったく出せない状態になっていたと。

——方針が出せない状況の中で、重信さんが指導性を発揮するようになったというのは、どういうふうに方針を出したんですか。

その問題というのを、とにかく誰それの責任というふうにするんではなくて、要するに、責任を全体で共有することが必要なんじゃないかというようなことが提起されて、とにかく対策をまず立てようというので、救援対策とか、そういったものをまず組み始めたと。そういった中で、四月の下旬に同志たちが自供を始めてるという知らせが入って、要するに、それは全体の、ほとんど全員にとっての衝撃になったわけです。というのは、特に軍事委員会では、我々は決死作戦も辞さないと、そういう命を懸けて闘っていると、だから、屈伏しないんだと、そういう幻想を全員が持ってたわけです。それで、その幻想が崩れ去ったというところで、要するに、なぜだろうと、なぜそうなったのかというとらえ返しというのが始まって、それを主導的に提起したのが被告であったと。

——それは、どういう方法で提起したということは、記憶してますか。

まず、みんなの問題意識を出し合おうというので、意見を率直に出すということで、回覧板というのを始めたんです。

——回覧板を始めたんですか。

はい。回覧板で、一人一人が自分の考えを書いて、次の同志がそれを読んだうえでまた自分の意見を書くと、それぞれ自分の率直な意見、とにかく二人の屈伏ではないと、要するに、我々の屈伏なんだということを。

――そうすると、責任の共有というか、みんな自分たちの問題としてとらえるために、回覧板というか、一人一人が自分の意見を書いて回していくという作業をしたということですか。

はい、そうです。

――これを提起したのは、重信さんということなんですか。

はい、そうです。

――そういうふうに、横の連絡というか、今まで従来組織を作るというのは、ヒエラルキー的な縦系列で作るというのは、共産主義的なというか、共産党型の組織系列ですよね。

はい。

――そこをあえて重信さんは横の連絡を作るということを取ったということですか。

連絡というよりも、とにかく問題意識を率直に出し合うと、意見を交換し合うというので、それをもっと一人一人が主体的にとらえ返すような、そういう問題提起と方法を提起したと、出したと。

――そういう回覧板によって、結果として、どういう方向でここを乗り越えようというふうになったんですか。

だから、まず、自分たちの問題のとらえ方として、とにかく主体的にとらえるという意味において、自己批判的にとらえる、これは誰それの責任、あいつの責任だというふうにするんじゃなくて、要するに、それを、例えば、自分だったらどうしただろうかとか、そういうふうにとらえ返していくと、だから、自供問題も、例えば、戸平個人の問題、西川個人の問題とするんじゃなくて、そういう意味での自己批判的な立場が重要な問題であるというのと、それとあと、いわゆる責任というのはみんなでかぶるものだというので、いわゆる階級的責任というふうに言い出して、連合赤軍の敗北、それから、東アジア反日武装戦線の敗北、そういった敗北は、要するに、我々と共通であるし、我々自身がその敗北を一緒に引き受けていくと、というのは、日本の人々から見れば、連合赤軍も、東アジア反日武装戦線も、日本赤軍も、同じ一体、同じ武装闘争派で、一つのものというふうに見られてると、広い意味ではね。だから、それは、いや、あれは連合赤軍が間違ったんだというふうに我々が言うことはできないと、我々もそれを主体的に引き受けていこうというような、そういう考え方。

――そういう思想的な提起、これを重信さんが七五年の春以降、みんなに提起したというか、そういう方向でまとまっていこうということを提起したということですか。

はい、そうです。回覧板の話に戻りますけど、そこで、いや、あれは西川の弱さだとか、そういった個人の問題としてとらえた同志は一人もいなかったと。それで、私みたいな古参連中はどういうふうにとらえたかというと、要するに、決意の問題、覚悟性とか、むしろ新しい同志の方が、いや、団結の質が問題なんじゃないかと、だから、自己批判、相互批判というのが必要なんじゃないかというのを新しい同志が出してて、私なんかはそういう発想にびっくりしたという記憶があります。

——その辺、あなたたちの総括文書だと、逮捕、自供した者の弱さではなくて、責任の共有として考えようとか、もしくは、運動的突出が時には害毒でさえあることとか、革命の勝利は武器の有無とか優劣の問題ではなくて、人間的なものだということだとか、思想性を組織性として考えようというような文言で表示されるんですけど、こういう提起を通じて、重信さんが主導性を発揮し始めたと、こういうことですか。

はい、そうです。当時我々の価値観というのは、最も戦闘的に闘うのが最高だと軍事委員会の中でそういう価値観を、私を含めて、それしかなかったわけです。要するに、そういうふうに考えること、それを運動的突出というふうに、被告はそういう単語を使ってたわけですけど、で、運動的に突出することには価値はないんだと、新左翼運動のブント系の傾向として、デモじゃだめだと、デモをジグザグデモに変えていく、そういう形で、運動的に飛び出していくというところが革命的なんだという発想をしてたと、その発想はだめなんだと、そういうことです。

二〇〇三年七月二八日
重信公判第三三回

回覧板と組織の一体化

弁護人（大谷）

——先回、最後の方の質問で、重信さんの指導性は、七五年二月、あなたのと言っていいのか、送り出しの失敗、戸平さんらの自供後、発揮されるようになったというふうに証言されましたね。

はい。

——これは、重信さんは全体をというか、アラブの日本人を取りまとめる才覚を発揮して初めてのことということでよろしいですか。

はい、よろしいです。ちょっと補足させてもらえれば、当時の状況をもう少しきちんと説明しておいた方がいいと思います。当時の軍事委員会の状況というのは、七四年一一月にいわゆる軍事委員会という形で形作られましたけれども、実態はそれ以前の戦闘団的なあり方〔組織としての政治目標や闘争計画を立てずに活動する傾向〕がそのまま継続していて、それぞれ各人の立場というのも非常に個人的なもので、例えば、私なんかは奥平同志との確認では、要するに、国内でゲリラ部隊の本格的な形成というのを約束していたんだけれども、それが果たせなかったと。それと、彼らの死ということで、結局自分が、じゃ、彼らに続いた闘いをやるんだというそちらの思いが中心と。で、例えば、弟の純三同志にしても、彼は兄の後を追うんだという、そういう非常に個人的な決意というのがあって、当時同志だったY君にしても、要するに、日本の闘い全部、自分自身を含めて捨ててきたと。で、新しい闘いを求めるという形で来ていた。そういう、それぞれがばらばらな決意をもっていたと。で、軍事委員会の責任者の私がそういう形だから、それぞれの全員もそういう意図を抱いて集まっていたと。

——要するに、それぞれがばらばらだったところを、回覧板ということで、お互い本音で語り合おうということで始めた以降まとめてきたと、こういうことですね。

ええ。ただ、回覧板というのは自供があってからの話なんですけど、その前の、要するに、逮捕されたということ自体で、前回話したように問題が出てきたと。一つだけ言いますと、私自身は和光君からいろいろと突き上げがあったときに、おまえも一緒に決めたんだろうが、という思いはあったものの、最終的な責任は全部私が、日高君の判断も含めて、私がかぶるべきものであるから、そういう意味では無方針状態であったと。それで、そういうときに被告からみんなに提起されたのは、要するに、誰それの失敗ということじゃなくて、自分の失敗としてみんなが引き受けていく必要があるんじゃないかという提起があって、それで、私の方にはどういう提起があったかというと、要するに、失敗することが問題ではないんだと。失敗したときに、それをどういうふうに克服していくかというところに価値があるんだと。だから、そこのところをよく考えた方がいいんじゃないかというので、それが私や日高が立ち直るきっかけになったと。ただ、全体から言うと、まだその責任の共有というのは、みんな、他の同志たちにとってはまだ他人事、私がパリ事件のときに、要するに、そうであったように、それでその結果があって、それで、同志たちの自供があったと、四月にね。それで、そこから全員が、ああ、自分の問題なんだということを思い知る形、契機になったと、そういう意味です。

——そういうことで、重信さんの指導性が発揮されたと、こういうことを言いたいんでしょう。

そうです。

——その後なんだけれども、これは反対尋問でも出ているんだけど、七六年にも大きな議論があったということですよね。

ええ。

——この議論の内容はどういうものだったんですか。

それは七六年の八、九月のころですが、五月ごろにいわゆるクアラ部隊、日本から釈放された五人〔西川、戸平、坂東國男、佐々木規夫、松田久〕と部隊の五人、一〇人が戻ってきて合流するというときになって、例の七五年の段階では、要するに、自分たちでとらえ返したのは、そういう回覧板とかを通して自己批判などの活動が必要だと。それから二番目に責任の共有、要するに、革命の基本というのは運動の形じゃなくてその主体にある、といったことをとらえ返して、それを新しい同志たちの出会いの中で確認していくという形でやってたんだけれども、板東同志なんかの意識というか、問題意識としては、連合赤軍の敗北というところで、要するに、資本主義批判がなかったんだと。それがああいう誤りにつながったんだという、彼は彼なりのそういう総括を持ってきていたわけです。

——ちょっと具体的に聞きます。要するに、七六年の議論というのは、いわゆる国内からの合流組ということで、ますます違った考え方の人が新しくアラブに来たと、こういうことですよね。

そうです。

――その新しくアラブに来た人たちとの統一というのか、団結、こういうことを問題になってまとめなければいけない事態になったということなんでしょう。

要するに、それは新しい人たちの問題意識と、その部隊間の問題意識というのが違ってたんですけれども、その部隊内の問題意識も、結局、ばらばらになってしまったと。だから、そういったところで、もう一度基本的な問題をとらえ返すというのが、六、七月であって、それから、八、九月で大体集約したうえで会議を開いたということです。

――大分、思想的な傾向とか、いろいろ違いがあるだろうと思うけれども、重信さんは、それをどういうふうにまとめていったんですか。

一つは、もう一度総括点のとらえ返し、総括点の再確認。そのうえで、路線の明確化、それから組織形態の変更、そういったことです。

五機関体制へ

――そういうことに重信さんは才覚を発揮したというか、重信さんのリーダーシップ性が発揮されたと、こういうことですか。

そうです。それで態勢を、組織としての体裁を整えて、日本から来た新しく参加した同志はそれぞれ総括討議という、そちらに集中していくと。それで我々の方は新しい活動に入っていくと、そういう形になりました。

――そういうことをまとめて新しい形を作った、これが証人が証言した五機関制と、こういうことですか。

そうですね。要するに、実践的な、プラクティカルで有機的な形態として五機関〔情報、宣伝、教育、対外関係、兵站・財政、軍事〕というのが、いわゆる委員会制に替わって提起されたと。

――この過程で、形とすると、三委員会制から五機関制へと形は変わったかもしれないんだけれども、いわゆるあなたたちの文章の中で、思想闘争を軸にするというようなことが出てくるんだけれどもそれはこの間、七六年のころ頻繁に行われたことなんですか。

そうです。

――その思想闘争というのは、和光さんも、何か日本赤軍の中で思い出したくない思い出というか、思想闘争うんぬんは嫌だったというようなことがあるんだけど、具体的にどういうことを指して言っているんですか。

彼は、要するに、連合赤軍のいわゆる総括、その延長でとらえていると。一言でいえば、そういうことになります。それがどう違うのかというのは、板東同志と重信同志が最初に会ったときの話、エピソードがあるんですけど、それを簡単に言いますと、板東同志から最初に被告に言われたことは何かというと、要は、人民裁判に掛けてくれと。自分はもう取り返しのつかない誤りを犯したので、人民裁判に掛けてくれと。それで、目に涙を浮かべながら、要するに、革命をやるんだという、そういう意識の下に同志を殴っていったと。それで、自分たちがやってる行為は単なる殺人なんだということにはまったく気がつかないで、これが革命なんだと、革命のためにやむを得ないんだと。これが同志のためなんだという思いの下で、そういうふうにやってしまったと。だから、自分の過ちというのは、もう取り返しがつかないんだから、要するに、日本のブルジョア裁判じゃなくて、日本赤軍の人民裁判に掛けてくれというのを彼は言いだした。それに対して被告は、いや、そういう問題じゃないと。連合赤軍の誤りというのは自分たちも含めた誤りであって、要するに、責任というのは自分たちも引き受けていかないといけないと。だから、裁判に掛ける、掛けないということではなくて、そういう過ちを二度と犯さないように自分たちがどう変わっていくのか、どう革命運動の教訓にしていくのかということから問題を立てた方がいいんじゃないかというようなことから。

――それが連合赤軍の総括と、どういうふうに違うの。重信さんが言った、その思想闘争を軸にしたということは、どこが違うんですか。

連合赤軍というのは、あるべき共産主義者像というのがあって、だから、それに対して指導部が個々の兵士に対して資質を問うていくと。そのときの基準というのは非常に個別の基準、例えば、森さん個人の価値観による、要するに、森さんからの批判という形で行われていると。で、我々の場合はそういうことじゃなくて、要するに、あるべき基準から比べるんじゃなくて、どう自分を変えていくのかと。だから、問題が起こったときに、今日は連合赤軍とはっきり言います。外因論と、ちょっと哲学的に言いますと、矛盾が起こったときに、矛盾というのは、事物が変化していくわけだけれども、その変化の条件でしかない外因に対して、外因を求めていくと。そうじゃなくて、我々が言ってたのは、そういう、あるべき価値から相手を批判して変えていくということじゃなくて、要するに、毛沢東の言葉ですけど、内因が変化の根拠であると。外因は変化の条件であると。だから、問うべきは、外因も内因も重要なことであるけれども、要するに、主体を変革していくには、内因を問わないといけないと。内因というのは、例えば、自分と他者の間で言えば、自分の側からの原因を変えていくと。そういう意味では内因、だから、自己批判が重要だという、そこが全然違うと。

――私の理解では、あなたたちの総括文書なんかからの理解であれかもしれませんけれども、要するに、あるべき像からとらえ返すんじゃなくて、あるがままの存在像をどういうふうに変えていくかと。それも横とのつながり、同志愛を機軸にした変革を求めなければいけないというような文書があるんだけど、そういうことではないんですか。観念的なことと、それから、具体的にどういうような作業をしていくのかということが。

要するに、自分の弱さとか欠陥とか、そういうのを真摯に見つめて、それを隣の同志との関係の中で変えていくと。

――そして、内容的にも、そういう思想闘争をしたということなんだけれども、五機関制を取った後、執行機関を統括する人間を選挙で選ぶというようなことをやるようになったということも証言しているんだけど、選挙をやるようになったのは、いつごろからですか。

七九年末の大会からですね。

――そうすると、七六年には、一応その五機関制を取るようになったということでしたよね。

はい。

――そうすると、七六年から七九年の大会、末にやった大会ですか、それまではどういう状態だったんですか。

形を作って、その実体、中身を作っていく過程というふうに、一言で言うと、そうなります。

――証人自身が、重信さんを指導者として、自分の指導者というような形で認めるようになったというのは、いつぐらいからかは覚えがありますか。

私個人は、その七五年の契機があって、そのころは、私も純三らも、おばはん、ええこと言うやーん、という程度だったんですけど、で、私個人としては七五年末ぐらいですね。今から考えたら、しょうもない論争なんだけれども、ソ連と東ヨーロッパ諸国をどのように評価するかという問題をめぐって、私の方はまだ、中国派の言う、ソ連を社会帝国主義というふうに見る見方が残ってたんで、その立場から、要するに、限定的にしか評価できないという立場で、それで論議になって、それは国内の友人にメッセージを送る内容で論議になって、そこで簡単に論破されて、それ以降、いわゆる思想的な問題、それから路線的な問題、そういった面についても、この人に任せておけばいいかなというふうに思うようになったと。

――というのは、七五年の末ぐらいだろうと、こういうことですね。

ええ。そのメッセージうんぬんのときが七五年末でしたから。

――ただし、重信さんの指導性は、軍事の牽引性というかな、やる人が場面を展開するというかね、軍事の牽引性に引きずられて、重信さんは側面的、部分的改良や提起しかできてこなかったと、そういうような現実もあるんじゃないんですか。七四年一一月に至る前の過程は、そういう過程です。

――七七年五月三〇日声明、これはどういうものなんですか。一言で言うと、我々の自己批判、日本赤軍の自己批判の表明。二つ目に、自己批判と団結を人民同志、友人に呼びかけるという、そういう内容です。自己批判と呼びかけ。

二次綱領

――その七七年五月三〇日の声明というのは、組織態勢の確立があって、初めて発表されたものなんですか。

そうです。七六年の夏の会議で形が決まって、それから年末まで掛けて、東アジア反日の同志、連合赤軍同志、それから旧赤軍派からの同志たちとの討議、それから復帰した戸平同志、西川同志らとの総括討議を踏まえたうえで、その総括を確認したのが七七年になってからで、それで、春に大体そういう路線的な内容を決めて、それでその総括内容というのを五・三〇声明という形で表したということになります。

――その五・三〇声明の内容というのを、一言で言えますか。

一言で言うと、自己批判と団結を呼びかけるという内容だけれども、自己批判というのは、簡単に言うと四点ぐらいで、一つは、自分たちは軍事至上主義であったと。とにかく、ブント的突出に価値を求めるようなあり方であったと。それから責任を共有すると。我々の用語で言えば、階級的責任の共有と言うんだけど、いわゆる階級というのは労働者階級という意味で、要するに、運動全般の責任を、各種運動の、全般のいろんな過ちとかそういった責任を共有するという立場性に自分たちは欠けていたと。それから、革命の主人公というのは人民であるにも関わらず、要するに、自分たちの闘いというのは人民のためにという形でやってきたかと。そうではなくて、要するに、人民が主体であって、自分たちは主ではなくて、従なんだという、そういう立場でやれてこなかったと。それから、団結を呼びかけてこれなかったと。国内でね。国内に、要するに、自分たちの関わりが非常に希薄だったというようなことを反省しようということですけどね。そういった内容です。

――そうすると、その後なんですけど、今度、組織としての綱領を作りはじめますよね。

一次綱領というのは、その七六年の会議のときに一次綱領と規約は決めたんです。

――そうすると、あなたが反対尋問で言ってる二次綱領ということですけど、それは七七年以降に作りはじめたということですか。

それは、七九年にいわゆる我々が言ってた思想闘争というのが観念化していると。要するに、観念だけの自己変革、自己満足になっていて、要するに、客観を変えるということができていないと。そういったのは、要するに、政治路線的な一致もなくて、とにかく感情、感覚とか、そういうのでの一致でとどまっていると。そういったものをより政治的な位置で一致が必要であるということで、今までの共産主義運動をどのようにとらえているのか、それから、どういうふうに日本の革命を実現していくのか、そういったものを確定していこうというのが、七九年の大会で決議して、それを二年間かけて綱領草案にまとめるというのが、第二次綱領草案。

——理論委員会というのが、できましたね。

はい。

——これが文章を作ったと。

その決議に沿って、要するに、理論活動の強化ということで各機関から人員を出して、理論委員会という場を設定して、六人ぐらいのメンバーで、そこでいろんな、それなりの全総括、それから各党派の主張、それから日本共産党の歴史、それから国内情勢、国際情勢、そういったものを全部出して、一つずつ課題を決めて、討議しながらまとめていったんです。【略】

——そうすると、証人から見て、重信さんが名実共に、いわゆる指導部となるのは、何年ぐらいからだったというように思いますか。

まあ、七八年ぐらいからですね。七八年にいわゆる国内方針を出して、彼女から出るわけですけど。そのころから、もう実質的、一応誰もが認めるという形にはなったと思います。

——そうすると、あなたが反対尋問で、誰もが認める指導者というか、というふうに検事に答えているのは、七八年以降の話ということでよろしいですか。

そうです。

——そうすると、七四年九月段階は、もちろん、組織としてもまとまってなかったし、重信さんのリーダー性はなかったということでよろしいですね。

はい、よろしいです。

——次に、これも反対尋問で、七四年一一月以降は、重信さんは他のパレスチナ各派との関係性とか、外国との政治折衝もやって忙しかったんだと、こういうようなことを証言されているんですけど、具体的にどういうことをしていたか、証言できますか。

いろんな組織との会議、例えば、会議すると言えば、その前日にはその会議のレジュメも要るし、用意もしないといけない。会議が終われば、その一応報告とかまとめておかないといけない。そういったものがあるわけですから。

重信さんの外交手腕

――具体的にお聞きしますけど、リビアとの関係なんですけれども、リビアという国は、七三年当時と言った方がいいのかな、いわゆる反共というか、共産主義に対しては、かなり敵対的な国ではなかったですか。

正確に言うと、反共ということではなくて嫌共、共産主義を嫌がる。あえて言うならね。というのは、リビアの一番の反対対象は帝国主義。帝国主義というと、国名を挙げると、アメリカ、英国。だから、反米反英であって、それと一列に、要するに、サウジアラビアのビン・ラディン派のように、反米と反共が一線の、イコール並行のものということではなくて、まず反帝というのがあって、で、共産主義を嫌悪すると。イスラム的立場と民族主義的立場からね。

――それが、例えば、革命記念日にＰＦＬＰを招待するというか、そういう変化がその後、出てきますよね。

はい。

――あと、ＰＦＬＰを革命記念日に初めて招待したのは、七四年か七五年じゃないかという記憶なんですけれども、証人の記憶ではどうですか。

被告が橋渡ししたのが七四年で、代表を送ったのは七五年以降からだと思います。

――そうすると、正にあなたが今言ってくれたように、重信さんはいわゆるドバイ投降組の釈放をめぐって、リビアとの関係を作ったと、こういうふうに伺ってよろしいですか。

はい。

――それは、かなり外交的手腕というのか、外交的政治手腕というのか、そういうことで関係を作っていたということでしょうか。

はい、そうですね。

――それと同じか、もしくはちょっと違うのかもしれませんけれども、例えば、イラクとの関係で、ＰＦＬＰは証人とか重信さんを庇護されるという関係の中で関係を作っていったということではないんですか。

はい、そうです。

――この辺にも、重信さんの外交的手腕というのが、出てたんではないですか。

はい、それは発揮されたと思います。私は日本にいたから知らないけれども、九一年に第一次湾岸戦争がありましたよね。親ブッシュの。そのときに、その前年に日本人の商社員とか、みんな出国できなかったと。そういったときに、釈放工作というのは、だから、もうその当時はサダム・フセイン政権だから、我々との関係は完全に切られましたけど、フセイン政権になってからね、切られましたけれども、そういった外交的手腕というのは、発揮してたみたいです。

――確認しますけど、この当時のイラクというのは、フセインさんじゃないんでしょう。この当時というのは、七二年当時はイラクはフセインではないんですよね。

はい。バクル政権で、その当時のバース党は共産党とクルド民主党も政権の中に組み込んで、いわゆる共闘戦線としてそういう形をやってましたし、比較的、もちろん、バース党が中心の権力ではあったけれども、比較的そういう意味では政治的自由というのが保障されていた時代、だから、今のアメリカ軍主導の暫定統治機構に、共産党もクルドもシーア派も参加しましたけれども、それはフセイン政権に全部たたきだされた、まあ、我々も含めてたたきだされた口で、そういった意味では、そういういわゆる一見、民主的な政体ではありました、当時は。だから、今のフセイン政権と比較するということはまったくできないです。

アウトサイドワークの面々

――次の質問ですけれども、まったく違う話ですけど、アブ・ハニ部局、これはアブ・ハニ個人ではなくて、アウトサイドワーク全体のことを指すという意味ですけれども、レバノンの担当者、責任者、これはどなたですか。

レバノン担当の責任者は、片仮名的に発音すると、ハーメッドです。

――この方は、和光さんも知っているんでしょうかね。

ああ、知っていると思います。

――レバノンの責任者。中東の責任者ということですか。

一応レバノン。中東の責任も持っていたかもしれないです。

――それと、アブ・ハニさんの秘書に、あなたの証言でも出てくるアブダルダさんという人もいますよね。この方もベイルートにいることが多いんですか。

基本的にベイルートです。彼はイラクには入れないんで。

――そうすると、和光さんもこのアブダルダさんの名前を知っているようですよね。

はい。そうみたいです。

――和光さんがアブ・ハニさんに話を通そうとしたら、ハーメッドさんかアブダルダさんに話を通そうというふうにするのが筋なんですか。

話を通そうとしたら、ハーメッドに通すのが筋だと思います。私はアブダルダと個人的に親しいから、で、アブダルダに話をつける方が、ドクターには直接すぐ話が行きますから、アブダルダと仲がいいので。だから、私はアブダルダに話を持っていきますけど、他の同志は、組織としてはハーメッドに持っていくのが筋だから、ハーメッドに行かないと、ドクターには行き着かない、基本的にはね。だから、ヨーロッパ地区はミシェルだから、ミシェルに話をつければ、それはもちろん、ドクターにも行きますけどね。

——そうすると、中東責任者、まあ、レバノン以外の責任者がハーメッドさんでも、和光さんは、ムカルベルさんに話を通すということは、必ずしも自然ではないんですか。

自然ではあります。というのは、ハーメッドは私自身は嫌いなタイプの人だったんで。それで、和光らも嫌いなタイプだったみたいですから。だから、ミシェルがいればミシェルの方に話をもっていったと思います。というのは、非常に官僚的な人で、ドクターから指示がなければまったく何も進まないという人なんで、例えば、私がアブダルダに話を持っていけば何とか、ドクターの指示がなくてもある程度融通がきいてやってくれるんですけど、ハーメッドの場合は、そういった融通は一切きかない。まあ、我々から見ればですね。向こうから見れば、最も原則的だったのかもしれないですけど。

——そうすると、和光さんは、あの当時、ハーメッドじゃなくてムカルベルに申し入れるというのは、自分としては一応納得できると、こういうことですか。

そうです。事務所へ行けば、誰かいますからね。

——確認なんだけど、あなたが八月上旬にベイルートを通過しますよね。

はい。

——そのときに、アブダルダさんに、どうすべきかと聞く、というのは、出てますよね。

はい。

——そのときには、和光さんの名前は出なかったということをおっしゃいましたよね。

はい。

——これは、まだアブダルダさんと和光さんの間では話が通じてなかったんですかね。

まず一つは、私がジャマルという名前をそのときは思い出さなくて、思い出さないんじゃなくて知らなかったのかな、で、ジハードの名前を出したんで、ジハードのことを言ったと。ジハードのことを聞いたから、私はジハードという名前は聞いてましたから。で、ジャマルというのは、ドクターに会ってから、ドクターからジャマルというふうに聞いたわけで、逆に。

——これも再三聞いてますけれども、アブ・ハニさんはYさんを奪還するというか、しようというふうに思った理由、これは主尋問でも先回述べてもらいましたけれども、何かそれに加えて説明するようなことがありますか。

ドクターが強調していたのは、とにかく、彼自身だけの問題ではないんだと。要するに自分たちとフランスとの関係の問題なんだと。そういうふうに、非常に強く言ってました。だから、ライラさんがＰＦＬＰとしても動いてたと、ＰＦＬＰ組織全体として動いていたというのは、ＰＦＬＰとしても非常に重要視していたことなんじゃないかと思います。ドクターが重要視していたのは確かです。

――それで、和光さんが七四年当時のアラブの日本人はアブ・ハニさんに丸抱えされていたと。で、具体的には一つのアパートをアブ・ハニさんに与えられて、団子生活をしていたと証言なさっているんですね。まず、軍事的部門の日本人、アブ・ハニ一派というか、アウトサイドワークをしていた日本人は、和光さんの言うとおりの生活で間違いないんですか。

いや、団子生活っていうよりも、七四年のいろんな来てた同志たちはみなアデンとかヨーロッパを回ったりしてましたから、そういう生活で、団子生活という生活をしていたわけじゃないですね。七四年。

――七三年から七四年にかけて、必ずしも軍事的部門の日本人も、そういう生活ではなかったと思うと、こういうことですか。

訓練所にいたりしているわけですから。例えば、戸平、純三というのはアデン、バグダッドにいたわけだし、西川君にしても、正式に入ってるわけじゃなくて、ヨーロッパ武者修行をやってたわけだし、それ以外、中東に来たときは、そのまま彼はバグダッドに行ってるわけだし、だから、ベイルートでそういう団子生活をしていたというほどの軍事的部門の人間はいなかったはずです。

――そうすると、組織的部門の人がアブ・ハニさんに丸抱えされて団子生活をしていたということも、ますますあり得ないということですか。

それはあり得ないです。組織的部門の同志たちは、要するに、独自にアパートを構える、そういう話はもう既に何回かしてますように、そういう意味でしてたし、家賃自体は自分たちで工面して払ってましたから。それで、ドクター部局にいる、例えば、私とかＹ君とか、全部ドクター部局の用意する家にいて、あるいは旅費とかも全部、無給ですけど、食費から全部賄ってもらっていましたから。

――そうすると、組織的部門の人たちは自分たちでベイルートに部屋を借りて、まったく自立したというか、ＰＦＬＰにお金をもらって生活してるということではなかったと、こういうことですか。

はい。

――和光さんは、バグダッドに二つ家があるというふうにあなたがおっしゃっていたんだけれども、いわゆる副議長系の家も、これもアブ・ハニさん系列の家ではないかというふうに思っていたんじゃないですかね。

その可能性はあります。というのは、あの家が、要するに、アブアリ系で、ヨルダン人民委員会の同志が名義人になっているということを知っているのは、私と被告とYK、その三人だけだから。

——副議長さんのアブアリ系の部屋だということを…。

ヨルダン人民委員会の同志が名義人になって借りている家で。だから、アブアリ系なんですよね。で、その事実を知っているのは、ごく限られた、ああ、ジハード君も知ってたかどうかはちょっと分からないですけど、その三、四人だけだからそれ以降に来た彼は、誰が家賃を払っているのか、誰の名義かというのは、アブ・ハニの事務所を含めて、分かってないはずです。

——そういうこともひっくるめて、あそこはアブ・ハニ系ではないのかというふうに思ったかもしれないということですかね。

はい。

——和光さんの証言を見ていると、アブアリさんというか、副議長の人と証人はどういうようなやり取りをしていたとか、そういうことは一切出てこないんですけれども、当時、それは軍事的部門の人には見えにくい関係だったんですか。

そうです。軍事的部門で、アブアリと面識があって、家族も知ってるというのは私ぐらいのものだから、ジハード君も知ってたかどうか、ちょっと確認してないですけど。だから、他の同志たちは一切会ってないです。

——これは、確認ですけれども、あなたがバカンス中、アブ・ハニの息子さんのハニ君と遊んでいようと、こういうことで思っていたと証言されてるんですけど、ハニ君というのは、アブ・ハニさんの息子さんで、別個にバグダッドにアブ・ハニの家があったんですか。

はい。アブ・ハニさんの自宅というのがあって、そこにオム・ハニ、オム・ハニというのは、ハニ君の母親という意味ですけど、オム・ハニとハニ君とボディーガードが住んでました。

——そこに遊びに行こうというふうに思ったということで。

はい。私は家族と非常に親しかったんで、アブ・ハニからもいつも遊んでやってくれと言われて、サッカーをやったり、空手を教えたりしてましたし。だから、私が出入りしている家族が三つぐらいありましたから。で、ハニくんがいるんだったら、そっちに遊びに行きたいけど、と言ったら、ああ、いないというので、サミーラことYKのいる所に行ったんです。

——メイ君にも会いたかったし。

——それは、そういうことだという確認なんですけど、ということは、あなたの認識だと、アブ・ハニさんに丸抱えされていたのは、軍事的部門だけということではないんですか。

そうです。

――アブ・ハニさんに丸抱えされていたというふうに言えるのはね。

そうです。

〈休廷〉

証言した理由

【略】

――さて、あなたは大分この法廷で具体的な事実を証言していただいたんだけど、あなた自身の法廷では具体的な事実を述べることはしませんでしたね。

はい。

――今回、この法廷で事実をつまびらかにしようというふうに思ったのは、なぜですか。

私の法廷で一切出さなかったのは、私の裁判は無罪か無期懲役かの二者択一しかなく、私本人と弁護団も情状を争う必要を一切認めなかったんで、情状面でのそういう尋問というのは一切省略した結果です。それで、二〇〇一年に足立公判で証人に立ちましたけども、証人に立つというふうに私が各弁護団に連絡したのは、二〇〇〇年の四月です。それはレバノン政府が国外退去をしただけなのに、日本政府が四人を、四人というのは足立正生、山本萬里子、それから和光晴生、戸平和夫、四同志を強制連行してきたわけですけれども、ということがあった。それから、西川同志の裁判も、もう山場を迎えるということで、私の方からは、各弁護団に必要があれば、積極的に証言しますという態度を表明してました。そういった中で、被告の拘束というのがあり、その翌年二〇〇一年四月に日本赤軍も解散したということもあって、同志たちがいろんな罪に問われて、重刑を受けるという中で、私はその軍事部門の責任者をやってましたから、そういう意味で、要するに、彼ら、彼女らだけに責任を負わせるわけにはいかないと。そういう意味で、不利益も辞さず、積極的に証言しますよ、というふうに各弁護団に伝えてあったわけです。それと、七年前に重症肺炎で一五日間意識不明の重体になったんですが、そのときの信用していた医者から、寿命が一割減ったと。それから、宮城刑務所でも検査を受けたところ、心臓の機能が四割から五割しかないと。だから、私はみんなには八〇まで生きるというふうに言いまくっていますけど、本人としては六五ぐらいだろうなと。それで刑も無期懲役ですから、要するに、話せるときに話しておこうという、そういう心境があったがゆえです。

――あなたのそういういろんな変化、あなたの健康上の問題もあって、述べられるときは述べようということだったと。

はい。

――それは、重信さんだけではない、すべての日本赤軍の事件で共通して言えると、こういうことなのね。

はい。それで、不利益も辞さないというふうに言いましたけれども、ただ、二〇〇一年にニューヨークであった九・一一事件を境にして、検察庁の対応が非常に、日本政府の意向を受けてか知らないけれども、非常に攻撃的になっているという、それから各同志に対する論告求刑の内容とかを見て、結局私が不利益を辞さずでしたら、検察庁を喜ばせるだけだというので、それはもう撤回しました。

――ちょっとそれるかもしれないけど、あなた自身はアラブではどういうふうに言われていたのか、ご存じですか。あだ名として。

アラブ名じゃなくて。

――いや、非常に秘密厳守というか、保安長官という呼び名で言われたぐらい、かなり秘密に関してはうるさい人だったんではないですか。

はい、そうです。

――それも、あなたの信条として、語るべきではないと。例えば、秘密は漏らすべきではないし、言ってはいけないことがあるんだと、こういうことで、ずっとやってきたということでしょう。

ああ、そうですね。

――あなたは、例えば、カルロス・マルゲリーラ。

マリゲーラ。

――で、「ゲリラ戦教程」〔『都市ゲリラ教程 フランス革命の軍事論』〕というところを読んだことがありますか。

はい。七〇年ぐらいに日本で非常に売れた本で、ブラジル共産党左派のカルロス・マリゲーラの本で、そのゲリラ戦教程の中では、秘密の厳守、それから活動形態の徹底した分離、要するに、情報を全部遮断すると、お互いの情報を遮断するという、そういった内容が、私も当時ゲリラ志向派でしたから、そういうもんだというふうに認識してたし、それで、対するにあたっても、要するに、ドクターのやり方もそうだし、そういうもんだというふうにしてたというのがありますし、それで、VZのパルチザンを作るというときも、お互いに確認してたのは、その三人、三人でユニットごとで、ユニット同士の情報はできるだけ交換しないという活動のやり方をしてましたから、七四年当時まで、そういう性格にはなってましたね。

――これ、きっと勘違いで訂正だと思うんですけど、先回証言を私聞いたときに、七三年四月に重信さんと会ったときの話を証言されましたよね。

はい。

――これは、もう少しくわしく言うと、軍事訓練の後にもう一回会ってますよね。

はい。私、検察官の反対尋問、五月一三日にあったときに、バグダッドでの訓練後の話をしてたこと自体を完全に忘れてまして、要するに、四月の話までしかしてないと、それで訓練後の話はしてないんだという認識があって。

――じゃ、訓練後に重信さんと会ったときに、もう一度だけ、どういう話をしたかということだけ、ちょっと改めて聞き直しておきますけれども、七三年の春の訓練後。それは具体的に闘争の話などはしてないんでしょう。

はい。それで、あと、調書を見直して、検察官の尋問を思い出したんですけれども、そのときも具体的な話はしてないというふうに述べていますけれども、いわゆる、問題点が生じた、ドクターとの不一致が二点生じたと、いわゆる人の問題と、名称の問題というのがありましたけど、だから、それ自体の報告は、報告というと下から上に報告というイメージをもたれるとまずいんですけど、我々は相互報告というふうに言ってましたから、相互に報告し合うということを言っていましたけれども、その具体内容は報告はしてないと。

――このままではアブ・ハニと別れるかもしれないよ、ということを言ったと。

まあ、ドクターのやり方に非常に疑問を持っているので、ＰＦＬＰとの共同行動を予定しているけれども、場合によってはやめるという話はしました。私自身は、あくまでドクターが政治局に一切諮らないでやってるというのは知らなかったですから、だから、要するに、ＰＦＬＰの正式の共闘だという形で、それだけを言ってました。

――最後に、弁護人の質問として、裁判長に何か言っておきたいことがあれば、言ってください。

二点だけ。一つは、ライラ・ハリッドさんの証言でありましたけれども、岡本公三君のことについて。彼が八五年にイスラエルから釈放されましたけれども、これはジュネーブ条約の規定に準じて、国際赤十字委員会とオーストリア政府の仲介で戦争捕虜の交換として行われたと。だから、一般刑事犯の、日本政府の言うところの超法規的釈放でもなければ、いわゆる戦争犯罪人の釈放でもないと。あくまで、戦争捕虜であって、戦争捕虜と戦争犯罪人とは意味合いがまったく違いますと。そうであるのに関わらず、日本政府が国際手配している行為というのは、国際法にも違反しているし、日本国憲法の一事不再理の条文にも違反していると。だから、要するに、日本政府当局は国際手配というのを撤回すべきであると。で、そういう態度を日本政府が取っている一方で、ペルー政府から、前大統領フジモリが殺人罪で国際手配されているのにも関わらず、日本政府は引渡を一切拒否していると。そういった二重基準がなされているという状況というのを、裁判所も把握しておいてほしいと。要するに、国際的には岡本君は手配されるいわれはないのに、手配されていると。そういうシステムが日本ではあると。二点目については、公安事犯の裁判では、いわゆる普通の基準から言えば、論告も重いし判決も重いと。それから、刑務所に入れば、要するに、仮釈放はないと。だから、宇賀神寿一さんにしても、塩見さんにしても、みな満期釈放だと。他の人は大体仮釈はつくと。それから、無期の場合は、要するに、連合赤軍の吉野雅邦さん、もう既に三二年であると。それから、我々の同志の泉水博も、ダッカに応じさえしなければ今ごろは仮釈放されているのに、既に獄中トータルすれば三二年入っていると。で、彼ら二人とも模範囚として、それは刑務所当局も認めていると。そういった状況があり、そういう、二重基準、公安事犯だけには過重な罪を課すということは避けてほしいと。それから、日本の刑事訴訟法の基準から言えば、疑わしきは罰せずであるけれども、実際はそういうふうにはなっていないと。で、本来は検察側に有罪の立証義務があると。それで、被告人側に無罪の立証義務があるわけではないはずなんです。それにも関わらず、被告人が無罪を立証しようとすれば、明確なアリバイ、もしくは真犯人の登場を出さない限り無罪にはならないと。で、疑わしきは罰せずということは、要するに、検察の立証が十分でない場合、それは被告側の利益であるんだということを、釈迦に説法で申し訳ないんですけれども、言っておきたいというんで、その一連のことの最後として、私が非常に尊敬している裁判官で谷口正孝さんという人、元大阪高等裁判所の判事の人で、その著書で、「裁判について考える」という本の中に、こういう一節があると。裁判官が批判者たる地位を忘れ、検察官の主張に追随し、被告人の方に耳を傾けないことに誤判が生じる。それから、裁判官が国家機関たるのゆえをもって、検察官と同類意識をもち、自らの使命を治安の確保に描くがごときは、憲法の理念に違反すると。まあ、非常にというか、失礼なことを私、言っていることになりますけれども、それは当裁判所に望みたいことであると。

世界の中の日本赤軍

被告人（重信房子）

――まずもって、体調の厳しい中、長期にわたって証言していただいて、大変感謝してます。まず、証言の中で、七四年一一月以降に三委員会制ということで、組織的な形になっていったということを述べておられましたけれども、そのことを通して、ＰＦＬＰとの関係はどういうふうに変わっていったんでしょうか。

ＰＦＬＰ側は、我々が組織として形を整えるというのを、当時待っていたということがあって、ＰＦＬＰ側には非常に歓迎されて、組織対組織の関係性を強化しよう、それから、そのシステムをきちんとしようということになって、責任の所在を明確にするという形になって、定期討議を国際関係委員会を通してやるというふうになったということ。それから、私の方からは、アウトサイドワークとの共闘というのは、共闘原則を確立しない限りは凍結したいということについても、ＰＦＬＰ側が、その原則でまったくいいということで、基本的には国際関係委員会のすべて我々との関係機関にするという形になって、そういう意味ではボランティア活動も含めて、多岐にわたって共同するというふうになったと。

——国際関係委員会による原則確認として、組織としての関係性が成立したということですね。

はい。

——それから、ボランティアとして個々のＰＦＬＰの部局として活動していたものが、組織として国際関係委員会を通した活動に変わったということですね。

はい、そうです。

——そのことで、先ほど証人が述べておられましたけれども、アブ・ハニ部局とは、政治的な関係性に変化したということですか。

はい。

——それと、アブ・ハニとは定期会議をその後行ったと思うんですけれども、政治討議としては大体どういうことを基準にして行われていたんでしょうか。例えば、経験とか政治情勢だとか、それは。

路線的には私とドクターと対立する形になっていましたけれども、個人的な信頼関係はお互いにあったので、そういう意味では、ドクターの方からは武装闘争を一緒にやらないんだったら、もうおまえ来なくていいという態度ではなくて、むしろ共同武闘をやらないのは分かったと。じゃ、お互いに革命家として付き合おうという形に、逆にフランクになって、いろんな話、過去の闘争の教訓とか、それから、例えば、イスラエルのリクード政権をどう見るかとか、そういった話を、むしろ逆に、普通にするようになったと言えます。

——その過程では、証人とともに被告である私も参加したということはあったでしょうか。

はい、ありました。

――あと、PLOとの関係はどのように変化していきましたか。七五年ですね、大体。その組織的な再編過程を通して。

PLOともいろんな付き合いが始まって、文化関連の事業とか、そういった話合い、それから保安に関する話合い、そういった各専門部局との討議ができるようになったというのがあります。そういった中で、例えば、情報として共産党の国際部、確か金子さんだったと思う、金子さんか上田さん、現在の不破議長の兄の上田さんか、どちらかが来たときに、パレスチナキャンプを巡ったりしてたんですけど、その中で、日本赤軍の批判を始めて、キャンプの住民からブーイングを受けたということがあったよとか、そういう話も受けたこともありますし、それから、PLOが日本政府との交渉をもって、東京に事務所開設という動きが始まったわけですけれども、それに対しては、我々は積極的にその動きを支持するという立場を表明したりとか、そういう意味で、例えば、日本政府との関わりで、どういった点に注意した方がいいかとか、そういった相談を受けたりもしたし、こっちが役に立ったこと言えば、向こうに世話になったことと比べれば雲泥の差があるんですけれども、ささやかな協力という形はできたと思っています。

――ということは、PLOとの定期協議を日本赤軍として行うように、七四年の会議、組織態勢以降なったということですね。

はい、そうです。私も政治委員会として対外活動に参加するようになりました。

――と、他のパレスチナ勢力との関係はどうだったでしょうか。

当時、我々は全方位外交というふうに言ってましたけれども、その当時、PLOの各派は二つに分かれてました。一つは、ミニパレスチナ案と言って、イスラエルとの妥協によって西岸とガザ地区をパレスチナ国家として認めると。現在の自治協定よりももっと広い範囲で、本来の西岸全域とガザ全域、現在のは西岸のごく一部しか対象にはなっていないですけど、それを受け入れる派と、それはだめだというふうに反対した拒否戦線派という二つに分かれてましたけれども。

――PFLPはどっちですか。

PFLPは拒否戦線派、それからアラブ解放戦線、これはイラク系ですけれどもこれも拒否戦線派。それからファタハそれからサイカ、サイカというのは、シリア系ですけど、こういったところはミニパレスチナ案受入れ派であったと。で、それら各派とも交流するという立場でやってました。

――で、日本赤軍としては、当時できたばっかりで、全方位外交だったということですね。

はい。

――客観的には、ＰＬＯまたはパレスチナ関係の中で、できたばかりの日本赤軍というのは、どういう位置、客観的に、ＰＬＯの傘下という形になりますか。

はい。一部のように、ＰＬＯ傘下のいろんな組織、八派ぐらいあったんですけれども、プラスアルファぐらいの扱いを受けて、そういう意味では……長くなるので、やめておきましょう。

――そういう組織的に闘い始めたのは、大体この間の証言などを踏まえていくと、七〇年代後半から主に八〇年代に入ってからなんですけれども、そうした状態で八二年のイスラエルのレバノン侵略時も闘ったわけですね。

はい。

――そのときの連携というか、パレスチナ勢力とどういう形で闘っていたんでしょうか。

その直前までは、ちょうど我々会議を始めていて、日本国内の問題をどうするかという、そういう方針討議をしていたわけですけど、要するに、自分たちの足下で戦争が始まる状況というのは、始まるだろうという漠然とした予測はあったけれども、そういう始まるという予測ができていなかったことを反省して、要するに、自分たちに今できることをやろうという形で、班を分けて、ＰＦＬＰとか他の組織と前線を共有する。それから兵站活動に参加する、それから潜伏する。それから、イスラエルの攻勢に屈しないために、そこから脱出して、外からの情宣とか、そういった形をする、そういう部隊に編成し直して、それぞれの分野で活動しました。

――そのころの人民との共同とか、その辺でのエピソードとかありますか。

ベイルートが完全に包囲された中で、要するに、外とベイルートに残っている同志たちの連絡というのが、我々も行けばイスラエル側に拘束されるし、キリスト教徒地区に入らないといけないし、そういったときに、レバノンの人たちが、キリスト教徒の人たちとかイスラム教徒の人たちとかが積極的に協力して、それこそ、おばさん論になりますけど、おばさんたちが運んでくれたり、そういう意味では、非常にこちらが逆に支えてもらうというような、そういう状況がありましたし、それからレバノン民兵、それからパレスチナ側の闘いを見ていても、要するに、人民と一体という意味で、そういう意味では、我々が、抽象的になりますけれども、人民から遊離した形で活動してたことに比べて、それこそ人民と共にという、そういった姿というのは、非常に感銘を受けたというか、自分たちが反省させられたと思います。

――日本赤軍として、大衆の前で公然と武装して闘うという初めての経験だったわけですね。

そうですね。それ以前も要請は出したことはあるんですけれども、一つは、というのは、短期にリッダ闘争以前はそういったこともできたし、それで私が一人でいたときも、七二年に短期にそういうことはできたんですけれども、それ以降は保安の重視というのもありまして、できなかったと。それで、ここでの証言で言いましたように、七四年二月に爆撃を受けたのも、訓練をやったがゆえに受けたと思われるし、それから七五年の五月ごろにも訓練をバールベックで行ってるんですけれども、それはＰＦＬＰのキャンプですけど、そこも訓練後、二週間ぐらい後にイスラエル側の爆撃を受けてると、そういった事態の中で、ＰＦＬＰ側からは出さないでくれと、要するに、軍人は出さないでくれと。合法活動の方のボランティアとしては、それは構わないけれども、軍人が出ると、爆撃の標的にされるので、キャンプ自体が軍事キャンプにしても、住民キャンプにしても、標的にされるので避けてほしいということで、自粛というか、してたし、というのは、ありましたから、そうなります。

――まあ、民衆に喜ばれて、民衆と共に闘って、それらが八五年の岡本さんの捕虜交換につながっていったということですね。

はい。

――で、釈放に至るイスラエルの妨害というか、釈放を許さないということなんかがあったんじゃないですか。

はい、そうですね。ＰＦＬＰ総司令部派、ＧＣ、ＧＣというふうに我々、ゼネラル・コマンドですね。総司令部派というふうに言ってますけど、総司令部派の方からは、岡本君を要求リストに出すと、イスラエル側は、それは岡本は取り下げてくれと。で、岡本を取り下げるんだったら、パレスチナ人一〇〇人を追加釈放するということでどうかという、そういうやり取りはシビアにあったみたいです。

――それをイスラエルが要求を拒否して、岡本同志が釈放、先ほども述べておられましたけれども、リビアにまず到着しましたけれども、その現場に行ったことありますか。

はい、あります。

――どんな状態だったでしょうか。

リビアに住んでいるパレスチナの人、それからリビアの人たち、普通一般市民ですね。軍人とか政治家とか、そういうことではなくて、一般市民が子供連れで岡本に会わせてくれというのが、毎日のようにあって、みんな写真を撮って喜んで帰ったりしてくれてました。

――それ、交通整理のために動員されたということがあったんじゃないですか。あまり人が多く来るんで。

はい、そうですね。大変だったみたいです。

――その後、シリア、レバノンに岡本同志が釈放されて移動した、時期については分かりませんが、そのときの状態はどうだったでしょうか。

彼がシリアに着いて、それからその二、三日後にレバノンに移ってくるときに、私はレバノン国境までパレスチナの同志たちと一緒に迎えに出ました。それで、彼は拷問を受けたこともあって、要するに、かなりの精神的なダメージを受けていたわけですが、その彼の世話があって、同志が、こちらの同志も付いていたんですけど、岡本君と一緒に合流したと。それで、レバノン側の沿道にはレバノン人の人たちが列を作っていて、それで岡本君が通ると、若い女の子たちがアイドルのようにキャーキャー言ってました。

――各アラブ諸国はどうだったんでしょうか。

――ええ。

岡本解放については。

祝辞を述べるという、幾つかメッセージを受けたことはあります。

――その後、先ほど少し述べられましたけれども、政治亡命が成立して、現在もレバノンにいるという状態になっているわけですけれども、三委員会制から八〇年代、それから現在に至るまでを見て、日本赤軍のアラブにおける位置というのは、どんなものだったというふうに考えられますか。

……。

――質問が大きいかもしれない。七〇年代のアラブにおける日本赤軍の闘い、それ以降の闘いというのは、アラブの人民と日本国民との連帯にプラスだったかマイナスだったかという意味で、もう一度証人の方から指摘してほしいと思ってます。

アラブ人民の側から言えば、要するに、遠く離れた外国の人たちが自分たちの大義のために共同で闘う意思をもっているというんで、そういう意味では、非常に励まされたとか、そういう話はよく聞きました。逆に日本側にとっては、連合赤軍事件もあったこともあって、テロだとかいう、そういう評価がほとんどで、それと我々自身も結局アラブにいて、アラブでの評価に埋没してしまっていて、要するに、自分たちが、じゃ、日本でパレスチナ連帯というのをもっと積極的に展開していくということを取らずに、例えば、足立同志が微罪で日本に帰れなくなったと、たかが微罪、ささやかな罪であるわけだから、そういうのは無視して、むしろ帰国すると、そっちの方が積極的なやり方であったのに関わらず、そういった、いわゆる合法分野での連帯活動というのを軽視して、そういう意味では日本側のアラブ連帯という運動を十分に、解放派とかがやってましたけどね、そういう意味では部分的でしかなくて、そういう運動を作り得ていなかったということは、我々としては反省しないといけないと思います。

――以上で私からの質問を終わりますが、七〇年代、非常に

旧友の痩せた横顔みつめつつ
証言の日々遥かたどりぬ

房子

2002.11.19

不十分なときに共に闘ってくれて、なおかつ今無期懲役という残念な状態にある同志に対して、謝罪と共に証言に感謝して、質問を終わりたいと思います。

〈休廷〉

先ほどの尋問の答えをしたいと思います。謝罪は不要です。ご迷惑を掛けてきたのは、私の方も同じですから。それから、お互い生涯現役でやりましょう。それだけです。

フランスからの発信

検察官（西谷）

【略】

――次の質問なんですけど、弁護人の質問に対して、フランスからベイルートまで、電報だと半日で着くというふうに証言しておられたんですけど、これは手紙だと、どれぐらいなんですか。

手紙だと三日から一週間だと思います。私、例の七二年にパリにいたときにドクターに、私も郵便で連絡したんです。そうしたら、意外と早くに連絡、人が来ましたから、一週間待たなかったと思います。

――Ｔ氏がフランスで手紙の控えを取られたという話を聞いていると、こういうふうに証言していましたけど、これはＴ氏本人から聞いたということですか。

はい、聞きました。食べようとしたんだけど、阻止されて吐き出させられたというふうに聞きました。

――フランスのＤＳＴに阻止されたということですね。

はい、ＤＳＴに阻止されて、囲い込まれて、吐き出させられたというふうに聞いてます。

――手紙の控えを取られたということなんですけど、その手紙の控えというのは、どういう意味なんですか。

その手紙を出した控えを持っていたというふうに、だったと思います。が、あやふやです。絶対そうかというふうに聞かれれば、あやふやとしか答えられないですけど、とにかく手紙を取られたんだと。だから、恐らく、私の先入観として、原本を送ったんだから、控えなんだろうという先入観もあるから、それの影響で言っている可能性もあります。それはもう三〇年前の記憶なんで。

――そうすると、あなたの理解としては、Ｔ氏が手紙を送って、その写しというんですか、手控えみたいなものがあって、それを持ってたら、ＤＳＴに取られてしまいましたと、こういう理解であったということですか。

はい、そうです。

――それから、逮捕されているY氏から「アル・ハダフ」の私書箱あてに弁護士を紹介してほしいような内容の手紙が届いていたと、こう証言してましたですね。

はい。

――で、それは現物も見たと。

はい。

――これはY氏から「アル・ハダフ」の私書箱に直接届いていたんですか。

直接送ったんです。それで私の記憶に鮮明なのは、よくフランスの刑務所当局が許可するなというふうに思ったんで、記憶に残ったということです。

――刑務所当局の許可というのもさることながら、Y氏の方がそういう手紙を出すことによって、フランスの当局に情報を知られると、あるいは「アル・ハダフ」の私書箱を知られるというようなことについての危惧感というのは、ないんですか。

一つは、「アル・ハダフ」の私書箱は公開されてましたので、英文の「PFブレティン」にも連絡先として二一二は出ていますす。それからPFLPとの関係は、彼が持っていた手紙の中に、ドクターからトルコの組織への手紙もあったわけですから、それは考慮外だったと思います。

――弁護士を紹介してほしいというのは、これはフランス人の弁護士を紹介してほしいということですか。

そういう趣旨だったと思います。

――例えば、日本の弁護士を紹介してほしいとか、例えば、庄司先生の連絡先を知りたいとか、そういう内容ではなくて。

そういう内容ではなかったと思います。ただ、本人に聞いてもらって。もしかしたら違っていたかもしれないですけど、私の記憶にある範囲では、とにかく現地の弁護士がほしいというような内容だったと思います。

――で、その手紙を受けて、誰かが何か行動は取ったんですか。

それは既に弁護士の手配はしてるという、私が見たのは、もう八月の末か九月の頭でしたから、それはもう動いてる話のはずですから。それは確か、ドクターかTさんが既に、弁護士が休暇中だけど、休暇が明ければ動けるという話だったと思います。バカンスでいないけれども、戻ってくれれば関われるんじゃないかと。で、実際に弁護人が付いたかどうかというのは、ちょっと覚えてないです。

――今のT氏の話というのは、いつ聞いたことになるんですか。

彼が追放されてバグダッドに戻ってきたときだから、八月の二五から二七、八、その間、特定はできないですけど。それで、一つ思い出したんですけど、前回の反対尋問のときに、戸平、奥平の両人がいるときに、私が先に出たのかという質問をされていたと思うんですけど、調書を見たら、そういうふうになっていたんです。それで私は、彼らが先に出たというふうに質問されているんだと思って、はい、そうです、という言い方をしてたんですけど、きちんと言い直しますと、戸平、奥平両人は私がいる間に出発しました。だから、私が出たのは後です。

――それは、証人がバグダッドにいる間に、戸平氏と奥平氏に会ったというときの話ですか。

はい、そうです。

――で、彼らはあなたから話を聞いて出発したということになるわけでしたっけ。

そうです。

――それで、その後、あなたがベイルートに移動したということですか。

そうです。

――そういう関係になるわけ。

ええ。だから、彼らの方が先に出ていったと。私は残っていた、その後にTさん、日高が来たと。

――そうすると、戸平氏と奥平氏に会ったら、もう、すぐ彼らは出ていったということなんですか。

彼らが出ていったのは二五日ぐらいなんです。で、会ったのは二〇日ぐらいだったと思います。

――その間、何回か会ってるということですか。

そうです。で、その後にTさん、日高さんが来た。私はそのように。

――話を元に戻して、その戸平、奥平氏の話の前なんですけど、七四年八月七日から一一日の間に、ベイルートに立ち寄った際、アラブ人の同志に対して、アラブ赤軍の同志で誰かいるかと聞いたら、マリアンの名前が出なかったので重信被告人はいないだろうと思ったと、こう証言しておられましたですね。

……、名前は出たと思いますよ。マリアンの名前は。いないと思うという話だったと思います。

――ちょっとそこの点、もう一回確認させてください。八月七日から一一日の間にベイルートに立ち寄ったときに、アラブ人の同志に、アラブ赤軍の同志で誰かいるかと聞いたわけですよね。あなたが聞いたと。

ええ。

――それに対する答えはどうだったんですか。

答えは、誰かいるかと聞いたら、知ってる者の名前が出た。それで、ジハードがいるかと言うと、いないと言う。で、マリアンについては、分からないと言ったと思うんです。

――マリアンについては、一応いるかどうか聞いたんですか。あなたの方から。

いるかどうか知ってるかと聞いたんです。

――それに対して、向こうは何と言ったんですか。

マリアンは分からないけれども、誰それはいると、名前の言えない同志です。組織的部門の者はいると言った。それなら、知ってる者なんで、お互いに、アブダルダも知ってるし、私も知ってるし、じゃ、そういう伝言を頼むと。

――じゃ、そのアラブ人の同志は、マリアンがいるかいないか分からないというふうに、あなたに答えたということですか。

はい。

――それから、アラブ赤軍の人間として、そのときに組織部門の人の名前を挙げたということですけれども、その人の名前を言えないというのは、いまだ公になってない人ということですか。

そうです。公になってない者です。

――そうすると、足立氏じゃないですよね。

じゃないです。

――そうすると、あなたがそのあなたの言うところの、外国から帰ってきて初めて足立氏に会ったのはいつなんですか。

そのバグダッドから戻ったときだから、八月末か九月の頭です。

――バグダッドからベイルートに移動したときに初めて会ったということですか。

はい。

――それから、弁護人の質問に対して、アブ・ハニからバグダッドに来てくれという連絡を受けたのは、海外から帰る一週間ぐらい前だったと思うと、こう証言しておりましたですね。

はい。

――これは間違いないんですか。

それは間違いないです。

――そうすると、そのアブ・ハニからバグダッドへ来るように連絡を受けたときには、あなたが海外からベイルートなりバグダッドに戻るということはもう決まっていたんですか。

大体決まってました。

――一週間ぐらい前というと、八月の頭ころになるんですか。

そうですね。後から逆算すれば、八月の頭ぐらいじゃないかと。とにかく着いた日が七日から一一日というふうにしか言えないんで、言えないというか、記憶には。去年のカレンダーが当時の七四年のカレンダーとぴったしだから、金曜日でなかったということだけは覚えているんですね。だから、九日ではなかったと、その前だったのか後だったのか。だから、七日だったら八月の頭ぐらいだし、一一日だったら八月の四日とか五日とか、その一週間前というのも、五日前だったのか八日前だったのか、今からの記憶ですから、その辺は分からないです。いざふたを開けたら三日前だったということもあり得ます。

――そうすると、そのころには、あなたが海外から戻るということが決まっていたということになるわけですか。

はい。大体予定としては。

――次の質問なんですけど、弁護人の質問に対して、ジャマルとジハードの仲が悪くてもドクターが指揮を出すときは指揮を出すと、こういうふうに証言しておられますですね。

はい。

――要するに、翻訳作戦のころ、和光氏とＹ氏の仲が悪かったということのようですけれども、アブ・ハニがその二人の仲が悪いから、軍事作戦に関する指示を二人に出さずに、代わりに重信被告人に出すということはないということですか。

はい、そういう関係はなかったと思います。

――そうすると、翻訳作戦にアブ・ハニが関与していた場合、この翻訳作戦についてアブ・ハニが重信被告人に指示を出すとか、重信被告人と相談するということはあり得るんですか。

私は、申し訳ないんですけど、記憶ないのは、翻訳作戦にドクターがどういうふうに関わっていたのかという、当時聞いたはずなんですけど、まったく関わってなかったということはないです。関わっていたことは関わっていた。だから、Ｔさんがドクターに持ち込んだ初期の段階から関わっていたのか、で、そのときに被告が絡んだのか、もっと後になって、日本人だけでは無理じゃないかという話になって、ドクターが絡むようになったのか、そこがちょっとものすごく、総括会議がいい加減だった分、本人の記憶にきちんと残っていない。当時いれば、記憶が鮮明なんですけど、いなかったんで。

――そうすると、翻訳作戦に、どの段階か、あるいはどの程度かはともかくとして、アブ・ハニが関わっていたと。

ええ。

――で、そのときにアブ・ハニが重信被告人に指示を出すとか、重信被告人と相談するということはあり得るんですか。

だから、本来の原則としてはあり得ないです。原則としてはね。だから、もし、翻訳作戦に共同で関わることになっていれば、それはＴさんも結構関わっていたわけですから、それはあり得ないことではない。あり得ないことではないけれども、原則としてはあり得ない。

――Ｔさんも関わっていたから、あり得ないことではない、というのは、どういう意味ですか。

Ｔさんも関わっていたわけだから、被告に同じようにＴさんが提起してた。そもそも提案はＴさんの側でしたから、そういう提起していたということは、そうなんだから、実行面でどういうふうに相談してたかは、私は覚えてないです。

――Ｔ氏が被告人に提起をしていたと、これはいいんですけれども、アブ・ハニが関与している段階において、アブ・ハニがT氏、T氏には、例えば、相談をするとか、提起をするとか、指示をするとか、そういうことはあるんですか。

初期から関わっていれば、そういうことはあり得ると思います。

――同じように、そのことが、アブ・ハニが重信被告人に対して指示をするとか、問題提起をするとか、相談するとか、そういうことはあり得るんですか。

だから、翻訳作戦の関わり具合がどの程度、だから、伝聞だから覚えてないです。

――じゃ、ケース・バイ・ケースによっては、あり得るということですかね。

翻訳作戦との関わり、どの程度のドクターの関わりがあって、Tさんと被告人がどういう確認をしてたのかということになると思います。

――要するに、証人のこれまでの証言を聞いていると、ハーグ事件前にアブ・ハニが軍事作戦に関して重信と、翻訳作戦でもハーグでも、まあ、ドバイでもシンガでも何でもいいんですけど、重信被告人とコンタクトを取る、相談をする、指示をする、そういうことはおおよそあり得ないというような印象で私は聞いていたんですけど、そういうことですか。

そうです。で、翻訳作戦の期間は記憶があいまいであるということを正直に言ってるわけです。

――じゃ、理屈としては関わってはいないはずだと。しかし、記憶としてあるかというと、それはないんだということですか。

で、ハーグも関わっていないし、ドバイも関わっていないと、これははっきりしてるわけですから、だから、理屈としては関わっていないはずだと。ただ、要するに、私本人がその場にいなかったわけで、それで、後から何人かに報告受けて話してるわけだから。だから、Y氏の調書を読んだ記憶で言うわけにもいかないし、そういう意味です。

――次の質問ですけど、西川氏がヨーロッパからバグダッドに撤退してくるということは、これは事前に分かっていたというご証言でしたですね。

はい。

――これは、どうやって分かったんですか。

確か、日高がコンタクトを取れないんで、Kさんから撤収方針が出てるから。それで、これ言うと、日高氏とKさんも仲が悪いんですよ。実は。

――あなたの言うところのK氏がヨーロッパにいて、撤収方針を出したと。その結果、いろんな人が撤収したというのはいいんですけど、その中に、K氏が撤収方針を出した中に、西川氏が含まれているということは、どうやって確認できたんですか。

それは日高がそういうふうに言ってたんです。

——そうすると、日高氏は、Ｋ氏が西川氏に対しても撤収方針を出したということを確認してたということですか。

ええ。日高の意見としては、けしからんという意見でしたから。撤収方針というのはけしからんと。本人も含めてね。

——じゃ、日高氏は、Ｋ氏の撤収方針をどうやって知ったんですか。

それはヨーロッパルート、連絡を取りながらやってましたから。

——で、西川氏が撤退してくるのがベイルートではなくて、バグダッドだということも分かっていたんですか。

基本的には、撤収先がバグダッドという指示で、それでベイルートという指示が出てたのはＧ氏だけに対して。で、山本の撤収は本人の自己判断でベイルート、彼女が知ってた連絡先というのは、そこだけだったんで、そこに撤収してきたと。

——それで、そのバグダッドに撤収してくる西川氏に対する連絡は、置き手紙という方法を取ったわけですね。

ええ、そうですね。ということになりますね。

——それで、これをできる可能性のある人物は日高と私であると答えていたんですけど、これは端的にあなたなのか、日高なのか、どっちなんですか。

いや、それは答えられない。要するに、死んだ者に、もう亡くなっているから、やったのは日高だというようなことは言えないし、かと言って、いや、証人がやりました、とも言えない。

——そうすると、言えないということですね。

言えないということです。

——それで、その置き手紙というのは、どこに置いてくるんですか。

通常、本来はドクター事務所、あるいは密封して日本人に託すということになると思います。

——で、本件はどういう形だったんですか。

本件は、まあ、私、本人のことじゃないから、答えるのはやめておきます。

——端的に聞きますけど、ＹＫ氏に託したんじゃないんですか。

という話は聞いてますけれども、断言するのはやめておきます。この間、検事さんにサービスしすぎたみたいで。

——次の質問なんですけど、ＰＦＬＰとの組織的な関係を作るということで政治的な討議をきちんと始めるということになり、その一方で、ドクター関係はすべてジハードが責任を負うということになったと、こう証言しておられましたが、これはいつごろの話になるんですか。

それが、その七三年一二月にジョージ・ハバシュと被告が会って話をしたときの話です。

――で、そのアブ・ハニとの会議に政治討議をやってもらうということで、Ｙ氏が重信被告人に付いてきてもらったようであると。これも同じ時期の話なんですか。

それは、七四年の話だというふうに聞いてます。

――それは、Ｙ氏から聞いたということですか。

Ｙ氏か、被告か、どっちかから。

――要するに、重信被告人は、政治討議をするためにＹ氏に頼まれてアブ・ハニと会っていたと、こういう関係になるんですか。

ええ、そういうこともあったようだということです。

――そういうこともあったようだというと、そうでないこともあったということですか。

ただ、それはしつこいですが、伝聞の記憶によるものですから。だから、ＰＦＬＰと政治討議するのは決まっているのに、あえてドクターとまた政治討議する必要があるのかどうかという疑問が生まれると思いますけれども、ジハードの欠陥として、そのまま軍事に突っ走りそうだったから、被告の方からそういうクギを刺すという形で、きちんとそういう政治討議もした方がいいというような話をして、それなら、あんた、やれよ、ということだったと思います。

――Ｙ氏はもちろん、そのことというか、政治討議のために重信被告人がアブ・ハニと会っていたということは知ってるわけですね。

ええ。

――Ｙ氏は、この裁判で証人として出たときに、重信被告人とアブ・ハニは記念日でもなければ会わない関係だったと、こういうふうに証言しているんですが、そういう関係ではないんですか。

私は、そのＹ氏の言うような関係だというふうには記憶してないです。

――政治討議ということなんですけど、アブ・ハニとの間でどういう政治討議を行うんですか。

私の経験から言えば、大体、パレスチナの情勢についてどう考える、例えば、労働党〔イスラエル〕の、当時ゴルダ・メイアだったけれども、ゴルダ・メイア政権の現状はどうかとか、それから、イスラエル国内の選挙はどうかとか、それから被占領地のパレスチナ住民のその時々の動向というか、意識とか、そういう多岐にわたり国際情勢とかも話ししますし。

――具体的な、軍事作戦についての政治的な側面を討議するということではないんですか。

それは、軍事作戦の討議を担当する者がするということになります。

――軍事作戦を担当する者が、その政治側面についても、その討議を担当するということですか。

それは個別軍事作戦のいわゆる闘争目標とか、そういうことになれば、そうなります。

——そういう討議が、Y氏が苦手とするところなんで、重信被告人が代わりに行ってたというんではないんですか。

いや、それはないです。Y氏はやればできる人で、避けてたというのが正確な表現です。

——重信被告人は、アブ・ハニとの討議にあたって、日本人たちがアブ・ハニとの作戦にどう関わってきたとか、あるいはこれからどんな作戦に関わるとか、そういうことは知らされているんですか。

これからというのは知らされないです。どういう問題があったかという、既に過去になったことについては知らされます。

——それは詳細について知らされてるということですか。

いや、私の性格からいえば、詳細は、はしょってると思います。

二〇〇三年九月一日
重信公判第三四回

穏便な解決

検察官（西谷）

――前回に引き続いて弁護人の再主尋問の順番で質問をしていきますので、ちょっと話が前後するかもしれませんが、弁護人の質問に対して、七四年九月に海外から帰ってきて重信被告人と初めて会ったとき、あなたの方からY氏釈放の政治交渉のことを重信被告人に説明したと、重信被告人は、むしろ聞く側だったと証言しておられましたが、重信被告人は、あなたが説明するまでY氏釈放をめぐる政治交渉のことは知らなかったということになるんですか。

確か、知らなかったと思います。

――そうすると、重信被告人の方から、あなたに政治交渉のことを説明したということもなかったということですか。

そうです。なかったです。

――アブ・ハニと国際関係委員会と二つの系列の交渉があったと思うという証言をしていましたけれども、重信被告人は国際関係委員会の政治交渉について、あなたに何か説明していたということもなかったということですか。

はい、それはないです。

――前回の証言ですと、重信被告人は八月一杯フランスはバカンスだから、外交交渉は進まないと思っていたという話はしていなかったということになるんですか。

はい。

――その政治交渉なんですけれども、あなたに、アブ・ハニと国際関係委員会と二つの系列があったんではないかと思うというご証言なんですけれども、国際関係委員会の系列での交渉については何か知っていますか。

そっちの方は聞かなかったです。そっちの方で聞いた記憶がなかったので、当初はドクタールートだけだというふうに答えて、ライラさんの証言があったということで、そっちもあったのかというふうに分かったくらいですから。

――アブ・ハニというのは、国際関係委員会の交渉のことは知っているんですか。

もし、ライラさんが言われていたように国際関係委員会が関わっていれば、もちろんドクターの方と協議しながらやっていたと思います。

——そのことについては、アブ・ハニはあなたには話していなかったと。

はい、そういう組織内で進めていることについては、組織外の者に対しては必要と認めない限り話をしない人です。だから、私の方はいつものことだろうと思って、勝手にドクターの方だけでやっているというふうに思い込んでいたということです。

——フランスとの間の暗黙の了解、紳士協定、穏便な解決という例として、裁判を迅速に行って刑が決まれば恩赦や減刑があるということを証言しておられますけれども、他にはどういう例があるんですか。

対フランス側からのメリットはそのくらいだったと思います。

——穏便な解決の例として、起訴せずに国外追放にしてしまうというのもそれに当たるんですか。

はい、当たります。

——Y氏はこの法廷で、パリで拘束された後、重罪ではないので国外追放で終わるんだと弁護士から言われていたとか、ハーグ事件もバカンス明けには国外追放されるから、そんなに無理する必要はないんじゃないかと思っていたと供述しているんですけれども、フランス当局はY氏のことを穏便に解決しつつあったということではないんですか。

多分、当初の方針は、穏便に解決するということだったと思うんです。ところが、内偵調査していたら、日本人たちがフランスに拠点を築こうしているんじゃないかということと、もう一つは、日本政府からの要請というのもあって天秤にかけていたんだと思います。それで、Tさんの拘束とかがあって、意外に浸透しているということで、琴線に触れたということだと思います。

——言い方を変えて聞きますけれども、逆に言うと、フランスがどういう行動に出たら穏便な解決方法を期したというふうに判断されることになるんですか。

ドクターが私に説明していたのは、八月末までに穏便な解決をするようにというふうに言っていたので、八月末までに変化なく、むしろ逆に公表したということによって、いわゆる紳士協定を守る気はないんだなというふうに判断したのだと思います。

——そうすると、期限を設定して、その期限内にY氏が釈放にならないというのが穏便な解決をするつもりがないという判断に至ったということになるんですか。

はい。

——Tらの逮捕というのは、ドクターの判断には影響を与えているんですか。

Tさんらの拘束は二〇日くらいでしたから、ドクター自身はその前に期限設定していたと思います。それから、Tさんがバグダッドに着いたときは、ドクターは既に不在でした。

——一つ素朴な疑問ですけれども、Tらは身柄を拘束されましたけれども、数日で国外追放になるわけですね。しかも、それは日本に強制退去というのではなくて好きな国へ出ていきなさいと。これは穏便な解決の一つの例ではないんですか。

とにかくジハードに対してどうするのかというのが基準だったと思います。Tさんは、日本から手配されているということもないわけですし、国外退去というのは当然の処置であるという受け止め方ですから、だから穏便に解決うんぬん以前のことだと思います。

——八月末に期限を設定して、そこまでに釈放にならなければ穏便な解決ではないというのは、八月末の期限の設定というのは、フランスとの交渉とかいうのがあるんですか。

おそらくパレスチナ側の経験的な期限なんだと思います、大体一か月以上経過していますから。だから、恐らく一か月が目処ということだったんだと思います。

——そうすると、ハーグ事件の決行というのを最終的に決定したのは八月三〇日のデッドラインを過ぎてからということになるんですか。

と思うんですけれども、そこは私も関わっていないですから、想像するしかないです。

——アブ・ハニから後事を託されるという言い方は変ですけれども、ハーグ事件について託されているわけですよね。それに関して、八月末が過ぎたら作戦を行うからとか、何かそういう話というのはないんですか。

後事は託されていなかったんです。フォローは。

——フォローを託されたという話にして。

私はベイルートのドクターの事務所、前回名前が出たハーメッド氏に会っていたんですけれども、彼の方からは報告はなかったです。私の方で九月五日になっても何も言わないので、これは多分決めたんだろうと。ハーメッドという人は官僚的な人ですから、ドクターがこの件についてニザールに話せという指示を出さない限り話してはくれない人でしたので、アブダルダだったら話してくれていたと思います。

フランスの選択

——次の質問なんですけれども、Y氏を逮捕したことが公表されなかったのは、外交交渉が行われていたからだと思うと証言していましたね。

はい。

――要するに、外交交渉を行っているので、それに配慮して公表しなかったということになるわけですか。

もっときちんと言い直すと、フランス側は先ほど言った天秤にかけるというのもあったと思います。それから、もう一つは、内偵調査するのに公にすると全部逃げられてしまうというので、伏せた形で動きを監視すると、それで目処がついたところで拘束するという、もう一つはそれがあったと思います。

――そうすると、捜査を秘密裏に行うから公表しなかったんだという側面もあるということですか。

と思います。それは、フランス側はそう説明すると思います。こちらから言えば、もう一つはそういう天秤にかけていた段階というのもあったと思います。というのは、それ以前に国外退去で済んでいた事例がありましたので。

――Ｙ氏の話によると、バカンスが終われば国外退去だというようなニュアンスでとらえていて、ところが、アブ・ハニ氏は八月末を期日として、それを過ぎたら穏便な解決をする意思はないんだというふうに理解していたということですよね。

はい。

――そこの温度差というか、アブ・ハニ氏は、Ｙ氏のようにもうちょっと待つとか、バカンスが終わるのを待ってそれからことを起こすとか、どうするか考えるかとか、そうならなかったのは何か理由があるんですか。

バカンスという意味では、大体フランスの法曹界、検察とか裁判所とかは八月一杯までなんですよね。だから、大体八月の最終週とか九月初めからは動き始めますし。あとは、ドクター側から言えばジハード個人の問題ということではなくて、フランス対ＰＦＬＰとの関係性の中でとらえていましたから、非常に重大な問題としてとらえていましたから、とにかく無駄に時間を過ごすというのは避けたかったんだと思います。だから、バカンスがあるにしても八月末で終わっていますから、そういう判断をしていたんだと思います。実際の決行が一三日になっていますから、七日くらいまで待っていたのかもしれないです。それは、こちらの方ではちょっと分かりませんでした。

――ちょっと話がさかのぼっているんですが、この再主尋問の答えにちょっと混乱があったのでもう一度確認しますけれども、七三年の四月にレバノンで重信被告人と会ってメイ氏の誕生祝いをしたと。それでパリに行ったんですね。

そうです。

――パリから戻ってバクダッドで新たな軍事訓練に参加し、訓練が終わった後、ベイルートでアブ・ハニとドバイ事件について会議を行ったと。

はい。

——そこでアブ・ハニと不一致点が生じていることを重信被告人に報告したと、こういうことになるわけですか。

はい、そうです。

——前回の証言ですと、具体的内容を報告していないということなんですけれども、結局、そうすると重信被告人にはどういう内容の報告をしたということになるのでしょうか。

少し述べたと思いますけれども、国際共闘の問題で疑問がドクターにあると。それから、共同武装闘争を準備しているけれども、その内容について行き違いがあって、現在ちょっともめていると、そういう内容です。

——具体的な共同武装闘争の問題というのが、前回証言されていた人の問題と名称の問題ということになるんですが、そのことは報告しているんですか。

それは出していないです。

——そうすると、共同武装闘争をやるんだけれども、そこで問題が生じていると、この程度の話ということになるわけですか。

そうです。ＰＦＬＰと日本赤軍との共同武装闘争という形で進めているけれども、その進行において私とドクターとの意見の対立があるというような内容でした。

——対立があるとは言っているけれども。具体的内容については、それは戦術、内容に関わるので、まだ話す時期ではないと。

——具体的な内容については、人の問題、名称の問題といった抽象的なことも話していないということですか。

はい、それは話していないです。

——このときは、重信被告人には何のためにそういう報告をしたということになるんですか。

相互報告という形で定期的に数か月単位で会うというのをやっていましたから、七月、それから四月、年末、その前年は秋とかに会っていますし。

——あなたがそういう話をしたことに対して、重信被告人には何か話していたんですか。

ドクターとの共同に関してですか、それとも、他にどういう話をしたかという意味ですか。

——ドクターとの共同武装闘争を考えていて不一致が生じているということに対して、重信被告人から何か話があったんですか。

特になかったと思います。被告が気にしていたのが、要するにリッダみたいな形のものなのか否かということだったみたいですから、それは決死作戦とかそういった問題ではないですという話はしました。

二次作戦の展望

――二次作戦の話なんですけれども、アブ・ハニとは関係なく自分でやろうという意識を持っていたと証言しておられましたが、アブ・ハニは一次作戦がこう着状態に陥ったときに、二次作戦を行ったりはしないんですか。

しないと思います。基本的に、いわゆる即席の作戦というのを嫌う人です。大体、彼の作戦というのは、少なくとも半年以上練ってやっている。だから、ハーグがむしろドクターにとっては例外的なやり方だったと言えます。

――二次作戦がアブ・ハニと関係なくなるとしたときに、その準備、例えば調査とかは、どうするつもりだったんですか。

調査を必要としないところに限ったと。例えば、ギリシャだと私は手配される以前に日本大使館に出入りしていましたし、他のマルタとかいうのを前に挙げましたけれども、大体そういう状況というのは推測できる。

――例えば、武器の調達とかはどうするつもりだったんですか。

それは、個人的な友人なりそういうのがいますから、クウェートをやった者もいましたから、そういうコネをつけられる展望はありました。

――他にもいろいろと準備があると思うんですけれども、例えば、旅券をどうするかとか車をどうするかとか、そういうのも自分たちで調達するということだったわけですか。

実際に進めようとすれば、大体、それらが二四時間以内で調達できそうな動ける範囲、それから、そういう条件に応じたものを想定するという形にしていましたから。

――それで、ギリシャになるわけですか。

ギリシャとかマルタとか。

――アブ・ハニが関与していない二次作戦としてクウェート作戦があるという話でしたね。

はい。

――その一次作戦というか、本元のシンガポール作戦というのはアブ・ハニの作戦なんですか。

そうです。ドクターの作戦であり、ＰＦＬＰの作戦でした。

――ライラ・ハリッド氏はシンガポール作戦を知らないと証言しているんですけれども、それはＰＦＬＰの作戦なんですか。

ＰＦＬＰと日本赤軍の共同声明というのでアラビア語の新聞に出ていましたから、単純にライラさんは忘れておられるんだと思います。失敗していましたから。だから、その分記憶に残らなかったんだと思います。

――ドバイ事件というのはアブ・ハニの作戦なんですか。

ドクターの作戦です。

――ライラ氏はドバイ事件もアブ・ハニの作戦ではないと証言しているんですけれども、ドバイ事件はアブ・ハニの作戦ではないんですか。

ドバイ事件はドクターの作戦で、彼女の記憶違いだと思います。彼女は、アウトサイドワークに所属していたかもしれないですが、アウトサイドワークの中の、さらに作戦の部局には関与していなかったと思います。だから、知らないこともあり得ます。日本人側はＰＦＬＰとの共同だというふうに理解していましたけれども、実際は、ＰＦＬＰのＰの字も出なかったので、彼女としては気がつかなかったというのもあるし、大体、パレスチナ側が何らかの作戦をするときは、その作戦だけに限定した名称をよく使うので、そういうものの一つというふうにして理解したと思います。当時はそういう作戦が多かったですから。

――クウェート作戦にはアブ・ハニは関与していないということなんですけれども、そうすると、それは一部の同志が勝手にやったということになるんですか。

そうです。現場の者たちが独断でやったと。

――アブ・ハニは、それをまったくサポートしていないということなんですか。

はい。一つ根拠としてあるのは、その当時は、クウェートという国はパレスチナ人の移民を積極的に受け入れをしていて、ＰＦＬＰの党員も多くて合法的に活動していたわけです。だから、そこでやるというのは非常にＰＦＬＰとしても困るし、ドクターとしてもそれは同じ事情だったので、知っていればクウェートではやらせなかったはずです。

――そうすると、その調査とか武器の調達も、一部の同志が勝手に全部やるということになるんですか。

アラブ地域だと比較的容易です。

――クウェート作戦の犯人グループというのは、大使館を占拠してＰＦＬＰの名前を名乗っていたんではないんですか。

名乗っていたと思います。それは、シンガポールでも使っていましたから。そういうこともあったので営倉に入ったわけです。

独立志向と「自力更生」

――再主尋問の順番なので、ちょっと話は飛びますけれども、軍事部門の総括会議で、あなたも重信被告人も依存というか、ＰＦＬＰに依拠した形でしか我々の活動はできないという話が出たんだというふうに証言していましたけれども、これは、どういう話の流れの中で出たんですか。

結局、ドバイ以降自立志向になって翻訳作戦というのも自立の資金を作るということであったので、その自立という問題のところで出たと思います。

——大きく聞くと、ドバイ事件以降の大きな流れの中での議論で出たのか、あるいは、ハーグ事件の武器の調達とかランディングなどの小さな問題を話し合っているところで出たのか、そのどちらかというのは分かりますか。

それは、大きな問題のときだと、いわゆる、その自立という話が出たときの問題だったと思います。だから、翻訳との関連で出たのかもしれないです。そこまでは具体的には覚えていないです。

——その話が出ていたとき、戸平さんというのはいたんですか。

いわゆる私が言う第一部、第二部という言い方をしていまして、どちらでも出たと思います。だから、戸平もいたところでの話になったのか、あとは、食事とかも一緒にしていますから、食事時にそういう話に発展までしたのか、そこまでは覚えていないんですけれども、依存とか依頼とか依拠というのが問題になっているという話を聞いて、それで、そういう依拠という話があったのかどうかというので絞った結果、そういうところであったんじゃないかということです。

——依存とか依頼とか依拠とかが問題となっていて、絞った結果というのは。

絞ったというのは記憶をね。

——この裁判でその言葉が問題になっているので。

問題になっているというのを弁護士さんから聞きまして、実際のところはどうなのかというふうに聞かれて、どうだったかなというふうに自分の記憶を絞っていったら、いわゆる自立の問題のところで出たと思うと、だから、依拠してしかやれていないし、ということとの問題として出したんじゃないかと思います。

——そうすると、あなたの記憶では、言葉は依拠という言葉になるんですか。

私の記憶では、依頼とか依存とかじゃなくて依拠です。

〈(甲)証拠番号三四一(「日本赤軍の総括。歴史等に関する文書」の印字出力捜査報告書)を示す。〉

——この弁護人の質問に出てきたフロッピー文書なんですけど、上に文書の表題八一RVW・NO1とある文書からなんですが、右上に八ページとあるところなんですが、それを見てください、この表題なんですけれども、「日本赤軍(「自力更生」第一六号掲載八一・三・七発行)」とあるんですが、この「自力更生」というのは何なのでしょうか。

——内部というのは日本赤軍の内部。

これは内部機関誌の名称です。

そうです。

——日本赤軍のメンバー以外には公開しない文書ということ

ですか。

この文書の中から公開している文書もありますが、「自力更生」という小冊子自体は内部のみと。その中で必要があれば、必要なところを順次公表していくという形にしています。

――誰が発行していたということになるんですか。

この八一年の時期は、中身は理論委員会で討議したものを政治新聞の編集の機関が編集して発行しています。

――日付ですけれども、八一年三月七日発行となっていますが、そのころ発行されたということですか。

はい、それは間違いないです。

――これは、元々は手書きか何かだったんですか。

当時は手書きです。手書きしたのをガリ版みたいにして印刷したと。

――今はパソコンのテキストファイルになっていますけれども、当時は、もちろんそういうものがなかったと。

はい。【略】

――本文に分からないところがあるんですけれども、右上に四二ページと書いてあるところなんですけれども、「ハーグ闘争の準備過程で、多くの問題にぶちあたった。中でも、我々の資金不足は大きな問題となっていた。」、こうあるんですけれども、このハーグ闘争の中で資金不足が問題となっていたんですか。

ハーグ闘争の部隊自体は、ドクター部局から出ているので、彼ら自体はないです。ただ、その当時、日本人グループとしては資金不足ではありました。この準備過程というのは、多分私のことを言われているんだと思います。二次作戦の方だから、ハーグ闘争自体については、ドクター部局の方で出ているはずですから、資金上の問題はなくて、その準備期間というふうにいえば、二次を実際にやるかどうかは別にして、したときに資金問題があったというのはあります。それから、いわゆるパリ事件で撤収してきた人が多くて、要するにアパートの設営とかがあって、お金が足りなかったということがあったし、ドクターがいれば問題はなかったんですけれども、ベイルートにはドクターがいなくて、例のハーメッド氏しかいなくて、ドクターの指示がなければお金も出ないわけですよ。それで、他の部局の人に、アパートの確保というのは、国際関係委員会のテシルさんがいろいろと苦労してくれたし、そういうお金に関しても他の人から借りたりとか、そういうことはありました。

――そうすると、今おっしゃっているところは、ハーグ闘争の準備というのではなくて、翻訳作戦の後始末みたいなニュアンスにもとれますが、ここにはハーグ闘争の準備過程で資金不足が生じて、組織的対応を逸脱したとあるんですけれども。これは七月から九月くらいの期間を総称しているはずだと思います。

――その次に、「金対策にかけめぐり、組織的対応を逸脱するという結果をつくりだした。国際部局の無視にも関わらず、ＰＦは組織的にハーグ闘争貫徹を支援してくれたのである。」と、こうあるんですけれども、国際部局は無視したのにも関わらず、ＰＦはハーグ闘争の貫徹を支援してくれたというのは、これはどういう意味なんですか。

ハーグ闘争自体は、アウトサイドワークがやっていますので、ここの意味は、基本的に二次作戦とか、そういう想定をしているときに、要するにハーメッド氏の方では大体情報もくれないし、元々私はドクターに対しては不満分子でしたので、それで、副議長とかそういったところを回ったりしていました。

――そうすると、二次作戦で金対策にかけめぐっていたわけですか。

もあります。ただ、二次作戦でお金といっても、そんなに大金がいるわけではないですから。住居の設営とかそういうのが大変だったというのはありました。

――ここにある国際部局というのは、これはアウトサイドワークのことなんですね。

前後関係を読むと、これはアウトサイドワークのことです。

――国際部同志、というのはアブ・ハニのことですね。

そうです。

――国際部でない同志に個人的に支援されるという形になっていたとあるんですが、この支援の対象というのは、二次作戦だったりアパートを借りるとかいう話であったりということになるんですか。

そうです。

――そのハーグ闘争本隊ではなくてということになるんですか。

はい、本隊自体はヨーロッパに行っているわけですし、それはあまり関係ないし。

――前回の証言で、その次なんですけれども、「ハーグ闘争の中でおこった問題（○○○○のやり方、アデンへの着陸の約束がはたされなかったこと）から」うんぬんとありますが、その○○○○にはカルロスと入るんですか。

はい、カルロスが入ります。

――カルロスのやり方が問題になったんですか。

これは、例の一一月の総括会議の後、ドクターとの会議を私が部隊を代表して代わりにやるということで提起したときに、ドクターの方は、こちらの方はドクターの指示が問題なんだという提起をしたのに対して、ドクターは、あれはカルロス個人の問題なんだと、あいつがむちゃくちゃだからこういうことになったんだということについて、我々としては責任の共有と言っていますように、要するに、カルロスというのは、あくまでドクターの指揮下でやっていたのだから、それを指揮する立場にあったドクター自身が、そういう問題をきちんととらえ直すべきであるというようなことを言っていたりしたので、そういったことをここで総括文書に残していると。だから、カルロスが下から三行目、丸四つのところをカルロスとご理解いただけると思います。カルロスは、個人として共闘の任務を負っているわけではなく、組織の代表としてあると。いわゆる、ドクターの指示のもと、指揮権を与えられて動いているんだから、要するにカルロスの問題だ、それはカルロスがめちゃくちゃやるからこうなったんだということではなくて、指示した側の問題としてとらえてほしいと。要するに、カルロスは、あくまでこちらから見ればドクターを代行しているんだから。

——次の文書なんですけど、右上に五二とある文書なんですけれども、これは、赤総括4・TXTというテキストなんですが、これが「自力更生」の一八号ということになっていますね。八一年五月三日に発行されたことになっているんですが、これも先ほどと同じ「自力更生」の一六号と同じような経緯でできたものということなんですか。

はい、そうです。【略】

——この文書にもさっきと同じようなくだりがあってよく分からないんですが、「武闘ということにおいて、即自的に共闘していた人々は、これまでのギブアンドテイクの関係を抜け出せず、逆に、政治的な信頼関係をつくってきた人々が、困難に対して援助してくれていた。」とあるんですけれども、政治的な信頼関係を作ってきた人々が困難に対して援助してくれたというのは、具体的に何を指しているんですか。

これは、さまざまな保安の維持とかアウトサイドワークに入っている者については、金銭的かつ移動上の苦労とかそういうのはないけれども、アウトサイドワーク外の組織的部門の者については、そういう資金的な苦労とか大変だったわけです、生活費も含めて。

——じゃあ、この困難に対してというのは、ハーグ闘争の困難ではないと。

一般ではないはずです。

——もっと抽象的というか、もっと大きな日本赤軍が直面していた困難というふうに理解しているわけですか。

ええ、要するにハーグ闘争の期間ということにおいては、先ほど話した内容です。例えば、私が副議長を頼ると言っても、副議長とそういう信頼関係を作っていたのは被告ですから、被告にアポイントメントを取ってもらってとかしていました、それで、二次のうんぬんというふうに言っていましたけれども、クウェートをやったキャップは私の友人だったわけです。そういう友人なんかの助言ももらっていましたから。

――それは、何について。あなたの作戦についての助言をもらっていた。

作戦の話の助言をもらっていたりしました。キャップとそれのサブをやっていたのは、二人共私の友人だったんです。

――その困難に対して援助してくれたというのの次の文章は「その意味で、日航ＨＪ闘争からの教訓をとらえ返した」とあるんですが、ここはどういう意味になるんですか。

ここ何でしょうね、私はこの「自立更生」が出たときよく読んでいないんです。日航ハイジャック闘争のときは、例えば、ＰＦＬＰが組織として関知しないことだと、あれはどこがやったかも知らないと言ったときに、結局動いてくれたのはアブアリ同志だったり、他の政治局のアブマヘルさんだったり、そういった人たちでしたから、結局そういうことだったと。私が話をするとアウトサイドワーク批判になるし、組織的部門の同志たちが話をしても、結局アウトサイドワーク批判というのは出ていたと思うので、そういう意味で総合的な話になっていると思います。

――そうすると、この日航ハイジャック闘争からの教訓というのは。

教訓は、要するに、結局アブアリ同志とか、そういった信頼関係が作れてきていた人が、そういう困難なときにいろいろな助言をしてくれたということだと思います。

出歯亀

――次の質問なんですけれども、和光氏の被告人質問の調書は、差し入れを受けてここは全部読んでいるんですか。

はい。

――和光氏の調書の中に、アブ・ハニ不在の場合、ベイルート地区の責任を取っている官僚っぽい人がいると。この人に話を持っていっても官僚っぽいので、まず話が通じないというのでミシェルに話を持っていったと、こうあるんですけど、これがハーメッドということになるんですか。

はい、そうです。

――弁護人の質問に対して、ハーメッドは、和光らも嫌いなタイプみたいだったと、こう証言しているんですけれども、和光がハーメッドを嫌っていたというのは、この調書から分かったんですか。

あまり言いたくないんですけれども、我々がハーメッドさんにつけていたあだ名が出歯亀っていうんです。その当時からそういう話はしていました。

――官僚っぽいというイメージと出歯亀というのがピンとこないんですけれども。

私が聞いたときは、そういうあだ名がつけられていたので、私もどこから出たのかなと思っていましたけれども、そういう意味で評判が悪かったです。私は、ハーメッド氏は七四年にベイルートに戻ってきて初めて会った人です。確かに嫌だなと思っていた人で、ハーグ組で帰ってきたY氏とか和光氏も、あれはむちゃくちゃ嫌なやつだという話をしていました。

——それで、ミシェルに話を持っていったというのが和光氏の被告人質問での答えのようなんですが、そのミシェル氏なんですけれども、ヨーロッパ地区の責任者ということですけれども、この責任者というのは、具体的にはどういう活動をしていたということになるんですか。

表の方はやっていなかったみたいです。裏の、いわゆるいろいろな物の移動や人の移動、ヨーロッパにある地下活動、と言っても暴力的なものとは関係なくて、いわゆる合法的なものも含めて非公然の人脈を掌握しているとか、そういった意味です。

——例えば、アブ・ハニはヨーロッパ地区で軍事作戦を行う場合は見せ場になりますよね。

軍事作戦の目標とかそういうのに合わせて、例えば、ヨーロッパのどういう組織が、そういうサポート態勢をとれるかとか、あるいは、どういう武器であればいつまでに調達できるとか、そういったものを采配していたと思います。

——ミシェルは、アブ・ハニ部門の財務担当をしていたということはないんですか。

財務担当は私の知っている限りでは女性でした。名前はちょっと控えさせてもらいますけど。

——和光氏とミシェルとの関係なんですけれども、和光氏はミシェルとは親しかったんですか。

というふうに、私は当時聞いていましたけれども。

——それは和光氏からですか。

はい。私は会ったとは思うんですけど、記憶に残るほど会ってはいないです。

——ミシェル氏とは。

はい。

——和光氏とミシェルとが、一時期一緒に行動していたという話を聞いたことがありますか。

私はそういうふうに理解していました。

——それは、何のときに一緒に行動していたんですか。

和光氏が翻訳関連でヨーロッパに出かけたりしているときに、ヨーロッパの状況を聞きに行ったりとかはしていたんじゃないかと思います。

——翻訳作戦の関係で。

翻訳作戦の関連かどうかは知りません。和光が翻訳との関連でヨーロッパに行くときに、そういういろいろな話を聞いていたのかもしれない。

――それを和光氏から聞いたことはないんですか。

そういうことは聞いたことがありますけど、具体的なことはよく覚えていないです。スペシャリストに対しては強い批判を述べていましたけれども、彼についてはよくやってくれたというようなことを言っていましたから。それが私の記憶に残っている範囲です。

〈休廷〉

リビアの調書

――弁護人の質問に対して、Ｙ氏の調書に出てくるジャイルの件を証言しておられたんですが、Ｙ氏の調書にファジーズという人も出てくるんですけれども、こういう人はいたんですか。

ファジーズはちょっと記憶にないです。

――何かアブハッサンと呼ばれていたということのようですが、そういう人に記憶はないですか。

ないです。

――あとはツッパマロスですが、ＰＦＬＰとツッパマロスというのは、まったく関係を持っていなかったんですか。

ＰＦＬＰはラテンアメリカのいろいろな組織と関係ありましたが、その中にツッパマロス〔ウルグアイの反政府武装組織〕は入っていなかったです。

――ツッパマロスの人間がＰＦＬＰの軍事訓練を受けていたということはなかったですか。

ないです。

――あなたがアラブに行く以前もなかったということですか。

当時、わりとツッパマロスは有名でしたけれども、ウルグアイから人が来たという話は聞いたことがないです。チリとかそういったところからは来ていましたけれど。

――リビアでの拷問のことですけれども、リビアで拷問を受けたかどうかは答えないということですか。

以前、牧野さんに聞かれましたけれども。

――それは、足立氏の公判での質問を指しているわけですね。

はい、そうです。

――リビアで取調べを受けたかどうかについてはどうですか。

答えられないです。

――あなたが裁判のときに、あなたのリビアでの供述調書というのが検察側から証拠請求されていたのを覚えていますか。

証拠請求されて却下されたというのは覚えています。

――調書があるということは、リビアで取調べを受けたということではないんですか。

弁護人（大谷）

――リビアで拷問を受けたかどうかという質問ではないので誤導です。

検察官（西谷）

――じゃあ、こちらからもう一回聞き直しますけど、リビアで拷問を受けたかどうかは答えないということですか。

じゃあ、私はこういうふうに答えます。足立公判では、ドバイ事件に関して再審請求を検討しているので、それに関わることは答えられないというふうに伝えてあったところ、牧野さんからリビアで拷問されたことがあったんじゃないですかと聞かれて、私がないと言ったらさらに重ねられたときに、山室裁判長が本人が既に答えないという証言をしているんだから、その件については質問しないようにというふうに制止がありました。

――それで、リビアで取調べを受けたかどうかについてはどうですか。

だから、答えられないです。

――証人の裁判の際、証人のリビアでの供述調書が検察側から証拠請求されたのを覚えていますか。

というふうにされて出てきたけれども、証明されないということで、裁判所からは却下されています、ということは知っています。

――調書もあるし、リビアで取調べを受けたのではないのですかというのが私の質問です。

私がそういう調書を作成した覚えはないです。

――そうすると、あなたは、外国から帰ってきた昭和四九年〔一九七四年〕八月ころは、肉体的にも精神的にも疲弊していたということはなかったんですか。

それはないです。

――そうすると、アブ・ハニはそういう元気なあなたを見て、ハーグ作戦についてあなたに参加を求めなかったのはなぜなんですか、なぜバカンスということになったんですか。

それは、帰ってきた者をそのまま、また出発させるということはさせたくないというのと、決まってから既に部隊が決められていたからだと思います。

――あなたがアブ・ハニと会ったときには、和光氏がやるんだということで、もう決まっていて、それは動かなかったということですか。

そうです。というのは、私をその時点でキャップにするということになれば、話がややこしくなると思います。

――和光氏はいるわけですけれども、その他の人間は不確定要素が多かったわけですよね、西川氏はヨーロッパにいてよく分からないし、戸平氏、奥平氏は軍事訓練でどこかに行っていると。その中で目の前にあなたがいて、じゃあ、和光氏と一緒に頼むよということにはならないんですか。

私を送るとしたらキャップという形になると思いますから、そうなると、既にもう和光氏で決められていることであるから、そういう横破り的なことはドクターはしないです。それから、ドクターの位置だから、戸平らが来るというのは掌握していたはずです。

――それは、既に和光氏に決まっていたから、今さらあなたに決めたら和光氏が納得しないということですか。

それもあったと思います。私自身が顔見知りではないというのをドクターは知っていましたから。それから、ドクターは戸平らの動きも全部掌握していましたから。

大御所

――質問が変わるんですが、この翻訳作戦という名称なんですけれども、この翻訳という名称はどうして付いたのか知っていますか。

説明があったかもしれないですが、私は覚えていないです。

――重信被告人のことをオバハンと呼んでいたことについて、弁護人が何回か質問をしていましたけれども、重信被告人を大御所というふうに呼んでいたことというのはあるんですか。

それは、戸平君がＶＺ内でそういう呼び方をしていたと思います。

――ＶＺ内というのは、どの時点を指すのでしょうか。

私が戸平君に会った七四年八月に、そういう大御所という言い方をしていました。

――今、ＶＺ内と出ていたのは、ＶＺから来た人たちの中でそういう呼び方をしていたということですか。

はい、ＶＺ58の中でそういう話をしていた。というのは、雰囲気としては赤軍派に対しては一歩置くというのがＶＺ58の伝統というか、そういう立場でしたから。だから赤軍派からの人というイメージで、みんな考えていたはずです。

――赤軍というところにウエイトがあるんですか、それともよその派の人と。

――例えば、ＶＺ58の名前の由来から来るように、リッダ闘争のときからいたということでそういう言い方をしているということではないんですか。

大御所という場合は、そういう意味では敬称ではないです。

――古くからいる人というニュアンスですか。

敬称ではなくて、そういう意味では少し揶揄した言い方です。要は、ＶＺ58はあくまで赤軍派、他党派というとらえ方を当時はしていましたから、赤軍派からの人というとらえ方をしていましたから、赤軍派の人という形で少し揶揄を含んだ意味で大御所という言い方をしていると思います。

――リッダ闘争を契機としてＶＺ58という名称を作っていたわけですから、リッダ闘争時代からの関係者に対して、重信被告も含めてそういう人たちに対して敬意を払うということはないんですか。

左翼ですから、階級のないというあれがありますから、そんなに敬意を払うというのはなかったと思います。だから、オバハンという付け方も、例えばバーシムのことを安田氏はオッサンと言っていましたから、私もオッサンというふうに呼んでいたりしていましたけれども、そういうときは、敬称というよりも親しみを込めてオッサンというような言い方をしていたと。関西人的、どちらの意味でもありますけどね。けんかするときにオッサンとかオバハンとか言うときもありますし、もう一方で、親しみを込めてオッサン、オバハンと言うこともあると。ただし、ＶＺの人たちが大御所と言っていた意味は、他党派の人ということで敬称というよりもよその人というようなイメージで通称していました。

理論委員会

弁護人（前田）

――先ほどの検察官の再反対尋問にも出てきておりましたけれども、証拠番号甲三四一日本赤軍の総括・歴史等に関する文書といういわゆるフロッピー文書、これは理論委員会というところがその一部の作成に関わっているということでしたね。

はい。

――前回、三三回公判で理論委員会に関する弁護人と証人とのやり取りがありまして、三三回公判調書の証人尋問調書九ページから一一ページにかけて、その記載があるんですが、若干読んでも分かりにくい点がありますので、少し整理をして質問させてください。まず、七九年の末に大会を開いて決議したんですと、こう証言されておられますが、これは理論委員会の設置を七九年末の大会で決議したと、こう理解すればいいですか。

そのときは言葉不足でしたけれども、正確に言えば七九年の大会で八〇年と八一年の二か年について、その方針として思想一致としての政治一致。要するに、全体の政治的な一致を獲得するということで、第二次綱領の確立というのを二年間の目標にしました。その決議に沿って八〇年、八一年に理論委員会を設置するということになったというのが正確です。

——七九年末の大会で決議をしたんだと、質問に対してはそうだということになるんでしょう。

そのときには、理論委員会という。

——という名称はなかったと。

なかったです。方針として政治一致の態勢を作ると、行動草案を確立するというのを作って、八〇年に入ってから設置になったと思います。

——理論委員会がやった活動としては、今、証人が証言されましたけれども、第二次綱領案の作成と、それから何らかの総括をするということになるんですか。

国際共産主義運動の総括、いわゆるマルクス、エンゲルス時代からコミンテルンに至るまで、それから日本共産主義運動総括として、日本共産党の戦前の設立から戦後五〇年、日本共産党の五〇年の問題、そのあたり、それから新左翼運動総括、それらをその二年間の中で深めるということでした。

——いわゆる日本赤軍の活動の総括だけでもなく、また三三回公判で弁護人が言われていますが、いわゆるブントの活動の総括ではなくて、もっと広い範囲ですね。

はい。その一環として日本赤軍の活動総括も含まれるということになります。

——理論委員会のメンバーに関しては既に証言の中で丸岡さん自身も当初から関わっていたとか、Ｙさんの名前だとか、重信被告人の名前だとか、七五年合流組だとか、こういう言葉が既に出ているんですけれども、何名くらいのメンバーがいたんですか。

四人のときもあれば七人のときもありました。私も参加していたときは六人か七人だったと思います。

——理論委員会の活動としては、八〇年と八一年の二年間に限られると、こういうことでいいんですか。

はい。

——内部機関誌として「自力更生」としてまとめ、それを内部の学習文献としたというような趣旨の証言をされましたね。

はい。

——証拠で出されているフロッピー文書の総体は、それぞれどんな主体がどんな時期に書いたものかということが必ずしも明確ではないんですが、拾い寄せ集められた文書なんですか。

あれは寄せ集めです。

——その中の一部に、先ほど出た理論委員会のメンバーが執筆したものが含まれていると、こういうことでいいんですか。

はい。いわゆる赤軍総括、検察官が先ほど示されたのは「自力更生」、理論委員会が作成したもので、他に一緒に出ていたものとは、それ以降のもの。だから、理論委員会作成のものではないです。

――先ほどの検察官の再主尋問で出ておりました重信被告人を司令部というふうに呼んだ時期があったわけですね。

はい。

――当時の組織態勢については、三三回公判調書の一三ページ前後に五機関制と代表委員会という言葉を使って丸岡証人が説明しておられるんですけれども、五機関制と代表委員会と司令部との関係について、分かりやすく説明していただけますか。

各機関代表と司令部を合わせて代表委員会というふうに呼んでいました。代表委員会が執行機関に当たります。

――五機関の代表者と司令部とが一体となって代表委員会を形成していたと、こういう理解でいいんですか。

はい。各機関に代表委員というのを置いて、その代表委員と司令部構成員を合わせて代表委員会というのを構成して、大会の議案作成とか全体の大会で決議された内容に沿って具体方針を討議していくとか、あと、半年ごとに会議をしたりとか、共産党で言えば中央委員会に相当します。

――司令部という言い方は、軍事的組織の呼び方のように聞こえるんですが、どうして当時司令部というような言い方をしたんですか。

その当時は、日本赤軍というふうに称していたように、規約上でも政治軍事組織という規定をやっていたんです。それで、いわゆる他の各国の革命を見て、例えば、ニカラグアであれば当時サンディニスタでしたが、そこで軍団編成をして、各軍団にコマンダンテ、司令官ですね、コマンダンテ・ゼロとかコマンダンテ・ウノとかいうふうに置いていたというのがあって、それから、日本共産党も党の本部を革命の司令部というふうに内部文書ではそういうふうに呼んでいたりしていたので、そこからまだ日本赤軍という名称を使っているので、政治軍事組織だから、いわゆるそういう機構名を使ったということになります。だから、将来、日本赤軍を解散して国内に党を作ったときには、そういった名称も必然的に変える、いわゆる司令部とかそういうのは変えるということになっていました。

――組織として形成をするときには、書記局とか書記長とかそういう名称になっていくだろうということですか。

はい。だから、共産党に当てはめて言えば、司令部というのは書記局、それから中央委員会プラス政治局相当が代表委員会ということになります。

重信さんとアブ・ハニ

——次に、重信被告人とアブ・ハニ氏との関係についてお伺いします。三三回公判の最後の検察官質問がありまして、ちょっと読み上げます。重信被告人はアブ・ハニとの討議に当たって、日本人たちがアブ・ハニの作戦にどう関わってきたかとか、あるいは、これからどんな作戦に関わるとかそういうことは知らされているんですかとの問いに対して、証人がこれからというのは知らされないです、どういう問題があったかという、既に過去になったことについては知らされますと答えて、さらに検察官が、それは詳細について知らされているということですかと質問したのに対して、証人は、いや、私の性格から言えば、詳細ははしょっていると思いますと答えているんですね。覚えていますか。

はい。

——検察官の質問の趣旨は必ずしもよく分からないんですが、証人自身は、自分自身が重信被告に対してどう説明したかと、こう受け止めて答えていますよね。

はい。

——ただ、アブ・ハニと重信被告人とは、七四年の段階でＹさんの依頼で政治討議をした場面があったと、こう証言している流れで質問が出ているんですよ。アブ・ハニ氏自身が重信被告人に対して、先ほど検察官が質問されたようなことを知らせたのかどうかという問いだったらどうなんですか。

知らせることはないです。

——アブ・ハニさん自身が、その在アラブ日本人たちが、自分の部局の作戦にどう関わってきたとか、それを直接に重信被告人に説明したというようなことはないと、こういうことですか。

その点は、ドクターは区分けがはっきりしている人ですから、この人とは政治討議のみとか、この人とは軍事関連の話をするとか、そういう区別というのはビシッとした人ですから。

——日本赤軍が組織として体を成すようになったというのは、七四年一一月くらいからだというのが丸岡証人の証言ですよね。

はい。

——七四年一一月以前にアブ・ハニ氏と重信被告人、あるいは在アラブ日本人とのつきあいというのがどうだったのかというのを聞きますけど、いわゆるアブ・ハニ部局アウトサイドワークに関わる者だけとアブ・ハニ氏とは接触があったということなんですか。

基本的に軍事的部門、七四年一一月以前であれば軍事的部門の者が、要するにアブ・ハニの指揮下にあったということになります。

——ＰＦＬＰと組織を離れた在アラブの日本人との接触というのは、あまりないんですか。

客人という接触はしています。

――丸岡さん自身は三三回公判の証人尋問調書二二ページの証言で、家族とも非常に親しかったということを言っておられますね。

はい。

――重信被告人は、その件はいかがなんですか。

家族の交流はありました。何度も述べていますように、バグダッドのイラクという国があるから、比較的保安が安定しているということで、アウトサイドワークと他の部局との行き来というのはありまして。被告がいたいわゆるアブアリ系の家にもハニ君とオム・ハニが遊びに来るということもありましたし、私も他の家族、アウトサイドワーク部局外のパレスチナ人家族とバグダッドに行くと、何日間は招待されて泊まりに行くと、それで子供たちで遊んでいるというような、そういった交流はしていました。

――次に七四年一一月以降、日本赤軍が組織としての態勢を確立して以降のアブ・ハニ氏と重信被告人との交流なんですけれども、これは変化がありましたか。

はい、ありました。

――どんな変化がありましたか。

基本的に、共闘原則を作らない限り、共同武装闘争はやらないというのを決めたときに、逆にドクターの方も、要するにこいつらとは非軍事で付き合うとそういうふうに決めたら、逆にそういう意味での政治家、アブ・ハニとしての交流というのは、逆にするようになりました。

――といいますと組織と組織との付き合いということで、政治的な交渉、そういうものをする間柄となったと、こう理解していいんですか。

はい。

――細かいところですが、第三二回公判の四四ページ、ヨーロッパ出発会議のことについて触れておられますね。

はい。

――そのメンバーについて質問をされて、TさんとGさんの名前を上げておられるんですけれども、これは、このヨーロッパのメンバーの話ですよね。

はい、そうです。

――在アラブの日本人のメンバーは誰だったんですか。

私と足立です。

パリの被害

弁護人（大谷）

――先ほど西谷検事の尋問に政治交渉とのことを証言されま

したよね。今日の段階で外交交渉というのとハーグに関する外交交渉に関して。

はい。

――その絡みでちょっとお尋ねします。Yさんのパリ拘束で被害が発生したというのは、何も日本人だけではないですよね。

はい。

――それは、逆に言うと日本人以外の在パリの大物活動家の方々にも大分被害をかけたんではないでしょうか。

はい、トルコとか南米からの亡命者とか。

――その方々の拘束とか、かなり被害を与えてしまったと。

はい、具体的な情報は覚えていないんですけれども、トルコの人たちから聞いた話では、合法的なメンバーも国外追放とかあったみたいです。

――それは、アブ・ハニさんがYさんに託した文書をきっかけにして何か発展していったと、弾圧に発展していったということもあったんですか。

はい。

――アブ・ハニさんとすると、そのことも含めて外交交渉というか、かなり問題にせざるを得ない立場にあったのではないんですか。

はい、そうです。

――その弾圧は、八月八日の日本人のTの拘束、その以前からあったのではないのですか。

一〇日くらいしてシルビーがフランス当局に呼び出された前後から始まったみたいです。彼女は、拘束される前に一回呼び出されていますけれども、その前後から始まったみたいです。

――私がお聞きしたいのは、今日記録などが確認できないんですけれども、主尋問の最初の方に軍事行動といわゆる外交交渉、これは、両にらみというか、両方一緒にやると。外交交渉をやっているときには、軍事行動の準備をしないとか、そういうようなことはないというようなことで、確かどこかで証言をなさっていたように思うんですが、それは間違いありませんね。

はい、イスラエルなんかもそうだという話と一緒にしたと思います。

――ですから、外交交渉をしている間に、軍事的な準備を始めるということは、アブ・ハニの作戦においてはよくあることということですね。

はい。だから、アブ・ハニだけではなくて、いわゆる国家と言われるイスラエルとかアメリカにしても、外交交渉と平行して軍事行動を準備するというのは、いわゆる軍隊では常識のやり方です。

――先ほど、検事の質問で八月一杯まで外交交渉を待っていると、政治的な解決が可能かも知れないといったことからすると、最終的なゴーサインは九月一日以降ということになりますかと、こういうことが確認されたようなんだけれども、必ずしもそういうことでもないと。

ええ、だから準備はいわゆるドクターが着手を決めた八月中旬から始まって、いわゆる軍事の準備を進めながら交渉すると。それで、交渉の結果をそのうえで待つということになります。交渉の結果が芳しくないときに、準備していた軍事行動にゴーサインを出すというやり方が普通です。

——その辺の軍事交渉か外交交渉なのか、その穏便の解決のバランスの問題なんだけれども、検事の方は日本人だけの拘束で、Y問題が穏便に済む可能性がずっとあったのではないかというようなトーンだったんだけれども、どちらかというと、トルコの人たちの弾圧というのは先行していたということだと、かなり軍事的に解決するしかないということは、八月中旬以降は濃厚だったのではないですか。

その可能性はあります。そのときは、ドクターからはそこまでは八月の時点では話がなくて、ジハードが戻ってきて実はこうこうあったという話をしていたので。それで、ドクターに会えたのが一一月、でしたから、一一月にそういった話は聞きました。

——これは重信さんの能力に関して、前回は外交的手腕がある人だというようなことは確認させてもらったんですけれども、いわゆる集金能力、お金を集めるというかカンパ能力というか、そういうものもあったのではないですか。

はい、ありました。

——日本に対するカンパ網を持っているということプラス、アラブでもかなりその辺は、重信さんはお金に関しては能力を発揮していたということは言えますか。

はい、それは旧赤軍派当時に財政担当をしていましたから、そういう意味では非常にそういう能力は長けていました。

——そうすると、先ほどのフロッピー文書の中に、ハーグに関する準備過程か準備期間か分かりませんけれども、八月から九月にかけて大分走り回ったというような記載があるということなんですけれども、これは、この時期に重信さんが不在だったということではないんですか。

七月、八月は不在だった。

——もし彼女がいれば、そういうふうに走り回るというようなことがなく、金銭的な解決が可能だったということが言えませんか。

はい、言えます。【略】

検察官（西谷）

——弁護人の再々主尋問の中でフロッピー文書の話が出てい

ましたけれども。この「自力更生」という、この文書の目的というのは何なんですか。

目的は、国際共産主義運動から日本共産主義運動総括に至るまで。党員に対して、ひと言で言えば内部機関誌だから、いわゆる総括共有するのが目的です。理論共有です。

――日本赤軍のメンバーの中で、その考え方なりを共有するためのものということですか。

はい。というのは八一年に綱領を完成させるということがありましたので、全員メンバー一人ひとりの綱領に対する意見を受けるために、国際共産主義運動、それから日本共産主義運動、それから情勢分析などをそういう形で出したと。例えば、一部に本として『大地に耳をつければ日本の声がする』という形で出版したと〔一九八四年〕。本のことを言ったんで、もう一つだけ補足させてください。そういった本は著者重信房子というふうになっていて亜紀書房から出ていますけれども、これは、出版社の方から日本赤軍という名では公安当局からの圧力もあるし販売しづらいと、だから個人名で出してくれということで重信房子という形にしています。そういった形で蓄積したものを公表していったと。だから、組織総括に関しては公表しないということです。

――それから理論委員会のメンバーについては、先ほど六人か七人ということですけれども、結局、誰が入っていたということなんですか、名前ですか、必要ですか。

――この三三回公判で弁護人の質問に対して必要だったら明らかにできると。弁護人が後で聞きましょうねと言って今日に至っているわけですけれども、ちょっとここで聞きたいなということで聞いているんですけど、どうですか。

私、Y氏、被告、他に七五年合流組二人、あと一人か二人です。七五年合流組名前を知っていますけれども、名前はあまり言いたくないです。

――和光氏は日本赤軍を脱退していたんでしたっけ。

本人は権利停止状態だったというふうに、彼の理解ではね。私の理解では、既に脱退していたと思います。

――西川氏は加わっていないんですか。

西川氏は加わっていないです。

――奥平純三氏も加わっていない。

加わっていないです。

――翻訳の後の話で、トルコの人への弾圧が先行したという話だったんですけれども、具体的には、どういう弾圧だったんですか。

記憶が薄れてしまっているんですけれども、ドクターにも聞いたしトルコの人にも聞いたんですけれども、確か留学生とかそういった部分がみんな送り出されたという、確かそうだったと思います。それと、手紙のアドレス、ドクターからそういうアドレスに出していた人たちも弾圧を受けて、どういう弾圧を受けたか、拘束されたのか、国外退去になったのか、そこがちょっと覚えていないです。ただ、弾圧を受けたということは聞いています。

——例えば、もし身柄を拘束されて、ずっと拘束されている人がいれば、Y氏の奪還闘争のときに、そのトルコの人民解放戦線の人も奪還対象にするとか、そういうことにはならないんですか。

もし、拘束されているという情報があれば、対象にはなっていたはずです。

——逆に言えば。

ドクターの耳に入っていればね。耳に入っていなければ間に合わなかったということです。

総勢四名

裁判長

〈（甲）証拠番号三四一（「日本赤軍の総括・歴史等に関する文書」の印字出力捜査報告書）を示す。〉

——右上に四〇と記載のある部分を示します。今そこに示した下のページになりますが、第六節PF共闘の矛盾の中でというところの二行目ですが、リッダ闘争の後、残された部隊の間で一致し国際部同志の保安態勢の下での活動に入っていったのであるというふうに記載してありますよね。

はい。

——これは、あなたの理解と矛盾はしないんですね。

はい。

——重信被告人が、アブ・ハニとの保安態勢の下に入っていたんですか。

ドクターの保安態勢の下には入っていないです。

——そうすると、これは記載が今までの話と違うということになってくるんですか。

ここは、被告人だけを指した記述をしているのではなくて。リッダ闘争以降の説明をしていますから、軍事的部門と組織的部門の全体について語っているので、片方が軍事的部門というのはドクターの保安態勢の中に入っていましたから、そういう趣旨でこれを作成した組織の一つとしてありましたから、そういった中でそういう区別はしないで記載されたんだろうと。

——そういう理解ですね。

はい。

——他方で、和光氏の公判供述をあなたもお読みだということですけれども、和光氏が知っている状況はアブ・ハニの丸抱えというふうに言っていますよね。

ええ。

――そうなると、重信被告人も含めてアブ・ハニに丸抱えだったのかなというふうに思われるんですけれども、それは違うんですか。

それは違います。というのは、和光氏がいた期間というのは七三年の秋以降ですから、それ以前のことは彼は知りませんし、秋以降もバグダッドでの話ですから、バクダッドの話というのは前回も申し上げましたように、家がアブアリ系というのは彼は知らないですから、その家にいればドクターの系列だという理解になると思います。

――次のページを開いていただいて、上に四一と書いてある、下のページ数で五ページのところですが、上から四行目に、リッダ以降物理的にも極めてわずかな力、総勢四名しかなくという記載があるんですけれども、この総勢四名というのはどなたなんですか。

三名までは。

――あなたは含まれますよね、当然のことで。

はい。

――あとはどなたですか。

被告、ＹＫ、あとはちょっと名前を言えないです。

――今まで聞いた範囲だと、足立さんという名前が出てきますよね。

はい。

――その人はここには含まれないんですか。

これは、リッダの数か月の間ですけれども、リッダ以降の数か月間にベイルートにいた人間です。

――そうすると。

足立氏も一つのグループとしてやるということよりも、むしろ日本で国際革命戦線という団体、公然団体を作っていました。だから、この当時は、そっちの人という位置づけですから。

――そうすると、もう一人は知っているけど言えないということですか。

はい、そうです。

――それは、前からもお話になっているように、公然とされていないというか、今まで名前が挙がっていないという趣旨で言えないということですか。

名前が挙がっていない者たちについては明かせないということです。

――その名前の挙がっていない人が一人いるという理解でいいですか。

はい。【略】

第三章　遺稿

本章では丸岡さんの遺稿から、「対立の根拠は無数だが、団結する根拠は一つ」（一九八八年）「冒頭意見陳述書」（八九年）「難病に抗して生きる」（二〇一〇年）を掲載する。これ以外にも、雑誌、ミニコミ誌などあちこちに文章を発表したり、公判に提出した書類、弁護士宛の準備書面、そして膨大な信書類と、残された文章はあまりに多く、とても一冊にまとめられるようなものではないことをお断りしておく。

この中で、「対立の根拠は無数だが、団結する根拠は一つ」は、逮捕後でまだ接見禁止中（接見禁止は三年八ヵ月と不当に長きにわたった）、「人民新聞」（人民新聞社）八八年八月五日号〜九月五日号に三回に分けて掲載されたもので、逮捕された総括などを表明している。

「冒頭意見陳述書」は、公判の始まりにおいて、検察、被告などが自己の意見を述べるものである。

「難病に抗して生きる」は、晩年、自己の病状を説明しているもので、苦しみながらも正確を期そうとする姿に胸が打たれる。

対立の根拠は無数だが、団結する根拠は一つ（一九八八年七月二〇日）

前略、『人民新聞五／二五号』のコピー「日本赤軍及び共産同赤軍派の諸君へ」を読みました。その批判にきちんと答えたいのですが、未だ接見禁止をかけられているために直接答えられないのが残念です。

一　はじめに

人新（以下『人民新聞』を略し）の批判の趣旨は、①昨年からあまりにも不用意に逮捕されすぎているのではないか、②その結果多くの人が関係がないのに権力から被害を受けているのではないか、③日本革命は自分たちが指導しなければという思いあがった考えを持っているのではないか、④その性急さ、ごうまんさは日本人民の地道な闘いを無視しているのではないか、⑤そういったあり方を自己批判した七七年の「団結をめざし、団結を求め、団結を武器としよう」とあった五・三〇声明の趣旨に反するのではないか、ということでしょう。俗っぽく言えば「ほんま、難儀やな、帰って来んでもええのに」「しょうもないことで捕まってからに、迷惑な話やで」ということでしょう。権力は一九七二年来、人新を日本赤軍支援グループという根拠のないレッテルをはり、弾圧してきました。日本赤軍が闘争するたびに不当なガサ入れなどの弾圧を加えてきました。なぜなら人新が権力にこびることなく、日本赤軍の投稿を表現の自由としての民主主義的権利を守るために載せてきたことにあります。その意味でもういい加減にしてくれということなのでしょう。このような批判があって然るべきでしょう。私はあるべくしてある批判、味方の（広い意味で）誤りに対する真摯な批判だと受け止めています。

一九七二年のリッダ闘争の直後、そのプロレタリア国際主義としての闘いに対し、本来その闘争を支持して当然であるべき旧赤軍派同志諸君たち、一部セクトを除いた新左翼の同志諸君は、連赤の敗北の直後でもあり、非難あるいは無視という状況にありました。その時にあってリッダ闘争の意義を理解し、権力のなりふりかまわずの弾圧（私の関連だけで三〇〇ヵ所以上のガサ入れ・尋問）にもかかわらず、支持の声明をだしたのはベ平連系の人たち、人新などでした。それは私たちにとっては、新左翼の反応に失望したこともあり、思ってもみなかった人たちからの宣言でした。それらは日本の人民の闘いの底深さであり広さだということがわかりました。同時にそれらは、パレスチナ人民に対する心強い日本の人民の連帯の意志表現であったと、アラブ人民には受け止められています。

しかし、それは、日本の国家権力にとっては許し難き人々であり、何度も繰り返される人新社に対する弾圧の背景としてあります。現憲法下では、暴力革命を唱えようが、具体的行為をもって法令に触れない限り、罰せられたり、官憲による不当な妨害、捜索、拘束を受けないことにはなっています。だが現状は、「革命」罪なる架空の弾圧法が存在し、思想、結社、表現の自由を侵しています。

それに対し、人新は大衆と共に地道で精力的に闘ってきたと思います。その分、今回の権力に対してだけでなく、「日本赤軍並びに共産同赤軍派」に対しての腹立ちになったと理解しています。しかし、私は以下のようにぜひ今回の批判に対して答えたいと思います。

二　私の被逮捕について

日本赤軍が敵に非合法化されている限り、非公然が要求され、その一員が逮捕されることは、自供、屈服をしなくても、敗北を意味します。もちろん自供、屈服は階級的裏切りであり論外のことです。それを前提にしたうえで地下の革命家である以上、敵に露顕することは、それ自体が敵に屈服しないとしても革命闘争の中では敗北です。

私の被逮捕についてはすべての闘っている人々に対し自己批判します。もちろん革命闘争の過程では露顕もし、逮捕もあり、殺されることもあります。それに対する覚悟は当然ですが、私たちはあらゆる努力をして、それを防止する革命家としての義務と責任があります。その意味において、被逮捕それ自体について自己批判します。この敗北を教訓とした私たちの今後の闘いを通して、人民、同志、友人たちに認めてもらうしかありません。

同志泉水の被逮捕についてもそうです。

三　家宅捜索について

私と同志泉水の名において行われた三〇〇ヵ所にものぼるガサ入れについては、被害者（公安警察が加害者である）の人々に対し、口実にされたことにおいてのみ自己批判します。だがしかし、ガサ入れの本当の根本の原因は、私の「旅券法違反」や同志泉水のそれではないことを断言します。

人新読者のKさんの怒りの投書がありましたが、私が一点でもガサの根拠になる人名、連絡先を持っていたなら、あるいは自供したのであれば、怒りの対象であっても当然でしょう。しかしそうではありません。人新社が御存知のように、関連づける根拠は何一つありません。すべては公安警察の意志によって行われています。

私個人の位置から考えれば言いづらいことですが、階級闘争全体の利害からみれば、次のように言うべきだと思います。「あそこは関係ないのに」「あの人は違うのに」「あいつらのせいでこうなった」と味方勢力内部でのいさかいになるなら、今後どんどん公安は味をしめてやっていくでしょう。現にやっています。ガサの直接的原因が私でない以上、階級的憎悪の対象は敵権力にむけるべきです。

Kさんから見れば私たちはとんでもない「自己中心集団」でしょうが、敵から見れば、私たちもKさんも同じ警備対象、弾圧対象です。公安警察のリストには、社会党員、共産党員及び支持者から、市民運動、住民運動、中核派、赤軍、在日外国人など、要は社会党員より左はすべて同じです。代々木も反代々木もありません。真に憎むべき相手は私ではなく、権力です。

公安警察の今回のガサ入れの目的は明白で、①「赤軍事件」を口実にし（口実である以上、関係性の裏づけもないし、必要であれば何でも口実にします）、市民運動、住民運動の実態把握、②これらの運動そのものに対する弾圧、担っている人々に対する威圧、周辺の人々に対する威圧、③赤軍メンバー捜索、④日本赤軍と大衆運動との切り離し、大衆からの孤立化、⑤警察国家管理体制の強化、ファッショ化の促進としてありました。

ソウル・オリンピック妨害を口実にしたこの間の弾圧体制は、私の逮捕や、「よど号」柴田さんの逮捕が契機のように敵が言っていますが、そうではありません。元々あったのです。「沖縄国体」時の琉球での戒厳令（八七年春までに関連市町村の住民運動はすべて調べあげてありました）も、「極左過激派」の天皇襲撃があるのでという口実ですが、実際は、琉球人民に対する管理強化に結びつけています。それは決して「ニセ『左翼』暴力集団」の「泳がせ」でも「挑発」があるからでもありません。（私を取り調べた）公安の供述によれば、反天皇感情、反日感情はどの地域が強いか、その程度、運動化、組織化されているかを琉球で調査していました。

異常なファッショ的な管理体制は、日米韓軍事同盟関係強化に準じ、チョン・デュ・ハンの来日決定時から全国的な監視体制をつくってきました。一例をあげれば、日本海沿岸での「職務質問」の嵐、密告態勢の強化はあまりにも有名です。戒厳令下の東京サミットは世界的に有名です。今回のトロント・サミットでの戒厳も異常と言われていますが、カナダ首相マルルーニは「東京サミットと較べればはるかにゆるい」と言っていました。予防検束も平気でやっています。レーガンの初来日時、直前に山谷労働者数十名の一斉逮捕もあったと記憶しています。七〇年代のヨルダン国王フセイン初来日の時は、公安が勝手に「日本赤軍関係者」と決めつけ、その人を予防拘束、不当拘留しています。

そして、今回の異常なガサ入れの背景を特筆します。この間の中核派、共産同戦旗派、革労協の諸君による「ロケット弾」闘争に対するガサ入れは、何百ヵ所に渡って行われており（総計すれば千ヵ所どころではないでしょう）、中学生時代の友人に対してまでやってきました。四年前には、関西新空港推進派のパーティー会場に抗議文を手渡しに行っただけで、建造物不法侵入として六名を不当逮捕し、寺にまでガサが及んでいました。今回のガサ入れもその流れが背景にあります。

裁判所の家宅捜索令状の乱発は、八二年に警察庁長官三井脩が「関係法令を積極的に活用し、現行犯逮捕を原則とした厳正な警察措置」を指示したことと照応しています。この指示は、日共を含めた弾圧指示であって、選挙運動を含め、ビラ張りだけで家宅捜索などをどんどんやるようになっています。これが二つめの背景としてあります。

三つめの背景としては、昨年からの反原発運動の昂揚があります。それまでは六〇年代の市民運動の延長として、あるいは労働組合（地区）、六〇年安保世代、全共闘世代のシコシコ運動ぐらいと見ていたのが、チェルノブイリの原発事故を契機に、地域住民の自覚、婦人たちの積極的参加・運動のけん引と、あまりにも急激な人々への広がりに驚がくし、沈静化の必要性に迫られている事情が権力側にあります。今年四月二六日の閣議で政財界一体となった対処を確認していることに、敵の意図は明白です。RCサクセションの反原発ロックですら、レコード販売停止、放送（全国キー局FM東京決定）「自粛」と、まさにその動きはファシズムです。

さらにつけ加えるならば、ガサ入れは「関係性がないのにやられたのは問題だ」だけでは不充分だと思います。日本赤軍と関係があれば不当拘束、不当家宅捜索がやられても当然、ではないはずです。現憲法は「天皇制」の存続を認めたブルジョア憲法であっても、思想・信条・言論の自由など、最低限の基本的人権は保障しています。現法令に触れない限り、赤軍メンバーであったとしても、活動の自由は保障されねばなりませんし、関係者だからガサ入れをくらっても仕方がない、とはなりません。「関係者だから……」という敵の論理を認めることになれば、（組織）破防法を実質的に認めることにもなります。敵が狙っているのは治安維持法のない今、破防法の実質的適用です。

四　マスコミ報道について

「一部でも事実なら」は何を指されているかはわかりませんが、「事実」は私や菊村さん、柴田さんが逮捕されたことぐらいが事実です。公安警察の意図的誇大発表にマスコミが尾ヒレをつけて報道しています。三者があたかもヨーロッパ各地で連携していたかのようなデマ報道が流れていましたが、むろんでたらめです。一つずつ反論を書いていましたがきりがないのでやめました。

テレビ朝日が五月二四日に衛星中継で「よど号」の人たちが「柴田さんと私の連携の根拠を示せ」と言われたことに対し、公安警察はまともに答えられず（デマなので答えようがない）、朝日新聞夕刊によれば、「彼らは関係ないと言っても、元々はどちらも共産同赤軍派だったので合流の可能性はある」というのが、公安の苦しい言い訳でした。これ以上の説明はないでしょう。

悪質な報道のトップを走る読売新聞は、「キッシンジャー暗殺計画を供述した」とかデタラメも流しています。もちろん「暗殺計画」なるものも「供述」なるものもデマです。

あのかつての「アカイアカイ」朝日ジャーナルでさえ、ＫＣＩＡ（現韓国国家安全企画部）第七局（世論操作と心理戦担当）所属の孫忠武のデマ宣伝に乗っかった破廉恥記事を乱発しています（五月二七日など）。六月二四日号などでは、酒代欲しさに左翼の仁義も忘れ、デマ、ウワサを流すニセ「左翼」＝元「左翼」腐敗転向分子たちのニセ「情報」を、いかにもそれらしく掲載しています。見たようなウソを言うとはこの腐敗分子たちのことを言います。まさに朝日ジャーナルはピーピング（のぞき見）ジャーナリズムの仲間入りです。彼らの「良心」を疑わざるを得ません。五月二七日号ではかの有名な左翼の大御所のＴ氏が「丸岡は日本の公安大使館員に北京でキャッチされていた。柴田の逮捕は自供がヒント」と述べているようですが、Ｔ氏がこのような無責任なデタラメを言ったのではなく、朝日ジャーナルが適当に書いていると信じますが、つくり話もいい加減にしてもらいたいものです。どのように北京でキャッチしたのか明らかにしてもらいたいものだし、黙秘の私がそのような自供をするはずもないし、自供しようにも柴田さんという人の名前は今年五月一〇日の東拘のＮＨＫニュースで初めて知ったのに自供のしようもありません。

人民新聞でこういうマスコミの報道犯罪をぜひ暴いてほしいものです。

五　「疑問・不信を解決すべき」に関して

（一）「明らかに権力にマークされている丸岡氏がなぜ各国を」

マークされたのは私の使用旅券であり私ではありません。それも直前です。本名は確かに国際手配されていますが、もちろん本名では移動はしないし、人相だけでは公安も特定に二日かかっています（人新の疑問の基本は手配されている人がわざわざ日本に出入りする冒険は避けるべきだ。日本のことは我々に任せるべきだ、自分たちでないとダメだと思うのは自己中心的だということでしょうが)。

「なぜ各国を」――捕まらなければバレなかったでしょう。それに公安‐マスコミ発表には誇張、推測があることをお忘れなく。

(二)「広大なアメリカに少数の人々が……」

菊村さんが爆弾を使おうとしていたというのはFBIの発表でしょう。断定することはできないと思います。彼と日本赤軍を結び付ける具体的証拠は何も出ていません。

菊村さんが実際に爆弾を持っていたかどうかはわかりませんが、その件と切り離した上で、ここでは米帝に対する闘争の意義について述べてみたいと思います。一般的意義についてです。

世界中の多くの革命勢力が反米闘争を展開しています。手段、方法は様々です。パレスチナ革命勢力、イスラム革命勢力を始めとした武装闘争を軸にした闘い、それはヨーロッパ(西独、仏、ベルギーなど)においても中南米、アジアにおいても、米帝を直接の敵として自国内米帝軍基地、米兵に対した闘い、国際遊撃戦として国境を越えた闘いを展開しています(反米の実力闘争がないのは日本くらいです。在日米軍の規模はアジアで最大であり、世界ではNATO諸国の在西独米軍につぐ規模でありながら、我々の弱さ故、実力闘争においては有効的な闘いを展開しえていません)。非暴力の大衆運動レベルでは日本も含め全地球的規模で展開されています。この面では基地労働者を始め、地域、住民、民主進歩勢力の日本人民の闘いは持久的に展開されています。ソ連を中心にした平和攻勢も米帝の世界軍事戦略の転換を強いています。またヨーロッパ、ニュージーランドの社民政権の非核化は米帝の核戦略の一端をつきくずしています。

私たちは一発の爆弾、侵略兵の射殺などの一回性の闘いで米帝国主義が大きな打撃を受けるとはまったく思っていません。世界中の被抑圧人民の闘いと合衆国人民自身の闘いによって、最終的には滅ぶでしょう。人民の闘いぬきに一握りの武装勢力の爆弾闘争の積み重ねによってだけで帝国主義は滅びません。しかし平和的手段によってだけでは帝国主義の野蛮性と暴力性に立ち向かうことはできません。米帝の追放、あるいは人民政権に対する干渉に対しては、人民の意志と武装力が必要です。人民総武装は成り行き、自然発生のままでは果たしえず、目的意識的部分による目的意識的な準備が必要であり、その準備は実践を通してしか発展しません。その戦略的目的意識性、持続性、人民性をもって初めて、武装闘争は一回性の自己満足ではなく戦略問題(戦略的位置)としての遊撃戦(ゲリラ戦)になります。故に個々の軍事作戦が目標正しくサボタージュとして勝利的に遂行される限り、それは無計画な、せつな的な、自己中心的な闘いにはなりません。

米帝のテロ行為は、先日のイラン民間航空機爆撃（日本政府はかつて大韓航空機撃墜、行方不明に対し、それぞれソ連とチョソンに対して不当な制裁措置をとったのだから米国に対しても行うべきである）、八六年のリビア無差別爆撃、八三年のグラナダ侵略、八六年レバノン進歩勢力に対する無差別艦砲射撃など暴虐の限りをつくしています。第二次世界大戦後、相次ぐ社会主義諸国の成立、民族解放闘争、労働者階級の闘いの発展は、帝国主義を制約し、世界帝国主義は帝国主義間競争を政治権力によって調整せざるを得なくなり、不均等発展の矛盾をはらみつつも、協調によって延命を図っており、米帝を中心とした世界帝国主義体制を形成しています。米帝のペルシャ湾（アラビア湾）軍事支配は欧日帝国主義の支援の下に行われています。世界帝国主義の擬制の一元性に対し、味方の一元的な反米帝の実力闘争はプロレタリア国際主義の闘いとしてあります。同志チェ・ゲバラの「第二、第三のベトナムを！」のスローガンは国際階級闘争の中では色褪せるどころか、現実性をますます増しています。

米帝の戦後一貫した反共戦略の中で、カーター政権の一と二分の一戦略（一正面対応＋緊急展開）から、レーガン政権では多元戦略（全正面対峙）をうちだし、カーターのガンシップポリシー（砲艦外交）をさらに強化し、世界的な軍事緊張をつくりだしてきました。その軍拡路線が集約されたものとしてＳＤＩ（戦略防衛構想）とＬＩＣＷ（Low Intensive Conflict Warfare＝低強度対立戦、LIC, LIW とも表す）があります。ＬＩＣＷは、ベトナム侵略戦争をしていた米帝のかつての「ベトナム化」政策の焼き直しとも言えますが、基本は第三世界における民族解放民主革命勢力、反帝進歩国家、非同盟社会主義国に対する抑圧、侵略政策であり、反「テロ」キャンペーン、反「テロ国家」キャンペーン（八五年にイラン、リビア、チョソン、ニカラグアの四ヵ国を特に名指し）として展開しています。国家に対しては包囲孤立化、個別撃破、反革命テロリストたちへの軍事、経済支援（ニカラグア、アンゴラ、アフガニスタンなど）を行い、民族民主革命勢力に対してはその国、地域の反動政権に対する軍事経済支援、対ゲリラ戦軍事顧問団派遣、「戦略」村の形成など（フィリピン、エルサルバドルなど）を行っています。レーガン政権は実行部隊としてＳＯＦ（特殊作戦部隊）の存在などを八五年に明らかにしています。デルタ・フォーセスはその一つです。ソ連を中心にしたワルシャワ条約機構国の一致した平和攻勢の前に米帝の軍拡路線は抑えられようとしていますが、ＳＤＩとＬＩＣＷの強化を逆に図っています。

世界の平和を愛する人民に対する米帝の野蛮な行為に対し、

あらゆる政治的、軍事的手段、方法によって米帝と闘うことが「プロレタリア国際主義と組織された暴力」の行使として要求されています。たかだか一発の爆弾に幻想を持つことは許されませんが、反米闘争の示威としてであれば、戦略的な闘いの中で位置づけられているのであれば、その闘いは意義あるものです。パレスチナ作家の故ガッサン・カナファーニ同志は「武装闘争は最良のプロパガンダ」であると述べています。遊撃戦は、ゲリラが時、場所、条件を主導的に選ぶことにその特性があります。今や、米帝に対する闘いは、国内外を問わず、真のアジア、アフリカ、ラテンアメリカ人民との連帯として問われています。

ここで菊村さんの話にもどりますが、菊村さんがどのような意図で「爆弾」を持っておられたのか、私にはその事情はわかりません。米帝国主義者に何らかの闘いの意志を持っておられたのであれば、私は断固として彼の行為を支持します。

(三)「なぜ中曽根に手紙をだし、帰国を懇願するのか……」

柴田さんと私、「よど号」の皆さんと日本赤軍とは路線も異なり、関係のあろうはずがありません。もっとも私たちは彼らの路線がどのようなものかはよく知りませんが。

私も人新の筆者と同じ疑問を持っていました。しかしその疑問は柴田さんの被逮捕で解けました。彼らの帰国路線が敵の許しを乞うものではなく、自身らの意志と力でもって、闘うためのものであるのならば、彼らもまた日本革命を真剣に考えている人たちであろうととらえるべきではないでしょうか。ただ、中曽根への手紙は戦術であったとしても、日本で真剣に闘っている人々に幻滅を与えるような方法はとるべきではないと思います。敵が罪には一切問わないから帰国してくれと言わない限り、捕まってもよいからとはならないと思います。しかし裁判にかけるな、帰国を認めろと権力に迫るのであれば、それも一つの闘いでしょう。日本革命遂行の意志がある限り。

私たちと立場、路線は異なるようですが、帰国そのものは非難される根拠はないと思います。柴田さんの被逮捕に関して言えば、あのような身分のつくり方であれば、現在の日本の公安警察にとっては容易に発見するものであり、もっと他に工夫がなかったのだろうかとは思います。しかし彼らが日本の革命家である限り、帰国する自由と権利と義務はあるでしょう。

人新投書のKさんは日本赤軍と「よど号」の皆さんとを同じ赤軍として批判されていますが、国際電話うんぬんについては、彼らとは組織的にも関係がなく、私としては答えようがありません。ただ革命家である彼らのことですから、それなりの事情があったのではないでしょうか。直接の批判を返してあげた方がよいのではないでしょうか。確かにKさんの事情も彼らは配慮すべきだったとは私も思います。

六　私がなぜ帰国したのか

私たちは日本赤軍が国内で直接大衆を指導しなければ日本革命が達成されないとは思っていません。しかし私たちは自らを日本革命の在外部として位置づけると同時に、日本の革命家である以上、日本革命に対する責任と義務を負っています。日本が我々の本拠地であり、日本革命実現のために自由に帰国する権利と義務があります。人新が言われるような「望郷の念」や貢献したいという「願望」であるなら、革命活動そのものをやめるべきだと思います。帰国の理由についてはマスコミが騒いでいるような「ソウル・オリンピックの妨害」でもなければ、「皇室関係を狙った東アジア反日武装戦線死刑囚の奪還」でもありません。日本革命家としての義務を果たすためだけです。捕まってしまった以上、私は公然化しましたが、私はそれにそった闘いを遂行するだけです。私や同志泉水が逮捕されたくらいで日本赤軍の闘いは何ら影響されないし、今回の教訓を有効に活用し、闘い続けるでしょう。私は獄中での義務を二〇年でも、それ以上でも、不退転にただ遂行するだけです。これを言えば公安警察を安心させることにはなりますが（奪還は連中が意図的に騒いでいるだけ）、私や同志泉水の「奪還」のために、私たち日本赤軍は労力をわざわざさくようなことはしません。地下活動の中では逮捕者がでたりはしますが、それは敵との攻防の結果であり、それにいちいち対応したりはしません。獄中であれ、帰国は帰国です。

最後に一点、私個人にかけられた弾圧がいかに不当なものであったのか一例をあげておきます。一九七二年六月にリッダ闘争の「第四の男」で私は国際手配され、なぜか「黒い九月」のミュンヘンオリンピック闘争直後に、「正式に」リッダ闘争の「殺人共同正犯」の逮捕状まで発行されました。私の正当な帰国を妨害したのは公安警察です。それがいかに不当であったかは、今回その件で私を逮捕できなかったことに示されています。本来、私は自由に帰国できていたのです。

七　団結をめざし、団結を求め団結を武器としよう

七七年の五・三〇声明の逆提起を人新から受けましたが、そのことについて述べます。

七五年三月に同志二名がスウェーデンで逮捕され、日本への送還後に自供敗北があり、そこから「我々は命を賭けて闘っているが故に強い」としていた日本赤軍そのもののとらえ返しを始めました。まず、思想性を組織的土台にしていない結合のあり方をとらえ返しました。そして、革命の原動力

を見ていった時に、生活を闘いとし、生きることの矛盾の中から革命に人々は立ちあがっており、革命の主体はあくまで労働者階級を中心にした人民であることを確認しました。あくまで革命の主人公は人民であるとした時、今までの党と人民の関係のとらえ方が、どうだったのかをとらえ返しました。自分たちを魚として人民を海とすると、聞こえはよいが、人民を栖のように考えていたのではないだろうか。党は闘う主体であり革命主体と考え、武装闘争が闘いの最高形態であり、人民に支援されるものと考えていたのではないだろうか。しかし人民が革命の主体とした時に、党と人民の位置が逆転しているのではないかととらえ直しました。党は人民を援助するものであり、その逆ではないと。党は人民を一つに革命勢力を一つにするように闘うべきではないかと。そこから見た時、私たちの闘い方は、民族を越えて常に世界の人民の一部として日本の人民の闘いを実現しうるように、闘いを通して価値を一つにしていくように行うべきであり、そのためには人民の社会的実践としっかり結びつき、学ぶ中で、権力奪取の戦略的陣形をつくらなければ、人民を支援する力はできないととらえました。

そして党の位置をみた時、「労働者階級の一部としての党」と今まで言われてはいましたが、その意味は階級の前衛として党が階級の普遍的な価値を代表しているというとらえ方で、党の無謬性が前提になっています。その定義を「人民原理」からもう一度見直した時、実体的にも「一部」でしかない党が、普遍的価値を獲得し代表するには、党自身が自らを変革対象にし、不断に革命化し、その革命を立脚点にすることを通してはじめて、人民の社会的実践を結集し総括し、戦略的な方向を指し示すことができるととらえました。

さらに日々生活している人々である人民が革命の主体であり、党の役割はそれを援助することであるととらえる程、党は革命のすべての責任を引き受けるものでなければならないととらえました。革命の責任とは自派がどうであったかという自分たちの経験の領域でとらえるのではなく、日本階級闘争全般に対し全的に責任を負うことです。あれはスターリンの誤り、これは日共の責任、それは革共同の問題、革命に打撃を与えたのは連合赤軍の責任として片づけようとしても、それは他の闘う主体や人民に責任を押しつけるだけで、それでは日本革命の発展の力にすることはできません。他者の問題とせず自分の問題として敗北や失敗の負の責任を一つのものとして共有する時にはじめて、日本階級闘争の教訓を導き出し、次の発展へと導くことができるととらえました。

こういった立場から武装闘争もとらえ直しました。まず第一に、党が武装し、党が闘うことに価値はなく、人民の武装をどう援助するかに価値があるということです。独占資本が国家を支配し、国家権力を行使し、軍事力をもって防衛している以上、それに対抗するには人民自身の軍事力が必要です。ところが、かつて私たちは「先進的部分が突出した闘い・武装闘争を切り拓く」ことによって、人民の決起を促すとし、そこに価値を置いていました。日共の五〇年代の軍事路線、日共から分派し、共産主義者同盟結成と六〇年安保の闘い、赤軍派の登場、日本赤軍のかつての軍事のあり方は、一言で「党が闘うことに価値を置いていた」と言えます。人民が闘う主体とした時、人民の武装とは単に軍事技術の問題ではなく政治思想的な革命の問題ととらえることができます。

第二に、人民権力樹立にいたるまでと樹立後、その時々に党が軍事問題をどう発展させながら準備していくかという問題です。その戦略的予測の下に「組織された暴力」の形成を計画的に準備し、その計画の中に個々の闘争を位置づけました。人民の自然発生的高揚に党が自然発生的に後追いするのではなく、闘いの大衆的広がりと軍事力量の形成を先見的に計画的に、系統的に独自に準備し、人民の力の統一をつくりだすように軍事行動を準備する必要があるととらえました。

こういった総括作業を行いながら一方で、クアラ闘争（七五年日米首脳会議粉砕！　インドシナ革命勝利連帯　！米〈日〉大使館制圧、獄中同志解放闘争）を闘い、東アジア反日武装戦線、連合赤軍の同志たちを迎え、敗北を共有し、克服の闘いを共有しました。それをまとめたのが、「団結をめざし、団結をもとめ、団結を武器としよう」でした。

軍事に対する私たちの考え方を中心に述べましたが、この総括過程で最も重要なことは思想闘争の立場、方法の確立でした。「思想闘争」と言えば、日本では理論闘争あるいは連赤の総括かというイメージがあると思いますが、「自己批判―批判を通して労働者階級の思想的立場への変革」であり、「目的意識性の追求とその実践である」と規定しています。「存在が意識を決定する」とあるように、資本主義世界で生活している限り、支配イデオロギーであるブルジョア思想に革命家、革命組織と言えども思想的・文化的影響を受けています。それを労働者階級化することに思想闘争の意義があります。労働者階級の思想と言うとき、それは自然発生的な労働者の意識を指すのではなく、所有しているものは自らの労働力のみである階級の位置と役割と力が、人間の本源的な価値を持っており、例外なく社会の全成員を解放するのであり、その最も革命的な思想を指します。

目的意識性の追求とは、主観と客観の統一です。客観的事実に対し無条件にそれを認め、主観の根拠を見極め、主体を変革することです。変革（主体と客観の矛盾の統一）は、「変化の条件としての外因」と「変化の根拠としての内因」を正しく分析することによって果たされます。

その方法として自己批判―批判の定式を確立しました（それでも観念的、個人的な総括になるので、その後、実践検証五つの定式に発展させました）。言い換えると、言っていたこと、やったことが一致したのかということです。理論と実践の統一とも言えるでしょう。党の革命もこの総括の力にかかっています。

七七・五・三〇声明にいたる過程をいろいろ書いたのは、人新が指摘されているようには「総括放棄している」のではないことを伝えたいがためです。この声明の立場が、以降の日本赤軍の再出発点であり、その後の綱領の確立「日本共産主義運動総括」（『大地に耳をつければ日本の音が聞こえる』ウニタ書舗、八四年刊行）、日本赤軍の革命実践の基となっています。

日本共産党が結成されてすでに六六年になりますが、いまだに日本人民の権力確立にはいたりえていません。しかし私たちはその責任を人民に押しつけるのではなく、指導勢力の責任であるととらえています（ここで言う指導勢力とは現日共のみを指してはいません）。日帝反動政権は八〇年代に入って、五五年体制から八五年体制確立への転換を図り、さらなる反動化をすすめ、人民の支配をすべての領域（生産現場、生活現場、文化、思想など）にわたって企ててきました。それは独占による人民の全人格的支配であると言えます。

労働戦線の右翼的再編、教育の反動化、現在の税制改悪など、すべて連環したファッショ化の中で行われています。この情勢下、現象的には人民の保守化が進んでいることは確かですが、これは敵の結果であり、革命の主人公である人民が人間として生きる闘いを放棄したわけではありません。闘いの価値は生活の場、労働の場から発生します。私たちはその人民の意志と力を信頼しています。人新は「労働者階級、人民に信頼を置いていないのでは」と疑問を持たれているようですが、人民を信頼しないで、私たちは誰を信頼するのですか。人民の弱さは党の反映であり、党の弱さも人民の闘いの発展に規定されます。人民を信じないで私たちが仮にクーデターで権力奪取を成功させたとしても、本来主体であるべき人民が新しい政権を自分のものと自覚し、積極的に参加しなければ、どんなに革命的な政権であったとしても、帝国主義者の干渉、国内反革命勢力の残党との戦いに勝利することはできないし、社会主義革命を発展させることもできないでしょう。

個人的経験で恐縮ですが、私は実質六〇日間、日本の人民の力と及ぶ公安警察の取り調べを受けましたが、朝から深夜にその未来を確信しているからこそ、取り調べは何の苦痛でもありませんでした。なんぼでもかかってこいです。もし私が自分たちの力だけしか信頼していなければ、悲観主義に陥ったでしょう。しかし、私は人類の未来を楽観しています。私たちは私たちだけで今日、明日に革命を起こそうとも、自分たちの世代だけで実現できるとも思っていません。しかし世界は人民革命の時代であって、情勢は予測を上回って進むとは思っています。私たちは自然発生的にただ待つのではなく、人民と共に情勢を能動的につくりだし、一日でも早く日本革命を実現しようと思っています。私たちの武装闘争の継続は、権力奪取、人民権力の樹立への闘いに位置づけた中で遂行します。かつての闘い方と異なるのは「運動的突出」のみに価値を置いていないことです。「革命には犠牲がつきものだ」という考え方も私たちは否定します。人民の闘いを援助、防衛しうるように闘うことを私たちは目指します。

最後に、敵権力の今回の「赤軍事件」フレームアップとガサ入れのようなケースは今後も起こるでしょう。なぜなら権力は「極左過激派」だけでなく、市民運動、住民運動なども邪魔だからです。平和運動、連帯運動、消費者運動であろうが、権力にとっては政府転覆を企む「反政府」分子だからです。今回のガサで明白なように、理由は「日本赤軍との関係」ではなく、「公安調査庁の調査対象」であるからです。また、どこの国においても地下組織はたたきようがないので、支配権力は公然合法大衆運動を、場合によっては市民そのものをたたきます。しかし、それは大衆の運動を解散させることにはならず、かえって、大衆の決起を促しています。シオニストの想像を絶する弾圧に決起している南部レバノン人民、パレスチナ人民の闘いがそれを示しています。

すべての人民、同志、友人に呼びかけます。

対立する根拠は無数にありますが、団結する根拠は一つしかありません。

団結をめざし、団結をもとめ、団結を武器としよう！

ある闘いの記念の日に、倒れし同志を追悼しつつ。

冒頭意見陳述書

（一九八九年一〇月一一日）

日本革命家丸岡修

一、私に対する検察庁の公訴資格と裁判所の審理資格を問う。

（一）日本国の検察庁と裁判所が私を起訴し、裁く権限を有してはいません。

結論から言いましょう。裁判官並びに検事諸君、あなたたちに私を裁く権限はまったくありません。私の何の事件をあなたたちがどういう資格をもって裁こうと言うのでしょうか。諸君が私を裁けない理由を述べましょう。

現在の日本の検察庁と裁判所は、日本国憲法に三権分立が明記されているにもかかわらず独占資本の御用政党＝自民党反動政府の手先と化しています。司法の独立なるものは、諸君が日本人民を惑わすためにことばで語っているに過ぎず、行政と癒着したものとして現在の司法が存在しています。諸君の中にもし良心的な人物がおるなら、そのことを良く自覚されているでしょう。しかし私はそういう良心的な人物は、諸君らの内部粛清によってすでに追放されてしまったのではないかと思っています。今残っている裁判官、検事諸君は司法試験に合格するためにただガリ勉をやっていただけで、社会事象に対して目をつぶって来た人たちばかりでしょう。ここにいる諸君がそういう人たちでなく、数少なくなった良心的裁判官、検事であるなら、私のこの意見は一般的なものとして理解して下さい。前口上はこれくらいにして、なぜ諸君に私を裁けないのか、行政と一体のものとして司法があるのか理由を何点か指摘しましょう。

まず裁判所の実態から指摘します。

①自衛官合祀拒否訴訟に対する本年六月一日の最高裁判決。ここで判決内容を述べることは、坊主にお経を説くようなので、それは略します。中谷康子さんの訴えを最高裁大法廷は人権感覚を欠如し、国の関与を狭く解釈し、宗教上の人格権をみとめず「政教分離に反さぬ、合憲である」と、一四対一の反動的判決を下しました。最高裁判事矢口洪一はさらに原告の中谷さんに対し、「他者（合祀を強引に行った側）の宗教に寛容であれ」と、とんでもないことをほざいています。

自衛官が死亡した時に、その遺族の意見を無視し、神社に祀ることはキリスト教に対する信仰の自由を奪い、宗教的中立であるべき国が原始的多神教である古代の遺制神道を強要することです。最高裁の判事たちはキリスト教についての知識に欠けているのでしょう。ユダヤ教、キリスト教、回教は一神教であり、神道のようないいかげんな信仰を認めてはいません。一般的日本人の、クリスマスを祝い、神社に初詣でし、葬式は寺で行っても平気である習慣とはキリスト教の教義は相容れないものとしてあり、そのキリスト教徒に神道信仰を強要することは、キリスト教信仰を冒とくすることでしかありません。これほど簡単なことが一五人の判事の内一四人には理解できなかったということでしょう。なぜ理解できなかったのでしょうか。理由は明瞭です。自民党の意向が合祀拒否訴訟での違憲判決を望まなかったからです。これは現在の最高裁判所の行政からの独立性がないことを証明しています。

②公安警察による日本共産党国際部長宅盗聴事件付審判請求に対する東京地裁刑事第一一部裁判官神垣英郎の判決。公職権乱用罪の適用は「職権行使の外観を備えたものに限られる。……盗聴はひそかに行われたものであるから同罪にあたらない」とし、付審判請求を棄却しました。本年三月七日の判決です。

三月八日付朝日新聞掲載の評論家立花隆氏の評価を紹介しておきましょう。「強弁もいいところだ。『何人にも覚知されないように、ひそかに行われたもの』だから職権乱用罪にならないという判決は、バレないようにやるなら何をやってもかまわないと、違法捜査にお墨付きを与えたようなものではないか。これでは密行捜査が建前の公安捜査には、職権乱用罪が一切成立しないことになる。この事件は氷山の一角であり、公安捜査は捜査権を乱用した違法捜査のオンパレードだ。盗聴どころではなく、信書開封、不法侵入、窃盗、時によっては強盗、強奪すら行われている。通信の秘密を侵されないことは、憲法が保障する基本的人権の一つだ。捜査権を乱用して憲法が保障する権利を妨げることが、どうして職権乱用罪にならないのだろうか」と、述べられています。これが常識的な物の考え方です。なぜ刑事第一一部の裁判官神垣には、常識的な考えができないのでしょうか。諸君は自分たちの犯している過ちを自覚しているのですか。ついでに私を取調べていた公安警察官の供述も紹介しておきましょう。数年後に定年を迎える警視庁公安部第一課警部補Ｈは、「日本共産党の盗聴をやるのは当然であり、我々の義務だ。検察庁と話をつけてあいまいにしてしまったが、むしろ堂々と裁判で争うべきだ。盗聴の必要性と正当性を主張すべきだ」と、供述していました。こういう考え方は一警部補だけではなく警察全体の考え方であります。盗聴が職権乱用でないと判決する東京地方裁判所の考え方は、日本共産党などの左翼に対して、盗聴、信書開封、窃盗、家宅捜索という名の住居侵入などの行為は許容されるべきとあるからこそ、このような判決がでるのでしょう。

③司法修習生第四〇期生百数十名有志のアピール（本年四月七日）

それにはこのようにあります。「二年間の修習体験から、①裁判官、裁判内容に対する事実上の規制がある。判検交流をはじめ、行政庁との活発な人事交流がなされ、司法の独立が脅かされている。こうした傾向は国家賠償訴訟、行政訴訟に顕著に見られる。②検察庁は警察官の調査の行き過ぎをチェックできず、盗聴事件などにみられるように不透明な処理がなされている」など、問題点を的確に指摘しています。

④本年四月一六日に大阪の弁護士グループが最高裁内部資料を入手し発表しました。

その内部資料は、企業の労働者の整理解雇に対してどのように扱うべきかを研究したものです。整理解雇については従来の四つの要件を緩く解釈し、企業裁量を広く認めるようにとなっています。参考までに従来の四要件を述べておきますと、「①整理解雇の必要性がある。②解雇の回避措置をつくしている。③整理解雇の基準や人選が合理的。④労組などと協議するなど解雇手続きが相当。一つでも欠けると無効とする」以上です。これを緩く解釈せよなどと指揮する最高裁のあり方は、司法の行政癒着だけでなく、大企業独占資本擁護の現司法の正体を明示しています。

⑤良心的裁判官への人事行政での差別。

環直弥元大阪高裁判事は、「青法協や裁判官懇話会の裁判官に対する任地、給与差別は明らかに存在する。差別でおびやかし、驚かせ、困らせて統制へ導こうとする最高裁の態度は間違っている」と、述べられています。実際差別人事は行われ、一九八七年に裁判官懇話会会員裁判官二名が三〇年目の再任期時に最高裁によって再任拒否が行われています。第三九期司法修習修了者に対して、最高裁は三名を、修習生時代に自主的研究会等参加を理由に一九八七年四月、裁判官への任官を拒否しました。前述の第四〇期生の百数十名の有志たちも、任官拒否あるいは差別人事配置を受けているでしょう。

⑥判検交流の実情。

反動判決は最高裁から下級裁判所にいたるまで激増していますが、その背景にこの判検交流もあることを諸君は否定できないでしょう。一九八六年三月の第一次家永教科書訴訟での東京高裁の反動判決、同じく同月の「岩手靖国公式参拝決議」違憲訴訟での盛岡地裁の反動判決、厚木基地騒音公害訴訟、多摩川水害訴訟などでの反動判決をみれば、担当裁判官の中に国の代理人をしたことがある訟務検事出身者などがいたことが明らかになっています。一九八六年の段階では現職裁判官の五％強が最高裁事務総局に配置され、四％強が法務省などの行政官庁に出向し、出向経験者は三〇〇名にも達し、現在出向中のものをあわせると現職裁判官の二〇％近くに達しています。しかもこの交流組が裁判官の重要ポストを占めるようになっています。一九八七年一〇月一日現在では裁判所から法務省に三一名、法務省から裁判所へ二六名異動し、このほか、長期研修のため九名が行政庁、大企業などへ研修に出ています。このような現状で司法が「中立」あるいは独立を維持できるはずもないし、人権不在、権力追随、独占資本の権益擁護しかできないのは歴然としています。

⑦警察、検察の権力乱用を容認しているのは現裁判所である。

帝銀事件でデッチアゲ逮捕された平沢貞通さんは一九五八年に死刑判決を受け、一九八七年に刑務所当局に獄死させられましたが、なぜ三二年間も死刑が執行されなかったのかは裁判所がよくご存知でしょう。裁判所及び法務省は平沢さんの無罪を知っていたからです。であるのになぜ裁判所は再審請求をことごとく退けたのか、冤罪事件になるのを恐れたことと、真犯人の追及が関東軍防疫給水部、俗に言う石井七三一部隊の真相究明につながることを恐れたからにほかなりません。この間死刑確定者の再審が、免田事件、財田川事件、松山事件、島田事件とありましたが、これは司法が建全であるというより、いかに腐敗怠慢しているかを示したものです。第一審でなぜ検察、警察のデタラメ捜査、証拠捏造、自白強要を見抜けなかったのかが問題でしょう。なぜなら裁判官自身が捜査機関の側に立ち、予断と偏見の持ち主であるからです。冤罪が晴れぬまま死刑を執行されてしまった無実の人たちも数多くいるはずです。新刑事訴訟法の定着期で自白証拠主義が抜けていなかったというのは言い訳でしかありません。ここで述べた四事件の内三事件は幸いにも執行される前に被告は無罪になりましたが、これは幸運な例でしょう。島田事件では再審開始が確定した以上、検察は無罪を確証しているはずなのに、なぜ引きのばしをはかるのか。検察のメンツだけではないか。いずれにせよ裁判所は無実の罪で絞首刑になったり、長期に拘留された人々に対してどのような責任をとるのか、誤審裁判官の責任が一切問われていないではないですか。この時だけ司法権の独立、裁判官の身分保護ですか。諸君は現在も冤罪をつくり続けていることにどう責任をとるのですか。日石ピース缶事件、警視総監公舎爆破事件にみられるように、裁判所そのものが冤罪の共犯者じゃないですか。一般職員に死傷者をだした北海道庁爆破事件を支持することはできませんが、大森勝久さんをデッチアゲ逮捕し、証拠もないまま、殺そうとしているのがこの裁判所です。裁判所が裁こうとしているのは、大森さんの思想であって、デッチアゲ事件の責任ではありません。むしろ東アジア反日武装戦線の名によって継続されている闘いに恐怖し、大衆の共感を阻止するために、戦後頻繁にあった松川事件などと同じく、権力による謀略事件とみるべきでしょう。自衛隊朝霞事件然りでしょう。公安警察が不純分子Kなる者をそそのかし、事件をつくり、「パルチザン戦争―流民革命」論をとなえた滝田修氏に使ったものであることは明白になっています。Kが日石ピース缶事件でも虚偽証言を行ったことは、それをやらせた検察庁がよく知っていることです。

以上述べた七点の例は現在の日本の裁判所の一端を指摘したに過ぎません。現在の裁判所の役割が、国家権力の人民支配の道具、補完物に化しており、そこでは基本的人権の尊重はおろか、正当な民主的な審理を一切期待することはできません。独占資本の権益擁護、公安警察と一体となった裁判所に私の思想を裁かれることは拒否します。治安維持法は現日本国憲法公布以前に廃止されたはずですが、裁判所の警察権力への屈伏のために、不文律として治安維持法が復活しています。私の被逮捕を口実に無関係が明白であるにもかかわらず、三〇〇ヵ所もの違法家宅捜索、差押許可状を公安警察の言うがままに発布したことを謝罪し、撤回しなさい。そもそも仮に日本赤軍と関係がある人でも現行法規に違反しない以上、その人権は保障されるべきです。それすらできないということは、日本はブルジョア民主主義すら否定し、天皇制ファシズムのままであることを証明するようなものです。諸君は自分たちの首を自分たちで絞めていることを、親切にも教えといてあげましょう。

次に検察庁の実態を指摘しましょう。

私を取り調べた検事は「君は検察庁は国家権力の機関と言いますが、確かに検察庁は法務省の下にありますが、実際には司法機関のようなものです。検察は独立性を持っており、人事も法務省の介入なく、検察庁内部で決めています。警察を指揮することはできますが、それよりむしろ警察の捜査の仕方も点検する役割を持っています。第二の捜査機関と思って下さい。過去に検察側の誤りが日石ピース缶事件などであったことは認めます。しかし証拠がなければ中核派の幹部ですら、不起訴で釈放しています。現在検察側が起訴して、有罪になる確立は確実に増えています。それは事実調査をしっかり行い、証拠能力に対して慎重にやっているからです」と述べていました。しかし実態はそうではありません。この検事はあまりにも善人すぎて検察の正体が見えていないのか、私をだまそうとしたのかどちらかでしょう。

私は断言します。検察庁は警察と一体となった国家権力の弾圧機関です。

①今年退官し死亡した前検事総長伊藤栄樹の供述。

その一、自民党政府と検察庁の癒着。

造船疑獄の指揮権発動に対し、伊藤は抵抗したとのことだが、内心ほっとしたと彼は述べています。佐藤栄作と池田勇人を逮捕したら日本の将来はどうなるのだろうと不安を感じたが、指揮権が発動されたのでほっとしたと述べています。この点について、前大阪高検検事長石原一彦は、「造船疑獄については、まだ歴史的な評価が正しく行われる時期でないと思う。逮捕許諾を拒否せざるをえなかった政界側の事情が明らかにされていないからだ。確かに、『ほっとした』ということが書かれているが、あのままやって日本の政治を覆してはいけないんだと、その点に対しての懸念は持っていた」と、朝日新聞一九八八年六月二一日付『秋霜烈日をおわって』座談会記事の中で供述しています。「あのままやって日本の政治を覆してはいけないんだと、懸念は持っていた」とは何事ですか。日本の政治と抽象化していますが、具体的に言えば自民党政権がひっくり返ることは、検察庁はしませんと自己暴露しています。これが検察庁の本質です。最近の平和相銀事件のように政治家の名前が出だすと事件が消えてしまっています。

その二、日本共産党幹部宅盗聴事件。

これほど検察庁と警察の癒着ぶりを示した事件はありません。伊藤の回想録によればヤミ取り引きをやったことが明らかになっています。これについて石原は同じ座談会の席上、「ヤミ取引ではないかという点だが、検察官の義務は、正義を求めることで、処罰ばかり求めることではない。警察が自浄力を発揮して違法な行為をしませんと言い、再発防止の効果があるとき、それを信じて処罰を求めないという判断がありうると考える」と、まったく非常識なことを述べています。権力擁護、独占擁護が検察庁の本質です。立花氏が聞いているところでは、「トップ同士でヤミ交渉をやっている。警察がなかなか『うん』といわない。そこで『山田（英雄警察庁長官）がよくわからないようだから、だれだれを事情聴取してやれ』といって特捜が警察官の事情聴取を開始すると、今度は警察があわててその交渉に応じたといわれている」とあります。検察も完全に同罪です。伊藤自身がとんでもないことを供述しています。「(警察の)指揮系統を次第に逆上って、次々と検挙してトップにまで至ろうとすれば、……警察全体が抵抗するだろう」「その場合、検察は警察に勝てるか。どうも必ず勝てるとはいえなさそうだ。勝てたとしても双方に大きなしこりが残り、治安維持上困ったことになるおそれがある」と述べており、要は検察の意図は盗聴はやってもいいが、バレないようにやれということです。現行法を破っているのは諸君であり、その諸君が私を現行法で裁くことはできません。

その三、天皇列車爆破計画。

伊藤によれば、「地検の公安部長、副部長に東アジア反日武装戦線が天皇列車爆破計画を持っていたのか聞くと知らないととぼける。警視庁に頼まれてかくしていることがある。公安事件は警察の力を借りて初めてうまく処理することができる。そこに警察との情が優先してくる可能性がある。」「公安部検事は警察に対する親分気質があるが特捜にはないので、取り調べを検事相手にした。すぐ自白を得た。公安部長以下をしかりつけた。警察に使われるなんて、検事としての自覚と誇りはどこに行った」とあります。さらに、「毎年五月一九日に検察関係者全員、女性刑事を含む警視庁関係者全員が集まって、回顧談をかわすのを常としている」とも供述しています。検察庁と警察との癒着がどのようなものか良く示されています。これは一端でしかありません。

②人民弾圧機関——公安調査庁の指揮。

破防法にもとづく調査を行うと称し、形式上右翼団体も対象にしていますが、基本は左翼、進歩的民主勢力の弾圧にあり、日本共産党、中核派、革労協、革マル派、在日朝鮮人総連合などを対象として特定しています。この機関は捜査権を持ちませんが、身分を偽って接近、潜入したり、金品での買収、脅迫、拉致などを行い情報収集活動をやっています。この機関の長官、次官は現役検察官がなり、部長、局長などの幹部を現役警察官と検察官で分けあっています。人民弾圧のためスパイ活動もやるのが検察庁の本質です。

③冤罪事件に対する態度。一般事件に対する態度。

警察の違法捜査を知りながらそれを認め、検察自らそれに加わり、一度起訴すると人々を有罪重刑にすることに目的があり、無罪判決、情状判決がでると必ず上訴し、再審開始になれば、ほぼ無罪確実なのに、最後まで有罪にすることに躍起になっています。被告の人権を一切無視するのが日本の検察のあり方です。検察のあり方は罪を憎んで人を憎まずではなく、検察の面子のために、罪がなくとも人を憎むというものです。具体的事件名を指摘しなくとも、日常茶飯事なので、諸君はよくご存知でしょう。

④退官検事たちの行状。

検事を定年あるいは中途で退官し、弁護士になった彼らの行状については諸君はよくご存知でしょう。贈収賄事件で高級官僚、資本家の弁護には必ずと言ってもいいくらいに登場してきます。平和相銀事件などでは黒幕として、登場しています。これが検察官の体質でしょう。

⑤日共幹部盗聴事件に対する検察庁の対応。

裁判所の役割のところで述べましたが、検察庁のとった態度については、伊藤栄樹の供述のところでも述べ、また、あまりにも大衆に知らされていますので、ここでは省略します。ただ一つだけ補足的例をあげておきましょう。本年三月二三日に盛岡地裁で、岩手県町長選での盗聴事件に対する判決がありましたが、探偵社の人間に対して有罪判決を下し、懲役八ヵ月、執行猶与四年を与えました。国家権力と相手がかかわりのない場合は有罪判決で、かかわりのある場合は不起訴になることを証明しています。検察庁の対応は権力擁護というよりも、権力そのものです。

まだ例は数多くありますが、当事者の諸君が誰よりも知っているはずのことなのでこのへんで止めておきます。

裁判所と検察庁の実態について述べましたが、行政権力と独占資本と癒着した現在の日本の司法機関が、独占資本に反対し、自民党政権に反対し、真の民主主義実現を目指して闘っている革命組織の一員である私を裁くことは絶対にできません。どうして不正義が正義を裁けるのでしょうか、裁けはしません。裁く資格を諸君は有していません。

（二）　私を刑法、特別法などで裁くことはできません。

諸君は私を旅券法違反、航空機の強取等の処罰に関する法律違反なるもので裁こうとしていますが、私はそれらの「罪状」なるものを認めることはできません。理由を以下に述べます。

①我々の闘争を刑事事件として扱うことが間違っています。

我々の闘争の目標は、独占資本に反対し、自民党反動政府を打倒し、君主制を廃止し、アメリカ帝国主義を追放し、人民の政権を樹立し、徹底した民主主義を実現し、非同盟中立、自主独立の共和国を建設することにあります。現日本の刑法を犯すことにその目的はありません。独占資本家、自民党政治家、高級官僚などの大悪人のように私利私欲を肥やすことに目的はありません。にもかかわらず、諸君は私を一般刑法で裁こうとしています。それは不可能です。諸君に正義を裁く権限などありません。

ついでに言うならば、一般刑事事件も犯罪として裁いていますが、現行の司法は結果としての現象を裁くだけであって、犯罪そのものの原因を究明し、その根拠を解決することを意図的に放棄しています。小説『あゝ無情』のジャン・バルジャンはパン一個を盗んで監獄に放り込まれましたが、なぜ盗まざるを得なかったのかを問わないのが現行のブルジョア法体系です。もっとも日本の資本主義はブルジョア民主主義の実現すら拒否し、ファッショ的体制の維持を目論んでいますが。資本主義の自殺行為であることも知らずに。

②私の帰国は合法的な権利であり、不当弾圧に対する抵抗権の行使であり、罪に問われることは一切ありません。

諸君は私を一九七二年六月に国際手配しました。リッダ闘争の関連者として。さらに一〇月には殺人共同正犯なるものをデッチアゲ、逮捕状を出しました。私は確かに一九七二年四月に日本を出国しましたが、数ヵ月で帰国することになっていたのは、手配以前にヨーロッパからの私の絵はがきなどで明らかでした。にもかかわらず、不当な国際手配をして、私を妨害したのは公安当局であり、私ではありません。私の帰国を「潜入だ」と騒ぐのであれば、私の合法的帰国を妨害した公安当局のやり方を問うべきです。それが不当であったことは、今回、私をリッダ闘争との関連で起訴できないことに明白ではありませんか（諸君に言っておきますが、証拠をデッチアゲ、私をリッダ闘争の関連者として起訴しても、私にとってそれは「名誉」でこそあれ、動じるものではありません）。

そもそもリッダ闘争に対して逮捕令状を執行することが違法です。リッダ闘争は、シオニストによるパレスチナ不法占領に対するパレスチナ人民とシオニスト・イスラエル占領軍との民族解放戦争であり、我が同志たちの崇高なプロレタリア国際主義の軍事作戦であり、「刑事事件」などではありません。日本の反動政府が関与する余地はまったくなく、リッダ闘争による指名手配そのものは国際法上無効です。一九八五年五月に国際赤十字の仲介で、戦争捕虜交換として岡本公三同志は他のパレスチナ戦士たちと共に解放されました。これはシオニスト・イスラエルでさえも認めている国際法に則った措置です。アラブ、アフリカ、ヨーロッパ、アジアの革命家たちはシオニスト・イスラエルの収容所から解放されましたが、それぞれがそれぞれの国に帰っても、当然裁判にもかけられず、活動の自由は保障されています。しかし、日本の反動政府は解放された岡本同志に対して、国際的習慣を無視し、あのイスラエルでさえ認めたにもかかわらず、八五年五月の解放と同時に不当で不法な国際手配をしました。ただちにそれを撤回しなさい。

③諸君が言うところの今回の三点の起訴事項（諸君の語では被告事件）そのものを認めることを断固否定します。

（三）結論

公安警察と一体となり政治的弾圧を加え、独占資本に支配された国家権力の行使機関としての現検察庁に公訴権は存在せず、また、司法の独立性を失ない、独占資本擁護の警察国家権力の補完物と化した裁判所に司法権は存在せず、そして我々の闘いは独占資本奉仕の自民党反動政権の打倒にあり、諸君に裁かれる根拠は一切ありません。革命無罪を主張します。公訴をただちに棄却し、私の無条件釈放を要求します。

革命無罪であるにもかかわらず、諸君は一九八七年一一月二一日に私を不当な別件の公務執行妨害で逮捕し、そのまま勾留を続け、接見等禁止措置をいまだに継続しています。すでに一〇ヵ月以上過ぎていますが、両親との接見しか認めず、他の家族などの接見を禁止し続けています。『週刊朝日』や『週刊ポスト』などの週刊誌の購入まで禁止しています。検察の立証が終わるまでとされていますが、ほとんどの未決囚に対してこのような横暴なことはされていません。これは明らかに六〇日間に及ぶ朝から晩までの取り調べに対して、私が黙秘を貫いたことに対する報復措置です。憲法三八条と刑事訴訟法で認められている黙秘権に対する重大な侵害です。明らかに政治的弾圧です。再度即時釈放を要求します。

二、私が革命家になった動機。

公開裁判とは言え、警察国家の権力の手の中にある以上、私は黙秘権を行使し続けますが、日本革命家としての正当性を主張する権利があります。残念ながら公安当局の捜査資料にされない範囲でしか述べることはできません。裁判所は大衆的な場として不十分ですが、最低限のことを述べます。

公安当局とブルジョアマスコミはしばしば我々新左翼活動家を一九六〇年代後半から、「学生運動をやっているのは、裕福な家庭で苦労を知らずに育ち、ぬくぬくと大学に入り、受験勉強から解放されてエネルギーの発散で過激にやっているだけ、はしかのようなもの」という像をつくりました。農村から出てきた純朴な青年たちが警察の本質を知らず、警察官になると、警察上層部は洗脳教育し、「左翼の学生連中は、君らのように苦労してきた青年ではなく、親のスネをかじりながら、過激に走っているアカである。金持ちのドラ息子たちで社会正義の観念がない」などと吹き込み、憎悪心を若い機動隊員がいだくようにしていました。こういった宣伝の仕方は学生運動を労働者、農民の運動から切り離そうとしてなされたものです。私を屈伏させようと取り調べた公安刑事たちは、「恵まれた家に育ったのに、君はなぜ家族を困らせるようなことをするのか」とほざいていました。とんだ見当違いです。大阪府警のいいかげんな書類をながめただけでそのような図式をはめたのでしょう。

私の父方の祖父は確かに地主でしたが、戦後の農地改革による没落地主でした。私は農地改革を支持するので、故人に悪いですが没落して当然です。私の父もまた陸軍将校であったがために復員後、公職追放になりました。したがってこの資料だけ見れば、日本の保守的一般社会で言う「えゝとこの子」に私はあたるでしょう。祖父は徳島県選出自民党代議士の故秋田大助などの後援をやっていたらしいですから。我々の価値観、革命の側の価値観から言えば、私は最悪の出身階級です。しかし、幸いなことに（一般には不幸なことにでしょうが）、没落の結果、私が生まれた時は地主の坊っちゃんでしたが、物心つく頃は大阪の零細家内業の貧しい境遇にあり、両親の苦しい生活を見て育ちました。両親に罪はまったくありませんが、友達を家に連れてくることの恥ずかしさ、給食費をいつも遅れて持って行く恥ずかしさは経験した人でないとわからないでしょう。音楽の授業に笛かハーモニカを持って来なさいと教師に言われても、両親の苦しさを見ている私は「買ってほしい」とは、言えませんでした。当時貧しい人たちが多かったせいか、必ずではなかったので幾分か救われましたが。これが私の小学生時代です。「過激派」の親の顔がみたい、どんなしつけをしていたのかと問いたがるマスコミが多いので言っておきますが、しつけは厳格でした。人の迷惑になることは絶対にするなと教えられ、礼儀正しくというのを嫌になるほどしつけられたのを言っておきます。「親の顔が見たい」という連中の「子供の顔が見たい」ものです。

小学校高学年の時に神戸に移転しましたが、家の状況は下流の上あるいは中流の下にはなっていました。私が神戸で見たものは大阪の様子と違い、極端な貧富の差でした。金持ちの友達の所に行くと、門から玄関まで何メートルとあり、貧しい友達の所に行くと、台所もなく一部屋に家族五人が住んでいる状況でした。小学五年生の三学期に鉛筆を指にはさんで折るのがはやり、その貧しい友達の一人が授業中にその遊びをやりました。すると教師が飛んで来て、「貧乏人は貧乏人らしくしとけ」と叫びました。私はこの差別に驚きました。しかし私はまだ貧富の差がなぜあるのかわかりませんでした。少なくとも汗水流してガムシャラに働けば金持ちになれるのではないなというのは理解していましたが。小学六年生の時の教師は大日本帝国万歳の軍国主義を認める男でした。私はそのおかげで貧富の差の根本原因がわからないまま、これは日本の社会が腐っている、それを正すには昔の日本のように軍隊が強くなければならないと思うようになってしまいました。自衛隊に入って日本を良くしようというのが当時の私の考え方でした。五・一五事件、二・二六事件の青年将校、兵士たちにあこがれました。教育の怖さを痛感します。

中学生になって大阪にまた変わりました。私はこの頃右翼的少年でした。神戸の教師の影響です。日の丸掲揚、君が代斉唱を学校で式典には必ずやるべきと三年生になっても思っていたし、口にも出していました。悔しいことには未だに君が代の歌詞を覚えています。しかしある日、政治経済の参考書を読んだ時、資本主義の欠陥というのが出ていました。そこに書かれていたのは、景気の変動、恐慌の発生、貧富の差の拡大でした。恐慌、貧富の差、そうか資本主義だからかというのが、衝撃でした。そこで初めて社会主義、共産主義のことを知り、そこから資本主義は何たるかを知るようになり、神戸の教師の言っていたことがとんでもないことだと気がつきました。あの時気がつかなければ、防衛大学校に入ることを目指していたでしょう。恥をさらせばこの頃、高島屋提供の皇室アルバムをテレビでよく見ていたほどの右翼的少年でした。

高校生になって、資本主義の人間疎外と搾取の構造を知った時、私の進むべき道は決まりました。そして一九六七年一〇月八日、羽田闘争と山崎さんの機動隊による虐殺をＴＶニュースで見た時、自ら行動すべき時だと悟りました。アメリカ帝国主義のベトナム侵略戦争に積極加担する日本政府のあり方に私は目をつぶることはできませんでした。

これ以上くわしいことを述べることはできませんが、以上が革命家になった動機です。

もし私が世の中の不正、矛盾に一切目をつむっていれば、今、諸君や新聞記者が座っているところにいたかもしれません。それで私の生活の安泰は得たでしょうが、しかしそれは人間としての生き方を捨てたに等しいものです。

三、日本赤軍の闘いはテロリズムとは無縁である。

（一）我々の過去の闘争の意義。

①リッダ闘争、一九七二年五月。

第二次世界大戦後、帝国主義諸国はシオニストのパレスチナ占領を認め、イスラエルはその戦後処理として登場し、パレスチナ問題をつくりだしました。一九四八年成立のイスラエルはシオニストのパレスチナ人民の犠牲の上につくられた人工的国家でしかありません。シオニズムはその発生からして、ナチズム、日本ファシズム、南アのアパルトヘイトと同じく排他的選民意識による、国連決議にあるように、人種差別主義であり、帝国主義的特性を持ったものであり、民族運動ではありません。四八年のイスラエル「建国」を前にあった四月九日のシオニストテロリストのメナハム・ベギン（前首相）指揮下のテロ団はディール・ヤシン村を襲撃し住民二五四名を虐殺しましたが、それは一つの例であって、パレスチナ人の血と汗と涙の上に現在のイスラエル国家なるものが存在しています。シオニストがパレスチナ人民の民族的諸権利を否定し、軍事占領を続け、鉄拳政策を続けている限り、パレスチナ人民の正当な民族的権利として現在の武装闘争があります。

リッダ闘争はパレスチナ人民のみならず、アラブ人民に感動を与え、エジプトの故サダト大統領でさえも、この闘争に称賛を与え、戦死した奥平同志、安田同志と共に生き残った岡本公三同志はパレスチナの民族的英雄の位置を与えられました。日本国内しか知らない人々にとって、リッダ闘争がパレスチナ解放闘争の中での大きな位置を占めていることは想像しがたいことでしょうが事実です。日本政府は「無差別テロ」と、リッダ闘争の地平を冒瀆していますが、それはパレスチナ解放闘争そのものを否定することであり、アラブ人民には認められないことです。裁判官、検事諸君がそれを確めたければ、コツ（エルサレム）のアルアクサやベイルートのハムラ通りに立って、「リッダ闘争は無差別テロである」と人々に語ってみなさい。諸君は再び五体満足で日本の土を踏めないでしょう。ベイルートに行くのがこわければ、カイロのモスキー通りや、メッカのカーバでやってみなさい。諸君の身でもって私がうそを述べていないことを知ることになるでしょう。在日アラブ諸国大使館で聞けば、諸君の期待通りの回答を得られるでしょうが、それはただ単に日本円の力でしかありません。レバノン在住の日本人外交官、ジャーナリスト、商社員がアメリカ人、西ドイツ人、フランス人などのように誘拐されないのは、日本政府の札ビラばらまき、アブラ（油）外交の結果ではありません。

諸君はリッダ闘争を冒瀆するのに、「罪のないプエルトリコ人をまきぞえにした」と主張するのでしょうが、我々はプエルトリコの革命勢力が軍事国家イスラエルに行くことは戦場に行くことであり、闘争を支持すると表明したことと、イスラエル空港警備隊との銃撃戦でありイスラエル軍の発砲による死者もあることを指摘しておきます。それでも我々は必ずしもまったく問題ないとはとらえていません。しかしそれは第三者であるから言えることであり、パレスチナ人民が過去と現在に受けているシオニストによるホロコースト（大量虐殺）、それはナチスがユダヤ人を毒ガスで六〇〇万人を虐殺したように、シオニストはパレスチナ人民、レバノン人民を新型爆弾による無差別爆撃で、パレスチナ人、レバノン人集落、都市への侵入、無差別銃撃、暗殺、爆破テロの歴史と悲惨の現実があり、その重さを知らないから言えることです。我々は西ヨーロッパにおけるシナゴーグ（ユダヤ教会）襲撃、西ヨーロッパ一般人のまぎそえなどを支持はしませんが、アラブ人民にとって、そのまさに普通のヨーロッパ人がアラブ人を殺し、収奪してきた過去の歴史があり、そして現在があり、その重たさを資本主義国の人間は知らねばなりません。フランスはアルジェリアでの七年間の戦争で人口の一〇分の一にあたる一五〇万人のアルジェリア人民（人口の一〇分の一は軽いものでなく、日本で言えば東京都民の全員が死亡したことを意味する）を殺害したし、ファシストナチスドイツ、イタリアの犯罪、イギリスの犯罪、そして現在のアメリカ帝国主義の犯罪に対するアラブ人民の憎悪は身内を失った者でなければ理解し難いものです。私は革命組織の原則から残念ながら、リッダ闘争後のニュースで、この作戦を知りましたが、我が同志たちとパレスチナ同志たちの作戦遂行の方法に差異があったと聞いています。痛みを受けていない民族が痛みを受けている民族に、侵略民族に対する攻撃をやめろと言う権利はありません。革命の中において、階級闘争の中においてはじめて、侵略民族と被抑圧民族は民族の壁を越えることができます。したがって、闘っている我々でさえ、リッダ闘争の中でのプエルトリコ人うんぬんを語ることはできません。ましてや諸君のように帝国主義の側に立つ者が、リッダ闘争の意義を冒瀆することは断じて許されません。

②日航機ハイジャック・ドュバイ闘争、一九七三年七月。

リッダ闘争にろうばいした日本反動政府はイスラエルに特使を送り、見舞い金なるものを支払い、パレスチナ革命に敵対し、クウェートなどでも日本製品不買の動きが起こりました。日本帝国主義の第三世界の革命に対する敵対行為への懲罰、獄中同志解放を目的にし、ドュバイ闘争がありました。

この闘争に対して、日帝はイスラエル情報部、西独情報部の助言の下、巧妙なトリックを行いました。それは日本政府に対する要求書を七月二一日日航東京事務所で受け取ったにもかかわらず、その内容が七二年初頭にあったルフトハンザ機ハイジャック闘争に酷似していることにヒントを得、要求書を受け取っていないとして、闘争の破壊を計りました。二つの方法があり、一つは受け取るやいなや、外国人が切手を貼ったようにし、郵便局に投函する、あるいは、日付と局のスタンプをそれらしく後から押したりです。郵便局の消印がいいかげんでどのようにでも工作できるのは伊藤栄樹の手記の中にも書かれています。また公安当局がルフトハンザ機ハイジャック闘争の要求書を持っていたのは、私の取り調べ時にその資料を公安警察官が示したことでも明らかです。尚、この警察官は私に資料を見せたことで上司からしかられています。日航会長の小林はイスラエル情報部将校の協力を得、対策本部を設置していました（余談ですが、イスラエル・モサドはこのドュバイ闘争に神経をさかれたためにノルウェーでのPLO幹部暗殺を失敗し、人間違い殺人を犯し、工作員がノルウェー当局に逮捕されるという醜態を演じています。日帝に引きずられ、モサド指導部がノルウェーでの作戦指揮に集中できなかったがためです。これはモサドの資料に出ています）。日本政府のやり方が、乗務員、乗客を切り捨てるものであったことは西ドイツからハイジャック機への挑発的電報にも示されています。電文の内容は「乗客を殺害する意図があるなら直ちにそうしろ。そうしないなら人道的に乗客を解放せよ。君たちが殺そうと考えている乗客に対し、飲物や食物を受け取ることを許可するなどとはおかしな話のように思われる」というものでした。この電報はドュバイ当局の手を経ており、わざわざ闘争主体に通知するのは挑発以外の何ものでもありません。日本政府の言う人命尊重とは真っ赤なうそです。人道的処置をとったのはむしろ作戦部隊の方だったと聞いています。日本政府の人命無視の態度に対して、人道上から敵性の者まで含めて、全乗客、乗務員を解放したのですから。

③シンガポール米資本石油精製所襲撃及び在クウェート日本大使館占拠闘争、一九七四年一月〜二月。

米帝のベトナム侵略戦争の補給燃料基地として、シンガポール・プクム島の石油基地があり、プロレタリア国際主義の戦いとして、反米帝闘争としてその戦いの性格がありました。だが不幸にも事故があり、やむをえず「人質」を確保しました。シンガポール当局との交渉に対し、日帝が強引に割り込み、シンガポール政府の人道的対応を阻止し、妨害を計りました。その結果として、在クウェート日本大使館占拠闘争がありました。反米帝の闘争に敵対し、米帝の番頭としての本性を表したからです。

よい機会なので日本外務省の人間がどのようなものか紹介しておきましょう。我が同志たちが日本大使館に突入し、占拠した時、大使は館員の安全をはかり自ら進み出ずに逃亡を企て、恥さらしにもロッカーの中に自分だけ助かろうとして隠れました。我が同志たちが館員に大使はどこに逃げたと聞くと、手をあげながら口に出さず、隠れている場所を指さしました。かわいそうなのでこの館員の名を伏せておきますが、彼に責任はないでしょう。大使は闘争後、自分がいかに冷静に対応したか述べていますが、事実は逆であり、かつての部下たちも腹の中でさぞかし笑ったことでしょう。また我々が押収した大使館の書類の中には、外務省への大使の報告書もあり、日帝がいかにアラブ諸国を愚弄した外交をしていたかが歴然としていました。

④在ハーグ・フランス大使館占拠闘争、一九七四年九月。

仏当局の同志不当逮捕に対する、また、多くの在欧日本人への不当弾圧に対する当然の報復処置でした。オランダ警察官の負傷は、攻撃を仕掛けたからであり、当然の防衛措置であり、諸君に問われることではありません。死なかっただけでもましだと思うべきです。死んでも我々の責任ではありません。

⑤在クアランプール・アメリカ大使館、スウェーデン大使館占拠闘争、一九七五年八月。

日本大使館が同じ建物の中にありましたが、我々は日本政府との交渉のために意図的に対象からはずしました。

この闘争はインドシナ革命の勝利連帯、日米首脳会談阻止、獄中同志解放闘争として遂行されました。

第一に、七五年ベトナム革命の勝利、カンボジア革命の勝利と続き、米帝は完全に敗北しました。にもかかわらず米帝の面子のために、カンボジア革命政府の米帝スパイ船拿捕に対し、軍事作戦を強行し、カンボジア人民軍兵士を殺害しました。我々が米帝を攻撃するのは当然のことです。

第二に、三木・フォード会談を通し、日米軍事同盟強化の策動に対しての拒絶の表明でもありました。

第三に、赤軍派・連合赤軍の同志諸君、東アジア反日武装戦線の同志の解放は、過去の戦い方に誤りがあったとは言え、自民党反動政府の下で裁かれるものではありません。連赤が同志を一四名も「総括」と称して死なせてしまったこと、狼の同志たちが三菱重工爆破で一般労働者に死傷者をだしたことについては、我々は支持することはできません。だからと言って、これらの同志たちが国家権力に裁かれるのではなく、日本帝国主義に対する闘いの中で、過去の誤りの克服をするべきものです。彼らの誤りを我々も引き受け階級的責任を共有することに、同志たちの獄中からの解放があります。

第四に、スウェーデンから不当に日本に送還された我が同志たちの敗北の責任をとることにありました。ついでながら述べておきますが、この闘争の際マレーシア側の保安要員が負傷しましたが、それも我々の警告を無視して建物から離れなかったからです。我が同志たちが二回目の警告として急所をはずしてやったからです。彼がそのまま死んだとしても我々の責任ではありません。

⑥日航機ハイジャック・ダッカ闘争、一九七七年九月。

第一に、ヨルダン反動当局は日高敏彦同志を拷問、虐殺し、奥平純三同志を拷問にかけ、日帝に引き渡したことの報復にあります。日帝公安当局は日高同志の遺体を遺族、友人に会わせず、解剖―死因追及を拒否し家族の同意抜きに火葬してしまい、ヨルダンの拷問の事実を押し隠してしまいました。果たして、日高同志の遺体の灰の中から十数センチの鋭い金属針が発見されました。

第二に、同じく闘いの中で逮捕され、不当拘留されている日本の革命家たちの解放にありました。我々にとって革命の同志は中核派だからどう、赤軍派だからどう、構改派だからどうというのは一切ありません。革命の同志はすべて同じです。それは「内ゲバ」を支持するかどうかではありません。もちろん我々はどのような理由であれ、内ゲバは支持はしませんが。

補足として述べるならば、いわゆる「刑事犯」の解放に対して、諸君は愚にもつかない悪宣伝をしましたが、誰であっても自らの犯した罪を自覚し、悔い改め、真の敵にむかって闘おうとする限り、政治犯も刑事犯もその違いはまったくありません。我々があたかも兵士が欲しいために、犯罪そのものを容認しているというのは諸君がまいたデマ宣伝です。諸君に刑事犯を非難する権限はありません。なぜなら諸君のやり方は、「犯罪」の根拠を問わずに現象の結果のみを裁き、かつ長期拘留も、罪を犯した人たちの真の更生に目的がなく、懲罰を加えることにしか目的がありません。社会復帰をどのように実現するのかの考えに欠けています。諸君によっては人間の思想を改造することもできないし、犯罪を根底からなくすことはできません。我々は犯罪を憎みますが、その人物を憎んだりはしません。ただし帝国主義者の犯罪については、私はその実行者をも憎みますが、そういう人々は人民法廷できっちりと責任をとってもらいます。今年の九月に死に損ないの人なんかはその典型ですが。

⑦ハイジャック闘争について。

私は二つの「航空機うんぬん事件」の被告にされてしまっていますが、それを認めることは拒否します。私がこの二つの闘争に直接かかわっていたかどうかではなく、日本赤軍の一員として次のことだけは述べておきます。

やむをえず、一部の人間を除いた無関係の乗客をまき込みましたが、数日間にわたって自由を奪ったことに対しては、我々の謝罪の意を表明しておきます。また敵対者は別ですが、一部乗客、乗務員に対して対応の仕方に行き過ぎもあり、まずさがあったことも聞いており、その点についても改めて謝罪の意を表明しておきます。

七七年のダッカ闘争の後、七八年五月に以下の点を我々は表明しています。

「ハイジャックという戦術は、人民性の弱い戦術です。しかし私たちが日本軍国主義を攻撃対象とし、日本の人民に訴えるために、ハイジャックという戦術をとりつつ思想闘争として闘い続ける中で、その否定面を克服できることを確信しました。しかし、思想闘争の成果として、軍事的に勝利したとはいえ、思想闘争として充分に闘い抜けなかったといえます。それは乗客の中に敵・ブルジョアジーと人民を明確に区別するという原則を貫きえず、働きかけえなかったこと。第二に日本国内の人民・同志・友人を一貫して防衛する立場にたちえず、利用主義的側面をもったことです。」

(二) テロリズムとは何か、本当のテロリストとは誰か。

諸君は我々を「国際テロリスト」と呼んでいますが、呼ぶ対象を完全に間違えています。テロリズムの歴史的意味を諸君に説明しても意味がないので、現代的な階級攻防の中での意味について述べておきます。

国語辞典では、「テロリズム――反対者を暗殺するとか、国民を強権でおどすとか、暴力や恐怖によって、政治上の主張を押し通そうとする態度」とあり、「テロリスト――政治上の暴力主義者、テロリズムを奉じる人」とあります。この辞典の説明にあるように、我々とテロリズムは無縁です。我々は暴力の信奉者ではなく、共産主義者です。

一九八六年八月のジンバブエのハラレで開かれた非同盟諸国会議の首脳会議は、オブザーバーを含めて一一九ヵ国と戦線・組織が参加しましたが、米帝国主義の八六年四月のリビア無差別爆撃を、国家テロと非難しました。テロリズムを行使しているのは帝国主義者です。米帝が中心になって、民族解放闘争勢力、帝国主義本国内武闘勢力を「国際テロリスト」と呼び、社会主義諸国、反帝進歩的民族主義諸国に対して「国家テロリスト」と呼んでいます。レーガンは自分の国を「自由の守り神」、反革命テロリストたちは「自由の戦士」と呼んでいます。米帝の言う「国際テロリスト」のリストに入っているのは、ＰＬＯ、レバノンシーア派イスラム革命勢力、ファラブント・マルチ民族解放戦線、フィリピン新人民軍、ＩＲＡ、ＥＴＡなどの民族解放民主革命勢力、西独赤軍派、ＣＣＣ、日本赤軍などの帝国主義本国内革命組織です。「国家テロ」と名指されているのは、イラン、リビア、シリア、キューバ、ニカラグア、朝鮮民主主義人民共和国などです。米帝がレーガン政権になったことは、ニカラグアに対するＣＩＡ部隊の軍事介入であり機雷と米帝軍による海上封鎖であり、グレナダの軍事侵略、政権転覆であり、レバノンでの無差別陸海空軍爆撃、砲撃であり、リビア領海侵犯であり、無差別爆撃であり、イラン民間航空機の撃墜であり、ソ連の領空侵犯を行い乗客を犠牲にし、ポーランドなどに対する露骨な内政干渉、リビア、シリア、イラン、キューバ、朝鮮民主主義人民共和国などに対する恒常的軍事挑発、テロリスト国家イスラエル、南アフリカに対する支援と、思いつくままに述べるだけで、いくらでも米帝の蛮行を数えあげることができます。

米帝の戦略は戦後一貫した反共国際戦略であり、レーガン政権下になって、同時多発戦略を採用し、その下に「海洋戦略」、SDI、LIC（低強度紛争）戦、「選択的抑制戦略」がありますo第二次帝国主義戦争後、社会主義国の相次ぐ成立と拡大、それ以降の地球的規模の民族解放闘争の前進に驚愕した米帝は、とりわけ六〇年代、七〇年代のアジア、アフリカ、中南米の相次ぐ革命の勝利、非同盟会議運動の発展、進歩的民族主義国家の反帝の立場強化に対して、砲撃外交による攻防関係の転換を八〇年代になってはかろうとしてきました。

諸君のためにくだいて説明しましょう。ソ連に対する反共包囲網の形成は同じでも、レーガンのそれはカーター政権時代の一正面対峙と緊急展開による対峙（一・二分の一戦略）を超え、欧州前線だけでなく、北極海、西アジア、西太平洋もすべて前線化することであり、核戦争においても優位性を確立することにあり、そこから「海洋戦略」、SDIが必然のものとしてでてきました。なぜなら国際階級闘争において、ソ連、ワルシャワ条約機構の存在は、日本の新左翼の分析とは大きく異なり、客観的には大後方の役割を果たしています。したがって米帝は、第一にソ連を完全に封じ込め、第二に小社会主義諸国、反帝進歩的民族主義諸国に対する個別撃破、第三にそれらの国々の反共反革命テロリストを利用し、援助し、間接侵略し、時によって直接侵略によって転覆を図り、第四に、ファッショ政権国に対する援助を強化し、革命を抑止するようにし、ファシストでだめな場合は民主的仮面をつけた親米政権を樹立させる一方で、革命勢力に対する弾圧強化をはかっています。これらすべては、社会主義国をもうこれ以上増やさない、民族解放闘争の発展を許さない、第三世界の国々が反米、反帝化し、社会主義諸国に接近させない、ということにつきます。これがLICの本質です。

レーガン政権は八六年から八七年にかけ、国家安全保障会議（NSC）にLIC担当部局を設置し、大統領副補佐官を任命し、特殊作戦統合軍（SOF）を発足させ、特殊作戦LIC担当国防次官補を任命しました。そして選択的抑止（Discriminate Deterrence）という二一世紀にむけた長期戦略を出してきました。米帝が核を局地戦争に使用するとソ連との全面戦争になる可能性と、ソ連に対する局地先制使用も報復核戦争になる可能性があり、米帝にとって核保有が広島、長崎の時のように一方的に使用ができないために、核使用なしの局地戦争あるいはソ連との軍事衝突に使用しうる強力な攻撃兵器による戦略がこの選択的抑止です。これは何を意味するかと言えば、精度、射程、破壊力向上のハイテク通常兵器の開発と使用によって、核を安心して使用ができないために、そのかわりとして世界いたる所での局地戦争を遂行できるようにするということです。言い換えれば、米帝のベトナム侵略戦争においてハノイに核兵器を使用したくとも、使用すれば、中国、ソ連との全面戦争にならざるを得ず、使用をあきらめましたが（この事実は米で暴露されている）、ハイテク通常兵器であれば積極的に使用できるというものです。選択的抑止とは、大量殺りくの米帝の侵略戦争を核の使用抜きに、ハイテク通常兵器により、始めるという宣言です。グレナダは海兵隊の派遣だけで政権転覆できましたが、ニカラグアやレバノンではみじめな米帝の敗北に終わり、今後はハイテク通常兵器で再度侵略を試みるというものです。しかし戦艦ニュージャージーの最新コンピューター照準の一六インチ砲（四〇センチ砲）を使っても米帝はレバノンを去らざるを得ませんでしたが、どのように殺人兵器の近代化をはかっても、人民の不屈の闘いの前には敗退せざるを得ません。

選択的抑止の話はこれくらいにして、ＬＩＣの続きを述べます。その特徴は以下のようなものです。まずその性格。八八年度米国防報告は、「アメリカは今、一般にＬＩＣと呼ばれている、いろいろな形態の漠然たる侵略に直面している」、「それは我々の安全保障に対する長期的な挑戦であって、敵との間の『長期にわたるぼんやりとした不透明な闘争』である」と規定し、「ＬＩＣの方法で反乱に対応することを探求するが、米国は過去、この種の侵略にたいし力によって効果的に対応したことがある。米国は必要ならばふたたびそうする能力と意思を保持する」としており、直接侵略の可能性も表明しています。

次にＬＩＣの展開の特徴。その一、ワルシャワ条約機構国と中国を除いた社会主義諸国と反帝進歩的民族主義国家に対する恒常的軍事的威嚇と挑発。局地戦争に引き込み個別撃破を狙う。対象国は朝鮮民主主義人民共和国、イラン、イエメン民主人民共和国、シリア、リビア、アルジェリア、キューバ、ニカラグア。その二、反革命テロリスト集団への援助（軍事、財政、物資、軍事顧問団など）を通した政権転覆。対象地域とグループは、アフガニスタンの反革命イスラム右派グループ、イランの王政派（現在は資金援助とスパイ訓練）、シリアの回教同志会とレバノンのキリスト教マロン派の右翼、アンゴラのＵＮＩＴＡ、モザンビークの反革命黒人の南ア傭兵、リビアの回教同志会、ニカラグアの反革命コントラ、などがあります。その三、ファシスト国家への援助と民主的仮面の親米政権の育成。前者の例としては、南朝鮮の前チョン・ドハン政権、タイ、インドネシア、パキスタン、イスラエル、チリなど多数。後者の例としては南朝鮮現ノ・テウ政権、フィリピン、エルサルバドルなど多数。これらの政権の強化のために日本などを引き込み経済援助によって反人民的政権の安定化をはかり、国内民主進歩勢力に対する弾圧の強化、革命勢力支配地域では、「戦略村」をつくり、住民の強制隔離を行い、他方、資本主義的経済発展国では民主的権利の制限的に譲歩と一時的懐柔でのりきろうとし、これらの国に軍事顧問以外にも、「平和部隊」、エイドなどの機関、国務省政策スペシャリストなどを米帝は派遣しています。それらの要員をＬＩＣが指揮し統轄しています。

ＬＩＣなどによる米帝の反革命政策の犠牲者は南朝鮮光州での千数百人にのぼる住民虐殺、未だに続くレバノンでのシオニスト軍、右翼民兵を使った殺りく、イラン民間航空機の撃墜、アフガニスタン反革命グループによる連日の爆弾テロと無差別砲弾による住民の殺傷、コントラによるニカラグア農民の虐殺、エルサルバドルでのデススコード(死の部隊)による民主的人士の誘拐と虐殺、フィリピンでの国軍、民兵による虐殺と数えあげればきりがありません。これらはすべて米帝の暴力の直接行使あるいは間接行使の結果であり、これが「人民への暴力と恐怖によって米帝の価値観を押しつける」テロリズムです。

日本反動政府はこの米帝に対し、その番頭としての本領を発揮し、国際政治の部隊では中曽根にみられた如く、レーガンの軍拡、米帝の国家テロ政策を積極支援し、いわゆる反「テロ」政策も支持し、ヨーロッパのＩＭＦ配備を高らかにうたったのは中曽根でした。八六年の東京サミットでは米帝のリビアに対する国家テロを支持し、ベネチア・サミットでも反「テロ」を日米が積極的に叫び、トロントでも無能竹下登も反「テロ」を騒ぎ、米帝戦略の補完を積極的に行い、資金と技術を供与し、世界に米帝の金庫番としての日帝の位置を恥もなくさらし、世界の人民を敵にまわしました。今日、米帝が世界で遭遇している反米闘争の波に日帝も直面することになるでしょう。かつて田中角栄が東南アジアで直面した反日運動とは比較にならない波に。

以上述べたように、テロリストは誰であるかは歴然としています。国際テロリストとは帝国主義とファシストの姿を指します。

(三) 我々はテロリズムとは無縁である。

①なぜ我々がテロリズムと無縁なのか。

第一に、我々の闘争対象は無差別ではなく、日帝の反動政府であり、米帝です。具体的には独占資本とその手先の高級官僚、そしてその暴力機関であり、それから米帝軍です。

第二に、武装闘争は我々にとっては、一つの手段であって、目的ではありません。

第三に、自民党政権が倒れ、社共政権が仮に現在成立すれば、我々はその新しい民主的政権には一切敵対しないし、武装闘争を停止し、民主政権防衛の立場をとります。独占資本が社共政権を暴力で転覆をはかるなら、我々はその暴力に対してのみ力で対決します。

したがって我々はテロリズムとは一切無縁です。

②誰が世界の緊張を高めているのか。

ＩＮＦの廃絶などソ米の緊張緩和が進んでいますが、これは帝国主義者がつくったものではありません。社会主義国がつくったものです。軍縮を実現し、人類滅亡の核戦争抑止をはかってるのはソ連を中心にした社会主義諸国、非同盟諸国、そして帝国主義本国内の平和を愛する人民であり、米帝や日帝ではありません。米帝のＩＮＦ廃絶の受け入れは、一つは、ソ連の平和攻勢であり、二つは、ヨーロッパ人民の反核運動であり、三つは、国内矛盾をかかえることになったヨーロッパの多くの帝国主義国が米帝の核戦略から離反したからです。米帝が実際には軍縮を望んでいないのは、戦略核半減交渉の引きのばし、ＳＤＩへの固執、通常兵器のハイテク化、破壊力強化に執心していることに明らかです。その米帝に積極的に協力しているのが竹下であり、サッチャーであり、シャミールです。レーガンと竹下の関係を例えるなら、信長とぞうり持ち時代の「猿」の藤吉郎の関係です（もっとも実際の信長と秀吉の方がもっとまともな政治家のようですが）。

米日帝が言う緊張緩和がまやかしであるのは、日本海の情勢を見れば一目瞭然です。外務省はソウルオリンピックが朝鮮半島の緊張緩和を促したなどとふざけたことをぬかしていますが、米空母ミッドウェー、ニミッツ、イージス巡洋艦などを朝鮮半島に大量派遣し、日本軍は海上、航空の総動員の大規模軍事演習を今、繰り広げといて、何をか言わんやです。口で緩和を言い、実際行動は戦争挑発です。世界の緊張緩和の流れに逆らい、米帝の海洋戦略の下、日帝はイージス艦の導入、ＯＴＨレーダーの設置、空中給油機、ＡＷＡＣＳ導入、ＳＤＩ研究の参加と日本での対ミサイル兵器の配備、ソ連侵略の頻繁な日米協同訓練、在日米軍の核トマ艦配備、Ｆ16の配備、極東が対ソ戦第二戦線と位置づけられ、日本海を主戦場にし、三海峡封鎖ウラジオストック上陸まで想定した臨戦研究が続けられ、軍事緊張をつくりだしています。米国防長官カールーチの八八年三月の米議会への報告によると、「日本は太平洋における米第七艦隊の二倍の駆逐艦、四倍以上の対潜哨戒機を持ち、また、米国が大陸防衛のためにもっているのと同じくらいの戦闘機をもって領土を防衛している」と述べています。

我々は日本政府とは異なり、現在の緊張緩和の流れを支持しています。平和共存は社会主義の勝利です。

③日帝の日本赤軍に対するデッチアゲを糾弾する。

その一、ソウルオリンピック妨害のうそ。朝日新聞の公安記者、高木編集委員はオリンピック前に彼のコラムの中で「日本赤軍はオリンピック妨害を否定している。公安はそのまま信じられない、テロがありうるとしているが、そのどちらが正しいかは五輪の中ではっきりする」と、書いていました。まさにそうです。五輪は何ごともなく終わりました。妨害はどこにありましたか。むしろ南朝鮮当局の異常警備が運営を複雑化し、トラブルを生み、日本での五輪テロキャンペーンが日本人の「韓国」旅行を抑え、「韓国」の大衆紙が日本の報道機関を批判していたではないですか。自分たちで騒ぎ、自分たちで妨害していただけではないですか。馬鹿馬鹿しくて話にもなりません。

その二、若王子誘拐話。フィリピンの警察当局にまで「日本の警察はオリンピックなどで神経をピリピリさせすぎているのではないか」と言われる始末。これも話にもなりません。

その三、「奪還」闘争があるというウソ。我々の目的は私ごときの「奪還」ではなく、自民党政権そのものの打倒です。革命闘争の中では、私の被逮捕などはちりのようなものでしかありません。我々には、本来の仕事があります。

以上の三つのうそに対して、うそをついた人は責任をとってもらいたいものです。

四、現代世界と日本赤軍の目的。

（一）現代世界。

諸君は二一世紀は資本主義が発展を続け、世界が社会主義国も第三世界も資本主義化すると思っているでしょうが、それは無知というものでしょう。将来諸君が恥をかかないように教えておきます。資本主義の発展の終末はその死滅です。これは私の個人的願望でも予測でもなく、誰にもくつがえすことができない歴史の客観法則です。

①現代世界は一九一七年のロシア革命の勝利以降、資本主義から社会主義への過渡期に入り、資本主義と社会主義の闘争の時代です。民主主義、社会主義を求める闘争、民族解放闘争、社会主義建設の闘争が帝国主義に勝利していく人類の歴史的な転換期です。社会主義と資本主義の闘争の時代は単

に体制間矛盾としてあるのではなく、社会主義的要素と資本主義的要素の矛盾として全地球上での矛盾として存在しています。

帝国主義と第三世界、帝国主義本国人民と独占資本、帝国主義諸国と社会主義諸国、帝国主義間の四つの矛盾と、社会主義国内外、帝国主義本国人民内、第三世界主体内も資本主義要素の反映を受けた矛盾をかかえています。現代世界においては社会主義的要素と資本主義的要素の根本矛盾に貫かれ、現実的には五つの対立構造がかみあっています。その中には敵対矛盾と人民内部の克服されるべき矛盾という性格の違いがあります。

②残念ながら社会主義国は国際共産主義運動の分裂と、帝国主義との対峙の条件と状況の下で、社会主義建設過程における困難な課題に直面してきましたが、社会主義を歩み始めた労働者階級の闘いは、ソ連、中国にみられるように、社会主義建設の質的飛躍発展のために人民参加の改革を進めています。それはブルジョアマスコミや日本外務省が喜ぶような資本主義への決定的後退ではなく、社会主義の目的意識性の下に内部矛盾を止揚し、生産力の急速な発展を目指しているものです。前人未踏の分野であり、紆余曲折がありますが、労働者階級の科学である唯物弁証法の哲学は、矛盾を発展の原動力とし、過去の誤りを未来の発展の原動力に転化させることができます。重要な点は党の目的意識性がどこにあるかという点です。同時に党が無謬の党観に立たず、人民の建設の闘いを正しく総括し資本主義的要素と闘いながら、党の自己批判を通して党自身の革命を果たすのであれば、社会主義建設過程での矛盾を正しく止揚していくでしょう。

③他方、資本主義の最高の段階としての帝国主義は死滅にむかって最後の発展を続けています。帝国主義がいまだに延命を続けているのは、資本主義が本質的に社会主義より優位にあるからではなく、逆に社会主義を求める人民の中で制約されたものであるからです。それを無視して帝国主義間戦争（市場分割戦）を行えば自らの破綻を導くからです。第二に、労働者階級人民の闘いに対して革命抑止のため妥協せざるを得ず、社会主義的要素を取り入れ、資本主義の生産様式を維持しながらも、生産力の向上のため労働者の境遇を改善せざるを得ず、福祉を取り入れたり、一定の民主主義要素を受けいれたりしているからです。日帝はこれが弱いですが。第三に、世界を搾取した超過利潤でもって帝国主義本国内労働者の買収、反動親帝国家に対するおすそわけをしているからです。

現象としては資本主義国は高い生産力と国民の生活水準は社会主義国より上だと誇っていますが、全世界を搾取している結果としてあり、世界の南北問題をつくっているのが帝国主義であることを忘れることはできません。しかし高度な生産力を持つ現代資本主義は砂上の楼閣でしかありません。帝国主義は競合を市場分割戦争では行いえず、技術革新による高利潤の追求が必要となり、それが現在の「ハイテク情報革命」を産みだし、生産力の発展をつくりました。また軍事拡大政策や宇宙の軍事化による市場の拡大をやっていることも一因です。労使協調にも一因があります。価値増殖の狂信者である支配者は生産性向上のためには社会的諸関係を変革します。これらの状況はマルクス・レーニン主義の限界を示しているのではなく、逆にＭＬ主義が資本主義は社会主義社会へ転化することはさけられないという結論を導いた法則に沿ったものです。

ＭＬ主義は「資本主義はみずから生産を発展させることで自分自身を廃絶させる」と指摘しています。『共産党宣言』では「ブルジョアジーは、生産用具を、したがって生産諸関係を、したがって生産諸関係の全体を、たえず変革せずには存立することができない。これに反して、古い生産様式をそのまま維持することが、これまでのすべての産業階級の第一の存立条件であった。生産のたえまない変革、あらゆる社会状態のたえまない動揺、永遠の不安定と変動、これが、以前のあらゆる時代と区別されるブルジョア時代の特徴である」と、述べられています。資本は無制限の価値増殖の追求による生産力の急速な発展を通じて、資本主義的生産諸関係を変革し、それに代わるより高度な生産形態を自身の内につくるというのがＭＬ主義の指摘です。そしてその結論は、『資本論』で「資本独占は、それとともに開花し、それのもとで開花したこの生産様式の桎梏となる。生産手段の集中も労働の社会化もそれがその資本主義的な外皮とは調和できなくなる一点に到達する」と、指摘しています。以上が客観状況です。

④そして主体状況で重要なことは、資本主義社会においては、人と人との関係は生産手段の所有関係に規定され、人々の人間らしく共に生きたいという欲求を実現させることはできません。利潤追求の労働現場においては、コンピューター化、オートメ化の技術革新の下で、労働者は徹底した管理を受け、人格そのものをそう失しています。人々の共に生きるという本源的願望は独占資本の全人格支配の中で抑圧され、資本主義的競争社会の中で疎外された存在におかれてしまっています。人間は思想意識をもった社会的存在であり、共に生きる価値が実現されない資本主義を否定する存在としてあります。

第三世界においては、帝国主義諸国の過酷な収奪を受け、資源を奪われ、経済的従属を強いられ、第三世界人民は独占の高利潤追求のために、二重、三重の搾取を受け最低限の明日の労働力を提供するための条件しか与えられていません。新植民地主義の下、第三世界人民は相対的に貧困化を深め、富める者はますます富み、貧しい者はますます貧しくなっています。これらの状況は第三世界における民族解放闘争を拡大させるでしょう。

帝国主義本国人民と第三世界人民のおかれている境遇はこのままでは生きられないという状況にあり、現代は変革を求める時代であり、社会主義を求める人民の革命の歴史的な時代であります。

⑤帝国主義が現在、危機に直面しているのに不均等発展の中での協調の乱れがあります。第三世界の帝国主義への反乱としてあった石油危機の結果、帝国主義諸国は利害の調整、共通の利益の保護を必要とし、七五年から「先進国」サミットを開くようになりました。帝国主義の危機に対して帝国主義間の矛盾を克服し、のりこえざるをえなかったからです。しかし一三年たった今、ハイテク技術革命、情報革命を軸とした生き残り戦略の中で、その協調のきしみが矛盾として深刻化しつつあります。八六年一〇月のＧ５で帝国主義は貿易収支不均衡解消を目標にドル安政策に転換しました。その結果が八七年一〇月のブラックマンデーでした。一九二九～三二の悪夢が八七～九〇年に再来するのに恐怖した帝国主義は一二月に一層の協調政策を確認しました。そして一年後のこの九月末のＧ７の会議では矛盾の深刻さを暴露しました。為替の安定が死活であるにもかかわらず、具体目標を出せませんでした。インフレの状態があってもそれを公表できませんでした。インフレ対策では帝国主義間の矛盾をさらけだしました。インフレ懸念国は金利引上を行ない、資金流入、為替上昇、輸入物価下落をはかり、インフレ対策にすれば、他方は資金流出、為替下落、輸入価格上昇となり、インフレに陥り、金利を引上げざるをえなくなりました。トロントサミットで協調をうたいあげたにもかかわらず。帝国主義の市場分割戦の状況にあっても、その回避のために自由貿易と不均衡の是正を目指していますが、その限界を示しています。

そしてＧ７の帝国主義的性格は、その決定がいわゆる発展途上国に対する支配の確立としてあり、債務国に対する内政干渉と従属化、反帝民族社会主義化の防止にあります。

これらは帝国主義の協調と後発資本主義国、第三世界諸国との矛盾の克服の困難を示しています。この例は世界帝国主義には二一世紀の展望がないことを示しています。

⑥諸君は資本主義の発展を誇っていますが若干のデータを紹介しておきましょう。米国統計年鑑によると八六年の米では所得一万ドル以下の貧困層が一七％、約四〇〇〇万人。年

収二〇万ドル以上は二四万人で全納税者の〇・二％、全人口の〇・一％に過ぎず、この富裕層が配当所得の二一％、キャピタルゲインの四四・七％を占めており、貧富の差の巨大さを示しています。さらに八七年の米国でのホームレスは家族を入れて、実に三〇〇万人、三七〇〇万人は掛金を払えず健康保険に入れていません。少年少女の家出は一〇〇万人もあり、その内毎年五〇〇〇人が死亡しています。社会そのものが疲弊してしまっています。英国ではビッグバン以降、好況ということになっていますが、新貧困層を発生させ、その数は一〇〇〇万人になり、全人口の一八％を占めています。失業の放置、福祉水準の落下、都市住宅価格の上昇の状況にあります。オーストラリアでは最低基準を割った貧困層は二五〇万人で全人口の六分の一にあたり、七万人がホームレスです。これが明日の日本の姿でもあります。

諸君が誇るＮＩＥＳの実態はどうでしょう。南朝鮮の経済構造は完全な日本からの脱却をしえず、ハイテク部品を輸入し、それを超低賃金労働で加工し、輸出する構造になっています。ソウルオリンピックで近代的町並を宣伝していますが、ソウル人口の三分の一の三〇〇万人が月の家と呼ばれる場所に、一戸あたり十平方メートルの小屋に住んでいる事実があります。

（二）日本の現状。

①日本の独占資本は戦後に米帝の力を利用し、支配を確立しました。現在においては国家独占資本の発展は、国家権力を一握りの独占資本家に集中しました。その支配は労働者階級のみならず、全人民的な収奪と抑圧にあり、第三世界に対する搾取と抑圧を強化しています。同時に軍事的には米帝と経済的利害を対立しつつも、軍事同盟を結びアジアでの米帝の番頭の役割を果たしています。

②独占資本の人民支配は人民の生活の不安定、不確かさを拡大しています。職場での管理を強化し、労働強度をロボット化の中で最大限高め、労働者の人格を奪っています。円高不況の名の下に徹底した合理化を行い実質賃金の低水準を維持しています。円高による賃金比較はまやかしです。八五年の単位時間あたり購売力平価での比較では日本の賃金は米の五四％、西独の六四％にすぎません。八七年の年間労働時間の平均は日本は二一五〇時間に対し米一九二四時間、西独一六五五時間です。八五年九月から八七年末までで八五％という急激な円高にかかわらず、ドル建輸出価格は四六％の上昇でしかありません。価格転換率は五五％で、円建て輸出価格は二二％減でした。ブルジョア経済学者たちは企業の価格革

命とか言っていますが、徹底したコストの合理化、事業内容の再点検と多角化、海外への生産拠点の移転があげられますが、コストの合理化の中身は下請け、孫請けへのコストダウンの強要であり、中小企業労働者に対する搾取を強めたのと同時に、大企業の労働者に対する企業売上げに占める賃金の割合が他の国と比べて元々低いというのであります。要は日本の企業は賃金を不当に低く抑えていたがために、円高による輸出価格上昇に耐えうる余力を持っていたということです。売上高人件費率は八〇年当時の比較で、新日鉄一二・九五%、アームコ（米）二九・〇五%、エッセン（西独）二四・九%であり、松下電器八・三六%、ＧＥ（米）三二・四七%、シーメンス（西独）四二・五七%であり、トヨタ六・六五%、ＧＭ（米）二八・四三%、フォルクスワーゲン（西独）三二・二四%とまあ、こういう具合です。もちろん賃金は八年間で三〇～四〇%上昇していますが、企業の売上高も同じように上昇しています。日本の労働者がいかに安い賃金で働いているかが歴然としています。これがさらに東南アジアの労働者に対する日本企業の賃金水準は、日本の労働者の四分の一～一〇分の一となっています。すさまじい搾取です。

搾取の強化はこれだけですまず、パート労働者、日雇い労働者、派遣労働者の割合を年々増やしています。不安定雇用者の増加は大企業の最大限利潤の追求であり、賃金の抑制、人員整理の容易さ、差別的雇用管理にあります。経済企画庁の計画では二〇〇〇年までに一五〇〇万人の労働者を不安定雇用の下に置こうとしています。実に労働者の三人に一人の割合です。

豊かな社会と宣伝されている割に、人民の意識はそうではありません。厚生省発表の「八七年国民生活基礎調査」でさえ、三八〇〇万全世帯の四割が生活の苦しさを訴えています。中流意識が九割という数字とは大きく矛盾します。二〇歳代で四六%、三〇歳代で四八%、四〇歳代で四四%であり、ゆとりがあると答えたのはわずか七%です。失業もまた年々増大しています。景気回復で来年度は新高卒、大卒は求人難といわれていますが、それは昨年までの行き過ぎた人員整理の調整であり、一時的なものです。完全失業者は地域によってバラツキがあり、また、日本の完全失業者の基準は欧米と異なり、二%前後の失業率は実際には四～六%であると推測されています。

③独占資本の全人民支配の構造は労働者のみならず、すべての階層に進んでいます。

農業においては前川レポートの産業構造調整の下、農業の切り捨てが進行しています。現在専業農家はわずか六三万戸であり兼業農家が三六五万戸であり、農家一戸あたりの農業による平均所得は一〇一万円（八六年）でしかありません。ほとんどの農業従事者は不安定雇用で生き延びています。独占資本は右翼労働運動をひき込み、農業過保護キャンペーンをはり、農民と労働者を分断し、対立させ、農業破壊を促進させています。さらに食糧の自給を独占資本の利益のために放棄し、「自由化」と称し破壊しています。

漁民もまた独占資本の支配の中で漁場の破壊などで生産から追われ、大手水産企業、商社による流通支配の中で、漁業離反を余儀なくされています。現在専業漁業経営体は六万でしかなく、兼業が一三万四〇〇〇です。漁家世帯一人当たりの所得は農業の七九％、全国勤労者世帯の八九％にとどまっています。

中小資本家も独占資本によって生産手段、市場、金融を支配され、独占資本への隷属の中でしか残れません。戦後の収奪強化の中で独占資本は小零細企業の存在に依拠し、長時間労働と低所得に耐えうる自営商工業者の増加をもたらしてきました。不況時には独占資本保護の中で切り捨てられたり、利潤を縮小させられたりしています。八〇年に九九八万人だったのが、八五年には九一〇万人に減少しています。独占資本と全人民の矛盾は一層深化拡大しています。

福祉の切り捨て。自民党政権は軍事費を膨脹させ福祉予算を削減してきました。八一年度から八七年度では軍事費が四六％の大巾増にひきかえ、社会福祉費は一四％の増加でしかありません。老人福祉の切り捨て、保険制度の改悪などを行ってきました。今年七月のパリでのＯＥＣＤ社会保障担当閣僚会議で厚生相藤本は「個人の自助努力」を強調し、欧州諸国の失笑を買い、日本製品の価格の低さの根拠を欧州諸国は理解しました。

人民の苦しい状況を朝日新聞の投書から紹介しておきましょう。

『土曜も休めぬつらい下請け』三七歳会社員

「労働現場では働きすぎの労働改善はできていない。自動車部品製造会社に勤めているが、一年間で二割近い人減らしの結果、過密労働が日常化し疲労による病欠者も増え、加えて電力料金が割引になるという理由で夏の日曜出勤が一昨年から行われている。共働きの多い労働者の家庭では家族そろっての休日が減り、子供会や地域の行事にも参加できない。自動車メーカーの日曜出勤は内外の評判悪く、各社中止の方向にあるが、Ａ社は今夏、土、日出勤が一四回ある。下請け関連会社へ製造単価の切り下げ圧力と共に右ならえさせている。私の職場では複数メーカーとの受注関係にあり、振り替え休日にも担当部署は出勤せねばならない。」

『せめて週一回休日がほしい』三一歳主婦

「夫は自動車会社の販売部門の仕事。日曜日はほとんど展示会のため出勤。代休をと思っても自主的なものは難。まして車の売れゆき伸び悩んでいる時には代休はムリ。朝八時出勤、夜八～一〇時帰宅、日曜、祝日出勤、代休は連休などと無関係に月二回ほどの生活。社会はもっと民間企業の労働条件にも目を向け、働く人すべてが週一度の休みがとれるよう、また、せめて週一日くらいは残業のない日がつくれるよう、制度化してほしい。わが家のように一家そろった夕食の時間が、月に何回かしかとれないような家庭が増えてはならない。」

『零細企業なら使い捨てか』七〇歳会社経営

「上部会社から呼びだされ、当社納入の製品が設計変更のため不要になるので、今回の発注が最終となる旨を言い渡された。輸出は減少したが国内需要が盛んで、景気は相かわらずよいとされている自動車産業だが、私の会社では昨年秋から受注が急速に落ち込んで、この三月にまったく自然消滅となってしまった製品もある。今回の通告は、赤字経営を続ける折りから死命を制するものであった。下請けの宿命とは言え、まさに企業の使い捨てというところである。輸出産業の花形といわれたこの業界も下請けの零細企業にとって、その内情はいつも厳しいものであった。納期、品質、単価の諸条件を同時進行させるためには、上部会社からの用命をいちずに守り、忠誠を誓わされ、全能力を集中して対応できる体制を要求されてきた。投資した設備なども仕事がなくなれば、その資産価値はゼロとなる。輸出が盛んであった時ですら、その恩恵は決して他が見るほどのものではなかった。むしろ底辺の零細企業の『仕事があるだけでもありがたい』という考え方が、業界を支えてきたと言っても過言ではないであろう。栄枯盛衰は世のならいとはいえ、栄えたこともなく、枯れ衰えなければならないこの業界の冷酷さを、つくづく味わっているところである。」

④人民の全人格的支配を貫徹せんとした独占資本の先兵、自民党中曽根政権は五五年体制から八五年体制を戦後政治の総決算という形でつくってきました。現竹下は無能であるが故に（金集めと根回し以外は）、中曽根政治の延長の政策を展開しています。八五年体制の確立とは、自民党単独支配の強化、民社党を引き込みながら野党の与党化、保守化、行政改革に名を借りた官公労つぶし、国営企業の独占への売却、独占資本擁護と軍事予算拡大のための大型間接税の導入、三海峡単独封鎖、北西太平洋・日本海支配のための軍事拡張路線の定着、教師管理強化、教科書統制などによる教育支配、労働運動の右翼的再編を行い産業報国会化、国民思想支配のための天皇制イデオロギーの推進、警察管理国家体制をつくるための国家機密法、拘禁法改悪、スパイ活動の強化、住民管理強化、そして三権分立を骨抜きにし行政権の強化であり、安全

保障会議の設置はその最たるものです。

⑤軍事費の増強を計り続け、八六年から自らの枠付けGNP一％を意図的に突破し、八八年度予算ではNATO基準の計算によれば、GNPの一・五％であり、米国、ソ連に次ぐ世界第三位の軍事費にまでいたっています。八八年度防衛白書で明言したように「防衛」の範囲を当初の「領土、領海、領空」から「周辺の公海、公空」に、さらに「シーレーン防衛」になり、そして「洋上防空」にかわり、イージス艦の導入を決め、将来は航空母艦保有の検討も進めています。「防空」作戦も「できるだけわが国の領域外で要撃」としていたものが「敵の航空機をできるだけ遠くで要撃」となり、上陸する「敵」への「早期前方対処の可能性」とは、ソ連沿海州、サハリン、カムチャッカへの侵略攻撃を指すものです。

米帝の核戦略の保護を得るために、軍事同盟を強化し、米帝の「海洋戦略」「選択的抑止」の一部に日本を位置づけています。さらに、憲法違反の集団安保体制を日米韓軍事同盟として完成させています。ソウルオリンピックテロをデッチアゲ、南朝鮮の人民の闘い弾圧、在日朝鮮人弾圧、日本人民の運動弾圧のための治安強化を三国軍事同盟の一環として行いました。今実行されている日本海大演習、航空総体統合演習も同時期に行い、日本海での緊張を世界の軍縮の方向に逆らう形で行っています。SDIに積極参加し、技術協力を行い、米帝の反共世界戦略に与し、日帝は軍国主義の本領を発揮しようとしています。

ODA（政府開発援助）の五年間で五〇〇億ドルの決定も、戦略対象国への援助を基本にしており、その目的は第一に、米帝の相対的地位低下に伴ない、空白地域への補完としてあります。第二に、国際政治での発言力強化、日帝権益の実現にあります。第三に、対象国に対する経済的支配の強化と資源収奪、市場と低賃金労働力の獲得にあり、新植民地主義支配の実行以外の何ものでもありません。

ODAの侵略的性格については、五月一二日の衆院内閣委で防衛庁防衛局長西広は米帝との役割分担をハワイで協議した際に、四点にわたって要求されたことを明らかにしています。第一は日本の防衛努力に関する問題、第二に在日米軍駐留支援の問題、第三にもろもろの国際的な「平和」維持活動、そういったものへ積極的に日本も参加し、貢献してほしいというものでした。そして第四が「いわゆる広い意味の…地域の安定に役立つ、たとえば経済援助、ODA」に日本がより力を入れることでした。ODAは単に経済問題ではなく、国際紛争地域への日本の人員派遣は単に平和問題ではなく、日米軍事同盟にかかわる純粋の軍事問題であることを明確に示しています。

⑥以上簡単に述べましたが、現在の日本の動向は国内的には独占資本の人民支配を強化し、八五年体制でもってファッショ体制を固め、対外的には米帝に代わる覇権を拡大しています。しかしその強大さの基盤は世界帝国主義の矛盾が拡大し、経済的破綻の前夜にあり、緊張の度合いを強めており、相互依存関係の中で米帝の崩壊は日帝の崩壊につながる構造になっています。第三世界の民族資本の発展、一方での民族解放闘争の発展が帝国主義の世界支配をあやぶませています。国内的にも、日本経済の成長は円高不況からの脱却、拡大局面は早くも縮小傾向に転換しており、その前途は暗たんとしています。二一世紀は帝国主義の時代ではなく、人民の革命の時代であることを宣言しておきます。【略】

一九八八年一〇月一一日　丸岡修

東京地方裁判所にて

（国・厚生労働省指定の特定疾患）

難病に抗して生きる

（二〇一〇年一〇月一〇日）

●病名：特発性拡張型心筋症、同症を因とする重度の心不全、肺うっ血・肺水腫、心不全性の脳虚血（一過性脳虚血発作を含む）、不整脈、心室頻拍症など。現在、薬剤と体内植込医療器具で抑えられているのは不整脈と心室頻拍症のみ。

●併発：異型狭心症、慢性気管支炎。

●拡張型心筋症（ＤＣＭ）は二〇〇三年発症。慢性心不全と異型狭心症は東京拘置所での一九九六年肺炎重症化以降であり後天的なもの。（ＤＣＭ発症も後天性。確たる原因は不明）

▲ＤＣＭ患者全体の五年内死亡率は三割弱だが、丸岡の心不全重症度（ＮＹＨＡ　ｃｌａｓｓⅣ-Ⅲ）での一年内死亡率は二〇％以上。

一、拡張型心筋症（ＤＣＭ）とは

ＤＣＭは、左心室あるいは両心室の収縮不全と心室内腔の拡大を基本病態とする。収縮不全と心拡大は進行性で心不全を生じる。ＤＣＭは一旦発症すると治療抵抗性、難治性となることが多い。また、高率に不整脈（心室性期外収縮、心房細動、心室頻拍など）を合併し、突然死も認められる。拡大した心腔内に生じた血栓が遊離することにより、血栓塞栓症を合併することがある。

ＤＣＭは原因不明のため特発性ＤＣＭとも呼ばれるが、ウイルス感染、遺伝子異常あるいは免疫異常が病因として注目されている（ウイルス性はインフルエンザウイルスなどによる心筋炎からＤＣＭに移行と言われている。遺伝性の患者もいる）。

唯一の最終的治療は心臓移植である。八〇年代の五年生存率は五割台、一〇年生存率は三割台であったが、治療法が改善された現在は、五年生存率が約七割余とされている。

心臓移植でも一〇年間生存率は五割にすぎない。二〇〇九年九月現在、日本での待機者は一四九人。その七割強がＤＣＭと肥大型心筋症（ＤＨＣＭ）となっている。心エコー検査による左心室駆出率（ＥＦ。正常は六〇％以上）が二〇％以下であれば移植を前提とした治療となり、一〇％になると心臓移植しかない。丸岡は二〇〇四年一月に一〇％まで悪化したことも。その後は一五～三〇％の間を行き来しており、病院での検査結果は二〇一〇年五月一八％、七月一七％である。

血液検査ＢＮＰについて。後述

〈以上は、北大大学院医学研究科・岡本講師の「病態を解く――拡張型心筋症」、朝日新聞生活面「患者を生きる」シリーズなどを参考にした。〉

二、「これ以上の悪化は、人工心臓か心臓移植になります」

これは二〇〇九年一一月、三ヵ月ごとに通院している循環器科主治医が、私の質問「これ以上に悪化すれば、どういう治療が可能ですか」に対して答えてくれた言葉です。

今の私は、わずかな動作（や数ｍ～十数ｍのゆっくりした歩行でさえ）で動悸・息切れを起こしたり、咳や痰が止まらなくなったり、夜間には発作性呼吸困難が起こり起座呼吸を必要としたり、肺水腫の症状や脳虚血発作などが多く出現するようになっており、これらの症状の緩和のため（特に夜間）、三月七日より酸素吸入を受けています。それでも症状は悪化し、七月からは終日二四時間となり、酸素流量も当初の毎分一ℓから一・五ℓ、二ℓと増え、九月下旬からは二ℓあるいは三ℓとなっています。八月二〇日以降は入浴も不可になるなどしています。

私がＤＣＭの確定診断を受けて、植込型除細動器（ＩＣＤ）の移植となった時、薬剤の処方も受けました（二〇〇四年五月）。種類を書くと（心臓関連）、①強心剤、②利尿剤、③降圧剤（ＡＣＥ阻害剤かＡⅡ拮抗剤、血管拡張剤）、④抗アルドステロン剤、⑤β遮断剤、⑥抗不整脈剤、⑦抗血栓剤として全九銘柄の薬剤を使用。最重症の心原性肺水腫発症が頻回化しだした二〇〇七年からは九から一〇となっています。一部の薬剤は使用量も増えました。昨年一一月以降、この薬剤治療がまた限界にきました（〇七年、〇八年に続いて）。

心不全症状の緩和には利尿剤や血管拡張剤の増量が必要ですが、それが困難となってきました。また常に低血圧状態を維持（最高血圧は七〇～八〇㎜Hg以下の維持）していること、血管拡張剤を使用していることもあり、利尿剤による血液中水分量の減少（循環血液量の減少）との相乗で突然の血圧低下（ひどい時は四〇台にまで低下する。六〇以下になると血液の循環量が極端に低下）により単なる脳貧血ではなく脳虚血発作を頻発化させることになっています。昨年一一月以降、ひどい時は失神、四肢麻痺などの症状が出現するようになり、頭重感などは恒常的になっています。これらは血圧や血液検査などで明らかなように、脳内血管の硬塞などによるものではなく、重度の心不全によるものです。

〈各薬剤には相矛盾する効果があるので、またそれぞれの副作用も多々あり、例えば強心剤を増やせばよいというものではない。ジキタリスは過剰に摂取すれば深刻な不整脈を起こす。ＤＣＭ治療に必須薬としてあるβ遮断剤は心臓の過剰な拍動を抑制するが心不全を悪化させる。抗不整脈剤アミオダロンは危険な心室頻拍などの抑制に効果あるが、副作用として角膜への色素沈着、間質性肺炎（肺腺維症）、甲状腺障害など。利尿剤も二種使用しているが、それらもさまざまな副作用がある。したがって、病院では二、三ヵ月入院させて日々病状の変化を見ながら各薬剤の増減、変更、種類追加などの調整が、副作用抑制も含めて行われる。通常はＢＮＰ六〇〇以上で数ヵ月の入院となる。〉

心エコー検査（年二〜三回）、胸部Ｘ線（年七〜八回）、血液検査（年四回）のいずれの数値も心不全がすでに深刻な状態になっていることを示しており、〇七〜〇八年の最重症時（肺水腫五回。「普通の人なら死んでいたレベル」病院医師）の時より、〇八年の心臓再同期療法（ＣＲＴ）による若干の改善を除けば（左心室駆出率などの改善、心室内伝導障害の改善）、すべて悪い数値になっており、施設の医務部長（内科医）も「現状は二年前のレベル、もしくはより悪化」と診断しています（二〇一〇年七月）。そして八月には「現状はＮＹＨＡ　ｃｌａｓｓⅣと言えます」と診断されました。

三、循環器専門医らの診断・意見

（ア）大学院教授の意見（二〇〇八年一月）

「薬物治療にも拘らず慢性心不全状態の増悪、血行動態の破綻、低酸素血症を伴ううっ血性心不全の顕在化から心不全状態が末期（New York Heart Association Ⅳ度）であることが強く示唆される」

「苦悶の中にありながら患者本人が自己の病状を客観的かつ冷静に記載していることに驚きを禁じえないが、医学的見地から、また従来の経過から判断するに、当然帰着してしかるべき終末病態であると考えられる。この状態は、生命が危機に瀕している病態であり、医師として患者の予後が懸念される。一般的には速やかに専門医のいる医療施設に収容し、安静、保温、塩分管理のもと、非経口的利尿剤や強心剤を注意深く投与して病状の改善を図ることが望ましい。それ以外に、生命の危機を離脱する確かな方策は見当たらない」

〈同医師に関係者が本年（二〇一〇年一月）連絡をとったところ、「一昨年記載の病状についての意見書がすべてであり（一専門医師としては）、二年経過しても特に付け加えるべき事項はない」旨の回答がありました。〉

（イ）仙台の通院病院の主治医の所見（二〇〇八年四月）
「もはや予断を許さない状態。（外部病院入院がダメなら）早急に専門施設に移すべきだ」〈この結果、法務省本省の指示によって、九月に八王子医療刑務所に移された上で、一二月の当局手配病院への短期の「手術入院」となった。なお、八医刑では宮刑医務部を上回る治療は一切できない。〉
「ここまでの心原性肺水腫を起こしながら、五回とも一日で回復するのは極めて特殊であり（丸岡さんの気力に負うところが大きい）、再発は許されません。生命の危機があります」

（ウ）東京の短期（手術）入院病院の主治医の意見（二〇〇八年九月往診時）
「すでに薬物治療は限界にきています。心臓再同期療法（ペーシングによる両心室の収縮期の同期化）のために、両室ペーシング機能付植込型除細動器ＣＲＴ‐Ｄへの変更（入院手術）を強くすすめます。」

「現在の病状はたまたま上昇期にあるようですが、波があり、悪化する時は急坂を転がり落ちるように悪くなります」

（エ）仙台の通院病院主治医の所見（二〇〇九年一一月）（診察時の丸岡質問への回答）
「現在も予断を許さない状態です」

「入院の条件下でないと（長期）、β遮断剤の増量は難しい（不可）です」

〈心臓の延命、ＤＣＭ治療のためにはβ遮断剤の一定量以上の使用が必要とされるが、専門医による毎日の心不全の厳重なコントロール下でしか増量できない〉

「現在の病状は本来なら入院のレベルです。ＢＮＰ六〇〇以上は適切な処置が必要です」

〈ＢＮＰは心不全重症度の指標で、血中の神経体液性因子であり、正常値は一八pg／ミリℓ以下。一般的には六〇〇以上だと二、三ヵ月以上の入院となり、四〇〇台まで下げる必要がある。※数ヵ月以上入院しての薬剤の種類・使用量の調整を行う。丸岡のＢＮＰ値は〇九年一一月が七七一、一〇年二月が六五七、五月に一二五〇、七月に一〇八〇、八月には一四七〇pg／ミリℓまで悪化）※朝日新聞「生活面」のシリーズ記事「患者を生きる」より（〇九年九月二二日～一一月八日にかけて三次一八回連載の「心臓・血管」）

〈現在は受刑者であることから年三～四回しか通院できず、それでは毎日の厳重なコントロールが必要なＤＣＭ治療はできない。〉

▲四つ目は頭書に記載

（オ）入院受諾病院の専門医の意見（二〇一〇年一月）
①極めて高度の心不全であり、入院の上、早急な専門的医

療が必要。
②もっとも適切な薬物治療を早急に確立する必要がある。
③患者はすでに心臓再同期治療を受けているが、その効果はなかったと判断できる。
④患者の生命予後は極めて悪く（最終段階に入ったと思われる）、最後の手段として内科的薬物療法を積極的に試みるべき。

（カ）その他
●他の医師の先生方の意見は、略させていただきます。
●仙台の通院病院医師による最近の診察において（本年三月）、次の指摘もありました（「予断を許さない状態」は同じ）。
一月の宮刑における心エコー結果で「右心室圧力」が七二ミリHgであることについて（正常値は三〇ミリHg。通常の最大で四〇～五〇。五〇ミリHg以上は重症で、七〇ミリHg以上は最重症である）、「この数字は肺水腫を今まさに発症させている時のレベルです」との指摘。

〈尚、昨年四月以降の三回の心エコー検査では、左心室拡大を因とする僧帽弁閉鎖不全（動脈血の逆流）はⅢ度（severe）と重症を示している。心胸郭比（胸郭間に占める心臓の幅の比。胸部X線）はこの四月中旬で六七・六％で極めて重症。正常値は五〇％以下で七〇％が最大値で重態・致死のレベル（一九九六年三月、東拘の担当医師による説明。七〇％は左心室外壁が左胸郭に接する。右の方にまで拡大すると八〇％近くにはなるらしい）。〉
●ＤＣＭ治療は、延命処置が基本ですが、刑事施設では不可能なのです。

四、簡単な経緯（二〇〇四年以降の入院、検察庁への「刑の執行停止申立」）

（一）一時的入院（検査、治療、手術）
①二〇〇四年一月：心室頻拍症発症（重症肝炎併発中）で救急搬送入院。
「ＤＣＭの疑い」の初めての指摘。死亡の可能性ありと主治医は家族への連絡を要請。「二週間の入院」となったが、宮刑当局により六日間で強制退院。翌々日の二月一日に心室頻拍症再発と心不全の再悪化で病院救急搬送（日帰り）。
②二〇〇四年四月：入院検査のために八医刑移監。同年七月宮刑逆送。
③二〇〇四年五月：東京都下の外部病院に一三日間入院。
ＤＣＭの確定診断、ＩＣＤ移植術、使用薬剤調整。
④二〇〇七年七月：最初の心原性肺水腫発症。（肺うっ血は恒常的にあった。今もある）翌年三月まで五度も発症。
⑤二〇〇八年九月：法務省本省の指示で八医刑移監。病院

での短期再治療のため（しかし翌年〇九年三月宮刑逆送。八医刑が通院治療を嫌がったため）。

⑥二〇〇八年一一月〜一二月：上記③と同じ病院に一二日間の入院。ＣＲＴ‐Ｄ移植術（ＩＣＤとの交換ではあるが、リードを一本から四本にするため六時間余となった。左鎖骨下静脈が破れて三本しか入らず。輸血は必要なかったが大量出血）。心臓再同期治療効果は著だったが、半年間で効果は消失した。

⑦二〇〇九年七月以降、日を追って病状悪化。今は〇八年当時より増悪。

（二）東京高等検察庁に対する四回（二年間）の「刑の執行停止の申立」

①第一次申立：二〇〇七年一二月（一六日間で却下）

②第二次申立：二〇〇八年三月（一五日間で却下）

③第三次申立：二〇〇八年七月（一一日間で却下。ただし、法務省はすでに医刑移監を決めていた）

④第四次申立：二〇一〇年二月一〇日申立、三月三一日却下。審査に四九日間。

●「拡張型心筋症の丸岡さんに生きる途を！の会」の本年四月一五日付の『呼びかけ文』中「第一次二〇〇四年四月」とあるが、これは東京地方検察庁に中立てたもの。一応入院となったため、正式審査終了の前に取り下げた。

（三）心機能障害の経緯（一九九六年からの心不全は東京拘置所の医療過誤による）

①一九八八年一月の短期入所時（警察取調中。一週間移監）の健康診断（心電図）では「異常なし」。

②一九九六年一月　肺炎を触診もせずに「風邪と慢性気管支炎」と誤診され、重症化した。病舎収容されたが三日間で戻された。

③同二月　症状増悪し、重篤に。意識不明、多臓器不全、呼吸停止。奇跡的に回復（一五日間意識不明）。

④同四月〜七月　四月に退病舎になったものの、同月肺炎再発。五月退病舎したが再々発のため通算四度目の収容。一旦軽快したものの七月に四度目の肺炎発症。

⑤同八月　外部病院より循環器科医招聘され、肺炎だけでなく心不全の指摘あり。心不全治療優先となりしつこかった肺炎は軽快化。「慢性心不全」の診断。

⑥「慢性心不全」は一〜二月の重症肺炎による危篤中の負荷が因とみられた。二月の意識回復後に、東拘の医師団（部長含めた五人のチーム）から、「三日間マラソンをしていた（走り続けた）ほどの負荷が心臓にかかった。後遺症として一生心機能は低下したままになるだろう。二〇代に鍛えていた丸岡だから耐えられたが、普通の人の心臓であれば、今回の奇跡の回復はなかった」と指摘され

ていた。尚、当時、拡張型心筋症の可能性は東拘の医務当局により明確に否定されていた（九六年二月二八日付東京弁護士会への東拘所長の回答書）。二〇〇四年一月に心室頻拍症により仙台市内の外部病院に救急搬送されて、病院の循環器科医によって心電図と心エコー検査の結果として、初めて指摘されたのである。「丸岡さん、今まで施設からは虚血性心疾患と診断されていたようですが、そうではなく、これは拡張型心筋症と思われます。現在の状態を一言で言えば、丸岡さんの心臓は焼野原であり、このままにすれば、生命の危険があります」と。病院の医療水準と監獄のそれとは、これほどの落差があるのである。この時、病院主治医は「肺炎も合併しており、心室頻拍症の再発防止のためには二週間の入院が必要です」と言っていたのだが、宮城刑務所側は警備の都合があるとして、六日間で退院させた。はたしてその二日後に心室頻拍症が再発した。その際、心室細動による突然死の可能性があったのに、宮刑側の〇四年一月当時の若い担当医師はその対策をまったくとっていなかった。よくもまあ、死ななかったと思います。

五、心臓再同期療法などについて

（一）CRTとは何か（Cardiac Resynchronization Therapy＝心臓再同期療法）

CRTはペースメーカーを利用した両（心）室ペーシングによるQOL（生活の質）の改善を目的にした重度心不全の治療法である。右心房、右心室、左心室それぞれを三本のリードでペーシングする（普通のペーシングメーカーとは異なる）。CRT‐DのDはDefibrillatorのことであり、致死性不整脈治療の植込型除細同器（ICD）を示し、CRTとICDの機能を合わせた体内移植器具である。日本での呼称は「両室ペーシング機能付ICD」。CRTは療法を、CRT‐Dは器具名を言う。

正常な心臓の律動的な拍動は右房に存在する洞結節で刺激が発生し（ペースメーカー）、その刺激が右房から房室結節を経て刺激伝導系（ヒス束）を通じて心室に伝わり、心筋の収縮が起こり一回の拍動が生じる。この現象をモニターしたのが心電図である。

正常な拍動は右心房の収縮（P波）から始まり、続いて〇・一二～〇・二秒内で両心室の収縮が起こる。左心室（LV）は右心室（RV）に比して筋層が厚いため、その収縮は二倍の時間がかかる。そして、心電図ではQRS波として示され、その所要時間は〇・一秒（一〇〇ms）以内である。それが私のようなDCM患者では心筋症のため、心室内刺激伝導が障害され一三〇ms以上（今の丸岡は一五〇～一七〇ms）を示し、ＬＶが大きく遅れて収縮すること、さらに心筋の変性による収縮不全や拡大のため心臓のポンプ機能が著しく低下する。ＤＣＭにおけるこの心室内刺激伝導障害を両心室内にペースメーカーを埋め込み（移植）両室の拍動を同期させ心拍動を改善させる方法がＣＲＴである。

丸岡の場合、ＣＲＴ移植術実施（二〇〇八年一二月）の東京Ａ病院の主治医は「半年間は様子を見る必要がある」と言っていたが、「症状改善」として二〇〇九年三月に八王子医療刑務所当局（法務省の指示だろう）は私を宮城に移送してしまった（四月の診察予定はキャンセル）。そして、事実は示すように、昨年の夏が過ぎた一〇月に入って症状の増悪が始まったのである。ＣＲＴが有効な患者は約八割であるが（米国の統計）、私は残る二割に入ったと言える。

（以上は、メーカーの説明書及び循環器科Drらによる説明を要約した）

（二）一般に言う「心臓ポンプ能力」とは

心エコー検査によるＥＦ（左室駆出率）やＦＳ（左室内径短縮率）で示される。長くなるのでこれ以上の説明を省略するが、ＦＳが最もよく機能のレベルを示す。今年（二〇一〇年）七月二九日の仙台Ｃ病院での検査値はＥＦが一七％（正常値は六〇％以上）、ＦＳ八％（同三〇～五〇％）である（それは八王子医療刑務所移管翌日のＡ病院主治医の往診による検査でも同じ数値である）。

（三）その他

①ＢＮＰ（脳性Na利尿ペプチド）：心筋から分泌されるＢＮＰの変動は自覚症状と関連し、心不全の重症度の指標として有用な血液検査で最も鋭敏な心不全の予後規定因子である。

②ＮＹＨＡ分類：New York Heart Association の自覚症状による心不全重症度分類。一年内死亡率はｃｌａｓｓⅢで一〇～二〇％、Ⅳでは二〇～五〇％。

③死亡率：仙台の（宮刑から通院の）某大病院Ｃ循環器科主治医（専門医）に、現在の予命を問うたところ、以下を述べられた。「癌であれば凡その告知は可能ですが、ＤＣＭ患者の予命予測は難です。患者にとっては生きるか死ぬかの二者択一しかありません。五分五分としか言えません」（二〇一〇年九月一六日）

＊NYHA 分類　自覚症状より分類し、定量性・客観性に欠けますが、簡便で日常診療で頻用されます。

Class I	心疾患を有するが症状なし。
Class II	軽度の身体活動の制限を伴う。安静時は症状はないが、通常の身体活動で症状あり。
Class III	著しい身体活動の制限を示す。安静時は症状はないが、通常以下の身体活動で症状あり。
Class IV	苦痛なしでは身体活動が行えない。安静時も症状があり、どのような身体活動も症状増悪。

六、現在は拡張型心筋症の最終段階にある

●苦痛なくしての身体活動が困難であり、安静中でも心不全症状が出現したりしている。

（一）現状

①「三-（ウ）」に前述のA病院医師の診断「薬物治療はもはや限界に来ており、CRTをすすめる」であり、CRT-Dの移植が為されたが、その治療効果が消失した。

上記C病院医師の診察を通院で受けた七月末に、「五-（一）」に解説したCRTは、LVのペーシングがまったく機能しなくなった。最大出力（八V・パルス幅一・五ms）でも心臓が反応せず、自己拍動によらざるを得なくなった。必要出力が高くなり始めた本年三月からの上昇は見事にBNPのそれと呼応している。医師の判断は「原因として心筋の変性（主に線維化）が拡大したと考えるのが最も合理的です」。つまり、DCMの病変部拡大。

②「三-（オ）」に前述の専門医が二〇一〇年一月に述べられた意見の正しさが証明された。九月初めのC病院で上記医師も「この意見にある通りです。すべて同意します」。

二月の第四次「刑の執行停止申立」時に釈放されていれば、CRTの破綻前の対処を行い得たのである。執行停止によって猛暑を迎える前の六月に入院受諾の外部病院での治療が認められていれば、避けられた事態である。

③本年八月下旬の診察では宮城刑務所医務部長も「現状はNYHAⅣですね」と認められた。

（二）病状（体調不良につき詳細略）

①意識障害（酸欠脳。血中酸素濃度は一時的低下あっても正常値維持だが、循環血液量減少、低血圧から脳循環血行不良による）。

意識を強く持たなければ「清明」を維持できない。「無気力状態」で時々「傾眠」に至る。

②その他

i、呼吸困難は有。ii、全身倦怠感は著。iii、胸痛も著。iv、動悸・息切れも著。v、咳・痰も著。

③心・循環不全による肝・腎等の臓器機能障害が起こってきている。

以上

七．結語（「公安事件（当局用語）」無期受刑者にも生きる権利を！）

刑事訴訟法では、「刑の執行によって著しく健康を害するとき、又は、刑の執行によって生命を保つ事のできないおそれのあるとき」執行停止ができるとなっています。それに該当することは明らかであり、刑訴法四八二条により、刑の執行は直ちに停止されるべきです。しかし、実際の運用は「死が確実になった時」となっているのです。現在に到るも国家に反逆した「国事犯」とされているためか、必要な延命治療も受けられない状態にあります。これでは「緩慢な死刑執行」ではないでしょうか。公安事犯（法務省用語）無期受刑者にも生きる権利を認めてほしい、と切実に思います。こんなことでは挫けない。私は最後まであきらめません。まだ死ぬ訳にはいきません。「負けてたまるか」です。私はしつこく、しぶといのです。

多謝、再見！　丸岡

追記

一．二〇一〇年九月一七日、第五次「刑の執行停止申立」

二．同一〇月五日、不意打ちの八王子医療刑務所への移送。

（絶対に釈放しないという国の強い意思を感じる）

『難病に抗して生きる』二〇一〇年一〇月一日付の補充

二〇一〇年一〇月二〇日

一．八王子医療刑務所移監が意味すること

法務省は刑の執行停止を避けるために「病院である八医刑で、一～三ヵ月おきに外部病院の循環器科医師（刑務所委託の往診をすれば対応できる」とするつもりだろう。都下Ａ病院の主治医（〇四年と〇八年入院時の主治医）の診察が移送翌日の六日にあった。しかし以前とは異なり、時間制限と当局の要請があるのか患者本人の問診はほとんど無く、すぐに心エコー検査とＣＲＴ-Ｄチェックとなった。今後の治療方針も患者本人とではなく八医刑と協議して、となった。同医師（ＡDr）は本来とても丁寧でインフォームド・コンセントを大事にする信頼できる先生で、今回はまったくらしくなかった。

二．一〇月現在の状態

（一）残るは薬物療法のみ…一〇月一日付本文の「五-（三）-③」のＣ主治医に同じ九月一六日の診察で、丸岡が「もう残るのは、人工心臓や心臓移植ですか」と尋ねたところ、「移植は六〇歳の年齢制限があり、不可です」と回答あり、この可能性は消失した（そこまでやる気は元々なかったが）。移植を前提とした時間稼ぎの人工心臓も消え、残るは「すでに限界」と指摘されている（上記ＡDr　二〇〇八年九月）薬物療法のみである。結局は現状維持となり経過観察（様子見のこと）するしかなくなった。容態急変時に対症療法で凌ぐ形

である。一〇月六日、今回のＡDrも同様の対応となった。しかし、国側としては延命を無視してでも一部薬物と量を変えて当面の「軽快化」を計るだろう。それは延命にはまったくならず、逆に心臓に無理を強いて余命を縮める結果をもたらすしかない。

とにかくＣＲＴが完全に無効となる前の今年二月に「刑の執行停止」がなされていれば、ここまでの拡張型心筋症の進行はなかったと言うほかない。

（二）一〇月六日採血の結果：ＢＮＰは二、八八〇pg／ミリℓにまで悪化していたことが判明した（八医刑では自前で分析できず、丸岡への結果通知は一五日であるし、ＡDrには時期未定の次の診察まで知らせないとのことである）。先日、仙台から渡米して心臓移植を受けた少年は二、〇〇〇超だった。尚、一〇月五日のレントゲンではＣＴＲ六八・五％だった。

（三）現在の病状を例示すると：着替え（下着含む）でも手洗・洗面でも酷く息切れする。食事直後は、一時間近く安座すら苦痛で、横になっての読書も不可能となった。しかし一つ気付いたことがある。こんな状態でも気力が残っていたら、結構耐えられるものだと。尽きつつはあるが、また笑顔続ける余裕がある（笑）。

（四）書く体力もスペースもないので略すが、「病院自認」の八医刑は他の一般刑務所病舎よりは、一般的病気（ガンを含む）の領域で本物の病院に劣るが、確かに優ってはいるが、ＤＣＭなどとなると循環器科も心臓集中治療室もなく収容に無理がある。厚労省認可クリニックである宮刑医務部はその限度の自覚がある分、委託病院との連携が密（必要時の通院も含めて）であり、安心できた。（こと丸岡治療については処遇上の限界まで宮刑当局はよくやってくれた）

三．さいごに

この三年間の五次に亘る「刑の執行停止の申立」の間、四人の医師の先生方に、第三者の立場として中立公正で専門的な意見書を作成して頂きました。いずれの先生もその分野では名の知られた方たちです。ＣＲＴをすすめてくださったある国立病院に居られた専門医の先生、そして弁護団の要請に対し極めて多忙にもかかわらず四度も意見書を作成して下さった某大学名誉教授の先生。四人の先生方には厚い感謝を表します。実はこの一〇月一日付本文を名誉教授の先生には監修までしていただきました。私はもう頭を上げることができません。「ありがとうございます」と申しあげるばかりです。

以上

第四章　関係者の証言

元日本赤軍メンバーと大谷恭子弁護士の、丸岡さんについての証言を掲載する。大谷さんは重信公判の主任弁護人であり、丸岡さんの刑の執行停止申し立て、外部病院での治療に向けて奔走された。

丸岡修との、なんとも優雅な日々

足立正生

一九七〇年代初めに出会ってから断続的に二〇年間近く、私は丸岡修と共同生活をした。その記憶は、思い出と呼ぶには切なすぎる。

なぜなら、その歳月は、丸岡や私個人のみならず、アラブで立ち上げ今は解散解体した日本赤軍の成長発展と変遷の過程と重なるからだ。

私たちは、生活は共同していても任務は別々で、丸岡が軍事担当、私は対外交渉担当なので、共同行動はあまりなかった。その通常の共同生活は、考えようによっては、実に優雅な時間だったという気がする。

今、私は日本赤軍の活動軌跡や全体像を自分史風に書く気はまったくない。当然、多くの不詳な部分を素通りし、丸岡の実像に関わるエピソードだけを書く仕方を取る。だから、総括になっていないと多くの仲間たちの反論批判を浴びるだろうし、これまでいくつかあった日本赤軍への批判や非難、特に和光晴生さんが日本赤軍に対する思い込みと推測で書いた誹謗中傷の意見や文章に正面から反論していない、という謗《そし》りまで聞こえて来る気配も感じる。だが、そんな意見は、丸岡修に対する私の想いを書こうとする志を挫くことには至らない。なぜなら、決して雄弁ではなかった丸岡の魂が生きた時々の姿の片鱗を探るなかで、革命戦士とは何者なのかという問いへ答えるためには、不可避の作業だと思うからだ。

一・マオイストの美少年

一九七三年、初めて会った丸岡修は、恥じらいを含んだ紅顔の美少年だった。大げさに言っているのではない。

実は、予期しなかった彼との出会いは、私に、後に日本赤軍になっていくパレスチナ解放闘争へ義勇兵として参加している人々へのシンパシーを通り超して、一緒に活動してみようという思いを抱くきっかけになった。

当時の私は、監督したニュース映画『赤軍―ＰＦＬＰ　世界戦争宣言』の上映運動を展開中だった。ＰＦＬＰとの共同キャンペーンを約束していて、その中間的な情況報告をし合う必要があってベイルートに入った。ところが、リッダ闘争に対するイスラエルの報復攻撃で、報告をすべきＰＦＬＰ側の担当者＝ガッサン・カナファーニは諜報機関モサドの仕掛けた車爆弾ですでに暗殺され、助手だったバッサム・アブシャリーフも手紙爆弾で重傷を負わされて治療中で、報告するどころではなかった。映画作りを共同した重信房子も、報復暗殺のターゲットにされている可能性があって、彼女の活動や住居は「最重要機密」とされ、何日経っても「連絡が取れない」と言う。私に同情した旧知の情宣局メンバーが軍事委員会に相談して「バクダッドに行けば、日本人に会えるらしい。連絡しておく」と勧めてくれ、空路で出かけたのだ。

到着手続きの間にも大汗が噴出し、風もないのにそれが瞬時にして乾いてしまう熱さだった。入国手続きは、イラク政府と良好な関係にあるＰＦＬＰのコマンドが簡単にすませ、「元気か？　おれたちは、みな元気だ！」とあいさつを発すると、猛スピードで車を発進させた。雄大なチグリス川を渡り、動くもの一つない砂漠へ突入疾走して一〇キロくらい走る。そこで方向転換し、砂塵をまき散らして再び市街地に戻るので、追尾者の有無を確かめていたのだと分かる。やがて、ナツメヤシの木がまばらに生えた地帯に車は停まり、ＰＦＬＰのアジトの一つに案内された。

私は早速「重信はどこだ？」と聞くが、コマンドたちは「いない」とだけ答え、「旅で疲れたろう？」とシャワーを勧め、昼飯を食おう、と誘う。アラブに来るたびにいつもそうだ。そんな勧めに乗っかると、尋ね人にはなかなか会わせてもらえない経験が山ほどあった。私は「重信に会わせろ」と要求して、顔の砂も洗わずに動かないことに決め込んだ。

コマンドたちが姿を消し、たばこを何本か吸い終わった頃、後ろに人の気配を感じて振り返ると一人の日本人青年が立っていた。それが、当時の新聞やＴＶで大騒動され、行方を捜されていた丸岡修だと、すぐに分かった。ほっとして握手したが、彼は、きっぱりと「重信はここにいない。待っていれば、そのうち連絡が取れる」と言う。私は焦って、「時間があまりない。上映運動の進み具合と連赤の同志殺し事件の総括の進行具合の報告をすませて、早く日本に戻る必要がある」と主張したが、彼はにこにこしながら「おれは映画のことは何も知らないから、重信と直接話し会ってほしい」と拒否する。

かたくなな姿勢のなかにも誠意を込めているので、待つしかなかった。そうして始まった丸岡との会話は途絶えがちだったが、自己紹介風の昔話や世間話には親しみを込めて相槌を打ってくれる。けれども、彼の日常活動のことなどを聞くと無視した。そして、一番多くを語ったのはパレスチナ解放闘争の当時の現状だ。彼は、諸組織が自己主張を繰り返して分裂中であることを非常に残念がり、日本の新左翼党派と同じだ、と批判する。途中で、私が「他の仲間はどうしてる？」などと聞こうものなら黙殺し、別の話題に入る。積極的に本題を外す。

そんな感じで、数日にわたる彼との共同生活が始まった。

私が主観的に話す日本の実情などは、静かに聞いてくれる。

だが、そのうちに、徐々に彼の一方的な語りになり、一緒に軍事訓練をやったリッダ闘争三戦士への敬愛の念、その闘争の直後、日本への帰国を図った彼は手配されたために東西欧州をぐるぐる周りながらバクダッドに逃げ込んだ経由、現在はPFLPの射撃訓練の教官を担当していること、などを訥々とだが的確に語り続ける。私が報告的なことを切り出すと「重信が来てからにしてくれ」と一切聞こうとしない。仕方なく、アラビア語の習得方法をあれこれ教わっていると、三日目には「あんたの持っているテープレコーダーを譲ってほしい。金は払う」と言う。「金はいい。置いていくよ」と手渡すと、操作を確かめながら「半日車を飛ばして出かけても、クウェートの免税店にはろくなものがないんだ」と実にうれしそうに童顔をほころばせた。あらためて彼を眺めると、なんと、彼は、まるで若き北大路欣也のような紅顔の美少年であることに気づかされた。

食事はコマンドが毎日運んできてくれたし、キッチンの冷蔵庫には料理をしようとすれば肉や野菜が詰まっていたが、お互いの考え方や思いの探り合いにいやになっている私に気づいて、ついに革命論を吹っかけてきた。それは、突然、「日本の革命をどうすべきだと考えているか?」と彼が質問し、まず自分の考えを訥々と語り始めたのだ。後で思い出しても、丸岡は決して一般論的な革命論理など述べることなどなかった。だから、なぜ、あの時、そんな語りを始めたのかが分からなかった。恐らく、彼は、リッダ闘争の戦士亡き後、その志を引き継ぐ決意を固めていて、がちがちの男だろうと推察した。私は単なる映画監督で、文化人のシンパの一人でしかない。その二人の立場の違いが砂を噛むような会話になるだろうと思っていたが、それは大違いで、彼は極めてていねいに話題をフォローしてくれる。

丸岡の主な主張内容は、日本革命は武装闘争を中心にしては発展しない、改革運動を中心にした大衆闘争を積み重ねて、政治闘争として蓄積すべきだ、同時に、権力の出方で必要があれば武器を取る、そのように発展過渡を重視していくべきだ、と言うものだった。私は驚いた。パレスチナ解放のための義勇兵として参戦した彼が、まるで、毛沢東主義者のような論理を展開した。

「あんた、マオイストか?」と聞くと、大阪では「労働学院で勉強したし、マオイストかと聞かれれば、そうだ。その続きでパルチに入った。赤軍派は理論も実践も認めない」と平然と言う。「じゃあ、重信さんとは意見が合わないだろう?」と聞くと、「今も、けんか中だ」と恥ずかしげにする。「ゲバラ主義者ではないのか?」と重ねると、「いや、ゲバラは最大に評価している」と言う。

私は新左翼の党派には所属した経験もなく、肩肘張った理論展開を避けようとしていたのだが、この丸岡の以外に柔軟な意見に「こういう活動家もいるんだ」と、感心した。

そこからの論議は熱いものになった。

私の主張は、大した論理ではなかったが、日本の現状から大衆武装によるパレスチナのような革命路線を走るに至るまでには、大いなる政治闘争の発展過程と飛躍力が必要だとするものだったので、過渡期世界論はいいとしても、現在の新左翼武装闘争派が抱えている前衛主義を全面的に否定するところから、日本の革命運動を再生させる必要がある、と主張するものだった。丸岡は、それを注意深く聞き入り、質問し、「おおむね賛成できる」とした。しかも、その場で「じゃあ、その方向で、日本革命の進路を提案する文書を作ろう」と言い出した。「日本革命への提言」なんて宣言を作るのは、何日も要するだろうと思い、「何とも、簡単に言うじゃないか」ととがめると、「宣言は、発案する志が熱いときにやるべきだ」と言って、彼が高校全共闘時代にバリケード封鎖した頃の後悔を語った。つまり、ただちに闘争の宣言文を明確にできずに敗北した、と言うのだ。

そんなこんなで、私が素案を書いては、丸岡がていねいに修正し、合意を重ね続けて、四〇項目ほどの文案が固まり始めた。

そこへ、ひょっこりと重信が姿を現した。無事を喜び合い、私の報告を聞き、夕飯の頃になって、丸岡と二人で何に熱を上げていたのかと聞くので、丸岡は反対したけれども、私はできたての「宣言文案」を見せた。彼女は「新しくて、面白そう。でも、箇条書きでは説得力がない。ちゃんとした綱領的な文章にしたら」とはすに構えている。そりゃそうだろう。彼女は連赤路線と対立して除名にされていたけれども、文案には赤軍派の理論とは相容れない点も多すぎるからだ。丸岡が見せるのを反対した理由もそこにあったのだ。

いずれにしても、「宣言文案」は、丸岡と私の本音を書き連ねたものとして、そのまま脇に置かれたままになった。

重信との連赤総括や上映隊の活動を論議して、訪問は終わった。帰り際に、意気投合した丸岡への感謝の気持ちで、私が使っていたカメラとサハリジャケットをプレゼントした。丸岡は、その直後、そのジャケットを着て日航機ハイジャック作戦を実行した。そうなって初めて、私は、なぜ、丸岡が「宣言文」作りを急いでいたのかという理由が分かったような気がした。彼は、ハイジャック作戦に決死で臨む覚悟を固めるためのものだったのだ。

二、ベイルートの路地専門家

丸岡と再会したのは、約一年後の七四年、まだ内戦で荒れ狂う直前のベイルートだった。日航機ハイジャック作戦でリビアに着陸し、獄に繋がれて拷問を含む取調べ後に裁判にかけられ、イスラム法でハイジャック罪（航空機の窃盗・焼却の罪）で「手首切断」の処刑を受ける寸前に釈放されたからだ。私は、上映隊の活動が一段落して、今後の日本赤軍（当時はアラブ赤軍）との共同運動の方針を作り上げようとしていた。しかし、そんな時、日本赤軍は、仏国のオルリー空港で逮捕された仲間を取り戻すために、ＰＦＬＰとハーグ仏大使館占拠闘争を共同中で、メンバーたちは地下戦争の慣わしで緊急体制をとり、それぞれの仕事別に姿を隠していた。そんなアジトの一つにいた私のところに、ひょっこりと、痩せこけて蒼白い顔の丸岡が現れた。

丸岡は「作戦進行は順調のようだが、長期戦になる可能性がある」と、作戦状況のニュースをフォローしていて、心配気だ。そこへ、丸岡の帰還を知った仲間たちが次々と集まって来た。ＰＦＬＰに情報確認に行っていた重信も加わったので、なんでも酒の席にする習慣の私は、「とにかく、彼らの無事の帰還を祝おう！」と提案したが、「作戦の善後策を検討するのが優先だろう」と、緊張しているみんなに白い目で睨まれた。丸岡が「いや、みんなはそれぞれの仕事を抱えている。作戦の進行と展望については、そのつど連絡するから、だから、乾杯するなら短くやって、みんな、ここから散るべきだ。善後策は、ハーグ作戦が敗北した時に、敗北を乗り越える第二作戦を実行する可能性も含む。全員で話す事柄ではないと思う。おれたち軍事部門に任せてほしい」と主張した。当時の日本赤軍は、コマンドたちの軍事部門とそれ以外の運動部門に分かれていて、ハーグ作戦もＰＦＬＰの海外作戦部と共同するのはコマンド部門で、他は作戦が実行されるまで何一つ知らないシステムだったからだ。

拷問の病み上がりとは思えない丸岡の厳しい態度に、全員が納得してワインを一杯だけ飲み干して、去っていった。残ったコマンドたちは、ニュースノートを広げて作戦経過を確かめ、仏国の出方を推理したり、重信たちと外交的に準備すべきことなどを呟き合っていた。ところが、いつの間にか丸岡が姿を消している。訝っていると、キッチンから料理の音が響くのでのぞいてみると、大鍋で大量のスパゲッティを茹で、ありったけの野菜と鶏肉やソーセージなどを刻んでいる。私は、丸岡が不安といらつきの解消のために、手当たり次第に切り刻んでいるのだと思った。

「やり過ぎだろう。それは、一週間分の食料だぞ、先のことも考えろ！」と私が怒ると、「だから、一週間分の食い物を準備している。これから先、みんな、食欲がなくなる。料理どころか、買ってくるサンドイッチも食えなくなる。だから、いつでも熱い焼きうどんが食えるようにしておく」と手を止めないし、顔つきは実に冷静だ。そんな先読みをするのが苦手の私は、なるほど、と納得した。

それから先、作戦は一進一退の膠着状態になり、用もないのに心配顔で立ち寄る仲間たちは、サンドイッチなどを持参してくるが、何かを食べようとする者はいなかった。私は、鼻歌を歌いながら、丸岡が用意しておいた材料で、ほかほかの焼きうどんを作り続けた。みんなは「親父は何であんなに楽しがってるんだ?」と訝ったが、丸岡は「しんどい時ほど、やる気になるタイプなんだよ」と言っていたようだ。

やがて、ハーグ作戦が決着し、作戦部隊がアラブに飛来して投降した。それからは、作戦を見守っていた私たちの仕事だ。身柄を引き取る救出作戦の段階になった。

丸岡は「PFLPは、あの国の政権と対立状態だ。議長ジョルジュ・ハバシュを保安将校に化けた部隊に奪還して以降、PFLPは交渉するパイプもないだろう。他組織に申し込んで政府と交渉を依頼するしかない。それに、リッダ闘争の奥平未亡人は有名で交渉しやすくはあっても、表敬訪問ならともかく、アラブ世界では女性を交渉役として認めない慣習がある。おれはハイジャック闘争犯で知れ渡ったっている し、やはり、あんた以外にいない」と、私に出張を依頼する。重信もうなずく以外になかった。

そういうわけで、その後もいろいろと難題は続いたけれども、交渉成立後、目立たないように次々と仲間たちを連れ帰って、なんとかハーグ作戦も最終決着がついた。

私なんかは想像もしていなかったが、そこからはさらに、私たちの本格的な苦難の連続だった。ゆくゆくは難民キャンプや軍事基地に落ち着くことになる仲間たちだが、作戦終了後、奪還されてアラブに不慣れな仲間たちを、やはり、市街地の中のアパートなどに一旦受け入れて、総括討議や合意づくりをする。しかし、ただでさえ目立つ日本人の顔は、町を歩いているだけで人々に気づかれ、特に子供たちに英雄視されて「ジェーシ・アハマル・ヤバーニ(日本赤軍)だ!」と囃され、まといつかれる。つまり、保安上でも、近隣に知られず、ひっそりと生活できるアジトの準備が大きな課題になるのだ。

ベイルートの市街地は、七四年当時、まだ美しい海岸都市だった。レバノン総体が、中東のオイルマネーを吸い込んで吐き出していく金融の中心地でもあり、湾岸諸国の王族や金持ちたちは、海岸と山々の中に豪勢な別荘地を持ち、そのオイルマネー目当てに歓楽街が栄え、中心地の銀行や官庁と高級ホテルの高層ビルが林立する近代都市の様相を呈し、大きなスーク(市場)から四方に街路が延びるフランス式の市街だ。

しかし、散発的に始まった勢力紛争が七四年には徐々に本格化し、親米仏・イスラエルのマロン派民兵が支配する東北地区と親パレスチナの民族派を中心としたイスラム教徒が多数の西南地区とに市街地が二分され、やがて、激しい市街戦が続く内戦となる。

丸岡と私は、パレスチナ人やレバノン人の仲間から各地域の住民の宗教や家族主義関係の情報をおおまかに得つつ、ベイルートの市街地の地図を前に、アジト作戦を開始した。できるだけＰＦＬＰの関係者やシンパたちの住居から離れないと、親しい仲間内の茶飲み話のなかで、アジトの所在がすぐに「公然の秘密」になってしまう。したがって、友人や日本人が住む可能性などがない、死角となる区画の貸しアパートを探す日々を繰り返すことになる。大通りと路地のつながり具合と通り抜け方を調べたり、住宅ビルと公的な事務所との距離関係を保つなど、まさに日本で言えば「潜伏生活」を行う条件を考え、敵側の地下攻撃部隊をどう防ぎきれるか、などという陣形予測を当てはめながら物件を求めて、街中を歩き回った。なかなか適切なアパートなどありはしない。

しかも、ＰＦＬＰの海外作戦部門は、いかに安全で有効なアジトでも三ヵ月以上は住み続けないという、対モサド戦争での教訓を生かした原則を実行していた。強要されたわけではないが、その基準を守ることが、私たちのようなパレスチナ解放闘争に参戦している国際義勇部隊にも要求されていた。

丸岡は辛抱強かった。軍事保安の条件が七〇％未満のものは候補からはずし続ける。歩けど歩けど、一〇〇％のアジトが見つかるはずはなかった。他のことでもそうだが、ありものの利用には限界があることに気づいた。条件は自分で作る以外にない。アラビア語も自由に話せるようになっていた丸岡は、貿易を経営しているパレスチナ人の伝手で、いち早く営業ビジネスマンに化け、用意周到にいくつもアジトを作った。

そうしているうちに、いつの間にか、丸岡と私は誰も及ばないほどのベイルート市街の路地専門家になってしまっていた。後の一九八二年、侵攻して来たイスラエル軍に四キロ四方もないベイルート市街地を包囲された時には、丸岡の引く対峙線の陣形図が貴重なゲリラ戦の武器となり、若い民兵たちとの協同防衛陣形造りに役立ったし、やはり、女性兵士を白兵戦になる前に脱出させようとした時の案内地図となり、つづら折りの路地をくねくねと走り続けると、敵陣の背後にまで抜ける術が成立した。

その時の脱出班は、丸岡が先導する商社員に化けて検問を通過する作戦が論議されていた。私は、丸岡の主張が予測できたので、トイレに立った隙に、会議の外で彼に呟いた。「あんたは、日本赤軍軍事部門の責任者だ。ベイルートでの攻防は、パレスチナ勢力にとっても最大の闘いだが、彼らの陣形を見習うべきだ。彼らは何度も虐殺され追放されながら、空手から立ち上がって戦う陣形を再構築する経験を持っている。おれたちも、今後、世界と日本を射程に入れた闘いの陣形を維持するためには、武器や金だけではなく、日本赤軍の蓄積してきた軍事思想を発展させるために、今は陣形を再編発展させるつもりで考えるべきだ」と主張した。丸岡は、「何を言うか！」と憤懣を漲らせて私を睨み付けた。私も睨み返して譲らなかった。

彼は「おれは、軍事部門のチーフだ。それが脱出班に入ることはできない。最後まで残るべきだ」と頑固に言い張るのだ。そんな、丸岡とのけんかや対立意見の衝突は、しばしばあったので、どちらが先に冷静になれるのかが、勝負であることを両者とも承知していた。私は、「じゃあ、勝手にしろ。あんたが日頃主張している人民革命への道筋を遅れずに実行する任務は、二の次なのか？」と重ねた。彼は、「うるさい！」と小さく叫びながらも、しばらく考え込んだ。それで十分だった。

やがて、丸岡の班を送り出し、続いて欧米の調停で成立した「ＰＬＯのベイルート撤退」が始まった。残った私たちは、陸路と海路に分かれながら最後の一人までベイルートを後にし、やがて、ベカー高原に再結集してゲリラ部隊の基地陣形を維持することになったが、そこには、丸岡が待っていた。

三、対立と一致は紙一重の差

私は、中東で流行っていた急性肝炎にかかって生死の間を一週間さ迷ったことがある。顔が土気色にどす黒く沈潜し、骨皮だけに痩せ衰えていく私を見舞った仲間たちは、大酒のみの私がついに肝臓癌を患ってお陀仏なのかと気をもんだらしい。だが、一発の高らかな放屁とともに無事正気に戻り、快復した。

その後、丸岡もまた、体力を落としたところで同じ肝炎を患った。最初、風邪をこじらせたと見立てた医者は、次いで血液検査でやはり急性肝炎だと判断した。そこまではいいのだが、その医者が大藪で、療養生活では、肝炎患者は一切の脂肪とタンパクを食してはならないと命じ、ベジタリアンの食物を摂らせた。強靭なはずの丸岡が、一向に体力を回復しないで寝たり起きたりが長引き、どんどん衰弱していく。業を煮やした私は、みんなには隠れて、上質タンパクの赤肉部分を焼き、肉スープを飲ませた。食事療法を変えた丸岡は見る見るうちに顔色が良くなり体力を回復し、完治した。

ともあれ、丸岡の枕元では、彼が想い付くままに語る話をよく聞いた。それは、彼の口から聞くと大胆な意見が多く、初めは私を悩ませたが、同時に納得できるものでもあった。また、しばしば、どうでもよいことを含めて対立しけんかして仲直りしたこともあった。

その大きなものは、リッダ闘争への批判である。作戦計画が二転三転する間に、いくつかの組み合わせの作戦が不可能性を含んでいることが判明し、決死作戦だけを実行することになった、丸岡は最後まで反対して抵抗した、ＰＦＬＰ側も作戦の中に撤退の確保を含めることを要求していた、しかし、それを追求すれば作戦戦術は不可能性にはまり、援護部隊のダメージが計り知れないと主張して実行された、彼は部隊からはずれた、それがよかったのかどうか、いまだに納得できないでいる、と語った。

私は、いつも確信に満ちているように見える丸岡が内面で考えている思いが、ことのほか深いことを知らされた。話の中身は、感動するくらい革命の戦略戦術に直結するものだった。

さらに、次の難問は、組織固めをどうするかということだった。丸岡は、やはり、組織として正式に立ち上げるには、綱領的な一致を作る必要がある、かつて「宣言文」で描こうとした新しい日本革命の筋道をなんとか自分たちで固めたい、いまさら革命の古典を勉強してから書くのでは遅すぎるし、最も必要なのは新左翼的な表現ではなくもっと率直な言葉で書くことだ、だから、早く始めたほうがいい、と言う。

私にまったく異論はない。しかし、それを、軍事訓練と実践を軸に固まっているだけの仲間たちに、どうやって説明説得するのかが大きな問題だった。というのは、丸岡も時として能弁になることもあるが、いつもは訥々と語って説得力は半減する。私は、結論だけを断言調で語ることしかできない欠陥がある。だから、重信に相談すると、彼女は、実は同じことを考えていた。そして、「今、自分たちで書くために、古典学習に集中している」と明かした。そして、一番感銘を受けたという「青年マルクス」を、私たちに読み込むようにさえ勧めた。

丸岡と私は、本当を言うと、文書作業は大の苦手だった。だから、そこで安心してしまって、重信の苦闘にすべての作業を託し、結局は何もしなかった。やがて、それが、難解ではあったが日本赤軍の最初の文書「ナンバー４」となり、後年の「綱領草案」へと成長していった。

よく対立したりけんかをしたのは、瑣末なことと、「今どうするか」という選択の時だ。ベカー高原で積雪のために山越えができなくなり、イスラエルと右翼民兵が支配する南部回りしかタクシーが走らない時も、危険を冒してもベイルートでの約束に行くかどうかなど、数えると限りがない。結局は出かけて無事に終わり、さて、どっちが正しかったかと反省会をやると、地下革命の戦士として、約束を堅持する大切さ、軽々しく危険を冒す無謀さ、この二つの論点で用意に結論が出ないでけんかになるのだ。

例えば、ある日、外出していた丸岡が捨てられていた子猫を抱えて帰ってきた。「迷惑はかけない。おれがちゃんと全部面倒を見る」と言う。私は子供の頃、犬や猫を飼って死なれた時の哀しみと切なさで、二度と動物は飼うまいと決めていたので、大反対だった。「捨ててこい！」「ちゃんと面倒を見る！」という口論が一日中続いたが、結局押し切られて「ネコ」と名付けて飼うことにした。

ネコは、牛乳を与え続けているとみるみる元気を回復した。丸岡は、「運動能力の開発と本能の回復活動」と称して、布切れで蛇のような紐を編んでネコとじゃれ遊ぶ。その紐をどんどん長くして、鞭が子猫を襲うのに対抗する訓練も加えた。ネコは、それが大いに気に入って、部屋中を走り回っては鞭を逆襲したり、相手にしない私たちに鞭遊びを要求するまでに成長した。次には、私も加わって、ネコにジャンプ力をつけることを決めた。自家製の煮干を木柱にピンで留めておき、自分でジャンプして獲るように仕向けた。すぐに、一飛びで掠め取れるようになるので、ピンを徐々に十センチずつ上にずらしたが、最後には二段飛びで、人間の身長よりも高い所でも平気で獲るようになった。ネコは、鞭の遊びと煮干のジャンプ捕獲で逞しくなっていったが、そこで問題が発生した。

鞭遊びをしていたネコが、逃げ惑ったふりをしたついでに、ビニール製のクローゼットのジッパーが開いている隙間に飛び込んでしまった。そして、そのクローゼットの暗闇が気に入ってしまい、ジッパーのほつれ部分から勝手に出入りし始めた、ある日、外出用のスーツを出してみると、それは毛羽立った毛布のように爪で掻きむしられていた。すべての衣類が爪砥ぎにされていた。泣くに泣けなかったが、丸岡と私は即座に、「悪いのはネコじゃない。逃げ込むのを教えたおれたちだ」と自己批判した。

それはまだよい。次いで、最悪の事態が起こった。パレスチナの友人たちが会議に訪ねてきた時のことだ。みんなが部屋に入り終わるまでドアを開けていた隙に、廊下に走り出してしまい、呼び戻しても帰ってこない。仕方なくそのままにして、友人との会議が終わって、ビルの廊下と階段を上から下まで探したが、姿がない。一日経っても帰ってこなかった。もしやと思って、管理人に尋ねると、「子猫は見かけたことがない。ただし、このあたりは捨て猫が多い。裏庭のごみ集積場所で昨日も声を聞いたけど」と言う。私たちは必死に探し回ったところで、上の階の廊下にあるダスターシュートが閉まりきらずに隙間があるのを見つけた。急いでごみ集積所に降り、積み重なっているゴミの山をかき出してみた。やはり、ネコの死骸が出てきた。クローゼットに飛び込むように、ダスターシュートに飛び込んで落下し、その上から次々とゴミが投げ捨てられて負傷し、息絶えていたのだ。

丸岡と私は再び深く自己批判し、大声で泣き暮れた。

四、再会と別れの対話

二〇〇〇年二月に強制送還された私は、一〇数年ぶりに、丸岡に再会できた。「偽造私文書行使容疑」で裁判にかけられ、弁護士に「否定も肯定もするな」と助言された。要は、あずかり知らないことで裁かれる身の不幸を訴えることを中心にする方針だった。だから、法廷の弁護側証人は旧知の友人たちで、私がそんな犯行に及ぶはずはない、と語る人々のはずであった。なのに、若松孝二などは、「日本に連れ帰ったのは間違いだ。国内に置いといたらろくなことをしない。裁判長、彼をもう少し獄中に入れといてください。そうすれば、獄中から映画の一本も監督して、少しは日本の役に立つから」などと冗談とも本気とも取れる証言をする始末だった。

そんな証人の一人に、ぜひ、丸岡になってもらおうとした。彼が重篤病状で動けないので私が移送され、彼がいる宮城刑務所内で出張公判が開かれることになって、再会が実現したのだ。

法廷の休憩中、チャンスと見て取った私は、ロの字型に並べられた臨時法廷のテーブルを乗り越え、丸岡に抱きついた。なぜか、判事や検事は書面に目を落としていて気づかないふりをしてくれている。丸岡と私は熱くアラブ式の抱擁と接吻のあいさつを交わすことができた。「獄中を最前線によくがんばった！　身体を第一に！」「心配するな！　おれのために、外から余計なことをするなよ！」などの言葉を交わしたのは覚えているが、再会で興奮したあまりに、臨時法廷で何が行われたのかがあまり記憶に残っていない。

しかし、丸岡が何か長々と証言している間、私は、かつて丸岡と論議した内容を考えて反省していた。武装闘争路線を凍結した私たちは、日本への再上陸を射程に入れていた。結論的に、最も警戒され手配されている丸岡が日本へ先行して帰国する方針になった。慎重な彼は、リスクが大き過ぎるうえに、入国が露見して逮捕された時は仲間たちへのダメージが大きすぎるので、最初は反対していた。だが、しっかりとケースワークするには、彼自身が適任であることを根拠に、最後は賛成した。丸岡の、リッダ闘争への立場意見とは真逆の結論を出したのだ。そう言えば、もともと日本に帰って大衆政治闘争から積み重ねなおすことを最初から主張していたのは、丸岡だった。その一里塚だと考えて、納得したことを思い出していた。

二〇〇一年に執行猶予の有罪判決で釈放された私は、獄中の劣悪な医療と病身に対する報復的な措置で弱っている丸岡に面会に行き、対話を再開した。彼が口癖にしたのは、「おれのために、外から何もするな」という言葉だ。また、筆まめに、救援の人々への感謝状や連帯のあいさつを書き続け、仲間たちには細々したことを気にして「反省」する内容を書き送り続けていた。彼本来の小まめさと優しさがあふれていた。その彼が、「自分のためには、外から何もするな」と繰り返すのは、なぜか。日本赤軍の戦士のモラルと規律として、逮捕された場合は、一切の救援を当てにしないこと、獄中を戦士の最前線として戦い抜くこと、などがあっただろう。しかし、それ以上に、最早そんな方針は情勢上も革命運動上もデメリットが多すぎるので、ナンセンスだから「奪還作戦」などは実行しないだろうが、万が一にも間違って計画したりしないように勧告していたのだ。気配りの丸岡ならではの確認を取るための口癖だったと思う。

丸岡との最後の対話は、二〇一一年の二月、八王子医療刑務所での面会の時だ。それ以降は、監獄法の悪解釈による「面会禁止」が徹底され、何度か出かけたが、追い返された。

議論したのは、すでに仲間内には手紙で確認したという「黒の告白」という文章についてである。私は、そんなものがあることも知らず、丸岡に説明を受けながら、大げんかすることになった。

そのけんかの内容は、丸岡が「黒の告白」という文章を書き、〝ドバイ作戦とダッカ作戦の、二つのハイジャック闘争は自分がやった〟と告白した、というところから始まった。そんな文書があるというのも、まさに寝耳に水で、驚いた。あの「日本赤軍解散宣言」が出された時のように、大反対するだろう私には、誰も報せてくれないのか、と無念だった。私は、怒りも込めて「大反対だ！」と叫んだ。

丸岡は、それまで、すべての嫌疑を否認してきたし、救援の人々も「冤罪」として丸岡を支えていた。それを全面変更してしまうことに無理があると考えたし、例え丸岡が主犯だったとしても、それは、丸岡個人の行動ではなく、日本赤軍全体で行ったものとして判断すべきだ、と考えたからだ。面会室のアクリル板越しに、激しく言い合い、心臓疾患で呼吸も困難で蒼白だった丸岡の顔面が紅潮するほどだった。

その主張の趣旨は、先に他から「主犯」であることを認めるべきだと要望提案があった、その時に「主犯だ」と認めるべきだったが遅きに失した。だが、今、それをやる。多くの人々が反対なのは分かっているが、今はＯＫだ、と言ってくれている。

「今でも反対する者は大勢いる。私がそうだ！」と睨みつけるが、丸岡は「分かっている。だが、よく考えたうえで、決心は固い。分かってくれ！」と退かない。重ねて、弁護士たちや仲間たちも分かってくれ、ＯＫと言っている、とも言う。丸岡は、「自分の尻は自分で拭く」、「墓場まで持っていくのはやめる。被害を与えた人々への謝罪を込めている」と言い続ける。

そんな水掛け論のけんかをしていたが、最も弱い立場の獄中者の利益を第一にするという原則を思い出して、しぶしぶ丸岡の意向を受け止め、「本人の意思を尊重する」と答えて、論議をやめた。

それを聞いて笑顔に戻った彼は、「宅下げを用意している。娘さんに持っていってくれ」と言うので、窓口に申し出ると、少女雑誌の付録についていたと思われる人形が出されてきた。

それが、丸岡修の、あくまで回りの人々への思いを尽くす優しさだった。

ヨーロッパの街角で

浴田由紀子

「覚悟してろよ。私より先に死ぬ奴は悪口を言いまくるからね。言われたくなかったら、生き続けることだね」。九六年、丸岡同志が初めて「危篤」から生還した直後に、私はこう宣言した。

にも関わらず、こんなに早く逝ってしまった。覚悟はできていたはずだ。私が「言ったことはやる」をモットーにしているつもりであることも承知なはずだから、今となっては宣言どおり悪口を言うしかない。

何が気に入らないと言って、あのオセッカイ。ちまちまと至れり尽くせりの余計な心配り。わけても自称フェミニストだかなんだか知らないが——これは私の持論だが、自立しているつもりの女にとって、「自称フェミニスト」なんて、裏返せばただの女蔑視だからね——加えて、「欧州じこみのジェントルマン」気取り。しばしば、「ナンダ、コノオッサンハ！」(初めて会ったころはまだ「兄ちゃん」だったけど)と思わされることは少なくなかった。

八〇年代(丸岡も私も花の三〇台だった)、私は、欧州A国でたった一人の駐在地下任務に就いていた。私が私であることの唯一の生命線は、週一回の本部との電話連絡と、月一回の手紙による報告だけという、言葉も通じない、一人の知人もいない街での地下生活は、まさに「人を見たら敵かスパイと思え」と言わんばかりの孤独と緊張に満ちた日々だった。

私には当時「有閑外国人」を装う金はなかったから、おのずと私のテリトリーは下町、所属する世界は第三世界からの経済難民や留学生くずれ、そしてA国の流動的下層労働者の社会ということになる。そんな世界には、言葉もできない、素性も不明な流れ者外国人にもそれなりの居場所はできるものなのだ。

ある日のこと、丸岡から「誕生日プレゼントを送ります」という手紙が届いた。本当によく気の付くありがたい奴だ。小包はおフランス・パリースから届いている。好物のチョコレートかマロングラッセでも送ってくれたのだろうか。私は、うれしさで舞い続けたい思いだった。

大家は「小包は自分で取りにいかなければなりません」と言う。しかし、英語の通じない大家の話では、どこへ行けば受け取れるのかわからない。外国人の友人たちに訊ねても誰も知らない。どうやら、外国の小包は、税関のチェックを受けるために、郊外にある税関事務所に出頭して、その場で開封してチェックを受けなければならないらしい。

　車を持っているA国人の友人が同宿の外国人三人と共に同行してくれることになった。一行五人（女三人・男二人）。私たち外国人組にとっては初めての郊外へのドライブでもあって、道中は誰もが、自分へのプレゼントを受け取りにいくかのようにはしゃいでいた。

　税関事務所の大机を囲んで、ワクワクドキドキ、同行一同と数人の税関職員の見守る中で、私はおもむろにガムテープをはがした。パリの有名デパートの包み紙にはリボンさえもかけられていた。そして、出てきたのは……見たこともなく美しいシルクのスリップ二枚とペチコート二枚（いずれも私サイズらしい）だった。

　私は、まちがいなく赤くなったはずだ。机を囲んだ全員の目が宙に浮くのを感じた。帰りの車の中が妙に静かで、道は渋滞しているとしか思えなかった。

「ナンナンダ！」。たかが小包の受け取りに、男を含む友人を同行する私もアホで恥知らずには違いないが、恋人でもないオッサンが、国境を越えて、おシルクの肌着を送って寄こす⁉　アイツもアイツだ！　むしょうに腹がたった。丸岡としては、貧乏暮らしをしている私に、自分では決して買わないだろうちょっと高級でおしゃれな肌着を持たせてやろうという同志愛なのだが、私は恩知らずだ。以来、友人たちの間で私は、「パリにちょっと変態な思いの男がいる貧しい独身女」ということになってしまった。

　それから十数ヵ月後に、丸岡はレポとして私の住む街にやって来た。私にはすでに、それなりの人脈もでき、ボチボチ仕事もやれるようになっていた。言葉も、街を歩ける程度には通じる、通りには行きつけの店も顔見知りもいた。

　大国日本人紳士の丸岡は、首都中心部の中流ホテルに宿を取った。貧乏暮らしの私から見れば、バカバカしい無駄遣いとしか思えないので、早々に安宿に移るように勧めた。安宿というのは普通、出入自由だったりする。女（男）を連れ込むなんて日常茶飯事。部屋で持ち込みの飲み食いをするのは当たり前。何よりもそれが魅力なのだし、秘密会議をするには、最適じゃあないか。私は、足繁く宿を訪ねた。弁当さえ作って持ち込んだ。

　ところが丸岡は、私のいる間中、部屋のドアを開けっ放しにする。人に聞かせるようなどうでもいい話ばかりを英語でして、待望の秘密会議も何もできなやしない。

「どうして⁉」「いや、女性を連れ込んだと思われると……」と丸岡。思われたらなんなんだ！　と私は思うのだが、ちがうだろうか！　で、高級レストランに入って「秘密会議」をやろうとする。こっちの方がよっぽどヤバイだろうぜ！

　そして夜、街にはまだ夜遊びの人々が行き交っている。前記したとおり、私はすでにこの街に通じ、ここいらは私の準テリトリーだ。私はまず、彼を宿に送って、徒歩七分くらいの私の下宿にもどろうとすると、丸岡は「送っていく」と言い出した。「えっ？」

私は毎日のようにこの時間帯、このエリアを歩き回っているのだ。下宿界隈には行きつけも知り合いも少なくない。そんなエリアを男連れで歩いていたりしたら、それこそ「恋人登場」ということになって、せっかく固めつつある身分ストーリー（まあ、ニセパスポートに合わせて偽称している根も葉もない身の上話――当時は確か、「パリに恋人」ではなく、夫に棄てられて国にいづらくなって流れてきた気の毒なバツイチ女とかなんとか）が破れてしまうじゃないか！

いくら説明しても丸岡は理解しようとしない。「男性と夕食を共にして、家まで送ってもらえないなんていう恥を、下宿の同居人やご近所にさらさせるわけにはいかない。欧州では、あくまでレディ・ファーストを貫くのがジェントル男の役目でもある。夜道を一人で歩かせるなんて……」というわけだ。

「知り合いの少ない通りで、本当に、私の仕事の都合上も迷惑なのだ。私に何かあった時、〝夜間連れ添って歩いていた男〟として浮かんでしまう可能性もある。加えて、いかにも大国日本人旅行者風の丸岡は、慣れない夜道で、強盗に狙われる危険の方が大きいのだ。この街には、この街の住まい方があるのだから……」と私。

私たちは長時間、それこそ目立つ街頭での口げんかをした。「エエワ。勝手にしてくれ！」と、サッサと歩き出した私の数メートル後ろを丸岡は、尾行かストーカーかボディガードか……なんかしらんがつけてきた。「ホント、タマランオヤジじゃ！」。下宿の玄関で振り返って「ここや」と指さして手を振ったら、いかにもうれしそうにニッコリと笑って向きを変えて歩き出した。

こんなことばっかりだった。感謝も言わず、悪口をダラダラと並べると、少ない丸岡ファンの女性たちから、圧倒的なクレームが来そうだが、あえて言う。「自立した女にとって、〈やさしい男の保護〉なんて枷でしかないのだ」と。やさしさも「過ぎたるは及ばざるが如し」なんだと。彼は分かっていなかったのだろうか。

泣いても、笑っても、怒っても、もうあの「過愛情」は届かない。

もう何年か前になるが、丸岡を支援する文章中に「ダッカの英雄」という言葉を見つけて愕然としたことがある。クレーマー、校正マニアの丸岡は、反論か取り消し要請をしたのだったか。

その一文は「獄中で瀕死の丸岡は、英雄なのだから支援しよう」というニュアンスに貫かれているように思えた。「旧ＪＲＡ（日本赤軍）の総括は、何ひとつ（支援の友人たちに）伝わってはいないのだ」と私は呆然とし、脱力感と虚無感におそわれ、ついに腹まで立ってしまった。「ダッカの英雄」とは何のことだろうか。

誰であれ、ダッカ闘争にも、一連の旧ＪＲＡ（や東アジア反日武装戦線）の闘争にも、英雄などいない。「英雄」とは何だろうか。「世の中を変えたい。人が人らしく生きられる社会を人々と共に創りたい」と願う者にとって、英雄とは「新しい社会の実現のために」今現在から、身を尽くして働き、理想を実践し、人々に勇気と希望を与えることのできる者のことではないかと思う。

ダッカでも、一連の闘争においても、私たちはしばしば、仲間を解放するために、あるいは私たちの「正義」を絶対視し、主張するために武力を用い、「人々」を犠牲にした。それは私たちの理想に反することであったし、何よりも、私たちは人が人らしく生きられる社会の実現を今なお果たしえていない。英雄などではなく、誤りを犯した者たち、不十分であった者たちにすぎない。

獄中にいる。それは、敵が強すぎるからでも、私たちが英雄だからでもなく、私たちの誤りの大きさ、不十分さ、未熟さの結果でしかない。

私たちの誤りを正し、未熟さを克服し、再び新しい社会の実現に向けて、人々と共に働き、勝利するためにこそ、今私たちを「支援」してもらいたいのだ。過去の「栄光」のゆえにではなく、共に未来を創るために。

この思いは、誰よりも謙虚で、自分を変えること、人々に尽くすことに熱心であった丸岡も同じだったろうと私は信じたい。本人のクレームを待っていた。しかし、この頃すでに丸岡は、特技のクレームも、修正要請もする気力さえ失っていたのだと。

最後の最後まで、人々と、負け続けてしまう私たちとに希望を、勇気を、確信をもち続けることを、苦しく長い闘病の中で彼は、一歩も退くことなく率先して生き闘い、示し続けてくれた。

その一点においてこそ、彼の「英雄性」は語られるべきなのだ。まちがいなく。

「言ったことはやる」主義である以上、「君に続く」と言うのはちょっとむずかしいが、「人が人として人らしく、共に生きられる社会の実現」に向けて、分かち合った夢を忘れようとは思わない。いつまでも共に！

アルコールとキャベツと司祭様

重信房子

丸さんとアルコール

丸岡さんは当初アルコールを飲まなかった。訊いてみると、左翼気取りの奴らが飲んでは革命家気取りで自慢話をするのがいやだと軽蔑していたことと、もう一つは飲ませられて酔いつぶれ、気付いたらブタ箱の中にいたというショックな経験のせいもあった。

あのリッダ戦士たちとの最後の宴の時にも乾杯くらいしか飲まず控え目であった。戦士たちは陽気に飲み、私も闘いの後のことを考えると悲しすぎて「決死」のことは考えないようにし、「任務を！」と、前向きな彼らに気持を合わせて飲んだ。

その時、丸岡さんと私の間で口論になった。私の記憶では赤軍派が嫌いという発言にムッとして、高校生の活動家はよく自供して困るという話をした。それに反発して、浪人共闘会議だった彼が、「大学生だって、赤軍派はすぐ自供する」というようなことでやり合いになった。バーシムに「残る仲間どうししっかりやってくれよ」とたしなめられて終わった。のち七三年に丸岡さんとバグダッドで再会した折に話していてわかったのは、「生意気な高校生」「信用できない赤軍派」は、おたがい共通の京都の数人の活動家のことだったので、何も対立することはなかったじゃないかと笑ったものだった。

丸岡さんはリッダ闘争後ますます乾杯もしなくなった。もともとアラブ・パレスチナの友人たちは飲むことはないので矛盾はなかった。ところが七三年の作戦に向けてラテンアメリカの仲間たちが加わったことで様子が違ってきた。ラテンアメリカの友人たちの生活は子どもの時から水やジュースを飲むように食事の時にはかならずワインを飲むらしい。それを丸岡さんは「革命家としてよくない」と批判もし、一緒の食事の時でも「抗議の意志」としてワイングラスをおもむろにひっくりかえして伏せてしまう。「何だケンカ売る気か？」ともめたこともあった。日本から中東に来て間もない彼には、食事時にワインを飲むのが文化の違う国の人々の習慣として理解していなかったためだ。それにラテンアメリカ人の陽気な振舞いが彼のモラルに当初合わなかったようだった。

「ニザール、私も酒は飲まない。しかしラテンアメリカの人がワインをたしなむのは食事の一部なんだ。それぞれの国の違いがある。君は飲まない権利はあるけど、彼らには飲む権利があるんだ」と、ある日、アブ・ハニに言われたらしい。そのうち彼はワイングラスを逆さにするのをやめた。そしてパレスチナ移民のチリの友人たちが、やはりチリでの飲食習慣に当初はとまどった話をしたりしているうちに、「革命家はアルコールを拒む」ということが狭い考え方だと思うようになったと言っていた。

そしてブラジル人たちとバグダッドで会議し食事の予定などがあると、率先してワインやナツメヤシで造った地酒などを買い込んできて勧めた。こうして丸岡さんもいくつかのアラブ圏外の党やグループに招待される公的な場などでみずから飲み、また乾杯を勧めるようになった。

七〇年代後半八〇年代に入ると、「社員旅行の宴会部長か、中小企業の社長のオッサンみたいに酒を飲んでは笑わせる丸岡」に変わっていった。中東に来た頃は北大路欣也か？　と、からかわれていた精悍な面立ちが太り丸味をおびてきたせいもあるかもしれない。寛容さが闘いの中でつちかわれ、建前よりも本音の幅が拡がったせいかもしれない。「闘えば闘うほど謙虚になるのが日本赤軍のよいところだ」と、旧い友人の彫刻家に言われたことがある。バーシムにつづくニザール丸岡はそんなふうな変化改革を闘いの中でつちかっていった。

丸さんとキャベツ

ある時期、私たちはレバノン・ベカー高原のパレスチナ勢力のゲリラ地帯に私たち独自の軍事キャンプを持っていた。これはPFLP・GC（PFLPから六九年に分派したシリア駐留のパレスチナ軍人を中心としたグループ。議長マハマッド・ジブリル）が提供してくれたもので、三〇〇×二〇〇メートルほどのリンゴとオレンジの果樹園であった。上空をイスラエルの偵察飛行が来れば塹壕に飛び込み、軍形式の日常生活キャンプである。農民が収穫や枝の剪定に来るという時にはいつでも作業を許可している。そのため日本人のキャンプとして有名にならないように、入口側と奥の川沿いの方に信用できる旧知のパレスチナの友人グループや他の人々のグループにも使ってもらった。そして外部との接触は彼らにやってもらうことにした。

隣りはアブニダールの基地、前方はPFLPとファタハ反乱派、PFLP・GCなど多彩な広域のゲリラ駐屯地である。食料はPFLP・GCから提供される給食中心であり、日曜日は缶詰。これは前線のきびしい生活条件にあって火を焚いたりできない仲間に思いを馳せるための日、ということで料理した食料やスープなどは配給されない。そんな日はスパゲッティでうどんを作ることもある。

ある日、外に出かけていた丸岡さんがキャンプを訪れた。久しぶりの再会にみな喜んで、「今日はカバブ（羊の串焼きバーベキュー）でもやるか」などと肩を抱き合って話している。自分たちで建てたブロック造りの小屋の前に、今日届いたばかりのキャベツが五、六個重ねて置かれていた。「これも配給？」と丸岡さんが訊くと、いや、アラブの同志たちが隣りの畑からさっき取ってきて、分け前でくれたのだと同志が説明した。丸岡さんは「そんなことしたらいかん！『人民のものは針一本盗まない』と中国紅軍は人民のために献身したかららこそ勝利したのに」。すっくと立ちあがると、アラブ部隊の小屋に行った。

丸岡さんはあいさつもそこそこに話しはじめた。自分たちの駐屯のためにレバノン農民が本当はどんなに迷惑しているのか、そのうえキャベツを盗むとは人民軍隊のやることではない、そして、キャベツを取ってきた者はあやまった方がよいと言う。たかだかキャベツのことでという感じでアラブの友人も苦笑い。私は間に立って「ニザールの言うことはまったく正しいと思う。もし、本当に食べる物がなくて餓えそうになったら、人民のものをいただくことに涙を流して詫びながら失敬することはあるかもしれない。闘う者は人民のために闘っているのだから」と言った。

「ニザールのポピュラー・スピリット！」と、アラブの同志たちも長い付き合いでよく知っているから喧嘩にはならない。

丸岡さんがまた出かけて帰還した時のことである。キャベツ事件から数ヵ月たった寒い二月、ベカーの軍事キャンプは雪に被われている。この雪景色がまたなんともいえず美しい。野ねずみや野うさぎの足跡が点々と続いて、他はまっ白。時折、高いポプラに積もった雪がどさっと大きな音をたてて雪煙を散らす。もう少しすると雪割草のように、ここでは紫色のムスカリが春を告げるように咲きはじめる。そんな頃の話。

丸岡さんがキャンプに戻ってくると、またキャベツが小屋の横の板の上に五、六個積んであるではないか！　丸岡さんはぶ然とし、このキャベツはどうしたのか？　と仲間たちに訊いた。またアラブの同志たちの仕業だという。再び丸岡さんはアラブの同志たちの宿営地に行った。丸岡さんが「やあ！」とあいさつして「キャベツのことだけど」と言うと、アラブの同志たちは真面目な顔をして、「心配するな！　ニザール！　我々はキャベツの前で一つにつき三回泣きながら、涙を流して農民に詫びつつ取ってきたんだ」と言う。「うーん」。ニザールは黙ってしまった。「ニザール、冗談だよ！　大丈夫！」とアラブの友人たちは笑いながら弁解していた。

アラブの同志たちは丸岡さんが今日戻ってくるのを知っていて、わざわざギャフンといわせたくて、キャベツを持ってきたのであった。でもこの日の朝は、一緒に畑を見回った農夫の許可を得て、マルボロ一カートンとひき換えにキャベツを運んできたのであった。

「人民性をいつも大切にするニザール」。パレスチナの仲間も中東の友人たちも、ニザールの愛すべき一面をからかったり、時には真面目に聴いたりもする。

「あなたの職業はプリースト」

私はある日ある時、西ヨーロッパの国で丸岡さんと待ち合わせることになった。私の方は他の用事もあって、すでにヨーロッパの都市に友人組織の人といた。そこに丸岡さんが合流することになっている。彼が中東からどのルートの航空機に乗って何時に空港に着くかも私たちはあらかじめ知らされていた。

もう現れてもいい頃なのに何の連絡もない。当時は携帯メールもない。確かめる方法はない。ただ待つだけだ。「飛行機が遅れて着いたかチェックしてくる」と友人が空港に電話で確認すると、フライトはとっくに着いているという。では丸岡さんはパスポートコントロールで引っかかってしまったのか。別に不審な物は何も持っていない。ただ中東からのルートがきびしい税関検査や取調べ・尋問が時々あるらしい。そんな不幸な条件に引っかかってしまったのだろうか。当時はヨーロッパの新左翼系の人々、フランスはダイレクト・アクション、イタリアはレッド・ブリガーダ、スイス、ベルギーはコミュニスト・コンバッタント、ドイツはドイツ赤軍やドイツ革命細胞（ＲＺ）など、盛んに武装闘争を展開している頃だ。時々、急に検問所が設けられて、身分証の検査があったりする。そんな攻防のはげしい時代、パレスチナゲリラ勢力も盛んに西ヨーロッパに地下基地を設け、そうした武装勢力と連帯し合っている。

もう約束から二時間過ぎても丸岡さんは現れない。約束時間は空港到着から余裕をもって設定してある。彼も私たちのホテルのロビーに電話が入れられない条件にあるのだろう。「やられたかもしれない」。しかしいったんここを動いてしまうと、次のコンタクトは中東を介するか、何日も待たねばならない。「三時間だけ待つことにする。ダメなら、そこから考えよう」。私たちは何事もないような顔をして食事をしたり、ワインを飲んだり、時間を潰しながら心臓はドキドキ。三時間遅れにあきらめかけた時、回転ドアを押して丸岡さんが入ってきた。

「ゴメン、ごめん！」と丸岡さんは詫びながら駆け寄ってきた。「もうここは長すぎる。場所を変えよう」。友人の提案で公園の中のレストランに変えて、それから顛末を聞いた。

飛行機を降りて通関をすませると、注目されている気配を感じたという。治安当局か何かわからないまま待ち合わせ場所に行くのは危険だ。彼はタクシー乗り場に向かい、後をうかがうと、女性が二人付いてくる。タクシー乗り場に来ると一人が並んだ。丸岡さんはその都市の一番大きいホテルの名前を告げて、何食わぬ顔で乗り込んだ。そしてホテルのロビーに腰を降ろした。広いロビーだ。どうしたことか、入ってきたのは気付かなかったが、女が丸岡さんの後方に座っている。空港にいた女にちがいない。丸岡さんは人待ち顔で時間をつぶしながらこっそりと女を見た。女はコンパクトで化粧直しをするふりをしてこちらを観察している。どうするか。他のホテルに再び移るか、このまま留まるか。考えた末に丸岡さんは食堂で食事を取ることにした。ゆっくり時間をかけて様子を見ると女は動かない。食事も終えてロビーに戻り、コーヒーを頼んで女が後から見られる位置に座った。女はちらちらと丸岡さんに注目していたという。そのうちすぐ近くのソファーに移ってきた。そして「あなたは何人?」と訊いてきた。美しい装いに、丸岡はハタと思いついた。この女性は治安当局の者ではなく「売春婦」ではないか? と。しかし、話に聞いたことはあっても自分の身に起こるとは考えてもいなかったので、緊張しつつ「日本人」と答えた。「何しにいらしたの」「私のことどう思う」と語りかけてきて、やっぱり「売春婦」と確信してホッとしたという。いちいち受け答えつつ、友人を待っていると言う丸岡さんは固い態度を崩さなかった。いつもの丸岡さんで十分固い態度だったろう。女が言った。「あなたの職業、当ててみましょうか?」と言って、女は「あなたの職業はプリースト(司祭、牧師などの聖職者の意)でしょ」と言うので、これ幸いに「イエス」と言うと女は立ち去ったという。

私と友人は、丸岡さんの話を聞いて、涙を流して、お腹がよじれるほど大笑いをしながら、ワインで何度も何度も乾杯した。

丸岡同志の思い出

戸平和夫

丸岡同志との最後の面会は、二〇一一年の二月だった。八王子医療刑務所に移監されてはじめての面会だった。それまでは、宮城刑務所へ毎年面会に行っていた。宮城刑務所での面会では、呼び出されて面会の理由などを聞かれることもなく、いつもスムーズに面会ができていたが、八王子は違っていた。面会申請をし、面会室で待っていると、職員が来て、別室に来るように言われた。そこでその職員の上司と思われる人間が、友人では、特別の用件がない限り面会させることはできないといわれた。たとえばとして出所後の雇用についてとかといった。それに対して、わたしは無期刑で入っているものに、出所後の雇用の話はありえないし、まして病床にある人間にそんな用件はない。お見舞いし、励ますことしかないはずだ。当然それが、現在の彼の状況では重要な用件だ。それには、その上司は反論できず、仲間のことは話さないようにとかの条件をつけて面会がようやく許可された。

丸岡さんは面会室に車椅子で現れた。ほとんど気力で生きていた丸岡さんは、いつものとおり笑顔で迎えてくれた。これが最後となった。

丸岡同志との最初の出会いは、七四年の八月だった。わたしは、一九七四年の二月に日本を出国してアラブに行き、ＰＦＬＰの軍事キャンプで三ヵ月近く過ごし、当時の日本赤軍の拠点に戻ったところだった。私自身は、軍事訓練を受け日本に戻る予定だったが、なぜか、国内から戻ってくるなという連絡が入り、帰国の指示があるまで、当時はアラブ赤軍と呼ばれていた重信さんたちと一緒に活動することにしていた。アラブ赤軍は、政治軍事組織であるよりも、武装闘争を闘いたい個人の集まった戦闘団だった。ＰＦＬＰの組織した軍事訓練に参加する以外は、次の戦闘までの待機として、政治的な動きをフォローしたり、それぞれが自発的な訓練を行うことなどで時間を潰していた。

ニザールが帰ってくるという連絡が入り、丸岡同志が戻ってくることに。最初におどろいたのは、日本人であるはずの丸岡さんが日本語で話せないということだった。日本語で話をしようとするのだが、日本語が出てこず、英語で話すという日々がしばらく続いた。その理由を聞いたら、リビアの獄中で、日本語を使わずに、長期にすごしたため、日本語が出てこなくなったという。

丸岡同志との共同生活がはじまった。国内で会ったことはなかったが、同じ大阪出身で、高校生の活動家であったことも共通していた丸岡同志とは、すぐに打ち解けることができた。話しているうちに共通の知り合いがいることもわかった。

軍事担当としてのその名声はすでに、いろんな人から聞いていた。射撃の名人であり、ＰＦＬＰで軍事訓練の指揮者として、世界各国から集まってきたボランティアを訓練していた。その中には、ニカラグアのサンディニスタ解放戦線の戦士たちが含まれ、一人は、サンディニスタ政権が樹立されたのち、大臣となったことも。そして、大の子供好きで、当時の私たちと付き合いのあったパレスチナ人の子供たちから慕われていた。また、リッダ闘争時に、国内に戻る役割を負っていたが、国際手配され、帰国途上の欧州から中東に戻らざるを得なかったことなどを聞いていた。

そのため近づきがたい不屈の戦士だというイメージを抱いていた。しかし、気さくで、人に対する気遣いが自然にできる人で、その人柄に改めて尊敬の念を抱いた。

そのあと私自身は、ハーグ闘争に協力するために、中東を離れた。ハーグ闘争が実行される直前に、欧州から中東に戻り、丸岡同志たちと一緒に作戦をフォローしていた。ハーグ闘争が勝利したあと、アラブ赤軍から、日本赤軍への再編がはじまった。私自身は、アラブ赤軍ではなく、国内の組織のメンバーであるという立場にあったが、ハーグ闘争の総括から日本赤軍への改組を共にすることになった。丸岡同志は、軍事部門責任者としてその総括にかかわっていた。しかし、その当時の戦闘団的なあり方の中で、作戦を直接担った人々が、その発言力をもち、丸岡同志たちは、総括の方向を定めるのに非常に苦労していた印象をもった。とりわけ、ハーグ闘争自身が、その前提となった欧州での作戦の失敗からの回復を目指したものであり、欧州の仲間たちに対する強い批判があった。丸岡同志は、実行部隊を担った仲間の傲慢で、愛情のない欧州の仲間たちへの非難に同調せず、冷静に対応しようとしていた。私自身は、まだ、事情のわからない部外者としてその会話を聞いていた。

当時のアラブ赤軍は、戦闘団から政治軍事組織への転換を模索していた。しかし、その戦闘団的な体質の転換は、思想的なレベルで非常に困難だった。

丸岡同志とはじめて任務を共同することになったのは、私と西川同志が逮捕されたストックホルム事件につながる活動だった。共同していた他の組織の作戦調査を欧州のグループから来ていた日高同志、国内の別の組織から来た西川同志と共に担うというものだった。その途上ストックホルムで、私と西川同志が逮捕された。指揮者だった丸岡同志は、逮捕の責任を問われることになった。そのときの状況について、すでに私は、逮捕されていたのであとで聞いた話でしかないが、ハーグ闘争の総括、そして、ストックホルム事件での丸岡同志へ責任の追及のあり方から重信同志たちがその関係を変えようとした。個人の責任を追及することが、追及する側の自己正当化であったり、組織や仲間が前進するよりも、分裂をもたらした旧来の新左翼的なやり方に陥っていることになっていた。そのあり方を捉え返し始めた。その中から「自己批判」という方法が生まれてきた。

とくに、逮捕された私と西川さんが自供したことで、これまでの、欧州の仲間は弱くて、軍事闘争を担った自分たちは強いという幻想を崩すことになった。それは、自分たちを強いと思っていた自分たちのあり方を根本的に問うことになった。敗北や失敗の責任をその個人の問題として問うのではなく、自分自身の問題として責任を共有し、捉え返していかなければならないということが、教訓化された。それは、「自己批判を柱とする思想闘争」として実践されるようになった。

獄中にあった私は、自分自身の自供という弱さの前に、打ちのめされていた。しかし、クアラルンプール闘争で、奪還され再び仲間のところに戻ったときに、自己批判を柱とした思想闘争の存在を知った。自分自身が敗北の責任を追及されることを覚悟していたが、それと反対に敗北の総括を共にし、克服していこうという姿勢に感銘した。当時の事情でいうと、クアラルンプール闘争を担った部隊は、その方向ではなく、奪還した赤軍派の人たちといわゆる「資本主義批判」とかの知識的なものに流れてしまっていた。重信さんと丸岡さんと合流したときにはじめて自己批判を軸とした思想闘争の存在を知ることができた。改めて部隊の中で、ハーグのときの体質が克服されていなかったことを感じた。

丸岡同志とも、新たな関係として出発することになった。自己批判を通して、自分たちの武装闘争が人民性に欠けることを実感し、自分自身がどう闘うのかしか考えず、何のために、誰のために闘っているのかを忘れていたことを捉え返していた。毛沢東主義者を自認していた丸岡同志は、その思いは強かった。七七年に五・三〇声明で、はじめてその総括を日本赤軍として公表した。その直後に、日高同志、奥平純三同志がヨルダンで拘束され、日高同志が拷問で殺され、奥平同志が日本に送還された。そのため、奪還闘争をやらなければならなかった。

軍事部門の責任者であった丸岡同志は、自分たちの総括と奪還闘争の間で悩んでいたと思う。その総括からは、人民性のない闘いは否定されなければならなかった。しかし、逮捕された同志を奪還することも私たちの義務であった。それに勝利することができる闘争形態は、自分たちの力では制限されたものしかなかった。そして、結論的には、自分たちは人民性のない闘いをするという自覚のうえに闘争することになった。いまから考えれば、笑い話のような人民性のないハイジャックを、少しでも人民性のあるものにしようとする丸岡同志を中心にした部隊の努力が行われた。ハイジャックした機名を「団結」としたり、人質となった乗客にアンケートをとったり、さまざま工夫をして人質たちの苦痛を和らげようとした。

闘争は、丸岡同志の気転の効いた指揮と情勢に助けられて勝利することができた。その勝利は、その直後に行われたパレスチナと西ドイツ赤軍派の共同作戦であったモガディッシュ・ハイジャック闘争の敗北と対象的なものとなった。それは、また、時代の転換点でもあった。

そして、新たに奪還された東アジア反日武装戦線や連合赤軍の仲間、刑事犯として獄中にあった泉水さんと共に総括をする活動にはいった。泉水さんは、自分自身の危険を顧みず、人質を救うためにやってきた。しかし、丸岡同志たちの人質にたいする態度をみて、想像していたものと違うことを感じた。総括を共にする過程でも、革命の名の下で、「殺しやたき」が正当化されるのは、おかしいと批判していた。それは、丸岡同志をはじめとする私たち自身も総括していたことであった。そして、思想闘争の中で、口先の人民のためではなく、隣りにいる同志たちに対する愛を実践することからはじまると、日常の生活中での仲間との関係のあり方を問うていた。泉水さんは、人への思いやりを非常に強く持っていた。しかし、私などは、そのようなことを考えず生きてきたために、意識をしない限り、人のことを考えないあり方が出ていた。また、口でそのように正当化しても実際の姿は違うなどのあり方になってしまった。

その中で、丸岡同志は、もともと人々に対する気配りができる人だった。丸岡同志の存在がなければ、泉水さんは、私たちに共鳴することはなかったと思う。彼は、私たちが、細かすぎると思うぐらいこまごまとしたことまで気をつかっていた。同志が出かけるときには、しつこいくらいに、アドバイスをしていた。自分が出たときには、送り出した人たちのことに気を遣って、あれこれと出先からの連絡が入るということがよくあった。そこまで気が遣えるかと思うぐらいだった。ほとんど人に対する気配りができない私とは対照的だった。その気配りは、獄中にあったときも貫かれていた。

思想闘争の中から新たな関係をつくりだしていく試みを奪還した仲間と実践していたが、狭い関係の中での試みは、時間が経つにつれて観念化した。言葉や観念だけの自己批判で、実践の変革や現実を変えることにならないあり方が現れてきた。それは、社会変革の実践、広範な民衆との関係と切り離れた生活の中で増長された。

それを克服していくことが問われた。そのため自分たちを革命運動の歴史や現在の客観情勢の中から捉え返すことで、自分たちの狭い実践の中でつかんできたものを相対化することから、革命の実践として思想的な基盤、政治路線、組織活動などの社会的なものへと発展させることで、克服しようとした。

日本革命の歴史を学び、総括することから自分たちの総括した地平を捉え返していく作業を開始した。丸岡同志も当然その作業を共に開始した。私たちの総括を実践として行っていた丸岡同志は、その中でも最大の力を発揮することを期待されていた。しかし、細部にこだわる丸岡同志の性格を反映して、なかなか文章化する作業ができず、考え込んでいる姿を見ることになった。本来人に読ませる文章は得意な同志だったが、理論化の作業は苦手なようだった。丸岡同志の本領は実践だった。

そして、八〇年代のレバノンへのイスラエル侵略にはじまる世界情勢の転換がはじまった。わたしたちも闘い方の転換がもとめられるようになった。自分たちの政治的な基盤をつくる闘いと反帝国主義勢力の陣地が崩壊する中で、自分たちが闘いを継続できる基盤をつくる闘いに移っていった。私も、丸岡同志もそれぞれの活動の地域が別れていくことになった。

丸岡同志は、その活動の過程で国内に潜入しているところを逮捕された。つづいて泉水さんも逮捕された。逮捕されてからの丸岡同志は、私たちの国内救援体制が十分でない中、獄中から救援を組織していった。私も送還されてから丸岡同志がつくりだしてきた獄外の人との関係に助けられることになった。丸岡同志の誠実な人柄に共感する人たちが、支援をしてくれた。獄中で、病身でありながらも、獄外の人たちを気遣う姿は、人をひきつける力となった。

無私という言葉は、丸岡同志のためにあるようなものだった。彼の病気も、自分の肉体的な力の限界を超えて、誠実に生きようとする結果だったと思う。苦痛の中で生き抜き、弱音を吐いたことはなかった。私は、幸いにも早く獄外に出ることができて、獄中の丸岡同志を支えなければならなかった。しかし、自分の生活に追われる中で年に一回くらいしか面会ができなかったし、丸岡同志を支えることができなかった。逆に、面会では私のほうが丸岡同志に励まされていた。

人々を思い、病床の中でも闘い続けた丸岡同志が、「弱音」を吐いたのは最後の面会のときだけだった。気力で生き抜く限界を明確に感じていた丸岡同志は、命の火が消えることを前提にして話をしはじめた。死を目の前にしての彼の誠実さは、裁判の中で否定してきた闘争へのかかわりを認めることだった。

彼の死は、まさに戦死であり、殉教だった。

出会った頃の丸岡さん

山本万里子

丸岡さんとはじめて会ったのは、リッダ闘争の翌年の一九七三年で、私がフランスから「好ましからざる人物」とみなされて国外追放になる前年のことです。

その頃、私はまだアラブ赤軍（のちの日本赤軍）のメンバーではなく、パリに暮らしておりました。午前中はフランス語の語学学校に行き、午後は「パリ三越」で店員をして生計を立てておりました。

「パリ三越」というと、知らない人は日本の「三越」と同様のデパートをイメージするかも知れませんが、実際は、免税手続きをしてフランスからのみやげ物を日本人観光客に売るみやげ物店の一つでした。少し遅れて、「大丸」や「高島屋」も同様の店をフランスのデパートの中に出しましたから、日本人のフランス観光が一般的になり、日本人客の相手をする店員に日本人が好適だったのです。主な商品は、各種香水、オーディコロンや化粧品、ラコステのポロシャツ類や、有名デザイナーのスカーフやバッグ、有名ブランド、カルチェなどのライターや腕時計などが主なものでした。「三越」は地の利のいい、オペラ座に近いオペラ通りにありました。しばらくして、数軒隣りに、二号店を開きましたが、こちらは、一階が日仏間の航空券や観光バスを手配したりする旅行社で、二階はフランス人相手に、日本からのみやげ物（日本人形、陶器や磁器の食器や花瓶、浴衣やいかにも外国人向けのぺらぺらの色鮮やかな着物、竹と紙でできた提灯やランプシェード、それにインスタントラーメンなど）を売るさらに小さな店でした。

その頃私が住んでいたのは、モンマルトルを少し西に外れた大通りの建物のアーチ門を潜って入った中庭に面した日当たりの悪い一間のアパートでした。大通りの向こう側の壁に、「イスラエルなんて知らないよ！　パレスチナ万歳！」と大きく落書きされていました。また、ここに住んでいた頃、フランスの国営ラジオを聞き流していたら、日本語が聞こえてきてびっくり。岡本公三さんがイスラエルの法廷で「オリオンの三つの星に……」としゃべっている声でした。その前後のフランス語を聞き取れていたわけではないので、リッダ闘争がどのように扱われたのか分かりませんでしたが、ともかく話題になっていた、そういう時代でもありました。

どういう連絡方法だったのか、もう忘れてしまいましたが、丸岡さんはここを見つけて訪ねてきました。彼はその前日に「三越」に来て、フランス人の店員が「マドモアゼル・ヤマモト！」と呼びかけてるのを聞いて、この人が自分が会おうとしている人なのだなと密かに観察、確認した、と話してくれました。私の方は、日本人客の来店は通常のことなので、未知の彼が店に来たことに気が付きようがありませんでした。初めて会う相手がどんな風貌なのか、前もって調べておく彼の慎重さと注意深さが印象に残りました。私の方には、自宅に若い日本人男性が会いにくるだろうということは予告されていましたので、彼がいきなり現れて驚くようなことはありませんでした。

その頃、私は中東の日本人活動家を支援してほしいと頼まれて、日本と中東の連絡の中継を手伝っていました。日本と中東を直接つなぐことは彼らの保安上危険だったからです。丸岡さんが私に会いにきた理由は、素人の私に地下活動の心得のようなことを話に来てくれたようでした。地下で初対面の二人が出会うのに、くわしく個人情報を交換したりしませんから、すぐに話題は尽きて、彼は長居はしませんでした。少なくとも、コーヒーくらいは出したと思うのですが、そうしたことの記憶がありません。一番印象に残っているのは、連絡を取り合う人たちの住所や電話番号を隠す方法です。いろんな方法を説明してくれました。たとえば、まず、それと分かってしまう住所録などに書かないこと。缶などに貼ってあるラベルをはがして、その裏に書いて、また缶に貼っておくとかするように。また、住所や電話番号をそのまま書かないで、暗号化しておくこと、など。随分とていねいに説明してくれました。

しかし、ここでの問題は、私が彼の懇切ていねいな説明に切実な必要性を自覚していなかったことです。日本にいた頃に、私はいわゆる活動家ではありませんでしたから、他人が私を何らかの疑いをもって見ることはないと思い込んでおり、また、私がそういう「白い人物」であるところに私の取柄があるので、彼らは私に何かを頼むのだと思っていましたので、彼がくわしく説明してくれることに緊張感もなく、リアリティを感じていませんでした。それが後に問題を大きくしてしまいました。

その後、いろんな人と出会ったり知ったりして、さまざまの情報を手帳に書き込み、ぐちゃぐちゃになって分かりにくくなったので、新しい住所録を買って整理したのです。これが間違い。しかも、タイミングの悪いことに、それはフランス警視庁に逮捕される直前のことでした。丸岡さんが、住所録のようなものには書くなと言っていたことを忘れ、まったく無視していたということです。その時、全部の人を暗号化する必要はないので、知られたくない人の電話番号のみ、暗号化しました。この方法は、実は、「三越」が値札の裏にその商品の原価を暗号化して書いているのを真似ました。ある数字を十から引いた数字にするという単純なことです。たとえば、三は七と書き、四は六と書くというように。そこまではいいとして、暗号にしたのとしていないのを区別するために、暗号化したアドレスには＊マークをつけることにしました。これが間違い。暗号は簡単に解かれ、逮捕されたときに、＊マークが付いているから関係者だろうと、突っ込まれることになったからです。要するに丸岡さんにしてはいけないと注意されたやり方にしてしまったのです（後から知ったことですが、私に会った直後に、彼はドバイ日航機ハイジャック闘争に出発したのでした）。

中東から七四年七月下旬に誰かが来ることは予告されていました。その到着がなかなか確認できなくて心配していたら、七月三一日（水）の早朝に警察がやってきました。家宅捜査をして、多少の書類や手紙などを押収して、警視庁に連行されました。最初に、中東から来た日本人が逮捕されたことを告げられ、彼についていろいろと聞かれましたが、知らないので、知らないで通しました。ただし、私の逮捕は彼の住所録に私のものがあったからだと、知らないはずないだろうと追及されましたけど。警視庁の取調官は、翌日からヴァカンスに出かける予定で、面倒な書類を点検するより、明日からのヴァカンスの準備にかかりたいらしく、押収した何かわけの分からない書類にかんしゃくを起こして、くしゃくしゃに丸めてゴミ箱に投げ捨てる始末。私は少し助かりました。それで、私は少しフランス警察を馬鹿にしたようなところがありました。ただし、旅券と手帳を取り上げられ、「八月五日（月）に出頭すれば旅券は返す。国外へ逃げるなよ！」と念を押されて、自宅に帰されました。

その後、友人と左翼の弁護士に会いにいきました。手帳を取り返す方法が主要な目標でしたが、弁護士は、有効な方法を提起してくれず、取調べに対して黙秘はしない方がいいと言いました。黙秘は左翼のやり方なので、左翼と分からせてはまずいのではないかと。

その後、私は警察の監視下にあることが分かっていましたから、知人には会わないようにして、自宅と職場を往復するにすぎない、面白くない日々でした。そんな時に、北欧から友人がパリに来て、預かっていた私物を彼らに返却するために外出したのをしっかりフォローされ、彼らも私も八月二〇日に、今度は、内務省のＤＳＴ（国土保安局）に逮捕されました。その日の夜、職場の友人と中華料理を食べて戻ったら、ＤＳＴが家の前で待っていて、車に詰め込まれ、拳銃で車の前後左右を防備しながら、連れていかれたのは警視庁ではありませんでした。彼らが調書をとろうとするタイプライターに挟んである用紙のレターヘッドに Direction de la Surveillance du Territoire と書かれていたので、ここが悪名高いＤＳＴなのだと分かりました。この段階では、私は調書を取らせないようにしました。その後の四日間、弁護士の言葉が記憶にあったので、最初は、嘘でごまかしていましたが、そのうち辻褄が合わなくなって、嘘は破綻してしまいました。

＊マークを付けた私のアドレスブックはフランス警視庁からＤＳＴに渡されていて、多くの被逮捕者を作り出してしまいました。拷問にかけられそうにもなりました。おかしいのですが、「拷問にかけるぞ！」と言われた時に、「拷問」というフランス語を知らなかったので、「何のこと？」と聞くと、「英語で言うとトーチャーだよ」と返事。私はそれでも分からなかったので、敵もあきれてました。物置きのようながらんとした別室につれて行かれ、立ったままで、二人か三人の取調官に「ホンヤク作戦について話せ！」と聞かれたので、「知らない」と答えると、何度か聞きなおし、私が「知らない」を繰り返すので、彼らもあきらめて、拷問にかけられることもなく、元の取調室に戻され、やがて国外追放を言い渡されました。

フランスから向かったイタリアからも、スイスからも追い出されながら、日本に帰ると警察の取調べが予測され、名前でしか知らない人たちがいる「アラブ赤軍」のベイルートに行く決心をしました。

ベイルートに着いたのは、七四年八月三一日で、ちょうどドバイ闘争で投降し拘束されていたリビアから解放された直後の丸岡さんにも会えました。ただし、ゆっくり彼と話ができたような記憶がありません。

アラブに着いて、予測と違ったのは、子どもがいたことでした。活動家にはストイックなイメージがあったからです。当時は一歳半のメイちゃんだけでしたけど、周りの大人たちは、誰もが自分の子のようにかわいがっていて、メイちゃんは、親たちを「よいお父ちゃん」、「悪いお父ちゃん」、「チャン」、「パパちゃん」、「ママちゃん」、「ハビッチ（アラブ語の愛する人ハビービがなまったもの）」などと呼んでいました。丸岡さんは「悪いお父ちゃん」で、パンに唐辛子を塗って食べさせたからと聞いたことがありますが、本当に「悪い」と思っていたのではなく、「悪ふざけのお父ちゃん」くらいの意味で、親愛をもって呼ばれていて、慕われていました（ついでに、私は「大きいお姉ちゃん」でした）。

もう四〇年ほど前のこと。丸岡さんはまだ、二二、三歳で、私は、彼より一〇歳年上でした。それやこれやを思い出し、語り合えたらと思っても、もうその「悪いお父ちゃん」はいません。

現代の拷問
――施錠された独房の中での苦悶死

弁護士　大谷恭子

（二〇一一年七月七日）

獄中医療

刑事施設に身体を拘束されるのは、それぞれの目的及び処遇の原則に応じてなされている。たとえば判決前であれば罪証の隠滅と逃亡の防止、刑の確定後は懲役刑であれば、改善更正の意欲の喚起及び社会生活に適応する能力の育成、が処遇の原則とされている。よってこの原則を越えて苦痛を与えることはできない。この点において特に問題になるのは、医療である。社会にいれば自分で病院や医師を選べるが、刑事施設においては原則として刑事施設内の医療に頼るしかない。ところがどこの刑事施設も医師が不足し、また徳島刑務所のように、医師による虐待行為が発覚するなど、医師のモラルも医療水準も問題である。

施設内医療の何よりの問題は、密室内での医療であることである。被収容者は医師を選べず、医師に従属するしかなく、しかも医療行為は密室の中で行われる。しかも医師が不足しているのであるからおのずと医療現場は荒廃する。これを打開するためには、医師を定足数まで集めることはもとよりのことだが、外部の医師の目を内部に届けることである。社会の一般医療水準を知り、被収容者も自分のカルテの開示やセカンドオピニオンを求めることができることによって、密室化する医療行為の水準を上げることができる。

また医療上の要請が、処遇に従属しがちになることも問題である。たとえば精神的に不安定の被収容者がこれを訴えると、施設は「施設の安全配慮と自殺防止」の観点から、雑居から独居に移し、二四時間監視カメラをつけたりしてしまうこともある。これは本末転倒であって、処遇と医療の混同があると言わざるを得ない。医療上の要求が何らかの処遇上の措置や対応が必要であるならば、医師の判断でなされるべきであるが、医師も処遇の意向をうかがってしまい、それが保障されていないのである。

刑事施設法は、医療の原則として「社会一般の医療の水準に照らし適切な医療上の措置を講ずるものとする」（六二条）と規定しているが、社会一般の医療水準には到底達しているとは言えない。これを補うために二〇〇六年改正であらたに外部の医師を自分の主治医として指名し、往診を認める「指名医」の制度が導入された（六三条）のであるが、施行から五年で認められた件数はごく少数である。これは制度を設けたものの、社会ですでに受診していた医師でなければならず、要件が厳しかったこととあるいは自費診療によることにもあったかもしれない。そこで二〇一一年度の五年目の見直しに際し、少なくとも「既受診医師」の要件を緩和する方向で検討されている。私はもっと指名医として外部の医師が施設内医療にかかわってもらいたいし、より抜本的には、獄中医療を厚生労働省管轄にし、社会一般の病院と同じように、保険適用も含めて抜本的に制度を作り直す必要がある。

刑の執行停止申し立て――丸岡修さんのこと

施設内で病気になったら、何が何でも施設内で医療を保障しなければならないわけではない。適宜外部の病院を利用すればいいし、刑の執行を停止し、一般病院での治療に任せるしかないこともある。刑事訴訟法は、少なくとも、刑の執行によって生命を保つことができない恐れがある時は刑の執行を停止する、と規定している。

丸岡修さんは、一九八七年、七〇年代の二件のハイジャック事件に関与したことで逮捕され、二〇〇〇年に無期刑が確定し、宮城刑務所で受刑していた。彼は一九九六年肺炎から危篤に陥った以降慢性心不全とされていたが、これが拡張型心筋症であったことが二〇〇四年ようやく判明した。拡張型心筋症は不治の病だ。少しずつ心臓のポンプ機能が弱ってくる。ただし癌のように余命予測がわかるわけではない。いつ心臓発作が起きて止まってしまうかもしれないし、あるいは上手に薬を調節し、日常生活を管理し、心臓に負担がかからないような延命的治療をすれば生き延びることができる。それは循環器の専門医のいる病院に入院しての治療でなければ不可能だった。彼は何度も死線をさまよい、普通の人であれば乗り越えることが困難な危機を、並外れた精神力で乗り越えてきた。しかし、次第に、呼吸困難が常態化し、酸素吸入を外せなくなり、腎不全による排尿不全により全身がむくみ、立つことはおろか話すことも困難になった。彼は毎晩呼吸困難に喘ぎ、特に医療従事者が手薄になる夜間は、鍵のかかった独房の中で、死の恐怖と闘っていた。緊急に助けを求めるブザーは立ち上がらなければ届かず、緊急時には役に立たない。肉体の痛みに対しても心臓への負担を理由に痛み止めすらもらえなかった。

私は、二〇〇四年以降医療上の代理人として刑事施設と交渉し、二〇〇七年からは六次にわたって彼の刑の執行停止を申し立てた。循環器の専門医のいる病院への入院治療を求め続け、二〇〇八年第三次の執行申し立て時以降は、外部の専門医による病院での入院治療が不可欠であるとの複数の意見書、入院承諾書も添えて申し立てをした。最後の申し立てとなった二〇一一年四月二二日の第六次の申し立てでは、家族は彼のために最後の治療方法として心臓移植もしくは人工心臓による治療を希望し、そのための受け入れ病院および指名医の用意もあることを申し立ての理由とした。申し立て後も刻々と容態は悪化し、さすがの八王子医療刑務所も五月九日には重症指定し、指名医を受諾した医師は、数字上表れている彼の容態から五月一杯持つかどうかを危ぶみ、最早一刻の猶予もできないと家族に警告していた。この指名医の見解を八王子医療刑務所も否定できなかったにもかかわらず、申立ては受け入れられないまま、五月二九日、彼は家族にも友人にも看取られることなく、獄死した。

二〇〇四年以彼の病状の進行を見てきたものとして、特に二〇一〇年一二月以降の病状は深刻だった。医療に疎い私でも彼がいかに危機的状況にあるかを理解できた。このような状態になった人に対して、刑の執行をし続けることの意味があるのだろうか。刑務所は、すでに二〇一一年三月末には、刑の執行停止を判断する東京高検からの病状照会に対し「作業や指導といった受刑者としての矯正処遇に復帰できる可能性はない」と回答しているのである。

家族の最後の頼みの綱であった指名医の許可も、医師の承諾書が八王子医療刑務所に届いたのが五月九日、本人も家族も指名医の往診を心待ちにしていたにもかかわらず、生前は結局許可されず、二九日遺体を引き取りに行った際、翌三〇日に本人に指名医許可を告知予定であったと聞かされた。指名医を許可するのに、なぜ三週間も内部手続きに要したのか。条件はすべて整っていたのだし、所長の判断一つだったのだから、せいぜい二、三日もあればできるはずではなかったのか。

確かに刑の執行停止は裁量行為である。しかしこれは無条件に、停止するもしないも執行権者の勝手というわけではない。死を目前にしたものまでも刑を執行し続けることに何ら合理性も合目的性もなく、非人道的ですらあり、裁量の範囲を逸脱している。しかも、何ら明確な基準を示されることなく、彼の罪がハイジャックという事件の性格あるいは日本赤軍であることから報復的な恣意的な運用があるとしたら、そのこと自体で違法である。そして、拷問禁止条約は精神的心理的苦痛を与えることも拷問であると定義しているのであり、かような、十全な医療が保障されないことによる肉体的苦痛に加え、独房で一人死の恐怖と闘わざるを得ないという精神的苦痛を無用に与えていたことは、もはや拷問であったと言わざるを得ない。

亡き丸岡修さんへ

私がはじめてあなたと会ったのは重信房子さんのために証人として出廷してくれた時でした。あなたはすでに体調が悪かったにもかかわらず、それも顧みず、長い証人尋問に耐え、誠実に、緻密に、多少細部にこだわり過ぎると思われることもありましたが、でもそれらがすべて根拠に基づくもので、裁判長も苦笑いしながらもよく聴いてくれていました。後日、当時の裁判長に弁護士会主催のパーティでお会いした時に、あなたのことを気遣いながら「軍人でしたたね」って言っていましたよ。あなたの証言は決してあなたのアラブでの華々しい軍事経験を語ってもらったものではなかったので不思議に思いましたが、きっとあなたの法廷での、今時は珍しくなった折り目の正しさや、病気であっても我慢強く、もちろんその抜群の緻密さを評してのことだったのでしょう。

拡張型心筋症であることが分かってからも、あなたは自分の病状に冷静に向き合い、細かく病状や医療情報をデータ化し、失神しそうになっても流れてくるラジオ放送で時刻を記憶しようとする（房内には時計がありませんから）、その精神力に圧倒され続けました。そのあなたが「もうもたない」「Ｈｅｌｐ　ｍｅ！」と弱音を吐くようになったのですから余程のことでした。

あなたは若いころアラブでパレスチナの人々との共同闘争で囚われ、拷問を受けていましたね。アラブでの拷問は、それはひどいものだと聞いています。それでもあなたはそれに耐え、敵方からもあなたの強靭な精神力が評価されたと、伝説的に聞いていました。そのあなたが、呼吸困難、排尿異常による全身のむくみ、心ない痛みを伴う治療行為に悲鳴を上げ、あの拷問以上の苦痛だ、もうこれ以上耐えられないと率直に訴えてきました。どんなにつらかったか、痛かったか、心細く不安だったか、と思うと胸が苦しくなります。

私の最後の接見となってしまった五月一三日も、もうすぐ指名医が来るから、絶対に待っててね、往診してくれたらその医師があなたをすぐにでも自分の病院に連れて帰るって言ってくれるはずだから、もう少しの辛抱だからって、声をかけたとき、やっと少し笑いながらうなずいてくれましたよね。いつも、いつも、こんな時思うのです。この遮蔽板が邪魔だって。時折せき込むあなたの背中をさすってあげたい、ほらこんなになってしまったとサンダルからはみ出すくらいにむくんでしまった足を見せられても、遮蔽板のこっちじゃ、なんにもできない、もう少しだからって、手を握ることもできない。

覚えていますか、二〇〇四年青梅の病院で外部治療を受けたとき、あなたを病室に見舞い、チャンスとばかりに握手したことを。本当はアラブ式にハグしたかったのだけど、慣れてないことはできないね。お茶目なあなたも、お昼に配膳されたお茶を取っておいてくれて、私に振舞おうと思っていたのですよね。受刑者にお茶を振舞われた稀有の存在になるはずだったのに、あなたはそれを忘れてしまって、悔しがっていましたね。あなたの左手はベッドに手錠でくくられて、病室には二人も私服の刑務官が立ち会っていたけど、それでも普通の病院での入院生活に、やっと少し楽になれたのですよね。でもそれも二週間で打ち切り。すぐに医療刑務所に戻されてしまいました。

間に合わなくてゴメンネ。みんなウソになっちゃってゴメンネ。何とかあなたを妹さんと仲間のところに、たった一日でもいいから帰してあげたかった。一人で死んでいくことだけはないだろうと、それだけはまだ信じていました。

五月二九日、遺体を引き取る時、刑務所から「危篤にあげる暇がなかった」「容態が急変した」って聞かされたけど、嘘ですよね。五月一三日、あなたと接見した後、私は妹さんと一緒に医務部長に面談しました。そのときに私は、指名医を受諾した医師が五月一杯だろうと言っているのですが、とおずおずと聞いたのです。そんなことないですよ、と否定してくれるかと思ったら、医務部長は黙ってうなずいたのです。だから、この病気の最期はどうなるのか、思い切って聞きました。彼は血が廻らなくなって、多臓器不全に陥る、と説明してくれました。尿が出なくなるのも腎不全であり、その予兆であると。

もう再々再度尿が出なくなった五月二六日、医師がその異常に気付いたせめて二七日朝に危篤である、危ないと所長にあげてくれていたら……妹さんに連絡され、やっと遮蔽板のない病室で、妹さんに抱き締められ、家族に看取られる普通の死を迎えることができたはずだったし、そして、その時は私も高検と裁判所に、ラストチャンスだからと、せめて一晩だけでも執行停止をと掛け合って……さすがに停止の可能性はあったはずです。

もう三〇年以上も前のアラブでの肉体的拷問以上の苦しみを与えたこの日本という国に、いいえ、抽象的な国家ではなくその国家行為を支えた一人一人に、事実を調べもせずに執行停止などあり得ないと断言した東京高検検事、指名医の許可告知を遅らせた八王子医療刑務所所長、せめて二七日に危篤と診断するべきだった医務部長――それら各個々人に満身の怒りをもって抗議します。それがせめてのあなたへの供養だと思うから。

丸岡修年譜

年	年齢	丸岡修	日本赤軍ほか
一九五〇	〇	一〇月二〇日、徳島に生まれる。	
一九六九	一九	三月、清水谷高校卒業、大阪大試験に失敗し、予備校に通い始める。浪人共闘会議を結成。滝田修と出会う。夏、関西べ平連に出入するようになり反戦万博に参加。秋、浪人べ平連を立ち上げる。	
一九七〇	二〇	大学受験に再び失敗し、二浪目。関西労働者学園に参加。藤本進治宅に出入するようになる。京都パルチザンとの付き合いを深める。	
一九七一	二一	大学行きを諦め、京都市内のネクタイ製造販売会社に勤務。	
一九七二	二二	二月、アラブ行きの最初の誘い。三月、檜森孝雄からアラブ行きについて再度の誘いを受け、渡航を決断。四月一三日、羽田発ギリシャ経由でレバノンに入る。五月三〇日、リッダ闘争。帰国途上のベルンで重要参考人とされていることに気付き帰国を断念。九月、黒い九月事件で国際指名手配となる。	一月、赤衛軍事件で滝田修指名手配を受け逃亡。
一九七三	二三	七月二〇日、ドバイハイジャック闘争に参加。リビアに拘留される。	一〇月、第四次中東戦争。
一九七四	二四	丸岡、リビアから解放。一二月、日本赤軍結成。	一月、PFLPがシンガポール製油所爆破闘争。七月、日本人Yパリで逮捕。九月、日本人四人がハーグ闘争。
一九七五	二五		三月、日本赤軍の二人がストックホルムで逮捕。八月、日本赤軍、クアラルンプール闘争。
一九七六	二六		九月、日本赤軍の二人がヨルダンで拘束され、日高敏彦は拷問で死亡。

一九七七	二七	九月二八日、日本赤軍によるダッカハイジャック闘争に参加。	
一九七八	二八		三月、イスラエル、レバノン南部を占領。三月三〇日、アブ・ハニ病死。
一九七九	二九		二月、イラン革命。
一九八〇	三〇		九月、イラン・イラク戦争勃発。
一九八一	三一		一〇月、エジプト・サダト大統領暗殺。
一九八二	三二		六月、イスラエル、レバノン侵攻。八月、パレスチナ解放勢力、ベイルートから撤退し、サブラ・シャティーラの虐殺起きる。
一九八三	三三		四月、ベイルート米大使館爆破。一〇月、ベイルートの米海兵隊本部と仏軍施設攻撃。
一九八四	三四		三月、ベイルートでCIA支局長暗殺。
一九八五	三五		五月二〇日、岡本公三釈放。
一九八六	三六		二月、日本赤軍メンバー一名、警視庁出頭
一九八七	三七	一一月二一日、東京で逮捕。年末から三〇〇ヶ所以上の家宅捜索。	一二月、第一次インティファーダ。
一九八八	三八	二月、勾留理由開示公判。一〇月から公判開始。	六月七日、日本赤軍泉水博、フィリピンで逮捕、日本に強制送還。
一九八九	三九	一〇月、実父死去。	一〇月、レバノン内戦終結合意。一一月、ベルリンの壁崩壊
一九九〇	四〇	一〇月、『公安警察ナンボのもんじゃ』(新泉社)刊行。	八月、イラク、クウェート侵攻
一九九一	四一	七月、接見禁止解除。	一月、湾岸戦争。一一月、ソ連邦消滅。

年	年齢	丸岡修	日本赤軍ほか
一九九二	四二	七月、『実録！ムショの本』（別冊宝島一六一号、宝島社）に寄稿（のちに宝島社文庫へ）。	
一九九三	四三	七月、一審最終弁論。一二月七日、一審無期懲役判決、控訴。	九月、オスロ合意調印。
一九九四	四四		一〇月、アラファトらにノーベル平和賞。
一九九五	四五	一月、控訴趣意書提出。七月、控訴審初公判。八月、差入抹消などで国賠提訴。	三月二四日、日本赤軍浴田由紀子、ルーマニアで逮捕、日本に強制送還。
一九九六	四六	二月二二日、肺炎をこじらせ意識不明。	六月八日、日本赤軍ＹＫペルーで逮捕され、日本に強制送還。
一九九七	四七	四月二二日、二審判決、控訴棄却、上告。	二月一五日、日本赤軍ら（足立正生、岡本公三、戸平和夫、山本万里子ら）ベイルートで逮捕され、起訴される。
一九九八	四八	四月、上告趣意書提出。	
一九九九	四九	一月、国賠敗訴、控訴。九月、国賠控訴審敗訴。	
二〇〇〇	五〇	三月二九日、上告棄却、無期刑確定。四月二〇日、刑執行の言い渡し。六月一三日、宮城刑務所へ移監。	三月一七日、岡本以外の日本人は日本に強制送還。岡本はレバノンへ政治亡命。一一月八日、重信房子、大阪で逮捕。
二〇〇一	五一	三月、「人権救済の申し立て」を人権擁護委員会などに提出。六月、足立公判証人出廷。	四月、日本赤軍解散声明。
二〇〇二	五二	一一月七日、東京拘置所へ移監。一一月二三日から翌年九月一日まで、九回重信公判証人出廷。	三月三〇日、檜森孝雄焼身自殺。
二〇〇三	五三	五月、心室頻拍発作発症。九月一八日、宮城刑務所移監。	三月、イラク戦争。

二〇〇四	五四	一月、心室頻拍発作に肺炎を併発し、外部病院に緊急搬送。四月、八王子医療刑務所へ移監。五月、外部病院入院、拡張型心筋症と診断。七月、宮城刑務所へ移監。	一一月、アラファト死去。
二〇〇六	五六	一一月、肺鬱血症状となる。	一月、ハマス政権成立。
二〇〇七	五七	一月一九日、読売新聞の若王子事件報道を名誉毀損で訴えた民事訴訟で、勝訴判決、読売側控訴。五月、異型性狭心症で失神寸前となる。六月一八日、民事訴訟控訴審で、丸岡逆転敗訴。一二月二六日、第一次執行停止の申立。	二月、足立正生監督作品『幽閉者　テロリスト』公開。
二〇〇八	五八	三月一八日、第二次執行停止の申立。七月一四日、第三次執行停止の申立。九月、八王子医療刑務所へ移監。一一月、外部病院入院。	一月、ハバシュ元ＰＦＬＰ議長死去。
二〇〇九	五九	二月一〇日、第四次執行停止の申立。	一月、米オバマ政権発足。
二〇一〇	六〇	九月一七日、第五次執行停止の申立。一〇月、八王子医療刑務所へ移監。	八月、重信房子さんの無期刑確定。
二〇一一	六一	四月二二日、第六次執行停止の申立。五月二九日、八王子医療刑務所で死去。享年六〇歳。	前年からアラブの春続く。

著者紹介

丸岡 修（まるおか・おさむ）

1950年、徳島県生まれ、大阪・神戸育ち。72年アラブに渡り、のちに日本赤軍となるグループに参加。PFLPの指揮の元、73年、ドバイハイジャック闘争に参加。77年、日本赤軍としてダッカハイジャック闘争を指揮。87年、東京で逮捕。2000年、無期懲役刑確定。2011年、八王子医療刑務所で死去。

著書に『公安警察ナンボのもんじゃ』（1990年、新泉社）、共著に『実録！ムショの本』（別冊宝島161号）（1992年、宝島社、1999年に『宝島社文庫　実録！刑務所のなか』として再刊行）。

丸岡修自述——元・日本赤軍軍事指揮官告白録

2013年5月29日　第1刷発行

著　者　丸岡修

発行所　株式会社風塵社《ふうじんしゃ》

〒113-0033　東京都文京区本郷3 -22 -10
TEL 03 - 3812 - 4645　FAX 03 - 3812 - 4680

印刷　吉原印刷株式会社
製本　株式会社越後堂製本

Printed in Japan 2013.

乱丁・落丁本は、送料弊社負担にてお取り替えいたします。

アラブ式おコメの冷菓（冬でもおいしい。暖かい部屋でなら）

スペインにもあるという、米とミルクを使った"お菓子"。余った冷やゴハンを利用して。

- 材料：　ごはん、水、ミルク、砂糖、ニッキ（粉末）
- つくり方：　冷ごはんをおかゆにする要領（アラブでは、米からお粥にする）。

私は、適当に感覚だけでつくっていたので、正確な材料の配合を書けません。

ナベにごはんを入れ、ごはんの量の½の水と½のミルクを入れ、砂糖を足す。砂糖の量は、ミルクのコップ一杯に大さじ山盛3杯ぐらいか？

これを粥状に炊く。沸き始めたら弱火にして吹きこぼれないように。よくかきまぜる。5分～7分粥程度に（固ければミルクを足す）。

ガラスの器（小鉢風）に振り分ける。あら熱がとれたら、冷蔵庫に入れておく（冷やすだけ。凍らすのではない）。冷えて固まったら（やわらかい）、上にニッキの粉やアーモンド、ピーナッツをくだいたものを少量。無くても良い。ミルクの量、砂糖の量、粥度は適当に。

とてもおいしい。北海道では、ごはんにミルクをかけてたべる人たちがいるそうです。その人たちには抵抗はないでしょうが、他の人たちには、甘いミルク粥は気持ち悪いかも。しかし、おいしい。アラブの病院では、砂糖なしのミルク粥もでます。

支援連ニュース126号（1992年12月9日発行）

5 導火線

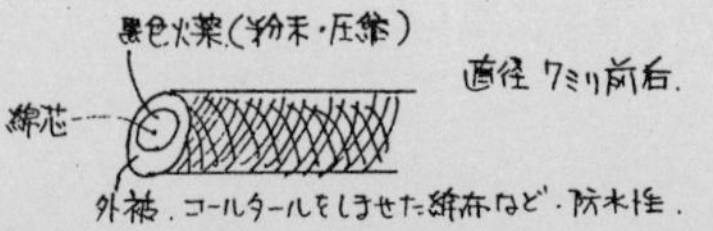

直径 7ミリ前後.

一般用: 火の伝播速度. 1m/60秒. 1cm/秒 等

特殊用: 30m/秒.
↳地雷などに使用.

6. 導爆線.

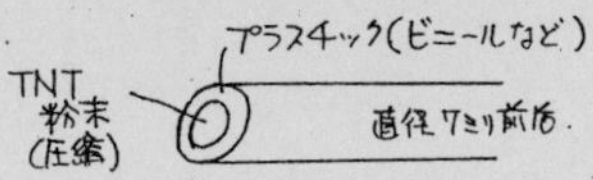

爆発を自体も爆発することによって伝える。
爆破伝播速度. 3千m/秒.

用途: ビル爆破などの際、複数カ所を同時爆破.

7 ハンド・メイド(手製)

工業製品に比べて質は格段に落ちる。爆発力は一般的に、弱爆薬程度か、弱爆薬と中爆薬の中間程度。硝安が多く使われる。その他の材料: 塩素酸カリウム、砂糖、アルミニウム粉末 発泡スチロール(シンナーで溶かす)、機械オイル、パラフィン、等.

手製は作成時の条件によって爆発力が異なる。→①爆薬の密度(密度が高いほど爆発力が増す)、②容器の密閉度(フタの形状、容器の材質、接着剤の強度、等)、③爆薬製造時の湿度(例えば、硝安は(→加熱乾燥し粉にする)吸湿性が高くそのままでは爆発力が弱くなり爆発しないこともある)、

④内容物の割合と状態、内容物の形状(例えば、混合剤のアルミニウム、砂糖などは微粒子状態であること。砂糖はグラニュー糖ではなく菓子用の粉砂糖を使用する)。

爆薬の設置方法、容器の形状、起爆薬の強弱、等によっても爆発力は同じ材料でも変わる。

8. 手榴弾、地雷、対戦車ロケットの構造

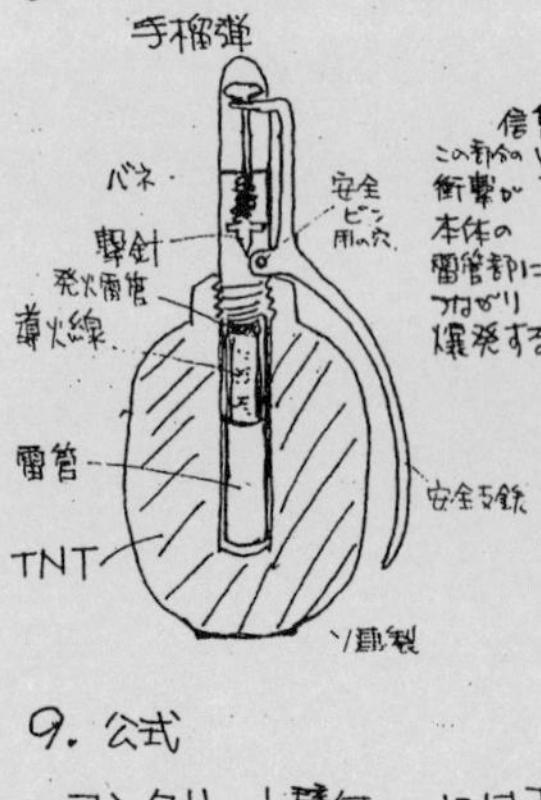

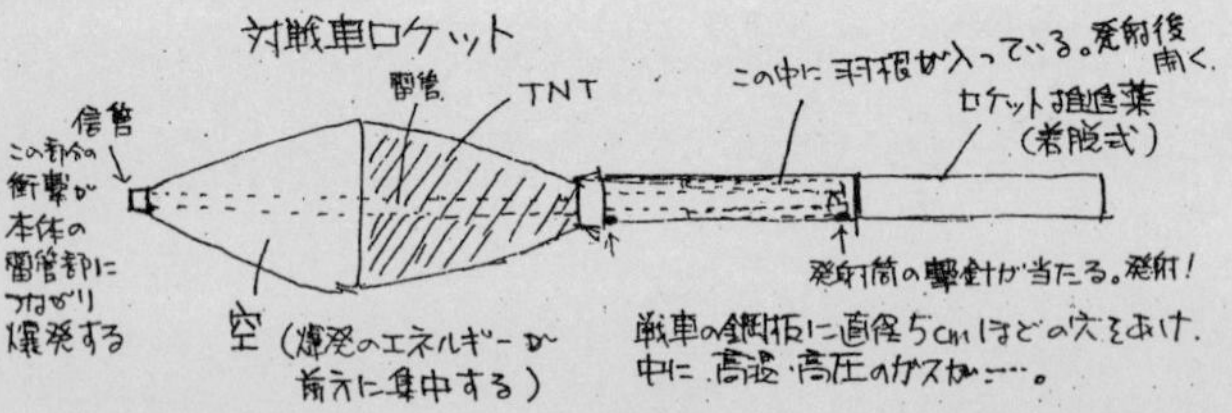

戦車の鋼鉄板に直径5cmほどの穴をあけ、中に高温・高圧のガスが……。

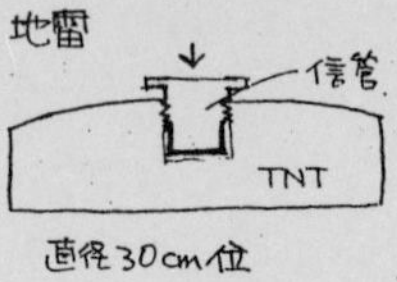

対戦車用
重量がかかると爆発する。地雷の上に即発性の手榴弾が仕かけてあって地雷を撤去しようとすると爆発するようにしてあったりする。数十kg以上の荷重が必要。

対人用
大きさはコンサイス辞書程度。踏むと爆発するもの、ヒモを引っかけさせるもの、赤外線センサーを使ったものなど、各種。

9. 公式

コンクリート壁何cmにはTNT何kgとかあります。省略。実は忘却。ここに書くのも不適切。

花火のお話　再審鑑定の参考に

93.7月末　丸岡修

社会主義の話は次にして、今日は夏にふさわしく"花火"の話を。というより爆発物の基礎。危い話ではなく、砲兵学、工兵学とある学問的話です。軍事学の基礎の基礎です。
→教科書に出ています（正規軍の）

1．爆発とは

物質の急激な化学的、物理的反応により体積が瞬間的に著しく増大して生ずる破壊現象。多くの強い熱・光・ガス・音・衝撃波などを伴う。高温、高圧。

燃焼とは異なる。爆発力の強さは、爆速（爆ごう速度）で示される。

2．爆発物の分類

① 強爆薬（高感度）；　起爆薬に使用される。熱、衝撃によって爆発する。雷管に使用。
high explosive
雷酸水銀、アジ化鉛、テトリル、テン、等

② 中爆薬（中感度）；　爆発には起爆薬を必要とする。それ自体では爆発しない。火をつ
middle 〃
→キログラム単位
けても燃えるだけ（一定量以上が同時に燃えると爆発する）、金づちで叩いても爆発しない（雷酸水銀などは指で強くはさむだけで爆発する）。安定しており、爆薬本体に使用。　爆速：5000～7500m/秒

TNT（トリニトロトルエン）、プラスチック爆薬、ダイナマイト、[redacted]等

③ 弱爆薬（低感度・火薬）；　爆発力が弱い。密閉しなければ爆発しない。火を点けると
low・〃
→量が多く燃えると爆発する。
激しく燃える*（密閉して点火すると爆発するが爆速は遅い）。弾薬、花火に使用。

黒色火薬、銃火薬、など　*激しく燃えないのもあるが中爆薬より強く燃える。

3．特徴（主な爆薬）

ニュースには不必要なので削除

雷酸水銀：水銀、硝酸、アルコール。製法は簡単[redacted]。銅管を使用。アジ化鉛はアルミニウム管。

TNT；軍用爆薬。砲弾、爆弾、ミサイルに使用。黄褐色。固型、粒状、粉末。湯せんで溶ける。安定しておりどのような形にも成型できるので用途は広い。固い。パラフィンで固めている

プラスチック爆薬（C-4とは製品名）。可塑性。ペンスリット、ヘクソジェンを混合して粘着剤に混合。黄褐色の粘土状。柔かく何にでも詰めるので特殊工作に使用。爆速は実に7000m/秒以上。

爆速と燃焼速度の相関性は、あまりない。TNTやプラスチックはろうをしませた角砂糖のように燃えるだけ。火薬は激しく燃えるが爆発力は弱い。

4．雷管

① 普通雷管；　導火線もしくは撃針で爆発させる。

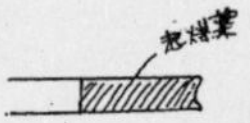

② 電気雷管；　電気による発火で爆発させる。

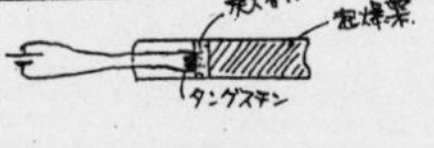

支援連ニュース133号（1993年8月11日発行）